ふたたび被爆者をつくるな

日本被団協50年史

1956———2006

●本巻●

日本原水爆被害者団体協議会
日本被団協史編集委員会［編著］

あけび書房

本巻　もくじ

第Ⅱ部　都道府県被団協史

別巻　もくじ

刊行にあたって

日本原水爆被害者団体協議会代表委員　藤平　典

日本原水爆被害者団体協議会（日本被団協）は、一九五六年八月一〇日に結成されました。長崎で開かれた第二回原水爆禁止世界大会のなかでの呱々の声でした。

一九五四年三月、アメリカの水爆実験による第五福竜丸の被災を契機とした原水爆禁止運動の広がりは、一九四五年八月、広島・長崎の原爆被爆から一〇年、声をあげられなかった被爆者を励まし、苦難を乗り越えて全国組織を誕生させたのです。

日本被団協の結成宣言「世界への挨拶」は訴えています。

「私たちはみずからを救うとともに、私たちの体験をとおして人類の危機を救おうという決意を誓い合ったのであります」「人類は私たちの犠牲と苦難をまたとふたたび繰り返してはなりません」

この宣言をもとに被爆者は「ふたたび被爆者をつくるな」を合言葉に、「核兵器なくせ」「原爆被害への国家補償を」の要求で結集し、広範な国民に支えられて、運動を広げ、前進させてきました。

日本被団協は、原爆被害の実相、被爆者の実態・要求調査や運動の経験を基に『原爆被害の特質と被爆者援護法の要求（つるパンフ）』（一九六六年）、「原爆被爆者援護法案のための要求骨子」（一九六六年）、そして「原爆被害者の基本要求」（一九八四年）を発表するなど、要求と運動の理論も発展させてきました。

そうしたなかで、原子爆弾被爆者の医療等に関する法律（原爆医療法＝一九五七年）、原子爆弾被爆者に対する特別措置に関する法律（原爆特措法＝一九六八年）、原子爆弾被爆者に対する援護に関する法律（一九九四年）が制定されてきました。しかし、被爆者が求め続けてきた「原爆被害への国家補償」は実現されてはおらず、政府は原爆被害「受忍」政策をとりつづけています。被爆国として核兵器廃絶を緊急課題とする立場にも立ってはいないのです。

被爆者はまだまだ、たたかいつづけなければなりません。

「憲法が生きる日本、核兵器も戦争もない二一世紀を――。私たちは生あるうちに、その〈平和のとびら〉を開きたい、と願っています。そのとびらを開くまで、わたしたちは生き、語り、訴え、たたかいつづけます」（「21世紀被爆者宣言」）

この『ふたたび被爆者をつくるな―日本被団協五〇年史』は、被爆者が半世紀を超えて訴え、求めつづけてきた、たたかいの記録です。被爆体験の語り継ぎと合わせて、世代を超えて受け継いでくださることを願ってやみません。

『日本被団協史』刊行に寄せて

広島市長
秋葉忠利

日本原水爆被害者団体協議会が、結成五〇周年という節目を迎えられましたこと、また『日本被団協史』が上梓されましたことを、心からお喜び申し上げますとともに、その五〇年間、廃墟と化した被爆地の復興をはじめ、「こんな思いは他の誰にもさせてはならない」との決意のもと、核兵器の廃絶と戦争のない世界実現のために身を粉にして奮闘を続けてこられた皆様の御功績に対し、深く敬意を表します。

日本被団協は、地獄の苦しみの実体験を通して人類の危機を救おうという被爆者の決意のもと結成されて以来、被爆者援護と核兵器廃絶の運動を推進してこられました。皆様の取り組みにより、原爆医療法をはじめとした被爆者援護法が制定され、被爆者とその御家族の皆様の健康の保持と福祉の向上に大きく貢献してこられました。これも皆様の御尽力と熱意あふれる活動の賜物です。

これまで、平和を希求する世界の人々が、核兵器廃絶を訴えてきたにもかかわらず、世界各地で憎しみと暴力、報復の連鎖が断ち切られないまま、今なお地球上には大量の核兵器が存在し、核兵器が使用される可能性さえ高まっています。

こうしたなか、広島市は、平和市長会議とともに、二〇二〇年までの核兵器廃絶を実現するため、「二〇二〇ビジョン(核兵器廃絶のための緊急行動)」に取り組んでいます。特に、「核兵器の使用・威嚇は、一般的に国際法に違反する」とした国際司法裁判所の勧告的意見から一〇周年を迎える今年は、勧告的意見の意義や重要性を改めて確認し、核軍縮に向けての「誠実な交渉義務」を推進するキャンペーンを世界的に展開します。そして都市としての具体的な行動として、核保有国に対して都市を核攻撃の目標にしないよう求める「都市を攻撃目標にするな(Cities Are Not Targets)プロジェクト」に取り組むことにしています。

近年、被爆者の高齢化が一段と進み、ひとり暮らしや寝たきりなどの介護を必要とする方々が年々増加しています。広島市としては、今後とも国の内外を問わず被爆者援護施策の充実強化が図られるよう、関係者と連携し、国に強く働きかけるとともに、被爆者の生活実態に即したきめ細かな援護施策の一層の充実に努めていきます。

皆様が、今後とも、核兵器廃絶と世界恒久平和実現のため、私たちとともに力を尽くし、さらなるリーダーシップを発揮されることを期待いたします。同時に結成五〇年という節目が、被爆二世、三世の皆様とともに、多くの人々が日本被団協の志の高さを継承するための契機になればと願っています。

終わりに、日本原水爆被害者団体協議会のますますのご発展と会員の皆様のご健勝とご活躍をお祈りいたします。

平成一八年一〇月

『日本被団協史』刊行に寄せて

長崎市長
伊藤一長

日本原水爆被害者団体協議会結成五〇周年、誠におめでとうございます。このたび、『日本被団協史』が刊行されますにあたり、一言ご挨拶を申し上げます。

貴協議会におかれましては、これまで永きにわたり、被爆者に対する援護及び福祉の向上、健康の保持増進、会員相互の扶助にご尽力され、被爆者の方々の大きな支えとなってこられました。これもひとえに、貴協議会関係者の並々ならぬご尽力の賜物であり、そのご活動に対しましまして深く敬意を表する次第であります。

昭和二〇年八月九日午前一一時二分、私たちのまち長崎に一発の原子爆弾が投下されました。凄まじい熱線、爆風、そして恐るべき放射線により、まちは一瞬にして廃墟と化し、七万三〇〇〇余の尊い生命が奪われました。かろうじて一命を取り留めた人々も、心と身体に生涯癒えることのない深い傷を負いました。

あの日から半世紀以上が過ぎた今もなお、被爆者は原子爆弾特有の後障害に苦しみ続けています。

私たち長崎市民は、原子爆弾による廃墟の中から立ち上がり、まちを復興させるとともに、二度とこのような悲惨な体験をくり返させてはならないとの強い思いから、核兵器の廃絶を訴え続けてまいりました。原爆の惨禍を体験した被爆者や長崎市民の心からの叫びが、平和を願う世界の人々の心を動かし、核兵器廃絶運動の原動力となり、今日まで核兵器の使用を思いとどまらせてきたのだと思います。

被爆から六一年が経過し、被爆者の高齢化が進む中、本市といたしましても、被爆地長崎の使命として、これからも被爆体験を継承し、被爆の実相と平和の尊さを多くの人々に伝えていくとともに、貴協議会とも連携を図りながら、被爆者援護対策の充実に努めてまいりたいと考えております。

最後になりましたが、会員の皆様方の今後益々のご健勝とご活躍、並びに日本原水爆被害者団体協議会様のさらなるご発展を祈念いたしまして、私の挨拶といたします。

平成一八年一〇月

〔両市長の祝辞について〕　広島・長崎両市長のこの祝辞は二〇〇六年八月に依頼したものです。両氏に厚くお礼を申し上げるとともに、発行が大幅に遅れたことをお詫びします。また、この間に凶弾に倒れられた伊藤一長・長崎市長に深い哀悼の意を表します。

50th

ふたたび被爆者をつくるな

写真でたどる日本被団協の50年

廃墟と化した広島 1945年10月上旬（写真上）、長崎 1945年10月中旬（写真下）【撮影：林重男、提供：広島平和記念資料館、長崎原爆資料館】

日本被団協の結成まで

日本被団協結成（*1956.8.10*）　第2回原水爆禁止世界大会2日目に開かれた原水爆被害者全国大会で日本原水爆被害者団体協議会が結成された。壇上は山高しげり地婦連会長（長崎国際文化会館）【連合通信】

広島被団協結成（*1956.5.27*）
広島県原爆被害者協議会結成総会。120 人が参加（広島YMCA講堂）【中国新聞】

日本被団協結成（*1956.8.10*）
壇上は森瀧市郎（長崎国際文化会館）【連合通信】

原爆被災者協議会
結成の呼びかけ

原水爆の悲劇を二度と繰り返すまいとする人類共通の願いをもととして、あらたな戦争を防ぎとめる為にあらゆる党派や立場、社会体制の相違を越えて結びあう世界平和大会が長崎市で持たれ、原水爆実験阻止の運動、被爆者救援の方法を審議する集会が長崎市で持たれる事になりました。

原爆の悲惨な事を身を以て体験した私達長崎市民は戦後十一年にもなるのに障害者は完全治療も出来ず、国家補償も得られずに苦しんでおります。

このような私達はここに団結して国家の補償が実現出来るようにする為に被災者の会を結成したいと思いますので御賛同の上左記により万障御繰合せの上是非御出席下さる様御願い申上げます。

(1) 原爆被災者
(2) 被災しないが直後被爆地で放射能の影響をうけた者
(3) 家族に被災者を持っている者

期　日　六月二十三日　午後七時
場　所　國際文化会館講堂

◎終了後映画をいたします。

準備委員
小佐々八郎　杉本亀吉　香田松一
小林ヒロ　辻本与吉　溝口助作
田吉チエ　滝川勝　山口仙二
永田尙子　山口ミヨコ　木野普見雄

被災者各位

長崎被災協結成（*1956.6.23*）
被爆者12人の呼びかけで長崎原爆被災者協議会を結成。「結成の呼びかけ」のチラシ【長崎被災協】

日本被団協の結成まで

原水爆禁止世界大会がスタート（*1955.8.6*）
3000万の署名を土台に開かれた第1回原水爆禁止世界大会の開会総会＝広島【中国新聞】

ビキニ事件を機に広がった原水爆禁止署名運動（*1954.4.17*）
東京・上野公園での婦団連、婦人民主クラブなどによる署名活動【連合通信】

初の国会請願（*1956.3.20*）
日本原水協が提唱した「原水爆実験禁止国会請願デー」には広島原爆被害者大会で選出された被爆者40人と、大会に出席していた長崎の山口仙二が上京した（東京駅で。左が山口）【日本原水協】

被爆者援護法求めて請願（*1956.3.20*）
初の国会請願に国会を訪れた代表たち。立っているのは藤居平一【中国新聞】

長崎原爆青年乙女の会の会員たち（*1956.5.3*）　長崎の若い被爆者たちは1956年5月「長崎原爆青年乙女の会」を結成し、お互いを励まし、支えあった。写真は同年7月に行なった海水浴。前列右端が山口仙二【『灼かれてもなお』】

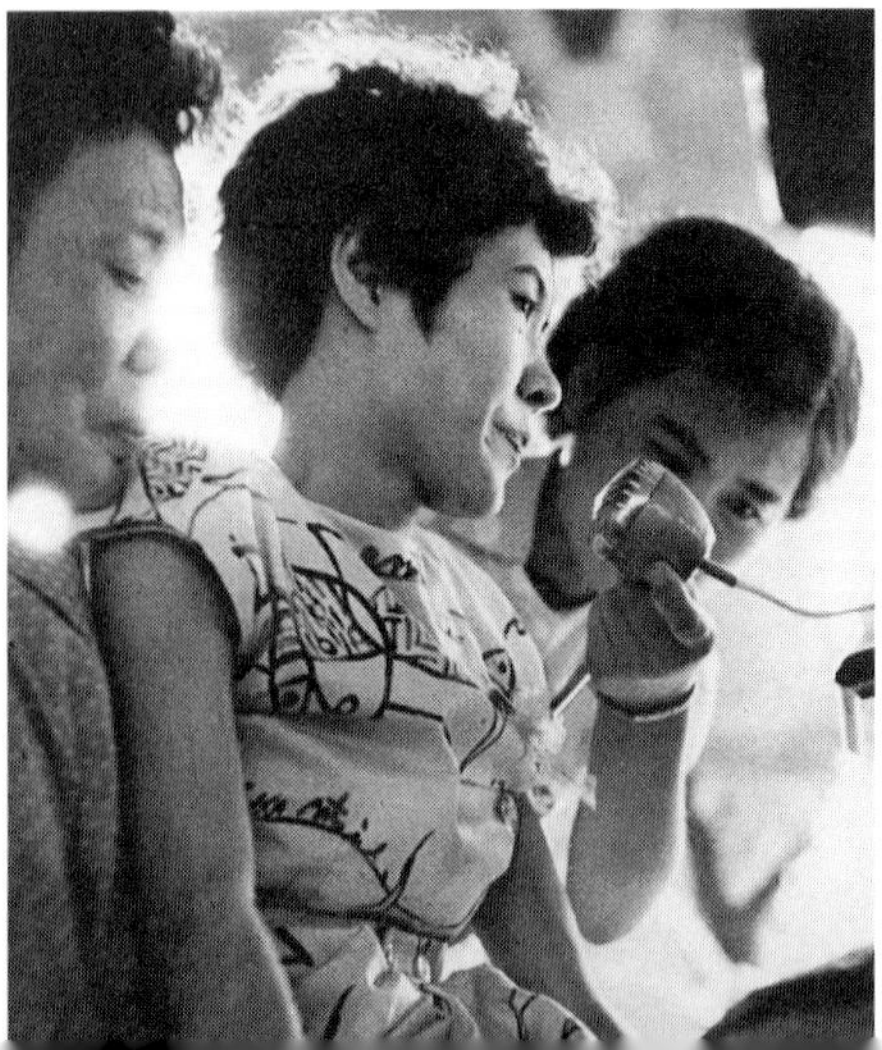

訴える渡辺千恵子（*1956.8.9*）
第2回原水爆禁止世界大会（長崎）で、母親に抱かれて壇上から訴える渡辺（長崎東高校講堂）【日本原水協】

意気高くスタート

数寄屋橋座り込み（*1962.4.25～30*）
米英の核実験再開に抗議する東京・数寄屋橋での座り込み抗議行動には広島からも被爆者がかけつけた（抗議声明を読む広島の被爆者・吉川清。左に立つ2人目は安井郁日本原水協理事長）

厚生省前座り込み行動（*1973.11*） 同右＝テントの中【撮影・森下一徹】

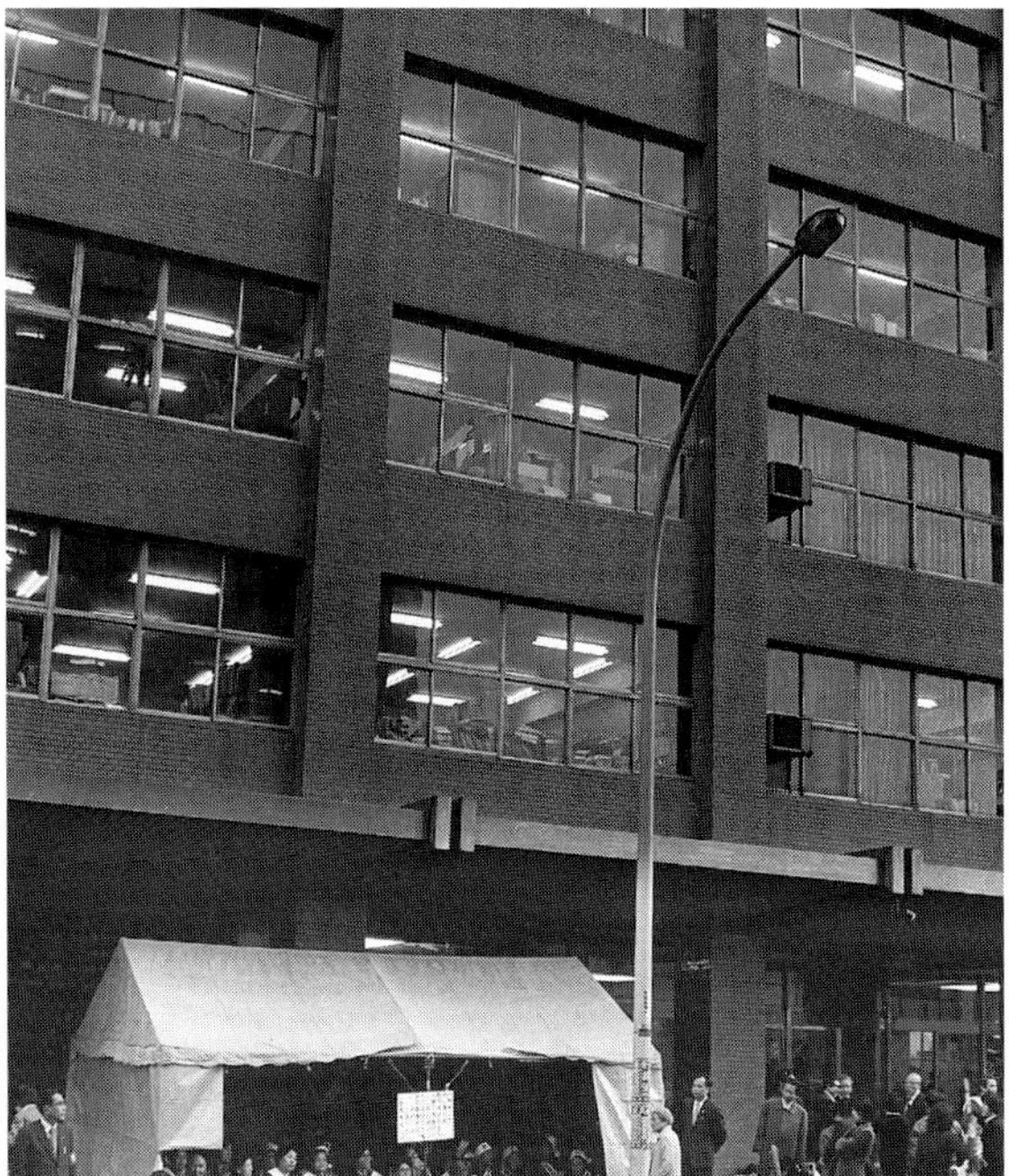

厚生省前座り込み行動（*1973.11*）
日本被団協は「被爆30周年には被爆者援護法をぜひ」と寒空の下、厚生省前で徹夜の座り込み行動を敢行した【撮影・森下一徹】

大江健三郎、座り込みを激励訪問（*1974.8*）
8月中央行動で、厚生省前で座り込む被爆者を激励する大江健三郎

世界に訴える

SSDIに向けて全国縦断行脚（*1978.4.17*） 第1回国連軍縮特別総会（SSDI）に向けて「ヒロシマ・ナガサキを繰り返すな」「被爆者援護法の制定を」の世論を喚起する全国行脚を行ない、東京に結集した

被爆問題NGO国際シンポ（*1977.8*）「被爆の実相とその後遺・被爆者の実情に関する国際シンポジウム」（広島市国際会議場）

ニューヨークで大デモ（*1978.5.27*）
SSDI日本代表団はニューヨークで大デモを行なった【撮影・森下一徹】

第1回国連軍縮特別総会（SSDI）（*1978.5.30*） 1869万4225人の「国連軍縮特別総会に核兵器完全禁止を要請する国民署名」を両手に国連本部に向かう、被爆者を含めた日本代表団【撮影・森下一徹】

国民法廷から「基本要求」へ

各地で「国民法廷」（*1981.7.11*）
基本懇の「受忍」論を追及する運動として「原爆の非人道性と国の戦争責任を裁く『国民法廷』」運動が全国的に展開された（東京でのモデル法廷＝市谷にっしょう会館）

浅草寺で署名活動（*1979.2*）
1978年11月に発足した被爆問題市民団体懇談会（市民懇）は被爆者援護法制定を求めて東京・浅草寺境内で署名活動を行なった

ポリバケツも一役（*1981.8.*）
原水爆禁止世界大会での被爆者救援募金の訴え（長崎市公会堂前）

国民法廷・長崎（*1981.8.8*）

国民法廷・山梨（*1981*）

国民法廷・山口（*1981.9.6*）
原爆小頭症の娘百合子と証言する畠中国三

世界に訴える

SSDⅡで訴える山口仙二代表委員（*1982.6.24*）
国連総会場で「ノーモア・ヒバクシャ」「ノーモア・ウオー」と訴える山口仙二代表委員【共同通信】

ニューヨーク五番街で大デモ（*1982.6.12*）
SSDⅡのニューヨークで代表団による五番街の大デモ【撮影・尾辻弥寿雄】

フランス遊説（*1983.10*）
フランスを訪問し、モンプリエ市技術専門学校で肥田舜太郎医師の講演を聴く

ヨーロッパ遊説団、ローマ法王に謁見（*1982.8.25*）
伊藤サカエ日本被団協代表委員、支援者を含む代表団が東独、西独、イタリア、オランダ、フランスを歴訪。うち5人がバチカンを訪問してローマ法王に謁見した（法王の右が伊藤）

世界に訴える

ドイツ語で「にんげんをかえせ」（*1983.10.20*）
小西悟日本被団協国際部長は西ドイツ遊説で、峠三吉の詩「にんげんをかえせ」をドイツ語で朗誦。核の恐怖を訴えた

被爆40周年核保有国遊説（米国）（*1985.6.6～6.20*）
核兵器保有5カ国に代表団を派遣。米国では米政府と国連に要請、10都市を訪問。写真は、国務省東アジア・太平洋局でJ・マッコイ日本部次長に要請する一行

被爆40周年核保有国遊説（ソ連）（*1985.6.26～7.3*）
代表団5人は、ソ連首脳に核兵器廃絶を要請。キエフ、ミンスクを訪問して被爆の実相を訴えた。写真は、モスクワ市長代理と代表団

被爆40周年核保有国遊説（中国）（*1985.9.29～10.5*）
中国人民平和軍縮協会の招きで9人が訪中。写真は、会談を終えて趙紫陽協会副会長（総理）からの書を受ける伊東壮代表委員ら

被爆40周年核保有国遊説（英国）（*1985.10.19～28*）
代表団7人は、エリザベス女王、サッチャー首相への要請書を英外務省で政府代表サマーヘイズと会見して渡した

被爆40周年核保有国遊説（フランス）（*1985.10.19～28*）
代表団5人は、フランス外務省でミッテラン大統領への要請書を渡した

遺影を掲げて（*1987.11.11*）
厚生省前の「折り鶴人間の輪」で物故者の遺影を掲げて原爆犠牲者への弔意表明式

みんなでつくる反核・平和のひろば（*1986.2.22*）
市民11団体主催の「国際平和年86みんなでつくる反核・平和のひろば」が東京・山手教会で開かれた。写真は、原爆詩を朗読する吉永小百合

厚生省を包んだ折り鶴（*1987.11.11*）
手に手に千羽鶴をかかげて2500人で厚生省を幾重にも取り囲んだ「折り鶴人間の輪」

肖像画をめぐる懇談会（*1987.11.12*）
87年11月大行動のなかで、原爆死没者の肖像画を平和博物館に展示。写真は、懇談会で発言する画家・佐藤忠良

SSDⅢで伊東壮代表委員が発言（*1988.6.8*）
第3回国連軍縮特別総会（SSDⅢ）に日本被団協は23人の代表団を送り、多面的な行動を展開した。伊東壮代表委員が被爆者を代表して発言した

被爆者援護法案、参議院本会議で可決（*1989.12.15*）
参議院本会議で被爆者援護法案が可決された。衆参いずれかの院で可決されたのは初めて（法案は衆院会期切れで廃案）

広がる平和の輪

被爆45周年全国大会（*1990.1.20*）
「被爆45周年援護法実現全国大会」＝広島に出席した森瀧市郎（中央）

被爆45周年全国大会（*1990.1.20*）
日本被団協と広島実行委員会の共催で「被爆45周年援護法実現全国総決起大会」が広島・国際会議場で開かれ、1200人が参加した

みんなのネットワーク（*1990.5.20*）
街頭宣伝では歌手の小室等、上条恒彦が「出発（たびだち）の歌」などを歌った（東京・渋谷駅頭）【撮影・桐生広人】

みんなのネットワーク（*1990.5.20*）
東京・渋谷駅頭で「みんなのネットワーク」の街頭宣伝。
街頭署名行動に作家・大江健三郎も参加した【撮影・桐生広人】

アウシュヴィッツ訪問（*1991.10.4～*）
日本被団協結成35周年記念事業のアウシュヴィッツ・ツアーに51人が参加。写真は、数十万人を灰にした焼却炉に献花する代表。右が杉山秀夫団長、左が谷口稜曄

広がる平和の輪

ICJで伊藤長崎市長が陳述（*1995.11.7*）
「核兵器の国際法違反性」を審理した国際司法裁判所（ICJ）では、伊藤一長長崎市長が長崎原爆の写真を掲げて核兵器廃絶を訴えた【長崎新聞】

ICJの法廷、勧告的意見を発表（*1996.7.8*）
「核兵器の使用と威嚇は国際法に違反するかどうか」を審理する国際司法裁判所（ICJ）の法廷【東友会】

在外被爆者国会要請（*1996.5.22*）
在外被爆者団体と日本被団協の政府·国会要請の共同行動が初めて行なわれた。写真は厚生省に要請書を提出する斉藤義雄日本被団協事務局長。左へ、倉本寛米国原爆被爆者協会会長、鄭相石韓国原爆被害者協会会長、伊東壮日本被団協代表委員

パリで原爆展（*1995.11.7*）
フランスの核実験に抗議して、日本被団協と日本生協連の訪仏代表団がパリの繁華街レ·アーレで青空原爆展を開き、反響を呼んだ

日本被団協結成40周年（*1996.10.25*）
祝賀会で交歓する（左から）山口仙二、伊東壮、伊藤サカエ各代表委員、斉藤義雄事務局長

きのこ会（*1996.3.20*）
「きのこ会·満50歳を祝う集い」＝広島に原爆小頭症患者11人と家族、平岡敬広島市長、作家·山代巴ら60人が参加した

広がる平和の輪

ハーグ世界市民平和会議（*1999.5.12〜15*）
「原爆と人間展」パネルを掲げて国際司法裁判所（ICJ）前で核兵器廃絶を訴える市民平和会議の参加者たち

ニューヨーク平和行進（*2005.5.1*）
NPT再検討会議の成功を期して、36人の代表団が活躍。核兵器廃絶のためのNGO共同行動デーで、4万人のアメリカ市民とともにニューヨークで平和行進

ノーモア　ヒロシマ・ナガサキ国際市民会議（*2005.7.29〜31*）
原爆投下の犯罪性を明らかにし、被爆の実情を訴えるこの会議には、のべ2500人が参加した

国連で原爆展（*2005.5.2 〜27*）
被爆60年記念事業として国連本部ロビーと地下通路で原爆展を開催した。写真は、来場者に証言する被爆者と通訳ボランティア

原爆症認定集団訴訟・日本被団協50周年

原爆症認定集団訴訟運動（*2003.5.27*）
原爆症認定を却下された被爆者たちは処分の取り消しを求めて集団訴訟を起こした。東京地裁に向かう東京第1次原告団

松谷高裁判決後厚生省へ（*1997.11.7*）
長崎原爆松谷訴訟の控訴審で福岡高裁は、原告松谷英子全面勝利の判決を言い渡した。厚生省前で花束を贈られて支援者とともに喜ぶ松谷英子

集団訴訟・広島地裁判決（*2006.8.4*）
原爆症認定集団訴訟の判決は大阪地裁の9人全員勝訴に続いて広島地裁でも41人が全員勝訴した

東裁判東京高裁判決（*2005.3.29*）
東京の被爆者、東数男（1.29　死去）の原爆症認定訴訟で東京高裁は、C型肝炎は原爆放射線に起因するとして国側の控訴を棄却した。「完全勝利」に湧く歓声

日本被団協結成50周年記念式典（*2006.10.17*）
日本被団協結成50周年記念式典・祝賀会は約200人が出席して盛大に行なわれた（東京・ホテルJALCITY）

集団訴訟・東京地裁判決（*2007.3.22*）
集団訴訟地裁判決の5つめ、東京地裁でも21人が勝訴（棄却9人）

「日本被団協五〇年史」の構成について

◇「日本被団協五〇年史」本巻は、第Ⅰ部「日本被団協五〇年史」、第Ⅱ部「都道府県被団協史」から成っている。「日本被団協五〇年史」は冒頭に八月六日と八月九日、その日の「原爆地獄 1945年8月」をⅠ編とし、全体をⅧ編に区分した。Ⅱ編「日本被団協前史」からⅧ編までの各編の最初には、その時期の被爆者、被爆者運動の動きを情勢に即して概説した。下段には本文記載を補う注記、関連の写真などを収録した。

◇「日本被団協五〇年史」本巻には、特別稿として、次の三編が編纂されている。

1　被爆者中央相談所の活動

2　日本被団協国際活動の五〇年

3　被爆者援護と補償をめぐる裁判の歩み

◇コラムとして「日本被団協史の人びと」(「被団協」連載)、「久保山愛吉とすず」「第五福竜丸保存運動」などを収録した。

◇なお、「資料編」と「年表・日本被団協のあゆみ」から成る別巻が作成されている。

第Ⅰ部

日本被団協五〇年史

凡　例

一、本巻の記述期間は、一九四五年八月から二〇〇六年末までとしたが、二〇〇七年にかかる記述もある。

一、年次の日付等は西暦を使用したが、元号を併記した箇所もある。

一、団体名は慣例としている略称も用いた。一般に片仮名、アルファベットで示されているものは、初出で正式名称を示し、以後は略称・記号を用いたところもある。

一、漢字は常用漢字を基本とし、適宜、ルビを付した。ただし、地名、人名にはルビは付けていない。

一、用字・用語は、漢字が多い本書の性格を考慮し、仮名表記を増やし読みやすさをこころがけた。

一、数字の表記は、単位語は、億、万、だけを入れることとした。年月日の表記では一九××年、二〇××年については適宜、一九、二〇を略し「××年」とした。

一、地名は当時のものとした。必要なものだけ現在の地名を（　）内に示した。

一、人名に関しては、個人の肩書はその当時のものとし、姓名の上に職名を付した。敬称は省略した。

一、出典を付記する引用文は、原文のままを原則とした。引用者が補った部分は（　）内に入れた。

一、出典はそのつど、文献名を示した場合と、文中（注表記＊）で示し下段に文献名を掲載した場合がある。なお、文献一覧は作成していない。

目次

I　原爆地獄　1945年8月

Ⅱ　日本被団協前史　一九四五年～一九五六年七月

Ⅲ　日本被団協の結成　一九五六年八月〜一九七〇年

Ⅷ　ふたたび被爆者をつくるな、核兵器なくせ　戦争のない世界を　二〇〇一年〜二〇〇六年

コラム

[特別稿]

I　原爆地獄　1945年8月

一九四五年八月六日広島、同九日長崎に投下された原子爆弾が、きのこ雲の写真一枚で描かれてしまうことがよくある。しかしそれは、加害者が高い空から見下ろした「ヒロシマ・ナガサキの外面」にすぎない。原爆は、人間にたいして何をしたのか。その真実はきのこ雲の下に、人類初の原爆がつくりだした〝地獄〟のような世界にあった。

そこに、被爆者運動の歴史の原点がある。

第一に被爆者は、その日を境に、原爆が残した体と心の傷によって、生活と人間性の破壊に脅かされつづける人生を余儀なくされた。戦後の人生で被爆者がなめつくした苦難。すべては「あの日」から始まった。

第二に被爆者は、永続する恐怖や心の傷の重圧に向き合い、「原爆と人間」の意味を問いつづけることになる。この絶え間ない対峙を通じて、人間喪失の危機を克服し、「核兵器に負けない」人間の生存を求める道を切り開いてきた人が少なくない。「あの日」は、被爆者が自己の「人間回復」のために乗り越えなければならない、「復活のための原点」でもある。

第三に、原爆投下は人類滅亡を警告する核時代の始まりだった。この認識こそ、「ふたたび世界のどこにも被爆者をつくるな」という被爆者の叫びの根底をなしている。人類が生き残るためには、世界中の人びとが核兵器使用のもたらした惨禍を記憶に刻み、いつまでも忘れてはならない、という視点である。

被爆者運動は、六十余年たっても癒えない巨大な被害の全体像を、問いつづけ、解明し、訴えつづけてきた。人類史に例を見ないこの運動で大きな役割を担った三人の被爆者の体験から始めることにする。

原爆ドーム

広島市の上空に立ち上ぼるきのこ雲（米軍撮影）
提供・中国新聞社

１章　きのこ雲の下で

１　それは地獄絵そのものだった
――岩佐幹三の証言

静寂の中の声　「お母さん！」。一六歳の岩佐幹三は、やっとの思いで立ち上がると、そう叫んだ。あたりの静寂を破った最初の音声だった。つい先刻まで鳴きつづけていたセミの声はまったくしない。あのとき、世界が突如としてすべての音を失った沈黙の時間があった、と証言する被爆者はほかにも多い。

一九四五年八月六日、岩佐が被爆したのは、広島市富士見町にあった自宅の庭である。旧制中学を四年で卒業させられ、秋には陸軍航空士官学校を受験するつもりでいたが、同じ中学の専攻科生として学徒動員され、軍需工場に通っていた。

その日はたまたま電休日（当時、電力不足のため配電を停める日があった）で工場が休みなので、原爆投下の朝は自宅にいた。

母を見捨てて　岩佐の記憶は生々しい。

ピカッ！　何十、何百もの稲妻が天空を切り裂いたような閃光だった。その瞬間、後頭部をバットでなぐりつけられた、と思った。激しいショックとともに、地面にたたきつけられた。目の前はまっ暗で、上から何か強い力（のちに爆風の圧力とわかった）で抑えつけられ、立つことができない。必死で這った。

目の前を砂煙が舞い上がるような感じがして、あたりが明るくなってきた。上からの圧力も弱まって、立てるようになった。眼前に、ぺちゃんこにつぶれたわが家の姿、広島の街が消えて瓦礫と材木だらけの世界が広がっていた。夢でも見ている感じ、茫然自失の状態だった。夢でないと実感させたのは、あちこちで燃え上がっている炎だ。

そのとき、家の中にいる母のことを思い出して、岩佐は「お母さん！」と叫んだ。それにこたえて、「ここよ」という声が返ってきた。ああ生きていてくれた、と思ったが、声がしたのは

被爆直後の破壊された広島の街並み　絵・岩佐幹三

大屋根がどさっとつぶれたあたりだ。声の近くに行き、屋根瓦をはがし、土壁を手で破った穴からのぞきこむと、コンクリートの土台の上に大きな梁《はり》がのって行く手をふさいでいる。

わずかな隙間から、目の当たりに血を流し仰向けに倒れている母が見えた。左肩を押さえているものをのけてくれ、という。しかし、入り込めそうもない。近所の人が通りかかったので助力をたのんだが、「それどころではない」と言い残して立ち去っていった。岩佐は絶望におちいりながら、別の方から掘り始めた。

着衣もズタズタ、手も血だらけになりながら掘ったが、なかなかはかどらない。そのうちに二〇〇〜三〇〇メートル先で発生した火炎が異常な速さで迫ってきた。広島の街が見渡す限り壊されているというと、母は、もう助からないと察したのだろうか、「すぐ逃げなさい」といって、自分は般若心経をとなえはじめた。

どうしてこうなったのだという、何者にぶつければよいのかわからないいらだち、悲しみと憤りとまどい、気も動転し、これがほんとうの別れになるのだという意識もあいまいなままに、岩佐は、別れを告げてその場を離れた。母の読経の声が耳についてはなれないまま、あとを振り返り振り返りしながら……。心の中で「お母さん、なんとか逃げてよ」と念じつつ、涙が流れてとまらなかった。

母を焼く　これが、息子と母の別れとなった。翌日わが家近くにたちもどるが、焼け跡はまだ熱気がこもっていて近寄れなかった。数日後、様子を見にもどった息子は、灰燼《かいじん》の中から、「小さな物体」を手にとる。白骨ではない。子どもの人形にコールタールを塗って焼いたような、脂でぬるぬるした物体だ。母は小柄な人だった。その遺体に違いないのだが、どう見ても人間の姿とは思えなかった。少年は、「母を殺したのは自分ではないか」という思いにさいなまれながら、涙ながらに燃え残った木をひろい集め、母を荼毘《だび》にふした。母は、ジュッ、ジュッ、と音をたてながら、燃えていった。

——二〇〇三年に始まった原爆症認定集団訴訟の証人に立った岩佐は、陳述のなかで語る。「母は、人間として死んだのではなく、原爆によってモノのように焼かれ、殺されたのです。一六歳の少年が、自分が見捨てて逃げた母親の遺体を、自分の手で焼いたのです。どんな思いだったか、おわかりいただけるでしょうか」。

燃えさかる炎の中を　母と別れたあと岩佐は、炎の中を逃げまどった。家の裏手にあった山陽中学の校庭に逃れたが、炎が地を這うよう

7日の朝、死体を焼却処理する救援の兵士たち
絵・岩佐幹三

に吹きつけてくる。校舎の陰から這い出てきた女性らしき人物の衣服に火が燃えうつり、その人は空に向かって手を差し上げると、火だるまになって燃え上がった。子どものころお寺で見た地獄絵そのものだった。

被爆当日の夜は比治山橋近くの土手で野宿。翌日、叔母の住む郊外の緑井（現在は広島市安佐南区緑井）をめざした。国泰寺、紙屋町から爆心直下の相生橋付近とすすむにつれ、悲惨な光景が次々に目に入る。相生橋たもとの本川小学校前の空き地には、一〇〇人近い人が折り重なって死んでいた。全員丸裸で赤く焼けただれ、体全体が二、三倍にふくれあがった姿は、目に焼きついて離れない。

そのとき岩佐は、鳥肌がたつ思いにかられた。相生橋からほど近い土橋（爆心地から五〇〇～六〇〇メートル）へ、建物疎開の後かたづけをする学徒動員に出た妹の好子に思いが及んだからだ。その年四月に県立第一高等女学校（現在の県立皆実高校）に入ったばかりだった好子の安否をたずねて、それから約一カ月、市内をさまよい歩く。行方はついに知れなかった。岩佐家はその年五月に父を病気で失い、三人家族で暮らしていた。原爆は二人しかいない肉親を二人とも奪った。岩佐は、いわゆる「原爆孤児」になってしまったのである。

こんどは助けるぞ　岩佐を母親がわりに育ててくれたのは、〝緑井の叔母さん〟だ。その家で、岩佐は原爆放射線の急性症状に襲われる。被爆一カ月後に倒れ、斑点、高熱、歯茎の出血、鼻血、脱毛などの症状が二〇日ほどつづいた。叔母は、「姉も好子も殺された、幹三だけは死なせない」と孤児になった甥《おい》を懸命に看護した。

岩佐は、叔母さんの援助で広島高校（現在の広島大学）を卒業し、金沢大学助手となり、研究者（イギリス思想史）の道を歩む。金沢大学教授、法学部長。石川県原爆被災者友の会を結成、会長を務め、県内被爆者の広島原爆病院への検診団派遣などに取り組んだ。そしてその後、日本被団協専門委員会の一員となり、日本被団協の被爆者調査で調査特別委員長、日本被団協事務局次長、原爆症認定集団訴訟の運動では推進委員長を務めている。

病気も抱えてきた。一九五七年と六五年に白血球異常、九六年と九九年皮膚がん、二〇〇四年前立腺がん、さらに原爆白内障。

岩佐は、いままでも何回も夢を見た。二〇〇四年になって、岩佐はいつもとちがう夢を見た。頭上でものすごいさく裂音がしたかと思うと、目の前に破壊しつくされた町並みが現れる。岩佐は瞬間的に夢の中で、「あっ、こんどこそお母さんを助けるぞ」と叫んだ。被爆から六〇年たっても、あの体験は岩佐の中にこびりついている。

2　全身火傷をのりこえて
——山口仙二の証言

一瞬の静止画　真夏らしい紺青の空に、薄い雲が浮かんでいた。人の背よりわずかに深い、畳二枚ほどの壕があちこちに掘られ、一四歳の山口仙二の組四、五人も、朝からとりかかった穴を仕上げつつあった。戦闘帽をかぶり、パンツ一枚で作業していた山口は、額の汗をぬぐい、くわを振り上げた。

——その瞬間だった。

閃光が光り、目の前が真っ白になった。カメラのフラッシュのような感じ。その場に倒れ、気を失った。山口が覚えているのは、ものすごい高熱だったこと、そして青白い光がまわりの裸の群像をくまどり、どっと鳴りはためいていたことだという。「その一瞬の静止画を、私は生涯忘れないだろう」と彼はいっている。

戦時中の山口は、元気のよい軍国少年だった。一四〇センチほどしかない身長がもう少しあれば予科練（海軍飛行予科練習生）を選んだかもしれない。原爆の年の四月、長崎県立工業学校（長崎市上野町）に入学したての一年生。授業は夕方から始まる。昼間は朝八時から学徒動員先の三菱兵器大橋工場（爆心地から一・一キロ）で働いた。八月九日午前一一時二分にも、そこにいた。

幽霊の行進　どれだけ経ったのか、気がつくと、くわをもって壕の中に倒れていた。いっしょに作業していた同僚たちの姿がない。くわを捨てて立ち上がると、周囲は一変していた。手も足も広げ天を仰いで倒れている人。うつむいて転がっている人。工場の方では巨大な火柱があがっていた。壕を飛び出した。

逃れる被災者の群れとともに、浦上川を泳いで渡り、山を越え、谷を抜けた。山も谷も燃えていた。救援隊の兵士から、平地に降りるよう指示され、人びとは列をなしてぞろぞろと山を下った。両手を前にのばし手先だけ垂らして歩く姿は、幽霊の行進のようだった。

ようやく乗り込んだ救援列車の中は、血と泥のにおいが充満していた。出血がひどく、床にふせる。床を流れる血が顔にふれ、胃のものを全部吐き出した。「眠ると死んでしまう」。眠気

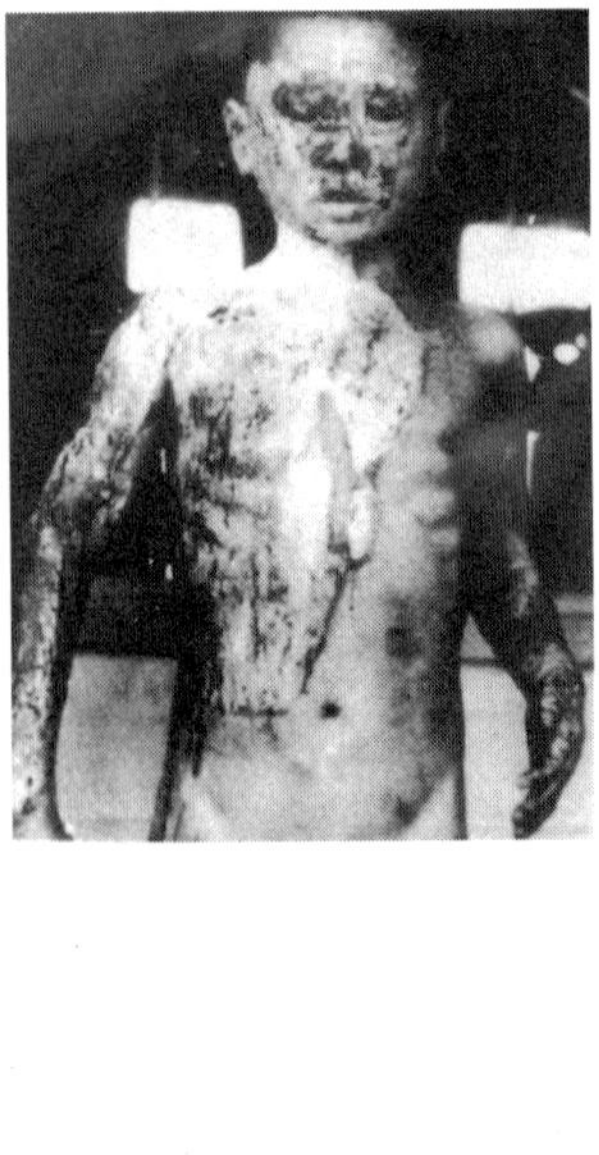

上半身にひどいやけどを負った
山口仙二（1945）
撮影・塩月正雄　長崎原爆資料館所蔵

に耐えているとと家族の姿が次つぎと浮かんだ。

大村海軍病院に収容され、三日目に危篤状態になった。ふるさと五島から出てきた父は、あちこち尋ねまわり、五日かけて息子をさがしだした。顔の半分を熱線に焼かれた息子の面影は、父にも見分けられないほど、変わっていた。治療は苦痛とのたたかいだった。看護婦がガーゼをはぐとき、山口は「殺せ、殺してくれ！」と叫んだ。

大村海軍病院では、千数百人が治療を受け、九月一日までに一五〇人が死んだと、病院長だった海軍少将・泰山弘道の自伝『長崎原爆の記録』にある。同書には三〇人ほどの患者の診断記録が載っており、そのなかに山口のものもある。顔から上半身まで火傷におおわれた写真は、「一番（負傷が）ひどい人を」という衛生兵の注文に、カメラの前に立たされ、撮られたものだ。

翌年三月退院し工業学校に復学したが、肝臓障害や「原爆ぶらぶら病」（3章　原爆がもたらした被害参照）で休学をくり返す。新制県立長崎工業高校を六年かけて卒業したが、就職試験の面接官は「傷の残る病人」を採用しようとはしなかった。ケロイド治療の植皮手術もなかなか成功しなかった。

長崎医科大学（現在の長崎大学医学部）で教授・調来助のケロイド手術を受け、そこで患者の会を結成（一九五四年春）したことが、転機になった。この患者会は、長崎原爆青年の会（五五年一〇月）の基礎になり、長崎原爆青年乙女の会（五六年五月）、長崎原爆被災者協議会（長崎被災協、五六年六月）へとつながる。

心の傷　原爆は文字どおり、人生を変えた。戦後の山口は、病気とたたかいながら、時には自暴自棄になる自分とたたかいながら、一貫して被爆者運動、核兵器廃絶運動に身を投じていく人生を歩むことになった。日本被団協の代表委員となり、国内外をかけめぐる。第二回国連軍縮特別総会（ＳＳＤⅡ）では、国連総会議場の演壇に立ち、みずからのケロイド写真を示しながら、「ノーモアヒバクシャ」を叫んだ。核兵器を使った者と被爆者を放棄した者への怒りはむろんだが、山口を深いところで突き動かしたのは、近くにいた被爆者を救えなかった痛苦の体験だった。

炎の街で一〇人も二〇人も死体を踏み越え踏み越え、逃げた。倒れた家の下敷きになり炎にのみこまれる少女を見捨てた。「私も連れていって」と懇願する人たちを置き去りにした。多水面を埋めた死体を乗り越えて川を渡った。多くの被爆者は、「自分の命だけを抱えて」、ひたすら逃げるほかなかったのである。

山口は語っている。

「そうした多くの命が失われた中で、生き残ったことに対する後ろめたさ、何度、生きることを投げ出そうと思ったか分かりません。あの一瞬の原爆のさく裂。多くの人の生死を分け、私も含め多くの被爆者の人生を変えたあの原爆を、私は決して忘れない。忘れられるはずがありません」(『灼かれてもなお』西日本新聞社、二〇〇二年)。

3　ヒロシマを見た医師として
——肥田舜太郎の証言

初めて見る凄惨な死　被爆後五、六日たったころだったろう。全村あげて野戦病院と化した広島郊外の戸坂村（現在の広島市東区戸坂）で、原爆による負傷者に、えたいの知れない急変が出はじめた。

広島陸軍病院の軍医少尉・肥田舜太郎は、民家を歩いて重症患者の処置をしてまわるうち、ふしぎな症状の男にぶつかった。「きのうから高熱がつづいている」と家人がいう。若い兵士で、顔と左上半身に強い火傷はあるが、命に危険があるとは思えなかった。それが全身に湯気がたつほど発熱し、げっそりと頬もこけ、症状は激変していた。皮膚に無数の紫斑が見え、口内で粘膜が壊死《えし》を起こし悪臭が鼻をつく。やがて兵士は下血し、目からも鼻からも血が噴き出し、五分刈りの髪の毛が抜け落ちる。聞いたことも見たこともない症状に、肥田の足がこわばり、手がわなわな震えた。若い兵士は、首を振ってごぼっと血を吐いたのを最後に、こと切れてしまった。

異様な死にざまにぶつかったのは、肥田一人ではなかった。軍医たちが一様に首をひねる間にも、急変患者は多発し、戸坂村全体に広がる。焼けただれた負傷者だけでなく、火傷のない人にも同じ症状が出ていた。医師の間では真剣にチフスと赤痢が考えられた。原爆にたいする認識も、原爆被害への知識もない救護者には、なすすべがなかった。きのこ雲の下からかろうじて逃れ出た被爆者は、こうして死に追いやられたのである。

「入市被爆者」の死　ある女性患者は、広島市内で直接被爆すらしていなかった。出産に帰った島根・松江市で、広島が被災したことを聞き、一週間後、夫をさがして広島に入った。焼け跡を捜し歩いたすえ、戸坂村の避難先で夫にめぐりあった。四日後、この妻はとつぜん倒れた。回診に立ち寄った肥田は、その胸元に紫色の斑点を見て、背筋が寒くなる。彼女がたどった症状の経過は、市内で閃光を浴びた被爆者とまったく同じだった。身動きできない夫が必死に呼ぶ声もとどかず、抜け落ちた黒髪を鮮血に染めて女性は絶命した。肥田が初めて見る「入市」被爆者の死であった。

自身も被爆者である肥田舜太郎の戦後は、核兵器廃絶運動・被爆者医療ひとすじの人生となる。東京・杉並区や埼玉で民主診療所設立、民医連（全日本民主医療機関連合会）設立などの運動をへて、七八年の被爆者中央相談所設立に参加、七九年、日本被団協被爆者中央相談所理事長に就任した。海外渡航三二回、のべ三三カ国で被爆の実相を語り、核兵器廃絶を訴えてきた。半世紀以上にわたる医師生活で、診療した被爆者は六〇〇〇人に及ぶ。

低線量被爆の重大性　ずっと気にかかることがあった。遠距離や「入市」被爆者たちのことだ。これらの人びとは「直爆」の被爆者に比べ、放射線の影響は少ないか、まったくない、というのがアメリカや日本の政府の立場である。しかし肥田は、遠距離であろうが「入市」であろうが、同じように苦しみ、死んでいった被爆者を、無数に自分の目で見、みとってきた。これをいったい、どうとらえたらよいのだろうか。

肥田は、核兵器廃絶を訴える海外渡航のなかで、低線量放射線障害の重要性に目を開かされる。アメリカの核実験に参加して被ばくした米兵を診ている医師からは、「広島と同じような原爆ぶらぶら病」が出ていることを知らされた。チェルノブイリ原発事故や米ハンフォード原爆工場風下地区など核施設被害者の聞きとり・現地訪問を重ねるなかで、体内にとりこんだチリなどから受ける「内部被ばく」の重要性を認識していった。

肥田はこうした体験をもとに、二〇〇四年九月、原爆症認定集団訴訟・近畿の法廷で証言。国の原爆症認定基準が初期放射線しか見ていないことの誤りを批判し、こうしめくくった。「広島・長崎の原爆の本質は人類にとって何だったのか、結論を出さなければならない。これまで四〇〇〇年間、人類は自然界の放射線とは共存してきたが、人類の存続にまで重大な影響をもたらす、核兵器というまったく意味のない人工的放射線をつくりつづけている。人類はこれをどうするつもりか。考える出発点は被爆者だ。被爆者を大事にし、そのいい分をよく聞いてほしい」。

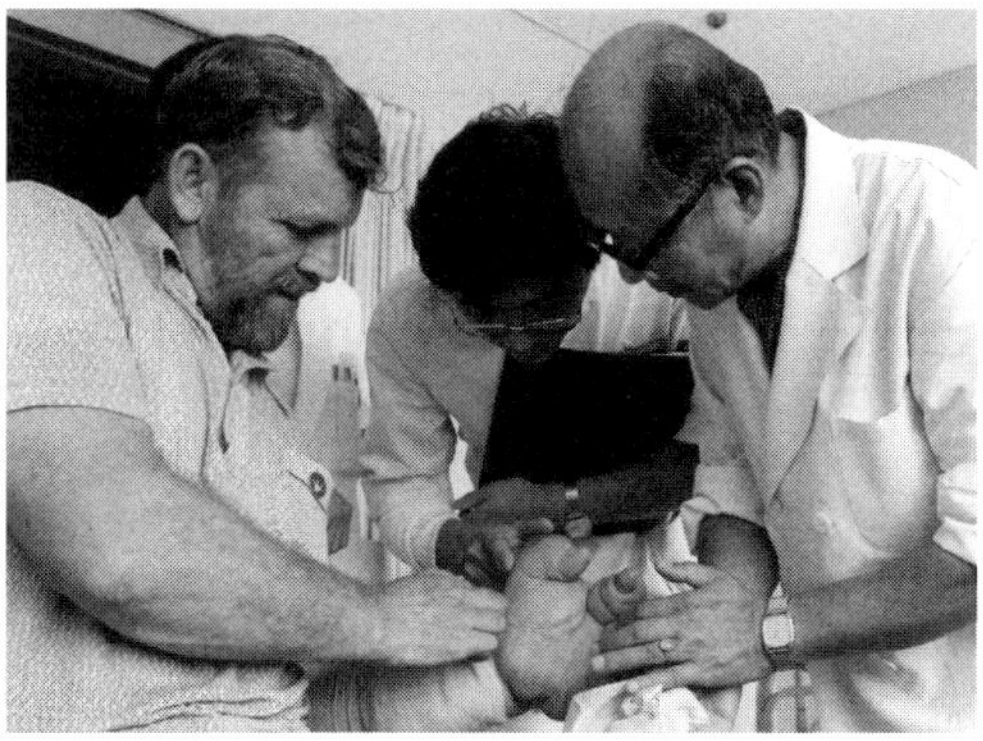

被ばく兵士スミザーマン氏を治療する肥田舜太郎（右）
1982年7月　　撮影・森下一徹

2章　人類史上初の原爆投下

1　広島へ原爆投下

警報は解除されていた　一九四五年八月六日未明の午前一時半（日本時間）、南太平洋マリアナ諸島のテニアン米軍基地北飛行場から、B29爆撃機三機がつぎつぎに離陸した。その一機エノラ・ゲイは、リトルボーイ（ちびっこ）とあだ名された原子爆弾（ウラン爆弾）を搭載していた。三機は、暗い太平洋上を飛びつづけ、午前五時五分、硫黄島の上空で機首を日本に向けた。

　この編隊より先に日本に飛来していた三機があった。天候観測機である。「豊後水道を敵大型機三機北上中」の情報に、中国軍管区司令部は午前七時九分、警戒警報を発令する。しかし、一機だけが広島上空を通過し、県中部を旋回して播磨灘方向へ去って行き、他の一機は小倉方面に、残りの一機も九州南部へ飛び去ったため、七時三一分に警戒警報は解除される。

　ほっとした広島市民は、ふだんの生活にもどった。ところが、広島上空を通過した一機は、じつは、次のような無電をエノラ・ゲイに送っていた。「広島上空、雲量全高度を通じて一〇分の三以下。第一目標、攻撃可能」。第一目標である広島市は晴れていて、目視攻撃ができる、という意味である。

原爆機迫る　このころ、エノラ・ゲイなどの三機編隊は、四国東上空から瀬戸内海にさしかかっている。左に旋回し、広島県東部の福山湾に向けコースをとる。その時刻が午前七時五〇分ころ。福山市松永町の監視哨《かんししょう》が大型機（B29）二機が西進するのを見つけ、中国軍管区司令部に通報したのが八時六分。二分後、「さらに一機が西進」と追加の報告もする。警報を発する司令部通信部に報告が入ったのが八時一一分、すでにエノラ・ゲイは福山湾から内陸部に入り、三原市、西条町と西にすすみ、広島市に接近していた。

　広島市民はだれ一人、こんな動きを露ほども

広島に投下されたリトルボーイ

広島へ原爆を投下した米軍機 B29エノラ・ゲイ

感じていなかった。一人の母親は庭先で洗濯物を干している。そばの縁側では幼い女の子が人形遊びに夢中になっている。男性も軍需工場に出勤途中で満員の路面電車に乗っている。市内ほとんどの中学校、女学校の一年生は、建物疎開の作業に動員され、市の中心部の屋外で教師の指示を聞いていた。

時すでに遅し！　八時一三分三〇秒、エノラ・ゲイの爆撃手トム・フィリビー少佐が照準器をのぞきこむ。さんさんとふり注ぐ朝日の下に、広島の街はむきだしのまま、目標である市中心部の相生橋もはっきりと見える。迎え撃つ戦闘機一機も上がってこなければ、一発の高射砲弾も撃ちあげられてこなかった。

ＮＨＫ広島放送局の番組がとつぜん中断されて、アナウンサーがあわただしく原稿を読みはじめる。「中国軍管区情報、敵大型機三機が西条上空を……」。しかし、時すでに遅し！

米軍機は市民の頭上めがけて、人類初の原子爆弾を投下する。原子爆弾は、ねらったＴ字型の相生橋をわずかにはずれ、橋の南東、広島市細工町二九－二（現在は広島市中区大手町一－五－四）の島病院（現在は島外科）の上空五八〇メートル[*1]で大爆発を起こした。午前八時一五分。大地を引き裂くような鋭い閃光と、耳をつんざく轟音とともに、かつて人間が、体験はもちろん想像もできなかった爆風と熱線と放射線が市民を襲い、都市そのものを壊滅させた。

2　つづいて、長崎に原爆投下

第一目標は小倉　広島市に原爆が投下された三日後の八月九日午前二時四七分（日本時間）、B29爆撃機ボックス・カーが、ファットマン（太っちょ）と呼ばれる原子爆弾（プルトニウム爆弾）を搭載し、他の二機とともにテニアン基地を飛び立った。硫黄島に北進し、そこから九州の屋久島上空をめざし、七時一五分到着する。そこで三機編隊を組み直す予定であったが、観測撮影機が現れず、八時五〇分、計測機と二機だけで同島上空を出発、九州東海岸ぞいに、第一目標の小倉市に向かって北上し、九時四五分に到着する。

目視攻撃ができず　先に飛来した気象偵察機からは、第一目標（小倉）、第二目標（長崎）とも天気良好と報告を受けていたが、この時刻には、前夜空襲を受けた八幡市からの煙が小倉上空に流れこんでいて、目標の兵器廠《へいきしょう》を見ることができない。ボックス・カーは爆弾倉を開いたまま三回も旋回するが、ついに目視攻撃ができ

長崎に投下されたファットマン

＊1　原子爆弾の爆発高度
広島原爆の爆発高度は従来、五八〇メートルとされている。広島・長崎原爆放射線量新評価システムＤＳ02は、六〇〇メートルとした。八六年につくられたＤＳ86について「広島の爆心地から一・五キロ以遠の地点で、中性子による放射化物の測定値と、計算で求めた値が合わない」との指摘から新たにつくられたＤＳ02は、広島原爆の爆発力も一五キロトンから一六キロトンに修正。長崎原爆は爆発力、爆発高度とも修正はなかった。計算の基礎となる爆心の位置は、広島で従来より一四・七メートル、長崎で二・五メートル、いずれも西側に移動する必要があるとしている。

なかった。そのうち雲を貫いて日本軍の高射砲弾が炸裂し、戦闘機も舞い上がってきたので、小倉をあきらめ、目標を長崎に変更する。

　ボックス・カーは長崎に直進したとされるが、大分県佐賀関から九州を横断したという記録もある。一〇時五〇分、機は長崎上空に到着した。長崎は空襲警報が解除され、路上で遊ぶ子らも仕事をしているおとなも、B29の爆音を聞いた。

　雲の切れ間に　長崎の投下照準点は中島川中流の賑橋付近であった。市の中心部である。命令は、照準点を見定めての目視攻撃だったが、目標上空は厚い雲に覆われて見定められない。ボックス・カーは燃料も乏しくなって、テニアン基地までの帰投はおろか、沖縄までがぎりぎりという状態になっていた。

　操縦士は一回だけ旋回して帰路に向かおうと思った、その瞬間、ぽっかりと開いた雲の穴を通して、浦上川地域の三菱グラウンド（浜口町）から三菱製鋼所（茂里町）一帯が見えた。

　二発目の原爆、ファットマンが高度九六〇〇メートルの上空から投下された。投下目標の三菱製鋼所から北へ五〇〇〜六〇〇メートル、初期の目標の賑橋あたりから北北西に三・二キロ離れた、松山町一七一番地（現在の原爆落下中心地公園内）上空約五〇〇メートルで爆発した。午前一一時二分。地上に二度目の原爆地獄が現出した。

3章　原爆がもたらした被害

　この編では、「1章　きのこ雲の下で」の三人の被爆者の個人的体験を通して、ヒロシマ・ナガサキの〝地獄〟を見てきた。その被害の全体像は長い歴史の過程を通してしだいに明らかにされていくことになる。ここでは被爆後一一年にして日本被団協に結集するまで、アメリカの原爆被害隠蔽政策とそれに追随した日本の政府によって放置された全国の被爆者が背負わされた苦難をとおして、原爆の破壊・殺傷能力とそれがもたらした被害の全容の一端を客観的にまとめたものを示すことにする。

原子爆弾の爆発と被害

原子爆弾
　広島の原料はウラン二三五の塊二個、合わせて約一キログラム。二個の塊をぶっつけて圧縮し、連鎖的核分裂を起こす臨界密度をつくった（砲身型）。連鎖的核分裂にあずかったのは約八〇〇グラムで、残りは未分裂のまま火球の中で気化し

1　瞬時に生じたこの世の地獄

原子爆弾の破壊エネルギー　広島と長崎に投下された原爆は、ウランやプルトニウムの原子核に内蔵されていたエネルギーを熱線、爆風、放射線として一挙に放出し、これらが複合した巨大な破壊的エネルギーとなって、人類がそれまでに経験したことのない大量破壊、大量殺戮の被害をもたらした。両市は瞬時にして崩壊した。

　原爆による**熱線**は、多くの焼死者を生み、火傷を負わせた。爆心から二キロ余りの地点でも火災を引き起こした。燃え広がった火は、倒壊した家屋とその下敷きになった人びとを呑み込んだまま、街を総なめにした。なんとか火炎をくぐり抜けて周辺地区に脱出できた人の中には、顔に浴びた熱線で目、鼻、口が焼けただれ、どこのだれか見分けのつかぬ人も多かった。ずるりとむけた皮膚をぼろぎれのようにぶらさげた両腕を胸の前に突き出して、幽霊の群れのようにあてもなくよろめき歩く人の姿がいたるところに見られた。

　爆発直後、原爆が放出した**衝撃波**とそれにつづく**爆風**によって、地面や障壁にたたきつけられ、無残な死を遂げた人びとも数限りない。眼球や内臓が飛び出したままの死者もあった。また市街地の鉄骨建造物などにすら倒壊や破壊などの甚大な被害を及ぼした。一・五キロメートル内の木造家屋は一瞬にして倒壊し、家屋の中にいた人びとを押しつぶした。脱出できなかった人びとは生きたまま焼き殺された。家屋の損壊は五キロメートルまで及んだ。

　原爆が**放射線**を放出したことは、そのときはだれも知るよしもなかった。核分裂で多量に放出された中性子線とガンマー線は高熱を発生し、地上に降りそそいで人間の細胞を破壊し、地上の物質を放射能をもつ物質に変えた。核分裂しないで取り残されたウラニウムやプルトニウムは、プラズマ状態の火球となって、きのこ雲の上昇気流にのり、上空に運ばれ、やがて、微粒子化した残留放射性物質として、塵やほこり、黒い雨や黒い煤《すす》とともに、広範な地域に降り注いだ。これら残留放射性降下物は、体や衣服や地上のあらゆるものに付着し、被爆者の体の外から放射線を浴びせた。また、鼻から吸い込んだり、汚染された水や食物によって体内に取りこまれた放射性物質は、体の中から放射線を細胞に浴びせ、傷つけた。

　きのこ雲の下でもがきうめいていた近距離被

た。連鎖反応で放出されたエネルギーは一五キロトンのＴＮＴ爆薬を一挙に爆発させたのに相当。
　長崎の原料はプルトニウム二三九の塊一個、周りから圧力をかけて臨界密度に高めた（爆縮型）。連鎖反応で放出されたエネルギーはＴＮＴ二一キロトンの爆発エネルギーに相当。

図１　広島型原爆と長崎型原爆の構造図（図説ヒロシマを世界にから）

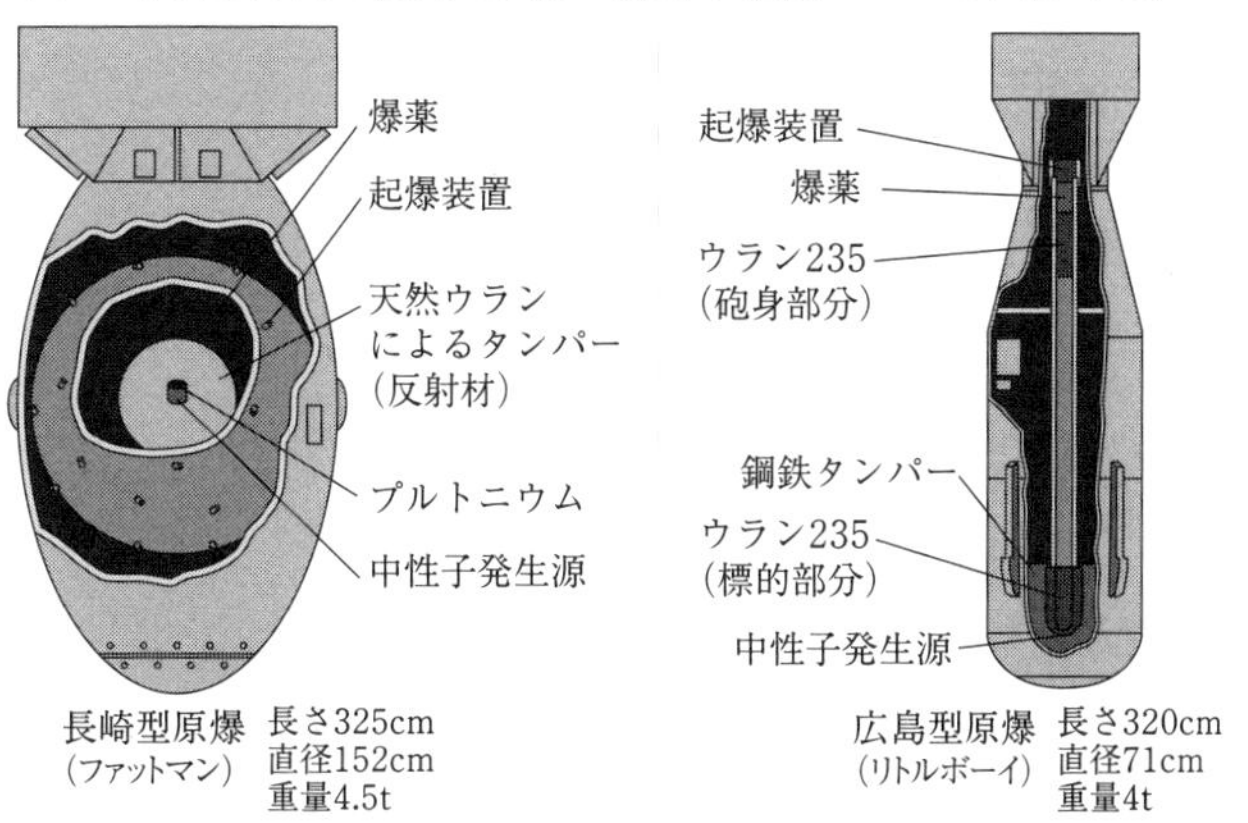

・八月六日八時一五分　広島市上空六〇〇メートルで爆発
・八月九日一一時二分　長崎市上空五〇〇メートルで爆発

爆者はいうまでもなく、家族・知人などの捜索・救援、また死体処理のために爆心地近くに入市した人びとや遠距離で被爆した被爆者のなかからも、残留放射線による急性原爆症を発病するものが現れ、重篤のものは命を奪われた。

やけどやけがを負っていない無傷の人までもが奇妙な死に方をするのをみて、当時の人びとは、「悪いガスを吸ったから死んだんだ」と噂をしていた。

かろうじて生き残った被爆者も、多くが、父や母、兄弟、子どもなど家族や身内、友人、知人など、頼りにする人を失った。また住む家や家財などの生活の足場、さらには職場までも失って、生活のすべさえ見出せず、健康上の障害を背負った身で、絶望の淵に立たされた人も少なくない。

2　原爆が人間にもたらした被害

このような原爆の被害は、人間として許されることなのだろうか。「受忍」できることなのか。

一九八〇年に原爆被爆者対策基本問題懇談会が「国の存亡をかけての戦争における市民の生命・身体・財産の犠牲は受忍しなければならない」という趣旨の意見書（基本懇答申）を厚生大臣に提出し、「原爆被害受忍」論を押しつけ、国の政策として方向づけた。

これに対して、日本被団協は、一九八五（昭和六〇）年に独自の「原爆被害者調査」を実施し、原爆の被害はとうてい受忍できるものでないことを事実をもって示した。以下の数値は、とくに指摘をしないかぎり、この八五年調査によるものである。

(1)「いのち」「からだ」の被害

あの日の死者の状況　赤く焼けただれてふくれあがったしかばねの山、眼球や内臓のとびだした死体、黒焦げの満員電車の中の死体の群、倒れた家の下敷きになり、生きながらにして焼き殺された人びと、迫りくる火事嵐に追われてあちこちの防火用水に数人で寄りそって浸かったまま黒焦げになった人びとなど、凄惨な死のありさまを伝える証言は枚挙にいとまがない。

そのような死に追い込まれた当日死者の六五%は、一〇歳未満の子ども、そして女性と六〇歳以上の年寄りであった。年代別では一〇歳代前半の少年・少女たちの死者（二七%）がとくに目立っている。これは、広島では当日（八月六日）、中学校・女学校の一、二年生が建物疎開

原爆のエネルギー

核分裂の連鎖反応は一〇〇万分の一秒という短時間に起こり、このとき多量の放射線（中性子線とガンマー線）を放出、超高温・超高圧の火球となり、急速に膨張、衝撃波と光線を発し、約一万メートルまで上昇した。

図2　原爆から放出されたエネルギー

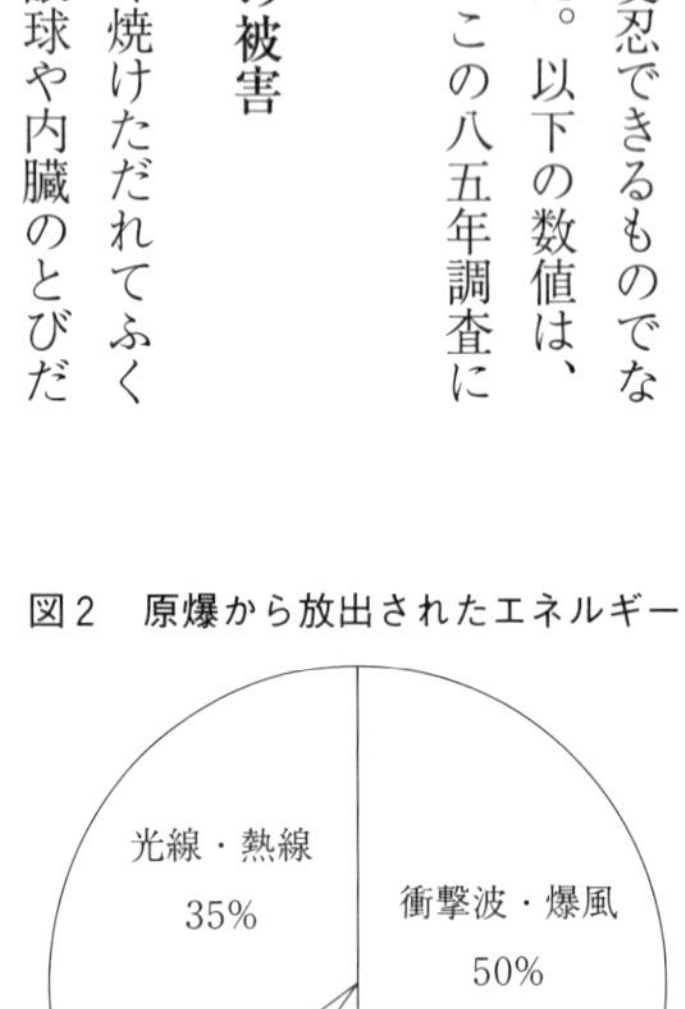

原爆から放出される**初期放射線**は中性子線とガンマー線からなり、残留放射線は誘導放射線と放射性降下物からの放射線からなる。

誘導放射線は、初期放射線の中性子線が空気中、あるいは地上の物質を放射性物質に変える（誘導放射化）ことによって生じる。金属、土、砂塵、煤などから放出された。人体の原子も誘導放射化される。

放射性降下物は核分裂生成物、未分裂の原料（ウラニウム、プルトニウム）が気化して原子雲の中で微粒子となり、その他の放射化した微粒子などとともに降下した。

雨滴の中に凝縮して降下したのが「黒い雨」で高い放射能を帯びていた。

放射性物質からはベーター線やアルファー線な

に動員されて、野外にいたために、全滅に近い約五〇〇〇人が死亡したことが反映したものといえる。原爆は、戦闘行為に関係のない非戦闘員に無差別な殺戮をくわえている。

一挙に都市が破壊され、その社会的機能が喪失したとき、だれかにその死をみとってもらい、遺体を確認してもらうことは、ほとんど不可能なことであった。「あの日」の死者にとって、家族に会えて、みとられて死亡したのは、わずか四％にすぎない。また爆死者の四〇％は行方不明で、六二年後の今もなお遺体や遺骨も確認できず、その死はだれからも確かめられていない。

倒壊した建物の下敷きになり脱出できなかった被爆者は、いたるところで着火し、燃え広がった劫火によって生きたまま焼き殺された。このように圧焼死した死没者は当日死の四〇％以上を占めており、広島、長崎両市で一〇万人近い被爆者が、何が起こったのか、ことの真相を知ることもなく、生きたまま焼かれて命を奪われたのである。

大やけどを負い、大けがをしながらもかろうじて歩けるものは安全な場所を求めて歩き出した。とりわけ、広島の爆心地近くの野外で作業をしていた数千人の老若男女が衣服もろとも体を焼かれ、はぎ取られた皮膚をぼろぎれのようにたれ下げて大集団で歩いていたありさまは、まさに幽霊の行列に見えたと目撃者は語っている。途中歩けなくなった人は、道ばたといい、川のほとりといい、川の中といい、たどりついたその場で息絶えた。

当日に被災地に到着した軍の救護隊は重傷者で生存している被爆者の収容を開始するが、生きていても死んでいると思われ見捨てられたものもいた。広島では、広い道路や練兵場、縮景園など広い空き地や市外の学校などが救急救護所になった。筏《いかだ》を引いた団平船《だんぺいせん》が川をさかのぼり、水中や川岸から収容した負傷者を宇品や似島の陸軍兵舎や検疫所に搬送した。長崎では倒壊を免れた学校に収容し、市外にあった数カ所の軍の病院にはトラックや列車で搬送した。

救護所ごとの負傷者の数は数十、数百におよび、収容された重傷者の多くは自分の名まえを告げることもできず絶命した。だれからもみとられることもなく、安否を求めた家族にとっての手がかりさえ残すことができなかったのである。

年内死者の状況　あの日、原爆の劫火の中をくぐり抜け、直爆死をなんとか免れた被爆者にも、安堵のときはなかった。次から次へと原爆

どが放出される。人体に付着したり、吸収された放射性物質からの放射線被害の原因にもなる。
衝撃波・爆風＝爆発点は数十万気圧の超高圧で秒速二八〇メートルで移動し、三〇秒後には約一キロメートルに達した。その後、爆心の上昇気流を補うため内向きの風が流れこんだ。衝撃波は

図3　爆心地からの距離と熱線・爆風・初期放射線量

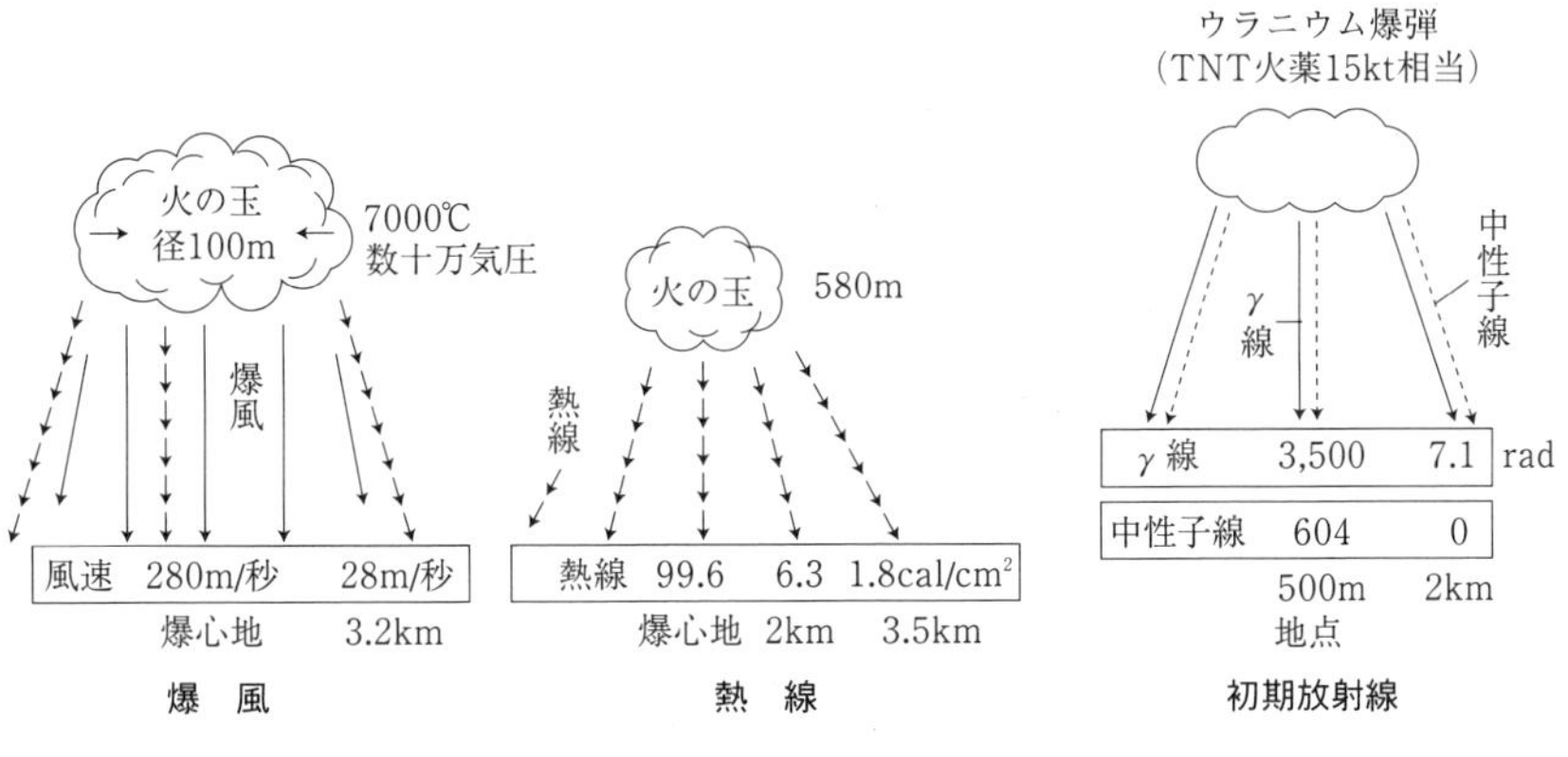

の魔の手が襲いかかったからである。

被爆の翌日から一週間の死者は、大やけどによるものが大半だった。けが、やけどが死因となった人のほとんどは、八月中に亡くなっている。

二週目に入ると、放射線が原因の原爆症による死者がしだいに増加をみせ、八月末までにはやけどによる死者を上回るようになり、九～一二月の死者の大部分は原爆症による死となった。

運よく大けが、やけどなどの外傷を受けることもなく、ほとんど無傷のように見えていた人でも、大量に放射線をあびた被爆者は、ある日突然高熱におかされ、何らの手のほどこしようもないうちに亡くなっていった。

爆発時の初期放射線だけでなく、誘導放射化物や放射性降下物などによる残留放射線をあびた入市被爆者のうちにも急性症状を発症し、死にいたるものが現れた。

昨日まで元気そうに見えた人の死を見たり聞いたりした被爆者は、明日はわが身かと死の恐怖を覚えて、不安の日々を送った。


急性症状　かろうじて死を免れた被爆者にも、急性症状は容赦なく襲いかかった。年末までに急性症状が出た人は、直接被爆の場合五八%に及んだ。入市被爆三九%、救護被爆二九%など、残留放射線だけをあびた被爆者にも発生した。

放射線による急性症状には、下痢、血性下痢、発熱、喉の痛み、紫斑・紅斑、ひどいだるさ（倦怠感）、頭痛、めまい、はき気、歯がぬける、食欲不振、脱毛、出血、貧血、白血球減少などの症状があげられる。原爆の放射線による急性症状は、これらのさまざまな症状が複合して発症した。

当時は、原爆症についての知識はまったくなく、また放射線による障害についても、十分な知識はなかった。そのうえ、アメリカ政府の原爆被害の隠蔽政策によって、被害に対する対応などについての情報はいっさい提供されなかった。えたいの知れない症状に医師たちは戸惑い、発病した人はいうまでもなく、まだ元気な人までもが、死の不安にかられて苦しんだ。

年内の死没者の数　ところでいったいどれほどの人間が、原爆によってこのようなむごい死を強いられたのであろうか。その数は正確にはわからない。
原爆のもたらした破壊があまりにも大きかったこと、都市機能の壊滅的な喪失によって公的資料や記録が大量に焼失したことなどの理由も

爆心地から五〇〇メートル地点では秒速二八〇メートル、二キロメートルで秒速六〇メートルで、一・五キロメートル内の木造家屋は一瞬にして倒壊した。鉄筋コンクリートの建物も崩壊した。

火球と熱線＝爆発直前の火球の温度は数百万度、その半径は約一五メートル、さらに膨張を続け、地表に到達したときの中心地の温度は約六〇〇〇度、熱エネルギーは、一平方センチメートル当り約一〇〇カロリーに達した。熱線は人びとの体を焼き、地上の至るところで着火し、燃え広がり倒壊した建物を焼き尽くした。
爆風と熱線により、広島の二キロ以内は灰燼と化し、三キロ内の建物の九〇%が焼失・破壊した。また、長崎では市街地が爆心地から離れていたにもかかわらず、二九%が全焼・全壊し、七一%が半壊・損壊した。

原子雲（きのこ雲）**の形成過程**
連鎖的な核分裂で生じた一〇〇万度以上の火球（図4a）は、急激に膨張し、一〇〇〇分の一秒では直径三〇メートルで三〇万度になり、上昇し、その表面は衝撃波の壁ができてさらに拡がる（図4b）。火球の下の上昇気流は地上や空中の小破片を取り込みながら高度を上げていき、一分後には火球は横に拡がる白雲に消えていく。きのこ状雲の円柱には爆心地の火炎からの黒煙が巻き込まれて上昇し（図4c）、高度を上げながら（図4d）、二〇分後には成層圏に到達して積乱雲のようになり、成層圏の風の向きに流れ始める（図4e）。
黒い煤や放射性微粒子は黒い雨となって降下し、そのほかの放射性降下物も広範囲に落下してきた。

あるが、最大の理由は、政府が被害の実態を調査することをまったく怠ってきたことにある。国は戦争の被害を正確に把握することを避けてきた。原爆被害をはじめ、東京などの空襲被害にたいしても、被害の実態についての調査も行なっていない。

被爆直後の死者数については、国が行なわない調査を広島市、長崎市は独自に重ねてきた。また、民間の団体、研究者機関なども推定数を発表している。

そうしたなかで、その年（一九四五年）の年末までに死亡した被爆者数として現在もよく使われているのは、広島が十四万±一万人、長崎が七万±一万人という数である。

この推定数は、一九七五年に広島・長崎の専門家が参加した調査により、確度の高い推定値として発表され、一九七六年一〇月に、「核兵器全面禁止国際条約締結・核兵器使用禁止の法措置の実現」を国連に要請する第二次国民代表団が国連事務総長に提出した文書「広島・長崎の原爆被害とその後遺」の中で、公にされた。

その後一二月に広島・長崎両市長が国連事務総長に提出した報告（「核兵器の廃絶と全面軍縮のために」）にも記載された。また、一九七七年夏、日本で開かれたＮＧＯ国際シンポジウム「被爆の実相とその後遺・被爆者の実情」（「七七シンポジウム」）で国際的にも追認された。

⑵　被爆者を襲いつづける放射線障害

原爆の魔の手は、年が明けてからも休みなく、被爆者の上に襲いかかった。

戦争に敗れた日本の軍隊は崩壊し、重傷の被爆者の多くが収容された軍の病院は国立の一般病院に改組された。医療陣が代わるなかで治療が引き継がれたが、治療半ばで退院を余儀なくされるものも数多くあった。

被爆直後は、放射線の医学知識も不十分だったこともあって、治療にあたる医師は試行錯誤を繰り返さざるをえなかった。医療器具も医薬品も不十分だった。柿の葉を煎じて飲めばいいなど、民間療法が口伝えで広がった。

アメリカの隠蔽政策とＡＢＣＣ　常に原爆被害を隠蔽して軍事利用のためのデータ収集をはかるアメリカは、被爆者の治療に役立つ情報を提供するどころか、医師たちの自主的な研究、意見交換をこころよしとせず、印刷による報告を禁止したりした。一方で、いち早く原爆傷害調査委員会（ＡＢＣＣ）を設置して、一九四七年には広島で、翌四八年には長崎で、被爆者の調査を開始した。しかし、ＡＢＣＣは被爆者の

図４　原子雲（きのこ雲）の形成過程

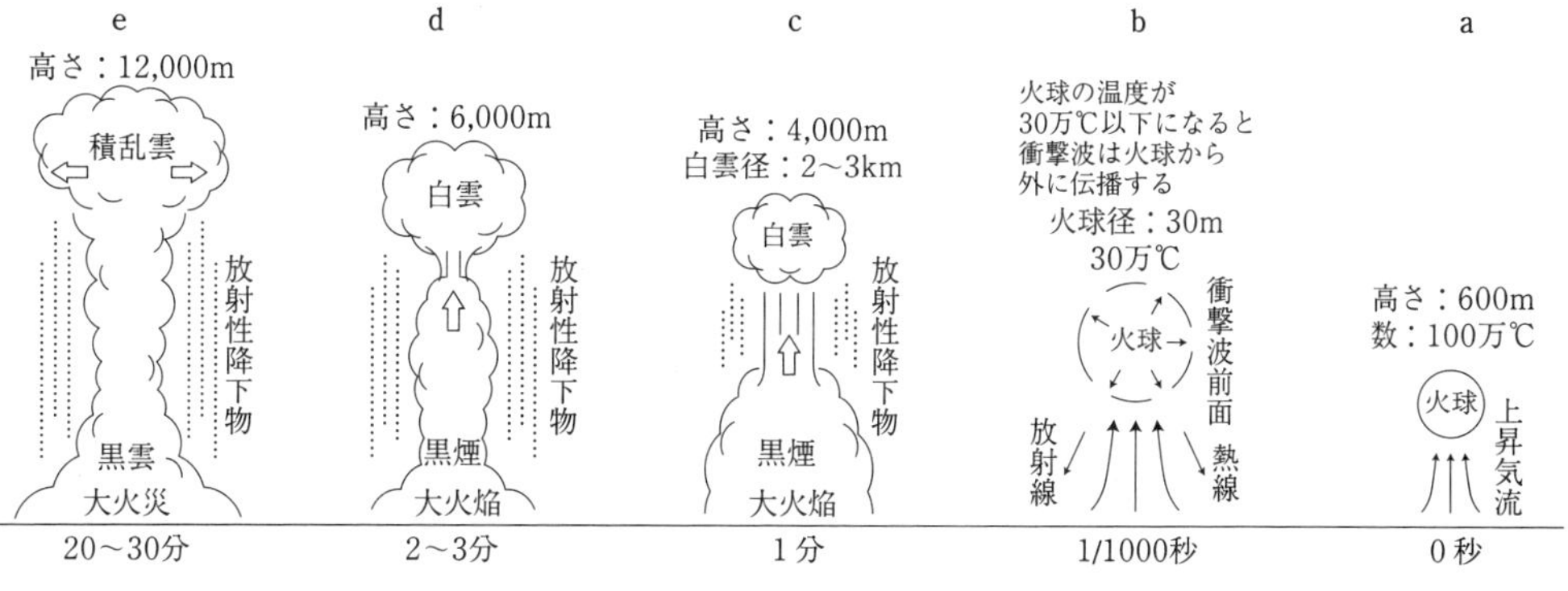

希望する医療を行なうことを拒否し、被爆者をモルモット扱いすると被爆者の怒りをかった。

しかも、ＡＢＣＣは、一九五〇年に実施された国勢調査の付帯調査として、全国の被爆者数を調査した。この調査はその後の疫学調査の対象者を選ぶ目的で行なわれたので、死没者調査はなされていない。しかも、このときの調査資料は長いあいだ公開されなかった。この調査で全国の被爆者数は二九万三〇〇〇人あまりが明らかにされている。この調査の全国の被爆者の県別分布数と、一九五七年に「原爆医療法」が施行され、被爆者健康手帳が発行されて初めて明らかになった全国の被爆者の各県の分布は、大きい都市部を抱える県、首都圏の増加をのぞくと極めて類似していた。

被爆地を離れたがための苦しみ　軍隊や徴用、勤労動員で全国から広島と長崎にきていて被爆した人びとも少なくない。これらの人は放射線をあびたことの自覚のないまま、その恐ろしさを知らないまま、それぞれの郷里に帰り、広島や長崎の原爆の被害のことや放射線の後遺症などをまったく知らない地域で、急性症状や原爆ぶらぶら病を発症し、一人で苦しむことになった。治療らしい治療を受けることもできず、本当の死因も不明のまま、死んでいった被爆者もあったに違いない。このような死者の実態は今日も不明のままである。

多くの被爆者がいた広島や長崎などでは、被爆者にさまざまな後遺症が発症することが分かってきて、現地の医師会や国立病院に組織替えになった病院の医師たちが、治療費を満足に払えない原爆症患者の治療をボランティアで行ない、えたいの知れない症状にたいしても試行錯誤の治療を重ねた。広島市、長崎市も放置できず、自治体独自の援護策を講ぜざるをえなくなり、国の助成を求める声が大きくなっていった。国の対策がとられるようになるのは、実に、被爆後一二年を経てからである。

後遺症に苦しむ　火傷の傷跡は傷口の肉が盛り上がるケロイドとなり、盛り上がる肉塊を切除しても、ふたたびケロイドとなり、長いあいだ、どのような処置も受けつけなかった。放射線による治癒能力の減退が理由と考えられた。十数年を経て手術の効果が現れるようになったが、ケロイドが顔や手足など露出部に現れた被爆者はさらし者をみるような目に耐えられず、外出を嫌い、劣等感に苦しみ、深い心の傷となって苦しみつづけた。自殺をはかるものも少なくない。

年を経るにしたがい白血病が急激に増加した

原爆死没者について

原爆による死没者数を考える場合、放射線被害の持続性のため、被害が今日までつづいており、原爆死没者数を示す場合は、いつの時期までの数かを注記する必要がある。

爆心地からの距離と死没者（一九四五年一一月）

広島　五〇〇メートル内……………九六・四%
　　　〇・五～一・〇キロメートル…八三・〇%
　　　一・〇～一・五キロメートル…五一・六%
長崎　八〇〇メートル内……………八八・四%
　　　一・〇～一・五キロメートル…五一・五%

図5－1　当日死没者の年齢構成

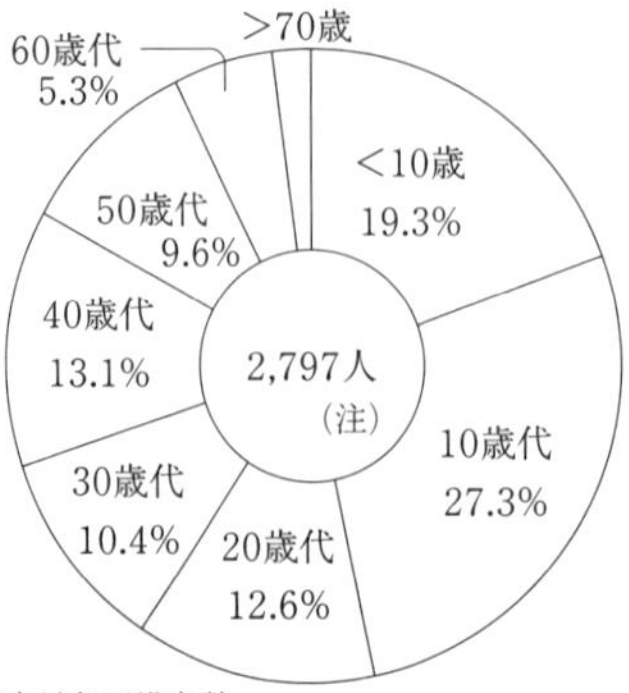

図5－2　当日死没者の死にざまと全死没者に対する割合

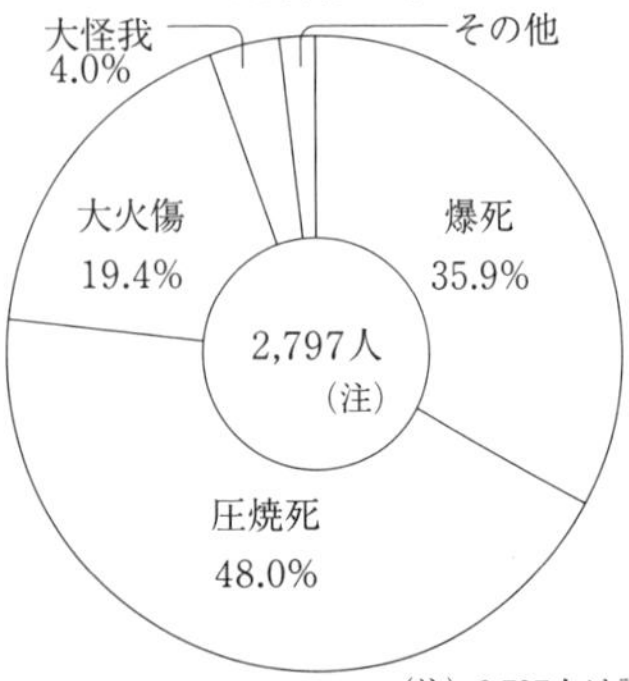

(注) 2,797人は調査対象死没者数

＊日本被団協「原爆被害者調査」(1985年) から。

が、一九五二年にピークを迎えて減少していった。当時の白血病は死の病であり被爆者を恐怖に陥れた。このことは、放射線による晩発障害として被爆者に現れるがん発症のリスクが高いという前触れであったといえよう。

母親の胎内で被爆した子どもの中には、小頭症と呼ばれる、知恵遅れの子どもが生まれていることが明らかになった。原爆の放射線はおなかの中にいる胎児の体まで、残忍にも傷つけた。小頭症患者とその親や家族は生涯ぬぐい去ることのできない苦しみを背負わされることになった。

⑶　社会的（くらしの）被害

病気と貧困の悪循環　原爆は、人間の健康だけでなく、生活にも壊滅に近い破壊をおよぼした。都市機能は完全に破壊され、住む家も、職場や、近隣の人びととのつながりも失って、一家の柱を失った家庭や、家族が離散した家庭は、生活の基盤が一変して、健康の障害と貧困の悪循環に苦しみ続けることになった。

集団疎開を強制されていた広島の小学校高学年の児童のうちには、家族が全滅して原爆孤児になったものも少なくなかった。似島学園のような孤児収容所もつくられたが安住できるところではなく、街頭に出て自らで働く手立てをもとめる子どももあった。

戦争中にあった、戦時災害保護法も一九四五年の一〇月で打ち切られ、救護所は閉鎖し、政府の援護はまったくなくなり、政府から完全に見捨てられた。

被爆後、市街地の再建がはじまり経済活動が再開されても、健康をこわされた被爆者は、働けなくなって、その新しい戦後の経済生活にもついていけない人が多くいた。原因不明の倦怠感のため、働こうとしても体が動かず、怠けていると考えられて、職場を転々と移り変わるなど、悪循環の窮状を訴える被爆者も少なくなかった。この倦怠感をともなう症状は、やがて、「原爆ぶらぶら病」と呼ばれるようになった。

この「原爆ぶらぶら病」は、被爆者に特有な疾病であるばかりでなく、そのくらしにとっても大きな苦難のもとであった。この病気は今日も未解明のままに残されている原爆被害である。

被爆直後、市外の親戚や知人宅で納屋を借りたり、一部屋を一家で借りたりしての生活は長つづきはしなかった。それすらできなかった人は、焼け跡にバラックを建て、六畳間程度の狭

原爆死没者数の推定

以下の報告は広島市調査課の発表を除き、一一月後の年内調査結果である。

日米合同調査団による、死没者調べ

広島　六万四六〇二人（一九五一年報告）

長崎　三万九〇〇〇人（一九五六年報告）

広島市調査課発表・被爆後一年間の死者

一二万二三三八人（一九四六年八月）

長崎市原爆資料保存委員会

七万三八八四人（一九四九年）

原爆死没者数の推定はその年（一九四五年）の一二月末までの死没者が例示される場合が多い。

一九七六年、核兵器全面禁止国際条約締結・核兵器使用禁止の法措置の実現を国連に要請する第二次国民代表団が国連事務総長へ提出した文書「広島・長崎の原爆被害とその後遺」では、広島・長崎の専門家が参加した調査により広島の場合一四万人±一万人、長崎では七万人±一万人が原爆死没者の推定数として取り入れられた。

広島の場合の推定数は、四万人以上いたと思われる軍人死者も含んだ推定である。また、広島では、定住したり、徴用で連行されていた数万人の朝鮮人（韓国人）も被爆し、かなりの死没者があったが、この推定値には含まれていない。

この数字は一九七七年に開催された、国連NGO主催の「被爆問題シンポジウム」のなかで国際的にも追認された。

国（厚生省）による原爆死没者調査は被爆後四〇年を経た一九八五年にはじめて実施された。長年にわたる日本被団協の強い要請によって行なったもの。国勢調査の中で行なうことを求めたにも

い部屋に一家数人が生活するのもまれではなかった。長崎では丘や山の麓に、防空壕として掘られた横穴がすべて住居として使われた。

焼け跡にバラックを建てて生活を始めた被爆者は、土中に堆積した残留放射性物質からの放射線に毎日さらされることになった。九月一七日から一八日にかけて広島を襲った枕崎台風が表土を流し去る前に住みついた非被爆者の中からも、原爆症としかいいようのない症状を発症した人たちがいたといわれている。

台風や豪雨はバラックや横穴で生活の立て直しを始めた被爆者に大きな打撃を与えた。太田川の氾濫などで死者がでたが、広島に滞在していた京大などの調査団員もその被害にあった。一方では、堆積していた残留放射能を洗い去ることになり、残留放射線による被害を軽減することにもなった。

長崎も九月二日から三日にかけて豪雨に襲われ、表土が洗われた。

広島市や長崎市が木造仮設住宅の建設を始めたが、外地からの引揚者も多く需要に応えきれるものでなかった。広島の軍用地の跡地に自然発生的にバラック街ができて、長年にわたって貧しい被爆者の一大集落として残った。その後市営住宅の建設のための立ち退きに抵抗をした被爆者もあった。

働き手を失った多くの女性や母子家庭の母親が日雇労働者として、自治体が開始した復興作業の現場で働くすがたが数多くみられた。一日の仕事の賃金でその日の一家のくらしを支えるのが精いっぱいであった。

侵されつづけるくらし　人間の一生には、だれもが、進学、就職、結婚、出産、育児などの節目がありこれらを乗り越えて生きていく。被爆者の場合には、これらの節目ふしめに大きな困難が立ちはだかった。健康破壊をはじめとして、戦後の被爆者家族の多くのくらしは、総じて、いつでも崩れ去るような薄氷の上にのっていたにひとしかった。

まず就学や進学のうえで支障が起きた。家族の死や病気のため、また本人自身の病気のために、進学や進級がおくれたり、学習をつづけるのも容易ではなかった。就職や仕事のことでも苦労した。家族が崩壊し財産を失った被爆者にとって、生計を立てていくには、まさに体が資本であった。だがその体が病気がちであったり、ケロイドをもっていたり、負傷して障害者になっていた場合、それは就職するうえでも仕事をやっていくうえでも大きな支障となったのである。

かかわらず、厚生省の調査として実施されたために、多くの不十分さを残した。

この調査による広島、長崎の死没者数（一九八五年調査時まで）は次のとおりであった。

広島　二〇万一九九〇人

長崎　九万三九六六人

確認が困難な死者　二万五一九〇人

原爆傷害について

悪性腫瘍の潜伏期

原爆被害者にみられる悪性腫瘍の潜伏期は、被爆時年齢別に検討しなければならないが、この図は、これまでの発生率・死亡率に関する報告をもとにして、発症時期の大略を、潜伏期………、増加が疑われる━━、増加がみられる⊂⊃で示したもの。

白血病は一九五〇年ごろより、甲状腺がんは一九五五年ごろより、乳がん、肺がんは一九六五年

図6　悪性腫瘍の発生時期

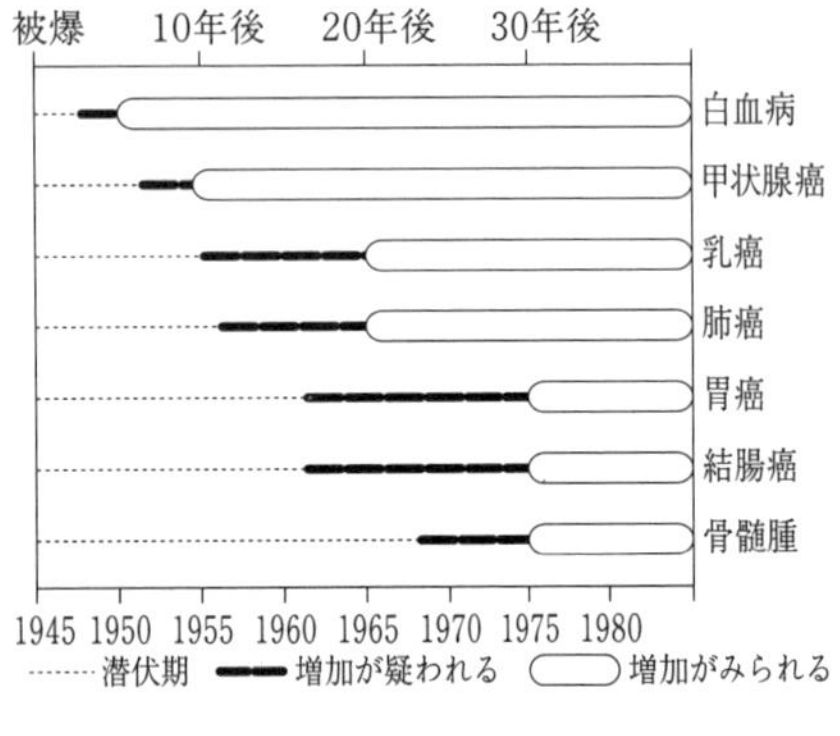

多少の財産を確保できたものの、病気の治療費ですべてを失った人も少なくない。

被爆によって家族が崩壊した被爆者にとって、新たな人生に踏み切ろうとするとき、その前に立ちふさがったのが、結婚の問題であった。男性も女性も結婚について悩んだ。白血病が多発したりするなかで、奇形児が生まれる、生まれた子どもは健康でない、汚れた血が家系に入るなど、放射線にたいする誤った情報が流れ、結婚に反対されることが多くなった。そのため、結婚をあきらめるか、被爆者であることを隠して結婚した。隠して結婚しても、被爆者であることがあとで分かって、離婚させられた被爆者も少なくない。

結婚しても子どもへの不安があった。子どもはつくらないことを心に決めて結婚した被爆者もある。子どもが生まれてくるときは子どもが五体満足かということが心配になった。ふだん被爆の話などしたことのない人でも、「五体満足な子どもが生まれたとき踊り上がった。あの嬉しさは忘れられない」と語っている。女性の場合、その重苦しい不安は想像をこえるものがあった。

女性の場合には、その他に病弱のために家事を満足に果たせなかったり、被爆したことを隠して結婚したために、家庭の不和や離婚の憂き目にあって苦悩した人も少なくないのである。

社会的差別　被爆者が、日常生活をするうえで社会的な差別を受けたことも、原爆被害の一つとして挙げておく必要がある。原爆や放射線被害にたいする無知や無理解、偏見によって、あらぬ侮辱を受けたという証言や相談は、枚挙にいとまがない。

とくに、戦時に、朝鮮半島から連行され、過酷な労働を強いられたあげくに被爆した外国人被爆者は、被爆直後の救援でも民族差別を受けて苦しんだ。戦後、帰国を果たした母国でも、原爆後遺症と貧困に苦しみ、日本に協力したとして裏切り者呼ばわりされるなど、二重、三重の差別を受けることになった。

(4)　精神的な被害

被爆者はたえず、日常と違うことが起こると「被爆のせいではないか」という不安になり、また、どんなに健康であっても「いつ原爆症が発病するか」という不安にさいなまれることが多い。

さらに、健康やくらしの問題に対する苦しみだけでなく「子どもを産むことや生まれた子どもの健康・将来に不安をいだいてきた」と、被

ごろより、胃がん、結腸がん、骨髄腫は一九七五年ごろより、増加が認められている。

晩発障害としてのがんの発生危険率図の説明

原爆の放射線1グレイを被爆した人が、がんにかかって死ぬ割合が被爆しないでがんで死ぬ人と比べてどれくらい高いか（相対リスク）を示している。

相対リスクの値（・）が横軸（下の線）の数値1より大きいがんは、かかりやすいことを示す。黒丸の左右の線は九〇%信頼区間を表している。この値は、被爆者の年齢が高くなることによっても変わってくる。この図は、一九八五年までの結果を示している。

図７　部位別癌死亡率の１グレイにおける相対リスクおよび90%信頼区間　1950〜1985年

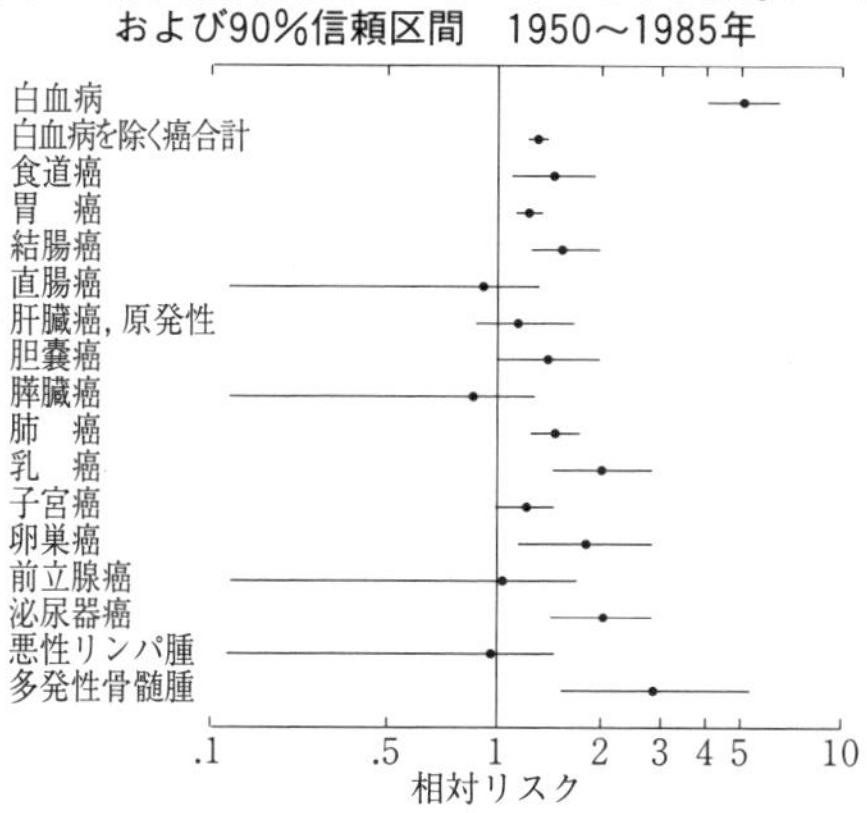

（図3、4、6、7は『原爆放射線の人体影響一九九二』放射線被曝者医療国際協力推進協議会編一九九二年刊等による。）

爆者は自分たちのことだけでなく、後の世代に被爆の影響が及ぶことについても思い悩んだ。

心の傷・罪の意識　原爆は、とても人間の死とはいえないむごい死をもたらした。また人間らしい生も許さぬような被害を与え続けている。あの想像を絶する地獄のような惨状に直面した被爆者の多くが、家族を救い出すこともできず、見殺しにしたまま逃げのびた。自分の身を守ることに追われて、助けを求める人に救いの手をさしのべることもできず、「水！水！」と求める人に水を与えることもなく逃げざるをえなかった。

そのとき被爆者は、人間としてものを見たり、考えたり、行動する余裕もなかった。しかし、そのことがずっと心の傷として残り、苦しむのである。

原爆は、人間が人間でなくなるような反人間的な極限状況をつくり出した。「この世の地獄」とは、街が消え、人が消えただけでなく、被爆した人が人間でありえないような状況などもふくめた総合的な被害のことなのである。

生きる意欲の喪失　さらに被爆者の中には、不安や苦悩の生活を送ってきたために、「こんな苦しみをうけるくらいなら死んだほうがましだ」とか、「いっそあの時、死んだほうがよかった」と考えた人も少なくない。毎日の病気とのたたかいにつかれ、病気がちで家族に迷惑をかける、夢をもてなくなった、心の支えを失った、病気は治る見込みがない、あの日の自分のしたことに心さいなまれてなど、さまざまな死の誘惑に襲われもした。

被爆者は、たまたま広島、長崎にいて被爆したために、一生、被爆者という重荷を背負って生きていくことになった。自分の体験があまりにも苦悩にみちたものだからといって被爆したことを忘れようとしても、また就職や結婚などで受けるさまざまな社会的差別を避けるために、自分は被爆者ではないといったとしても、その人が被爆者であることにかわりはない。原爆はまさに被爆者の「いのち」「からだ」「こころ」「くらし」のすべての面にわたって被害を与えつづけている。

これほど残酷な生があるだろうか。

生きる支え　被爆者は、「生きる意欲の喪失」という茨の道の苦しみに耐え、それを一歩一歩踏み越えて歩みつづけた。

原爆によって家族や資産を失い、人間らしい生を破壊された者として、当然「安定した生活をきずくこと」、「家族に囲まれてくらすこと」という人並みの生活への希求は、だれしもの願

こころにもたらした被害

図8は、次の設問にたいする回答割合である。

〔問19〕あなたは、被爆したために、「こんな苦しみをうけるくらいなら、死んだほうがましだ」とか、「いっそあの時、死んでいた方がよかった」とか、思ったことがありますか。

（前出　日本被団協「原爆被害者調査」より）

図８　生きる意欲の喪失

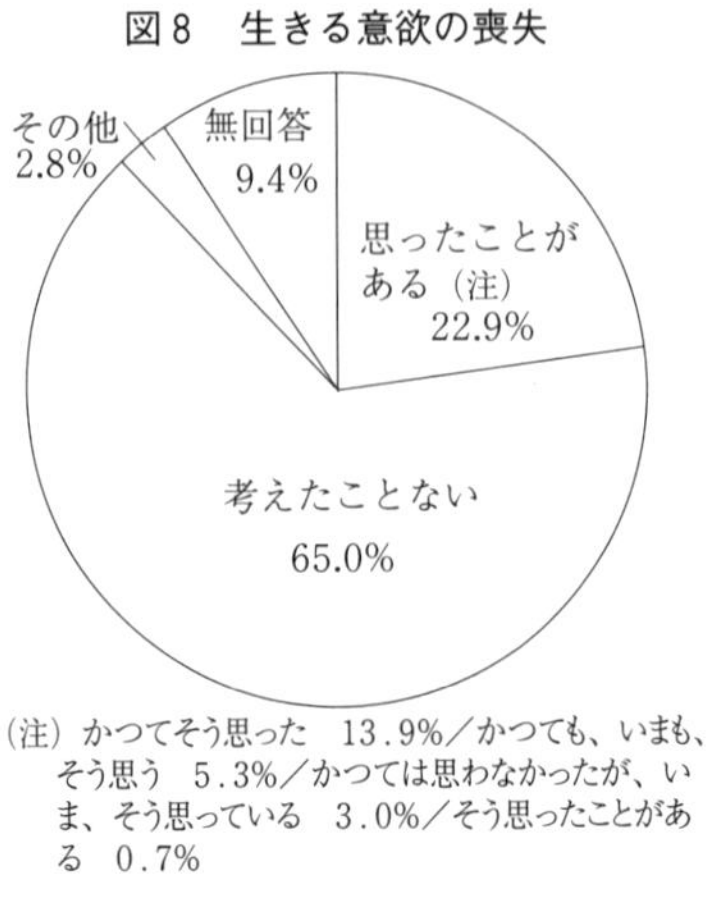

（注）かつてそう思った　13.9%／かつても、いまも、そう思う　5.3%／かつては思わなかったが、いま、そう思っている　3.0%／そう思ったことがある　0.7%

図９　生きる意欲喪失の理由

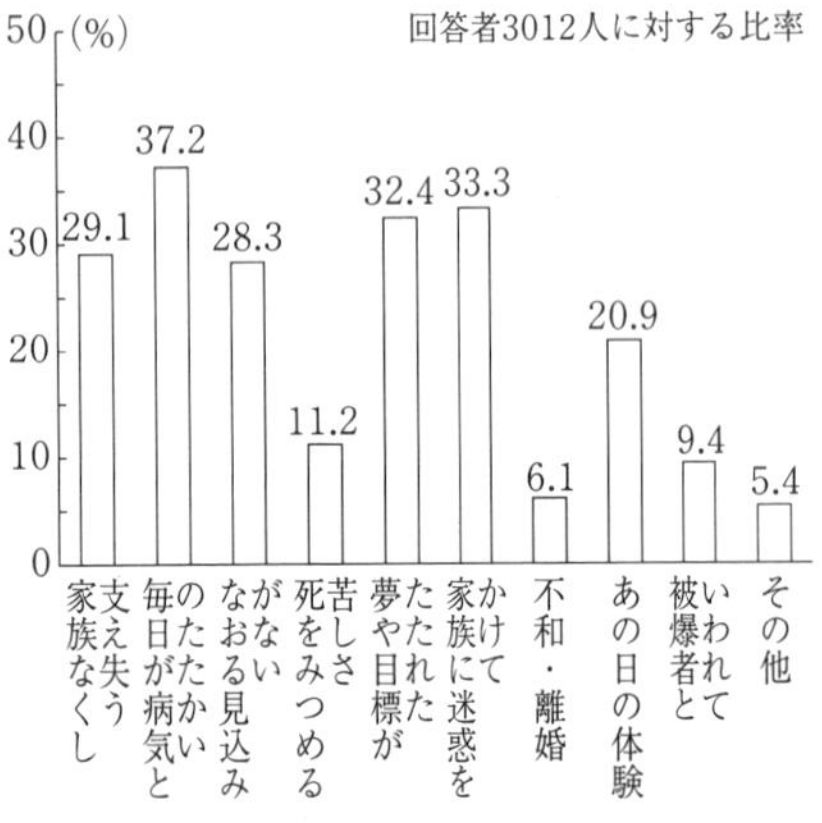

いである。それとならんで多くの被爆者は、「核兵器をこの地球からなくすために生きる」という強い願望をもつようになる。「人間として死ぬことも、人間らしく生きることも許さぬ」被害をもたらし苦しめてきた原爆に、多くの被爆者が、「あらがい」、「人間として生きた証」をきずき始めるのである。

この歩みが原爆を投下したものへの告発、アメリカの占領政策にたいする反対、原爆の非人間性への告発、などさまざまな形となってすがたを現す。そしてそれらの苦しみを乗り越え、励まし合い、生きる証を求めて、被爆者同士の、大小さまざまな互助の組織もできていく。

(5)　原爆被害調査

被爆者たちは、政府自らが原爆被害の調査を行なうことを求めたが、すでにアメリカによる占領が終了しているにもかかわらず、一向に腰を上げようとしなかった。

一九六五年になってはじめて、生存被爆者の抽出健康調査が行なわれ、その後、一〇年ごとに生存被爆者の調査を行なうようになったが、悉皆《しっかい》（被爆者全員を対象とした）調査を行なったのは一九八五年である。

この間、死没者調査を行なうようとの日本被団協の強い要求にもかかわらず、この要求をかたくなに拒否しつづけ、曲がりなりにも死没者調査らしい調査を行なったのは一九八五年であった。死没者調査は全国民を対象とする国勢調査の中で行なうことを求めたにもかかわらず、調査対象を被爆者と広島、長崎の両県市を中心とする自治体に公報などでの協力を求めるにとどめたために、不十分な結果に終わらざるをえなかった。

このために、放射線の後遺による被害が拡大し、また、これらに対する援護は常に後手後手になっていく。

＊

一九五四年三月一日のアメリカの水爆実験による「死の灰」に、日本のマグロ漁船が被爆、第五福竜丸の乗組員の久保山愛吉が九月二三日死亡した。この事件を契機に、全国的に広がった原水爆禁止署名運動の中で、広島・長崎の被爆の惨禍と体験が掘り起こされ、世論の後押しも得て被爆者の全国組織である日本被団協結成へ発展していくのである。

Ⅱ　日本被団協前史

一九四五年～一九五六年七月

日本は敗戦の前年、すでに陸海軍の戦力が壊滅し、戦局の見通しもたたない状況だった。一九四五年に入ると、全国の都市は空襲で焼け野原と化し、沖縄も占領される。物資も食糧も極度に不足し、国民は飢餓寸前に追いこまれる。日本の敗戦は歴然としていた。しかし日本の支配層は、このまま戦争を終結すると「国体の護持」ができなくなることをおそれ、終戦を引き延ばした。一方、アメリカは、天皇の地位を維持する方針をもっていたが、ポツダム宣言ではそれを隠した。原子爆弾の完成を急ぎ、アメリカは、戦後世界政治で優位に立つために、八月六日広島へ、九日長崎へ、人類史上初めての原爆を投下したのだった。

しかし、原爆投下は、終戦を決定しはしなかった。日本は、ソ連の対日宣戦布告（八月八日）を見て、「今や新に蘇国《そこく》（注・ソ連のこと）の参戦を見るに至り……帝国存立の根基《こんき》を失うの虞《おそれ》……」（八月一七日付、陸海軍人への勅語。ルビは本書への引用に際して付した）に追い込まれ、八月一五日にポツダム宣言を受諾したのである。広島・長崎への原爆投下で戦争が終わったのではない。原爆投下は、米ソ冷戦の幕開けとなり、人類をいやおうなく核時代に突入させた。

原爆は、一瞬にして多くの命を奪っただけではない。被爆地の生物七五年不毛説、原爆症の恐怖、生きる環境も心も破壊された被爆者の苦しみは、敗戦の混乱と食糧危機のなかでつづく。しかし、占領軍は報道管制をしき、原爆投下に関する情報や被害の実態をおおい隠した。広島・長崎両市に原爆傷害調査委員会（ＡＢＣＣ）を設置するが、検査はしても治療はしない。日本政府は、被爆者の援護はおろか、実態調査すらしなかった。被害は隠され、政府から見捨

一九四五（昭和20）年
8・6　広島に、史上初の原子爆弾投下
8・9　長崎に、二発目の原子爆弾投下
8・15　日本ポツダム宣言を受諾
8・24　広島・長崎七五年生物不毛説の報道
9・2　日本降伏文書に調印
9・　被爆一カ月から「四十九日」にかけ広島、長崎では死没者の法要・慰霊つづく
9・19　連合国軍総司令部、プレスコードを指令

一九四六（昭和21）年
1・10　国連第一回総会・原子兵器廃絶決議
8・5　広島、平和復興市民大会
8・9　長崎爆心地で遺族有志が慰霊祭
11・3　日本国憲法公布（47・5・3施行）

一九四七（昭和22）年
8・6　広島第一回平和祭
8・9　長崎戦災者連盟が三回法要忌

一九四八（昭和23）年
2・14　アメリカがＡＢＣＣ設置を発表

一九四九（昭和24）年
8・29　ソ連初の原爆実験

一九五〇（昭和25）年
3・19　平和擁護世界大会常任委員会、ストックホルム・アピール採択・国際署名開始
6・25　朝鮮戦争勃発

てられた被爆者は、十分な医療も受けられず、つぎつぎに亡くなっていった。

一九四六年、戦争を放棄し平和を希求する日本国憲法が公布される。第一回国連総会では「原子兵器及び大量破壊に応用できるその他すべての主要兵器を各国の軍備から廃絶すること」の第一号決議がなされるが、四九年にはソ連が初の原爆実験を成功させた。五〇年に始まった朝鮮戦争で、マッカーサー（連合国軍総司令官）は原爆使用を公言する。それより前に世界中にわき起こっていた、「原子兵器絶対禁止」の声がストックホルム・アピール署名の国際運動へ発展し、世界で集められた五億人もの署名は、原爆使用を食い止める力となった。

五一年九月、サンフランシスコでは対日平和条約が調印された。この対日平和条約第一九条a項で、日本は、戦争から生じた連合国に対する日本国と日本国民のすべての請求権を放棄したが、これによって、アメリカの原爆投下の道義的・政治的責任が解消されるものではなかった。

五四年三月一日、ビキニ環礁におけるアメリカの水爆実験で、第五福竜丸など日本の漁船が死の灰（放射性降下物）で被災した事件は、国民にあらためて原水爆の恐ろしさを知らせると同時に、抑えられていた広島・長崎の怒りも一気に爆発させた。原水爆禁止の国民署名運動が全国的に始まる。五五年八月六日には、最初の原水爆禁止世界大会が広島で開催され、被爆者が原爆被害の苦しみを訴えて感動を呼ぶ。被爆者の間からは「生きていてよかった」の言葉も出た。一九五六年、第二回原水爆禁止世界大会が長崎で開催され、大会中に日本原水爆被害者団体協議会が結成される。

被爆から日本被団協結成にいたる期間は、被爆者にとって、アメリカ占領軍による被害隠蔽と抑圧、日本政府による「棄民」ともいうべき放置政策のもとで「苦難の一〇年」だった。しかし被爆者は、原水爆禁止運動の高まりに励まされ、苦しみと孤立を乗り越えてみずからを組織するにいたるのであり、日本被団協にとっては草分けの時代である。

この時期、少なくない被爆者が帰省・転居・転勤・就職・結婚などで被爆地から国内各地へ移った。ブラジルなどに移民した被爆者、母国に帰国した外国人被爆者も多い。しかし、多くの被爆者が生きたのは広島と長崎であり、被爆者運動の端緒もそこにあった。

一九五一（昭和26）年
8・27　広島原爆障害者更生会結成
9・8　対日平和条約・日米安保条約調印
一九五二（昭和27）年
8・10　原爆被害者の会（広島）誕生
10・3　英、初の原爆実験
一九五三（昭和28）年
4・27　広島・長崎の原爆乙女、初の交歓会
6・20　長崎原爆乙女の会結成
一九五四（昭和29）年
1・6　原爆被害者の会、損害賠償訴訟決定
3・1　ビキニ水爆実験で日本の漁船が被災
原水爆禁止署名運動はじまる
一九五五（昭和30）年
4・25　原爆裁判提訴。被爆者三人が原告
8・6〜8　原水爆禁止世界大会・広島（第一回）
10・1　長崎原爆青年の会結成
一九五六（昭和31）年
3・18　広島県原爆被害者大会
3・20　被爆者の代表団が初の国会請願
5・3　長崎原爆青年乙女の会発足
5・27　広島県原爆被害者団体協議会結成、同日広島・長崎・愛媛・長野四県が連絡会つくる
6・23　長崎原爆被災者協議会結成

1章　廃墟に立つ被爆者

1　救済の手はなし

廃墟にたたずむ　原爆から一カ月たっても、福島町の松の木は火を噴き燃えつづけていた。死体を焼く煙と死臭のただよう街。一望の焼け野原にぼう然とたたずむ被爆者――。

広島で被爆した一人は証言する。

「父も、母も、兄弟も、だれ一人身寄りもいなくなり、その日から食べ物をあさり、野宿し、着替えもなく、盗みをしなければ生きられませんでした。病気を治すことも、学校に行くこともできない乞食の生活でした。心を支えてくれる家族もふるさとも、すべて無くなってしまいました」[*1①]

傷ついた体で、肉親を失い、家屋を焼かれ、職を失っても、救済の手はいっこうに差し伸べられなかった。そのうえ、えたいの知れない症状に見舞われ、苦しみおののかねばならなかった（Ｉ 3章 原爆がもたらした被害、参照）。

長崎の被爆者たちは語る。

「姉と小さな弟を焼く炎の前で、私と母が立ちつくし、小学生の弟も傍でうずくまっていました。けれど、その母も弟もその日から十日も生きることができませんでした」[*1②]

「お互いに助かったことを喜び合ったのに、母は、胸を切り裂いてくれと苦しがり、顔が次第に化け物のように変わっていきました。頭の髪の毛が抜け落ち、全身に小豆ほどの斑点が出てふた目とは見られない形相で八月三十日に死亡しました。即死した方がどんなに楽だったかとつらい思いでした」[*1③]

「鼻から口にかけて大けがをした二歳の娘は、ものを食べると切り口が裂けるので、か細い声で、あーちゃん、あーちゃんと私を呼んでいましたが、十月三日消え入るように死んでしまいました。続いて五歳の娘も高い熱をだし血便が出て髪の毛が抜け丸坊主になって、十月十八日に死にました。燃え残りの木を集めて娘を焼き

＊1　引用した文献・資料

①東友会（東京都原爆被害者団体協議会）の被爆証言
②③日本原水爆被害者団体協議会編『ヒロシマ・ナガサキ死と生の証言』新日本出版社
④原水爆禁止東京協議会『忘れえぬあの日が怒りとなって』
⑤『炎の日から20年』中国新聞社
⑥水田九八二郎『ヒロシマ・ナガサキへの旅』（中公文庫）
⑦神田三亀男『原爆に夫を奪われて』（岩波新書）
⑧原爆被害者相談員の会『被爆者とともに』中国新聞社
⑨広島・長崎証言の会『ヒロシマ・ナガサキの証言』所収、塚本弥生「光を求めて――認定を却下されたOさん」

ました。お棺がないので顔や手や足がそのまま見える娘を、母親の私がこの手で焼きました」[*1④]

2　死者の弔い

供養せずに復興もヘチマも…　救援の手もなく、焦土に立たされた被爆者がまず始めたのは、死者の弔いであった。断末魔の死者の声や姿は、生き残った者の心に重くのしかかっていた。

いま原爆で死んだ無縁仏の供養塔がある広島市・平和記念公園内の慈仙寺鼻は、来る日も来る日も多くの死体が運びこまれた所だ。一九四六年春には、全市の清掃作業で無縁仏三七〇〇体が掘り出される。「野ざらしになっている遺骨を収集し供養をしよう」の声が強まり、広島戦災供養会が結成される。宇品町のある人は「市が供養もしないで、復興もヘチマもあるか」と市長にどなり込んだ。

被爆翌年の夏、七月六日に粗末なバラックながら仮納骨堂が建てられた。占領下で「原爆」の文字は使えず「広島市戦災死没者供養塔」と書かれた木碑がいまも建っている。[*1⑤]

現在、数えきれないほど市中に建っている立派な碑も、初めは粗末な木碑であった。被爆詩人、峠三吉の作品の一節が、その光景を表している。

いまはもう
気づくひともない
一本のちいさな墓標
「斉美小学校戦災児童の霊」
焼煉瓦で根本をかこみ
三尺たらずの木切れを立て
割れた竹筒が花もなくよりかかっている

峠三吉「墓標」(『原爆詩集』所収)

慰霊碑の受難　木碑もやがて石碑に変わっていくが、占領下の報道管制のため、碑銘まで規制を受けなければならなかった。水田九八二郎がそのことにふれて、いくつかの逸事を記している。[*1⑥]

「およそ一九五一(昭和二十六)年以前に建立された慰霊碑に、『原爆』の文字が見られないのは、その(プレス・コードの)ためである。いわば米占領期は、慰霊碑の受難期でもあった」

広島市内の学校で最大の約六八〇人もの犠牲

広島市平和記念公園内慈仙寺鼻の原爆犠牲者供養塔

者をだした市立高等女学校（現在の市立舟入高校）は、「学校構内に慰霊碑をつくってはいけないという県の通達（占領下におかれたわが国行政機関も報道管制に加担していた）により、（昭和）二十一年八月六日、被災地（旧木材町）に木碑『殉難諸先生 並 生徒供養塔』を建立した。それから二年後の九月六日、母校に記念碑を建立したが、人目を憚《はばか》り『慰霊碑』と言わずに『平和塔』と呼んだ」

建立から五年たった一九五一年の八月六日、「占領軍が記念碑を壊しにくるという噂に、旧木挽町の持明院境内に建立した市女原爆追悼碑を、急きょ、市外牛田町の持明院墓苑に秘匿した……」。

悔いと負い目　原爆犠牲者に対する被爆者の思いは、格別のものがある。すぐ傍にいて、なぜ自分だけが生き残ったのか。目の前で焼かれる肉親も救《たす》け出すことができず、逃げる途中でも「水をくれ」とすがりつく多くの手をふりはらってしまった。その悔恨と負い目は多くの被爆者の心に深く刻まれている。

行方不明のままの肉親の死を、残された者はいつまでたっても忘れることができない。

「わたしゃ、主人は戻ると信じて今日まで生きてきた。七十を過ぎるようになっても、今でも夜中に外で物音がすりゃ、戻ってきたかと胸が騒ぎますで。……原爆の落ちた日から影も形ものうなった主人のことを忘れよというのは酷じゃ。わたしゃ今でもきのうのことのように思うとる」「主人も息子も戻っては来ん。死体も無いんじゃけえ葬式もせん。……生きとるか、死んどるか分からんものの葬式は出せんのじゃ。しとうもなかった。墓に入れるものはなんにもない。……中身は空っぽじゃ[*1⑦]」

3　からだ・くらし・こころにまで

一番きれいな時に　原爆による後遺症は、いつまでたっても癒えることがなかった。放射線は、体を内部から蝕《むしば》んでいく。体が悪ければ働くこともままならない。働かなければ収入もない。医者代も薬代も払えない。病気と生活の関係は、ますます悪い方に転がる。ある女性の手記――。

「目が見えないから、どこにも出られない。バラックの入り口から雨が降り込みますし……。一番奥にムシロを敷いて寝ていただけです。起き上がるのは、トタン屋根のあるトイレにいくときだけです。食糧もありませんし、生きていたのが不思議みたいです。表に出ますと、人が

広島市立高女原爆慰霊碑（$E=MC^2$ の碑）

恐がるのです。髪がねえ……お風呂に入れないから爆風でファーと上がったままで、服はボロボロでしょ……子どもたちが言うてるのが聞こえるんです。『お化けがでる』言うて……はたちの頃ですよ……一番きれいな時ですよ」[*1⑧]

原爆の傷は、家庭を崩壊させ、貧困を招き、社会的差別となり、自殺寸前にまで追い込んだのである。一人の母は「ケロイドの体が恐ろしく見えるというので、風呂屋の主人からは入浴をことわられ……最低生活で自殺を図ったこともある」[*1⑨]と告白している。これが、生き残った被爆者の前にある現実だった。

2章　日米政府の対応

ぼう大な数の被災者が、生死の境で苦しみもがき、救護を待っていた。医者を。薬を。食糧を。住む家を。それらの叫びに、日本とアメリカの政府は、どうこたえただろうか。

八月六日、九日直後からの救援・医療体制、日米政府の対応はどうだったのだろうか。

1　救護と医療

広　島

絶望的状況　原爆投下の瞬間にどれだけの人間がいたかは明らかではないが、一九四五年八月六日当時広島市内には、三一万の市民（推定概数）や四万余の軍人、二万の朝鮮人など三五万人ないし三六万人が、太田川の分岐する七流（現在は六流）に沿って住んでいた。原爆はそのほぼ中心にある相生橋近くに落とされた。ぼう大な被害に、救援は困難をきわめた。

市民は原爆被災にたいして治療を強く求めたが、医師や医療従事者は多くが戦争に召集され数少なかったし、広島に残っていた者も多くは被災していた。[*2]広島周辺にいた軍医の救援をえても、被災者への治療はほとんどゆきわたらなかった。そのうえ彼らは原爆傷害についてはほとんど無知に近かったから、火傷と外傷だけに目がいって、とくに当初は多くが放射能障害については考えられもしなかった。医薬品不足の

8月6日午前11時ごろの御幸橋西詰め
撮影・松重美人　提供・中国新聞社

＊2　被爆した医師たち
（当時）市内にいた医師をはじめとする医療従事者二三七〇人のうち、九一％にあたる二一六八人が被爆したといわれています。そのうち多くは死傷したものと思われますが、他の被災者と同様に正確な死者や負傷者の数は不明です。広島市医師会の記録によると、被爆した医師二九八人のうち、八月六日をはじめ八月中の死者一四二人、一〇月までの死者七人を含めるとちょうど五〇％がなくなっています。さらに、死亡月日のわからない死者は五九人で、あわせて七〇％の医師が死亡し、広島の医療機関は人的にも壊滅にちかい状態でした。（渡辺晋、大畑耕三、植野浩「第三の兵士」・未刊）

うえに被災者はぼう大で、どうしようもなく、被災者の処遇は無残だった。[*3]

軍医だった肥田舜太郎は、「消毒らしい消毒もできない野外での荒っぽい処置にしては意外に化膿性の炎症がほとんど起こらなかった」（『広島の消えた日』）のは、からだ中にわいた「蛆《うじ》が膿をきれいに食べてくれていた」ためだったというが、ウジについては軍医の錫村満がこんな証言もしている。「サラ、サラ、サラ、サラ、その（ウジの食《は》む）音は今日の午前中、日赤病院の玄関前の広場に放りだされたまま、褐色に膨れあがった屍体の内部から聞こえていた音」（『似島原爆日記』）だった、と。そんな状況下では「はげましの言葉と、休息だけが、なし得る何よりの薬だった」（内田正男『鎮魂』）と考えるしかなかった。

軍医たちは、「おびただしい人間の死を死と意識する敬虔さを失って」いかざるをえなかったし、「事態はいよいよけわしいことを悟った。私の心情も感傷から冷徹に変わって」（内田）いくのを感ぜざるをえず、後々まで苦しんだ。

そんな中で肥田は、広島城跡で木の幹に全裸で縛りつけられた若い米軍捕虜の麻縄をほどいてやり、堀の水を飲ませて自由にさせている。

江田島の船舶練習部教育隊の軍医だった内田が南大橋を中心に治療にあたったとき、少しよそをまわってそこに近づくと、被爆者の群れは「軍医さんが帰ってきた」と喜びの声を上げた。「私は今朝から、手を拱《こまぬ》いてぼんやり立っていたにすぎない。だが私が立っているそのことが必要なのだ。私が去ることは、みんなに非常な不安を与えることに」（『鎮魂』）気づいて、内田はそこに夜営した。

絶望的状況下の失意の中で、彼らは一医師として、わずかながらも被災者にこのような心の手を差し出していた。

原爆症に治療法はなかった　放射能障害は、発熱して紫斑が全身に現れ、下血だけでなく目尻からも鼻からも口からも血が噴き出し、髪の毛は抜け落ち、死んでいく。多様な症状のうち発熱と下血が共通したので、腸管出血を手がかりに医師団はチフスか赤痢かと考えた。脱毛や紫斑の医学的根拠を示せる者は当初いなかった、と肥田はいっている。

一方、「どうみても放射能の影響しか考えられない」という者もいたと錫村は証言する。しかし彼自身、広島市内に入って、そんな死者の「病名をカルテに何と記すか」と問われると、「電撃様紫斑病、そう書いておけ」といった。広

＊3　被爆した医療機関

「第三の兵士」（前掲書）にはこうある。

万一のとき救護所に予定されていた公私の医療機関一一七か所は、市周辺地域の数か所をのぞいて、これも致命的な攻撃をうけました。……（従って）御幸橋など橋の上や橋のたもと、東練兵場などちょっとした広場、被害が軽少だった被服廠など軍隊の施設、倒壊や焼失をまぬがれた学校・お寺神社など臨時救護所となりました。市周辺部に少し設置されたものを含めると、一〇二か所に応急の救護所ができたと記録されています。しかし、これらの救護所すべてに医師や看護婦が派遣されたわけではありません。……さいわい、爆心地から離れた宇品地域を中心に駐屯していた船舶隊、通称『暁部隊』は被害も少なかったので、被災者の応急手当にあたりました。……しかし、あまりにも多い負傷者の数はあとからあとから増えるばかりで、救護や治療は受けられないまま……各地の臨時救護所では火傷に油を塗る程度の応急処置と死体の処理におわれました。

なお同書では、かろうじて倒壊をまぬがれた四つの公的医療機関が対応した被爆者は、▽広島赤十字病院＝七日から八日にかけて山口・岡山・鳥取の赤十字の救護班の助けを借りて数千人▽広島通信病院＝一〇日に大阪通信局から治療材料など持って駆けつけた救護班の手を借りて八月から九月にかけて、毎日一日二〇〇～三〇〇人▽三菱重工構内病院と診療所＝病院と観音工場、江波工場社宅、南観音総合運動場に、計四〇〇〇人を「収容」——という。また陸軍病院分院はトラックで負傷者の対応にあたっていると記している。

島文理大学教授だった小倉豊文は、原爆症の症状を示して八月一九日亡くなった妻の死亡診断書に、逓信病院の医師から「心臓麻痺」と書かれたという（『広島原爆の手記』、のち『絶後の記録』と改題）。

重藤文夫（広島赤十字病院医師、のち広島原爆病院院長）は被爆したとき、自分の専門からすぐにこれは原子爆弾だということが頭にあったが、確信はなかった。未開封のレントゲンフィルムがすべて感光していたのを知って確証をえたという。彼はそれから二カ月も病院に泊まり込み、被爆者の治療にあたった。

やがて医師たちも投下されたものは原子爆弾と知り、これらの症状の原因については氷解するが、「そうときまったからといっても特に効果的な治療があるわけでは」なかった（肥田）。ビタミン補給には柿の葉やドクダミを煎じて飲むのがいいとか、新鮮な野菜や魚を摂取するのがいいとか、酒がよく効くとか、巷間さまざまな民間療法の噂が流れたが、それ自体、治療法がないことの反映でもあった。

救援活動自体が被爆者を生む　医師でさえ原子爆弾や放射線についての認識を欠いていたのだから、一般市民にあってはなおさらだった。市の内外にいた軍人や行政関係者、市民など救護にかけつけた人びとは、予備知識も防備もなく放射能汚染区域に飛びこみ、死体処理や被災者の手当て、焼け跡整理に従事し、大量の放射線を浴びた。原子爆弾であることをつかんでいた国が、必要な情報を周知する措置をなんらとらなかったために、救援活動に加わった人たち自体から大量の被爆者が出た。国の責任は重大といわなければならない。

こうして、原爆投下の瞬間には広島市（中心部）にいなかったのに被爆者になってしまったのが、被爆者健康手帳で「入市者」（二号被爆者）、「死体の処理及び救護にあたった者等」（三号被爆者）に分類される人びとだ。当時の広島在住者を三五万ないし三六万としたが、それ以外に、被爆後に「外から」きた被爆者もいたのである。

広島の場合、御幸橋など辛うじて焼失をまぬかれた橋詰めの川岸から、陸軍船舶隊の舟艇で、多数の被爆者を、広島湾沖合の似島、金輪島（検疫所があった）などに輸送している。しかし医療・救護設備の不備から大方の人が亡くなっている。似島では近年になってなお、おびただしい遺骨が掘り出されていると報道されている。

原爆に夫を奪われて　「外から」きたのは被

爆後だけではない。川内村（現在の安佐南区佐東町）では、原爆二カ月前の四五年六月、男子は一六歳から六〇歳まで、女子は四〇歳まで、三歳以下の乳幼児のいる母親、病人、けが人以外は川内国民義勇隊に組み込まれた。義勇隊の温井中隊一九一人は、広島市中島新町（爆心地）の建物疎開作業に出動して被爆し、全滅したらしい。わずか七人が焼けただれて帰村しただけで（のち全員死亡）、あとは全員不明である。[*1⑦]

温井の村落には「ピカ後家」になった妻七五人がいた。帰らぬ夫を尋ねて「入市」し、「地獄図絵そのものの焼け野原をふんで」、「金歯をたよりに」、捜しまわった妻もいる。村の多くの住民は、こうした捜索により自身が被爆者となった。

若き「特幹」たち　軍の諸部隊のなかにあって、救護・復旧で最初の投入部隊となったのは、宇品にあった司令部が壊滅を免れた陸軍の船舶部隊だった。この救護部隊のなかには、多くが十代の「特幹」と呼ばれる少年兵たちがいた。

陸軍特別幹部候補生、通称「特幹」は、四三年一二月の勅令でつくられた下士官養成制度、内実は特攻少年兵をつくる制度である。全国の中等学校から四期にわたって募集され、半年の教育で特攻隊要員として配備された。一期生の多くはフィリピン、沖縄で戦死したとされる。原爆が投下されたとき、宇品港沖に浮かぶ江田島の幸の浦で訓練と教育を受けていたのは二期生の一部と三期生、四期生だったが、二期生のうち約五〇〇人と三期生が八月六日正午前に宇品港に上陸し、市内に進出して、野営をしながらほぼ一週間、市の中心部で救援、復旧作業などにあたった。

広島市は六九年、入市して救援活動をした陸軍船舶司令部所属兵士の生存者四〇〇人を対象に、郵送によるアンケート調査をした。回答二三三のうち二〇一人の「特幹」は、高い率で急性原爆症を発症していた。二日目から下痢症状が続出し、幸の浦帰隊後ほとんど全員が白血球三〇〇〇以下となり、発熱、点状出血、脱毛もあった。

「お母さん」と呼びながら　原爆で死亡した「特幹」も多い。皆実町の船舶通信隊に所属した「特幹」の少年兵たちは訓練中に被爆し、多くが死んだ。同通信隊補充隊の一員だった舘村民は、仁保国民学校（現在の仁保小学校）につくられた野戦病院に収容されたとき、若いというより幼い「特幹」たちが「お母さん」と叫びながらつぎつぎに死んでいくのを目撃した。舘村は、のちに札幌地裁の陳述でこう証言している。

「補充隊F隊として〝特幹〟が千田国民学校に一個中隊として駐屯しており、原爆投下時には平常通り訓練に入り、上半身裸で体操中被爆を受けたため、全身火傷し、ほとんどの少年兵はこの病院に収容され、その一部の者が私と同室となりました。一六歳くらいで旧制中学三年くらいからの志願少年兵です。火傷のあとは化膿し、リバノールガーゼ交換だけの治療で、手の施しようもない有様。それにウジがつき、痛々しさが限界と思いました。入院何日もせぬうちに、次々と死んでいきます。一〇日くらいで一〇〇人くらい死んだと思います。私たちに「兵隊さん、水を下さい」というが、水は傷に悪いと断っていたが、そのうち単独で水を与えることにしました。そして間もなく死んでいきます。これが本当の末期の水と、弟を死なせたように涙しました」

貧困と食糧不足が追い打ち　生き残った被爆者の上にはいやおうなく、貧困や生活苦、食糧事情悪化が襲った。九月一七日の枕崎台風では、京大調査班が広島市郊外の大野陸軍病院宿舎で山崩れにあい一一人が死亡するなど、原爆直後の広島地方に追い打ちをかけた。

戦後市内につくられた仮設病院は、半壊した古い学校であったり、被災家屋を区切って設けられていたり、大半はその名に値しないものだった。そこに被災者は無造作に集められて詰めこまれた。水もなくガスもなく料理室もなく、屋根もあらかたない「病院」の床に寝かされた。少ない粗末なベッドのようなものの上には瀕死の被爆者が横たえられていた。医師も初歩的な手当てしかできず、患者の多くはその手当てすら受けられなかった。

長崎

目標をかえた長崎原爆　長崎の原爆は目標の市中心部をはずれ、浦上の上空でさく裂した。

長い谷間に広がる浦上は、明治のキリスト教徒弾圧「四番崩れ」*4で追放された信者がこの地に戻り、東洋一の天主堂（浦上天主堂）を建設した所で、そのほか多くのキリスト教徒が、偏見と差別に耐え、ほとんどは農業を営み、静かな生活を営んでいた地域であった。

三菱兵器製作所、三菱製鋼所、三菱造船の分工場など軍需工場が建設され、城山地区には住宅団地が開発され始めていたが、多くの畑が残り、空襲が激しくなるにしたがい、中心街から

長崎・浦上天主堂の残骸の一部
提供・中国新聞社

＊4　浦上四番崩れ
浦上の隠れキリシタンが摘発、処刑されることを「崩れ」といった。一番崩れ一七九〇年、二番崩れ一八四二年、三番崩れ一八五六年。四番崩れは浦上村三〇〇〇余人を総流罪とした流罪史上最大級の弾圧。幕末の一八六七年、長崎奉行が中心人物六八人を逮捕収監し改宗を迫ったが、屈する者はなく、未解決のうちに幕府が倒壊し、明治政府にひきつがれた。

の疎開者も急速に増えていた。

長崎の中心街は山々に挟まれた三つの谷が合体して海に向かって広がる狭い平地に発展し、県庁や市役所、繁華街を取り囲むように住宅が密集していた。原爆投下の当初の目標はこの中心街に近い賑橋付近であったことが、戦後ずいぶん経ってから明らかにされた。

プルトニウムを原料とする長崎原爆は、ウラニウム原料の広島原爆より破壊エネルギーが大きい。ところが長崎原爆の被害は、広島に比べて人的にも物的にも少なかった。年内に死亡した数も広島の一四万にたいし、ほぼ半数の七万とされる。市民の住居のほぼ半数が焼失を免れた。このことは、たまたま雲間に見えた浦上を目標にした偶然によると考えられる。


原爆直後の医療救護　日中戦争の拡大にともない、一九三九年、長崎医師会の協力をえて、長崎市長直属の救護班が編成された。本部のほか中央、大浦、浦上、稲佐の四班に一四〇人の医師を分けて所属させた。日米開戦直前の四一年一一月には医師会隣組を編成、直属の他に六区の隣組に医師を配置した。

原爆の被害は甚大で、そのうえバックアップを期待された長崎医科大学が爆心地近くで壊滅した。救護班の医師会会員も、命を失う者、傷つく者も少なくなく、救護体制はほとんど機能しなかった。特別救護隊の会員で招集に応じられたのは、二五〇人中わずか七〇人だった。

新興善、勝山、磨屋、伊良林、稲佐の各国民学校と長崎経済専門学校（現長崎大学経済学部）、大光寺、悟真寺に特設救護所が設置され、重傷のけが人が運び込まれた。救護所では数人の医療従事者が数百人のけが人を相手に不眠不休で救護したが、助かりそうな人を優先せざるをえなかったとの証言もある。重傷者はつぎつぎと死んでいった。

救護隊の第一陣は、四、五時間後に伊良林国民学校に入った佐世保海軍病院諫早分院の救護隊である。爆心地帯には大村海軍病院救護隊や傷痍軍人小浜療養所救護隊が入った。

九日夜、針尾海兵団から第一次救護隊（数人の軍医、下士官、若い衛生兵からなる一〇〇人）が市内に到着。一一日、新興善国民学校に特設海軍病院を開設。負傷者六〇〇人を収容した。一七日には第二次救護隊が到着して第一次隊と交代し、三〇〇人近くを収容した。三一日、救護隊の大部分は帰団した。

一方、一二日には、佐世保海軍病院武雄分院から到着、治療を開始した。この救護隊は九月四日に帰隊した。

長崎市新興善国民学校に設置された特設救援所
撮影・富重安雄

新興善特設海軍病院は、救護隊の帰隊後、長崎市医師会が運営した。一〇月六日、壊滅した長崎医科大学付属病院の第一病院に改組され、教授・調来助が院長になった。付属第二病院は旧佐世保海軍病院諫早分院に置かれ、大学本部、医学専門学校も諫早分院に仮設された。

カトリック神学校跡の浦上第一病院は爆心地から一・四キロの近距離にあり、内部は焼失したが崩壊を免れ、生き残った医師・秋月辰一郎を中心に翌日から診療を開始した。四日目からは救護所となり、警備隊が近所の負傷者を集めてきて二〇〇人を超す患者であふれた。医師も医薬品もないなか、秋月と数人の医療従事者が不眠不休で治療にあたらざるをえなかった（秋月辰一郎『長崎原爆記』弘文堂、一九六六年）。

爆心から離れた飽の浦にあった三菱病院（三菱系企業の付属病院）は被害が少なかったので、飽の浦国民学校に救護所を開設して、救護にあたった（三菱重工長崎造船所関係者有志編『原爆前後』第一五巻）。

郊外での救護活動と派遣救護隊の活動　浦上に隣接する時津村や長与村には、徒歩で避難する者もあり、重傷者はトラックなどで寺や国民学校、寮に収容された。町の医師、看護婦、医院の家族総出で救護にあたり、医学生も参加した。

それぞれ一〇〇人以上が収容された。久留米陸軍病院から救護隊が入った時津国民学校では、のべ五二一人が治療を受け、うち六二人が死亡、万行寺では三五八人を治療し、うち四五人が死亡している。

このほか、多くの近郊町村から救護隊が入り、負傷者の収容、搬送、遺体の整理、炊き出し食糧を配るなどの作業に従事した。

長崎医大の救護活動　壊滅した医科大学で、負傷を免れたり軽症ですんだ教授、助教授ら医療関係者は、重症の学長・角尾晋ら重傷者を裏手の金毘羅山の山腹に避難させ、当日は野外で救護した。翌一〇日、物理的療法科助教授・永井隆は三ッ山地区に救護所を開設し、一一日、教授・調来助は疎開宅近くの滑石大神宮と岩屋クラブに滑石救護所を開設した。

永井は、物理的療法科で生きのびた一二人を連れて、三ッ山地域で付近住民や避難者の巡回診療をした。診療は一〇月八日までつづけられ、治療患者は一二五人、うち三五人が死んだ。永井の救護活動の詳細は、後にふれる『長崎医科大学長崎原爆救護報告書』（＊7参照）に記録された。

調は重症の学長をはじめ、山根教授など自宅

壊滅した長崎医科大学と同附属医院　撮影・林重男　長崎原爆資料館所蔵

に帰すことのできない重傷者を滑石の救護所に移送して治療にあたり、救護所の医師たちとともに、主として往診治療にあたった。救護所（岩屋クラブ）は学長の死によって二二日閉鎖された。調は長男の死をみとることができたが、医学専門学校で講義中に爆死した二男の骨を拾うことはできなかった（『医師の証言・長崎原爆体験記』一九八三年）。

救援列車走る　長崎原爆では、投下直後に「救援列車」が走り、多くの被災者を運んだことが知られている。

救援列車の第一号（三一一列車）は、道ノ尾駅と浦上駅の中間、照円寺近くまで進入したとされる。長崎駅一一時二〇分着の下りが、遅延し、長与駅に停車中に原爆に遭遇、停車したまま指示を待った。被爆列車を指揮した野中勝美によると、進入できるところまですすんで負傷者を諫早駅まで運ぶことになったが、「照円寺下の線路脇には負傷者が殺到し、収容作業は凄惨をきわめた。七〇〇人近くを収容し一三時五〇分頃に発車して諫早に向かった」、とされていた（『長崎原爆救援列車』など）。

七三年になって、当時の列車関係者一五人が会合して、事実が確認された。三一一列車の機関士だった光武富士男によると、第一号列車は六地蔵付近まで進入したが、そのまま引き返し、道ノ尾駅で負傷者を乗せられるだけ乗せ、諫早駅、大村駅に向かった。照円寺下の線路脇で負傷者を収容したのは二号車（八〇七列車）で、三号車（三一七列車）はさらに鷹巣踏み切り（現・西町踏み切り）まで進入して負傷者を収容した。

当日の救援列車は二三時ごろの第四号までつづき、収容した負傷者を諫早市や大村市の海軍病院のほか、川棚、早岐（早岐国民学校に二五〇人～三〇〇人）、佐賀県の陸・海軍病院などへ送り届けた。四本の救援列車が収容した負傷者の総数は三五〇〇人にのぼっている。

焼け跡にバラック　家屋が焼失した被爆者は、まず風雨をしのぐ住まいが必要だった。市内の非焼失地域や市外に親類、縁者、知人、友人のいる者は、ある程度そこを頼ることができた。それができない被爆者は、焼け跡にバラックを建てたり、横穴防空壕で生活を始めた。長崎は山に囲まれた町が多く、たくさんの横穴防空壕がつくられていて、戦後のかなりの期間、住居として使われた。

一二月三日、原爆により家を焼かれ、家族を失った杉本亀吉ら八人が代表理事となって長崎戦災者連盟が結成された。*5 日用生活品を手に入

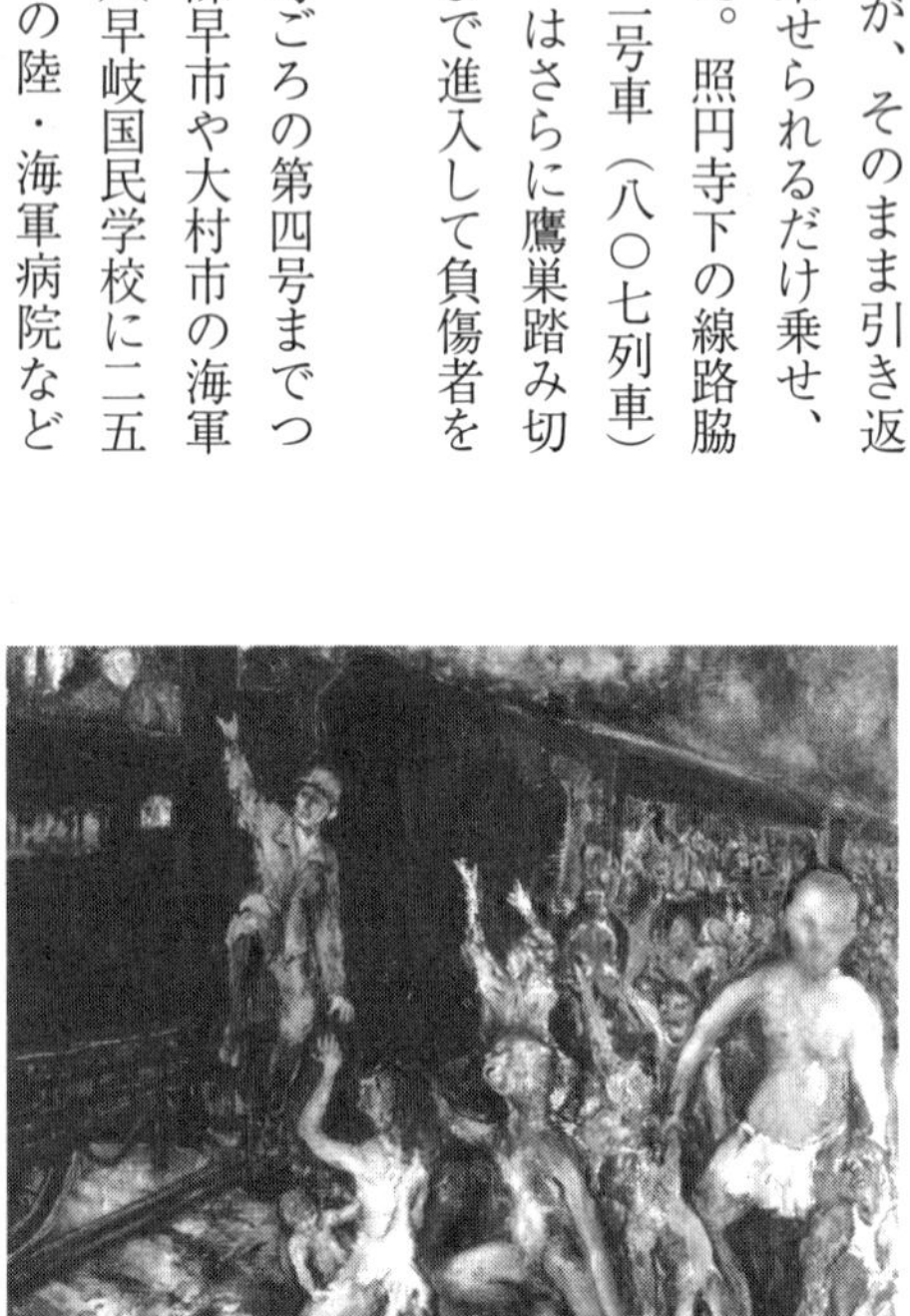
「被爆者救援列車」　絵・寺井邦人

＊5　長崎戦災者連盟初代代表理事
杉本亀吉、本田次三郎、滝川勝、百武恵治、林田達馬、江頭清、染川伝八、梅原三郎

れ、配給するのが主な仕事。四年後解散するまで、被爆者自身の援護組織として、被爆直後の浦上地区の被爆者の生活再建に大きな役割を果たした。

一二月一九日には、県労働組合結成促進協議会が開かれ、年末から翌年初頭にかけて、労働組合が結成され始めた。明けて一九四六年四月には、長崎地区労働組合評議会が結成された。当時の労働組合は日本の民主化を政治要求としてかかげるとともに、窮乏化した労働者の生活擁護の運動組織であり、被爆者の生活に対する救援、援護も労働運動に解消されるきらいがあった。長崎では被爆者独自の文化活動も広島に比べて弱かった。

小佐々八郎は四六年、三菱重工長崎精機労働組合の組合長となり、四七年には被爆者医療の充実を訴えて長崎市議会議員に当選、同じく市議になった杉本らとともに自治体の被爆者援護の充実のために努力した。小佐々は後に長崎被災協会長、日本被団協の代表委員となり、被爆者運動に貢献した。

被爆直後の慰霊祭は、その年一〇月七日、壊滅した浦上天主堂跡でカトリック信者約一〇〇〇人が行なった合同慰霊祭（一〇〇〇人ミサ）が最初である。つづいて、一一月二三日に浦上信徒原子爆弾犠牲者合同慰霊祭、一二月二六日には多くの教師と児童が犠牲になった城山国民学校慰霊祭（約七〇人参加）が行なわれた。

全市規模の最初の慰霊祭は、杉本や小佐々が呼びかけ人になって四六年八月九日、爆心地で行なわれた。四八年八月九日には長崎市主催で慰霊祭をすることになったが、占領軍を意識して「文化記念式典」とされた。四九年の慰霊祭も「文化式典」として開かれ、この式典で市長・大橋博が初めて平和宣言を行ない、NHKから世界に紹介された。五〇年には、六月に朝鮮戦争が始まって、この年の市主催文化祭行事は一切中止となった。

2　ファーレル声明と報道管制

占領軍が進駐　一九四五年九月二日、東京湾のミズーリ艦上で日本は降伏文書に調印、戦争は終わった。長崎では、九月一六日米軍の先遣隊が長崎港から上陸し、九月二三日には二五〇〇人の本隊が上陸した。占領軍は浦上の原爆中心地にほど近い駒場町に鉄板を敷いて飛行場を建設した。この作業に就いた米兵の中から帰国後、放射能による健康障害者が多発したといわれている。

26年ぶりに広島を訪れたバーチェット記者（1971.6）
提供・中国新聞社

「神秘的な恐ろしい死だ」 占領軍とともに、外国のジャーナリストもやってきた。かれらは、被爆地を見て、核兵器が人間に何をもたらすかを、世界に伝えた。

ウィルフレッド・バーチェットは単身で広島に入り、死体を焼く臭気の漂う瓦礫のなかから打電する（この記事では「ウィルフレッド」を「ピーター」と署名）。九月五日付英国紙デイリー・エクスプレスに載せた記事は、原爆被害の惨状を世界に知らせる最初の報道となった。

「私は世界への警告としてこれを書く。最初の原子爆弾が街を破壊し世界に衝撃を与えた三十日後の広島では、人がなおも死んでゆく。無傷だった人さえもが、何か原因不明の理由で死んでいる。それは神秘的な、恐ろしい死であった。私はそれを『原爆の疫病』としかのべることができない」（椎名麻紗枝『原爆犯罪―被爆者はなぜ放置されたか』）。

この年九月に、佐世保に上陸した米海兵隊の軍曹ジョー・オダネルは、やがて米空爆調査団の公式カメラマンとして長崎の地に立った。そこで一人の少年を写真に撮る。一〇歳くらいの裸足の少年は、死んだ幼ない弟を背負い、おとなたちが死体を焼いている焼き場に無言で立ち順番を待っていた。のちに「焼き場の少年」として知られる写真である。

被害隠蔽の始まり 広島・長崎の被害を正しく調査し、記録し、報道することは、緊急を要する被爆者救援のためにも、この「悪魔の兵器」が二度と使われないためにも、欠かせなかった。

ところが、原爆の効果を調査するため来日した米陸軍調査団のトーマス・F・ファーレル（准将、マンハッタン計画の副責任者）は九月六日、帝国ホテルで海外特派員に次のように言明した。

「原爆放射能の後遺症はあり得ない。すでに、広島・長崎では原爆症で死ぬべきものは死んでしまい、九月上旬現在において、原爆放射能のために苦しんでいるものは皆無である」（椎名、前掲書）。

占領軍はこの後、バーチェットなど一、二の例を最後に、海外からの報道員が広島、長崎入りすることを禁じてしまう。さらには原爆に関する報道や作品に厳重な管制が行なわれる。原爆被害の隠蔽の始まりであった。

プレスコード 四五年九月一九日、GHQ（連合国軍総司令部）は、いわゆる「プレスコード」（日本に与える新聞遵則）を発した。*6 一〇項目からなる遵則は、とくに「原爆」と明言して

＊6 日本に与える新聞遵則

（一九四五年九月十九日付覚書）

一、ニュースは厳格に真実に符合しなければならぬ。
二、直接たると間接たるとを問わず、公共安寧を紊すような事項を掲載してはならぬ。
三、連合国に関し虚偽又は破壊的批判をしてはならぬ。
四、連合国占領軍に対し破壊的な批判を加え、又は占領軍に対し不信若くは怨恨を招来するような事項を掲載してはならぬ。
五、連合軍部隊の動静に関しては、公式に発表されない限り発表又は論議してはならぬ。
六、ニュースの筋は、事実通りを記載し且つ完全に編集上の意見を払拭したものでなければならぬ。
七、ニュースの筋は宣伝の線に沿うよう脚色されてはならぬ。
八、ニュースの筋は宣伝の企図を強調し若くは展開すべく針小棒大に取扱ってはならぬ。
九、ニュースの筋は重要事実又は細部を省略してこれを歪曲してはならぬ。
一〇、新聞編集に当ってはニュースの筋は宣伝の意図を盛上げ又は展開する為め特に或事項を不当に顕出してはならぬ。

（『日本新聞協会十年史』一九五六年）

いないが、「直接たると間接たるとを問わず」、連合国占領軍に「破壊的な批判を加え」「不信若くは怨恨を招来するような事項を掲載してはならぬ」とし、原爆に関わる記述や論議や報道を検閲し、禁止した。

広島では、大田洋子『屍の街』が削除を求められたし（四五年から執筆、四八年やっと出版）、プレスコード下で初の出版物となった雑誌『中国文化』原子爆弾特集号（四六年三月）は、米軍に「裁判にかけるぞ」と脅され、「発刊の言葉」は、「実に広島の原子爆弾は我々に平和をあたへた直接の一弾だった。もしそれがなかったら……日本民族は亡びたであらう」と変質させられ（編集者の意思のように強いられ）ている。

「幻の原爆フィルム」　ニュース映画「日本ニュース」をつくっていた日本映画社は、「原爆の被害」の映画を計画した。プロデューサー加納竜一らが学術研究会議の原子爆弾災害調査特別委員会に映画班として加わった。機材も食料もない悪条件のもとで撮影が行なわれた。

一〇月、長崎の浦上へ撮影にいっていた撮影助手がＭＰ（米軍憲兵）につかまる。日本の映画人が原爆記録映画を撮っていることを知った米軍は、撮影禁止を命令。その後、米側の記録に利用する方針に変わり、戦略爆撃調査団の下で撮影を再開させた。しかし、編集権は米側にあり、翌年四月完成したプリントのタイトルは「原爆の被害」ではなく「原爆の効果」。米側はネガの切れ端まで残らず没収した。略奪された映画は「幻の原爆フィルム」と呼ばれた。岩崎昶ら四人が連判状にサインして編集前の断片をひそかにコピーし保存したのが、せめてもの抵抗だった（岩崎昶『占領されたスクリーン』）。

長崎では　長崎地方裁判所所長だった石田寿は、急性原爆症に苦しんだ娘雅子の体験記を公にすることを考えた。体験記『雅子斃れず　長崎原子爆弾記』は占領軍の目にとまり発禁処分を受けた。その後、占領軍検閲局との間で紆余曲折を経て四七年六月になって、販売しないことを条件に仮刷版として日の目を見た。出版は、さらに二年を経た四九年二月（婦人タイムス社）であり、同年八月、表現社からも出版された。

永井隆『長崎の鐘』も発禁処分を受け、日の目を見たのは、四六年八月の脱稿からほぼ三年を経た四九年一月。日本軍のフィリピンでの残虐行為を記録した文章「マニラの悲劇」との抱き合わせを条件に出版が実現している。

七〇年になって、『長崎医科大学長崎原爆救

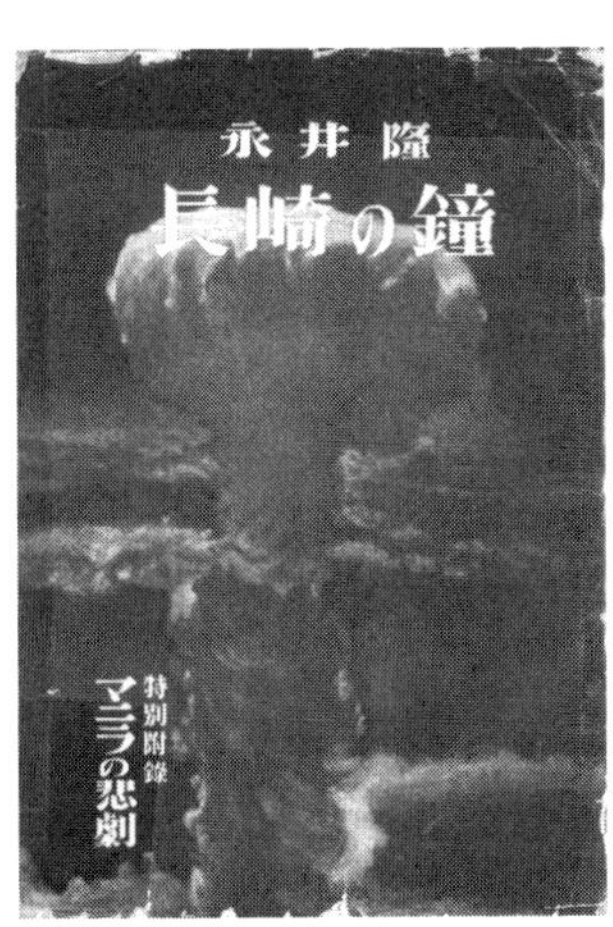

『長崎の鐘』表紙

護報告書』[*7]が長崎市若草町の田川福松宅から見つかった。これは永井が被爆直後、みずから傷つきながら行なった被爆者救護活動を詳細に記録し報告したものである。プレスコードは学問分野にも及び、原爆に関する研究発表は禁じられ、被爆直後の学術調査の結果は占領軍に没収された。この状況下での永井の発表は注目に値する。

3　救援妨害

「廃墟に立つ被爆者」には日本政府やアメリカ政府をはじめ国際的な一日も早い救援が必要であったし、求められた。しかし、占領軍は「救いの手」ではなかった。逆に救援妨害をつづけた。

ジュノーらの要請　赤十字国際委員会駐日代表だったマルセル・ジュノー（スイス人医師）は、八月三〇日広島に来て仮設の二病院を視察し、「広島は恐るべき惨状なり」とGHQに打電した。東京に帰ってGHQに医薬品の救援と医学調査団の派遣を要請。総司令部は九月八日、一二～三トンの医薬品と衛生材料を送った[*8]が、化膿止めと感染予防のペニシリンが入っていない。再度要請したとき送ると約束させたが、総司令部はこたえなかった。ジュノーは要請をつづけるが、総司令部の緊急措置はこの一回で終わった（椎名、前掲書）。

バーチェットも九月三日広島入りし、東京に帰ってファーレルらに実情を伝え、救援を強く要請している。

ジュノーの要請に援助を打ち切ったアメリカは、さらに一切の救援行動を妨害した。それは前述のファーレル声明から始まる。「以後、被爆者の存在は社会から隠されてしまった。それによって、被爆者の国際的救援の道は閉ざされてしまったのである」（椎名、前掲書）。

あいつぐ妨害（広島）　その後のアメリカ政府・占領軍による被爆者への救援活動の妨害は、次のようなものだった。

▽九月一二日から宇品の工場寄宿舎を利用してつくられた原爆症救護病院の病理解剖資料を押収し、一〇月一四日～一六日には病院引渡しを求め、資料一切を戦利品として没収した（今堀誠二『原水爆時代』、深川宗俊『一九五〇年八月六日』）。

▽最高の医療設備をもっていた旧陸軍病院宇品分院（戦後、国立広島病院に改称）は一二月五日、「朝鮮人引揚収容所にする」という占領軍命令で閉鎖させられ、しかも病院の一切の研

＊7
『長崎医科大学長崎原爆救護報告書』（『週刊朝日』臨時増刊、一九七〇年七月二五日号）

＊8　救援医薬品
ジュノーの自著『武器なき兵士』には広島に送った医薬品などは一五トンとあるが、実際は一二トン、一三トンであったという説がある。一二トンはC・F・サムス（GHQの公衆衛生福祉局長・軍医）が記録しているものなど、一三トンは九月一一日に医薬品をチェックした富野（赤十字国際委員会駐日代表部員）の家族あてに出した手紙など。（前掲書「第三の兵士」＝＊2）

その医薬品などは、米軍機で厚木基地から岩国飛行場に空輸、そこから貨車二両に積み込まれ広島駅へ、赤十字国際委員会の恤救（じゅっきゅう）品として送られた。マッカーサーが「アメリカ占領軍として救援隊としては組織しない」とジュノーにいったので、そういう許可を取りつけたのである。

広島県衛生課の嘱託医であった松永勝の記録によると、その内容は次のようなものであった。点滴用ブドウ糖、サルファ剤つき包帯、すぐ患部に塗れるヨードチンキ、注射針つきチューブ入り塩酸モルヒネ、スプレー式殺虫剤、ステンレス製ケース入り手術用具など。ペニシリンは入っていなかった。

付記すると、日本政府は日本全土の爆撃を指揮したアメリカ空軍司令官カーチス・ルメーには勲一等旭日大綬章を贈ったが、ジュノーに贈ったのは勲二等瑞宝章だった。

究・剖検資料を没収された（深川『人間の奇形』）。

▽ジュノーは広島で被爆者の治療にもあたった。あらためて赤十字国際委員会による救援の必要性を感じ、全世界から救援募金運動、資材調達を組織するよう要請しようとしたが、アメリカ占領軍は「日本側委員が提供を受けたくない」といっているからと、ジュノーの打電を妨害した（大佐古一郎『GHQと日本政府は広島に何をしたか』）。

▽アメリカ調査団は一二月末、日本の科学者の調査資料を没収し、一切を本国に持ち帰った。一一月末には医学研究・公表を含め原爆研究を禁止した。都築正男は「人道上許し難い」と抗議した。すると彼らは都築を公職と教職から追放したのである（今堀・前掲書、深川『核戦略体制下のABCC』など）。

4　原爆傷害調査委員会（ABCC）

被爆者はその傷ついた体や、後遺症の苦しみにたいして、十分な治療を求めた。日本の医療は、当然ながら原爆症にたいしては貧弱であった。あまつさえ原爆医学・医療の研究公表は占領軍に抑制・禁止されていた。したがって被爆者は、アメリカが設置した原爆傷害調査委員会（ABCC）に期待を寄せた。

ABCCは、四五年秋、広島を訪れた日米合同調査委員会の勧告を受け、四六年トルーマン米大統領が開設を命じ、四七年三月、広島赤十字病院に事務所を設置、四八年に広島・長崎に研究所として設けられた。日本側はGHQ指令で国立予防衛生研究所が協力させられた。

広島　広島では、広島日赤病院の一部で血液学上の調査を開始。五一年一月、比治山に移転し、山の上のカマボコ型の施設に、被爆者を呼びつけた。

ABCCは、被爆者の被爆状況と身体を調査しデータをとるだけで、治療はしなかった。[*9] 治療を求めても応じなかった。失望した被爆者は、怒りをもってABCCを「人間モルモット研究所」と呼ぶようになった。噂は広島中にひろがり、忌避感が高まった。「ABCCは次の核戦争の医学的資料を集める機関だ」という評価もされるようになった。

ABCCに行くことをいやがる被爆者には、金品による懐柔や軍事裁判にかけるという脅迫などがなされた。

ABCCにたいし正式に最初に抗議したのは吉川清らだった。五二年一〇月六日（占領終了

＊9　モルモット扱い
「被爆者をモルモットあつかいするという巷の声が全くほんとうの声だと、後手後手にまわって、わが身を切られてわかりました。調査だけが目的なのです。……これは人類の敵というべきです」（『加害者への怒り』所収、伊崎フラ）
「私は〃血はあげたくない〃とことわった。するとその二世は〃アナタ、ソンナコトイッテイイノデスカ。グンポウカイギニマワッテモイイノデスカ〃といった」（同、はやみちかこ）

マルセル・ジュノー博士の記念碑・広島（1979.9建立）

後）のことである。

『改造』増刊号（五二年一一月一五日発行）掲載の「ＡＢＣＣの内幕」によると、吉川が「非武装の一般人や婦女子（が）……被害をうけたのです。アメリカが何らかの方法で被害者の体をなおしてほしい」というと、所長グラント・テイラーは、同情をもっているが、「戦争の被害をうけたのは広島の市民だけではないから、広島にだけ特に救援しなければならない理由はありません」と答えた。

その二年後（五四年）、吉川の妻生美がＡＢＣＣで肝機能検査を受けた後、震えが始まり四〇度の発熱、腹がふくれ小水も出なくなった。吉川が怒ってＡＢＣＣに抗議の電話をすると、入院をすすめた。ベッドなどの設備はあったのだ。入院させるなら治療するかと思って応じたが、一切しない。検査検査であった。食事は毎食乾燥ものでそのデータをとるだけであった。生美は「危ない」と思って夫を呼び、強引に退院して市内の病院に入院し、回復した。吉川はあらためて抗議に出向き、一切の補償をさせ、他の被爆者が同じ状態になった場合も同様に対処することを約束させた（渡辺力人・田川時彦・増岡敏和編著『占領下の広島』）。

長崎　長崎のＡＢＣＣは四八年八月、国立予防衛生研究所長崎支所（長崎原子爆弾影響研究所）として発足した。

五〇年一月、日系二世の小児科医師ジェームス・Ｎ・ヤマザキが三代目所長に着任し、もと教育会館であった長崎会館を借り上げて使うことになった。ヤマザキ『原爆の子供たち』によると、長崎での研究は主に子どもが対象で、長崎医科大学付属医療センターが全面的に協力したという。例として、原爆投下後数週間の生存者八〇〇〇人の調査結果（四六年終了）を調来助が渡してくれたことをあげている。これは彼らが初めて手に入れた重要な医学的報告書となった。

しかし、重要な報告はすべて機密法や検閲によってＡＢＣＣスタッフからも遠ざけられていた。「アメリカの関係者は、原爆の物理的な側面については即座に公表したが、医学的影響の詳細な情報の出版は一九五一年まで認めなかった。原爆が人々に、特に子供たちに与えた影響を通して、私は初めてそれについて詳しく知るようになった」とヤマザキは記す。

ヤマザキは、日米の科学者が放射性降下物の人間への影響に関する研究計画をすすめたことにふれ、こう記している。

「原子エネルギー委員会（ＡＥＣ）から派遣さ

新しい建物となったABCC（1950.12初旬）
提供・中国新聞社

れてきていたトレーサー研究者の訪問については口外しないことを要請され、集められた標本はアメリカでの研究のみに使われるものであった。その後出版された報告書の結論は、予想に反して「降下物」による長期的な害は観察されないというものだったが、しかし、子供たちに一過性の白血球の増加がみられたという報告もあり、研究はまだ終わっていないし、論争も終わっていない」[*10]。

ＡＢＣＣは、五〇年一〇月には、国勢調査付帯調査として原爆被害者の全国調査を実施した。調査では疫学調査の対象を選ぶなど調査の分析もＡＢＣＣが行なった。

5　日本政府の被爆者放置

日本政府も、「被爆者の窮状を訴えて、救援を求めるような措置は一度としてとっていない」（椎名、前掲書）。当時の日本が自力でできないなら、アメリカや赤十字国際委員会に訴えるべきであったろうに、その義務も果たさなかった。

戦時災害保護法の打ち切り　明治憲法下の戦時災害保護法は、被災後二カ月間は「収容施設の供与、炊き出しなどによる食品の供与、被服などを供与」することを規定していたが、想像を絶する混乱などのため、運用は十分でなかったし、実態は十分わかっていなかった。

浜井信三『原爆市長』によれば、市の配給課長だった浜井は、被爆八日目ごろから動き、市庁舎一階に配給所を設け、食糧や生活必需品を集めて配給した。軍の払い下げ物資、旧工兵隊からの数台のトラックが役に立ち、「広島商人」二十数人の無償の協力があった、という。

しかし、不十分な戦時災害保護法さえも延長されず、一〇月八日打ち切られた。被爆者は完全に国の行政から見放されることとなり、これ以後、五七年に原子爆弾被爆者の医療等に関する法律（原爆医療法）が成立するまで、被爆者は一二年間放置されることになったのである。

日本政府の「原爆犯罪」　広島で原爆の治療法に関する本格的調査が行なわれるようになったのは、東京帝大の都築正男らが入市した四五年八月二九日以後である。都築は広島で原爆症の療養上の指針について講演し、広島の医師を励ました。つづいて京都帝大医学部、金沢医科大学、大阪女子医専、岡山医科大学からも学者らがきた。この救援が医学界の大運動になりかけた一一月三〇日、占領軍は医学をふくむ原爆の研究・公表を禁止（前述）したが、日本政府は

＊10　ヤマザキの記述
本人の記述だが、よくわからない。「機密法」は戦時下のアメリカの法律、「検閲」もアメリカ政府の命令によるものと思われる。記述のつづきの部分に「報告書自体は当時検閲の対象だった」とある。

米側に措置の転換を求めることは何もしなかった。

そしてとどのつまり、五一年のサンフランシスコ対日講和条約で、戦争によって生じた「連合国及びその国民に対する日本国及びその国民のすべての請求権を放棄」するとし、外交保護権の不行使をアメリカに約束する。「被爆者にたいする重大な義務違反」（椎名）であった。

椎名『原爆犯罪』は、「日本政府は、占領軍が被爆者に対しておこなった一連の措置に対して、無批判に追随し、被爆者の利益や権利をまもるために行動したことは一度としてない」と強調する。

中国新聞論説委員だった金井利博の『核権力―ヒロシマの告発』も、原爆の「残虐さは、日本降伏―占領―講和―独立―日米親善関係と変化した政治環境にかかわらず、今日なお、生き残った人々の身の上に続いて（いて）、……それは『なぶり殺し』以上のもの、『拷問《ごうもん》』以上の持続的な残忍さである」と告発した。金井はまた、「（国家補償も）長らく不問にされ、（被爆者は）『棄民』の状態に放置されたのである」ともいっている。

6 「隠蔽と遺棄」の一二年

以上のような戦後初期におけるアメリカと日本政府の対応は、ひとことでいえば「隠蔽と遺棄」であった。一定の医療施策が始まるまでの一二年について、二〇〇三年に始まった原爆症認定集団訴訟での「訴状」は指摘している。

「このような（原爆被害の）隠蔽と（被爆者の）遺棄・放置は、ビキニ水爆実験で第五福竜丸が被爆したことを契機に原水爆禁止運動が大きく展開し、「原爆医療法」が制定されるに至る一九五七年まで実に十二年つづくことになる。このことにより、例えば、被爆者がいわゆる『原爆ぶらぶら病』といわれる肉体的・精神的疾患に苦しんでいても、周囲の日本国民自身がその苦しみが原爆被害によるものであることを理解できなかった。いや、被爆者自身さえ、その苦しみが被爆によるものであることを理解できなかったのである。まして、強制連行されて広島・長崎で被爆をして、それぞれの国に帰国した被爆者などは、周囲の理解をなおさら受けることができず、苦しんだのである。その結果、被爆者の救済は大幅に遅れ、被害が拡大することとなった」。

3章　被爆者運動の端緒

1　原子兵器廃棄の叫び

占領のもとで　占領軍の絶対支配下でも、市民・被爆者の慟哭《どうこく》と怨嗟《えんさ》と抗議の声は地をはい、「原子兵器の廃棄」の要求となっていった。

一九四九年四月二〇日、パリとプラハで平和擁護世界大会が開かれた。朝鮮半島に戦争の危機が迫っていた。ふたたび原爆が使われる危険に世界が緊張するなか、大会は戦争準備に待ったをかけた。日本からの参加は米占領軍により阻まれたが、世界大会に呼応して四月二五日の平和擁護日本大会（東京）をはじめ各地で集会が開かれた。

広島では四九年一〇月二日、一三団体が平和擁護広島大会を開いた。広島女学院講堂に集まった三〇〇人のなかで、配炭公団の山田欽子が「私たちは広島市民です。原子爆弾に苦しめられているのです。何より原子爆弾の禁止を求めます。本大会の宣言にこの声を入れてください」と緊急動議を出した。参会者は拍手で賛成した。議長団の一人だった峠三吉が宣言文案の最後に「人類史上最初に原子爆弾の惨禍を経験した広島市民として、『原子爆弾の廃棄』を要求します」と書き入れた（「ひろしま民報」、『占領下の広島』）。占領下のプレスコードのもとで広島から最初にあがった「原子爆弾廃棄」の声であった。*11

ストックホルム・アピール　五〇年三月二五日、平和擁護世界大会委員会はストックホルム・アピールを発表し、平和投票（署名活動）を呼びかけた。*12

アピールは原子兵器の絶対禁止を要求し、「どんな国であっても最初に原子兵器を使用する政府は、人類に対して犯罪行為を犯すものであり、その政府は戦争犯罪人として取扱います」とのべた。

アピールは、被爆地の市民・被爆者の思いを力強く支えた。峠三吉は『反戦詩歌集』第一集（五〇年五月一日）に寄せた作品で、ストックホ

＊11　平和擁護広島大会の宣言

自由と平和を保障した日本の民主主義革命は最近極めて危険な状態を示してきました。好戦的なファシストたちは、またもや戦争によって利益を得ようとしはじめ、そのための障害となる政治、経済の分野は勿論、科学、芸術、思想、教育などにおいて、さらにそれは日常生活の些細な一点に至るまで、総ての民主主義的なものに対して狂暴な圧迫を加えつつあります。このことは自由と平和を愛好してやまなかったわれわれが、かつてのファシズムの被害者としての経験から身をもって知るところの現実であります。ことに民主主義革命の先頭に立ちその主体的役割を果たしつつある労働者階級の諸運動に対しては最近血を見るほどの暴虐ぶりを示しております。

政令、規則、条例などの公布による思想、集会、言論、結社、団体行動の自由に対する明白なじゅうりん、全国いたる所で惹起する労働争議並びに民主団体に対する警官隊を動員しての無謀な弾圧など、憲法によって保障された基本的人権圧殺の事実は、まさにその集中的な現れであります。こうした今日の日本の現実からは、われわれが希ってやまない自由も平和も民族の独立も期待できません。さらにこのことは厳粛な世界史の方向にも逆行し人類に課せられた倫理をも無視したものであります。われわれが自然のような強さと深い憂いをもって一文を草したのもここに由来するものであります。

われわれはこのような矛盾に満ちた現実の中から自由と平和を闘いとるために民主主義革命の先頭をゆく労働者階級との結びつきを飛躍的に強化

ルム・アピールにこたえて、「また墜ちかかろうとする／呪いの太陽を支えるのは、いまからでもおそくはない」とうたう。人びとに行動をうながすと同時に、被爆者である自分自身の責務を呼び起こす呼びかけでもあった（「呼びかけ」）。

平和投票は、その年一一月にまとめられ、世界で五億、日本で七四五万、広島で一〇万を超えた。それは朝鮮戦争での原爆使用をくいとめ、人類を核戦争から救う大きな要因となった。

広島の文化運動　この盛り上がりに支えられて、広島の「原子兵器廃絶」の文化運動は、一つのエポックを画した。原爆詩に絵を添えて街頭に展示する辻詩運動（四国五郎の絵で五〇枚描かれた）が展開され、ストックホルム・アピールの署名が集められた。丸木位里・赤松俊子「原爆の図」三部作展も各地で開かれた。

原子兵器廃絶の叫びは、朝鮮戦争勃発直前からいちだんと高揚した。五〇年六月九日付「平和戦線」紙（編集長・大村英幸）七号は、「再び原子爆弾を繰返すな」という主張を掲げ、広島の被爆写真六枚（ほかの一枚は長崎）と峠三吉の詩「八月六日」を掲載し、五万枚を各地でまいた。被爆写真の大衆公開としては、おそらく日本最初だろう。

五〇年の「原爆の日」は、あらゆる集会、爆心地と似島以外の慰霊祭も占領軍に封殺された「禁じられた八月六日」として歴史に残る。そのなかでも、繁華街の福屋百貨店前で平和集会がもたれ、福屋の屋上や四、五階からビラがまかれた（大道博昭、中江順一、守屋晴子、多田悦子、増岡敏和の五人による）。ビラの内容は、前年に開かれた平和擁護広島大会の宣言、裏はストックホルム・アピールだった。この情景を下から見ていた峠三吉は「平和を愛するあなたの方へ／平和をねがうわたしの方へ／警官をかけよらせながら／ビラは降る／ビラはふる」（「一九五〇年八月六日」）とうたった。

原爆展、語り部のはしり　プレスコードのもとでも、前述の大田洋子『屍の街』をはじめ、抑圧に抗して原爆を記録作品化する活動は少なくなかった。[*13]

圧倒的に世論を動かしたのは、長田新編『原爆の子』（五一年一〇月）と、原爆の詩編纂委員会編『原子雲の下より』（五二年九月）であった。広島のサークル誌『われらのうた』『反戦詩歌集』は毎号、原爆作品を発表しつづけた

今日のはしりとなるような原爆展は、五一年秋、大阪大学理学部の学生たちによる「原子力

し、農民、家庭婦人、青年、学生、中小商工業者たちとも親しく手をとり合い知識人をもひろく結集して、平和のための一大防壁を築くと共に、今日の国際平和闘争デーを闘いつつある全世界の平和を愛好する人々の総てと手を握り〝戦争ならびにファシズム反対、平和擁護〟のための世界的規模における闘いを推し進めねばなりません。

思いまするに、われわれが平和の象徴である広島の地から、こうした平和のための一文を掲げ、人民各層に呼びかけねばならなかったこのこと自体が自由、平和、民族の独立の危機！　今日の現実が含む一切の矛盾！　人類の生存にとって大きな不幸を招く危険！　それらを極めて身近に象徴していると思います。

われわれは以上のような趣旨によって、人民各層が一人残らず、これに参加し、実に強力な結集と統一との秩序ある広範な組織を希望いたしますと同時に、われわれはその先頭に立って闘うことを宣言します。

最後に、人類史上最初に原子爆弾の惨禍を経験した広島市民として「原子爆弾の廃棄」を要求します。

一九四九年一〇月二日

国際平和闘争デー・平和擁護広島大会

***12　ストックホルム・アピール**

一、わたくしたちは人類に対する威嚇と大量殺りくの武器である原子兵器の絶対禁止を要求します。

二、わたくしたちはこの禁止を保障する厳重な国際管理の確立を要求します。

三、わたくしたちはどんな国であっても最初に原

展」である。企画は原爆展だったが、大学当局の不許可によって名称を変更した。中心になったのは広島大学から大阪大学に転校した安藤洋美だった。原爆展は占領下で広島、長崎、京都、沖縄などでも開かれたという。

広島における被爆語り部は、吉川清がおそらく最初だろう。五二年の早春、広島バス会社の観光バスから依頼されたのがきっかけだった。原爆ドーム隣で土産物店を出していた吉川は、やがてもろ肌脱いで、熱線で灼かれた首筋から背中一面のケロイドと変形した両手指を見せながら語るようになった。

五四年七月には、峠三吉の『原爆詩集』に励まされて書いたという（浅田談）歌曲「原爆を許すまじ」（詞・浅田石二、曲・木下航二）が発表され、うたごえ運動によって歌いつがれた。中央合唱団が、平和運動とうたごえのテーマの一つとして、原水爆禁止問題を作詞作曲することを提起したことにこたえて創作されたものである。

2　動き出す被爆者問題

「復興」の陰に隠された被爆者　一九四九年五月、国会は特別立法の広島平和記念都市建設法と長崎国際文化都市建設法を可決、八月に公布された。

長崎では、この立法によって自治体や企業、商店は「観光長崎」の再興に躍起になり、原爆はむしろ売り物にされ、原爆の被害は放置された。五〇年には「日本観光地一〇〇選・都市の部」一位に入選し、ますます被爆地であることはマイナスイメージとされ、復興がすすむにつれて原爆や被爆者が陰に隠されていった。

原爆障害者救済の要望が表面化したのは四八年ごろから。労働省婦人少年局長崎職員室が婦人障害者調査に、一七八人の「原爆婦人」の六八％が不自由と答え、無料診療所の設置が要望されている。しかし、三年近くが無為に過ぎた。

五二年になって、民生委員の手で長崎市内在住の原爆障害者調査が行なわれ、男子六六三人、女子六二五人が把握された。同年長崎大学医学部の調教授が紙面調査を行ない、外傷後遺障害者（主として火傷によるケロイド）八三九人の調査を行ない受診者三四〇人中一三〇人が早期に治療必要とされた。長崎大学医学部の無料診療も始まった。

自治体と大きな医療機関による組織的な医療活動がとにかく動き出すまで、じつに被爆後七

子兵器を使用する政府は、人類に対して犯罪行為を犯すものであり、その政府は戦争犯罪人としてとりあつかうべきものと考えます。

四、わたくしたちは全世界のすべての良心ある人々に対し、このアピールに署名するよう訴えます。

一九五〇年三月一九日　ストックホルムにて

＊13　広島で生まれた原爆主題の作品

〔小説・記録〕原民喜＝『夏の花』（四七年六月）ほか、大田洋子＝『屍の街』（四八年一一月）ほか、小倉豊文＝『絶後の記録』（四八年一一月）ほか、吉川清『平和のともしび』（四九年八月）、基督教青年会同盟『天よりの大いなる声』（四九年四月）、衣川舜子『ひろしま』（四九年七月）、広島市民生局社会教育課編『原爆体験記』（五〇年八月）など。

〔詩歌集〕栗原貞子『黒い卵』（四六年八月）、正田篠枝『さんげ』（四七年一月）、山本康夫『朝心抄』（四八年八月）、峠三吉『原爆詩集』（五一年八月）など。

〔雑誌〕五〇年ごろまでに広島で、文化運動を伴い原爆を課題としつつ刊行された文化・文学誌には、『中国文化』（総合）、『探求』（総合）、『真樹』（短歌）、『地殻』（詩）、『われらの詩』（詩）、『反戦詩歌集』（詩歌）などがあった。

〔写真・美術〕写真は、松重美人や佐々木雄一郎が原爆投下直後から広島を撮りつづけた。画家には下村仁一、柿手春三、福井芳郎、浜崎左髪子、四国五郎、金崎是ら。彼らを含む画家十数人が、五五年の原水爆禁止世界大会にむけて広島平和美術展準備委員会をつくり、作品一五〇点（一人一

年を要したのである。このような被爆者対策が遅れた理由として、次のことがあげられている。

①中央・地方を問わず、行政機関は戦後の復興に主力を向けていた。

②被爆の状況が占領下という特殊な条件下で公にならなかった。

③被爆の状況や障害者の窮状に対する関心より、労働運動や平和運動に世論がかたより、被爆者救済が民衆運動にもならなかった。

講和条約発効とともに　五一年九月、サンフランシスコで対日講和条約（「日本国との平和条約」）が調印され、翌五二年四月発効した。日本は形式的に「独立」したが、この講和はソ連などを除いた「片面講和」で、同時に締結された日米安全保障条約とあわせて、日本は東西冷戦の片方の陣営に深く組み込まれた。*14

しかし、戦後占領に一つの区切りができたことは、戦争犠牲者遺族援護問題をめぐって、遺族団体や旧軍関係者の運動を活発にした。五一年一〇月、「戦傷病者及び戦没者遺族等の処置に関する打合会の設置に関する件」が閣議決定され（田中伸尚ほか『遺族と戦後』岩波新書）、国会では翌年の講和発効と同時に法制定・実施することをめざした議論が行なわれた。

この動きをみて、広島・長崎原爆都市連絡協議会（四九年発足）は五一年一一月、原爆戦災者遺族の援護について緊急に協議した。協議の結果、「原爆犠牲者全部への援護も必要だが、政府は援護の対象を軍人・軍属に限定している。原爆関係で該当すると認められるのは、旧国家総動員法で強制的に出動して犠牲になった学徒報国隊員、徴用工員、国民義勇隊員。これを適用対象に加えるよう早急に陳情運動すべきだ」と決めた。

衆議院では軍人・軍属だけを対象とした案が提案された。参議院の厚生小委員会は政府案と別に独自案を作成した。

この案では、次のようになった。

一、適用の対象は軍人軍属に限定せず、旧国家総動員法による学徒隊、徴用工、義勇隊なども公平に援護する

一、戦没者には平等に弔慰金を支給する

一、遺族年金支給は遺族の実生活に即して援護する

その他、国家補償の原則により受給者の範囲を拡大すること。

学徒報国隊などに補償実現　五二年一月の閣議決定では、「国家補償を原則とする抜本的援護対策を樹立すること、軍人・軍属以外の戦争

点）を集め第一回美術展を開いた。それから毎年、世界大会の日を中心に開催している。

***14　原爆被害者の基本要求（八四年一一月）**
日本政府は、対日平和条約（第19条a項）で、原爆被害を含むすべての対米請求権を放棄しましたが、アメリカの原爆投下の道義的・政治的責任が、これによって、解消されるものではありません。

対日平和条約第19条a項＝日本国は、戦争から生じ、又は戦争状態が存在したためにとられた行動から生じた連合国及びその国民に対する日本国及びその国民のすべての請求権を放棄し、且つ、この条約の効力発生の前に日本国領域におけるいずれかの連合国の軍隊又は当局の存在、職務遂行又は行動から生じたすべての請求権を放棄する。

犠牲者にも適用する」などの要求は入れられず、厚生大臣・橋本竜伍と大蔵大臣・池田勇人が激しく対立した。橋本は閣議決定を不服とし辞表を提出した。日本遺族厚生連盟などからも不満がだされ、広島と長崎は学徒などへの援護復活のため国会、政府への陳情を展開した。この運動で、戦時中に山口県徳山海軍燃料廠の爆撃で犠牲になった学徒報国隊は軍属に編入され、靖国神社に合祀されていることがわかり、靖国神社の大谷総裁に学徒隊など原爆犠牲者の合祀を願った。

「最後の手段は、民主議会制度に与えられた国会請願法に基づく直接国民の参与権を使って、国会に正面から運動することだ」ということで、広島、長崎の市長、議長、期成委員会（広島、長崎特別都市建設期成委員会）委員長の名で衆参両院に請願書を提出した。

激しい論議の末、国家総動員法によって徴用された犠牲者を除いた「戦傷病者戦没者遺族等援護法」案が衆議院から参議院に送られた。参院の委員会はさらに論議、修正練り直しをした結果、動員を受けた犠牲者を対象者に加えることになり、戦争犠牲者に対する初の援護法は五二年四月、成立した。*15

この運動の過程で、広島市は厚生省が遺族援護調査費一億円を支出することになっていることを知り、原爆犠牲者の調査にも特別調査費三〇万円を厚生省から交付させることに成功し、大々的に個別調査をしていた。知らなかった長崎側は急きょ「原爆犠牲者の調査は長崎も広島と同様の条件であるから特別に調査費を出してもらいたい」と陳情をかさね、二五万円を交付させた。

3　日が当たりはじめた被爆者医療

占領下の医療停滞　占領下では被爆者医療や日本医学界の研究・発表は中断させられ、医師らの治療活動まで停滞することになった。政府がようやく原爆症研究調査費を計上したのは五三年度からで、これにより国立予防衛生研究所（予研）は、「原爆症調査研究会」（原調研）を設け（五二年一一月）、原爆の医学的影響の調査・研究、治療対策をはじめた。*16

広島市医師会は「多くの会員を失い、かろうじて生命をとりとめた会員自身、その多くが被爆者であり自らの医療施設を失っており（広島市の医療施設の五分の四が灰燼《かいじん》と帰した）、組織活動をなしうる状況にはなかった」（『広島市医師会史第二篇』）。しかしみずから傷つきなが

＊15　戦傷病者戦没者遺族等援護法
「さしもの紛糾を重ねた戦傷病者戦没者遺族等援護法が、独立日本最初の戦争犠牲者国家補償立法として成立するに至った。時に四月二五日、午後四時三〇分であった」（一九五二年長崎市議会月報、第四巻第五号、同年五月二五日発行）

＊16　原爆症調査研究会委員
小林六造（予研所長）、小島三郎（予研副所長）、古野秀雄（広島県衛生部長）、松坂義正（広島県医師会長）、河石久二夫（広大医学部長）、渡辺漸（広大医学部教授）、一瀬忠行（長崎県衛生部長）、調来助（長大医学部教授）、松岡茂（長大医学部教授）、中泉正徳（東大医学部教授）、三宅仁（東大医学部教授）、都築正男（東大医学部教授）、菊池武彦（京大医学部教授）

ら救護に献身した医師たちもいた。
広島逓信病院勝部玄（外科医長）と復員してきた岡本繁とは、四五年暮れごろから、数百例もの植皮によるケロイド（切傷・熱傷痕）手術をしたが、当初は報道されず、あまり知られなかった。

開業医の原田東岷も植皮手術をした。しかしこの手術はケロイドが再発し、四九年ごろから希望者がいなくなった。原田はケロイド手術を中止、苦悩しつづけていた。そこに一人の少年の足のひどい瘢痕《はんこん》のひきつれ治療にかかわって、有茎皮弁《ゆうけいひべん》の移植方法を用いて手術を試み成功したが、この画期的な方法も報道されず、ケロイド治療の前進は阻まれた。

於保源作の研究　特記すべきは開業医、於保源作の努力である。戦後早い時期から被爆者の自宅訪問と研究をかさね、被爆者にがんが多いことを先駆的に指摘した。占領下で発表できなかったためか、土曜会[*17]という医師の研究団体の席で五一年に報告発表したが、十分には広まらなかった。於保はさらに調査研究をつづけ、五五年七月、原爆被害者対策にかんする調査研究連絡協議会第三回広島長崎部会などで「原爆被爆者における悪性新生物死亡の統計的観察」を発表し、反響を呼んだ。それまでもっぱら火傷やケロイドに目が向いていた被爆者医療で、がん発生が重視されるようになるについて、於保の果たした役割は大きかった。

広島医師会の被爆者医療の最初の組織的な対応は、広島市が一般戦死者と同時に原爆死没者にも国の援護を要求して再調査を行なうこととし、一九五一年に実施した原爆死没者調査と、翌年一月に実施した戸別の原爆傷害者調査だった。体に傷害が認められる被爆者は四〇三八人、うち三七三六人が外科的障害に悩まされていることがわかった。調査数が少ない理由について『広島市医師会史』は、「当時は原爆傷害といえば、内科的知識にとぼしく、もっぱら熱傷瘢痕を中心とする外科的障害のみが考えられがちだった」ことをあげている。「原爆はうつる」といわれた差別的な空気や、朝鮮戦争下、政治的に原爆風化の風潮が強められていたことも影響していたと思われる。

「原爆乙女」の治療　五二年に成立した戦傷病者戦没者遺族等援護法は、前述のように、原爆や空襲犠牲者を除外した。原爆被害者の治療は自費にされ、「原爆乙女」の治療も善意の援助に訴えなければならなかった。

牧師・谷本清らの熱心な運動がみのり、原爆乙女たちが県外で治療を受ける（東京大付属病

＊17 **土曜会**
土曜会当初、放射線科の槙殿順、内科の於保源作、水野宗之、高田繁、眼科の後藤英雄、外科の竹内剣の開業医を中心に八人から出発し、やがて中山広美、長崎孝、高田洋（以上内科）、藤井俊治（外科）、土谷厳郎（眼科）、滝口一雄（耳鼻科）を加え、研究を交流し充実させていった。この前後、原爆投下による精神的打撃や後遺症についての研究には、久保良敏や小沼十寸穂らが取り組んでいる。

院小石川分院一九人、大阪市立大学・厚生年金病院一二人）というニュースを、ジャーナリズムは大々的に取り上げたが、そのなかに「広島の医師は治せないのか」という内容があった。これは必死で努力し、献身してきた広島の医師を憤慨させた。医師会理事であった原田東岷は島薫、大内五良、岡本繁らと相談し、市医師会の協力をえて広島外科会としてこの課題に取り組むことにした。これが市医師会の全面的積極的な被爆者医療へのとりくみとなる。市医師会は「治療は地元医師会で」をスローガンに、「全額医師会の負担においてでも、地元医師の義務を果たすべく」結束していった。

広島市原対協　これをふまえて広島市医師会は、被爆者の治療にあたる新しい組織を設立すべく五三年一月、広島市原爆障害治療対策委員会を発足させ、市などと協議し、対策委員会を対策協議会（原対協）として結成した。*18

『広島市医師会史』はここにいたる背景には三つあるとして、①占領体制が終焉したという事実②谷本牧師らの「原爆乙女」に治療を受けさせる行動（インパクトを与えたという点で）③そして最も重要なこととしては、被爆者の要求を受けて立ちあがることを可能にさせた被爆者医療の素地が、広島の医師の間にすでにあったことを挙げる。そして勝部や原田らのケロイド治療の実践（前述）と、当時広島市には医科系大学もなく被爆者治療を担当する医師（とくに開業医）の悩みが深かったなか、自発的に土曜会をつくって被爆者医療に取り組んだ実績を記している。

被爆者の調査・治療活動は原対協の方針を柱として動いていくようになった。ただ、その「治療指針」が内科の治療対象を「二キロ内」被爆者と決めたことは、のちに大きな問題になる。*19

そうしたなかで、被爆者治療に心を動かされたアメリカの文芸雑誌編集長ノーマン・カズンズ夫妻から「原爆乙女」治療援助の申し出があり、五三年に五人の渡米治療が実現した。女性たちは五月アメリカに渡り、市医師会から原田東岷、大内五良、途中交替した藤井正和、高橋定らが谷本清とともにつき添った。中林智子が手術中死亡する悲劇もあったが、他の女性の外科治療は成功した。

長崎原対協　長崎市原爆障害者治療対策協議会（長崎原対協）は、広島原対協から四カ月遅れた五三年五月、市長・田川務を会長とし、県医師会会長・高尾克己を副会長として設立された。長崎市民にたいする啓発と調査を行なうこ

＊18　広島市原対協初代役員

初代会長は浜井信三（広島市長）、副会長は松坂義正（県医師会長）。役員二九人中、県医師会から正岡旭、於保源作、槙殿順、原田東岷、今井次雄、武市重雄、藤井俊治、中山広美、荒木忠、岩佐基正ら、国公立病院長から伊藤久栄、重藤文夫、蜂谷道彦、甲斐太郎らが選ばれた。

＊19　広島市原対協「原爆障害者の治療について」

一、障害の程度

1、外科　原子放射による障害及び原爆炸裂時の家屋倒壊、火災その他による外傷（骨折、脱臼、火傷、瘢痕）等をうけ、今日まで完全に治らない者

2、内科　爆心地より二キロ内で被爆した者及び原爆直後から爆心地付近（二キロ内）にて活動した者で当時血液中の白血球が四千以下、赤血球三百万以下に貧血した者及び当時血液検査をうけず引続き全身違和があり、疲れ易く原因不明の貧血ある者

尚、被爆以来血液中の白血球が異常に増し（一万二千以上）然も貧血（赤血球三百万以下）があり、全身衰弱し皮膚、粘膜等から出血し易く時々発熱する者

3、眼科　原爆による眼瞼飜外飜症、兎眼症、眼に白い斑の出来た者、義眼を要する者、眼の整形を要する者

二、診療の方法

前述の何れかに属する者が受診を求めたときは、市医師会にある特殊のカルテに夫々記入し市の事務所に届けられたし

とを目的とし、長崎大医学部付属病院に委託して、障害者治療を無償で開始する。八月一日から九月三〇日まで総合診察を行ない、一八七四人が受診した。長崎市外を含めると三〇〇〇人を超す受診になった。

治療費国庫支出を求めて　五三年七月には広島、長崎の市長、議会議長連名で「原子爆弾による障害にたいする治療費援助に関する請願」が国会に対して行なわれ、衆議院、参議院はそれぞれ八月三日と六日、採択した。八月二七日には両市の原対協が決議して、「昭和三〇年度予算に対する要求」をかかげた。

　翌五四年五月二五日、広島市議会が、原水爆禁止と原爆傷害者治療費国庫負担決議を採択、同じ三一日には、長崎市議会臨時会が、「原・水爆製造使用禁止に関する決議」とあわせて「原爆障害者治療費全額国庫負担要望に関する決議」を行ない、政府、国会に陳情した。[*20] ひきつづき八月二七日、両市の治療対策促進協議会が長崎市で開かれ、両市出身の衆参両院議員、関係行政・医療関係者が出席して、治療費の国庫支出に関する陳情書を提出することとした。[*21]

　これらの請願、陳情の結果、政府は、五四年度調査研究費として、一一七万三〇〇〇円を予算計上し、翌五五年度には、治療費としての国庫支出、四一三万円を予算に計上した。

4　被爆者組織の発祥

　広島・長崎を中心に、被爆者のあいだで組織化の努力が始まるのは、五〇年代初頭である。まだ小さな試みだが、五〇年代半ばに大河となる流れの源であった。

原爆障害者更生会　広島で被爆者の組織を最初につくるのは吉川清らである。原爆障害者更生会という。結成は五一年八月二七日、会員は三〇人であった。

　吉川は「被爆者の置かれている状態を少しでも改善するために、いつも署名簿をもっていて、会員になってくれる人」を訪ね歩いた。署名集めの協同者は、被爆治療で日赤にいっしょに入院していた妻の生美や米田美津子ら数人。米田はのちに回想している。「被爆者の集まりそうな病院、停留所、デパートの前、バラック建ての家、ケロイドのある人をみては、被爆なさった方でしょうかと尋ね、手をとりあって生きていこうと一人ひとり声をかけて歩いた」（『ヒバクシャ』四号）。

　吉川清『原爆一号といわれて』によると、「月に三回の会合をもつことを決め」、「生活問題を

三、治療該当者の決定
　このカルテに基き原爆障害者治療対策協議会研究治療部会で各科別に審査し治療該当者を決定しておしらせします。

＊20　原爆障害者治療費全額国庫負担要望に関する決議
「市内の身体障害者は二千九百余人と推定されていて、市及び民間で組織された治療対策協議会で若干の治療が施されている。大部分の障害者は治療費の負担に耐えない人びと、治療費は相当多額で、逼迫した市財政の負担と民間の募金にのみ頼ることは困難。ビキニ水爆実験による被害者の国費治療が行なわれている現在にかんがみ、原爆障害者の治療費を全額国庫負担とせられ、すみやかに障害者の治療を施して民生の安定を図るよう」要望している。（一九五四年長崎市議会月報、第6巻第5号）

＊21　治療費の国庫支出に関する陳情書
広島・長崎両市治療対策促進協議会の席上、木原衆議院議員は、「一般では、国庫が負担していると思っている。国会対策委員会の幹部も政府の施策に一驚を喫し、努力している」と発言。山下参議院議員は「原爆死没者に対して戦災傷痍者以下に低く考え、原爆障害者に対しては自己の過失による身体障害者と同様にみなそうとすることに対し、断固排撃する」と発言した。陳情書には、（昭和）三〇年度予算計上の資料として「原爆障害要治療者調査」を添付した。広島市、長崎市要治療者数をそれぞれ六〇〇〇人、三〇〇〇人とし、要治療内容を外科、内科、眼科その他に分け、そ

はじめとして、あらゆる問題を話し合い、市に対して要求し、被爆者対策をたてさせよう」とした。しかし会員たちの口は重かった。会場は広島城跡の堀端に吉川が借りて住んでいた空き倉庫で、たがいに慰めあうかたちで運営し、対市要求をまとめにかかったが、立ち退きを求められ頓挫した。谷本清の教会を使わせてもらい会合をつづけるうち、吉川は病気で倒れた。「更生会」は谷本が引き継いだが、やがて自然消滅した。

原爆被害者の会　五二年七月ごろ、病が癒えた吉川は峠三吉を訪ね、新しい原爆被害者組織づくりについて相談した。学生だった川手健が事務局員となり吉川を助けて会合を重ね、五二年八月一〇日、「原爆被害者の会」を結成（会員一〇〇人余）した。[*22]

長崎にも呼びかけたり、東京と協力会をつくろうとして代表（吉川、川手ら）を送ったりした。会の名称に「広島」を付さなかったのは、広島・長崎の統一組織を考えていたからで、東京協力会をすすめたのは、国家による治療費無料化を求めるひろがりをつくる視点であった。

結成大会（広島市油屋町の知恩会館、五〇人）では、会則、組織、事業が決められた。

会則は、「被害者が団結して多くの人々の協力をもとに、治療、生活その他の問題を解決し、再びこの惨事をくりかえさないよう平和のために努力」（目的）するとし、その実現のために、①治療援助②生活困窮者の就職と会員相互の生活援助③平和事業④その他の活動――などをかかげた。医療については、「私達は国家予算による無料での診療治療の実施を要求しています」とし、①原爆障害者の実態調査②市民病院での無料診断実施③緊急を要する患者のカルテ作成と県・市の治療費全額負担を求めた。

前文では、国の予算や社会保障制度、当時の警察予備隊など再軍備の問題にふれているが、具体的な活動は地方自治体への要求にとどまっている傾向が強い。これは「当面」の対策を急いでいたこと、運動のひろがりの小ささ、時代的制約によるものでもあった。平和運動では、原爆写真の貸し出し、記録、手記、訴えなどをひろめるとし、これは一定の展開をした。

原爆被害者の会は、少数の結集ながら、原爆障害者更生会の互助会的運動を発展させ、今日の被爆者運動の展開への一歩を築いた。第一回総会を五二年一二月一四日に開き、幹事三人が神田周三、山田正喜、佐良田信夫と交替した。会員もふえていった。しかし「原爆一号」としての吉川の活動が多忙で運営に齟齬をきたした

れぞれの治療費概算を七八〇〇万円、二億一〇〇万円、一三五〇万円、「生活補助金を含め、総額三億二五八〇万円が必要。しかし、両市の実際治療能力には限度があり、能力を二五%としても一年の費用は八一四五万円が必要」とした。（一九五四年長崎市議会月報、第6巻第8号）

＊22　原爆被害者の会役員
幹事は吉川清、佐伯晴代、内山正一、上松時恵、峠三吉の五人で、会長と副会長はおかず、対外的な代表者には吉川がなった。事務局には川手健、河本一郎、上松時恵があたった。川手が担当した記録はいまも残っている。

吉川清の「原爆一号の店」（1952.8.6）　提供・中国新聞社

りしたため、結局、吉川は退会する。事務局員だった河本一郎らが「八・六友の会」を作って吉川の活動を組織的なものにし、やがて開催される原水爆禁止世界大会に広島の被爆者をつなぐパイプ役を果たした。

両市の青年交流　五二年、原爆乙女たちの手術のための募金運動がさかんになった。戦傷病者戦没者遺族等援護法が公布され（前述）、学徒、徴用工、女子挺身隊員、国民義勇隊員も準軍属とみなされ、該当する原爆死没者の遺族に遺族年金が支給されることになった。法の施行にあたって、長崎原爆遺族会、長崎動員学徒遺族会などがつくられ、それぞれの要求をかかげて被爆者や遺族の運動が起こり始めていた。

五三年に開かれた第四回原爆都市青年交歓会は、決議のなかで原爆の使用禁止を訴えるとともに、全国の青年に障害者への物心両面の援助を呼びかけた。

長崎原爆乙女の会　第四回青年交歓会が長崎で開かれるにあたり、長崎で初めての原爆乙女の交歓会が、三日間にわたって開催された。家族を失った被爆者で市議会事務局長でもあった作曲家・木野普見雄の新作発表会や、広島の若い被爆者との交流が行なわれた。この交歓会がきっかけとなり、六月に長崎原爆乙女の会が結成された。会は乙女たちの話し合いの場となった。

五五年七月、スイスのローザンヌで開かれる世界母親大会に山口美代子を送る活動にとりくみ、山口に乙女の会のメッセージを託した。また、八月六日に広島で開かれた原水爆禁止世界大会へ代表を送るカンパ活動に取り組み、辻幸江と山口みさ子が長崎原爆乙女の会代表となった。居原貴久江とともに参加した辻は、山口とともに長崎の被爆者代表として訴えをした。辻は世界大会のあと、山口仙二や江頭千代子らと長野県原水協準備会の招きで長野県を訪問している。辻はこのとき初めて山口仙二に会った。長野での集会は、半田孝海大僧正も参加した善光寺での集会など県内一二カ所で開かれ、およそ三万人を結集した。

広島・長崎原爆都市青年交歓会（1951.7.1 広島市議会議事堂）
提供・中国新聞社

4章　原水爆禁止世界大会と被爆者運動

1　ビキニ被災と原水爆禁止署名運動

第五福竜丸の被災と汚染　「邦人漁夫ビキニ原爆実験に遭遇　二三名が原子病」――読売新聞一九五四年三月一六日朝刊の報道は、国中を驚かせた。*23

　新聞が報じた〝原爆実験〟は水素爆弾の実験だった。中部太平洋マーシャル諸島のビキニ環礁とエニウェトク環礁で、三月から五月にかけてアメリカが行なった核実験シリーズの第一回。広島・長崎原爆（TNT二〇キロトン）の一〇〇〇倍以上の威力をもつ。マーシャル諸島ロンゲラップ環礁などの島民二三六人がこの実験で被災した。その後、近海で操業していた多数の漁船に被害が及んだことが明らかになった。

　三月一日、静岡県焼津の木造マグロ漁船・第五福竜丸（乗組員二三人、一四〇トン）は、ビキニ環礁東方一六〇キロ、アメリカが設定した危険水域の外で操業中であった。「夜明け前なるも非常に明るくなり煙り柱あがり、二時間後には爆発灰多数の落下を見る」（第五福竜丸当直日誌）。白い灰のようなものが、甲板に足跡がつくほど積もり、乗組員の顔や手、足、髪の毛などに付着した。これは、やがて「死の灰」と呼ばれる、放射能を含んだサンゴ礁の破片・ちりであった。

　ただならぬ事態に、船はただちに日本に向かい三月一四日、焼津に帰港した。日曜日だったが医師の診断を受け、重症とみられた二人が上京、東京大学付属病院で急性放射能症と診断された。二三人の乗組員は、無線長・久保山愛吉が三九歳で一番の年長、十代をふくめ平均二五歳の青年たちだった。七人が東京大学付属病院、一六人が国立東京第一病院に入院した。

　第五福竜丸が積んで帰ったマグロから強い放射能が検出された。すでに東京築地などの市場に出荷され始めていたこれらの魚は廃棄され、土中深く埋められた。魚の放射能汚染が確認さ

＊23　ビキニ事件当時の新聞投書
　夕方帰宅すると、妻が心配そうな顔で、〈さっき子供にお魚を食べさせたんだけど下剤をのませた方がいいかしら〉という。例の放射能をもった魚の件である。妻は先刻のラジオでそれをきくまで知らなかった。〔中略〕あの残忍極まりない原子兵器をどうして禁止しないのか。世界の人々は「ヒロシマ」「ナガサキ」を知らないのであろうか。よしや世界の人々は忘れていても、我々日本人は決して忘れてはいない。あの尊い犠牲の経験をもう一度世界に訴えようではないか。（「毎日新聞」五四年三月一九日、東京・中野の教員）

邦人漁夫、ビキニ原爆実験に遭遇
23名が原子病
一名は東大で重症と診断
水爆か
死の灰つけ遊び回る
恩賜賞に沼田氏
焼けたゞれた

ビキニ実験被災を伝える読売新聞（1954.3.16）

れたことは、深刻な問題となった。厚生省公衆衛生局は検査基準を決め、これを超える放射能をもつ魚を廃棄することにした。厚生省が検査を打ち切った一二月末までに、汚染魚を積んできた漁船は八五六隻、廃棄された魚は四五七トンにおよんだ。

アメリカ政府の隠蔽　当時、米・ソの核軍備拡大競争の眼目は、より大きな破壊力をもつ弾頭、運搬手段（長距離ミサイル）の開発だった。第五福竜丸の被災にたいするアメリカ政府の対応は、何よりも核兵器開発の秘匿《ひとく》にあった。広島・長崎の原爆被害にたいしてとってきた隠蔽・秘匿政策を第五福竜丸と乗組員、マーシャル諸島住民の被災にもあてはめた。

当初、「日本人漁夫は、漁業以外の目的で危険水域に入っていたかもしれない」と実験をスパイしたかのような米原子力委員会委員長の発言が伝えられた。日本外務省も公安調査庁などに依頼して乗組員の思想調査をした。九一年に公開された外務省外交文書には、当時アメリカが水爆の機密保持に懸命であったこと、日本の閣議も「米側に協力し機密漏洩を防止すべしとの結論」であったことが記録されている。

広島・長崎に次ぐ核兵器被害、アメリカの態度は、日本国民の中に憤りをひろげた。一方、日本の外相・岡崎勝男は実験に協力をいいたて、講和から二年、「独立」は名ばかりの脆弱な日本の主権のありようを露呈した。いいようのないいらだちと、政府にたいする不満の世論が醸されてゆく。

署名運動の開始　第五福竜丸だけでなく、太平洋から帰港する漁船が持ち帰った魚から放射能が検出され、「原爆マグロ」と「死の灰」は国民の日常生活を直撃した。日本列島に放射能雨が降りつづく。農作物にも影響がおよんだ。巨大な破壊力をもつ核兵器が使用されれば、被害は地球全体におよび、環境を破壊し、人類の生存が脅かされることを、ビキニ水爆実験被災はまざまざと示した。日本国民には広島・長崎につづく三度目の核兵器被害だった。

「原水爆実験反対、原水爆をなくそう」。全国で、とくに女性・母親たちの働きかけによって、原水爆実験禁止の署名が、各地、時を同じくして始まった。

「魚屋殺すにゃ三日はいらぬ、ビキニ灰ふりゃお陀仏《だぶつ》だ」、浅草魚商連合会の決議はこうのべ、実験の禁止と損害補償を求めた。魚商、すし屋、行商など「築地買出人業者」は四月二日大会を開き、署名を始める。五月から六月へ、婦人、青年・学生、宗教、平和、労働、農民、文

当時の魚屋の店頭張り紙(1954.3)　提供・朝日新聞社

化、学術などの団体、水産や業者団体、魚商組合、町内会、商店会、病院・療養所など、あらゆる層と市民、そして多くの自治体が参加した。ほうはいとして沸き起こる、「いのちとくらしをまもる」署名運動の開始だった。

自治体決議も、事件が報道された二日後の三月一八日の神奈川県三崎町議会、三月二七日の焼津市議会をはじめ、各地でつぎつぎと行なわれた。決議内容は、被災の状況が明らかになるにつれ具体的な要求がふくまれていく。五月二五日の広島市議会、同二八日の広島県議会は、実験禁止とともに「原爆傷害者治療費全額国庫負担」の要請をあわせて決議している。

地域で広範な署名運動を組織し、全国の中心的役割を果たす東京・杉並区の運動経過をみると、市民の発意に強い起動力があったことがわかる。同じ傾向は各地の経過に共通してみられ、この時期の運動の大きな特徴となった。[*24]

八月八日、各地の署名を全国的に集計するセンターとして、原水爆禁止署名運動全国協議会が発足、[*25]事務局は杉並公民館長室に置かれた。結成総会は「杉並アピール」がかかげた「人類の生命と幸福を守りましょう」など三つのスローガンを全国スローガンとすることも決めた（水爆禁止は原水爆禁止とした）。この日までの署名の集計は四四九万余、広島県の署名は八九万を超えていた。広島の署名は八月二〇日には一〇〇万を超え、署名簿は八月末国連に送られた。原水爆禁止を世界に訴えるという要求は、その後の「広島で世界大会を開こう」という要求に結びつく。

久保山愛吉の死　第五福竜丸無線長・久保山愛吉の容体は、八月に入り意識不明の状態がつづいた。連日、新聞・ラジオが病状の一進一退を伝えた。回復へ願いを込めるように署名がすすむ。九月五日、署名は七八六万余と集計された。

久保山をはじめ入院中の第五福竜丸乗組員には、全国から見舞いの手紙が寄せられた。長崎の被爆者・江頭千代子は「長崎城山町で原爆にあい、一瞬にして母と三人の子を失い、一週間後には長男を、ついで夫をと六人の家族をいまわしいあの原子爆弾のいけにえとされた未亡人のひとり」として、久保山の妻すずに見舞いの手紙を送る。「昨日今日の新聞、ラジオで久保山さんの容態悪化の知らせを聞く度に九年前の夫の死の床を思い出して胸がうずく思いで筆を走らせてまいりました」「〈水を水を〉と水をほっしながら一滴の水ものどをとおらせることも出来ないで……夫も母や四人の子供の後を

＊24　東京・杉並区の署名運動

まず魚屋さんが生活権の問題として区議会に陳情した。つづいて婦人団体、民主団体も陳情。四月一七日区議会が原水爆反対を決議。五月九日、婦人団体、ＰＴＡ協議会、社会福祉協議会、医師会、魚商組合、労働組合など区内のほとんどの団体が参加して「水爆禁止署名運動協議会」が組織された（議長は法政大学教授・杉並公民館長安井郁）。区議会も参加団体として加わる。

署名簿には三つのスローガンをかかげた。

◇水爆禁止のために全国民が署名しましょう
◇世界各国の政府と国民に訴えましょう
◇人類の生命と幸福を守りましょう。

杉並の署名目標は当面一〇万人とした。約二カ月のあいだに一七〇人が実行委員となり全住民の七一％二七万八七三三人の署名を集めた。うち一九万ないし二〇万は女性によって集められた。

（小林徹編『原水爆禁止運動資料集』第一巻、一九九五年、緑蔭書房）

＊25　椎尾辨匡法主の発言

署名運動全国協議会結成総会で、代表世話人の一人、椎尾辨匡（芝増上寺法主）は「戦争中とはいえ、広島、長崎に原爆を投下したことは人道精神に欠けるところがある。……今回の運動は三〇万の広島、長崎の被爆死者を弔う意味があり、日本人が戦争とか復しゅうを考えるのではなく、平和を訴願しているものである」と発言した。（原水爆署名運動全国ニュース第一号、一九五四年八月一〇日付）

追っていったのです。……その病床を見守る妻の立場は身を切られるような苦しさです」（九月一日）。久保山夫妻と家族への手紙は、愛吉没後のものを加えると三〇〇〇通に達した。

　九月二三日、久保山愛吉は放射能症で死亡した。「死の灰」を浴びてから二〇七日目、四〇歳だった。妻すずと三人の女の子、母しゅんが残された。*26

「原水爆禁止署名運動全国協議会ニュース」（五四年一〇月一五日号）は、追悼の記事でこうのべた。「久保山さんの死は、単に一人の庶民の死にとどまるものではない。それは世紀の象徴である。それゆえにこそ、世界の眼が久保山さんの死にそそがれたのであった。広島・長崎への原爆投下以来、日本国民は原爆のもたらした恐るべき災害を身にうけながら、その苦しみをじっと耐え忍んできた。その国民感情が、ビキニ事件をきっかけとして、せきをきって落としたように流れはじめた。それはまさに国民感情の奔流ともいうべきものである」。

2　原水爆禁止世界大会の開催へ
——広島からの提案

「民」の手で世界会議を

　一九五四年一〇月二四日、全国協議会主催の「久保山さん追悼——原水爆禁止の集い」が開かれた（東京・国鉄労働会館）。署名は一四五六万と報告された。

　集いに先だって開かれた署名運動全国協議会第二回世話人総会で、広島の代表が「被爆一〇周年の来年、広島で世界大会を開こう」と提案した。会議はそのための準備を始めることを申し合わせた。このころ、署名運動のなかで「署名の後は何をするのか」という声が起きていた。「民」の手で世界会議を開く、しかも被爆地・広島で、という構想は転機となった。被爆地と被爆者の思いが原水爆禁止運動の方向を開いたといえる。

　一二月二二日、署名運動全国協議会の代表は、吉田茂にかわって首相となった鳩山一郎と会い、協力を要請、鳩山は賛意を表した。アメリカへの協力としかいわなかった前内閣外相・岡崎の弁から約半年、国民の運動は日本政府の態度を変えたのである。会見では、原爆被害者への援護対策も要請した。

　明けて五五年一月一六日、署名運動全国協議会第一回全国会議は、世界大会の広島開催を決め「原水爆禁止世界大会へのよびかけ」を発表した。この日までの署名集約数は二二〇七万四二二八。世界では、一月一七日ウィーンで開か

久保山愛吉さんの遺影を持ち、焼津へ向かう遺族たち（1954.9.25 東京駅にて）　提供・毎日新聞社

＊26　久保山愛吉の死
　久保山の死について、長崎で被爆したジャーナリストは次のように記している。
——久保山愛吉さんの訃報と田村町一丁目（現西新橋一丁目）にあった都電の停留所で茫然と立っている自分の姿が、二重写しになって記憶されている。そのころ日本中が、久保山さんの容態の悪化に胸を痛めていた。新聞もラジオも、容態を丹念に伝えていた。亡くなったのは九月二三日午後六時五六分。七時に国立東京第一病院が発表している。
〈一人の庶民の死がこんなにも多数の目に見守られたことがあったろうか。それは、罪なき一命を無残に奪い去ったあの「死の灰」に対する激しい怒りと抗議の眼である。——死因は「放射能症」——まさしく「ビキニの灰」は「死の灰」だった〉

れた世界平和評議会拡大執行局が「原子戦争に反対する訴え」（ウィーン・アピール）を発表、国際署名を呼びかけた。六月のヘルシンキで開かれた世界平和集会は、八月六日を世界平和行動の日とすることを決める。世界大会へ、機は熟していた。

五月一〇日、大会を主催する団体・個人の参加による世界大会日本準備委員会が発足。原水爆実験禁止署名運動は、世界的な原水爆禁止連帯行動の構想と運動方向をもつ国民運動へ歩み出した。

第一回原水爆禁止世界大会　一九五五年八月六日から八日まで、原水爆禁止世界大会が広島で開かれた。原爆投下から一〇年であった。四六都道府県、九七全国組織から二五七五人の正式代表をふくめ参加者は五〇〇〇人を超え、会場（広島市公会堂）の外まであふれた。海外代表は一四カ国、五二人。世界大会は八月七日現在の署名集計数を三二一六万七〇九と報告した。

原水爆禁止世界大会宣言は「原水爆被害者の不幸な実相は広く世界に知られなければならない。原水爆が禁止されてこそ真に被爆者を救うことができる」と指摘し、被爆者救援（連帯）運動を「原水爆禁止運動の基礎」と位置づけた。

大会参加者に強い感銘を与えたのは、原爆被爆者の訴えであった。大会初日、広島の高橋昭博、長崎の山口みさ子は辻幸江といっしょに発言した。被爆者もこのような集会で被爆体験と被爆者の実情を語るのは初めてであった。[*27①]

世界大会広島準備会は、原爆被害の実相を周知させるため、全国からの代表と被爆者との交流の機会を準備した。六日の本川小学校での被爆者懇談会、大会二日目の六つの分散会では、被爆者の訴えが行なわれた。[*27②] 久保山すずも発言した。

関東地方から参加した代表の多くが民宿した。代表たちは原爆被害の話を被害者から直接聞いたことはなかったし、泊めたほうも原爆被害について聞いてもらったことはなかったから、「話す方は奔流の如く話すでしょう。聞く方は泣きながら聞くでしょう。だから今度は泊めた方が教育されたわけです。それで一遍に広島の空気が変わりました。それは間違いなく民宿の効果でした」という藤居平一の証言がある（「まどうてくれ」[*28]）。

被爆者から直接に被爆体験を聞いた大会参加者、被爆一〇年目にしてみずからの被爆体験を語りえた被爆者たち。大会参加者は広島・長崎

（朝日新聞9月24日夕刊）。私の電停の記憶は、明るい時刻である。おそらく二四日に田村町一丁目で乗ったのだろう。都心部にもかかわらず、あたりは静まり返っていた。街は悲しみにくれていた、という記憶である。――（吉田一人、第五福竜丸平和協会「福竜丸だより」九八年九月一五日号）

＊27　第一回世界大会での被爆者の訴え

①「あの日から十年、毎日毎日が苦しみの日でした。……この苦しみがみなさんにわかっていただけるでしょうか」。一五歳で原爆で母と兄弟を失った長崎の山口みさ子（二五歳）は、同じ被爆者の辻幸江（二九歳）と演壇に立ち、ここまで訴えて泣き出してしまった。「戦争さえなかったら、原爆さえなかったらこんなみじめな姿にはならなかったのです。だれにこの苦しみを訴えてよいか分からずに、何度死のうかと思ったことでしょう」。

山口の額の火傷、辻の痛々しい火傷のあとを見て、会場にすすり泣きがおこる。「けれど……私たちが死んでしまったらだれがこの苦しみを世界に知らせてくれるのですか…どうかここにお集まりの皆さん、こういう苦しみをくりかえさぬよう……（ハンケチでおさえても涙は演壇にこぼれて）皆さんの平和を守るお力を信頼して私たちもがんばります。どうかみなさん……」会場は涙と励ましの拍手と熱い興奮に包まれ話を聞き取ることができない。（岐阜県平和協議会準備会ニュース、五五年一〇月一日、前掲『原水爆禁止運動資料集』第一巻）

の体験を鮮明に共有し、原水爆禁止運動の原点にふれた。彼らの多くは署名運動の推進者でもあり、感動もまた深いものがあった。被爆者もまた、みずからの生活と体験を理解しようとする人びとがいることに励まされた。こうして世界大会は、原爆投下の犯罪性追及の課題などは残されたが、大会を準備した世論と運動の動向は、その後の運動の基盤となった。

原水爆禁止運動と被爆者運動　世界大会のあと、各地で被爆者救援・援護・連帯の運動が展開されていく。大会報告活動とともに、被爆者の体験を聞く「被爆者招請運動」が各地で始まり、翌年の第二回世界大会までに三〇都道府県、四三回に及んだ。これは各地での被爆者組織をつくるきっかけともなった。取り組みには自治体も協力した。

世界大会に参加した被爆者は、帰った地元で被爆者の会を組織し始めた。世界大会に広島県芦品郡から出てきた井上昇は、「被爆者といえども参加金を出さなければ」と入場をことわられた。「われわれ被爆者を差し置いて、なんで原水爆禁止をやるのか」と憤ったが、藤居平一（原水爆禁止運動広島協議会常任委員）の説明を聞いて「よし、それじゃ被害者の会をつくろう」と、村に帰って組織をつくり、やがて他郡にも呼びかけて広島県東部原爆被害者連絡協議会を誕生させた。

藤居平一の視野　世界大会後、原水爆禁止運動広島協議会は被爆者救援委員会を設け、藤居平一が委員長になる。「年がら年中、死ぬまで運動をやるのが原爆被害者だから、この組織を真ん中にして、全部これが応援するという形を作って、主体的な原爆被害者団体協議会を作ろう」「この組織が原爆被害者のいのちだ、大事にしよう、と。こういうことで僕はずっとやっていく」「われわれが軸になりだす」のである（「まどうてくれ」）。

藤居は被爆者の組織を立体的に考え、▽原爆被害を「まどう」（償わせる）ための組織▽広島県の全県組織▽長崎をはじめとする各県の組織▽そしてそれらを通じての全国組織結成――を展望していた。後に日本被団協の結成宣言で「世界に訴えるべきは訴え、国家に求めるべきは求め、自ら立ち上がり」といわれる被害者運動の組織化である。藤居はまた、ビキニ水爆実験の被災者、広島、長崎で被爆して海外に帰り、また戦後に移住した在外被爆者、世界の核実験被害者の結集、「国際被団協」まで視野においていた。藤居は「組織なくして運動なし」という話をよくしていた（『人間銘木　藤居平一

② 「まだまだ生々しくケロイドが残る容姿で原爆の惨禍を訴える勇気など到底ありません。私には絶対できないと反論いたしましたが、藤居先生は穏やかに、今この会場に集まっておられる世界の代表者の前で原爆の恐ろしさを訴えて悲惨な結果を見てもらわなければ、貴女方の犠牲が無意味になるのではないかと、さとされました。その時の先生は真剣な慈愛のまなざしで、私を見詰めておられました。壇上に上がり体験を話すうち泣き崩れそうになりました。そんな私に会場から大きな拍手が鳴り響きました。ああ、私は一人ではないんだ、被爆者の存在が認識され、世界中の方々が原水爆禁止運動に共鳴してくださったのだと、実感することができました。私はあの激しくなり続いた拍手の中から感動して思わず叫びました。「生きていてよかった」と」（高野＝旧姓・村戸＝由子「先生からもらった勇躍」『人間銘木　藤居平一追想集』一九九七年所収）

＊28　「まどうてくれ」
「まどうてくれ」は宇吹暁らによる藤居平一聞き書き（未刊）

追想集』)。

日本原水協の被爆者救援・連帯運動　一九五五年九月一九日、原水爆禁止署名運動全国協議会と世界大会日本準備会が発展的に統合して、原水爆禁止日本協議会（日本原水協）が結成された。平和運動、反核運動の新しい画期であった。

　日本原水協結成を前に、日本準備会総会がまとめた「第一回世界大会の成果」「今後の問題」には、被爆者問題について重要な記述が見られる（「8・6世界大会準備ニュース」四号、一〇月一〇日発行）。

　この文書によれば「原水爆禁止世界大会でもっとも感激したのは被爆者の涙の訴えであった」という大会参加者の声を引きながら、「戦後十年を経て初めて被爆者の問題が全国民にじかに訴えられ、原水爆禁止運動と密着してとりあげられ、同時にそれが、広島、長崎という一地方的問題としてだけでなく、全国的、国際的視野から処理されようとする端緒をひらいたことは重要な成果の一つとして数えられるべきである」とのべている。

　そして、「当面の運動」について、「とくに被爆者の救援の問題が国民的規模での具体的行動として大きく提起されてきた」として、次の課題をあげている。

　イ、被爆者の招請運動、被爆者の実態調査とその組織化を全国的に展開し、被害の実相を広く知らせる。

　ロ、被爆者の救援のため、国民募金運動を全国的に展開する。

　ハ、以上の運動を土台として、あらゆる方法をもって、政府に対し、被爆者にたいする国家保障《（ママ）》を要求してゆく。

　ニ、これらの運動を軸として、原水爆の脅威と被害の実相を広く知らせることがとくに重要である。

　被爆者が加わることで、原水爆禁止運動は原爆被害者問題という「運動の基礎」をえて、救援運動を基本的な柱に据えた。原水爆禁止運動は、被爆の実相に向き合ったことで、原爆体験を知り、これを広げることにより、活動の方向が確かになる道すじを学んだと指摘している。[*29]

　一〇月二二日の日本原水協第一回常任委員会は、原水爆被災者救援のための運動を全国的・国際的に展開するために、常任委員会のなかに原水爆禁止運動、国際連帯、被爆者救援の各委員会を置いた。救援委員会は当面、原水爆被害の実相と被爆者の実状をひろく知らせる活動を重点に、被爆者救援（援護）の活動、都道府県

＊29　被爆者救援運動の位置づけ

原水爆禁止日本協議会第一回全国総会（五六年三月一八日、一九日）討議資料

三　被爆者救援運動について

被爆者の救援運動は決して進んでいるとはいえない。

原水協の組織化の立ち遅れや活動家の不足という問題もあるであろう。被爆者の救援ということ

第１回原水爆禁止世界大会分散会で被爆体験を語る（1955.8.7）
提供・中国新聞社

に在住する被爆者の調査と組織化を援助することを決めた。救援委員会には広島、長崎の代表が参加した。

無料健診と被爆者の組織化　一〇月二九日、一一月二二日に開かれた救援委員会は、▽被爆者の健康診断から始め被爆者の実態をつかみ、治療救援の組織を全国につくっていく▽これには各地の医大、病院、日赤、国民救援会、原水協などが中心になり自治体をふくめて自主的に行なえるよう援助する。条件のある神奈川、群馬、長野などから実施する▽各地で被爆者救援組織が確立されるまで、急を要する治療については、広島、長崎の原水協、広島の原対協に連絡して、治療をうけられるようにする――などを決めている（「原水爆禁止日本協議会ニュース」一号、五五年一一月二〇日）。

　群馬県では、被爆者の健康診断が群馬大学付属病院で行なわれ、これをきっかけに、五五年一二月一七日、一七人で原爆被害者団体協議会が結成された。長野県では、推定三〇〇人の県内被爆者に無料健康診断を呼びかけ、初の健診は一二月七日と八日、長野、上諏訪、下伊那の日赤、松本の信州大学病院、佐久総合病院の五カ所で実施された。

映画『生きていてよかった』　一二月二二日、日本原水協常任委員会は、世界大会宣言が指摘した「原爆被害者の不幸な実相をひろく世界に知らせ、世界的な救援運動を急ぐ」の趣旨にそって、記録映画を作ることを決めた。五六年五月に完成した映画『生きていてよかった』監督・亀井文夫（製作は日本原水協とドキュメントフィルム社）は、「死ぬことは苦しい」「生きることも苦しい」「でも、生きていてよかった」の三部構成で上映時間五〇分。上映運動は全国に広がった。

広島県原爆被害者大会と初の被爆者国会請願行動　一九五六年三月一八日、広島県原爆被害者大会が広島市千田小学校で開かれた。議題は「原水爆禁止運動について」「原爆犠牲者及被害者への国家保障《（ママ）》について」「原爆被害者の自立更生について」「三月二〇日の国会請願デーに代表を派遣することについて」「広島県原爆被害者組織について」「原爆被害者の全国組織について」など。

　午前九時から「原爆を許すまじ」の歌唱指導をし、治療や生活問題を聞いたあと、一〇教室に分散して討議、宣言を採択して午後五時に終わった。この討議はその後の活動を充実させた。「参加者は五〇〇人を予定したのですが三〇〇人で、二〇〇人分のパンが余りました。藤

が、一般の国民の切実な要求でないという問題もあるだろう。

　どんな理由があるにせよ、被爆者の救援運動が熱心にとりあげられたところでは、おどろくほど運動が発展しているという事実を学ぶ必要がある。とりわけ被爆者を広島、長崎から招請し、あるいは県内に在住する被爆者を調査し、検診し、組織し、こうして被爆者との接触を深め、被爆者の体験を直接聞く機会をもった地方では運動はどこでも発展している。この事実が重要である。

　問題は被爆者の実情をありのまま人々に知ってもらうことである。それなしには救援運動はありえない。そうすることによって、原水爆の悲惨はもっともなまなましく広く知られ、原水爆禁止の決意は人々の心にますますたかめられる。このとき、救援運動は単なる慈善運動ではなくて、原水爆禁止運動そのものである。

　厳粛な事実と、ヒューマニズムとに基礎をおく救援運動は、もっとも広範な人々を包含する原水爆禁止運動であるばかりでなく、従来のややもすれば観念的になりがちな運動を地につけ、深めるという意味をもっている。八・六大会がこれを原水爆禁止運動の基礎であると宣言し、日本原水協がこれを新しい方針の中心にすえたのも、日本の原水爆禁止運動の発展でこそあれ、決して後退を意味するものではない。――救援運動の広がりが、今年の八・六大会（注・第二回世界大会＝長崎）を支える基礎となるであろう。（前掲『原水爆禁止運動資料集』第三巻）

居さんは特配キップまで切らせて用意したパンの余りに動ずることもなく、その日のうちに、市内の原爆孤児収容施設にそのパンを配って施設の人に喜ばれました」（『藤居平一追想集』、竹内武の回想）。

大会は「宣言」と二決議「水爆実験を即時停止するよう措置されたい」「原爆被害者援護法（仮称）を制定せられたい」を採択、広島県原爆被害者連絡協議会として国会に請願することとした。

下江武介によると、請願内容はこれまで「国庫負担」だったのを「国家補償」に変え、「原爆犠牲者に対する弔慰金、年金制度及び障害者の障害年金制度の制定と救済措置」を加え、「援護法（仮称）」の中身を充実させた。これは大会の討議が実ったものであった。

東京駅に響く「原爆を許すまじ」　国会請願代表は広島六市一〇郡から四〇人と長崎の一人を加え、大会翌日、一九日の急行「安芸」で上京した。二〇日朝、原爆被災者国会請願団の白たすきをかけ、犠牲者の遺影を胸に抱いた被爆者代表四一人が、東京駅のホームをふみしめた。

前日から上京していた地方代表、日本原水協の役員が歓迎のプラカードをもって出迎えた。小佐々八郎（長崎市議会副議長）は長崎原水協の役員として前日（一八日、一九日）開かれた日本原水協第一回全国総会に出席していて、この日の歓迎団長を務めた。小佐々のあいさつを受けて、報道陣のフラッシュのなか、被爆者上京団の団長・藤居平一が「私たちは一〇年間もだまってうつむいてすごしてきました。その私たちがいまこうして上京するまでになったのです。それは私たちをつつんでくださる日本全国のみなさんの温かいまなざしと平和への熱意です」とあいさつした。「原爆を許すまじ」の合唱が朝のホームに流れ、人びとの足を止めた。

この日は、日本原水協が一月に呼びかけた「原水爆禁止国会請願デー」の行動で、広島・長崎の被爆者四一人と全国一一〇余の団体が、被爆者救援、水爆実験の阻止などで請願を行なった。

被爆者は、各県代表、中央団体代表とともに、首相・鳩山一郎をはじめ、衆参両院議長など国会関係者、関係各省などへ請願・陳情した。広島選出衆院議員・池田勇人、鳩山薫（首相夫人）には、自宅を訪ねて要請した。

その結果は、下江武介の報告を見るとあまり手応えがなかった。衆議院議長・益谷秀次は、「予算は決定しているから、追加予算を待つべきだ」（広島被団協・竹内武談）といっただけ。

薫夫人を訪問し要請（1956.3.20東京・鳩山邸）
日本原水協資料

広島原爆被害者大会（1956.3.18）　提供・中国新聞社

しかし、広島の被爆者は行動から大きなエネルギーを引き出し、運動発展につなげていった。

3　被爆者全国組織化への始動

第二回世界大会と全国原爆被害者大会　五六年三月一八日、一九日に開かれた日本原水協第一回全国総会では、第二回世界大会実行委員会を組織することを確認、大会開催地は第一候補地として長崎があげられた。しかし、五月八日の第一回実行委員会では、三〇〇〇人収容の会場が長崎にないことなどを理由に、開催地を首都東京にすべきだという強い意見が出され、東京を主会場にすることがいったん決まった。

しかしその後、広島、長崎から数度にわたり長崎主会場の強い要望が出された。五月二二日の常任委員会は、長崎を主会場とするが、受け入れ条件がそろわないときは東京を主会場とすることとし、長崎の再調査を行なった。

会場が長崎の東高等学校体育館に決まるまでの、小佐々八郎や小林ヒロ（長崎県婦連）の奮闘ぶりは、語りぐさとなっている。藤居の証言がある。「第二回の世界大会をどこで開くかについて、三案が出るんです。第一回の成功で、広島でやろうという案が強かったんです。それと、今度は、東京へ持って行こうという考えと、長崎と。僕は終始一貫、長崎を提案しました。広島の基本的な考え方は、初めから、まどうてくれ、いうことでしょう。そのためには、どうしても広島・長崎が一緒になる必要がある。長崎と広島が、車の両輪のようにならなきゃならんという基本的な考え方があるから。──事実長崎でやらなかったら、原水禁運動はこうまでならんです」（「まどうてくれ」）。

主会場が東京となった時点の日程表では、原爆被害者全国大会は広島で開くことになっていた。長崎が主会場と決まり、同大会は長崎の世界大会第四分科会「原水爆被害の実相と被爆者救援について」と同じ会場で開かれることになった。

広島県被団協結成と被爆者援護法の陳情　五月二七日、広島ＹＭＣＡ講堂で広島県原爆被害者協議会が結成された。一二〇人が参加した。広島県被団協は、広島のすべての原爆被害者団体を一つの組織にまとめ、二万六七二一人の会員を擁して、その力を発揮していくことになる。

総会には、長崎から小佐々八郎、山口仙二など八人、愛媛から久保仲子が招待されて出席していた。長崎で世界大会をやり、被害者全国大会も長崎なのだから、「その準備をしてもらわなくてはいけないので」というのが、長崎を招いた藤居の意図だった。長崎、愛媛の代表のほかに、長野の被災者の会を加えて、広島をあわせた四県で連絡協議会をつくることを申し合わせた。全国でもっとも早かった愛媛の原爆被害者の会は一月一一日、長野県原水爆被災者の会も二月五日、すでに結成されていた。長崎県原爆被災者協議会の結成はこのあと、六月二三日になる。

広島県被団協の代表委員には藤居平一、井上昇、日野義隆が選ばれた。一回目の行動として国会陳情、厚生省・大蔵省への要請をする。代表は藤居平一、吉川清、村戸由子、それに裁判の関係で下田隆一を加え四人が三〇日に上京した。

先に上京していた増岡敏和は、代表団に呼ばれて原宿にあった全造船会館の宿泊所に出向く。そこで陳情書の成文化を依頼され、広島から持参された資料を整理し、徹夜でまとめた。

陳情書は、「国内の原子力研究に巨額の資金を投ぜられる以前に、原爆症の根治療法と予防法の確立に充当される」ことを熱望し、原爆被害者援護法の中身として次の五点（これは代表団の指示）をあげている。①原爆被害者に対する治療費の全額国庫負担②原爆被爆生存者に対する健康管理の国家による実施③原爆被害の調査、研究、治療機関の国家による設置④原爆犠牲者に対する弔慰金制度の制定⑤原爆傷害者に対する障害年金の制定と救済措置。

「国家補償」の文字はないが、「国家による」……という内容全体でそれを示している。増岡は、当初は抗議を中心にまとめたが、要請を通しやすいようにとの代表団の注文で、〃お願い〃する形にして柔らかくし、何度も書き直した（伊東壮談）。一回目の請願書では「援護法（仮称）」となっていたが、仮称の文字は除いた。こうして二回の請願書で確立した「援護法」要求の内容は、今日の原点となった。

この請願書を代表団は六月一日国会に持参したが、参議院が教育委員会法案をめぐって混乱、第二四国会は三日に解散、請願は不発に終わった。

長崎被災協の結成　第一回原水爆禁止世界大会に参加した代表の報告会をかねた長崎集会が五五年一一月、約一〇〇〇人の参加をえて開かれた。時を同じくして、長崎原爆青年会が一四人の会員で発足し、長崎原爆被災者協議会の結成を決めた。

年が明け五六年、第二回原水爆禁止世界大会の開催地をどこにするかが大問題となった（前述）。長崎原爆青年の会と乙女の会は「世界大会は長崎で開催すべきだ」と早くから準備活動を始め、五月には会員六〇人からなる原爆青年乙女の会を結成し、乙女の会の機関紙「原爆だより」は「ながさき」と改題された。この勢いで、六月の長崎県原水協理事会に、青年乙女の会の代表として山口仙二、谷口稜曄、永田尚子、永富郁子、鈴田まさゑらを送り込んだ。

第二回原水爆禁止世界大会を目前にした六月二三日、爆心地に近い国際文化会館講堂に約一〇〇〇人を集めて、長崎原爆被災者協議会の結成集会が開かれた。初代の会長に杉本亀吉、副会長には香田松一が任じられ、小佐々八郎も二〇人の理事の一人としてかかわることになった。

このころ、福田須磨子は地域単位の被爆者組織が必要と考え、居住地で西町原爆被災者の会を発足させた。病気療養のさいの入院先である長崎医大付属病院には、原爆患者友の会などがつくられていた。

全国組織への歩み　ビキニ事件を契機とする原水爆禁止署名運動への国民の声の結集は、広島・長崎の原爆被害、原爆にたいする抗議の声の結集でもあった。草の根から地域の運動を結集し、「それ以前の運動を量的・質的に一変させた」この運動は、日本政府の政策を深部で規制する国民要求となった。

第一回世界大会の後、「原水爆禁止運動の基礎」として取り組まれた被爆者救援の活動は、被爆地広島・長崎の被爆者運動、全国の各地でさまざまな困難をかかえながら取り組まれていく被爆者組織の活動、それらの動きを結びあわせ、全国組織結成へと確実に歩みをすすめた。

「原爆乙女」たちと原田東岷医師（1956.6.23）
提供・中国新聞社

久保山愛吉とすず

杉山秀夫

久保山愛吉の家族

第五福竜丸の無線長、久保山愛吉の容体が急変したのは、一九五四年八月下旬である。八月二九日、愛吉の妻すずは三人の幼い子どもたちをつれて、国立東京第一病院へ急いだ。愛吉は肝臓障害、黄だん、敗血症を起こしていた。

「おとうさん、しっかりして、おとうさん」

すずの必死のよびかけにも、愛吉は何の反応も示さなかった。

九月三日、長女みや子は小学校を休んで、すずと重体の愛吉に付き添い看病した。九歳だったみや子は愛吉のかたわらで胸にいっぱいつまった願いを書き綴っている。

死の灰にまけてはならない。一しょうけんめいにこの灰とたたかってかならずよくなるよといいつづけていたおとうちゃん。家へかえられるようになったら、私たちをどうぶつえんにつれていってあげるよとやくそくしてくださったおとうちゃんなのに、いまは耳元でよんでもなんともへんじをしてくれません。きのうも今日も重体のままです。ほんとうにかなしくて、おとうちゃんのまくらもとで泣いてしまいました。

小さい安子やさよ子は上京していませんが遠くはなれている家で、きっと泣きながら小さい手をあわせてかみさまにおいのりをしていることでしょう。

毎日おかあさんといっしょうけんめいかんびょうしています。おかあさんはなかないでいますが、そのおかあさんもなみだをいっぱいためているのです。みや子はなお、かなしくてなきます。おおぜいの先生やかんごふさんがよるもねないで、おとうちゃんのちりょうにいっしょうけんめいにつくしてくださっています。先生おとうちゃんをたすけてください。

愛吉の心臓の鼓動が止まったのは、九月二三日午後六時五六分であった。母親のしゅんは「愛吉よう、約束がちがうだよお」と泣きくずれた。

残された家族は、母しゅん（七二歳）、妻すず（三三歳）、長女みや子（九歳）、二女安子（七歳）、三女さよ子（四歳）であった。

久保山すずは、夫と三人の娘とともに、貧しいながら楽しいわが家を守る、働き者の漁師の女房だった。そのすずが、夫の死とともに、「世界初の水爆犠牲者の未亡人」として、けなげにも立ち上がった。悲しみと疲労、心の重荷を背負いながら、「水爆が禁止され、世界が平和になるなら、私はどんな犠牲もいとわない。それが夫の遺志だから」という気持ちにかられてのことだった。

原水爆禁止運動と久保山すず

五五年六月の第一回日本母親大会で、すずは「戦争は止めてください。原子兵器をやめてください。これが夫の最後の声です」と訴えた。その席上、丸岡秀子から「あなたをスイス・ローザンヌで開かれる世界母親大会の代表に推薦したい」という申し入れを受けた。すずは長く家を留守にして外国に行くわけにいかなかったが、世界母親大会にメッセージを送った。

私は三人の子どもをかかえて、一日として忘れることのできない悲しみにあけくれています。（夫は）水爆実験のために殺されたのです。いったい、名もない漁夫である私の夫が何をしたというのでしょうか。……久保山は原水爆をにくみ、「一人でも死んだら俺はただではおかないぞ！」といいつづけながら、帰らぬ人となりました。その最後の言葉を夫の遺志として、私は私のすべてをつくして実行するために、強くならなければと思ってきました。……母と子が安心して住める世の中の実現に、私たちのこの苦痛と叫びが少しでも役立つならば、久保山の死も無駄でないでしょう。

五五年八月、すずは焼津市民の代表として、第一回原水爆禁止世界大会に参加した。母親のしゅんも同行した。母がそばにいるだけで気が落ち着いた。

被爆者の高橋昭博（広島）、山口みさ子（長崎）につづいて、すずが訴えた。

夫愛吉は最後の日、「水爆はやめろ」「二三人のなかから一人でも死なせたら、ただではおかない」と叫びながら息をひきとりました。

私はこちらに参りまして、広島・長崎の方々がどんなにひどい目にあって死んでゆかれたか、いまもどんなにつらい思いでくらしておられるかを知りました。

広島・長崎のみなさん、原水爆反対のためのみなさん方のたたかいの中に私を加えてください。原子戦争がなくなったときこそ、広島・長崎の人々はほんとうに喜べるときだと思います。

すずの願い

その後、原水爆禁止運動に起きた混乱は、すずの心を暗くした。ビキニデーの集会などにも出ることがなくなった。

八九年になって、静岡県原水爆被害者の会が先頭にたって、各界の団体・個人で構成される「3・1静岡県実行委員会」がつくられた。この実行委員会主催で全国参加の「久保山愛吉追悼焼津行動」「3・1ビキニデー集会」が毎年開かれるようになった。

すずの気持ちも和らいできた。すずが願ったのは、夫愛吉の心を伝えることだった。集会に参加することはあまりなかったが、九三年三月一日のビキニデー集会には、「今年は核兵器廃絶が早いか、私が死ぬのが早いか、競争しているような感じがします。……ヒバクシャとその遺族が生きているうちに、一発残さず核兵器をなくしてください」という「おことづけ」を寄せた。

久保山すずはその年、九月一二日に亡くなった。七二歳だった。

愛吉・すずのバラ

八八年八月四日、よく晴れた夏の午後、高知の高校生平和ゼミナールの若者たちと焼津の中学生が焼津市浜当目の久保山すず宅を訪れ、話を聞いた。

高校生たちの目を引いたのは、庭に咲く大輪の深紅のバラだった。高知に戻った女子高校生の一人からきたお礼の手紙の中に、「愛吉さんが植え、すずさんが大切に育てたバラの花を分けてください」という願いが書かれていた。やさしい心に打たれたすずは、挿し木にする方法を教わって、翌年の3・1墓前祭に参加した高知代表に四本の挿し木を託した。「愛吉のバラ」は高知県立農業高校の校庭に植えられた。

二〇〇二年には「愛吉・すずのバラをひろめる会」が発足した。「愛吉・すずのバラ」は、東京・夢の島の第五福竜丸展示館の久保山愛吉碑（「原水爆の被害は私を最後にしてほしい」）のかたわらにも植えられた。京都・立命館大学国際平和ミュージアムの「アンネのばら」の隣にも、植えられている。

もう一つの「世界への挨拶」——生きていてよかったといえる日

もう一つの「世界への挨拶」

一九五六年八月一〇日の日本被団協結成大会で採択された「宣言——世界への挨拶」は、その年の三月一八日の広島県原爆被害者大会で決議された宣言がもとになっている。

広島県原爆被害者大会の「世界への挨拶」が、日本の全被爆者の心情のこもった中身をもっていたのである。「世界に訴えるべきは訴え、国家に求むべきは求め、自ら立ち上がり」、「私たちの体験を通して人類の危機を救おうという決意」といい、あの日からの誓いを「生きる日の限りの悲願」とし、「私たちの受難が幸福を守るとりでとして役立ちますなら私たちは心から〝生きていてよかった〟と喜ぶことができましょう」とその文言はうたい上げている。

生きていてよかったといえる日

右の宣言にある〝生きていてよかった〟という言葉は当時から、象徴的な言葉として人の心をとらえた。もとは、第一回原水爆禁止世界大会の最中、参加した「広島のある乙女」がもらした言葉（藤居らの談）といわれる。一人の被爆女性のつぶやきが、宣言の文章となって、広まった（73ページ＊26②参照）。

「生きていてよかった」は、映画の題名や歌（阿部静子詞、村中好穂曲）にもなった。

一九五六年に制作された映画「生きていてよかった」に関連して、こんな話がある。両親を被爆で失った松井美智子（あゆみグループ）は映画出演の打ち合わせのとき、題名を聞いて「簡単に「生きていてよかった」なんて言わないでください」と亀井監督と藤居に食ってかかった。『藤居平一追想集』に、松井が回想を書いている。

……被爆後、よりどころもなく転々とし、隅っこに置き去りにされ独りで生きていく苦しさにわずか一個のおむすびを失敬して少年鑑別所に入れられた少年、五人の弟たちを養うため保証人もなく職を二十回以上も変えて働き続けている青年、余りにも過酷な境遇の変化のため精神を患ってしまった少年……からだに焼きついたケロイドよりも親類縁者の中で、あるいは独りで生きる「孤独感」がどんなに深い心の傷であったか、私の周りにはそんな青年ばかりでした。

そんなことを話すと藤居さんは、あの優しいお顔を涙でぐちゃぐちゃにされ「私にできることがあれば何でも言ってください。原水爆は絶対になくなりますよ。希望をもって一緒に生き抜きましょう」と。—中略—藤居さんと「原水爆がなくなるまで頑張りましょう」と約束して四十年。—中略—私も「生きていてよかったですよ」と必ず言える日が必ず来ることを信じて、藤居さんが開いてくださった平和への基盤を継承していきます。

松井の属した「あゆみグループ」とは、広島子どもを守る会の募集にこたえて「原爆で両親を失った青年の生活記録」をよせた青年のグループである。

Ⅲ　日本被団協の結成

一九五六年八月〜一九七〇年

一九五六年八月一〇日、日本原水爆被害者団体協議会が結成された。

被爆者の全国組織が生まれたのである。それは被爆者にとって、「人間として死ぬことも、人間らしく生きることも許さなかった」原爆に打ちかつ道、人間回復への歩み出しであった。

ビキニ事件以来国民の間に高まった原水爆禁止の世論は、政治の対応を迫った。前年、左右社会党の統一と、それに対抗した保守合同により、いわゆる「政党の五五年体制」がスタート。日本被団協結成の五六年には、「もはや戦後ではない」（『経済白書』）という言葉が流行する。日本被団協の結成と活動は、そんな日本社会に原爆被爆者問題をつきつけた。

生まれたばかりの日本被団協は、早くも原爆被害者援護法案要綱を確定し、強力な運動を展開した。五七年、結成からわずか一年で、「原子爆弾被爆者の医療に関する法律」（「原爆医療法」）がつくられた。国は、初めて被爆者対策に手をつけた。被爆から一二年目のことであった。

日本被団協は当初から、「国家補償の内容をふくむ被爆者援護法制定」と「原水爆禁止」をかかげていたが、要求の重点は医療にあり、「原爆医療法」ができてからは、その改正に力点がおかれた。六一年、日本原水協専門委員会編『原水爆被害白書——かくされた真実』は、被爆者援護法は国家補償に立つべきことを明確に主張した。日本被団協は同年の第六回総会で、今日までかかげつづける「国家補償にもとづく被爆者援護法」という要求を確立した。

日本被団協結成と同じ年、日ソ国交が回復し、それにともない日本は八〇番目の加盟国とし

一九五六（昭和31）年
8・9　第二回原水爆禁止世界大会（長崎）
8・10　日本原水爆被害者団体協議会結成
一九五七（昭和32）年
4・1　原子爆弾被爆者の医療等に関する法律（原爆医療法）施行
一九五八（昭和33）年
10・4　ソ連、人工衛星スプートニク打ち上げ
2・2　トルーマン前米大統領「原爆投下に良心の呵責感じぬ」と発言
一九五九（昭和34）年
10・30　日本被団協、国会請願大会
11・12　社会党、原爆被害者援護法案国会に提出
一九六〇（昭和35）年
2・13　仏、サハラ砂漠で初の原爆実験
10・1　広島、長崎県・市、国勢調査に合わせ被爆者調査実施
一九六一（昭和36）年
7・31　『原水爆被害白書——かくされた真実』（日本原水協専門委員会編）刊行
11・15　核兵器禁止平和建設国民会議結成
一九六二（昭和37）年
7・21　ソ連、核実験再開を声明（8・5再開）
10・22　キューバ危機

て国連加盟を認められる。この時代、国際政治は不気味に揺れた。

五七年にソ連が世界初の人工衛星を打ち上げ、アメリカも翌年、大陸間弾道ミサイル（ICBM）の発射に成功する。運搬技術の発展は、核軍拡競争を新しい段階にすすめた。五九年に米ソ首脳会談、六〇年にはフルシチョフ首相のアメリカ訪問が実現。世界は平和に向かうかに見えた。しかし、アメリカは北大西洋条約機構（NATO）諸国に核弾頭つき誘導弾提供を通告し、日米安全保障条約を改定した。日本では六〇年、空前の大衆運動がおこり、「安保反対、民主主義を守れ」の声が列島をおおった。

六二年の「キューバ危機」は、世界を核戦争寸前の危機に直面させた。情勢は平和運動の強化を求めていた。しかし、日本の民主運動には、逆に分裂が持ち込まれた。六三年には部分的核実験停止条約をめぐって対立が深刻化し、第九回原水爆禁止世界大会中に社会党・総評代表が引き上げるにおよんで、原水爆禁止運動は分裂した。

日本被団協にも困難は波及し、六四年には代表理事会が一年近く機能を停止する。おりから、六三年の「原爆裁判」東京地裁判決を受け、衆参両院で「被爆者援護強化」の決議がなされ大きなチャンスが生まれていたが、停滞におちいった被爆者運動は好機を生かせなかった。

六〇年は、アフリカで一七の国が独立して「アフリカの年」といわれ、六〇年代をとおして、植民地体制は崩れ去っていった。日本では、高度経済成長という名のもとに産業の重化学工業化がすすみ、庶民の暮らしも様変わりしていったが、炭鉱地帯や農村の衰退、「公害」が深刻になり、それに対する国民の不満は、東京、大阪、復帰した沖縄などで革新自治体を誕生させ、「革新の上げ潮」といわれる時代をつくり出していった。

こうしたなかで日本被団協は六六年、被爆者運動の要求と理論を「原爆被害の特質と「被爆者援護法」の要求」（通称つるパンフ）にまとめ、これを武器に運動の再生をはかった。六八年には、「原子爆弾被爆者に対する特別措置に関する法律」（被爆者特別措置法）ができた。日本被団協は七〇年、理事長・副理事長制を代表委員・事務局長制に改め、新しい運動の高まりのなかで七〇年代を迎える。

一九六三（昭和38）年
8・5　部分的核実験停止条約調印
8・5～7　第九回原水爆禁止世界大会分裂
12・7　原爆訴訟で東京地裁判決「原爆投下は国際法に違反」

一九六四（昭和39）年
3・27　原水爆被災三県連絡会議結成
4・3　自民党「原爆被爆者対策小委員会」設置
8・2　トンキン湾事件、ベトナム戦争泥沼化
10・16　中国、初の原爆実験

一九六五（昭和40）年
2・1　原水爆禁止国民会議結成
11・1　厚生省、被爆者実態調査を実施（国が初めて行なった全国調査）

一九六六（昭和41）年
7・11　広島市議会、原爆ドームの永久保存決議
10・15　日本被団協、「原爆被害の特質と「被爆者援護法」の要求」発表

一九六七（昭和42）年
3・14～16　被爆者援護法制定統一行動
10・1　日本被団協、被爆者全国行脚始める

一九六八（昭和43）年
5・20　原子爆弾被爆者に対する特別措置に関する法律（被爆者特別措置法）公布

一九六九（昭和44）年
11・21　日米首脳共同声明、七二年に沖縄返還
11・24　米ソ、核拡散防止条約を批准

一九七〇（昭和45）年
8・31　日本被団協第一四回定期総会、理事長制改め代表委員・事務局長制に

1章　日本被団協の結成

1　第二回原水爆禁止世界大会
――感動呼んだ被爆者の訴え

渡辺千恵子が訴える　一九五六年八月、被爆地長崎で、原爆投下日にあたる九日から三日間、第二回原水爆禁止世界大会が開かれた。日本代表は本土の集会初参加の沖縄代表を含む三〇〇〇人、海外から世界科学者連盟、世界労連、世界平和評議会、国際婦人平和自由連盟、国際婦人連盟、国際ジャーナリスト機構の六国際団体、中国、朝鮮、チェコ、フランス、ポーランド、ルーマニア、ソ連の七カ国の代表が参加した。

大会には、広島県代表九〇人のうち被爆者が四〇人を占めるなど、全国から多くの被爆者が参加した。県立長崎東高校の体育館で開かれた開会総会では、長崎の被爆者を代表して、長崎原爆青年乙女の会の渡辺千恵子が、半身不随の体を母に抱かれて登壇。その姿と訴えは会場に大きな衝撃と感動をあたえた。

「みじめなこの姿をみて下さい。わたしが多くを語らなくとも、原爆の恐ろしさはわかっていただけると思います。……一〇年間、まったく顧みられなかったわたしたち被爆者は、昨年の広島大会で初めて生きる希望がでてまいりました。これもみなさまがたとわたしたち被爆者とが、しっかりと手をにぎることができたからではないでしょうか。……世界のみなさま、原水爆をどうかみんなの力でやめさせて下さい。そしてわたしたちがほんとうに心から、生きていてよかったという日が一日もはやく実現できますよう、お願いいたします」。

原水爆禁止の先頭に立つ　大会二日目、長崎国際文化会館で、海外代表五人を含む一三〇〇人が参加して、第四分科会「原水爆被害の実相と被爆者救援について」が開かれた。

分科会で報告した広島県被団協代表委員・藤居平一は、「第一回世界大会で、すべての参加者は原水爆被害者の苦しみを目のあたりにし、将来の原子戦争には人類の子孫が絶滅することを実感として知った。一方、被害者は、原水爆が禁止せられるような世界をつくらない限り、自分たちが真に救われないことを知った。自分たちこそ原水爆禁止のために、先頭にたって前進しなければという積極的な意欲をもったのであります」とのべた。

つづいて運動を提起し、そのなかでとくに原爆被害者援護法の制定の必要性を強調した。[*1]

被爆者の現状を明らかに　第四分科会は、日本原水協の討議資料にもとづき、①原水爆による大量破壊②放射能被害の持続性③原水爆被災者の救援、を柱に討議した。

助言者として、東京大学助教授・草野信男が「放射能症について」、長崎医科大学教授・調来助が「長崎における原爆被害の実相と被爆者救援の状況」、広島大学教授・久保義敏が「原爆被害者実態調査」について、それぞれ発表を行なった。

広島、長崎の被爆者は「一一年もたった今日でも、治療を受けていない被爆者がほとんどというのが実状です。県庁に行っても相談する窓口すらないのです。ですから県外に出た被爆者はまったくみじめだと思います」「私は母として、教師としてこの惨禍を二度と繰り返してはいけないと身をもって感じています。子どもたちは犬死し、何も補償されないのです。日本の政府が救済できないのなら、原爆を落とした国に補償してもらいたい」「厚生省、大蔵省及び地元出身代議士に救援の立法化の要求に行った。しかし、原爆と聞いただけで彼らはいやな顔をする。彼らはアメリカに遠慮している」と訴えた。東京、長野、愛媛、和歌山、福岡、富山、愛知、岩手などの代表からも、被爆者の疾病とその治療、健康管理と遺伝の問題、結婚、生活など、からだ・くらし・こころの苦しみの実状が訴えられた。

第四分科会では、国が被爆者の実態調査を早急に実施することと、援護立法の実現を要求する発言がつづいた。外国人被爆者に救援対策をの発言もあった。生協の代表は、永続的な救援の組織づくりと原水爆禁止の行動強化を提起した。分科会議長と山口県代表、長崎代表の山口仙二などから、「全国被爆者の組織を確立せよ」など、被爆者組織の結成が提起された。

第二回原水爆禁止世界大会は、全国の被爆者組織の結成への機運を大きく盛り上げるものとなった。

＊1　「原爆被害者援護法」の柱
（第四分科会の報告で藤居がのべた「援護法」の五項目）
①原爆被害者の治療費の全額国庫負担
②原爆被爆生存者の健康管理の国家による実施
③原爆被害の調査、研究、治療機関の国家による設置
④原爆犠牲者に対する弔慰金と年金制度の制定
⑤原爆被害者に対する障害年金制度の制定と救済措置

2　日本被団協結成

歴史的な日　世界大会二日目の八月一〇日午後七時、全国各地から被爆者ら八〇〇人が長崎国際文化会館に参集して、原水爆被害者全国大会が開催された。日本原水爆被害者団体協議会（日本被団協、当初の略称は「日本被害者協」）結成の歴史的な日である。

会場には、▽原水爆禁止運動の促進▽原水爆犠牲者の国家補償▽被害者の治療・自立更生▽遺家族の生活補償▽原水爆被害に因る国民生活の安定保証――の五本のスローガンがかかげられた。壇上には、長崎被災協会長・杉本亀吉、同副会長・小佐々八郎、広島県被団協会長・森瀧市郎、同事務局長・藤居平一ら、結成準備に中心的役割を担った人たちが顔をそろえた。

世界大会の海外代表から十数人が参加した。イサベル・ブルーム女史（世界平和評議会・ベルギー）、ウラジミール・ワシリェビッチ・エルマコフ（ソ連）、オイゲン・ジュペリーニュ（ルーマニア）が激励のあいさつを行ない、ブルームは、「原水爆禁止と被害者救援の運動を、世界平和評議会は援助する。その一つとして長崎か広島の被爆者をヨーロッパに招き、世界の世論に訴えることを計画し、実現に努力している」と約束した。

国内の来賓では、全国地域婦人団体連絡協議会会長・山高しげり、善光寺大僧正・半田孝海らが参加した。

目的と方針　日本被団協の目的は、結成大会が採択した規約に次のように明記された。

「本会は、原水爆被害者が団結し、助け合って、多くの人々との協力のもとに、医療、生活その他の問題を解決し、合せて原水爆の被害を全国および全世界に訴えることにより、三たびこのような惨事をくりかえさないように、平和のため、原水爆禁止運動を行うことを目的とします」。

大会は、「原水爆被害者全国大会」と「日本原水爆被害者団体協議会」連名の大会決議を採択した。決議は当面の主な目標と方針として、

①原水爆とその実験を禁止する国際協定を結ばせよう。このため、われわれは先頭にたって原水爆被害の実相を訴え、全国、全世界の国民と共に禁止運動をすすめよう。

②被害者の医療と生活を守るため、「原水爆被害者援護法」および「原水爆被害者健康管理制度」をつくらせよう。このため、全国民的な世論をおこすと共に各地域、各党派の議員

に要請して国会でとりあげさせよう。
③被害者の自立更生のため、職業の補導とあっせん、および生業資金、奨学資金を優先的に貸与させよう。このため直接政府へ訴えると共に、まず各自治体でとりあげさせよう。
④原子症の根本治療を実現するため、世界の各国の協力で「国際放射線医学研究機関」をつくらせよう。このため、直接世界に呼びかけると共に、政府、学術会議に推進してもらおう。
⑤被害者組織を強化して団結をつよめよう。このためどんな地域でも、被害者のいる処には必ず組織をつくり、この協議会に参加させよう。

この五つをあげ、こう呼びかけた。「われわれがこの目標を達成するための唯一の道は、お互に被害者が兄弟のように手を握り合うと共に、原水爆の禁止と平和を願う全国民、全世界の人々と固く結びあうことです。われわれは、あの恐ろしい原水爆が禁止されて世界の恒久平和が達成され、被害者が真に救われる日までこの運動を続けましょう」。

「世界への挨拶」　結成大会は、大会宣言を「世界への挨拶」として発した。

私たちがこのような立ち上がりの勇気を得ましたのは、全く昨年八月の世界大会のたまものであります。（中略）かくて私たちは自らを救うとともに、私たちの体験をとおして人類の危機を救おうという決意を誓いあったのであります。

日本被団協が最初にあげた声は、人類を核戦争の危機から救おうという世界に向けた発信だった。日本被団協は、各県の被爆者組織をもって構成する国内団体であるが、その目標は「自らを救うとともに人類の危機を救う」という人類的課題である。その存在と活動が本質的に国際的性格をもつことを、結成の瞬間から内外に表明した宣言であった。

どの顔にも喜びと希望　全国大会に先だって世界大会第四分科会のあと、文化会館地下室ロビーで、すでに組織ができた県、未組織の県を問わず、参集した広島、長崎、福岡、愛媛、愛知、東京、群馬、岩手など一〇都府県の被爆者代表一五人ほどによって、初会合が開かれている。被爆から一一年、やっと組織化が実現する喜びと希望がどの顔にも輝いていた。結成大会で選ばれる役員の顔ぶれがまとめられた。

結成大会で役員に次の人びとを選出した。

代表委員　杉本亀吉（長崎）　小佐々八郎（長崎）　藤居平一（広島）　森瀧市郎（広島）　鈴

川貫一（広島）
事務局長　藤居平一（広島）
事務局次長　香田松一（長崎）
会計　大熊ちどり（広島）
監査　木戸弘（長崎）
理事　安部誠二（福岡）　浜辺光一（福岡）
鳥実良雄（佐賀）　西川政夫（岡山）
長谷川正保（島根）　副島まち（兵庫）
日丸美義（京都）　番健（和歌山）
高木靖登（愛媛）　久保仲子（愛媛）
黒川良雄（愛知）　松尾敦之（長野）
伊藤直成（神奈川）　田原達雄（東京）
松尾明人（東京）　須藤叔彦（群馬）
斉藤岳丸（岩手）　及川儀右衛門（岩手）
高橋由雄（山口）　小山晃由（山口）

なお、申し合わせにより、事務局長は一年交替で、広島、長崎から選出することにし、日本被団協事務局は事務局長選出の県におくことにした。

3　原爆被害者援護法案要綱をつくる

「力強い被爆者の団結」　「原爆記念日を中心とする数々の意義深い行事の中で、とくに力つよく感ぜられることの一つは、原爆被災者が団結して立ち上がりつつあることだ」、当時の中国新聞社説はこう書く。[*2]

日本社会は、被爆者と被爆者問題の存在を知った。日本被団協は、都道府県の被爆者組織で構成される協議体として、被爆者の全国組織への道をふみだし、これによって、被爆者は一つの勢力になった。

そこから社会がまず見つけたメッセージは、「中国新聞」社説もいうように、原爆被災者には「国家的・社会的な救護措置を急ぐこと」が必要だということである。日本被団協も、「原水爆の禁止」とならんで、まず緊急の医療措置、被爆者援護法制定を目ざして動きだす。

「被害者援護法案要綱」を作成　結成されたばかりの日本被団協第一回代表者・理事会が一九五六年九月二七日、参議院議員会館第一会議室で開かれ、同日夜、第二回代表者・理事会が開かれた。会議は、日本原水協に日本被団協東京事務所設置を依頼すること、日本原水協に加盟することを決め、未組織地方の組織化と原水爆実験禁止協定を結ばせるための活動を協議した。全国社会福祉協議会の原爆被害者対策特別小委員会、衆参両院社会労働委員との折衝について打ち合わせた。

この会議ではさっそく、日本被団協としての

＊2　中国新聞社説（五六年八月八日）
原爆被災者の援護立法
原爆記念日を中心とする数々の意義深い行事の中で、とくに力つよく感ぜられることの一つは、原爆被災者が団結して立ち上がりつつあることだ。
原水爆禁止が、われわれ人類の最大の緊急課題である今日、その痛ましい被災者の実態を明らかにし、進んで被災者に対する国家的・社会的な救護措置を急ぐことは、当面の重要懸案と言わなければならない。
われわれは、基本的な目標として、原・水爆禁止を強力に推進することを誓い合うとともに、内政当面の緊急課題として原爆被災者の援護立法を一日も速やかに実現したいと念願するものである。

原爆被害者援護法案要綱を検討し、五つの要求内容を決めている。＊3

この要綱を基礎に法案原案がつくられるが、「日本被害者協連絡」第一号八月三〇日（別巻資料編）は、代表者・理事会の討議内容について「原子力研究グループ（広島在住学者）と、原対協（広島市原爆障害者治療対策協議会）医師との話しあいに、われわれの要求を盛りこみますから、社会党私案より強いものになります」と報告している。

翌二八日、日本原水協主催の国会要請に日本被団協代表者・理事会参加者も加わって、衆参両院の社会労働委員に被害者援護法制定を要請した。

立法化への動き　被爆者対策の立法化をめぐる動きは急速に展開した。

この時期の動きをたどると、

▽五五年一一月　全国社会福祉協議会大会が年金制度をふくむ被爆者援護法の制定要求を決議。

▽五六年五月　日本弁護士連合会総会で被爆者援護法制定要求決議。

▽八月九日、社会党政策審議会で「国費により原爆症患者の治療を行なうこと」を内容とする「原爆症患者援護法案要綱」を決定。

▽九月四日、広島市社会福祉協議会と広島県被団協は共同で、援護法政府提案の要望を決議（自民党広島県連青年部も一〇月六日決議）。

▽一〇月二日、広島県議会が原爆被災者援護立法促進要求を決議。

▽一〇月八日、小倉市で開かれた原水爆禁止全国市議会議長大会（全国四九八市のうち三四〇市議会議長＝委任状含む＝が出席）は被爆生存者救援に関する法制化についての要望を決議。

▽一一月五日、広島市と長崎市が協議のうえ作成した「原爆障害者援護法案要綱（試案）」を発表。

これらの情勢をふまえて、一二月二日の日本被団協代表者会議（東京・日本ホテル）で、一〇都府県三五人の代表が協議した。目下、国会、政府で問題となっているのは、治療と健康管理だけを内容とした「障害者援護法」であって、これ自体われわれとしても支持するが、これまで決議し、推進してきたのは日本被団協の「原爆被害者援護法案要綱」であり、その実現にこそ全力をあげよう、と意思統一された。

一二月三日、衆議院第二議員会館に八五団体の代表約二百余人が集まり、日本原水協の請願大会が開かれた。世界大会事務総長・安井郁の

＊3　日本被団協の原爆被害者援護法案要綱の柱
（五六年九月の代表者・理事会で決めた要求）
①原爆被爆生存者の治療費の全額国庫負担
②健康管理の国費による実施
③被害の調査、研究・治療機関の国家による実施
④犠牲者に対する弔慰金と遺族年金制度の制定
⑤障害者に対する障害年金制度の制定と救済措置

挨拶、広島、長崎の被爆者代表の訴え、社会党衆院議員・風見章、自民党衆院議員・楢橋渡、共産党参院議員・岩間正男のあいさつがあった。この日の請願要請は衆参両院議長、首相・鳩山一郎などにたいして行なわれた。

一二月二二日、衆議院本会議で、自民党・社会党共同提案の「原爆障害者の治療に関する決議案」が提案され、満場一致で採択された。

こうした急速な進展のもとで、明けて一九五七年一月一二日と一三日、急きょ日本被団協は広島で代表者会議を開き、新規立法化の動きについて討議し、被爆者対策予算の大幅増額と、生活貸付金の実現にとりくむことを確認した。

救援金の役割大きく なお、上述した五六年一二月二日の代表者会議の席で、日本原水協の被爆者救援金の使途について報告がされている。

日本原水協に寄せられた原爆被害者救援金は九五〇万円（中国七二〇万円、国内一七八万円、世界労連三六万円その他）で、使途は治療援助費五〇〇万円（広島二五〇万円、長崎一五〇万円、全国一〇〇万円）、救援運動の諸経費一五〇万円、日本被団協七五万円、日本原水協七五万円その他。

全国の被爆者の病苦と生活苦は深刻で、日本原水協・世界大会に寄せられた救援金の果たす役割はきわめて大きかった。長崎の福田須磨子は、このことにふれて次のように書いている。

「九月、再び病気が悪化し医大病院に入院しました。そのころはまだ医療法は制定されていない。原爆対策協議会で原爆患者と認めた者だけが原水爆禁止世界大会でよせられた救援金で治療を受けることが出来ました。私は原爆患者として入院したのです。そして原爆患者がなんらの保障もないために、莫大な借金を作って次々に死んで行くのを見ました。私たちは援護法をかちとろうと誓い合いました。被爆者の問題に私は真剣に取りくんでいきました」（福田須磨子）。

福田須磨子 詩集『原子野』

2章　「原子爆弾被爆者の医療等に関する法律」の制定

1　「原爆医療法」制定を実現

国がやっと予算化　政府は一九五四年九月三〇日、五四年度予算の予備費から、三五二万二〇〇〇円を原爆傷害調査研究事業委託費として支出することを決めた。五五年度予算では、一二四四万二〇〇〇円の委託費が決まった。国は、ビキニ水爆実験被災後の原水爆禁止の国民的世論と運動を前に、ようやく被爆者対策に目を向け始めたのである。

五六年度予算では、原爆傷害者治療費が二五六八万二〇〇〇円となった。

五七年度の被爆者対策予算（「原爆医療法」施行にともなう予算）一億七四五八万九〇〇〇円の内訳は、原爆被害者健康診断交付金七〇九四万五〇〇〇円、原爆傷害者医療費一億七八万二〇〇〇円、原爆症調査研究委託費一八〇万円、原爆医療認定審査会費八八万五〇〇〇円、厚生省事務費等一七万七〇〇〇円である。

なお、厚生省の案には生活援護費があったが、大蔵省の査定で全額削られている。

世論と被爆者の運動で　政府は、一九五七年二月二一日、原子爆弾被爆者の医療等に関する法律案を国会に提出した。法案は三月三一日可決成立し、「昭和三二年法律第四一号」として四月一日施行された。*4

原子爆弾被爆者の医療等に関する法律（「原爆医療法」）は、つぎのような内容をふくむものである。

▽被爆者に被爆者健康手帳を交付する。

▽国費で年二回の健康診断を行ない、その結果、異常があれば精密検査を受けられる。

▽原子爆弾の影響に起因する身体的疾病に対し、厚生大臣が認める「認定患者」には、その疾病について、指定医療機関において全額国庫負担で治療を行なう。

「原爆医療法」は、被爆後初めて被爆者が手に

＊4　「原爆医療法」の「目的」と「定義」

第一条（この法律の目的）　この法律は、広島市及び長崎市に投下された原子爆弾の被爆者が今なお置かれている健康上の特別の状態にかんがみ、国が被爆者に対し健康診断及び医療を行うことにより、その健康の保持及び向上をはかることを目的とする。

第二条（定義）　この法律において「被爆者」とは、次の各号の一に該当する者であって、被爆者健康手帳の交付を受けたものをいう。

一　原子爆弾が投下された際当時の広島市若しくは長崎市の区域内又は政令で定めるこれらに隣接する区域内にあつた者

二　原子爆弾が投下された時から起算して政令で定める期間内に前号に規定する区域のうちで政令で定める区域内にあつた者

三　前二号に掲げる者のほか、原子爆弾が投下された際又はその後において、身体に原子爆

した法律だった。被爆からここまで一二年、被爆者は国からまったく見放され、苦しみぬいてきた。国は実態調査すら行なわなかったため、被爆者は同じ境遇の仲間がどこにどれだけいるのかも知らず、社会の片隅に孤立し、放置されてきた。被爆者の組織化は、そうした被爆者を一軒一軒訪ねるようにして、捜し出すことから始めなければならなかった。

しかし、こうした先人たちの苦労によって、日本被団協が結成された意味は大きかった。みずからの組織をえて、被爆者は要求をかかげ社会的な存在となった。役員を先頭に、被爆者は足を棒にしてがんばった。要求をまとめ、国会にかけつけ、政府や政党、議員に働きかけ、原水爆禁止を願う広範な人々とともに、運動をすすめた。

日本被団協結成から「原爆医療法」成立まで、その間わずか一年である。「隠蔽と遺棄の一二年」を超えて、これを生み出したものは、ビキニ水爆被災いらいの国民的な原水爆禁止の世論と運動の高揚、そして日本被団協を結成して行動に立ち上がった被爆者自身の運動の力である。

「原爆医療法」は、日本被団協が要求していた原爆被害者援護法ではもちろんない。原爆死没者対策をまったく棚上げし、被爆後一二年目以降の生存被爆者だけを対象に、健診と原爆症治療費などに限定している。生活保障はもちろん傷病手当支給すら制度から外すなど、不十分なものだが、今後の運動に新たな段階をつくったものであった。

2 「原爆医療法」施行と手帳取得

手帳取得の困難 「原爆医療法」で決まった制度の適用を受ける資格をもつのは、「被爆者健康手帳の交付を受けた者」である。法律の施行は、被爆者健康手帳の申請・交付から始まった。

広島市は、法の趣旨と手帳交付期日などを記した印刷物を、市内全世帯に配布した。とくに、五六年九月に実施した「国民健康保険基礎調査に付帯した被爆者調査」にもとづき、被爆者世帯の約八万五〇〇〇人には個人別に申請書を同封し、手帳交付を受けるようすすめた。

しかし、被爆地以外の全国各地に住む一〇万人余の被爆者は、新聞やラジオ、地方自治体の広報で情報を得るしかなく、新制度を知る機会はわずかしかなかった。

「一二年の空白」ときびしい結果 手帳を申請

弾の放射能の影響を受けるような事情の下にあつた者

四 前三号に掲げる者が当該各号に規定する事由に該当した当時その者の胎児であつた者

＊

法案第一条に関連し日本原水協専門委員会編『原水爆被害白書―かくされた真実』（一九六一年）に次のような記述がある。

「第二六回国会の衆議院社会労働委員会における政府答弁で、法案第一条の「この法律の目的」が「広島市及び長崎市に投下された原子爆弾の被爆者」の救援にかぎられ、その後の核実験による被害者には適用されないことが、くりかえし強調されている事実を指摘しておきましょう」（同書一四九ページ）

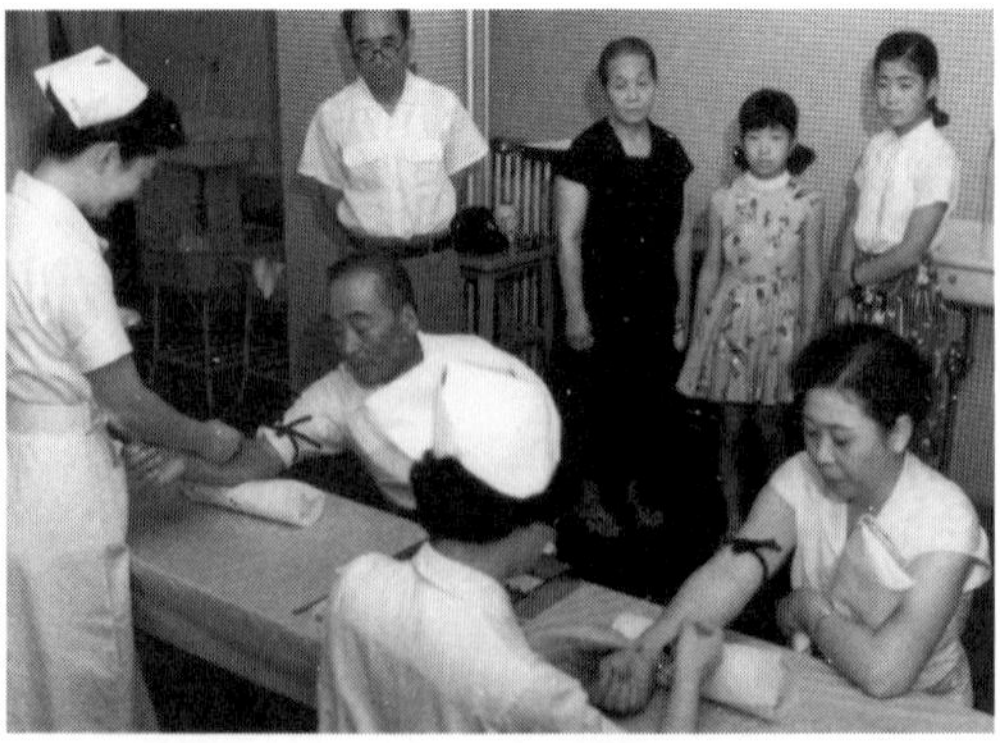

広島原爆病院で被爆者健康診断が始まる（1957.8）
提供・中国新聞社

するには、当時の罹災証明書や書簡、写真など、市町村長の証明書、二人以上の第三者の証明書が必要とされたが、被爆後「一二年間の空白」が高い壁になった。とくに広島・長崎以外の県に住む被爆者が被爆の証明をえることは、予想以上に困難をきわめた。自治体の多くは被爆者を把握していない。被爆者の会は十数県にしかなく、活動も始まったばかり。多くの県では、名乗りをあげた数人、数十人の被爆者が、旧軍関係の同郷者をたどるか、噂をたよりに民生委員、町内会長らの協力をえて、申請者を捜し出すことから始めなければならなかった。

　五七年度末に最初に発表された全国の手帳交付数は、二〇万九八四人（うち広島市七万四六一〇人、長崎市六万六八八二人）であり、健康診断受診者は年二回の合計で一般検査八万九三四六人（広島市二万三三四三人、長崎市二万三七五九人）、うち精密検査にまわった者は一万二〇七〇人という状態だった。

　厚生大臣の認定による原爆症認定患者は、五七年度一六六八件という数字にみられるように、狭い枠であった。

背景に被爆者差別が　低調な結果には、そもそも手帳がメリットに乏しいという一面も関係していた。サラリーマンなどは会社でもっと十分な健康診断が受けられる。逆に手帳を申請することによるマイナスを心配する被爆者は少なくなかった。遺伝の問題、原爆症への死の恐怖、「被爆者の子どもとは遊ぶな、原爆病は伝染する」といった心ない風聞など、懸念は被爆二世問題を含むものだった。被爆者への社会的偏見が根強く、被爆者、二世の結婚や就職・職場での不利益がひろく見られる冷厳な現実が、そこに影を落としていた。

3　活動強化と地方の組織化

原水爆禁止運動の一翼をになう　一九五七年九月七日と八日、日本被団協は全国総会を広島赤十字病院の講堂で開いた。会議は、この年の第三回原水爆禁止世界大会*5（東京）の示した方向とわれわれ被爆者の要求、平和への願いを実現するための今後すすむべき道を確認し、被害の実相を全国、全世界に訴えることによって、原水爆禁止運動の一翼をになうべく行動を起こすことを決めた。

「日本原水協との緊密なる連携のもと」、次の具体的活動に取り組むことを決めた。

▽原水爆被害の実相の資料　①被爆者の手記、生活記録、日記等②当時の写真、スケッチ③

＊5　第三回原水爆禁止世界大会決議

第三回原水爆禁止世界大会は日本代表団決議として「原水爆被害者救援に関する決議」を採択した。決議は次のことを要求している。

—本年三月に「原子爆弾被害者の医療等に関する法律」が制定されたことは、原水爆禁止運動の大きな成果です。けれども、この医療法は多くの点で不十分です。これに対して私たちは、とくに、

1—法の適切なる運用によって「医療法」の治療の枠を拡大し、早期発見、早期治療を実現すること。

2—「医療法」を発展させて治療中の生活擁護および治療のための旅費、栄養補給の保障、障害年金等を設けること。

3—原水爆死没者の遺族にたいする弔慰金、働き手を失った遺族にたいする年金の支給を立法化すること。

4—放射能症の根治療法を調査、研究するための施設を設けること。

5—被爆者福祉センターをつくり被爆者に適した職業指導を行い、あわせて被爆者の精神的な幸福の増進につとめること。

これら被害者の生活を保障するに必要なあらゆる処置をとることを、国家にたいして強く要求いたします。

原水爆に関する劇及び記録映画、幻灯④当時の惨状を示す物品を収集する（移動できないものは、所在地リストを作成する）。

▽科学的資料の重要性から科学者・医師の協力を得る。ＡＢＣＣの資料の公開等を要請する。死没者の骨の残存放射能に関する調査研究。

▽被害の実相の編集出版、または展示用としての編集。学校教科書に取り入れるよう要請する。

▽国会請願署名と広島、長崎をはじめ各県で被爆者集会をもち、代表を請願行動に参加させる。東京周辺の被爆者団体は全組織をあげて参加できるようにする。

▽日本被団協として、毎月一回機関誌を発行する。（五七年一〇月二五日付で「被団協連絡№１」が発行された）

　規約改正を行ない、日本被団協の事務所を東京都神田一ツ橋教育会館内に置き、会費は一人年額五円の基準で各団体の負担を決めた。事務局長は長崎の香田松一が選出された。すでに四月には、日本被団協の東京事務所（神田一ツ橋教育会館・日本原水協事務所）に永田尚子が常駐し、事務連絡にあたっていた。

　被団協選出の日本原水協理事に香田、藤居、入江寛、常任理事に香田があたった。

「全国組織」らしい活動　五八年六月八日、長崎で開かれた全国代表者会議には、各県被害者組織の代表二〇県三一人、地元長崎から一九人、それに日本原水協代表が参加した。結成から二年、形も全国組織らしくなりつつある日本被団協の姿がそこにあった。

　参加者には、顔にケロイドのある人、指が溶けて団子のような手の人、帰県すればすぐ入院しなければならない人などがいた。会議では、「今の情勢ではふたたび原爆死への突入でしかないおそれがあり、日本の核武装につよく反対しましょう。その立場を貫くことを誓いあおう」などの発言があいついだ。

　会議は、当面の方針として、①医療法の周知徹底と活用、とくに被爆者手帳の交付者をふやす活動②現在結成されている二四都府県をさらに強化拡大、未組織二三県の組織化をすすめる③自治体、国会対策の強化④生活補償をふくむ援護法の確立——などを決めた。

　同時に、第四回原水爆禁止世界大会の支持決議をし、核非武装宣言決議の支持と国会請願運動への参加をも決めた。

　この会議には、事務局長の香田をはじめ、その後の被爆者運動をになう長崎の小佐々八郎、

「嵐の中の母子」像（広島平和記念公園）　提供・連合通信

山口仙二、広島の伊藤サカエ、東京の行宗一、兵庫の副島まちらが参加していた。

「車の両輪」　五八年八月の第四回原水爆禁止世界大会は、東京で開かれた。大会に向けて、広島から東京まで、初めての平和行進が行なわれ、沿道各地で被爆者が参加した。世界大会では、前例にしたがい被爆者協議会の後、同会場で日本被団協第三回定期総会（八月一四日）が開かれ、事務局長に森瀧市郎が選出された。

五九年、広島で開かれた第五回原水爆禁止世界大会は、日米安保条約改定で緊迫する情勢を反映して、日本の核武装などをめぐって白熱の論議が行なわれた。広島市内の平和行進に右翼が暴力をふるうなど、第五回世界大会は「嵐の中の世界大会」といわれた。[*6] 日本原水協を「政治偏向」という非難も強まった。[*7] 被爆者救援運動のあり方をめぐり、意見が多く出された。

原水爆禁止運動に起きた波風は、日本被団協にも波紋を広げた。この年九月二〇日、日本被団協は広島で代表委員・常任理事合同会議を開き、討議を行なった。「車の両輪」といわれた原水爆禁止と被爆者救援の関係も論議になった。組織の根本問題や、救援金の配分などについて多くの意見が出され、日本原水協の救援委員会に日本被団協からの代表を入れて審議決定することを確認した。

3章　原爆医療法改正と「国家補償の援護法」要求

1　請願大会に全国から

「援護法要求」は被爆者の権利　一九五九年一〇月三〇日、日本被団協国会請願大会がもたれ、全国から八二人の代表と日本原水協理事長・安井郁、同被爆者対策部担当常任理事・中村いく（全国地婦連選出）らが参加した。

政党から、自由党・永野護、社会党・大原亨、社会クラブ・今村等、共産党・神山茂夫の各衆院議員、衆院社労委員長・永山忠則（自民党被爆者対策議員懇世話人）があいさつした。

＊6　第五回世界大会と「嵐の中の母子」像

広島市の平和記念公園にある本郷新の彫刻「嵐の中の母子」像は、第五回世界大会記念美術展（日本原水協企画・朝日新聞社主催・広島市朝日会館）に出品されたあと、本郷の意向をうけて日本原水協から広島市に寄贈された。

＊7　安保条約改定と「政治偏向」

この年、中断されていた安保条約改定の日米交渉が再開。三月、安保改定阻止国民会議結成が呼びかけられ、日本原水協は「日本の核武装と自衛隊の海外派兵に道を開く」安保改定に反対する声明を発表、国民会議の幹事団体として参加した。

一方、日本原水協を「政治偏向」と批判する動きも具体化。七月九日、広島県議会は第五回原水爆禁止世界大会への県費補助金三〇万円の支出を全額削除。一一日、椎名官房長官は、地方公共団体が原水爆禁止運動に関与しないように行政指導を行なうと言明。二一日、自民党は川島幹事長談話で原水協への自治体助成金支出中止を各県連に指示した。

安井はあいさつのなかで、▽援護法要求は被爆者の権利として要求すべきである。原水爆の使用は国際法違反である。サ条約で賠償権を放棄したので国家としてやるべきだ▽根治療法は必ず可能で、世界の医学の総力をあげてもらいたい▽救援と禁止は車の両輪である。私たちは被爆者の救援を完全にするために禁止運動を高めなくてはならない▽被害者がこの運動の先頭に立たなくては禁止運動も発展しない——とのべた。

被爆者援護法の請願項目を、東友会（東京被団協）・伊東壮が提案した。要請先は、衆参両院議長、官房副長官、各政党、厚生省などであった。

「座り込みも」と次官　厚生省要請では、政務次官、事務次官、公衆衛生局長、企画課長が応対した。局長、課長は、▽白血病などは今まで通り認定し、全額医療費を国が負担する▽障害年金については、内臓疾患のものに身体障害者として年金を出すことを研究中であるから、間もなくできるのではないか▽遺族年金は管轄外だが、認定患者で死んだ人に出すことは医療法のなかではできない▽根治療法については考えているが、ＡＢＣＣを大いに利用することも考えられる▽被爆者調査を国勢調査とかみあわせてやることはできない▽医療法の普及徹底については、すぐ県、保健所に通達を出す。下部の医療機関への徹底にも努力する——とのべた。

大蔵大臣・佐藤栄作は「要望の実現に努力する」とのべ、政務次官の奥村からは「戦没者の年金のときは、六カ月にわたって座り込みをした。被爆者ももっと大きな世論の結集が必要であろう」という発言があった。

2　原爆医療法の改正

六〇年安保闘争　五八年六月、Ａ級戦犯容疑者の岸信介が首相になる。その最大任務は日米安保条約の改定だった。岸は六〇年五月、警官隊を国会内に入れて新安保条約の承認案を衆議院で強行採決したため、近代日本史上空前の大衆運動がおきた。「安保反対、民主主義を守れ」の声が連日国会をとりまき、三回にわたる政治ストがたたかわれた。新安保条約は、国会審議がまったく停止するなか〝自然承認〟という不自然な形で批准されたが、七月、国民の強い批判を受けた岸内閣は退陣する。

六〇年安保闘争で騒然とした列島を舞台に、原爆医療法の改正が行なわれた。

社会党が改正案を提出　社会党が「原爆医療

安保反対のデモ（1960.5 東京・銀座）　提供・連合通信

法」改正を要求する法律案「原爆被害者救護法案」を参院に提出したのは、安保闘争がもりあがり始めていた五九年一一月一二日である。

社会党案の要点は、▽医療認定基準の拡大と医療保障の徹底▽医療の給付を受ける被爆者に対して援護手当を支給する▽医療を受けるため労働ができず、このため収入が減じたと認めるものに医療手当を支給する▽健診、医療給付を受ける際に交通手当を支給する▽被爆死没者の遺族には三年に限り一人年額一万五〇〇〇円の給与金を支給する▽被爆死没者の遺族に一人につき三万円の弔慰金を支給する——というものだった。

一般疾病への医療費の支給制度創設　一一月一九日、衆議院第三三回社会労働委員会で、社会党衆院議員・大原亨の質問に、外相・藤山愛一郎は、原爆投下は「国際法の精神には違反しているように思われます」と答えた。

明けて六〇年三月、「原爆医療法」一部改正が政府提案された。五月に新安保強行採決があって、その後の国会状況では審議できないまま七月に入り、通常国会最終日の一五日になって、ようやく政府案が成立、八月一日実施となった。

改正の要点は、

▽二キロ以内の直爆被爆者と原爆症認定を受けた者を「特別被爆者」とし、一般疾病者でも医療費を支給する。これにより手帳所持者は「特別被爆者」と「一般被爆者」の二種類になる。

▽改正にともない、一般疾病医療機関を設ける。

▽一般疾病については、本人が所持する健康保険を使用した後の自己負担分を国がみる。

▽医療認定を受けて治療中の患者に、月額二〇〇〇円以内の医療手当を支給する。ただし所得制限があり、五人家族で納税額五〇万円以下の場合に限る。

——というものである。

なお、これに先だって、四月から精密検査受診者に交通手当が支給されている。また民社党は一九六〇年三月一日付で、原爆被爆者援護対策要項案を発表していた（医療手当を月額一万円以内、認定死亡者の遺族に弔慰金三万円を支給など）。

3　全国的組織化すすむ

規約改正、理事長制に　日本被団協第五回定期総会は、第六回原水爆禁止世界大会開催中の

六〇年八月八日、東京・千代田公会堂で開かれた。

総会では、「全国的展望に立った日本被団協としての方針を、各会の実状、意見の十分な反映のもとに打ち出し、かつ方針を徹底する執行部の機能」にと、規約改正を行ない、従来の代表委員・常任理事制にかえて理事長・代表理事制をとった。代表理事は八ブロックのそれぞれと広島、長崎から各一人を選出。理事長は代表理事会が推薦し総会で承認するとし、理事長に森瀧市郎が選ばれた。

六一年二月一六日、新しい規約による第一回全国理事会を開いた。日本被団協加盟は三九都道府県になっていた。活動の重点は未組織八県の組織化、改正医療法の完全実施、第七回原水爆禁止世界大会支持、被爆体験手記の募集などであった。予算案、分担金なども討議された。

日本被団協初のデモ行進　翌一七日、衆議院第一議員会館に一〇〇人を超す代表が参加して、国会請願大会を行なった。請願項目は次の内容であった。

▽原爆被害者の医療を無料にするため、「特別被爆者」の取り扱いを全被爆者に拡大すること。医療の中に温泉療養を認めること。どちらかが被爆者の両親から昭和二〇年以後生まれた子は被爆者として取り扱うこと。

▽生活援護措置を十分に講ずるため、医療手当の大幅な増額と、支給条件を緩和すること。

▽原爆障害者には軍属なみの「障害年金」を。動員学徒には軍人なみに増額支給すること。

▽生活困窮の被害者に特別生活援護手当を支給すること。

▽原爆死没者の遺族に弔慰金と年金を支給すること。

▽原爆被害者に身体障害者なみに鉄道料金の割引を実施すること。

▽原爆症についての研究と根治療法を発見するための放射能医療研究機関を設置すること。

▽現行法律の実施を徹底するために必要な措置をとること。事務費の大幅な引き上げ。

厚生省と国会の社会労働委員への要請を行なったあと、日本被団協として初めてのデモ行進をした。東京の日比谷公園から新橋土橋まで、「原爆被害者援護法を制定せよ」の横断幕をもって歩き、都民に訴えた。

4　「国家補償にもとづく援護法」要求

『原水爆被害白書』執筆者の論争　六一年七月、『原水爆被害白書――かくされた真実』が出版された。日本原水協専門委員会が編集した、原爆被害について初めてまとめた総合的研究だった。[*8]

内容は、原爆の物理的被害、身体への被害、被爆者の家庭や職業生活の状態、医療法の欠陥と被爆者の要求などからなるが、とくに「医療法の欠陥と被爆者の要求」の部分は、日本被団協のその後の方針に深くかかわることになる。

被爆者の要求をまとめるにあたっては、一般的な国民の社会保障要求と同質であると主張する石井金一郎（広島女子短大助教授）、田沼肇（法政大学・大原社研）と、国家に補償を求めることに重点をおく伊東壮（東友会常任理事）との間で、激しい論争があった。

結局、同書では、

①医療への要求

②生活保障の要求

③国家補償

④核兵器廃止と平和の要求

——の四つにまとめて、「被爆者と社会保障」の個所で記述されている。国家補償の記述は次のようになっている。

「被爆者の要求の第三は、失ったものに対する補償の要求です。子どもを失い、あるいは配偶者を失って、現在孤独と貧乏に苦しんでいる『原爆孤老』は、その尽きぬ悲しみと、働き手を失った現実の損失にたいして補償を要求しています。両親を失った子どもは、将来への可能性がそのために歪められたことにたいして、補償を要求しています。財産を失った人は、財産に対する補償を要求しています」「この問題は二つの性質をもっているのです。その一つは、現実的な、金銭による補償であり、その二は、原爆被害の責任を、さらには戦争責任を明らかにする問題です」（一三五ページ）。

国家補償の援護法要求明確に　八月一四日、日本被団協第六回定期総会は、六一年度の基本方針を決定した。[*9]

方針の第二項に初めて「国家補償にもとづく援護法獲得運動」が登場している。いままで議論されながら必ずしもはっきりしていなかった被爆者援護法の基本的性格が明確になり、ここで確立されたことがわかる。

「国家補償にもとづく被爆者援護法」はこのあと、被団協が常にかかげることになる要求である。被団協運動は、国家補償要求を明確に意識し一貫して追求しつづけ、戦後日本の運動史でも特色ある位置を占めているが、そうした「日本被団協の思想」とでもいうべきものを獲得するうえで、『原水爆被害白書——かくされた真

＊8　『原水爆被害白書——かくされた真実』の編集委員・執筆者

広島女子短大助教授・石井金一郎▽東京第五商業高等学校教諭・伊東壮（東友会常任理事）▽東京教育大学助教授・大江志乃夫▽広島大学教授・佐久間澄▽広島女学院大学教授・庄野直美▽広島大学助教授・杉原芳夫▽法政大学大原社研・田沼肇▽広島女子短大助教授・山手茂▽日本原水協事務局次長・吉田嘉清

＊9　六一年度基本方針（第六回総会）の項目

1・原水爆禁止運動
　a　実験禁止・核武装反対の諸運動
　b　被害の体験の訴え、体験記の募集
　c　研究会・学習を盛んにする
2・国家補償にもとづく援護法獲得運動
　a　援護法獲得のための強力な運動
　b　現行医療法の一〇〇％活用
　c　現行医療法の完全実施と改正
　d　あらゆる友好団体との協力
3・組織・宣伝・財政問題
　a　会の強化
　b　未組織県への働きかけ
　c　「被団協連絡」の活用
　d　財政確立への努力（会費その他）
　e　事業活動
　f　募金帳

実』が与えたものは大きかった。

第六回総会はまた、「会費は一人年額五円の基準で」というこれまでの規定を「一口年額一〇〇〇円とし」に改めた。これも日本被団協会計の自立性確保の上で一つの姿勢を示したものといえる。

4章　原水爆禁止運動の分裂と被爆者運動

1　一一府県の共同提案

安保の余波と分裂　六〇年安保闘争の盛り上がりは、日米の支配層にショックを与えた。国民運動として発展してきた原水爆禁止運動だったが、安保闘争が高揚すると、保守陣営の一部は安保問題を原水爆禁止運動が取り上げることに反対しやがて運動から去っていった。労働組合運動では、幹部をアメリカに招待して懐柔する動きが盛んになり、米大統領と駐日大使の名をとって「ケネディ・ライシャワー路線」と呼ばれた。日本の民主運動にも分裂がもちこまれ、「分裂の季節」といわれた。

原水爆禁止運動では、対立するソ連と中国が、たがいに日本の各界に介入した。こうした大国による干渉も、「安保」、労働戦線の状況とともに、分裂の背景の一つになった。

核禁会議と全日本被爆者協議会　六〇年の第六回原水爆禁止世界大会では、安保反対の声が強まり、「たたかう大会」といわれた。これを批判した自民・民社系の人たちは六一年八月、別に核兵器禁止平和建設国民大会を開き、同年一一月、核兵器禁止平和建設国民会議（核禁会議）を発足させた。六二年五月、広島・長崎原爆被爆者大会が広島で開催され、任都栗司を会長とする全日本被爆者協議会が、主として広島市内在住被爆者を組織して発足し、広島県被団協から離れた。

被団協も分裂の危機に　六二年八月の日本被団協第七回定期総会では、大分、大阪、兵庫、京都、愛知、熊本、滋賀、富山、徳島、香川、岡山の一一府県の共同提案が、大分県被団協会長・山田都美子から提案された。

「日本被団協の一九六二年度の基本方針によれば、あらゆる友好団体と協力することになっているが、このためには日本被団協も核禁会議に加盟すべきであり、加盟しないときは原水協を脱退して、フリーの立場にたつべきである」というものであった。

岡山は、核禁会議加盟を見合わせる決定をしているから提案の連名を取り下げたいと発言した。激しい議論の結果、分裂をさけ日本被団協の団結を強化する方向で、次期代表理事会へ検討を委嘱することとなった。総会は、米ソの核実験への抗議文を議決した。

九月九日の第九回代表理事会（広島）は、総会から委託された提案を審議した。熊本は提案の連名を取り消し、栃木が新しく提案に加わったことが報告された後、討論に入った。議長の小佐々八郎が「各地方それぞれ事情があるので、過去、現在、核禁会議に加盟しているところはそれなりの理由もあり、やむをえないこととして、日本被団協としては日本原水協に加盟している現状を維持する」ととりまとめた。団結を強化して援護法制定を推進するために、広島、長崎、東京、大分、岡山、京都で交渉委員会を設け、代表理事・行宗一（東京）を委員長とした。

しかし、大分県被団協は九月一六日に総会を開き、日本被団協と大分県原水協から脱退を決めた。

2　原水爆禁止運動の分裂

ソ連核実験をめぐって　代表理事会が一一府県提案を議論した一九六二年九月といえば、「キューバ危機」（一〇月）の前夜である。世界の緊張は頂点に達していた。

日本原水協の内部でも、軋轢《あつれき》が起き始めていた。第八回原水爆禁止世界大会（東京）はそうしたなかで開かれた。

折りも折り、ソ連は、アメリカがジョンストン島などでくり返し行なった核実験に対抗して、世界大会中の八月五日、中断していた核実験を再開する。ソ連の核実験に大会の名で抗議する行動の動議をめぐって世界大会は紛糾、底流にあった対立が一気に表面化した。社会党・総評系の大会役員が退席したまま、第八回世界大会は閉会した。社会党、総評、日本青年団協議会（日青協）、全国地域婦人団体連絡協議会（地婦連）は「日本原水協の体質改善」を求める声明を発表した。

九月に開かれた日本原水協の全国常任理事会

は紛糾し、流会となった。一二月四日には、社会党、総評、中立労連、新産別、日本山妙法寺など一〇団体が、原水禁国民大会を広島で開いた。

日本被団協、運営正常化を要請　明けて六三年一月二〇日、日本被団協は広島で第一一回代表理事会を開き、代表理事会の議長・小佐々八郎名で「日本原水協が被爆者の実態と原水爆禁止の重要性の上に立って、すべての障害を克服して一日も早く正常な運営と成果をおさめられるように」という要請書を日本原水協理事長・安井郁に送った。

二月二一日、日本原水協は「原水爆禁止運動の統一と強化について」の声明を発表、三・一ビキニデー集会の準備に入った。しかし、二月二八日の日本原水協全国常任理事会では、この「声明」の承認、三・一ビキニデーのスローガンをめぐって対立、理事長、出席の担当常任理事が全員辞職し、三・一ビキニデーの集会は開催できず、日本原水協常任理事会は機能まひにおちいった。

五月、日本山妙法寺と人類愛善会が主催し、日本被団協と日本宗教者平和協議会（日本宗平協）の後援で、原水爆禁止運動の再建と統一を訴える「平和達成行脚」が長崎―広島間で行なわれた。六月二一日、日本原水協常任理事会はようやく機能を回復し、第九回原水爆禁止世界大会開催へのめどがつき始めた。

他方、核禁広島会議はこの年三月、「援護法は要求せず、現行法改正でいく」ことを確認し、日本被団協とはまったく異なる路線を歩むこととなった。

部分核停条約をめぐって　困難をのりこえ、第九回原水爆禁止世界大会がやっと開催できそうになった矢先の七月二五日、ソ連、アメリカ、イギリス三国がモスクワで、「大気圏内、宇宙空間および水中における核兵器実験を禁止する条約」（「部分的核実験停止条約」）に仮調印し、世界大会直前の八月五日、本調印した。

この条約の賛否をめぐって、日本原水協の担当常任理事会の機能は、ふたたびまひ状態におちいる。

第九回世界大会　世界大会の準備・運営が危うくなり、日本原水協は広島県原水協へ準備・運営を白紙委任した。八月五日、広島・平和記念公園の慰霊碑前に二万人が参集して世界大会開会総会が開かれた。広島県原水協代表委員・森瀧市郎が「部分核停条約の成立で極東の緊張はかえって増大している」趣旨を含む基調演説をした。

第９回原水爆禁止世界大会（1963.8.5）　日本原水協資料

社会党と総評はこの大会運営に異議を唱えて大会不参加を決め、大会代表分担金の返還を求めた。八月六日、大会運営に自信を失った広島県原水協は、世界大会の運営を日本原水協へ返上した。

この日、社会党・総評系は、広島市内の別の会場で原水爆禁止運動を守る国民大会を開き、「いかなる国の核実験にも反対」などの路線を確認した。原水爆禁止運動は事実上分裂した。

5章　日本被団協、機能不全に

1　全国行脚・請願大会

初の全国行脚　日本被団協は一九六三年八月二五日、東京で第八回定期総会を開いた。第九回世界大会が混乱したことを遺憾とし、「八月五日、広島原爆慰霊碑前の開会総会での基調報告を支持し、いかなる国の原水爆にも反対し、その完全禁止と被爆者援護法の制定をめざし、日本被団協の統一と団結を守り、日本の原水禁運動がこの路線の上に統一される」ことを願う声明を採択した。

翌二六日、被爆者援護法制定要請行動を行なった。この日の友好団体との懇談会で、宗教者と共同して援護法制定の行脚を行なうことが提起された。

九月八日、日本被団協代表理事会が開かれた。行脚は青森―東京（東北コース）、長崎―東京（西日本コース）の二コースとし、東北コースは日蓮宗立正平和運動本部僧正・茂田井教亨、同副本部長・近江幸正ら、西日本コースは日本山妙法寺・田島瑞泰らに日本被団協役員が加わること、被爆者援護法制定、原水爆禁止を訴えて行脚し、自治体への要請、小集会の開催などを行なうこと、を決めた。

東北コースは一〇月八日、西日本コースは九日に出発し（広島一〇月一九日）、三〇日、東京に到着した。東京では、東京駅八重洲口の国労会館前から銀座通りを経て提灯行進を行ない、社会事業会館で「行脚歓迎、援護法制定中央大会」が開かれた。この行脚で、援護法促進決議をした地方議会は八府県六市六町議会にのぼり、被爆者援護法署名は三八万余が集められた。

臨時総会開催の要請　一一月一七日付で理事長・森瀧市郎にあてて、臨時総会開催を求める要請書が寄せられた。

宮崎、大分、岡山、鳥取、兵庫、京都、愛知、滋賀、栃木の九府県と阿部幸雄（愛媛）、新開進（大阪）が連名した要請書は、①日本原水協加盟の即時取消し②理事長および現代表理事不信任③規約改正（会の名および事務所の設置場所の変更、理事長・代表理事制を廃止し会の代表者を複数とする、選出は全国理事会の公選による）――というものであった。

これを受けて、六四年二月六日、第一六回代表理事会が広島で開かれた。討論の後、理事長は「この問題で臨時総会を開くのは重大な結果になる。不適当と思う」と発言、了承された。

2　「原爆裁判」東京地裁判決

原爆投下を裁く判決　原水爆禁止運動が混乱し、日本被団協も困難に直面していたとき、一つの光明があらわれた。六三年一二月七日、東京地方裁判所が、「原爆投下は国際法違反」とする判決を出したのである。

「原爆裁判」は、広島・長崎の被爆者が原爆を投下したアメリカの責任を問い、アメリカへの賠償を放棄した日本政府を被告として損害賠償を求めた。五五年四月二五日の提訴から八年、主任弁護士・岡本尚一が病死したあとを青年弁護士・松井康浩が引き継いだ。

判決（裁判長・古関敏正）は、損害賠償については「国際法上も国内法上も個人に賠償請求権はない」と請求をしりぞけたが、原爆投下、戦争責任、被爆者援護について、画期的な判断を示した。

判決はつぎのようにのべている。

▽原子爆弾の投下は無防備都市に対する無差別爆撃で国際法上違法。

▽（日本）国家はみずからの権限と責任において開始した戦争により、国民の多くを死に導き、傷害を負わせ、不安な生活に追いこんだ。

▽しかも、原爆被害の甚大なことは、一般災害の比ではない。日本政府がこれに鑑み、十分な救済策を執るべきことは、多言を要しない。

▽現に「原爆医療法」があるが、この程度の

ものでは、とうてい原子爆弾による被害者に対する救済・救援にならないことは明らかである。

▽高度の経済成長をとげたわが国において、国政財政上これが不可能であるとはとうてい考えられない。政治の貧困を嘆かずにはおられない。

裁判所のこの判断は、被爆者の要求、とりわけ国家補償要求に根拠となる法の理論を与えるものだった。

衆参両院で被爆者援護強化を決議　判決の影響は大きかった。明けて六四年の三月二七日、参議院本会議で「原爆被爆者援護強化」の決議となり、つづいて四月三日には衆議院本会議でも、現行の「原爆医療法」では被爆者にたいする十分な施策とは認めがたい、「政府はすみやかにその援護措置を拡充強化し、もって生活の安定を図るように努めるべきである」とする決議が可決される。

決議を受けて、自由民主党内にも、原爆被爆者対策小委員会（委員長・田中正巳）が設置された。

被爆二〇周年を前に、被爆者対策は前進の好機を迎えていたのである。ところが、悔やんでも余りあることだが、原水爆禁止運動の分裂と混乱のなかで、肝心の日本被団協はこの時期、機能停止におちいり、結果的にこの絶好のチャンスを生かすことができなかった。

日本被団協や被爆者にとって、「分裂の季節」がもたらした最大の問題は、それが被爆者運動や被爆者援護法制定の上に大きな障害となったことであった。

3　第一七回代表理事会

被災三県連結成と森瀧四提案　六四年三月二七日、広島・長崎・静岡の被災三県の原水協が、原水爆被災三県連絡会議を結成した。

三県連は、①原水禁運動を正常化し、被爆者救援運動を中心にする②三被災地の原水禁運動記念行事に三県が協力する③いかなる核実験にも反対し、全面的な核停条約を要求する――などを趣旨としていた。広島を代表して、伊藤満、浜本万三とともに森瀧市郎が名を連ねた。

六月一四日、日本被団協は第一七回代表理事会を広島の平和会館で開いた。第一議題「今後の援護法制定・原水爆禁止運動の進め方」の提案に先だち、理事長・森瀧市郎が、三県連に関与した経過を報告した。さらに理事長提案として、四項目の提案を示した。

提案は、日本被団協の統一を守る立場を前提に、

①日本被団協第八回総会の「声明」「決議」（原水禁問題に関しては「いかなる国の核実験にも反対」「部分核停を一つの足がかりとして全面核停へ」をふくむ）の路線に沿う

②当面する諸原水禁運動は各被団協の自由参加

③現日本原水協の決定には拘束されず、自主独立で行動する

④援護法は全会一致で行動する

というものであった。

理事長に激しい批判　これにたいし、森瀧が日本原水協の役員、広島県原水協の役員、日本被団協の役員であることを整理することなく、とくに日本被団協の代表理事会にいっさい諮《はか》りもせずに被災三県連絡会議の主導者に加わったことに、激しい批判が出た。

理事長の四提案には、四国、中国、広島、関東、東海北陸、近畿の六ブロックが賛成、北海道、東北、長崎、九州の四ブロックが反対で決着はつかず、総会へ報告することとなった。総会の開催は理事長に一任された。

また、事務局員・和田陽一が退職するので暫定的に事務局を広島県被団協におき、できるだけ早く東京に事務局を復活させるという理事長の報告があった。それまで日本被団協の事務所は東京の日本原水協の一角に「寄宿」していた。活動資金は日本原水協に寄せられる被爆者救援募金でまかなわれ、会計事務も日本被団協からの要請で日本原水協の協力のもとに処理されてきた。その関係は、事務所の広島移転によって崩れ、日本被団協の六四年度予算の残額四七万二五五二円は七月一六日をもって凍結された。

広島県原水協分裂、広島県被団協も二分　六四年六月二〇日、二年ぶりに開かれた日本原水協全国理事会は、会則を改定した役員体制を決めた。代表委員（役員）を選んだが、それまで代表委員であった森瀧市郎は選ばれなかった。

この六月から七月にかけて、広島では、広島県原水協が分裂して、日本原水協の第一〇回原水爆禁止世界大会を支持する広島県原水協（理事長・佐久間澄）が誕生した。また、森瀧が理事長である広島県被団協を出た人たちが、同名の広島県被団協（理事長・田辺勝）を結成、第一〇回世界大会支持をうちだした。新しい広島県被団協は「一県一組織」という規約上の原則から、日本被団協の加盟組織になっていない（その後オブザーバー）。こうして、広島における被爆者団体はさきに（六二年五月）組織され

た全日本被爆者協議会と三分される事態が生まれた。

4　運動休止と小郡での代表理事会

半年遅れで総会開催　この時期、六四年八月にはトンキン湾事件が起き、ベトナム戦争は急速に拡大した。六五、六六年には中国文化大革命が起きた。

日本被団協は、六四年には、総会も例年の八月に開くことができず、一二月になって第九回定期総会を東京で開いた。総会は、日本原水協からの脱退問題をめぐって紛糾し、運動方針も決定できないまま代表理事会へ持ち越した。

この状況について、東友会（東京被団協）機関紙「東友」は次のように記した。「十二月三日、日本被団協は、突然九段会館において全国総会を開催した」「議案についても、当日の朝、議場で渡される不始末であった。東友会は理事として伊東氏を総会に送ったが、多くの重要議案は東友会の機関で審議される余裕はなく、伊東氏は冒頭「総会の準備不充分につき、国会請願の活動者会議へうつすこと」を提案した。しかし、議長は強引に会議をすすめ、挙げ句の果ては、各地被団協の不統一が総会の中でバクロされる醜態を露呈し、議場はしばしば混乱におちいった。……日本被団協の将来は危機にあふれている……」。

ついに運動休止　翌六五年二月、広島で第一九回代表理事会が開かれた。第九回総会が付託した日本原水協脱退問題は「日本被団協としては当分いかなる原水禁団体にも加盟関係をとらない」ことで一応の決着をみた。また森瀧理事長から、ふたたび和田陽一に事務局を手伝ってもらうむね報告があった。しかし、日本被団協の運動は六五年四月に国会請願大会を開いただけで停滞し、休止状態におちいった。

東友会の問責状　六六年三月、山口県小郡で第二〇回代表理事会が開かれた。この席には、「援護法制定の好機に運動を停止」した執行部を詰問する問責状が東友会から提出された。

問責状は「一年有余の空白をつくり下部で苦しんでいる被爆者の被害を長引かせる手伝いを」した執行部にたいし「病床で苦しんでいる、生活に苦しんでいる被爆者の顔を思い浮かべてください」とのべ、理事長以下の辞職を要求した。

執行部は「過去の問題点や批判については素直に反省し、今後の努力のなかで反省の実をあげる」とのべた。森瀧は四月国会請願のため上

日本被団協第19回代表理事会（1965.2.28 広島）
提供・中国新聞社

京した際、東友会役員と話し合い、今後とも協力していくこととなった。

六月になって、一年半ぶりに広島で開かれた日本被団協第一〇回定期総会は、役員を投票で選ぶ方式をとった。理事長を選ぶ投票は森瀧市郎（広島）二六票、小佐々八郎（長崎）一六票となり、森瀧が当選した。また副理事長に小佐々八郎、行宗一（東京）が就任した。

6章 「つるパンフ」と「原子爆弾被爆者に対する特別措置に関する法律」

1 「つるパンフ」と運動の再生

原爆被害の特質と要求をまとめる 六六年五月ごろから、日本被団協の運動を軌道に乗せることをめぐって、各方面の動きがあった。七月の第二三回代表理事会はこれを受けて、日本被団協内に専門委員会を設置することを決めた。日本社会事業大学教授・小川政亮、広島女学院大学教授・庄野直美、東京女子大学助教授・山手茂、東友会事務局長・伊東壮（山梨大学講師）の四人が、専門委員に就任した。

この専門委員が執筆した『原爆被害の特質と「被爆者援護法」の要求』は、重要な解明を行なった。

第一に、原爆被害の特殊性について、①原爆による人体への損傷は爆風、熱線、放射能の「複合的障害」であり、特定の病気に限定して固定的に考えるべきではないとし、②原爆は労働能力の減退、家族崩壊、家族・財産・職業労働の場の喪失から「原爆症と貧困の悪循環」をひきおこすものであること、をあげた。

第二に、被爆にたいする日本国家の責任について、戦争を開始して原爆投下をまねいた結果責任、戦後被爆者を放置してきた責任をあげ、国家補償を求めた。政府が主張してきた身分関係論（国家は軍人など身分関係がある者には補償するが、一般国民にたいしては補償義務がないとする）、一般戦災者との均衡論（被爆者だけに補償をすれば均衡を欠く、とする）について

『つるパンフ』表紙

も、その不当性をのべている。
もっとも大きな特徴は、被爆者援護法の要求内容について、初めて一三項目にまとめたことである。[*10]

表紙に赤い折り鶴　六六年一〇月、神戸市須磨区で開かれた第二四回代表理事会は、専門委員の伊東から説明をきき、全員一致、この「要求」にたった運動をすすめることを決めた。日本被団協は一〇月一五日、『原爆被害の特質と「被爆者援護法」の要求』を発表した。「要求」はパンフレットになり、表紙に赤い折り鶴のイラストが描かれた。以後、この冊子やそこにもられた要求は「つるパンフ」の要求と呼ばれるようになる。

息吹き返す日本被団協　明けて六七年三月、「つるパンフ」にかかげた援護法制定の要求を中心に、被爆者援護法制定中央行動が四日間にわたって行なわれた。二八都道府県の被爆者のべ八〇〇人が参加し、集会やバスに乗ってのデモ、銀座・数寄屋橋での座り込みなどを行なった。

ここに日本被団協はようやく息を吹きかえしたのであった。六月には被爆者援護法制定第二波統一行動を行ない、のべ四〇〇人の被爆者代表が国会請願、数寄屋橋で座り込みをした。

初めての全国行脚　六七年八月、東京で開かれた日本被団協第一一回定期総会は、新しく東京に代表理事一人を置くことにし、伊東壮が就任した。理事長、副理事長、東京、関東・甲信越の代表理事で国会請願等の準備委員会を設けることになった。

この総会で、被爆者援護法制定実現をめざす「被爆者全国行脚」をすることが決まった。九月には広島で第三六回代表理事会を開いて具体的な計画を打ち出し、一〇月に入ると中央や各ブロックで準備委員会が開かれた。

日本被団協初の全国行脚は、一〇月一五日を中心に、各ブロックごとに「行脚」を行なって、一一月七日東京に集結。日比谷公園—厚生省—首相官邸まで請願行進をし、そのあと発明会館（虎ノ門）で中央集会を開いた。

全国行脚は、一都一道二府三一県で大小三四〇回の集会や懇談会を行ない、自治体首長、議長の「被爆者援護対策強化の要請署名」への賛同数は一一二一筆に達した。

2　「特別措置法」の制定

厚生省が初の実態調査　全国行脚行動中の一一月一日、厚生省が被爆者実態調査「健康調査

＊10　**被爆者援護法の要求、一三項目**
1　無料医療の実施
2　特別被爆者手帳を全被爆者へ
3　被爆者健康手帳の交付範囲の拡大
4　健康診断の改善
5　検査・治療のための交通費・旅費の支給
6　指定医療機関の増加
7　認定制度の廃止
8　特別な治療法の採用
9　原爆後障害症治療・研究機関の拡充
10　援護給付金の支給
11　福祉施設の設置と相談事業・職業補導
12　所得税の減免
13　援護法の運用のための民主的審議機関・審査機関の設置

および生活調査の概要」を発表した。六五年一一月に戦後初めて国が実施した実態調査の結果である。「概要」は、被爆者と一般国民との間に健康や生活についての差はなく、原爆の影響はないとして、被爆者の大きな怒りをかった。

森瀧市郎は『ヒロシマ四十年―森瀧日記の証言』（以下『森瀧日記』と記す）に書いている。「東京着。東友会事務所で厚生省発表の被爆者実態調査をみる。一昨日入手して専門委員諸氏も参加して検討し作成した『見解』を吟味。要は調査内容が結論に正直に反映しておらず……」。

『森瀧日記』のいうとおり、日本被団協が、理事長、在京役員、専門委員で検討作成した、「被爆者実態調査の結果に対する日本被団協の見解」は、▽調査時は被爆後二〇年経過し、多くの被爆者が病没した▽死没者および遺族の調査がない▽健康調査は血液・血圧を決め手としており余りに皮相的だ▽生活調査は、一般国民との間に「著しい格差はない」と主観的な評価でぼかしている▽調査内容を正しく結語に反映せず政治的先入感をこめたものとなっている――とのべている。

伊東壮は、『朝日ジャーナル』（六七年一一月二六日）に発表した「厚生省被爆者調査に欠落したもの」の中で、一般国民と被爆者に格差がないとする厚生省の結論は間違いであり、原爆による健康・生活上の後遺症は二〇年たった今もはっきり残っていることを示した。

一二月行動　一九五七年にできた「原爆医療法」は、不十分な健康診断や原爆症認定という枠内に限られ、被爆者対策というにはあまりに部分的なものだった。そのため、「国家補償の被爆者援護法」を求める日本被団協はもちろん広島・長崎などの自治体も、国にたいし、被爆者対策の充実、とりわけ生活保障を求めていた。

右に見た被爆者実態調査でも、身体障害の率、「医療あり」と答えた者の率、職業がなく「失対労務者」となった者の率、女子の未・離婚率などで、被爆者は一般国民に比べ、明らかに高かった。にもかかわらず厚生省は「著しい格差があるという資料は得られなかった」としたが、一方では、運動や世論に押され、原子爆弾被爆者に対する特別措置に関する法律（「特別措置法」）を準備していた。

一一月の「行脚集結」行動では、「特別措置法」制定をめぐり、政府の予算編成期に一二月行動を組むことが決まった。一二月一四日、全国から集まった代表は、「被爆者の要求を確認し、援護法をかちとるための懇談会」を三つのグループに分かれて行ない、赤裸々に自分や身の回りの人びとの現状と要求を語りあい、切実な要求を援護法の請願書にまとめた。一五日、この請願書をもって、厚生大臣、官房長官、自民党、社会党、民社党、公明党、共産党に陳情した。

明けて六八年一月五日、「特別措置法」がらみの政府予算が発表されたが、大蔵省内示では特別手当、介護手当、養護ホームはゼロ査定だった。日本被団協は一月一〇日から一二日、広島・長崎・東京・神奈川の代表で政府に陳情した。

被爆者対策二法に　政府は六八年三月、「特別措置法」案を閣議決定した。

日本被団協は三月一一日から三月行動を行なった。「被爆者の実態を語る会」を開き、被爆者一人ひとりの実態と要求を語りあい、それがそのまま「特別措置法案」批判となった。四月二日から衆議院、一二日から参議院で開かれた代表質問には、東京、神奈川を中心に傍聴、陳情をくりかえした。五月一六日、衆参両院の社会労働委員会の審議で付帯決議をつけられ、五月一七日、「原子爆弾被爆者に対する特別措置に関する法律」（特別措置法）が成立した。施行は九月一日だった。六八年度被爆者対策予算は約四億三〇〇〇万円増えて四五億五〇〇〇万円となった。

「特別措置法」は、「医療法」から移された医療手当（原爆症認定被爆者に支給）のほかに、新しく特別手当（原爆症認定被爆者で治療が終わった者に支給）、健康管理手当（七つの疾病を持つ被爆者に支給）などを設けたものであった。これらの手当受給には所得制限などがあった。

これによって、国の被爆者対策は、「原爆医療法」と「特別措置法」の二本立てになった。「原爆医療法」で手帳交付、健康診断、原爆症認定を扱い、「特別措置法」で手当関係を扱う。これ以後、この二つの法律は「原爆二法」と呼ばれるようになる。

被爆者の要求に肩すかし　日本被団協は六八年八月、第一二回定期総会を東京の国労会館で開き、「特別措置法」への評価を発表した。

新法が従来の医療手当のほかに特別手当、健康管理手当、介護手当を設けたことは、「つるパンフ」の指摘する「病気と貧困の悪循環」を結果的に認めたことを意味した。しかし、国家補償を拒否し、あくまで生存被爆者の「特別な状態」にたいする特別措置となっている。運動の一定の成果ではあるが、援護法を求めた被爆者には肩すかしである——これが日本被団協の評価であった。

日本被団協は、「特別措置法」の積極的活用とともに、あらためて国家補償による被爆者援護法の制定を求める運動を推進することを決めた。「特別措置法」が死没者の問題をまったくとりあげていないことにたいして、原爆死没者と遺族の調査を行なうこと、ベトナム戦争の早期終結への努力なども決定した。

3　国家補償の運動の発展

この時期、「国家補償の被爆者援護法」をめぐって、国会の公聴会が開かれたほか、訴訟への研究会を開くなど、運動は大きな盛り上がりを見せた。

国会で公聴会　六九年五月七日、衆院社会労働委員会で開かれた公聴会では、一橋大学教授・石田忠、原爆病院内科部長・石田定、日本被団協代表理事（事務局担当）・伊東壮（山梨大学助教授）が、参考人として陳述した。

七月に開かれた参院社会労働委員会での公聴会では、日本被団協理事長・森瀧市郎（広島大学教授）、医師・原田東岷、東京女子大学助教授・山手茂、広島女学院大学教授・庄野直美、広島大学原爆放射能医学研究所所長・志水清が、参考人として陳述した。

訴訟への研究会　国家補償を求める訴訟について検討する研究会は、三回にわたって開かれた。

参加者は、▽六八年九月の第一回＝東京学芸大学教授・星野安三郎、日本社会事業大学教授・小川政亮、山手茂、伊東壮▽六九年三月の第二回＝星野安三郎、小川政亮、明治大学教授・宮崎繁樹、日本被団協の準備委員▽六九年四月の第三回＝弁護士・松井康浩、山手茂、日本被団協の森瀧、行宗、伊東であった。

これらの結果、▽現行法を実施する上での諸矛盾、健康管理手当の年齢制限とか認定の問題での訴訟は可能であるが、政府が国家補償の立法をしないことを告訴するのは困難▽訴訟は損害をうけた個人が行なうことが基本で、個人の告訴の意思、費用などが問題になる——などが明らかになった。

「援護審議会」認める決議　国会に対しては、▽六八年一二月一六～一七日にかけて二〇都道府県が参加した一二月行動▽六九年一月一〇～一三日にかけての六九年度予算にたいする広島・長崎・東京の代表による緊急陳情▽四月の

衆院社労委で参考人意見陳述（石田忠、石田定、伊東壮　1969.5.7）

各党陳情などが行なわれた。

援護法問題は進展はなかったが、厚生大臣・斉藤昇は「被爆者援護は、国家補償と社会保障の接点にたつもの」などの見解をしめし、従来の「一般社会保障の枠内で」から変化を見せた。四月には、「特別措置法」の健康管理手当の対象疾病に白内障が加えられ、五月、衆院社労委は「被爆者対策の根本的改善を促進するため、すみやかに関係者を含む原爆被爆者援護審議会を設置する」との付帯決議を可決した。七月には葬祭料が新設された。

七月一四日の『森瀧日記』は「十一時より県被団協総会。年々充実の感。国家補償の線強く打ち出す」と記している。

第一三回総会　六九年八月、日本被団協は第一三回定期総会を東京の国労会館で開いた。「特別措置法」ができて一年たったが、政府が全被爆者の七～八％とみこんだ適用対象者の約六割程度しか実際の適用はないことを鋭く突き、援護法制定の必要を強調した。同時に、核兵器使用禁止協定の締結、実験・製造・貯蔵の完全禁止を求め、沖縄の一日も早い返還、ベトナム戦争の終結と正しい解決を求める運動をすすめることをきめた。

連続しての中央行動　六九年一二月、七〇年一月、三月、四月、六月と被爆者援護法要求中央行動が波状的につづけられた。

七〇年三月の行動では、東京浅草寺、池袋駅前、渋谷名店街前でビラまき、署名、カンパ活動を行なった。

四月行動は、四月一四日、東友会の慰霊碑がある東京品川の東海寺の集会・慰霊碑前座り込み、厚生大臣・官房長官への陳情、各党との懇談会。四月一五日は慰霊碑前座り込み、請願大会、厚生省・各党との懇談会。一六日は慰霊碑前座り込み、大蔵大臣陳情、各党本部陳情、数寄屋橋街頭行動、終結集会と多彩な行動に、二四都道府県のべ五五八人が参加した。

六月には、一九都道府県四一人で厚生大臣、厚生省、各党に陳情した。

これらの結果、七〇年度予算で介護手当の増額、所得制限の緩和などをかちとり、自民党、社会党、公明党、共産党は、それぞれ党として被爆者問題の対策委員会を置くことになった。

4　代表委員・事務局長制へ

日本被団協はこうして、一時の停滞から息を吹き返し、運動はふたたび前進を始めた。同時にこの間には、執行体制をふくめ組織と事務局体制の強化がすすんだ。

執行体制の変更と事務局強化　六八年には、八月の第一二回定期総会に先だって二月、森瀧市郎、小佐々八郎は日本原水協にたいし、六四年七月に凍結された日本被団協資金の凍結解除を求めた。副理事長・行宗一、代表理事・伊東壮が交渉委員となり、七月二八日、凍結金の返還が行なわれた。

第一二回総会後の代表理事会では組織、財政、情宣、会計、事務局の五部門の担当代表理事が選任され、事務局担当に伊東壮が就任した。

六九年八月第一三回総会で、和田陽一事務局員が退職した。事務局は担当代表理事伊東一人となった。伊東が東友会事務局長を兼任していたこともあり、日本被団協の東京事務所は東友会に同居し、東友会事務局員の尾島愛子に手伝ってもらい切り抜けていった。会計担当代表理事に神奈川の井上与志男が就任し、一〇月、広島県被団協から会計の引き継ぎを受けたが、井上が引き継いだ資金は四万円にすぎなかった。

専門委員に金沢大学助教授・岩佐幹三が加わった。七〇年六月には空白だった事務局員に伊藤直子が就任した。正式の事務所も電話もなく、東友会に間借りしての、いわば「ゼロからの出発」であった。事務局は大変であったが、東友会の援助も受け、伊藤は困難にめげず日本被団協の事務に取り組んだ。

森瀧の退任　七〇年八月、東京の国労会館で開かれた第一四回定期総会は、日本被団協の執行体制を根本的に変え、理事長制から代表委員・事務局長制に移行することを決めた。

森瀧によると、この変更は、①中立性を明らかにし、②分裂を起こすおそれのないようにし、③若返りをはかることをねらったものであった。

代表委員に檜垣益人（広島）、小林ヒロ（長崎）、行宗一（東京）、事務局長に伊東壮が選ばれた。森瀧は一九六〇年以来一〇年務めた理事長をしりぞくにあたって、「一番難儀したのは、あの原水禁運動の分裂騒ぎのなかで、やっさもっさ、ここまで被団協を割らずにもってきたことです。役員を退いても被爆者をやめることは出来ない。死ぬまで手伝わせて下さい。ありがとう」とあいさつした（『森瀧日記』）。

〈参考文献〉▽日本被団協『被団協連絡』▽中国新聞社編『ヒロシマの記録』年表、一九八六年▽日本被団協『日本被団協三〇年のあゆみ』年表、一九八六年▽伊東壮『日本被爆者運動の三〇年』（『広島・長崎30年の証言』下）未来社、一九七六年▽日本被団協『原爆被害の特質と「被爆者援護法」の要求』▽中国新聞社編『ヒロシマ四十年―森瀧日記の証言』平凡社、一九八五年▽斉藤義雄『私の被爆者運動』新日本出版社、一九八六年▽日本原水協『ドキュメント一九四五→一九八五』年表、一九八七年

■藤居平一さん
「まどうてくれ」の思想

藤居　平一
1915—1996

日本被団協初代事務局長を務めた藤居平一は、被団協の「生みの親」の一人といえる。

しかし藤居は、「医療法」上の「被爆者」ではなかった。原爆投下の八月六日は東京にいた。八月二三日に帰広。河原町の自宅は跡形なく、父、妹、甥を失った。

妻美枝子の父は医師。次々運ばれてくる人たちに、やけどの薬を全部出して治療をした。治療法を尋ねる藤居に義父は「原爆をつくった国の者でないとわからない」と答えた。そのとき藤居のなかに「被爆者のためにできるだけのことをしようという火種が芽生えたと思います」と、のちに美枝子は記している。

一九四六年早稲田大学卒業。家業の銘木店を継ぐ。町内会長などを務めながらやがて被爆者運動に精魂を傾けるようになった。五四年のビキニ事件後、家業を置き去りにした原水爆禁止、被爆者組織づくりの活動が加速する。「広島で原水爆禁止世界大会を開こう」という広島からの提案にも中心的にかかわった。

五六年三月、被爆者四一人が参加した初の被爆者国会請願の団長。五月、広島県被団協結成、代表委員に。同日、広島・長崎・愛媛・長野四県連絡協議会を立ち上げた。八月一〇日結成された日本被団協の代表委員、初代の事務局長に選ばれた。

当初から被爆者援護法制定に執念を燃やし、「医療法」実現に精力的に活動した。五九年銘木店建て直しのため家業に戻ったが、被爆者運動への助力をつづけた。九六年四月一七日没。八〇歳だった。

『藤居平一聞書―まどうてくれ―』をまとめた宇吹暁（広島女学院大学教授）は「庶民の歴史を世界史にする……藤居さんから聞いた好きな言葉の一つ」という。藤居は「まどうてくれ」が被爆者の心情だとよく語った。それは峠三吉の「にんげんをかえせ」の呼びかけにも通いあう、すべての被爆者の原点の思いでもある。

山村茂雄

（「被団協」06・10・6）

■小佐々八郎さん
大きな声の「被爆者の父」

小佐々　八郎
1905—1994

真っ白い銀髪に温かい笑みをたたえ、いつもだれかれのへだてなく「こんにちは、元気にしよんね」と大きい声をかけていました。小佐々八郎さんは実に豪放磊落な人。小さなことにこだわらず、常に大局から冷静に判断を下していました。

一九五六年、長崎での第二回原水爆禁止世界大会の開催が決まると、当時労働組合の指導者で長崎市議会議員、そして市議会では副議長を務めていた小佐々さんは、率先して準備の先頭に立ちました。このなかで六月、長崎被災協を結成、八月一〇日の日本被団協発足に大きく貢献しました。日本被団協結成時から代表委員、その後副理事長、八一年まで代表委員を、九四年二月に亡くなるまで顧問を務めました。原水爆禁止運動が一時期困難に陥った時、それは被爆者運動にも及びました。小佐々さんは被爆者の統一と団結を毅然として貫き、今日の被爆者運動の発展の原動力となったのです。

小佐々さんは爆心地から一・六キロの三菱兵器大橋工場で被爆しました。重傷を負いながら、燃え盛る炎を見つめて「日本の行く末は」と思いめぐらしていました。全身火傷で亡くなった長男を一度も医者に診せられず、遺骨を破れたそうめん箱に納めて埋めるしかなかった悔しさが、小佐々さんの被爆者運動の原点でした。

「決めたことは、最後まで実行する」が信条でした。「自分が責任をとるから、皆は行動を」という豪快な人。また、一人一人の被爆者の実情を細かく把握し、実によく知っていました。

小佐々さんの原水爆禁止・被爆者援護法制定への揺るぎない信念と被爆者への限りない優しさが、被爆者の父として慕われたゆえんでしょう。

長崎・横山照子

（「被団協」06・12・6）

■森瀧市郎さん

ひとすじのみち　見えざらめやわ

「まなこひとつしいしかなしみ深かれど　ひとすじのみち見えざらめやわ」（一九四七）

四四歳のとき広島で被爆し右目の光を失った森瀧市郎は、原爆投下によってもたらされた未曾有の非人間的悲惨の体験から、人類の生きるべき方向を「力の文明」から「愛の文明」に変えなくてはならない、と哲学者としてその全存在を被爆者救援運動と反核・反戦運動に傾けた。

被爆者援護法制定を求める国会請願行動、国会の社労委での意見陳述等、また、一三回に及ぶ一四カ国への海外反核行脚などに奔走した。

「核絶対否定—核と人類は共存できない」は「ヒロシマの心」となった。

「重き荷を棄てえぬはわれのさだめなり　原爆の日を生きてのこりし」

「いまはただ生きの日つくし反核の　みちひとすじに生くべかりけり」

一九四八年に始めた原爆孤児救援のための「精神養子運動」は、一哲学徒の行動実践へのスタートであり、五五年の現地事務局長としての第一回原水爆禁止世界大会開催、「広島県被団協」結成（理事長）、五六年「日本被団協」結成（五八年から事務局長、六〇年から理事長、七〇年から顧問）などにつながってゆくものであった。

森瀧　市郎
1905—1994

森瀧が草稿を書いた被団協結成大会宣言「世界への挨拶」では「……世界に訴うべきは訴え、国家に求むべきは求め、自ら立ち上がり、たがいに相救う道を講ずるためでありました。——かくて私たちは自らを救うとともに、私たちの体験をとおして人類の危機を救おうという決意を誓い合ったのであります」という。

無念の原爆死没者、人間関係を破壊された原爆孤児・原爆孤老、原爆障害者、放射能障害者予備軍への国家補償なくして核兵器禁止は実現できないと、多くの被爆者とともに戦いつづけた。その多くはすでに「遅れた原爆死」で亡くなった。

森瀧は九四年一月、九二歳で没した。長年の「座り込み」で得た「精神的原子の連鎖反応が物質的原子の連鎖反応にかたねばならぬ」との信念から、死の床での遺稿の中で「核廃絶の可能性は私たち生きんとする人民大衆の連帯にかかっています」と私たちにメッセージを送っている。

森瀧春子

（「被団協」07・2・6）

Ⅳ 「要求骨子」をかかげて

一九七一年～一九七六年

一九七〇年の被爆二五周年を境に、原爆被害を風化させようとする動きが目立ち始めた。七六年には戦後生まれが日本の人口の過半数になった。

七二年、沖縄が日本に返還され、また、中華人民共和国との国交が回復し、中国の国連加盟が実現した。七三年にはベトナム戦争の和平協定が調印された。こうした平和の動きの半面、この時期には米ソを先頭に核保有大国の核実験が相次いで行なわれた。

七四年米退役海軍少将のジーン・ラロックが米議会で、日本への核持込みを証言し、衝撃を与えた。七五年、原爆傷害調査委員会（ＡＢＣＣ）が、日米共同運営の「放射線影響研究所」に改組された。また、初の訪米後に記者会見を行なった昭和天皇は、原爆投下について「遺憾には思うが、戦争中のことであり、やむを得なかった」と発言し、被爆者らの怒りをかった。

六〇年代に始まった「革新の上げ潮」はなおもつづく。参議院につづき衆議院も保革伯仲の政治状況となった。京都府、東京都につづき大阪府、埼玉県、沖縄県、神奈川県、さらに六大都市で革新首長が誕生し、地方自治体の被爆者援護措置も大きく前進した。

七一年からの五年間は、原水爆禁止運動の分裂によって困難におちいっていた日本被団協が、組織体制と要求をととのえ、前進に転じた時期といえる。

日本被団協の執行体制は、七〇年の第一四回定期総会で、理事長・副理事長制から代表委員・事務局長制に改められていた。新体制の執行部は、被爆者の要求を被爆者自身が整理し、

一九七一（昭和46）年

4・24 全米でベトナム停戦五〇万人デモ

8・6 佐藤首相、広島の平和式典で「被爆者援護法は考えていない」と発言

一九七二（昭和47）年

3・7 孫振斗訴訟福岡地裁に提訴

5・15 沖縄施政権返還、本土復帰

8・8 三木副総裁「被爆者援護法は必要」発言

9・21 米ソ地下核実験

9・23 日本被団協沖縄被爆者調査団派遣

9・29 日中国交回復

10・22 日本被団協、援護法制定・原水爆禁止をめざす第一回全国活動者会議

11・7 米アムチトカ島で地下核実験

一九七三（昭和48）年

1・ 七〇歳以上の医療費無料化

1・27 ベトナム和平協定調印

4・2 「原爆被害者援護法案のための要求骨子」発表

4・3 「骨子」の支持を政府・各党に要請

4・19 桑原訴訟広島地裁判決

5・9 広島・長崎の被爆資料、米より返還

5・17 石田訴訟広島地裁に提訴

7・11 日弁連、被爆者問題調査委員会設置

8・5 共産党「被爆者等援護法案要綱」発表

政府・国会、政党に要求することを重視した。それまでも社会党、公明党、民社党によって、「原爆二法」の改正案として「原爆被爆者等援護法案」がたびたび国会に提出されたが、結果的には政府提出で現行法の一部改正が先議可決され、援護法案は廃案ということがくり返されていた。

打開のかぎは、被爆者の要求にあった。新体制の日本被団協は被爆者の要求を整理し、七三年に被爆者援護法要求を初めて「原爆被害者援護法案のための要求骨子」にまとめた。「要求骨子」は力を発揮した。日本被団協は政府・各党にたいし、「要求骨子」をもとにそれぞれ援護法案をつくるよう要請した。七三年一一月には厚生省前にテントを張って、五日間徹夜の座り込み大闘争を行なった。その結果、七四年三月、社会、共産、公明、民社の四党共同提案として国家補償の「被爆者等援護法案」が衆議院に提出された。法案は被爆者みんなの要求「要求骨子」を土台にしていた。被爆者は連日国会にかけつけ議員要請をつづけた。

結果は廃案となったが、各党の法案作成で、野党共同提案を実現させるというこの間の取り組みは、その後の被爆者運動に大きな教訓と躍進をもたらした。「原爆二法」は大きな改善をかちとった。日弁連、平和アピール七人委員会、「学者文化人の援護法を要求する声明」(朝永振一郎他)も決議や厚生大臣に要請を行なうなど、「国家補償の被爆者援護法制定」を支持する動きが始まり、地方議会では「被爆者援護法制定促進決議」が続々と行なわれた。

七五年には、原水爆禁止運動の統一をめざす懇談会(七者懇)が開かれた。分裂状態を改善するための努力はやがて大きな流れになり、七七年に開催されるNGO被爆問題国際シンポジウムにもつながっていく。

運動の発展にともない、こうした動きを一日も早く全国の被爆者に伝えることが必要になり、七六年に機関紙「被団協」が創刊された。高齢化に向かう被爆者の相談活動の重要性が高まり、日本被団協の付属機関として「原爆被爆者中央相談所」が開設された。

8・11　自民党「被爆者援護について」発表
11・6〜10　日本被団協一一月中央行動、厚生省前に五日間の座り込み
11・8　社会党「原爆被害者援護法案要綱」発表
11・8　民社党「要求骨子」支持、法案作成を約束
11・28　野党四党書記長・書記局長会談。被爆者援護法制定で共同の努力を約束する

一九七四(昭和49)年
3・29　社会、共産、公明、民社の野党四党の被爆者等援護法案衆院に提出
10・1　被爆者健康手帳一本化
10・6　米ラロック退役少将、核艦船の日本寄港証言
12・3　被爆者を励ます文化のつどい=東京
12・10　野党四党、被爆者等援護法案参議院へ提出

一九七五(昭和50)年
4・1　ABCC、放射線影響研究所に再編
6・26　原水爆禁止運動の統一をめざす懇談会第一回(七者懇)
10・1　保健手当、家族介護手当新設
10・31　昭和天皇記者会見で「原爆投下止むをえず」と発言

一九七六(昭和51)年
5・31　日本被団協機関紙「被団協」創刊
7・27　石田原爆訴訟勝訴判決
9・19　日本被団協原爆被爆者中央相談所開設
12・18　被爆問題国際シンポジウム日本準備委員会設立

1章 「原爆被害者援護法案のための要求骨子」の作成

1 被爆者の要求整理

被爆者一人ひとりの要求実現へ 一九七〇年の第一四回定期総会で、代表委員、事務局長制による新体制がスタートした。新しく選ばれた執行部がまず手がけたことは、被爆者の要求の整理だった。

日本被団協結成から一四年たっていた。組織は全都道府県に広がっていた。運動は一時の停滞を脱し、行動力を回復していた。だが、初期に日本原水協などから寄せられる資金に依存したことに見られるように、組織の主体性は短時日にととのうものではなかった。労働組合のように、構成員の多様な要求を残らずくみ上げ、統一要求にまとめて「みんなで決めて、みんなで行動する」という訓練は受けていなかった。被爆者の要求整理は、一人ひとりの被爆者の要求実現に向けた運動をすることで全国的に団結した被爆者運動を築くための第一歩といえた。

被爆者の要求は、すでに「つるパンフ」(六六年)でも一三項目にまとめられていたが、「特別措置法」が制定されて以来、新たな要求も生まれていた。

当時は、全国的な会議は年一回の定期総会だけだったので、要求の整理にあたっては、全国の都道府県被団協に文書で意見を求めた。一方、専門委員会は、原爆被害の状況、被爆者援護法要求の理論的根拠について検討していた。

さまざまな要求 第一五回定期総会決定の要求を見てみよう。[*1]

要求は盛りだくさんだった。それらの要求が次の四種類に分けてある。

▽「医療法」改正に関すること
▽「特別措置法」改正に関すること
▽国家補償に関すること
▽その他

国家補償の援護法ができれば、「医療法」「特

＊1 第一五回定期総会決定要求項目

《医療法改正に関すること》

一、被爆者に対する無料医療の実施、健康保険料掛金の本人への還付
二、すべての被爆者に特別被爆者健康手帳の交付
三、次の被爆者への被爆者健康手帳の交付
①被爆二世
②ビキニ水爆被爆者
四、健康診断の改善
①一般健康診断項目の改善
成人病発見のための項目に改める
②精密検査の改善
人間ドックの運用の拡大
③自分の選んだ病院で随時検査を
五、検査・治療のための交通費、旅費の支給、健康診断奨励金の支給
六、医療法指定医療機関の充実
七、現行認定制度の廃止
①原爆症認定被爆者に支給されている諸手当は入通院患者にも
②原爆医療審議会の運営改善
イ「明らかに原爆に起因しないと証明できる」ものを除き、被爆者に関するすべての傷病を認定すること

別措置法」など部分的法令が並ぶ法体系も変わるわけだが、ここではまだ、現行法にたいする改正要求、それに包みこめない要求、という形をとっていた。

「医療法改正に関すること」では、「被爆者に対する無料医療の実施、健康保険料掛金の本人への還付」が先頭にある。手帳については「すべての被爆者に特別被爆者健康手帳の交付」が求められた。

当時、被爆者は「特別被爆者」と「一般被爆者」に分けられ、特別被爆者は一般疾病について国から自己負担分の医療費を受けられるようになっていた（六〇年八月から）が、一般被爆者はまだ、健康診断が受けられるだけだった（両者が一本化されるのは四年後の七四年）。

原爆症認定制度については、「現行認定制度の廃止」という要求になっているのが、注目される。「原爆症認定被爆者に支給されている諸手当は入通院患者にも」という要求は、当時、認定被爆者だけに特別手当と医療手当が支給されていたからである。「沖縄の被爆者に対する格差是正」の要求もある。沖縄の被爆者には六五年一一月、「本土並みの援護施策」の実施が決定されたが、不十分だった。七二年の沖縄の祖国復帰は二年先になる。

「特別措置法改正に関すること」では、「健康管理手当の諸制限を撤廃し、全被爆者に支給すること」が真っ先にあがっている。健康管理手当は、どの病気にも六五歳以上という年齢制限および所得制限があった。

「特別措置法」で新設された諸手当にも不満は多かった。「特別手当を入通院患者すべてに支給し、生活保護の収入認定からはずすこと」、「医療手当を入通院患者すべてに支給すること」、「介護手当は親族の介護も対象にし、金額をあげること」がそれを示す。家族の介護に手当が支給されるのは七五年からだ。

「国家補償に関すること」では、「つるパンフ」に盛られた四項目が、ほぼそのまま載っている。国家補償要求については、要求項目が確定してきていた。

「その他」では、「所得税の減免措置」から「都道府県に十分な事務費給付を」に至るまで、多様な要求が並び、「在外外国人被爆者に国費治療を」にも目配りがされている。

これらの要求には、今日からみると未整理な点もある。被爆後二五年といえば、被爆者の多くは働き盛りの年齢だが、それだけに病弱や差別で働ききれないことからくる悩みは深く、要求も多様で強かった。不十分な対策が被爆者を

ロ　当然傷病が固定したものも含むこと
ハ　審議内容は本人・関係者に明示すること
ニ　却下の場合も本人・関係者に明示すること
ホ　本人・関係者の審議会傍聴を認めること
ヘ　被爆者代表を審議会委員に加えること

八、特別な治療方法の採用
温泉治療、はり・灸、マッサージなどの治療を採用すること。

九、原爆後障害症治療・研究機関の拡充
ABCCの全資料の公開

一〇、沖縄の被爆者に対する格差是正
＊沖縄の被爆者に本土並みの援護施策の実施が決定されたのは、一九六五年一一月であった。

《特別措置法の改正に関すること》

一一、健康管理手当の諸制限を撤廃し、全被爆者に支給すること

一二、特別手当を入通院者すべてに支給し、生活保護の収入認定からはずすこと。

一三、医療手当を入通院患者すべてに支給すること。

一四、介護手当は親族の介護も対象にし、金額をあげること。

一五、葬祭料を弔慰金として、過去の死没者にも支給すること。

一六、福祉施設の設置と相談事業・職業補導
①老人、小頭症被爆者などの施設の設置、充実
②相談事業・職業補導のための制度化等

《国家補償に関すること》

一七、すべての被爆者にその総合的被害を償い、再び被爆者をつくらぬ決意をこめて被爆者年金

苦しめた時代が、ここに反映していた。そして、この盛りだくさんの要求が土台となり、その後の運動を経て七三年の「要求骨子」に発展するのである。

2　要求を確定、各党に働きかけ

二六項目要求　七一年三月に開催された第六一回代表理事会は、先の要求をまとめた二六項目要求「私たちの基本要求」を確認、実現に向けて各政党へ要請活動を行なうことを決めた。

国会や政党への要請と同時に、全国で援護法署名、国民に訴える集会、自治体首長の賛同署名、地方議会での促進決議などの運動に取り組んでいった。

第一五回定期総会（九月五日、東京）は対自治体要求を決定し、自治体の被爆者援護の拡大をはかることにした。*2

自民党に被爆者問題議員懇　このころ、「超党派で要求の実現を」と各党に要請、政府与党対策も強めた。その結果、七〇年一二月、自由民主党原爆被爆者問題議員懇談会が設立された。九州の代表理事・平野英治（福岡）が同県選出の衆院議員・中村寅太に「被爆地でないところの議員がやることに意義がある」と熱心に働きかけ、議員懇は中村を中心につくられた。衆院議員九人、参院議員六人が世話人となり、衆議院七四人、参議院三一人が参加した。*3

設立の呼びかけ文には「この原爆被爆者の問題は従来イデオロギー問題とからみ、何となく自民党議員は遠ざかっていた様な傾向があります。党としては社会部会に田中正巳代議士、増岡博之代議士が小委員として努力をつづけ今日に至っております。この際積極的に自民党議員の中に懇談会をつくり、この委員会のバックとなり、今後力強く彼等の健康と生活を守っていきたいと存じます」と書かれている。この呼びかけ文は、日本被団協事務局で印刷し、東京の被爆者・沢村美知子と事務局員・伊藤直子が、衆参の自民党議員の部屋をまわって配った。

懇談会の設立によって、自民党国民生活局のスタッフが被爆者問題に理解を示すようになり、それが七四年三月行動のさい、自民党本部講堂で開かれる被爆者援護法制定要求大会の成功につながった。

佐藤首相が援護法否定発言　七一年八月、総理大臣・佐藤栄作が歴代首相として初めて広島の平和記念式典に参列した。日本被団協は佐藤に被爆者援護対策の強化を要請した。佐藤は式典後の記者会見で「被爆者援護法は考えていな

の支給
一八、原爆被爆者の遺族に、ＩＬＯ条約第一〇二号の水準で遺族年金を支給すること。
一九、原爆によって外傷または内部疾患をもち労働能力を喪失した被爆著に障害年金を終身支給すること。
二〇、低所得世帯に生活保護基準を上回る特別援護手当を支給すること。
《その他》
二一、所得税の減免措置
二二、医療に関する旅行に関しては本人及び付添い人の国鉄運賃を無料に
二三、死没著を含む原爆被爆者実態調査を行なうことと、昭和四十年調査の全貌を明らかにすること。原爆資料センターの設立
二四、援護法運用のための民主的審議会の設置
二五、都道府県に十分な事務費給付を
二六、在外外国人被爆者に国費治療を

＊2　第一五回総会で決定した対自治体要求
1医療法の完全活用とその拡大
①被爆者健康診断奨励金の獲得
②県、健診病院、被爆者の三者懇談会の定期開催
③最低、ブロック一カ所に原爆医療センターを設置
④広島・長崎に健診に行く場合の交通費支給
⑤温泉療養所で被爆者が治療する場合の補助
⑥健康診断病院、一般疾病病院の増設
⑦整骨、指圧、鍼・灸など東洋医学が活用できる措置
⑧病院収容による精密検査の実施

い」とのべ、被爆者の怒りを買った。しかし、このことから逆に、「もっと実状と要求を国民に訴えよう」という被爆者の声が広がり、援護法署名や集会、自治体首長の賛同署名、地方議会の被爆者援護法促進決議獲得運動がすすんでいった。

沖縄核ぬき返還、被爆者への特別措置求めデモ 七一年一二月六、七日には、全国からのべ一〇〇〇人が集まって援護法制定中央行動が行なわれた。集結集会、国会請願デモ、国民と被爆者の集い、街頭でのビラまき、政府・国会への要請など多彩だった。六月に調印された沖縄返還協定を審議していた国会に向け、「核ぬき返還」、沖縄被爆者への特別措置などの要求も行なった。当時の被爆者援護法要求は、「過去の被害の補償と、現在の被爆者の生活・健康の保障、国民の未来の保証」の「三つのほしょう」をかかげていたが、この日の行動はまさに、その意味を国民の前に示すものだった。

しかし、政府・自民党は、佐藤首相の「被爆者援護法は考えていない」という広島発言を受けて、被爆者援護法を拒否する態度を変えようとしなかった。

原爆二法改正で要求前進 日本被団協は予算編成時期に合わせて、政府・各党に現行法の改正を要請した。*4

運動の結果、七一年に「特別措置法」、「原爆医療法」が改正され、健康管理手当支給の年齢制限が六五歳から六〇歳に引き下げられた。七二年には広島の草津東町、草津浜町、草津本町、草津南町および安佐郡祇園町（現在の安佐南区祇園町）のうち東山本、北下安、南下安、草原が特別被爆者健康手帳交付地域になり、七三年には長崎市の特別被爆者健康手帳交付対象地域が大浦相生町、東琴平町に拡大された。

このころ、広島で争われていた桑原訴訟の影響もあって、原爆医療審議会は、原爆症の認定にあたってＡＢＣランクを設けることを厚生大臣に答申した。

Ａ１　申請者の傷病は、原子爆弾の放射能に起因する可能性を肯定できる。

２　申請者の傷病は、原子爆弾の爆風　または熱線に起因し、かつ治癒能力が放射能の影響を受けていることを肯定できる。

Ｂ１　申請者の傷病は、原子爆弾の放射能に起因する可能性を否定することはできない。

２　申請者の傷病は、原子爆弾の爆風または熱線に起因し、かつ治癒能力が放射能の影響を受けていることを否定することができない。

⑨被爆者の子供、孫に疾病が生じた場合、医療費の支給
⑩身寄りのない老人を長期収容する措置
2被爆者福祉の前進
⑪入院・自宅療養者への見舞金の支給
⑫被爆者の生活相談所・相談員の設置
⑬被爆者家庭奉仕員制度の設置
⑭困窮被爆者への特別手当・死没者への弔慰金支給
⑮地方自治体経営の交通機関の無料
⑯公営住宅への優先入居措置
⑰地方税の減免措置
⑱雇用奨励金（就職支度金）の支給
⑲被爆者組織への委託事業費・補助金等の支給
⑳被爆者対策のため自治体の継続的な医療生活調査
㉑その他、各地方組織の独自要求に対する自治体の措置

＊3　自民党議員懇談会世話人
衆議院　小沢太郎（山口）　大久保武雄（熊本）　倉成正（長崎）　白浜仁吉（長崎）　田中伊三次（京都）　谷川和穂（広島）　中村寅太（福岡）　増岡博之（広島）　栗山ひで（福島）
参議院　岡本悟（全国）　剱木亨弘（福岡）　初村滝一郎（長崎）　増原恵吉（愛媛）　山下春江（全国）　山本茂一郎（全国）

＊4　七一年当時の現行法改善要求
1　厚生省の被爆者関係予算要求の大蔵省の全面的な承認
2　特別手帳を全被爆者に—子ども、孫への手帳

C1 申請者の傷病は、原子爆弾の放射能に起因する可能性を否定できる。

2 申請者の傷病は、治癒能力が放射能の影響を受けている可能性を否定できる。

3 申請者の身体状況は、傷病状態にあることを否定できる。

というもので、認定の基準がまったく不明だった当時の状況では一歩前進といえた。七二年には、原爆医療審議会に医療部会と福祉部会が設置されている。

前にも記したように七一年からは、健康管理手当の年齢制限が毎年五歳ずつ引き下げられることになり、それ以降も健康管理手当、医療手当、葬祭料の金額が引き上げられ、所得制限も年々緩和されていった。

要求の前進は明らかだった。

こうした被爆者施策の改善は、被爆著の要求を統一して運動したことの具体的な成果であり、運動は強い確信をもったのである。

野党三党の「援護法案」を批判　七二年二月政府は原爆二法の改正案を国会に提出した。▽特別被爆者の範囲拡大▽各種手当の所得制限（税額）緩和▽各種手当の増額▽健康管理手当の支給対象の拡大を柱とする、など。

これにたいし社会党、公明党、民社党の野党三党は、その対案として、「原子爆弾被爆者に対する特別措置法及び原子爆弾被爆者に対する医療等に関する法律の一部を改正する法律案」を提出した。

三月に開かれた日本被団協第六五回代表理事会は、提案されている三野党法案について討議し、①認定制度や、一般被爆者と特別被爆者を区別する制度が残っている②全被爆者を対象とした援護法ではない③弔慰金、全被爆者への年金支給を加えること④なぜ共産党も含む野党四党案にならないのか⑤日本被団協との連絡が不十分である——として、これを各党に申し入れることを決めた。

国会では、政府の現行法改正案と野党三党の法案の両方が審議されることになった。日本被団協は、結成当初から援護法制定をかかげる一方、被爆者の日常的要求の緊急性を考慮して、当面の施策改善も政府・国会に要請していた。衆参両院での現行法改正審議の場は、要求実現にとって絶好の場であった。そのため審議を前に委員会での審議を重視し、社会労働委員会の各党委員に被爆者の要求を説明した。

認定却下への異議申立て通る　七一年五月、厚生省の原爆症認定申請却下処分にたいし、被爆者の異議申立てが通るという、当時としては

交付
3 原爆症の認定枠の拡大―認定申請運動、異議申立、訴訟運動、桑原訴訟への全面支援
4 健康管理手当を全被爆者へ
5 被爆者健康手帳一本で医療を
6 被爆者年金、遺族年金、障害年金の支給
7 援護審議会の設立
8 沖縄被爆者への格差是正措置

特記されるような事例が生まれた。
この被爆者は東京在住。広島駅で被爆し、全身前面の熱傷瘢痕《はんこん》異常（ケロイドと攣縮《れんしゅく》）に苦しみ、「熱傷瘢痕障害」で申請した。異議申立ては東友会役員の教え子の弁護士が代理人となって行なわれた。三月一五日の口頭審査には、本人、息子、主治医・千葉正子、東大名誉教授・草野信男、東友会事務局長・伊東壮、東友会組織部長・永坂昭、代理人（弁護士）の赤井文弥が出席。厚生省から公衆衛生局企画課長ら七人が出席した。

口頭審査後の四月二〇日、医療審査会が開かれ、五月二〇日、却下処分取り消しが決定した。このような形で認定却下処分が取り消され原爆症と認定されたのは、画期的なことであった。

沖縄へ調査団派遣　七二年五月一五日、沖縄が日本に復帰した。日本被団協は九月二三日から四日間、「沖縄県被爆者対策推進調査団」を派遣した。返還後の沖縄の被爆者対策の向上、沖縄の被爆者との交流を目的とした。調査団は、事務局長・伊東壮を団長に、長崎の代表理事・葉山利行、東京の長尾当代、神奈川の尾島良平、愛知の木戸大、事務局の伊藤直子であった。

調査団は、沖縄県被爆者協議会の総会に出席して、認定指定医療機関の問題、「原爆医療法」、「特別措置法」の完全実施に向けた取り組みなどで意見交換をした。沖縄県当局とも交渉し、帰京後には厚生省との交渉も行なった。

沖縄に住む被爆者には、「原爆医療法」制定から八年後の六五年にようやく法律が「準用」された。しかし、本土との格差は大きく、是正が課題となっていた。

代表団は、沖縄県被爆協理事長・金城秀一の案内で、南部戦跡などを見学して、沖縄戦への憤りを新たにした。

財政の確立をめざして　日本被団協の財政は当時もひっ迫しており、財政確立が迫られていた。そこで七一年に芹沢銈介（染色工芸家・人間国宝）の民芸カレンダーを製作、発売することになった。

七一年度活動報告は、当時の状況を次のようにのべている。「中央財政はここ数年間ひっ迫が継続してきました。その最大の原因は寄付金の減少にあります。又、会費と分担金の納入の遅れも一つの原因であります。その収入の減少は、主として活動費・人件費の削減を以って補ってきました。いわば、執行部と事務局にしわよせてきたのであります。だが、日本被団協

沖縄被爆協第 9 回定期総会（1972.9.23）

沖縄被爆者調査団メンバーと沖縄の代表

の本当の意味での自律的組織としての独自の課題と運動をすすめるためには、何よりも独自の財政を確立することが先決であります。そのためには会費・分担金を各都道府県がちゃんと完納することと、日本被団協の財政事業を活発化することであります。このような観点にたって本年久しぶりに民芸カレンダーを発売し、独自の事業活動を開始しました。五〇〇〇部のカレンダーはすべて売却され、大きな成功をおさめました」。

第一回全国活動者会議 当時、全国会議は総会だけで、活動の経験交流や学習が十分にできなかった。これを克服するため七二年一〇月二二日、第一回全国活動者会議を東京・市谷の日傷会館で開いた。

「被爆者援護法」と「原水爆禁止運動と被爆者」について学習・討議が行なわれた。ここで初めて被爆者援護法要求の予算額が試算として示された。

またこの会議でベトナム民主共和国ハノイ市長からのアピールにこたえ、「ベトナムにおけるアメリカの大量無差別爆撃、ナパーム弾等の残虐兵器による非人道殺戮行為を告発糾弾し、ベトナム人民支援を強める決議」を全員一致で採択した。この決議は直後にベトナムを訪れた作家・山口勇子（広島被爆・東京在住）に託された。訪問にあたり医療機材を贈るカンパを全国に訴えると、一週間で二五万円が集まり、ベトナムから感謝された。

原水爆禁止運動の分裂によって、沖縄返還やベトナム戦争などの政治・社会問題を避けていた被爆者運動が、ようやく戦争反対と犠牲者への援護を、自分にかかわる問題として取り上げ始めていた。

なお、「全国活動者会議」は、新潟県被団協会長だった千田数雄の「被爆者に活動家なんかいない。労働組合のようで被団協にふさわしくない」という発言でその後「研究集会」と名前を変えたが、八〇年から「全国都道府県代表者会議」となり、今日にいたっている。

3 「要求骨子」の作成

「被爆者の手で援護法案を」 この間の運動の発展からえた確信を力に、日本被団協はさらに一歩をすすめる。「被爆者の手で援護法案をつくる」ことを決定し、各県の討議、専門委員会での検討に入った。

七二年八月の援護法制定国会請願行動のさい、日本被団協代表（代表委員・行宗一、事務

長崎での原水爆禁止世界大会で募金活動をする被爆者（1981.8）

局長・伊東壮、代表理事・田川時彦ら）に面会した自民党副総裁・三木武夫は、「被爆者援護法は必要」と答え、「政府立法というとどうしても限界がでてくるので議員自身が勉強して、議員立法でやったほうがよい」と発言した。自民党内でも「国家補償」に反対しながら、新たな援護施策を打ち出すべきだとの動きもあった。いよいよ援護法の法案づくりが急がれる状況となっていた。

七三年三月三日に開かれた第七四回代表理事会に、伊東から「原爆被害者援護法の骨子とその問題点」が提案され、熱心に議論された。討議を受けて、代表委員、事務局長、事務局次長、財政、組織、情宣の各部長からなる要求骨子小委員会が設置された。*5

小委員会は三月一二日、東京・新橋の平和と労働会館隣にあったプレハブの若葉寮で開かれた。午後六時半から徹夜で討議がつづき、明け方ようやくまとまった。「原爆被害者援護法案のための要求骨子」の誕生である。

「要求骨子」の内容　当初、「被爆者自身で援護法案をつくろう」という意気込みで始まったが、法案をつくるのは本来、政府・国会の仕事だった。「原爆被害者援護法案のための要求骨子」は、法案に盛り込まなければならない被爆者の要求として、体系的にまとめられた。

「要求骨子」は、援護法の法律前文（目的）に明記すべき「立法の趣旨」から始まる。原爆被害の特質、アメリカの責任、そして日本政府の責任（戦争開始と遂行、賠償請求権放棄、被爆者放置など）を指摘して、「核兵器のない平和な世界建設への国家責任と被害者への補償責任」を果たすことが援護法の目的とされている。これは、これまでの運動や「つるパンフ」などで探求してきた援護法の理論的根拠でもあった。

法律の条文となるべき「要求項目」は、医療等の給付、健康管理、被爆者年金、遺族年金、障害年金、療養手当、生活手当、介護手当、弔慰金、葬祭料、被爆者相談事業の拡充、原爆医療の治療研究機関の設置・充実、国鉄運賃、被爆者援護審議会および同援護審査会などにわたって、被爆者の多様な要求を広く包括し、国の被爆者対策に求められる施策を全面的に示していた。

「要求骨子」は、六六年の「つるパンフ」、七〇年に被爆者の要求を整理した「一二六項目要求」を発展、進化させた。被爆者の要求のうえに、結成から今日までの運動と理論的な探求の積み重ねを注ぎこんだこの集団的労作は、大きな力

＊5　「要求骨子」小委員会の委員
檜垣益人、小佐々八郎、行宗一（以上代表委員）、伊東壮（事務局長）、井上与志男（財政部長）、斉藤義雄（組織部長）、田川時彦（情宣部長）、米内達成（事務局次長）

を発揮する。この後、被爆者運動の旗印となり、国民や政治のなかに支持と共感を呼びおこし、被爆者をつつむ国民的運動は、被団協史のなかでも特筆されるべき大闘争になるのである。

「要求骨子」かかげ四月行動　日本被団協代表理事会は、七三年四月から七四年一月までを「第一次行動」、七四年二月から六月を「第二次行動」と設定していた。

行動は、「被爆三〇周年までに援護法制定を」という目標のもと、一〇〇万人署名運動、地方自治体の促進決議を基礎に、国民・諸民主団体と連携し、政府・自民党と野党に「要求骨子」支持と被爆者援護法の立法化を要請する一連の計画であった。さっそく、七三年四月二日、三日、「要求骨子」をかかげた最初の中央行動が行なわれた。

四月行動初日の二日、記者会見で「原爆被害者援護法案のための要求骨子」を発表した。午後五時から東京・全電通会館で開かれた「被爆者援護法制定要求集会」には、二三都道府県一四二人が集まり、「被爆三〇周年には援護法をぜひ」の決意あふれる集会となった。初めて自民党から増岡博之（党政調会社会部会原爆被爆者問題小委員会委員長）が出席し、あいさつした。

各党案作成を要請　四月三日には内閣官房長官、厚生省、総理府、与野党各党にたいして、「要求骨子」の支持と、政府・政党としての援護法案作成を要請した。

四月中央行動をスタートに継続的な各党陳情をつづけた結果、八月一日、自民党原爆被爆者問題小委員会委員長・初村滝一郎は、機関紙「自由新報」に「被爆者援護について」を発表。五日には日本共産党が「原子爆弾被爆者等援護法案（要綱）」を発表した。

たしかな手応えを感じた運動は、九月の第七九回代表理事会で、第一次行動の山場として、一一月に中央大行動を行なうことを決定した。行動成功に向けて一〇月六日と七日、東京・四谷の祥平館で「第二回被爆者援護法制定を迫る全国活動者会議」が開かれ、二四都道府県七〇人が参加した。援護法制定、自治体要求、相談、広報、組織、財政について熱心な討議・経験交流をし、アピール「一一月行動を成功させましょう」を発表、大行動に向け意思統一が行なわれた。

2章　テントで徹夜の五日間——一一月大行動

1　歴史に残る大闘争

北から南から三〇〇〇人　被爆者運動の歴史に残る七三年の一一月中央大行動は、北海道から沖縄まで、被爆者と支援者のべ三〇〇〇人が参加して、五日間にわたって行なわれた。

この行動では、厚生省前にテントを張って徹夜で座り込むことが早くから検討されていた。長崎被災協事務局長・葉山利行と東北ブロック代表理事・斉藤義雄が責任者で、このため二人はたびたび上京して準備していた。

事務局次長・井上与志男と葉山は、厚生省座り込みの「先輩」全日自労（全日本自由労働組合、現在の建交労）に経験を聞きに行った。全日自労も徹夜の経験はなく、「徹夜でテントを張っての座りこみはむずかしい」といわれ、二人はあきらめようと思った。しかし、斉藤は「やる」と主張を変えなかった。現場を確かめ、テントの設置は厚生省の中庭とすることにした。

事務局は何もかも初めてのことばかり。宿舎をいったい何人分予約をすればよいか、のべ三〇〇〇人といっても実際何人くるのか。上京した代表の宿がないと困るし、テントや布団はどこに頼めばよいのか……。とまどうことばかりであった。

行動前々日の一一月四日は日曜日。日本被団協の事務所には、斉藤、葉山と事務局員・伊藤直子、アルバイトの渋谷和代の四人が出勤。「座り込みに関する実施要領」をつくり、葉山は横断幕を書く。「実施要領」によると、座り込みの目的は、被爆後二八年にわたる政府の被爆者放置に抗議し、「被爆者援護法」制定の確約を迫る。A班一〇〇人、B班五〇人、C班八人で二四時間態勢を決めている。夜間座り込む者は医師の診断を受け許可を得ること、厚生省側と接するさいは、「暴言を吐かずに目的を明確に示し、動揺しないよう毅然と行動すること」など、きめこまかい。準備を終えた四人は、新橋

厚生省前の座り込み（1973.11）　撮影・森下一徹

厚生省前の座り込み（1973.11）　撮影・森下一徹

の焼肉屋で乾杯し英気を養った。

　五日、斉藤と葉山は、厚生省の公衆衛生局と会計課に、あすからの行動についてあいさつに行く。夕方六時からは、芝の大門旅館で拡大代表理事会が開かれる。行動に向けての経過報告、行動中の役員体制などを決めた。


中央大行動始まる　七三年一一月六日、午後一時。全国からの代表がぞくぞくと東京・水道橋の労音会館の総決起集会に集まった。実施要領、日程表を配り、座り込み隊一〇〇人を編成して、各人へ下に敷く新聞紙、ハチマキが渡された。集会は決議文*6を採択して終わり、バスで清水谷公園に移動した。

　デモが出発するころ、小雨が降りだした。全国の被爆者代表、支援団体など一〇〇〇人のデモ隊は、先頭に事務局次長・井上、代表理事・酒城繁雄。つづいて代表委員、事務局長、少し離れて葉山と斉藤が並び、その後に横断幕をかかげた厚生省交渉団と座り込み隊、また間隔をおいてデモ本隊、という編成だった。

　永田町から国会前へとデモ隊がすすむ。国会議員面会所には、自民党被爆者対策小委員会委員長・初村滝一郎、社会、共産、公明、民社の議員たちが待機していて、行進を激励した。ここで、〝被爆三〇周年までに援護法制定を〟めざした一〇〇万人署名運動三二万人分の国会請願署名を提出した。

　厚生省前では、「援護法を制定せよ」のシュプレヒコールがつづくなか、交渉団が厚生省に入り、一〇〇人部隊は本隊から離れ、厚生省正面玄関のコンクリートに新聞紙を敷く。座り込みが始まった。

　デモ終結点の日比谷公園霞門から本隊が引き返し、交渉団を支援して玄関前を埋めつくす。午後四時、テントを積んだ車がくる。役員のなかにも緊張が走る。

　このころ、霞が関一帯、池袋、新宿、渋谷、数寄屋橋では、のべ五〇〇人がビラまきをしていた。被爆者といっしょに上京した各県の原水協の代表、東京原水協の人びとも参加し、この日ビラ六万枚を配った。

霞が関に〝テント村〟出現　午後五時ごろ、交渉団が第一次交渉から戻り、交渉団団長・小佐々八郎から「誠意ある回答がなかった」と報告があった。被爆者は「被爆後二八年も放っておいてなんだ。援護法のめどがつくまでがんばろう」と行動をつづけた。
　午後八時ごろには、地方代表は旅館に戻り、座り込み本隊が残る。公衆衛生局企画課長・今泉昭雄、課長補佐・西尾充、庁舎管理担当の会

＊6　一一月行動総決起集会決議
　われわれは戦後二八年間苦しみ続けて来た全国三四万人の被爆者の代表として、そしてまた、ほのおの海の中に死んで行った広島・長崎の人々の代表として、本日ここに結集した。
　被爆者は要求する
　政府は、われわれの身体上、経済上の困難と精神的苦痛およびその平和への貢献に対し、国家補償の被爆者援護法を制定せよ。
　核兵器完全禁止、当面直ちに国際的な核兵器使用禁止協定を結ぶよう努力せよ。
　被爆者は各政党に要求する
　われわれの要求を支持し、それに基礎を置くそれぞれの援護法案を作成することを。すべての政党が一致して援護法の制定を目指すことを。更に核兵器完全禁止の統一した運動を推し進めることを。
　被爆者は国民に訴える
　被爆者が放置されている限り日本は平和国家ではない。この意味でわれわれの援護法制定要求は平和を指向するものである。われわれは自らの体験により、核の基礎の上に世界平和を打ち立てることが不可能であることを痛感しているが故にそれに反対する。（中略）
　われわれは最大の力でこの行動を遂行する決意を持っている。被爆者援護法制定のために　平和のために。（七三・一一・六）

計課長や守衛が再三再四、退去を要求してくる。「要求を認めるまでつづけます。中庭にテントを張らせてほしい。これ以上、体の弱い被爆者を寒空にさらしつづけるのは非人道行為だ」と要求した。厚生省は「中庭は工事中だからだめだ。テントの設営は絶対にやらせない。強行したら警官の導入もやむをえない」とかたくなな態度。最後には「退散してください」と懇願に変わった。

夜が更けるにつれ、しんしんと冷えるコンクリートの上で、布団を体に巻いた全国の代表は、やりとりを見守っていた。

午後一〇時四〇分、「中庭に張らせないなら、やむをえない、正面玄関に張ろう」。斉藤の指示である。守衛がとめようとするが、被爆者と支援者が取リ囲むなか、あっという間にテントは張られた。

被爆者運動史上、画期的な瞬間であった。その後もテントを撤去するよう執拗に求められたが、テントは五日間張りつづけた。〝テント村〟は政府・国会要請、次々訪れる支援者応対の拠点として、一一月行動で心臓部の役割を果たしたのであった。

「一一月行動速報」№1は、座り込み参加者の声を次のように伝えている。

「私は認定患者だが、現行法では最高の措置を受けても月一万八〇〇〇円しか支給されない。原爆症の治療をしながら自分や家族の暮らしがどんなにすればできるというのか。病弱の身体でもあふれる怒りと決意で徹夜の座り込みに参加する」（岩手代表・斉藤義雄）

「ダルマは面壁九年。私は援護法ができるまでここを立たない」（神奈川代表・尾島良平）

「今五〇代の私にできることは、全国三〇万人余の被爆者の身代わりになって、せめて座り込みぐらいはしなければと思う一心で参加した。知恵あるものは知恵を、力あるものは力を、自分の持ち味で参加した」（東京代表・沢村美知子）

大江健三郎、松本清張も　代表理事・杉山秀夫を責任者とする支援要請班は、二日目から都内の各団体に要請団を送り、テント激励を要請した。支援・激励は日に日に大きくなり、五日間で二二八団体・個人からの支援カンパが六九万四七四二円、果物、白米、おでん、豚汁、カイロ、みそ汁、おにぎり、ようかん、今川焼などがつぎつぎとテントに届けられた。

行動四日目、作家・大江健三郎が『世界』編集長・安江良介とテントを訪れ、被爆者を激励した。

「中高年の被爆者のみなさんが座り込みをされているのをみて胸がふさがる思いがします。二八年間なおざりにされてきたみなさんが自ら行動に立ち上がられたことに頭が下がる思いです。公害闘争にもみられるように人間の生命を守る運動が広範な人々を巻き込んだ運動になってきていますが、援護法を求めるみなさんの運動は、平和を守り人間の生命を守る闘いとしてより重い意味があります。これまでみなさんの運動を支える力となりえなかったことを省みるとともに、健康に留意されて、健闘されることを祈ります」。大江は募金も寄せた。

作家・松本清張は、メッセージを寄せた。

「私は文筆活動をするときの基本的な考え方の一つとして、政治のからくりを見破ることを主眼としています。三原山に墜落した日航機事件を取材して『風の息』という小説を書きましたが、この事件にもアメリカの方から吹き寄せる悪魔のようないやなモノを感じていますが、原爆に関しても、日本人を皆殺しにし、その上、全世界の人々を原爆の力で屈服させようとしていたことは明白な事実であります。ところが皆さんはアメリカ政府からも、日本政府からも、ひとことも謝罪や根本的対策を受けておられません。このような意識的に作られている矛盾が許されてよいのでしょうか。心から皆さんの幸せを国民とともに願わずにはおられません」。

東京都知事・美濃部亮吉、京都府知事・蜷川虎三、大阪府知事・黒田了一ほかの自治体首長、俳優・山本学など、各界・各分野からつぎつぎと激励メッセージが寄せられた。

すすむ政府・政党要請　テントを拠点に政党との懇談・要請がつづけられた。

自民党被爆者対策小委員会と全国の被爆者代表五十数人の懇談が行なわれた。

社会党は日本被団協の「要求骨子」を支持し、従来の案を改め国家補償にもとづく「被爆者援護法案要綱」を発表した。

民社党は「被団協の要求を支持し、被爆者援護法案を作成する」ことを確約し、一一月一七日に「原子爆弾被爆者援護法案について」を発表した。

公明党も「要求骨子」支持を表明し、翌年一月に「原子爆弾被爆者の援護立法政策要綱」を発表した。

すでに八月に「要求骨子」支持を表明していた共産党は、「被爆者問題を重視し、核戦争阻止、核兵器全面禁止の課題とともに力を注ぐ」と表明した。

行動二日目には、日本被団協代表が自民党総

自民党総裁田中角栄の自宅を出る代表（1973.11）

裁・田中角栄と東京・目白の私邸で面会した。田中は「私も広島で友人を失った。考えてみましょう」と語った。

このほか、自民党総務会長・鈴木善幸、官房長官・二階堂進、大蔵大臣・愛知揆一などへの要請がつぎつぎと実現する。

厚生省は、「座り込みを解かなければ大臣には会わせられない」といいつづけたが、公衆衛生局長、事務次官との交渉を経て、四日目ついに厚生大臣・斎藤邦吉との面会が実現した。大臣は「私は援護法と社会保障の中間の道はないか、一生懸命検討している。医療だけでなく生活保障問題まで対策を広げ、社会局等関係部局をふくめて検討をすすめ、日本被団協との窓口を公衆衛生局とする」とのべた。

大雨の中、涙でテント撤去　行動の最終日は大雨であった。昼ごろからテント前で総括集会。土砂降りの豪雨のなかだった。

集会は「テントはまさに被爆者と国民との交流の接点となり、被団協の団結に寄与しました。五日間の座り込みは主体的にも客観的にも私たちの運動の前進に展望を開きました。この前進を私たちの団結と熱意でもって進むとき、援護法を手にすることができるでしょう。私たちはその決意をもっています」という「決意表明」を行なった。

五日間徹夜でテントを守った東友会の沢村美知子、神奈川の尾島良平、北海道の酒城繁雄の目は涙で濡れていた。最後に「原爆を許すまじ」を歌うころ、雨はいっそう激しさを増したが、正午にはテントはきれいに撤収された。その後も日本被団協は正面玄関にテントをはって座り込みをするが、これ以後も含め、他団体には例がない行動である。

テントの撤収を終えた代表は、新宿区の明治公園に急いだ。雨はようやく小降りになりはじめ、明治公園から総括集会が開かれる渋谷まで、デモ行進が行なわれた。

涙、涙の総括集会　一一月大行動総括集会（山手教会）は涙、涙の集会となる。

事務局長・伊東壮は総括報告を始めたとたん、感極まって声を詰まらせ、報告にならない。次の斉藤義雄は淡々と座り込みの報告をしたが、支援要請の報告をした杉山秀夫は、壇上に立つか立たないうちに号泣してしまった。すすり泣きが広がった。五日間たたかい抜いた被爆者と支援者はみな疲労の極にあったが、全員一体となった感動が会場を包んだ。

集会で採択された「決意表明」はこういっている。「二年前佐藤総理が『援護法はつくらぬ』

と言明したことから考えれば大きな進展があった。温かい国民的支援の中で、このような大規模な行動を成しとげたことは、極めて貴重な経験であり、今後の運動への力強い確信を抱かせてくれた。明日から直ちに確信を持って各地方で活動を展開します。私たちの前には輝かしい展望が開けているでしょう」*7。

マスコミも連日、被爆者の行動を報道し、原水協や原水禁もそれぞれ集会を開いて行動への連帯を表明した。

「アノラックを今も保管」 斉藤義雄とともに座り込み責任者を務め、そのころ長崎被災協事務局長だった葉山利行は当時をこう振り返ったことがある。

「被爆六〇周年を目前にした今、私は国家補償にもとづく援護法制定運動に参加して四三年の歳月を経た。私の歴史として残るのは七三年の一一月行動である。官憲によるテント撤去命令にも動ぜず、氷雨の中で五日間昼夜をかけての大行動であった。以降の運動の発展は、あの行動での死力をつくしての闘争が決め手になっていると思っている。あの行動に座り込み責任者として参加できたことは、私の被爆者運動の中での大きな誇りである。あの行動で、テントで使用したランプとアノラックは、私の〝遺品〟として、今も大切に保管している」。

当時は、ほとんどの役員が仕事をもちながら、被爆者運動をしていた。五日間の行動のためには休暇をとったり、昼は仕事をし、夜は旅館やテントに駆けつけたりして、行動成功にがんばったのであった。

2 野党四党案作成へ

野党書記長が共同案作成に合意 一一月行動の余韻が残る一一月二七日朝、社会党衆院議員・中村重光（長崎選出）の秘書から日本被団協の事務所に電話があった。「あす社会、共産、公明、民社の野党四党書記長・書記局長会談が行なわれることになっている。援護法の共同提案をするよう要請したらどうか」というのである。急いで要請書をつくり、国会対策担当理事・清水正勝と事務局員・伊藤直子の二人は国会議員会館の野党書記長・書記局長の部屋をまわって要請した。

翌二八日午後の会談に出席したのは、社会党書記長・石橋政嗣、共産党書記局長・不破哲三、公明党書記長・矢野絢也、民社党書記長・塚本三郎である。四党は、通常国会では国民生活防衛のため院内共闘を行なうことを確認した

＊7 一一月行動総括集会「決意表明」から

私どもは五日間の「被爆者援護法制定要求大行動」をやりとげ、全国三四万人の被爆者の期待に答えることができました。政府に対しては、首相・官房長官・大蔵大臣から援護法制定を検討するとの意思表明が行われました。他方各党との懇談会では私どもが要求して来た「援護法案骨子」を土台に話がすすみ、自民党では五十年までに援護法を制定するつもりであることが表明され、八日、社会党は援護法案を発表しました。（中略）そして野党四党による共同提案についても確認されたのであります。また、私たちは今度の行動の中で新しい行動形態をとることができました。それは五日間という行動期間を設け、請願・陳情・デモ・集会・支援要請・ビラまき・すわりこみ等多面的な行動をとったことであります。殊にすわりこみは一方に政府および政党との交渉への土台をつくるとともに、他方では報道を通じて広く国民に訴え、多くの友好団体からの支援に輪を広げ、この行動の中で被爆者の心の支えとなりました。そしてまた私たちの行動が国民への平和の訴えとなり、ひいては原水禁運動の一日も早い統一へと貢献したことも否めません。（中略）私たちは平和団体はじめ国民の皆さんの暖かい支援に心から感謝し、被爆者援護法制定、核兵器完全廃絶、そして原水禁運動の統一のためにがんばりぬく決意を表明します。（七三・一一・一〇）

が、そのなかで被爆者援護法制定問題については野党四党共同案を作成し、国会に提案することで合意した。

しかし、合意のあと、野党四党の話し合いはいっこうに行なわれなかった。日本被団協は一二月一七日、野党各党案の一本化を早急に行ない国会提出するよう各党に要請した。

「ニュース資料編」創刊　当時、日本被団協の情報宣伝手段は、加盟被団協への「連絡」だけだった。七三年いらい「要求骨子」や各党の被爆者政策、援護法案など重要文書が発表されるようになり、行動も大規模な全国化がはかられるようになっていた。そこで、日本被団協情宣部は「被団協ニュース」と「ニュース資料編」を発行することにした。

「被団協ニュース」「ニュース資料編」ともに第一号は七三年一〇月三日に発行された。「ニュース」は一一月中央行動の日程が決まったことを伝えている。「資料編」は「被爆者の要求と各党の政策（一）」となっている。「ニュース」は七六年五月の機関紙「被団協」の創刊後もしばらく発行されていたが、七九年一月の14号で終わった。「資料編」は、野党四党援護法案や国会議事録、自治体の被爆者援護状況、「原子力発電を考える」「核兵器開発の現状―くずれさる核抑止論―」などを発行、一九八〇年の「原爆被害者援護法のための要求骨子（決定版）」（18号）までつづいた。

総評被爆連の発足と日本被団協の見解　被爆者援護法制定運動がかつてなく盛り上がるなかで、七三年一二月五日、総評被爆者協議会連絡会議が発足した。総評傘下ですでに職域ごとに被爆者の会があった国労、動労、全電通、全逓、日教組の五労組内組織と、準備をすすめていた自治労、全専売、全水道、ＡＢＣＣ労組、あわせて九労組によるものであった。「総評が中心になって野党四党の援護法案共同法案を積極的に働きかける」ことなどを決めた。議長には日教組出身で社会党衆院議員の大原亨（広島一区）が選ばれた。

一二月一七日の中国新聞のコラム「表流伏流」は次のように書いた。「『労組のパイプを、日本被団協に突っ込み、労組員の意見も十分に反映する必要があり、時期が来ればその方法を考える』（総評代表）と、日本被団協に対する総評側の不満をのぞかせている。下手をすれば援護法制定運動を、地域別の日本被団協と職域別の〝総評被団協〟の二頭立て馬車で、ちぐはぐな方向に引くことにもなりかねない」。

日本被団協はもともと都道府県地域に住む被

爆者組織の協議体であり、各県の被団協には総評の組合員もいる。この総評被爆連にたいし日本被団協は、「総評被爆連は、それぞれの職域の中で被爆者の権利を守るためにがんばってほしい」という見解をとった。

3 被爆者裁判と平和教育

被爆者の裁判 六三年の「原爆裁判」東京地裁判決のあと、被爆者をめぐる裁判はしばらくなかった。六七年までは八〇％あった原爆症の認定率が、六八年原爆特別措置法が制定されて以降六〇％に下がるようになったこともあり、原爆症認定をめぐって裁判が提訴されるようになった。

一九六九年三月に広島の被爆者・桑原忠男が原爆症認定申請を却下され「厚生省の認定はきびしすぎる」と訴えた裁判で、広島地裁は七三年四月、「疾病と被爆の因果関係はない」との判決を出した。桑原は控訴したが、七九年の高裁も同様の判決で、桑原は上告を断念した。日本被団協は、桑原訴訟特別委員会（委員長・小佐々八郎）を設置して、全国からの要請・傍聴活動を行なった。七二年一一月、東京地裁で行なわれた証人尋問では、事務局長・伊東壮が被爆者のおかれた状況と政府の被爆者対策の不十分さを証言した。

七六年七月には、広島地裁で「石田訴訟」が勝訴する。広島で被爆した石田明は、原爆白内障のため原爆症の認定申請をしたが、厚生省は「水晶体摘出の手術をした時点で認定する」と却下。国は原爆白内障であることは認めたが、認定要件の一つ「医療を要する状態にある」かどうかをめぐって、白内障の治療は手術だけとする国と、点眼薬治療も有効とする石田の主張が争われた。判決は石田の主張を全面的に認め、勝訴が確定した。これ以降、原爆白内障の被爆者は手術をしなくても原爆症と認定されるようになった。いわゆる「要医療性」が問われた裁判である。

「孫振斗裁判」の福岡地裁判決は、七四年三月に出た。これは被爆者健康手帳をめぐる裁判で、福岡県知事が手帳申請を却下したことにたいし、在韓被爆者の孫振斗が七二年に提訴した。当時は、日本に居住していれば外国人でも手帳が交付されたが、外国に居住する被爆者には交付の道はなかった。孫は健康不安から日本での検査・治療を希望して、韓国から密入国して手帳を申請した。この裁判は地裁、福岡高裁（七五年七月）ともに孫は勝訴したが、国は上

全面勝訴した石田訴訟（1976.7.27広島地裁前）
提供・中国新聞社

告。七八年三月三〇日に最高裁が国の上告を棄却し、孫の勝訴が確定することになる。[*8]

国は、孫裁判高裁判決の後、広島市長の照会に、「適法に入国している外国人被爆者にたいする被爆者健康手帳の交付は、入国目的を問わず、一カ月以上滞在するものは居住関係がある」と回答。在外被爆者に原爆医療法適用の道が開かれるきっかけになった。

生活保護収入認定　六八年にできた「特別措置法」によって、原爆症と認定された被爆者に一万円の特別手当が支給されることになった。しかし生活保護受給者は収入認定されて、五〇〇〇円（放射線加算）しか支給されなかった。広島県被団協（理事長・田辺勝）から、生保を受給している被爆者の生活実態を調べ、国に特別手当の完全支給を要請するよう日本被団協に申入れがあった。日本被団協はこれにこたえ、七六年一月厚生省に申し入れた。この申入書には、広島、長崎と東京の生活保護を受給している該当者四五人中四四人が署名した。

「ひばくせいじん」事件　被爆二五年の七〇年一〇月、小学館発行の小学生向け雑誌に、「かいじゅうせっけんカード」の一枚として、原爆で被爆してケロイドのある「スペル星人（ひばくせいじん）」が掲載された。日本被団協は小学館に抗議、小学館は一二月、「十分に反省する」と回答した。「原爆投下後の歳月が原爆被害を風化させているのでは」との思いを強くさせる事件だった。

被爆教師の会結成　こうした風潮が広がろうとするなか、七一年一〇月「原爆被爆教師の会全国連絡会」（代表・石田明）が結成された。その年の日本被団協の一二月行動では、被爆教師の会とともに文部省に平和教育について要請を行なった。

七二年に結成された東京原爆被爆教師の会では、原爆後遺症に悩む教師が被爆者健康診断を受ける権利を保証するため、健診を受ける日を職務免除の扱いとするよう、東京都に要請するなど、被爆教師の生活と権利を守る運動も行なった。被爆教師の組織はその後、全国被爆教職員の会に発展、組織強化がはかられ、平和教育の教材づくり、証言（語り部）活動などを広げていった。

七三年五月、アメリカが本国に持ち帰っていた広島・長崎の被爆資料が、二八年ぶりに日本に返還された。六月、「ヒロシマ・ナガサキ米国返還資料」展が広島で開催され、新たな平和教材として活用されるようになっていった。

＊8　孫訴訟最高裁判決
最高裁判決は原爆被害について「遡れば戦争という国の行為によってもたらされたもの」とのべ、法には「国家補償的配慮が根底にある」と指摘した。

教師と子どもの碑 1971.8.4建立
(広島市平和記念公園)

3章　「要求骨子」基礎の野党四党援護法案国会提出

1　野党案、衆院に提出

野党四党協議始まる　前述のように、一九七三年一一月、野党四党―社会、共産、公明、民社は共同で被爆者援護法案をつくることで合意した。一一月中央大行動で、要求実現への確かな手応えをつかんだ日本被団協は、一二月一六日に開催した第八二回代表理事会で、七四年二月から六月までを第二次行動期間と設定し、中央・地方で次のことを重視することを決定していた。

1　中央＝野党四党の動きなどの情勢をみて、三月ころ中央行動を行なう。文化人、団体などの「要求骨子」支持署名を拡大する。政府・政党の動きに応じた体制をとる。参議院選挙に合わせた行動も考える。

地方＝一〇〇万人の国会請願署名の取組みを推進強化する。地方議会の決議、首長の賛同署名は、知事、県庁所在地の市長中心に、この期間中に過半数をやりきる。参議院選挙に向け、公開質問状など各地で独自の行動を計画する。

2　与党への働きかけを強化する。

3　野党案の援護法案要綱の一本化を強力に働きかける。必要なツメは、関東ブロックを中心に計画し、四野党本部に「各党案を早急に一本化して、援護法実現のため努力して下さい」の要請はがきを全国の被爆者から送る。

4　政府・厚生省に対する働きかけを引き続き強力に行なう。

明けて七四年一月二三日、野党四党の協議が始まった。その後、衆議院法制局課長らとともに日本被団協代表も参加して、四党の政策担当者と法案作成のための協議がつづけられた。

被団協と野党四党共同で法案作成　野党四党、法制局との法案審議作成会議には、日本被団協から代表委員・行宗一、事務局長・伊東壮、代表理事・斉藤義雄が参加した。

　斉藤はその著作でこうのべている。

「法制局の課長が出席し、法制上の意見を聴取しながらの作業だった。法案は一条ごとに被団協の要求をふまえ、各党ごとの意見も出しながら時間をかけて検討した。難問にぶつかったときは、被爆者の利益を擁護し、日本被団協の考えを優先する立場での率直かつ友好的な協議であった。私たちは法制上の問題など学ぶことが多かったし、多年の念願であった援護法を各党と共同で作り上げた喜びと感激は大きかった。まるで日本被団協が被爆者問題では政党なみの存在になったような錯覚にとらわれそうだった。これは、一一月行動を頂点とした、被爆者の長年の苦しみとねばり強いたたかいを反映したもので、今後ますます被爆者の要求とたたかいに責任をもち、ふたたび被爆者をつくらないために、核兵器廃絶のため生き証人として貢献しなくてはならないという思いがつきあげてきた」（『私の被爆者運動』新日本出版社）。


野党四党案を提出　七四年三月には、日本被団協は三日間にわたって三月中央行動を行なった。一三日には野党四党合同の懇談会が開かれた。衆院第二議員会館会議室は立錐の余地がない状態で、全国から集まった被爆者は床に新聞紙を敷いて座った。社会党・大原亨、共産党・津金佑近、公明党・大橋敏雄、民社党・小宮武喜から、野党法案の説明を受けた。

　法案は前日に日本被団協に渡されており、すでに前夜、伊東壮、専門委員・岩佐幹三、代表理事の斉藤義雄、井上与志男らが検討していた。野党の説明を受けた日本被団協は、「四党の努力に感謝する」とのべるとともに、一二項目の率直な要望書を出した。

　その後、日本被団協の意見も検討のうえ修正され、いよいよ三月二九日、「要求骨子」の理念に立った「原子爆弾被爆者等援護法案」が衆議院に提出された。

　日本被団協は同日声明を発表した。声明は、野党四党の努力に感謝するとともに、引きつづく奮闘に期待を表明。与党自民党が「要求骨子」を支持し、被爆後三〇年間待ちつづける被爆者の切望に応えることを要望した。

2　野党案「棚上げ」に

自民党本部で大会　三月行動二日目の一四日、自民党本部講堂で「被爆者援護法制定要求大会」が行なわれた。これには、二十数人の自民党国会議員が参加した。この大会は、日本被

援護法制定要請大会・自民党本部講堂（1974.3.14）
提供・中国新聞社

団協と自民党原爆被爆者問題議員懇談会世話人の連名で案内状を出したもので、会場は被爆者や支援者で満員となり、壇上には自民党の国会議員がずらりと並んだ。こんなことは後にも先にも例がない。

この大会以来「要求骨子」に支持を表明したり、自民党議員懇に入会する議員が増え、この時点で「要求骨子」支持を表明した自民党国会議員は四九人に達していた。

法案成立めざして 野党案の成立をめざして、七四年三月から五月にかけて東京、神奈川の被爆者を中心に、一〇人から八〇人の被爆者が連日かけつけ、国会傍聴、政府・国会要請行動をつづけた。

政府・自民党に対しては、「要求骨子に基づいた援護法案作成」を要請した。

野党四党には、次の要請をした。

①法案の継続審議などあらゆる方法を模索しながら最後までねばり強く審議すること。

②被爆三〇周年に向けて援護法制定を約束する厚生大臣答弁をひき出すこと。

③全党一致で被爆者援護法制定の決議をあげること。

④たとえ今国会で法案が廃案・棚上げになっても、次期国会で再提出すること。

四党はそれぞれ賛同し、最後までがんばりぬく決意を表明した。

この間、全国の被爆者から厚生大臣、公衆衛生局長、自民党政調会長、衆院社労委員長に要請はがきを送る運動を展開した。送られたはがきは一万数千枚にのぼる。自民党は何回も被爆者対策小委員会を開いて野党案への対応を協議した。かつてないことだった。

緊迫した国会審議の最中、春闘共闘会議は、「国民春闘」のテーマ「弱者救済」の一環として、すでに提出されていた政府提案の現行法改正案の実施を一〇月から九月へ一カ月くり上げる修正について、政府と独自に交渉した。

幻の「国家補償」決議 被爆者の全国的な運動が展開されるなか、国会では、野党案をめぐって野党と自民党の間で激しいやり取りが展開されていた。

会期末が迫る五月一六日、衆院社会労働委員会理事会に自民党理事から特別決議案が示された。「政府は被爆者が現在もなおおかれている特別の状態と国家補償の精神による援護対策の要望にも配慮し、今後被爆者の援護全般にわたる制度改善をはかること」というものだった。「国家補償の精神」を容認した決議案に野党も賛成した。

しかし、いざ採決という段になって、自民党首脳部から「政府・自民党案（現行法改正案）と異質なものを認めるわけにはいかない」という圧力が加わり、「国家補償の精神」を盛り込んだ特別決議は幻に終わった。

一方、厚生大臣は「野党案を評価し、検討もしている。今後生活援護の充実をはかりたい」と答弁しながらも、「国家補償」については拒否した。

そして五月二一日、参議院に法案を送付する会期日程のぎりぎりになって、野党提案の「被爆者等援護法案先議動議」を自民党が否決し、野党案は廃案となってしまった。

自民党は、世論の批判を恐れ、被爆者援護の法案に表だって反対はできなかった。そのため、まったく審議・採決せずに「棚上げ」にして批判をかわし、結果的に廃案にしたのである。

被爆者の落胆は大きかった。しかし、被爆者は弱くはなかった。日本被団協は、「この一年の運動を通じて、改めて私たちの要求の正当性を確認するとともに、今後よりいっそう広範な国民各層に援護法制定の意義を訴え、他の社会福祉・平和をねがう団体と手をたずさえて、自民党を援護法制定に踏み切らせる必要を痛感する」と総括した。

3　八月、ふたたびテントが

「原爆を許すまじ」とともに　日本被団協は、野党案の廃案にも屈せず、七四年七月二九日から八月二日までの五日間、「核兵器完全禁止・被爆者援護法制定をめざす八月中央行動」を行なった。

厚生省前にふたたびテントが登場した。相変わらずテントを張ることに強硬に抵抗した厚生省だったが「原爆を許すまじ」の歌声のなか、今回は日差しのあるうちに整然とテントが張られた。

座り込みへの支援も広がり支援者と被爆者との交流が連日行なわれた。俳優の山本学、磯村みどり、歌手の横井久美子、詩人の増岡敏和らがテントを訪れた。行動三日目の七月三一日には、午後六時からテントの中で「原爆と文学を語る夕べ」が開かれた。作家の山口勇子、詩人の増岡敏和、小森香子と被爆者がひざをつきあわせ、原爆問題を文学として訴えていくことなどが語られた。

行動のなか、学者、文化人の「被爆者援護法を要求する声明」が発表され、朝永振一郎、上代たの、大江健三郎、内山尚三、小川政亮らがテントを訪れて激励し、厚生大臣に被爆者援護法制定を要請した。

被爆者援護法案、参院に提出　このころ、厚生省が出した七五年度の概算要求は、現行施策を大幅に改善するものだった。「病気」が条件であった諸手当に、「二キロ以内での直接被爆」だけを条件にした保健手当制度を創設したほか、家族による介護手当が新設され、健康管理手当の年齢制限が撤廃された。前年の一一月行動からつづいた運動の成果だった。

この年、七四年の参議院選挙は七月七日投票の「七夕選挙」で自民党が後退し、参議院は「与野党伯仲」となった。一二月一〇日、参議院に野党四党と二院クラブは被爆者等援護法案を提出した。この案は一二月二五日継続審議となったが、次期国会で廃案となった。被爆者の要求を基礎とした被爆者援護法案は、その後たびたび国会に提案され、被爆者を励ますことになった。

広がる支援の輪　七四年七月には、平和アピール七人委員会を中心とした学者、文化人の「被爆者援護法を求める声明」が出た。一一月、日本弁護士連合会総会は被爆者援護法制定を決議した。日弁連は七三年七月に被爆者問題調査会を設置して調査をはじめ、日本被団協から代表委員・行宗一、事務局員・伊藤直子、東京の藤原肇が、被爆者対策の充実、国家補償の援護法の必要性を訴えていた。

被爆者援護法要求を支持する国民世論が広がってきた。日本被団協は七五年二月、援護法実現のための懇談会を開催し、総評、同盟、地婦連、日青協、日本平和委員会、創価学会青年部、詩人会議など二二団体が参加した。参加者からは援護法制定運動を日本被団協を中心に取り組むことに支持が表明された。

自治体に支持決議広がる　「要求骨子」策定以降の三年間に、援護法制定を求める署名は一〇〇万人を超え、二一都道府県一四一市、一五〇町、二四村で援護法支持決議が行なわれた。広島・長崎の八者協議会（広島・長崎両県市の首長、議会議長で構成）もほぼ同様の要求をかかげるようになっていた。

「要求骨子」発表以来の運動は、日本被団協への内外の信頼を高めた。厚生省「昭和五〇（一九七五）年被爆者実態調査」の調査委員に、初めて日本被団協代表が参加することになり、事務局長・伊東壮を送った。それ以降、「昭和六〇年度（一九八五）被爆者実態調査」、九一年の原爆死没者慰霊等施設基本構想懇談会などに代表を送っている。

社労委が現地調査　七四年暮れに参院で継続審議になった野党案は、七五年の国会が始まっても、いっこうに審議に入らなかった。日本被団協は国会に向けて、「援護法案の棚ざらしをやめ、現地調査などを含めて、ただちに審議を行なうこと」を再三要請した。要請には東京、神奈川の被爆者が連日のように参加した。

衆議院から政府提案の現行法改正案が参議院に送付されたことを機に審議が始まり、七五年六月九日と一〇日、初めての参議院社労委による広島・長崎現地調査が実現した。六月九日広島入りした一行は、広島県、広島市、原爆養護老人ホーム、原爆病院、放射線影響研究所を視察。生の声を聞く「懇談会」では被爆者団体代表一一人が意見・要望をのべた。一〇日には長崎で五団体一一人から生の声を聞いた。長崎新聞は「不満と憤りを込めて　進む老齢化　待たぬ死　国は全責任持て」と報じた。

六月一七日には、参議院で参考人の意見陳述があり、日本被団協から事務局長・伊東壮の意見陳述、また被爆者関係の団体代表、学識者らが意見陳述をした。首都圏被団協の被爆者が傍聴して事態を見守った。

しかし、野党案は参議院の社労委で継続審議となった。ところが、七月四日、会期末の本会議が政治資金規正法案をめぐる混乱のため、継続審議の手続きがとられないまま、審議が再開されず、野党案は廃案となってしまった。

七月二八日から三〇日には、一六都道府県から二〇〇人が参加して緊急に七月行動を行なった。厚生省交渉、自民党との懇談のほか、野党には、三度目の被爆者援護法案を提出するよう要請した。

参院本会議で趣旨説明　日本被団協の要請を受けて、七六年一〇月一六日、野党の社会・公明・民社・共産および二院クによる原爆被爆者等援護法案が参議院に再び提出された。一一月一二日の参院本会議で、四〇人の被爆者が傍聴するなか、社会党の浜本万三議員が、被爆者援護法案の趣旨説明をした。参院本会議での趣旨説明は初めてのことだった。

しかし、七六年になっても、参議院での法案審議はすすまず、五月二〇日に衆議院から送付された現行法改正案とあわせた審議となったが、国会はロッキード問題で大揺れで、ほとんど審議されないまま、またも継続審議となった。

三年間の運動を総括　日本被団協は七六年の第二〇回定期総会（七月）でこの三年間の運動

を次のように総括した。

1　国会審議を通して初の現地調査、参考人意見陳述、参院本会議での提案趣旨説明が行なわれ、自民党議員のなかに公然と被爆者援護法制定を口にする議員が出てきた。

2　政府の現行被爆者対策がこの三年で急速にすすんだ。七六年度予算が三六九億円になった。

3　日本被団協への内外の信頼が高まった。

4　被爆者援護法一〇〇万人署名や地方議会決議がすすみ、平和アピール七人委員会などの学者・文化人、地婦連、日青協、総評、同盟、平和委員会など広範な諸団体に支持が広がった。

5　反面で、政府が「骨子」のうち、被爆者年金、遺族年金、弔慰金など、根幹の「国家補償責任」＝「戦争責任」、あるいは「核のない日本」を拒絶しているともいえる。

4章　被爆者対策前進、中央相談所の開設

1　現行施策の改善

被爆から三〇年、被爆者の高齢化が叫ばれ始めた。日本被団協は、被爆者援護法が制定されないなかでも、現行施策を改善させ完全活用をはかること、自治体の被爆者援護を強化すること、医療・社会福祉関係機関と連携を強めることに取り組んだ。その結果、この時期、被爆者施策は飛躍的に改善された。

健管手当の年齢制限撤廃　健康管理手当は当初、「六五歳以上」という制限があったが、七一年から五歳ずつ引き下げられ、七五年には年齢制限は撤廃された。七四年には、対象疾病が呼吸器機能障害と運動器機能障害を加えて一〇疾病となり、手当受給者は大幅に増えた。

七五年八月からは、沖縄県の被爆者の渡航治療費に補助が行なわれることになった。

手帳の一本化　これまで被爆者健康手帳は一般被爆者手帳と特別被爆者手帳の二種類があり、一般手帳では健康診断しか受けられなかった。七四年一〇月、この区分をなくして手帳が

一本化され、手帳所持者全員が健康診断、一般疾病医療費の負担、諸手当の支給を受けられるようになった。

保健手当創設　「要求骨子」は、原爆被害の特質にてらし、全員に被爆者年金支給を要求している。「特別措置法」による手当は、所得や病気による制限があった。当時の諸手当受給者は三〇％台という状況で、「全員に年金を」という要求は切実だった。国はそこに着目して、「二キロ以内の直接被爆者」に限定してではあったが、疾病がなくても、「放射能を多量に浴びており、現に疾病を有しない場合であっても、日常生活において、疾病の予防および健康の保持増進に特段の配慮を払うことが必要」との考えから、保健手当を創設した。七五年一〇月一日から施行された。

また、他人に介護をしてもらい介護費用を払ったときだけ介護手当が支給されていたが、家族が介護した場合に家族介護手当が支給されることになった。

小頭症患者に朗報　七五年の七月行動では、原爆小頭症の子をもつ親の会「きのこ会」の代表が日本被団協といっしょに厚生省交渉をした。この結果、「原爆小頭症の患者については、その疾病の性格上認定疾病に係る負傷又は疾病の状態にあるとみなして差し支えないと考えられるので」（昭和五一年三月一八日衛発第二一二号）、原爆症の認定被爆者に三年ごとに提出が義務づけられている特別手当健康状況届を、原爆小頭症患者は提出しなくてもよいことになった。

在外被爆者に手帳交付　七五年九月、公衆衛生局長は、「適法に入国し、一か月以上滞在している外国人に対して、入国目的を問わずに被爆者健康手帳を交付してもよい」と通知を出した。孫振斗裁判で一審（七四年三月）、二審（七五年七月）とも原告勝訴の判決が出たことが影響を与えたといえる。

この通知に先立って七四年七月、東京都は在韓被爆者・辛泳洙に被爆者健康手帳を交付している。一方、広島市は同年八月に三人の手帳交付申請を却下、一二月にようやく交付するというように、当時、在外被爆者に関する被爆行政は混乱していた。

健診制度の改善を要求　日本被団協は七五年四月、「健康診断についての要望書」を作って厚生省に申し入れをした。被爆者健康診断は、被爆者が高齢化して実態に合わなくなっていると指摘されていた。日本被団協は広島原爆病院などの専門医の協力を得て問題点を検討した。

厚生省に被爆者健診の改善を要求（1975.4）

要望はその後、問診票の採用、肝機能検査の実施など、制度スタート以来の改善を実現していった。

厚生省と日常的に交渉をすすめるため、代表理事・井上与志男、専門委員・高橋健、担当理事・清水正勝をメンバーとする対厚生省交渉委員会を設置した。

自治体援護施策の前進　被爆者にたいする自治体の援護施策の要求は、七〇年に初めて全国調査を実施（調査結果は、「被団協連絡」80号に収録された）して以来、熱心に取り組まれた。被爆者組織への補助金や被爆者への見舞金支給、交通機関の利用補助、地方税減免措置、公営住宅優先入居などが要望されていた。

こうしたなかで、七三年以来日本被団協がかかげた「自治体の被爆者援護条例制定」の取り組みが、七五年に東京都で実をむすんだ。被爆二世の健康診断、医療費支給を含むものだった。多くの都道府県でも前進がかちとられた。こうした先進自治体の教訓を全国に広げるため、『全国地方自治体の被爆者援護状況』（被爆者ニュース資料№11、七五年）を発行した。

2　中央相談所の開設

ケースワーカー懇談会が発足　被爆三〇周年を迎え、被爆者の医療、生活の問題、心の問題はいっそう深刻になった。被爆者の抱える問題が広島、長崎はもちろん、各地の医療機関に持ち込まれ、医療ケースワーカーが対応に苦慮することが多くなっていた。

被爆者は、病気や生活苦にとどまらず、精神的にも苦しんでいることが多く、被爆者とケースワーカーが個人的に対応しているだけでは解決が困難であることが指摘されるようになっていた。

そうした現状をふまえて、事務局員・伊藤直子は、広島、長崎、東京で被爆者の相談にあたっている医療ケースワーカーを組織し、七六年七月、「原爆被害者問題ケースワーカー懇談会」を発足させた。日本被団協との深い連帯のもとに、被爆者相談事業をより深め発展させる努力をすることになった。その後、懇談会の開催やケースワーカーとしては初めての被爆者の相談事例集『被爆後三〇年の被爆者』を発行した。

中央相談所の開設　日本被団協は、「要求骨子」をかかげた援護法制定運動、被爆者の切実な日常要求にこたえて少しでも改善する運動と並んで、相談活動にも力を注いだ。被爆者の高齢化が問題になり始めたこの時期、相談活動の重要性はいっそう増していた。

日本被団協は七六年七月の第二〇回定期総会で「日本被団協の付属機関として中央相談所を設置する」ことを決定した。九月一九日、原爆被爆者中央相談所が開設された。所長に伊東壮が就任した。中央相談所は七八年、社団法人として厚生大臣の認可を受ける。

機関紙「被団協」創刊　七六年五月三一日、厚生省前に座り込んだ一一月行動の写真が大きく一面を飾る、機関紙「被団協」の創刊号が発行された。「要求骨子」を発表して以来、各党、国民にその支持を訴え、かつてない運動を築いてきた。こうした運動の情報を迅速に全国の被爆者と国民に伝え、真に広範な運動にするには、積極的な広報活動が求められた。

当時は、「被団協連絡」、「被団協速報」、「被団協ニュース」、「被団協ニュース資料」、「事務局連絡」が必要に応じて出されていた。一方、活動が多彩かつ広範囲になって、一人の事務局員では手不足になっていた。

当時の様子を七五年度の活動報告は次のようにのべている。

「中央執行体制は、代表委員・事務局長・各部長・代表理事の相互協力のもとに仕事を分担してきました。中でも事務局員は、年を追って増加する仕事の量の中で、よく一人で仕事を処理し、新しい分野を切り拓く上で重要な役割を果たしてきました。給与、待遇については従来極めて悪い条件を強いて来ましたが、ようやく少しずつ改善の方向が見え始めてきました。しかし、一人の事務局員では力の限界を超える状況にきています。その中でも今年の活動の重要な成果は、日本被団協の機関紙『被団協』を創刊したことであります」。

「被団協」の編集・発行には、情宣部長・田川時彦のもとで、事務局長、組織部長などの執行部一丸であたった。創刊当時は不定期発行で、第二号発行はしばらく待たなければならなかった。しかし、意気込みは相当なもので創刊号の発行部数は一万部。当時の最高注文者は、広島県の海田市被爆者の会（会長・檜垣益人）の一〇〇〇部であった。

被爆者を励ます文化のつどい　日本被団協は七四年一二月三日、東京、神奈川、千葉、埼玉の被団協の後援で、チャリティーショー「被爆者を励ます文化のつどい」を開催した（東京・神田共立講堂）。

司会に前田武彦。出演者はダーク・ダックス、佐藤光政、秋山恵美子、中央合唱団。参加

題字は田川時彦、題字の地紋は「被団協」という文字を紋様化している。

「被団協」創刊号（1976.5.31）

協力券はA席三〇〇〇円、B席二〇〇〇円、自由席一〇〇〇円だったが、二〇〇〇人の会場はほぼ満席となった。NHKがニュースとして放映するなど大成功で、財政にも大きく寄与した。

「つどい」の成功は、音楽センターの協力によるところが大きかった。準備する過程で「原爆を許すまじ」の歌をもっと普及することが必要だという話がすすんだ。日本被団協は七五年七月、A面に「原爆を許すまじ」、B面に「青い空は」「ヒロシマから」を収録したレコード三〇〇〇枚を作った。レコードは全国的に普及し、財政にも寄与した。

3　原水爆禁止運動統一への模索

社共合意とラロック証言　分裂がつづいていた原水爆禁止運動は、被爆者運動の高揚に呼応するかのように、統一に向けて少しずつ話しあいが始まった。七四年二月、社会党と共産党は、原水爆禁止運動の統一問題で公式会談を行ない、統一の努力をつづけることで合意した。

七〇年代に入って、米ソは相次いで核実験をくり返した。七四年にはインドが初の地下核実験をして、イギリス、フランス、中国につづいて、核保有国は六カ国となった。

七四年一〇月六日、米議会原子力合同委員会・軍事利用分科委員会は、アメリカの核戦略専門家で退役海軍少将ジーン・ラロック（国防情報センター所長）の「核兵器積載艦が日本に寄港する場合も核を外して寄港することはしない」との公聴会での証言を公表した。これにたいして、米国務省は肯定も否定もせず、日本の外務大臣・木村俊夫は「証言を全面的に米政府の見解として信頼するわけにはいかない」とのべた。

日本の原水爆禁止運動の真価が問われる事態であった。被爆国の原水爆禁止運動が分裂していることへの国内外の憂慮の声は大きくなった。

「七者懇」始まる　こうした声にこたえ、七五年六月から、総評と日本平和委員会の呼びかけで、原水爆禁止運動の統一をめざす懇談会（七者懇）が開かれることになった。

日本被団協は代表理事会で、この懇談会にオブザーバーとして参加することを決め、参加にさいしては「広範な国民的運動として発展してほしい。被爆者として核兵器完全禁止を強く願っている。援護法制定を一致した課題として、日本被団協の運動を支援してほしい」とい

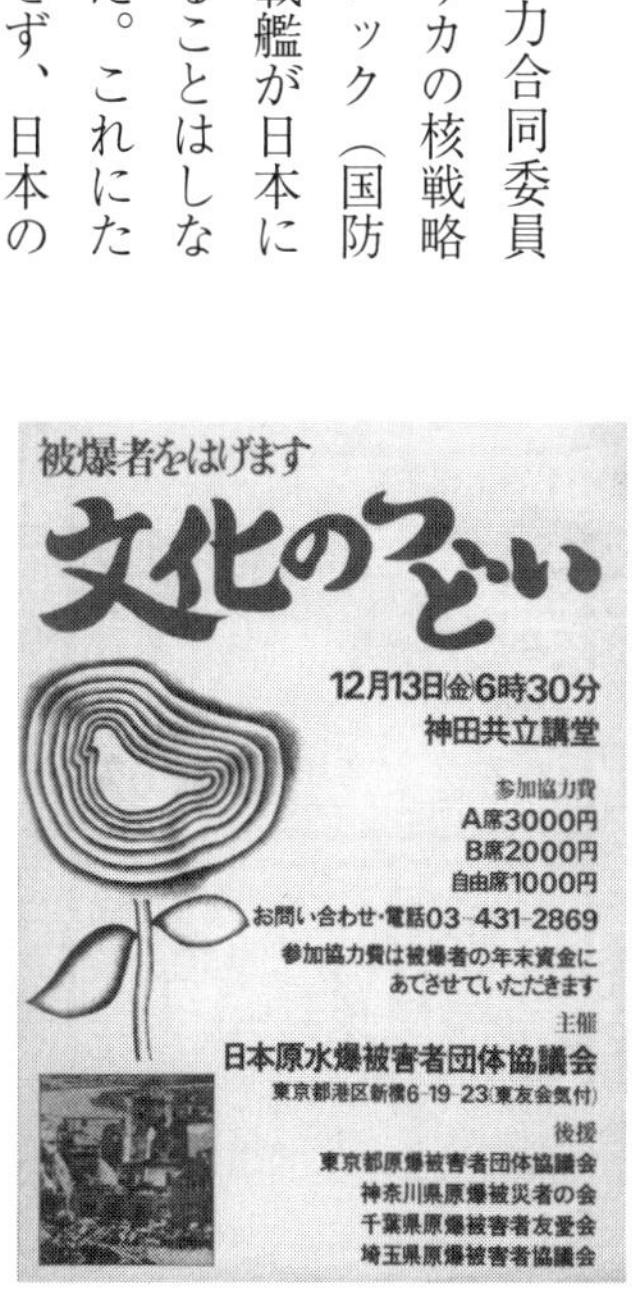

「被爆者をはげます文化のつどい」のチラシ（1974.12）

う立場で臨むことを確認した。

「七者懇」は第一回懇談会を六月二六日に開いた。この会に代表委員・行宗一、代表理事の井上与志男、田川時彦が出席した。懇談会の構成は社会党、共産党、総評、平和委員会、中立労連、日本科学者会議、オブザーバー・日本被団協であった。当時この会議に参加した行宗は、「どっち寄りとも取られないように、目線にも気遣い、会議中はたいへん緊張した」と語っていた。

「核持ち込み」抗議の座り込み　ラロック証言が暴露した「核持ち込み」の事実に、日本被団協は抗議声明を発表し、アメリカ大使館への抗議行動をした。東京・有楽町で座り込み、ビラまきや街頭演説をして事実を知らせた。

七四年一〇月一九日午後、東京・数寄屋橋に東京、神奈川、首都圏の被爆者五〇人が集まり、抗議の座り込みと非核三原則法制化、援護法制定の署名活動を行なった。通行人の関心は深く、テレビや新聞が取材にかけつけた。二〇日にも三〇人が同様の活動を行なった。配布されたビラは五〇〇〇枚、カンパ一万五〇〇〇円、署名も一五〇人にのぼった。

佐藤栄作ノーベル賞受賞で談話　七四年のノーベル平和賞が、前首相の佐藤栄作に与えられることが一〇月四日発表された。日本被団協は一〇月九日、佐藤栄作のノーベル平和賞受賞について、伊東壮事務局長の談話を発表した。

「広島・長崎の被害者は大きな当惑を感じている。広島・長崎に流された血を完全に無視し、被爆者援護法を拒否した上で、原爆投下の指揮をとったルメー米空軍大将に勲一等旭日大綬章を与え、非核三原則の法制化を行なわなかった。それどころか、安保条約のもとで日本の核基地化を促進してきたとの疑惑を国民に与えている。その人の手にノーベル平和賞がさずけられるなら、ノーベル平和賞はもはや人類の平和とは関係なく、その権威は完全に失墜したものと断ずべきと考える。佐藤前首相が流された多くの血に対して一点の痛みの心をもつならば、この受賞を辞退すべきである」。

天皇発言　七五年一〇月三一日、訪米を終えた天皇・皇后が、記者会見の席で広島への原爆投下について聞かれ、「遺憾には思うが、戦争中のことであり、広島市民には気の毒に思うがやむを得なかった」とのべた。また戦争責任について記者に問われ、「そういう問題にはお答えができかねます」と答え、平和、原水禁団体などが相次いで抗議声明を発表した。

この問題で事務局長・伊東壮は、機関紙連合

讀賣新聞
両陛下 初の公式記者会見
遺憾だが戦争中でもあり
原爆やむを得なかった
戦争責任 答えられない

天皇の発言を伝える新聞（1975.11.1）

通信・隔日版（七五年一一月六日）に次のような「声」を載せている。

原爆投下はやむをえない、とする天皇の発言は、決していい間違いとかことば足らずとはいえぬ歴史的経過がある。

原爆投下にあたって、当時の体制側の中には二つの意見があった。その一つは、国体維持と赤化防止のためアメリカ自身への降伏を一日も早くやろうとした和平派の考えであり、終戦の詔勅《しょうちょく》には、新型爆弾の実現が終戦の最大原因であったと書かれている。彼らにとって原爆投下は、戦争のために踊らされていた国民を納得させ、好戦派を抑える格好の口実であり、和平派の何人かは後に終戦のために原爆投下は天佑《てんゆう》であったと語っている。

第二に、それでも原爆使用は人道に反し、国際法に違反すると考えた者もある。八月一〇日、帝国政府はスイス政府を通じてアメリカ政府に抗議している。だが戦争が終結し、アメリカ軍の占領が始まり、日米の協力が日本の進路を決定づけると、後者の国際法違反は消えてしまい、原爆投下を平和のいしずえとして肯定する見解が支配的になる。今回の天皇の発言もこの経緯に過ぎないが、戦後三〇年、天皇がアメリカを訪問し、原爆にひとことも触れず、マスコミがもはや過去のことをぐずぐず言うべきでないとの日米新関係をうたう中での発言だけに、隠された歴史の一端が公然化され、広島・長崎が戦後三〇年にして絞殺されていく感がある。（中略）いまや日本国は、国民が主人公であり、その国民のコンセンサス（合意）は、原水爆禁止なのである。天皇が国民の統合の象徴であれば、当然このコンセンサスに合致すべき発言をする責任があるのである。

原爆死没者数訂正を国連に　七五年一〇月、核兵器全面禁止国際協定の締結、核兵器使用禁止の諸措置の実現を国連に要請する国民代表団派遣中央実行委員会が結成された。

原爆被害に関する国連としての公式の認識は、六七年にウ・タント事務総長報告として発表された『核兵器白書』にもとづき、死者数は広島七万八〇〇〇人、長崎二万七〇〇〇人とされ、被害が過小評価されていた。

七五年に結成された「核兵器全面禁止国際協定締結・核兵器使用禁止の諸措置の実現を要請する国民代表団派遣中央実行委員会」は、七六年七月「広島・長崎の原爆被害とその後遺——国連事務総長への報告」を発表し、原爆投下の年四五年末までの広島・長崎の原爆死没者数を、広島一四万人～一五万人、長崎六万人～七万人と考えられるとした。報告書は、第二次国民代表団によってワルトハイム国連事務総長に提出された。

七六年一二月、広島市長・荒木武、長崎市長・諸谷義武が、国連事務総長に提出した「原爆被害の実態―広島・長崎」にもこの死没者数が記載された。七七年のNGO被爆問題国際シンポジウム作業文書でも裏づけられ、広島市約一四万人（誤差±一万人）、長崎市約七万人（誤差±一万人）と推定している。以後、国連関連の文書を始め、関連公式文書にこの数が使われている。

ABCCが放影研に　七五年四月一日、原爆傷害調査委員会（ABCC）が財団法人・放射線影響研究所（放影研）に再編され、日米共同運営となった。

ABCCは、「治療をまったくしないで、検査ばかりしている。被爆者をモルモット扱いしている」という批判が被爆者には多かった。日本被団協は、原爆後障害治療・研究機関の拡充を求める要求のなかで、次の要求をしていた。

イ、原爆症の病理および治療研究前進のため、広島大学・長崎大学の原爆放射能医学研究所、広島・長崎の原爆病院等の施設を整備拡充して被爆者を直接対象とする臨床・研究・調査の三部門を総合する態勢を速やかに確立せよ。

ロ、原爆被害に関するアメリカ側の全資料を返還させ、原爆傷害調査委員会（ABCC）を撤去させ、その施設は前記体制のセンターとして活用せよ。

ABCCは開設以来アメリカ主導だった経過から、放影研になっても被爆者の医療福祉に役立つことにはならない、との声が強かった。日本被団協は七三年一二月の第八二回代表理事会で、次の要求をまとめていた。

現在、日米政府でABCCを両国で運営するという方針が検討されているが、原爆を投下したアメリカの機関（ABCC）はあくまでも撤去するべきという方針を堅持する。その上で、

- 日米双方で運営するという案は撤回する。
- 被爆者医療に役立てるという目的をもって、調査・研究を行ない、平和・自主・民主・公開の原則に基づく機関とすることを要求する。

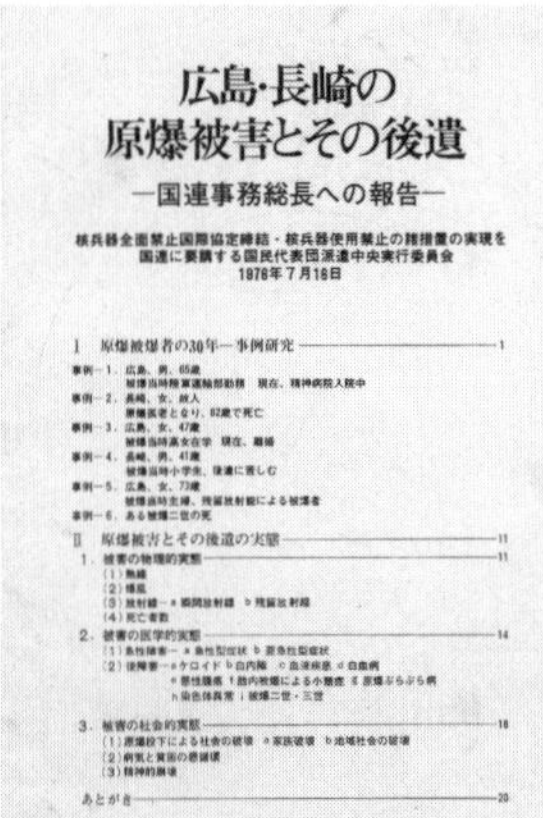
広島・長崎の
原爆被害とその後遺
―国連事務総長への報告―

Ⅰ　原爆被爆者の30年―事例研究　1
Ⅱ　原爆被害とその後遺の実態　11
1. 被害の物理的実態　11
2. 被害の医学的実態　14
3. 被害の社会的実態　18
あとがき　20

「広島・長崎の原爆被害とその後遺
―国連事務総長への報告―」の表紙

▨久保仲子さん

久保さん、まだ早い　まだ早い

久保　仲子
1927—1992

日本被団協が発足間もない昭和三三年のころです。私は被爆の後遺症から心身ともにまだ立ち直っていませんでした。

いま思えば食うや食わずのひどい生活環境で、貧乏神と二人三脚の毎日、とても被爆者運動どころではありませんでした。

そんなとき、久保さんの明るく元気のよい姿にどれくらい励まされたかわかりません。体格も立派でした。行動力も抜群でした。私もあのように立ち直りたいと思いました。

今とはちがい役員たちも、髪は黒々と若かった。なかでも伊藤サカエさん（広島）、久保仲子さん（愛媛）、佐々木孝子さん（滋賀）、副島まちさん（兵庫）などは女傑といわれるほどの元気印《じるし》でした。

三日、四日とつづく中央行動には疲れないようにホテルへ泊まるのですが、たいてい久保さんと相部屋でした。男勝りで、いつも会議の議長をつとめていらっしゃいました。

「久保さんが癌でね、往診に行ったけど、もう手遅れでだめなんだ。けれど、本人は癌と知らないから言ってはいけないよ」。中央相談所の肥田先生から伺ったとき、私は腰が抜けるほど驚きました。

ちょうど年末でした。私は年賀状にそれとなく「お具合が悪いと伺いました。早く元気になって上京して下さい。また同じ部屋に泊まりましょう」と添え書きをしました。そうしたら思いもよらずお返事がきました。「夏の総会には出席できると思います。またホテルで語り明かしましょう」と。私はその葉書を抱き締めて、泣けるだけ泣きました。

私より十歳も年下の久保さん、まだ早い、まだ早い……原爆はどこまで被害者を追いかけて来るのだろう。

生き残っている私は、久保さんの無念さとともに〝二度と被爆者をつくらぬために〟たたかいぬこうと思っています。

核廃絶誓いし思い出日脚のぶ

神奈川県　土田　康

（『愛媛の被爆者』所収）

（土田康さんは一九九七年一二月一〇日亡くなられた）

▨伊藤サカエさん

エピソード・爆弾娘

伊藤　サカエ
1911—2000

伊藤サカエ。「曲がったことが大嫌い」。鋭い感性、相手がだれだろうと、所構わず歯に衣着せない直言、まくしたてる迫力、行動力……シビレた広島市政クラブの記者たちが「爆弾娘」のニックネームを付けた。

一九七〇年代、原水爆禁止世界大会に参加したソ連代表が自国の核兵器の正当性をぶったことに抗議しようとして内外から制止され「こんな運動はだめだ」と憤慨、落胆しながらも「団結を守らにゃーね」と、苦渋の胸の内を漏らしたこともある。

広島平和会館の改築に日本自転車振興会の助成が持ち上がったことをめぐり、師と仰ぐ森瀧市郎（初代理事長、故人）と大激論を交わした。「ギャンブルの金をもらうわけにはいかない」と主張する森瀧に「良い目的に使うのなら、いいじゃーないですか。きれいごとばかりいっていてはだめですよ。先生!」と猛反論。双方に一理あり、周囲をしばし悩ませた(結局、森瀧案が通り、移転したのだが)。

一本気の半面、喜怒哀楽をともにする優しさ。後輩を「あんたがやらにゃーだれがやるんねー」と叱咤激励した。

「被爆地でさえ『原爆を許すまじ』を歌うとアカと石を投げられたこともある」。野党勢力に頼りがちな運動に再三、苦言を発したのも、目配りしたバランス感覚ではなかったろうか。

政府・自民党にも人脈を生かして訴え、大臣らをたじろがせた。「国は死没者に線香一本も出せないのか」が口癖。被爆五〇周年を経て、やっと死没者の遺族へ特別給付金が支給され(欠陥はあるが)、広島、長崎に国立原爆死没者追悼平和祈念館が建設されたのも「線香の叫び」が源になったに違いない。

＊　＊

広島県で「被爆者党」「人間党」をかかげ、町議六期二四年。日本被団協の結成からかかわり、八一年、女性として初の代表委員に。他界した二〇〇〇年まで、運動の支柱になった。

田中聡司・元中国新聞論説委員

■副島まちさん
一円募金で被爆者の治療を

兵庫県芦屋市に住む副島まちは、広島の爆心から二・五キロの南千田町で被爆した。

一九五〇年の第一回原水爆禁止世界大会には、「芦屋あすなろ会」の代表として参加した。ここで、大きなショックを受けた。

「ニュースで見る広島の復興はめざましく、被爆者も同じように立ち直っているものと安易に考えていた私の眼前に、グワッと大きな口を開いて見せたもの……。それは被爆者の一〇年間積もり積もった苦しみであった」

大会で、ある県の代表が発言した。「一人が一円玉を出しても九〇〇〇万枚集まる。その時の日本の人口は九〇〇〇万人だった。そのお金で被爆者の治療を」。

「これだ」と思った副島が、兵庫県に戻って、兵庫県原水協の人びとと実行に移したのが「一円募金」だった。友人、知人、PTA関係者、親戚などに参加をよびかけ、毎月六日に集めに回った。そのために自転車にも乗れるようになった。最初一〇人だった会員が翌月には三倍になり、翌月また増えるという具合に広がって、最初の年は一二一二円だったのが翌年には二万八九〇円になり、一九九〇年一〇月までに協力者のべ五八八三人、一円玉総額一三〇万七九七六円になった。

副島　まち
1913—2006

まだ原爆医療法がない時だったので、この募金で、お見舞い、生活補助、香典などに使った。第二回世界大会には、副島は被爆者代表として参加し、日本被団協の結成に参加し、日本被団協結成総会で理事に選ばれた。

この模様がニュースに大きく取り上げられたので、副島のもとに名乗りを上げて来る被爆者が相次いだ。そのなかの四人の白血病患者は一一年も経っているのに、あの時と同じように全身に赤黒い斑点を浮かせ、多量の血を吐き苦しみつつ死んでいった。臨終を見舞った当時の阪本勝県知事も報道陣も、あまりの悲惨さに慄然となった。

(副島まち著『被爆者からの手紙』より)

(＊編注　一円玉募金についての発言は、岩手県代表による活動報告)

斉藤　義雄
1928—1997

▨斉藤義雄さん
ねばっこく、頑固に

斉藤が逝って一〇年目になる。しじゅう喧嘩した仲だが、一昔過ぎて振り返ると、懐かしい想い出がよみがえる。

斉藤義雄は、七六年～八二年と八八年～九〇年に事務局次長、九一年～九六年に事務局長を務めた。政治状況を的確に捉えて強引ともいえる手法で運動をリードした。状況の把握に斉藤は、ほとんど動物的な嗅覚を発揮して私たちを敬服させた。

一七歳の時、陸軍軍属として広島で被爆。六〇年に肝機能障害で原爆症認定を受け闘病を続けながらの活動だった。

岩手県出身の彼の頑固さ、ねばっこさは並ではない。議論がつまると顔をしかめて黙り込み、梃子でも動かない。

とくに思い出深いのは、八二年四月、二人で参加したジュネーブNGO軍縮会議とヨーロッパ遊説の旅だ。会議の間、斉藤はひたすら報告と討論に集中していた。ところが会議が終わり四日間の証言ツアーが始まると突然「アルプスへ登りたい」と言い出した。日程はびっしり、どう見ても無理だ。

「どうにかならないか」―斉藤は真剣に迫ってくる。私は日程表と睨めっこして言った。「四日朝五時の列車で発てば、ユングフラウへ行くことはできるが、頂上駅には一五分ほどしかいられないよ。前夜四時間しか眠れないし、帰ったら夜八時の集会にぎりぎりだ」。

四時四五分起床、駆け足で駅へ。ローカル線を何度も乗り換え登山電車に駆け込んだ時はお腹がグーグー鳴っていた。駅の売店でやっと手に入れた板チョコをブランチにして四一五〇メートルまで登ろうというのだ。ずいぶん無謀な企てだった。

はたせるかな、てっぺんの駅で降りて展望台に立って振り返ると斉藤がいない。よくみると彼は氷の上に寝転がり、幸せを満面にたたえて間近に見える氷河をカメラに収めている。

原爆に遭う前は、スキーを下駄のように履きこなすアルピニストだった。アルプス登山は長年の夢だったのだ、とその晩彼の口から聞いた。

小西　悟

（「被団協」07・6・6）

伊東　壮
1929—2000

▨伊東壮さん
被団協の理論・実践の文柱

伊東壮さんとの最後の仕事は、二〇〇〇年一月一三日の「原爆被害者の基本要求」改定委員会での、次の世代に残す被爆者の言葉として「二一世紀被爆者宣言」をまとめる作業でした。この日の病身を押しての出席と、強い意欲を感じさせる発言は、日頃からの彼の信念を、身をもって実践したものでした。

彼は「人間には自分の生き方の根本にかかわる問題がある。それはどんな条件のもとでも捨てることはできない」と、よく言っていました。かつて山梨大学の学部長や学長だった彼が、ある人に「国立大の要人が被爆者運動の役員を兼ねるのはどうか」と問われての回答だったそうですが、いつでもこの思いを持ちつづけていたのでしょう。

伊東さんは一九五八年に、東京・国立で被

爆者の会を創り、東友会の結成にかかわり、一九七〇年からは日本被団協事務局長として被爆者の要求の理論化と運動の方向づけをされました。一九八一年には日本被団協代表委員に、伊藤サカエさん、山口仙二さんとともに就任。常に私たちの先導者でした。

一九六六年に被団協が作成した「原爆被害の特質と被爆者援護法の要求」（『つるパンフ』）は、彼が執筆・編集の中心でした。この中で、原爆被害はトータルな崩壊で、人間の「からだ　くらし　こころ」の全人間的被害である、核兵器と人類は共存できない、また、戦争によってこのような被害を引き起こした政府は、原爆被害に国家補償をすべきであることを明らかにしました。

そして「ふたたび被爆者をつくるな」と訴えつづけ、被爆者援護法制定運動のリーダーとして、先頭で戦い続けました。

二〇〇〇年三月に亡くなる前年の一一月、京都で開かれた被爆者中央相談所講習会で、日本被団協の運動の歴史を語り、参加者に大きな感銘を与えました。これが最後の講演となりました。

藤平　典

（「被団協」07・9・6）

■井上与志男さん
反核運動高揚のなかで

井上与志男さんは、一九八一年日本被団協第二六回定期総会で、事務局長に選出されました。

井上さんが事務局長をされた八〇年代は、被爆者にとって、また核兵器廃絶の運動にとって歴史的に大きな意味のある時代でした。八二年には第二回国連軍縮特別総会（ＳＳＤⅡ）が開かれ、反核運動が世界的に高揚しました。日本被団協は、このＳＳＤⅡへの代表団派遣をはじめ国際活動への取組みを強化しました。

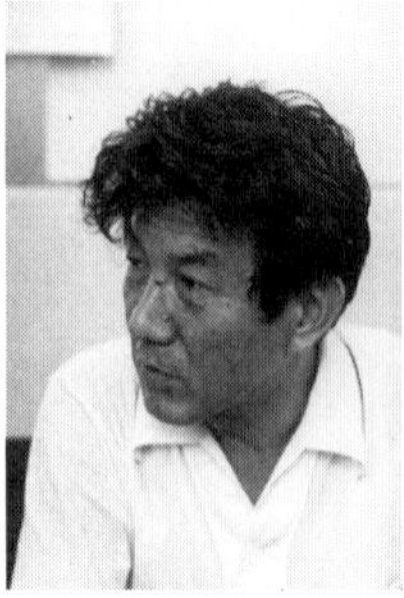

井上　与志男
1927—2006

その年の都道府県代表者会議で、井上事務局長は「今日の情勢と被爆者運動の課題」についての報告で、「ヨーロッパやアジアに核戦争の危険があるなかで、世界初の核戦争の被害を受けた広島・長崎の被爆者が核戦争阻止に果たすべき役割は大きい」として「原爆被害を裁く国民法廷」運動や『ＨＩＢＡＫＵＳＨＡ』パンフの普及を提唱しました。

私は八三年に事務局次長に選出され、井上さんと一緒に仕事をするようになりました。井上さんも私も当時はまだ現職で、昼は勤めながら、夜は被団協事務所で全国の運動の動きについて在京の役員や事務局の人びとと討議をしていました。五〇歳代の後半でしたがよくも続いたと思います。会議のあと、よく新橋の一杯飲み屋で議論の続きをしました。夜勤明けで北アルプスに行き息抜きをするなどの話を聞きました。その楽しみがあったから、あの激務が続いたのかもしれません。

学者が多かった日本被団協役員の中で、国鉄の労働者である井上さんは笑顔が印象的で議論は歯切れよく鋭いものがあり、運動の推進に大きな役割を果たされたのです。

藤平　典

（「被団協」07・10・6）

V　七七国際シンポから「基本要求」へ

一九七七年～一九八四年

この時期は、反核運動の歩みのなかで、特筆されるべき時代である。

一九七九年暮れ、北大西洋条約機構（NATO）は、アメリカの新型中距離核ミサイル・パーシングII、巡航ミサイルのヨーロッパ配備を決めた。核戦争の危機が一気に高まった。八〇年代初頭、世界の都市は大規模な反核デモの波であふれる。ロンドン二五万人、ボン三〇万人、イギリスで基地を包囲した「人間の鎖」二二万人、ローマ三〇万人、パリ五〇万人、マドリード五〇万人、ニューヨーク一〇〇万人……。ヒロシマをヨーロッパでくりかえすな―「ノー・ユーロシマ」のことばが生まれた。「世界のどこにも、ふたたび被爆者をつくるな」という被爆者の願いが、これほど世界共通の叫びになったことはかつてなかった。反核の波はその後も発展し、二〇世紀の末には、核大国をして「核兵器廃絶への誠実な努力」を約束させる最大の要因に育っていく。

日本被団協も、大きな時代の流れのなかで東奔西走、力強い運動をすすめた。

七七年夏、国連NGO（非政府組織）被爆問題国際シンポジウムが日本で開かれ、原爆被害が全面的に解明された。原水爆禁止運動の統一を切望する声が高まり、七七年の原水爆禁止世界大会は一四年ぶりに統一して開かれた。日本被団協は運動の統一に積極的役割を果たした。

七八年、第一回国連軍縮特別総会（SSDI）が開かれ、八二年には第二回（SSDII）が開かれた。SSDIIでは、代表委員・山口仙二が日本国民代表団を代表して国連総会議場で演

一九七七（昭和52）年

2・6　日本被団協臨時総会、援護法関係予算を試算
4・5～9　中央行動、厚生省前座り込み
6・13　「原水禁運動統一に関する声明」発表
7・21～8・8　NGO被爆問題国際シンポジウム
8・3～6　原水爆禁止世界大会、14年ぶりの統一大会

一九七八（昭和53）年

3・15　被爆者全国行脚出発
3・30　社団法人・原爆被爆者中央相談所認可
3・30　孫振斗訴訟最高裁判決、原告勝訴
5・23～　第一回国連軍縮特別総会
11・14　被爆問題市民団体懇談会（市民懇）発足

一九七九（昭和54）年

1・12　市民懇、二〇〇〇万人署名国民運動提唱
2・17　市民懇主催第一回街頭宣伝行動
5・9　市民懇主催中央行動、国会請願署名提出
6・8　厚相の私的諮問機関・原爆被爆者対策基本問題懇談会（基本懇）発足
11・17　日弁連「被爆者援護法に関する報告書」
12・6　基本懇で被団協代表が意見陳述

一九八〇（昭和55）年

4・14～5・22　市民懇提唱全国行脚

説し、自分のケロイドの写真をかかげて「ノーモア・ウォー」「ノーモア・ヒバクシャ」と呼びかけ、大きな感銘を与えた。日本被団協はこの年、世界各地に代表を派遣して被爆体験を語るなど、その国際活動を画期的に強めた。

日本政府は、日米防衛協力のための指針（ガイドライン）の策定（七八年一一月）、中曽根康弘首相の「日米運命共同体」発言（八三年一月）など、日米安保体制強化の動きを強めた。

アメリカの核に依存する政府の政策のもとで、厚生大臣の私的諮問機関、原爆被爆者対策基本問題懇談会（基本懇）は八〇年一二月、国民の戦争被害は、原爆被害を含め、「すべての国民がひとしく受忍しなければならない」とする「意見」（答申）を出した。原爆被害を直視せず、原爆批判を欠落させ、それをもたらした国の戦争責任を回避して、原爆被害への国家補償を拒否したのである。

日本被団協は「被爆者の要求と願いをふみにじるものであり、戦争被害は受忍できない」と基本懇答申を批判すると同時に、「受忍」政策を乗り越える課題に取り組み、「国民法廷」運動、原爆死没者調査、要求調査を土台に、周到な全国討議を行ない、八四年一一月、「原爆被害者の基本要求」を策定した。「基本要求」は、「ふたたび被爆者をつくるな」との被爆者の願いを実らせるには、核戦争を防ぎ核兵器を廃絶することと、「核戦争被害を拒否する権利」のあかしとしての国家補償――この二つの達成が根本となることを明らかにした。「原爆被爆者の二大要求」を確立し、それが平和のうちに生きようとする国民の権利保障の土台であるとした「基本要求」は、被爆者運動に新しい発展の基礎を築いた。

この間、ロッキード事件、自民党後退と「保革伯仲」など、激動する政界のなかで被爆者援護法の野党案は国会に出してはつぶされた。しかし日本被団協は、全国縦断行脚を大規模に展開して市民と連帯をすすめ、被爆問題市民団体懇談会（市民懇）の発足、援護法制定二〇〇〇万人署名運動、「原爆の非人道性と国の戦争責任を裁く『国民法廷』」など、運動は大きな国民的広がりをみせてくる。

5・20　日本被団協、基本懇に意見陳述
7・23　市民懇全国行脚集結中央行動
11・18〜22　中央行動、厚生省前五日間座り込み
12・11　基本懇「意見」（答申）を厚相に提出
日本被団協、基本懇意見への声明、見解を発表

一九八一（昭和56）年

2・7〜8　全国都道府県代表者会議、国民法廷運動よびかける
2・9　市民懇主催・援護法要求国会請願行動
5・9　「被爆体験を語りつぐ」国民運動提唱
7・11　「原爆を裁く国民法廷」モデル法廷開催

一九八二（昭和57）年

3・24　市民懇、一〇三四万人の署名提出
3・31〜4・2　NGO軍縮会議（ジュネーブ）に代表派遣
6・7〜7・10　第二回国連軍縮特別総会（SSDⅡ）
6・12　ニューヨークで反核一〇〇万人集会
6・24　SSDⅡで山口仙二代表委員が演説
8・19〜30　ヨーロッパ遊説代表派遣
11・6　日本被団協、「死没者・遺族調査」運動決める

一九八三（昭和58）年

3・9　市民懇二〇〇〇万人署名終結、一一二〇万人
10・22　ヨーロッパで反核国際統一行動

一九八四（昭和59）年

2・20　トマホーク反対「3人署名」運動よびかけ
7・30　「被爆者要求調査のまとめ」発表
11・17　「原爆被害者の基本要求」発表
12・3　IPBからノーベル平和賞推薦の書簡

1章 世論の高揚と被爆問題国際シンポジウム

一九七六年から七九年、国際的にも国内的にも、核兵器廃絶の世論、被爆者運動への支持の輪が大きく広がった。

国際的には、被爆者の訴えが強い支持と共感を呼び、世界と日本の広範な人びとの厚い協力をえて、七七国際シンポジウムが開催される。そのうねりのなかで原水爆禁止世界大会が一四年ぶりに統一を回復したのも七七年だった。翌七八年には、核兵器廃絶を焦点として第一回国連軍縮特別総会(SSDI)が開かれた。

世論の高揚は、原爆被害者援護法の取り組みにも広がった。国会での野党案の行く手はなおきびしかったが、七九年には被爆者の要求を支持する市民懇談会がつくられ、援護法制定を求める二〇〇〇万署名へとすすんでいった。

国際的な運動から見ていこう。

1 被爆問題国際シンポ開催へ

国連事務総長へメッセージ 七四年一一月に、日本原水協国連要請代表団がニューヨークの国連本部を訪れた。一行には日本被団協代表委員・小佐々八郎が加わっていた。日本被団協は小佐々に国連事務総長クルト・ワルトハイムに宛てたメッセージを託した。このとき、日本被団協の代表理事会で、「原水協の代表団ではあるが、長崎では県市とも代表団に協力しているので、日本被団協もメッセージを託したらどうか」という提案が長崎からあった。第九二回代表理事会は提案に賛成し、国連事務総長へのメッセージを小佐々に託した。

このとき、日本被団協の英語名称が必要になって、代表理事会の議論を経て決まったのが次の名称である。

Japan Confederation of A-and H-Bomb Sufferers Organization

七五年に結成された国連要請国民代表団派遣実行委員会は、七五年第一次三五人、七六年に第二次三九人の「核兵器全面禁止国際条約締結・核兵器使用禁止の諸措置の実現を国連に要請する国民代表団」を派遣した。二次にわたる代表団にはそれぞれ、日本被団協から代表委員・行宗一、事務局長・伊東壮が参加した。第一次代表団に参加した行宗一は、日本被団協から託された、核兵器即時廃絶への国際世論喚起、核兵器全面禁止条約の締結、原爆被害と被爆者の実情を国連が調査することなどを要請するワルトハイム事務総長へのメッセージを提出した。国民代表団の第一次には五人、第二次には一〇人の被爆者が参加した。

二次にわたる国民代表団は、国連への要請行動の前後、アメリカの平和団体と交流を深め、被爆者は原爆被害の実相を訴えて、アメリカの核兵器廃絶への世論の喚起に大きな役割を果たした。

被爆問題国際シンポ開催へ　この当時、国際平和ビューロー（IPB）の会長ショーン・マックブライドがナミビア問題高等弁務官（事務次長）として国連本部に在籍しており、日本からの代表団の行動を支援した。国連は代表団を歓迎し、原爆被害と被爆者の実情調査などの要請に対し、協力を惜しまないと表明した。代表団は原爆被害の科学的、総合的調査を世界保健機構（WHO）のような国連の機関が実施することを求めたが、実現は困難で、代わりに国連NGO（非政府組織）がシンポジウムを主催することとなった。

一方、国連NGOの有力メンバーであるIPBが参加するNGO軍縮特別委員会は、第二一回会議（七六年二月、ジュネーブ）で被爆者の苦しみ、その後の実情について国連の主催する国連シンポジウムを開くという被爆者に関する決議を採択し、九月の第二三回会議は先の第二一回会議の決議の議事録を採択した。

国際シンポ準備委員会発足　これら一連の動きのなかで、日本被団協の代表委員を含む各界七八氏が、国連NGO主催「被爆の実相とその後遺・被爆者の実情に関する国際シンポジウム」（仮称）の支持をよびかけた。七六年一二月一八日に日本準備委員会が東京で設立され、よびかけ人の中から、日本被団協代表委員・行宗一を含む一〇人が代表幹事となり、日本被団協事務局長・伊東壮を含め六人の事務局代表が選ばれた。準備委員会の事務所は日本被団協内に置かれた。事務局長に千葉大学理学部助教授・川崎昭一郎がついた。広島、長崎には、広島準備委員会、長崎準備委員会が設けられた。

明けて七七年一月二八日、国際準備委員会が設立され、ジュネーブで第一回会議が開かれた。日本準備委員会代表として日本被団協事務局長・伊東壮が参加した。国際準備委員会会長にはショーン・マックブライド、議長にはアーサー・ブースが指名された。国連NGO主催「被爆の実相とその後遺、被爆者の実情に関する国際シンポジウム」八月開催に向けて、国の内外に大きなうねりが広がっていった。

推進団体が中央・地方に　日本準備委員会では大がかりな被爆者調査が計画され、シンポジウム成功のための運動組織として、四月、NGO被爆問題シンポジウム推進団体連絡会議が設けられた。その代表世話人は、同盟会長・天池清次、名古屋大学名誉教授・新村猛、前YWCA会長・関屋綾子、日本生協連会長・中林貞男、総評議長・槙枝元文、宗教NGO・壬生照順、日青協会長・柳本嘉昭、全地婦連会長・山高しげりである。当時は「NGO」という言葉さえほとんど知られていなかったので、「NGOとは」の解説から始まる分かりやすいリーフレットをつくった。

各県の支持・推進委員会が結成された。中心になったのは、被爆者組織をはじめ、地方で被爆者の医療に貢献して被爆者から信頼されていた全日本民主医療機関連合会の医師ら医療従事者、原水協など核兵器反対運動の各種組織だった。各県の推進委員会は調査対象の設定、調査実施体制の綿密な計画を日本準備委員会の指導のもとにすすめ、中央には自然科学、社会科学各分野の専門家、研究者が結集し、調査内容を検討、策定した。

この間、近畿被災連盟委員長・貞永正弘から推進委員会の構成が原水協中心との批判文書が出された。日本被団協は貞永文書を検討し、NGO被爆問題シンポジウム推進団体連絡会議の代表世話人の構成から見て、文書が誤解にもとづくものであることを確認した。日本被団協は五月七日、日本準備委員会幹事会に要望書を提出し、シンポジウムの中で解明してほしい問題を列挙し、シンポジウム終了時点での結論が文書で示されるよう要望した。

全国被爆者調査　三月二七日、シンポジウムに向けた被爆者調査のための全国研修会が東京で開かれた。各地いっせいに被爆者調査が始まった。各県の推進委員会の中には、実情に応じ、一般調査、医学調査、生活史調査の担当に分かれて取り組む県もあった。全被爆者を対象にとの意気込みで取り組んだ県もあった。

調査された被爆者の数は約八〇〇〇人にのぼった。これには、五六人の外国籍被爆者もふくまれている。約四〇〇〇人の調査員が面接調査をした。被爆者の体験、病苦、人生の節々での苦しみを初めて聞く調査員も多かった。生活史調査は、一六都道府県に在住する被爆者一〇〇人について九八人の調査員が調べた。医学調査は、二五都道府県一一五の病院・診療所で治療を受けている被爆患者七一五人について、医師、医療ソーシャルワーカー、看護婦ら六四〇人が調べた。

　これまで差別と無理解のなかで堅く口を閉ざしていた多くの被爆者が調査に応じ、つらい被爆体験や病気、生活史について、せきを切ったように語った。被爆者運動にとっても、大きな前進のきっかけをつくった被爆者調査であった。

2 「ヒバクシャ」が国際語になる

七七シンポジウム開く　「一九七七ＮＧＯ被爆問題国際シンポジウム」は七七年七月二一日から八月八日まで、三段階に分けて開かれた。

　第一段階。国際調査、科学調査をふまえての会議は、七月二一日から三〇日まで、東京、広島、長崎で開かれた。

　第二段階。国内的・国際的科学調査の成果を被爆者の援護と核兵器廃絶の運動にどう生かすかを討議する会議は、七月三一日〜八月二日、広島で開かれた。

　第三段階は「ラリー」と呼ばれた大衆集会で、五日、広島で七〇〇〇人、八日、長崎で三〇〇〇人が参加して開かれた。

　第二段階の会議に全国から参加した日本被団協役員、各県の被爆者組織の役員、会員は、四六人に及んだ。七月三〇日午後七時から現地広島で会議を開き、二二日の「事務局通信」で提案された案を承認し、日本被団協代表団を結成した。代表団の役員は、代表委員・檜垣益人を団長に、三人の副団長（貞永正弘、伊藤サカエ、小島逞文）、事務局長・斉藤義雄、事務局次長二人（前座良明、服部マリ子）をおき、分科会参加がかたよらないよう参加分担を定めるなど、被爆者が発言することの重要性を確認しあった。

　七七シンポジウムは大きな成果をあげて幕を閉じた。ノエル＝ベーカー卿は「生か忘却か」と人類に向けた宣言を行なった。「全世界のヒバクシャよ団結せよ。輝かしい未来の人民。それは私たちだ」と呼びかけたこの宣言は、「ヒバクシャ」が国際的な言葉として使われるきっかけの一つになった。

　七七シンポジウムは、総合的な原爆被害を初めて国際的に明らかにした。大きな収穫の一つ

NGO シンポの宣言を発表する
ノエル＝ベーカー卿（1977.8.2 広島）
撮影・森下一徹

は、かたく口を閉ざしていた全国の被爆者がすすんで体験を語り、力をあわせるきっかけがつくられたことだった。総括の集会で、七七シンポジウムに向けた調査活動のなかで、「調査する側も、調査される側も変わった」と語られた言葉のなかに、その後の被爆者運動、被爆者援護・連帯運動の飛躍につながっていくエネルギーがよく表現されている。

2章　原水爆禁止統一世界大会と国連軍縮特別総会

1　統一世界大会が開かれる

七七シンポ成功も力に　この時期、長年にわたって分裂していた原水爆禁止運動の統一への努力も積み重ねられていたが、この機運は国内・国際的な核兵器禁止運動のなかで、強い要求として醸成されていた。

一九七六年一二月の国連総会は非同盟諸国や国連ＮＧＯなどの要求をうけて、一九七八年に「国連軍縮特別総会」の開催を決定した。翌一九七七年一月には、ＮＧＯ被爆問題国際シンポジウム国際準備委員会が発足した。被爆者援護法制定要求の運動も国会内外で高まっていた。

七七年二月、「広島・長崎アピール——被爆の実相究明のための国際シンポジウムを前にして」が発表された。五氏アピール[*1]といわれるこの声明は、新たな国際的機運のなかで「私たちの多年の願望を、被爆国の日本の民衆の一致した切望として」世界に訴えることを要望した。

七七年四月、全国地域婦人団体連絡協議会と日本青年団協議会が「原水爆禁止運動の統一と国際シンポジウム成功のため」の声明をだした。このような機運の中で「一九七七ＮＧＯ被爆問題国際シンポジウム」を日本準備委員会と協力して成功させるために、シンポジウム推進団体連絡会議が四月九日に組織された。連絡会議には、総評、同盟、中立労連などの労働組合や、日本生協連、日青協、全国地婦連などの市民団体、宗教団体、各界各階層のさまざまな人

＊1　**五氏アピール**　上代たの、中野好夫、藤井日達、三宅泰雄、吉野源三郎

びとが参加した。

禁・協合意（五・一九合意）成立　五月一九日、原水爆禁止国民会議代表委員・森瀧市郎と原水爆禁止日本協議会理事長・草野信男の両者は、統一問題について話しあい次の合意に達した。

一、今年八月の大会は統一世界大会として開催する。

二、国連軍縮特別総会にむけて、統一代表団をおくる。

三、年内をめどに、国民的大統一の組織を実現する。

四、以上の目的を達成するために、ほうはいと起こっている、五氏アピール、日青協―地婦連、宗教・婦人等のＮＧＯ連絡委員会などの、広範な国民世論を結集し得るような、統一実行委員会をつくる。

五、原爆犠牲者三三回忌にあたって、原水爆禁止運動の原点に帰り、核兵器絶対否定の道をともに歩むことを決意する。

さらに合意メモで、統一実行委員会結成にいたる世話人と相談役として、次のように確認した。

世話人＝新村猛、森瀧市郎、草野信男、高桑純夫、吉田嘉清

相談役＝上代たの、中野好夫、藤井日達、三宅泰雄、吉野源三郎

六月一三日、原水爆禁止統一実行委員会が発足した。

日本被団協は六月一三日、原水禁・原水協合意を歓迎し、「日本の原水爆禁止運動が既成原水禁組織をのりこえ、国民がその思想・信条の違いをこえて結集できるものに新生することを心から期待するものである」との声明を発表した。

統一世界大会開催　七七年原水爆禁止世界大会は、原水爆禁止統一実行委員会が主催した。

八月三日、四日、国際ホテルと広島ＹＭＣＡを会場に国際会議が行なわれたあと、五日に国際シンポジウムのラリー（大衆集会）をはさんで、六日、広島県立体育館は一万三〇〇〇人の参加者で埋めつくされ、統一世界大会を喜ぶ熱気に包まれた。

六三年の第九回原水爆禁止世界大会の分裂から一四年ぶりの統一大会だった。この大会にはこれまでになく多くの被爆者が全国からはせ参じた。会場の外では四〇〇〇人近くが、暑さに耐え、スピーカーから流れる会場の進行に拍手を送った。

国際会議は総会と二つの分科会、オープン

1977年統一世界大会
ポスター

フォーラムがもたれたが、意見の集約、意思統一は行なわないことが前提の討論会であり、被爆者には不満が残った。

とはいえ、被爆者にとっては、長い間待ち望んだ統一大会であった。世界大会で被爆者の一人は「私たちは長い間この日の来ることを待ち望んでいました」と運動の統一をどれほど待ち望んでいたかを語り、全国のすべての被爆者の心からの喜びを代弁した。

しかし、その陰では、運動の統一合意が下部組織の討議が不十分のまま中央で行なわれたことにこだわりをもつ人びともいた。原水禁国民会議、核禁会議は、統一世界大会とは別に、それぞれ広島と長崎で独自集会を開催した。

2　国連軍縮特別総会（ＳＳＤＩ）

核兵器のない平和な世界へ　七六年一二月の第三一回国連総会で、「はてしなくつづく核軍拡競争の悪循環を断ち切り、核兵器のない平和な世界をめざそう」と、非同盟諸国のイニシアチブで提出された全面完全軍縮に関する決議が採択され、七八年に第一回国連軍縮特別総会（ＳＳＤＩ）を開くことが決まった。

統一世界大会を成功させた統一実行委員会は、ＳＳＤＩへ向けた国民代表団派遣実行委員会結成（七七年一一月七日）の核となった。国連に核兵器完全禁止を要請する三五〇〇万人を目標とする国民署名、国連要請統一代表団派遣の取り組みが開始された。一五日には、三五〇〇万人署名運動推進連絡会議が結成された。

七八年に入ると、ＮＧＯ軍縮特別委員会の呼びかけで、ＳＳＤＩに備えるＮＧＯ軍縮にかんする国際会議が二月二七日から三月二日までジュネーブで開かれることになった。これには四六カ国五一一人が参加し、日本からも、日本被団協代表九人（団長は代表理事・前田敏夫）を含む一五人が参加した。車いすを使って自立生活を始めていた長崎の被爆者・渡辺千恵子は、このときが初めての海外行脚であり、同会議で発言した。

折り鶴旗かかげ列島縦断　日本被団協は、三月〜四月「ヒロシマ・ナガサキをくりかえすな」「援護法の制定を」の世論を喚起する全国行脚を行なった。

全国行脚は、三五〇〇万人署名を広く国民から集めるとともに、自治体には二つの署名（国連に核兵器の完全禁止を求める賛同署名、国家補償の援護法制定に対する賛同署名）を求めて、全国都道府県内をたどる「網の目行脚」として取り組まれた。

北は北海道札幌、南は長崎を三月一五日に出発して東京をめざす、「日本列島縦断行脚」を行なった。芹沢銈介デザインによる藍染めの折り鶴旗二本が署名簿とともにひきつがれ、縦断行脚は四月一七日、一八日に東京に集結した。この折り鶴旗は五月三〇日、日本被団協代表から国連事務総長に渡された。


ＳＳＤⅠへ日本被団協代表　第一回国連軍縮特別総会（ＳＳＤⅠ）は、七八年五月二三日からニューヨークの国連本部で開かれた。前年のＮＧＯ「被爆問題国際シンポジウム」を成功させ、原水爆禁止運動の統一へと前進した日本からは、核兵器完全禁止を要請する五〇〇人に及ぶ代表団が一八六九万四二二五人分の署名簿を手に、ニューヨーク入りした。

代表団のなかには、各県から参加する日本被団協代表三八人のほかに、労働組合や市民団体あるいは宗教団体の代表として一〇人近い被爆者が参加した。

日本被団協代表団は、団長に代表委員・檜垣益人、副団長に伊藤サカエ、貞永正弘、杉山秀夫、木場博、事務局長に田中熙巳、同次長に前座良明、高橋昭博、木戸大、吉田一人。伊藤直子、白石照子を事務局とした。また日本被団協から蛯名孝子を連絡調整会議に派遣した。

出発前日、東京・晴海のホテル浦島に集結した日本被団協代表は、国連総会のＮＧＯデーで日本のＮＧＯ代表として訴えるのが被爆者でなく、全国地婦連の事務局長・田中里子（署名運動推進連絡会議事務局長）であることを知り、被団協の代表を入れたいという意見もあり、それがいれられないなら代表を辞退するという強硬意見も出た。被爆者を代表とするよう現地でも要求することを確認し、全員が出発することで意思統一した。

成田新空港最初の利用客に　五〇〇人の日本代表団は一一班に編成された。日本被団協の代表は四班に分かれ、二日に分けて出発することになった。先発組はちょうど開港日にあたった成田発が変更となり、五月二二日、羽田空港最後のニューヨーク直行便で出発した。二三日に後発した檜垣益人団長らは成田空港を初めて利用する乗客になった。日本被団協代表が宿泊するホテルも三つに分かれることになり、現地での連絡には難儀することになった。
ニューヨークでの被爆者の役割は、各国の国連代表部や各国ＮＧＯ代表との合同の諸会合に出席し、体験にもとづいて原爆の非人間性を具体的に証言し、核兵器廃絶を訴え、日本の取り組みを紹介することだった。日本代表団の国連代表部への要請は七三カ国に及び、すべての国連代表部に必ず日本被団協代表の参加が保証されるよう努力した。

現地で開かれた連絡調整会議では、運営委員に加わった田中熙巳が、国連総会でのＮＧＯ代表発言者に被爆者代表を加えるよう要求しつづけた。日本被団協代表の全体会議に、主な運営委員の吉田嘉清（原水協）、関口和（原水禁）、新井則久（総評・原水禁）、小川泰（同盟・核禁会議）の出席を求め努力を要請するなど、力をつくした。

発言者の変更・追加は結局不可能で、田中里子の発言原稿に被爆者が意見をのべること、大衆的ラリーで日本代表団を代表して日本被団協代表団団長の檜垣益人が訴える機会を保証することを確認し、日本代表団全体の行動に全面協力することに合意した。

檜垣、大衆ラリーで訴える　五月二七日、五番街の市立図書館広場で開かれた「生存のための大動員」集会に参加したアメリカ代表をはじめ、世界各国の代表、日本のＮＧＯ代表など一万人近くが、四八番通りから国連本部前を通り、ハマーショルド広場まで行進し、ラリー（集結集会）を行なった。会場には、「子どもたちに　世界に！　被爆の記録を贈る会」代表団が被爆写真を展示した。

ここで日本代表団を代表して八二歳の檜垣が被爆者の訴えを行ない、感動を与えた。つづいて登壇したベトナム帰還兵の会会長ロン・コルビルクは檜垣と手を取り合い、「われわれは二人とも人類に対して犯された犯罪のシンボルである」といった。

日本被団協の代表は、予定行動がないときは、自発的に学校訪問などを計画して子どもたちに体験を語り、被爆写真をセントラルパークで展示するなど、さまざまな工夫をこらし、原爆の投下国アメリカの市民に訴える精いっぱいの努力をはらった。核廃絶に賛成する国の国連代表部へ要請に行くと、「まず自国の核政策を変える努力をしなさい」と諭される場面もあり、世界に核廃絶を訴えるとき心すべき点を学ばせられることもあった。

アメリカ市民や在米被爆者と交流　ニューヨークでの行動を終えた日本代表団は、五班に分かれてそれぞれワシントン、ボストン、ニューハンプシャー、サンフランシスコ、シカゴなどでアメリカのＮＧＯと交流し、アメリカ政府や軍需会社などにも要請行動を行なった。ロサンゼルスでふたたび集結し、帰途のハワイではホノルル市長と会見、日米市民対話集会などを行なって、国連総会で発言（六月一二日）する田中里子らを残し、帰国の途についた。

日本被団協代表団はロサンゼルスで現地の在米被爆者と交流し、アメリカでの被爆者の窮状や悩みを聞き、協力の方策などについて話しあうことができた。しかし、在米被爆者には日本代表団への警戒心が強く、会合が成功するまでには、さまざまな紆余曲折があった。

3　七八年原水爆禁止世界大会

市民五団体が呼びかけ　第一回国連軍縮特別総会は、世界のＮＧＯ代表の多彩な運動にも支えられて、大きな成果を収めて終わった。宣言には具体的な行動計画も提案された。

これを受けて、日本の原水爆禁止運動は前年（七七年）の成功を土台に、組織の統一も射程に入れた七八年原水爆禁止世界大会開催に向かうことが期待された。

分裂時代に原水協、原水禁・総評、核禁会議・同盟の代表的役員だった顔ぶれはすべて、国連代表派遣連絡調整会議の役員としてニューヨークで行動をともにした。しかし、この間も、帰国後も、世界大会を統一して開く具体的な展望は打ち出せないまま七月をむかえ、開催が危ぶまれた。

日本被団協は大会開催について市民団体と協議を重ね、七月三日、日本被団協、宗教ＮＧＯ、地婦連、生協連、日青協の五団体による「核兵器完全禁止・被爆者援護をめざす国際的な大会を開催するための呼びかけ」をした。こうして「七八核兵器完全禁止・被爆者援護世界大会」が開かれることになった。

国際会議を八月一日、二日東京で開き、五日、六日広島大会、八日、九日長崎大会を開催した。五日、広島で開催した「被爆者と語り聞くつどい」（コーヒー・ショップ）は、一〇人余りのグループ十数組に分かれて被爆者の体験や願いに耳を傾ける企画で、大きな反響を呼んだ。日本被団協は「被爆の実相の普及・援護法実現のための集会」を主催した。日本被団協作成のパンフレット『三つの「ほしょう」』が世界大会で大量に普及された。

大きな問題を抱えながらも大会をみごとに成功させ、一〇月六日、世界大会実行委員会は解散した。しかし、七七年の五・一九合意（禁・協合意）で「年内をめどに、国民的大統一の組織を実現する」とされた統一組織は、七八年が暮れても、できなかった。

3章　市民とともに援護法要求二〇〇〇万署名へ

1　援護法に必要な予算一五〇〇億円

ロッキード事件で自民党後退　この間、原爆被害者援護法制定を求める運動には重要な展開があった。

一九七六年二月、アメリカでロッキード社の海外での違法政治献金が暴露され、対日工作資金三〇億円が日本政府高官に流されたことが明らかにされた。ロッキード事件にかかわった田中角栄前首相への追及がきびしくなり、六月、自民党から河野洋平らが離党して新自由クラブを結成した。田中前首相は七月逮捕、一二月の総選挙で自民党は後退し、社会党が一六年ぶりに衆院副議長の席に座る。国会情勢に新しい局面が生まれた。

臨時総会で試算発表　日本被団協は、七七年二月六日、東京・女子会館で開いた第二一回臨時総会で、国家補償の援護法の実施にともなう予算総額は一五〇五億三三四六万円という試算を発表した。国の財政規模から実現不可能な額ではないことが具体的に示された。

この総会では、援護法制定をめぐる情勢について、▽被爆者援護法の共同提案を行なってきた野党の議席が衆参両院とも半数近くになっていること▽七月に開く国連NGO主催の国際シンポジウムが内外の被爆問題への関心と理解を大きく盛り上げる機会になること――など重要な好機を迎えているとして、二月以降、国会情勢にあわせて、四月の中央大行動をふくむ波状的な大きな運動を全国で展開することが提起された。[*2,3]

具体的な取り組みは、▽地方では国会請願三〇〇万人署名を開始し、地方議会の援護法制定促進決議、地方議員、首長、議長、文化人などの賛同をえる▽中央行動では、自民党に「要求骨子」支持と独自の援護法案の作成を求める。新自由クラブには同様の要求とあわせて、野党四党（社会党、公明党、民社党、共産党）と協力して援護法制定のための努力を働きかける。

＊2　第二一回臨時総会三つの運動方針
一、原爆被害者援護法制定の運動
二、網の目援護体制の確立のために
三、国連NGO主催「被爆の実相とその後遺・被爆者の実情に関する国際シンポジウム」と日本被団協の運動

＊3　日本被団協四月中央行動要求項目
一、政府は死没者に弔慰を示すとともに被爆者援護法を直ちに制定せよ
二、五十年度実施された被爆者実態調査の結果を早急に発表し、被爆者援護に役立てること
三、現行法による施策について、以下の項目の実現を早急に図ること（略）

野党四党には七四年にまとめられた四党案を衆議院に再提出することを要請する――などであった。

提案された四月中央大行動は、厚生省前座り込みを含む五日間の行動で、のべ三〇〇〇人の参加を目標とした。総会は大阪から代表理事が加わる規約改正も行ない、全国の代表は方針に確信をもち、決意を固めて全国に散った。

厚生省前に五日間の座りこみ　七七年四月五日、東京・赤坂の清水谷公園に、全国の代表六八〇余の人が集まった。*4 代表委員・檜垣益人の力強いあいさつにつづき、遺族代表、被爆者代表の切々たる訴えと決意表明に、大きな拍手が起こる。

代表委員・小佐々八郎ほか一〇人の厚生省交渉団を送り出し、被爆者の遺影を先頭に国会請願デモ行進に移った。デモ隊は議員面会所前では各党の拍手に励まされ「がんばろう」の声を交わした。

日比谷公園までのデモを終えた行進団は、交渉団の中間報告を聞くため厚生省玄関に集合した。待つこと二〇分、「本日、納得のいく回答は出ていない」と報告を受けた被爆者は「原爆を許すまじ」の歌声とともにスクラムの輪を広げ、テラスの下で大きくなった輪の中に、警備員が阻止するいとまもなく、すばやくテントを張り、座り込みに入った。

九日の総括集会まで、五日間の座り込み行動は、警備員も好意的に見守るなか整然とつづいた。テントを拠点に厚生省交渉は連日行なわれた。四月六日の渋谷駅ハチ公前や数寄屋橋での街頭宣伝、上野駅前でのチラシ配布、労働組合など諸団体への支援要請なども行なわれた。テントへは連日支援団体からのカンパや果物などの支援がひきも切らず、激励の言葉も寄せられた。

一方、議員会館を拠点に、請願大会や政党要請、国会議員への陳情、公衆衛生局長・佐分利輝彦との交渉が連日行なわれた。厚生政務次官・石本茂は次官室に代表を招き入れ、「自民党の中にもすぐに援護法にしろという意見と、しばらく社会保障の枠の中でという意見がある、私はずっと援護法をといってきた」「大臣にもいっているんです。被爆者の問題は決してないがしろにしてはいけないと」といった。一時間を超す会見に代表は励まされた。

座り込みに弱り果てた厚生省から、「厚生大臣と会えたら座り込みを解いてくれるか」と打診があった。新自由クラブ、社会党などとの懇談は回を重ね、自民党とは党本部で二〇人余り

＊4　七七年四月行動の参加者
東京三五〇、神奈川一五〇、その他の関東ブロック五〇、東海北陸五〇、近畿二〇、東北二〇、中国二〇、九州一五、北海道五

が、増岡博之、初村滝一郎に要請した。

全国代表の宿泊所になった四谷の旅館祥平館では毎夜、その日の行動の総括が行なわれ、情宣部長・田川時彦を中心に「被団協速報」がつくられ、翌朝、行動参加者全員に配られた。「速報」は五日間に一三号まで出た。中央大行動に参加した全国の被爆者はのべ二〇〇〇人に及んだ。

野党五党案衆議院へ　四月一九日、新自由クラブが加わった野党五党案が初めて衆議院に提出された。提案にあたって日本被団協は声明を出し、二一日の社会労働委員会での趣旨説明には一七人が傍聴、関東甲信越ブロックを中心に各県から自県選出の議員への電報要請、各党社労委員へのお礼と要請を行なった。

しかし、過半数に数議席足りないなかで野党五党案は審議されず、衆議院社会労働委員会は五月一〇日、「現行法の一層の充実をはかることを決意」との付帯決議を採択し、現行法改正案を可決した。初めての野党五党案は廃案となった。

2　市民懇の発足二〇〇〇万署名へ

両院で付帯決議　七七年には国際シンポジウム、統一世界大会があり、七八年にはＳＳＤＩと、国際的な運動の多忙な日程がつづいた。そのなかでも、七八年春には、ＳＳＤＩに向けた全国縦断行脚に取り組みながら、援護法要求もあわせて追求した。七八年四月の全国縦断行脚集結中央行動・集会（日比谷公園）には、のべ七〇〇人の被爆者が参加し、地元議員要請・陳情などを行なった。

衆議院は四月二七日、被爆者援護法野党案をしりぞけたが、現行法の改正案を採択した。同時に、付帯決議で「国家補償の実現に努力」することを明記した。同様の付帯決議は参議院でも採択され、両院の意思となったことは、重要な一歩だった。

七八年秋の中央行動　世界大会を成功させた日本被団協は、東京、神奈川の被爆者を中心に近県被爆者一〇〇人規模の秋の中央行動を一〇月一二日、一三日の第一波、一〇月二四日の第二波にわたって行なった。一〇月二四日、厚生大臣・小沢辰男、外務大臣・園田直に「要求骨子」の実現を求める要請書を提出した。請願趣旨は、財源は日本被団協の試算では一五〇〇億円でよいとし、国家補償の精神に立つ被爆者援護法を国がただちに制定するよう求めるものであった。

厚生省前に張ったテント脇で「弔意表明式」(1977.4)

一一月四日には、大学教授・石田忠、深瀬忠一、小川政亮、弁護士・尾崎陞、松井康浩らを呼びかけ人とする「国民と被爆者援護法」シンポジウムが開催され、援護法要求の法的根拠について、池田真規、椎名麻紗枝、安原幸彦の三弁護士をパネリストとして活発な議論が行なわれた。

被爆者中央相談所、社団法人に　全国縦断全国行脚の集結集会を前にした七八年三月三〇日、中央相談所が社団法人に認可され、「社団法人日本被団協原爆被爆者中央相談所」として発足することとなった。各県の被爆者組織の代表者と日本被団協の役員を会員とし、理事会は理事長・伊東壮、二人の常務理事と一〇人の理事で構成し、伊藤直子が相談所事務長に任じられた。

当初期待された厚生省の補助金は認められなかったが、厚生省の紹介で日本自転車振興会の補助金事業が認められた。一〇月二三日には、社団法人被爆者中央相談所設立祝賀会が東京・市谷の私学会館で開かれた。この日には第七回研究集会ももたれた。

七八年秋から、中国ブロック（広島）での開催をスタートに、全国八ブロックを会場にした第一回相談事業講習会が順次開催されることとなった。中央相談所主催の相談事業講習会はその後、ブロック内被爆者の相互理解を深めただけでなく、全国の被爆者と日本被団協役員とのつながり、日本被団協運動方針の理解を深めることとなり、日本被団協組織の強化に、はかり知れない大きな役割を果たすことになった。

機関紙「被団協」の定期発行　七六年に創刊された機関紙「被団協」は当初、不定期に発行されていたが、六号（七九年六月号）から発行日を六日として毎月発行されるようになった。

定期発行は、各地の被爆者の期待のなかで購読も増加した。群馬県原爆被災者の会（群友会）はこの機会に読者を増やそうと、県内在住の全被爆者三〇〇人に一年間無料発送した。

被爆問題市民懇の結成　七八年原水爆禁止世界大会開催を呼びかけた市民五団体は、運動の統一のためにも、被爆者援護法制定運動を大きく展開させるためにも、協力していくことを確認し、一一月一四日、被爆問題市民団体懇談会（市民懇）を結成した。

懇談会は当面、日本被団協を中心に「原爆被爆者援護法案のための要求骨子」にもとづいて国民運動を展開することとし、二〇〇〇万を目標とした署名運動を展開しようと、各団体から積極的に目標が出された。画期的な一歩であった。

日本被団協と市民団体が共同して、文字どおり国民的な運動として発展する展望が開かれた。それにしても、二〇〇〇万署名とは被爆者運動には空前の数字だった。日本被団協は第一二一回代表理事会（一二月一〇日）で、国民運動推進本部の設置を決め、そのもとに企画委員会と行動委員会を置いて代表理事、担当理事の任務分担を決めた。国民運動のカレンダーをつくって、二〇〇〇万署名を達成する態勢を固めた。

市民懇の発足は、援護法制定が被爆者だけの要求ではなく、核兵器をなくし、明るい未来をつくるための国民的な課題としてとらえられたことを意味するものであった。

4章　被爆者対策基本懇、国家補償を否定

1　「基本懇」の発足

発足の背景　一九七九年六月八日、厚生大臣（橋本竜太郎＝第一次大平正芳内閣）の私的諮問機関として原爆被爆者対策基本問題懇談会（基本懇）が発足した。*5

前年の七八年三月三〇日、最高裁はいわゆる孫振斗訴訟の判決（裁判長・岸盛一）で「（原爆被害は）遡れば戦争という国の行為によってもたらされたもの」であるとして、「原爆医療法は、被爆者の健康面に着目した社会保障法であるが、……このような特殊の戦争被害について戦争遂行主体であった国が自らの責任によりその救済をはかるという一面をも有するものであり、その点では実質的に国家補償的配慮が制度の根底にある」との判断を示した。

また、社会保障制度審議会（会長・大河内一男）は七九年一月二九日、「専門家による権威ある組織を設け昭和五十三年（一九七八年）三月の最高裁判決の趣旨を踏まえて、速やかにこの問題に関する基本理念を明確にすべきである」との答申を出した。

被爆者援護法制定を求める運動は、国民的な

＊5　原爆被爆者対策基本問題懇談会メンバー　▽茅誠司（座長＝元東京大学総長）▽大河内一男（元東京大学総長）▽緒方彰（ＮＨＫ解説委員室顧問）▽久保田きぬ子（東北学院大学教授）▽田中二郎（元最高裁判所判事）▽西村熊雄（常設国際仲裁裁判所裁判官）▽御園生圭輔（原子爆弾被爆者医療審議会会長）

広がりを見せ始めていた。政府は被爆者政策の基本理念の検討を迫られていた。さらに、衆院社会労働委員会は四月二七日、現行法改正の付帯決議で、「被爆者に対する制度の基本問題に関する専門家による権威ある組織」の設置を提言した。基本懇は、こうした流れの中で設置されたものであった。

日本被団協の見解　日本被団協は五月二日、衆院社会労働委員会付帯決議についての「見解」を発表した。その中で、基本懇の設置は「私たち被爆者と国民の運動を反映したもの」としながら、「その設立趣旨には「国家補償の精神にもとづく」援護法をつくるとは言われていません」と指摘し、「基本的に社会保障の立場にたった現行法の枠を守り、真の国家補償をさけようとする政府の意図が読みとれる」と批判した。

そして、「懇談会の答申がどんなものになるかは、まさに私たちと国民の運動によって決まる」と運動の強化を訴えた。

日本被団協の意見陳述　基本懇は精力的に作業をすすめた。七九年一二月六日と八〇年五月二〇日には、日本被団協代表が意見陳述をした。八〇年四月一一日から一三日にかけて広島、長崎で現地調査を行ない、被爆者の声を聞いている。

日本被団協は基本懇の審議に積極的に対応した。七九年九月八日、九日の代表理事会では、基本懇の意見聴取に備えて対策委員会を設置するとともに「援護法のための要求骨子」を情勢に即して充実強化するための討議を行なった。

七九年一二月六日の基本懇会合では、広島・長崎八者協議会（知事、市長、県・市議会議長）、日本被団協、広島・長崎両市の被爆者代表が意見陳述をした。日本被団協からは代表委員・行宗一、事務局長・伊東壮、事務局次長・斉藤義雄らが出席し、伊東が意見をのべた。

伊東は、原爆小頭症の子の手記を読みあげて、原爆のもたらしたはかり知れない被害、その特質、絶滅兵器としての原爆の残虐さ、非人道性についてのべ、アメリカ政府と日本政府の責任をするどく追及した。「要求骨子」にもとづいて政府の戦争責任、被害隠蔽・被爆者放置責任、賠償請求権放棄責任、全面補償すべき責任を詳論して、国家補償の理念にもとづく援護法を一日も早く、と三七万被爆者の悲痛な思いを語った。

また、広島の被爆者組織の代表として広島被団協理事長・森瀧市郎と理事・伊藤サカエ（日本被団協代表理事）が、長崎の代表として長崎

基本懇で意見を述べる伊東壮日本被団協事務局長

被災協事務局長・葉山利行（日本被団協担当理事）が発言した。三人は、三五年間放置されてきた被爆者の苦痛に対し国が一刻も早く被爆者援護法を制定するよう切々と訴えた。

八〇年五月二〇日の基本懇会合でも、八者協、日本被団協などが意見陳述をした。日本被団協からは行宗一、伊東壮、斉藤義雄、小西悟、中央相談所常務理事・肥田舜太郎が出席、伊東、肥田、斉藤の三人が意見をのべた。

三人は、①国家補償の基礎となる考え方、②日本被団協が要求している被爆者援護法の主な項目と、それを裏づける被爆者の実態について、詳しく陳述した。国家補償については、原爆被害は被爆者の自己責任によるものではなく、国家の権限と責任において起こした戦争のなかで、アメリカが国際法の精神に違反した原爆投下によって生じたものであること、国家がみずからその責任を認めることが、被爆者の苦しみに意味を与える唯一の道であること、を指摘した。

この日はまた、長崎被災協副会長・山口仙二、葉山利行も陳述した。

2　基本懇にたいする運動

市民懇二〇〇〇万署名運動　七八年一一月一四日発足した、被爆問題市民団体懇談会（市民懇）*6の運動は国民的な広がりを見せ始めた。

七九年に入って一月一二日、市民懇の第三回懇談会には、婦人有権者同盟、日本キリスト教婦人矯風会、主婦連、キリスト教女子青年会（ＹＷＣＡ）、婦人国際自由平和連盟（ＷＩＬＰＦ）、看護協会の六団体が新しく参加し、名実ともに広範な市民団体が結集することになった。

そして市民懇は、「被爆者援護法制定要求二〇〇〇万人国会請願署名国民運動」を始動させた。このとき定められた九項目の署名項目は、国家補償の援護法の内容を的確に表現したものであり、署名用紙の前文は、それぞれの団体が、自分たちの問題としてとらえることができるよう、それぞれにふさわしい内容で自由に表現してよいとされた。

日本被団協は市民懇とともに、二月、三月、四月と行動を重ねた。署名はかつてないテンポで広がり、四月末には四〇〇万人を超え、四〇二万二四五二人（七九年五月九日現在）に達した。各県被団協が集めた署名は四〇万人にのぼった。これらの署名は五月中央行動で、第一次分として国会に提出された。

熱気と涙の五月行動　七九年五月八日、被爆

＊6　被爆問題市民団体懇談会（市民懇）の構成団体
▽日本青年団協議会（日青協）▽日本生活協同組合連合会（日生協）▽全国地域婦人団体連絡協議会（全地婦連）▽主婦連合会（主婦連）▽日本婦人有権者同盟▽日本看護協会▽婦人国際平和自由連盟日本支部▽宗教ＮＧＯ（非政府組織）▽日本キリスト教女子青年会（ＹＷＣＡ）▽日本キリスト教婦人矯風会▽日本原水爆被害者団体協議会（日本被団協）

者は全国から、署名簿の束と犠牲者の遺影を抱いて、激しい風雨の東京に集まった。

一日目の集会では、代表委員・檜垣益人が「未来の平和のあかしとして国家補償の援護法をかちとろう」とあいさつ、各市民団体代表が決意を表明した。事務局長・伊東壮が「二〇〇〇万人署名を次期国会までに達成しよう」と訴えた。厚生省前の弔意表明式では、参会者は涙をぬぐいながら遺影に要求実現を誓った。

二日目は市民懇主催による国会請願大会。大会には衆院社会労働委員長・森下元晴をはじめ各党の代表が参加した。会場には、市民懇が集めた署名四〇二万二〇〇〇人分が持ち込まれた。声帯模写の江戸家猫八もかけつけて、広島での被爆体験と闘病体験を語り、うぐいすの鳴き方を教えて、みんなを励ました。この五月行動は〝熱気と涙の五月行動〟といわれた。

日本被団協第二四回総会　七九年六月一〇日、日本被団協は東京の日本教育会館で第二四回定期総会を開いた。被爆問題国際シンポジウム（七七年）へ向けた調査活動の成功、国連軍縮特別総会への代表団派遣（七八年）、七八年原水爆禁止世界大会に市民五団体の一つとしてよびかけ団体になるなど、運動の大きなうねりの中で、確信に満ちた総会となった。

総会は、この時点の情勢を「援護法制定に政府がふみきるかどうかという重大な時期」ととらえ、「『被爆者援護法案のための要求骨子』にもとづいて援護法制定の旗を高く掲げ、国民世論の大きな環の中で、援護法制定をめざして進みます」との運動方針を決定した。

方針は次の目標を打ちだしている。

①援護法制定二〇〇〇万人署名の完遂　②被爆者援護法国会特別決議　③地方自治体への働きかけ　④各党対策の強化　⑤地方自治体首長、学者・文化人の賛同署名　⑥基本懇への働きかけ

総会では、「全国の被爆者がいっそう団結を固め、一日も早く被爆者援護法制定が実現することをめざします。そして、私たちや遺族が生きていてよかったと言えるために、国民全体が核時代に生きる希望を見出していけるために全力をつくします」との「被爆者援護法制定のための決議」と、「七九年原水爆禁止世界大会を成功させよう」の決議を採択した。

六月一二日、被爆問題市民団体懇談会は、二〇〇〇万人署名が四一八万九五四人になったことを確認し、署名運動を八〇年の通常国会まで継続する方針を打ち出した。また、「被爆者の体験を語り伝える」集いや学習会を各地で開く

こと、基本懇に対し援護法即時制定を要請することなどを決めた。

日弁連が報告書　弁護士、法学者らの法律専門家が七八年一一月に結成した被爆者援護法研究会も、基本懇の作業に焦点をあてた検討に着手した。

日本弁護士連合会（日弁連）人権部会は七月一三日、被爆者問題特別委員会を設置し、基本懇の作業に対する見解の作成に乗り出した。

日弁連は七九年一一月一七日、一八日、福岡市で開いた第二二回人権擁護大会で「国家補償原理の被爆者援護法制定促進」の決議を満場一致で採択した。

大会には、日弁連人権擁護委員会被爆者援護法に関する調査委員会が「被爆者援護法に関する報告書」（第一次）を提出した。報告書は「国家補償原理に立つ被爆者援護法」の論拠を示し、政府が援護法拒否の論拠としてきた「身分関係論」「均衡論」などを徹底的に論破したものである。日弁連としては七七年の「被爆者問題調査報告書」に次ぐ二回目の報告書だった。

また、日本科学者会議は五月の定期総会で、援護法二〇〇〇万人署名に取り組むことを決めた。

世界大会で特別集会　八月の原水爆禁止一九七九年世界大会では、被爆者援護法制定運動の重要性、緊急性が強調され、二〇〇〇万人署名をやりぬくことが訴えられた。

最終日の世界大会・長崎では、被爆の実相の普及・被爆者援護法実現のための特別集会の決議「国民への訴え―被爆者援護法の実現のために」が発表された。決議は「〝ふたたび被爆者をつくるまい〟の固い決意をもって、子供たちに、核兵器のない未来と平和な世界をつたえる道を被爆者とともに歩もうではありませんか」と呼びかけている。

3　「要求骨子」の充実強化

情勢に即して補強　日本被団協は九月八日、九日、代表理事会を開いて、統一大会として成果をあげた七九年世界大会について総括し、二〇〇〇万人署名を発展させるため大会の「国民への訴え」を活用すること、大会実行委員会には決議を実行し署名に取り組むよう申し入れることを決めた。また、「要求骨子」を情勢に即して充実強化することを討議した。

「要求骨子」については一一月一七日、一八日の代表理事会でさらに討議し、次の諸点を改定することを確認した。

一「要求骨子」の前文で、
①原爆被害の特殊性（奇襲・瞬間性、無差別性、全面性、持続拡大性）、および反人道的本質を明らかにする。
②アメリカ政府の責任（原爆投下の違法性、被害の隠蔽、被爆者の実験的利用、および核軍拡競争の口火を切り、人類絶滅への一歩を開始した責任）を追及する。
③日本政府の責任として、⑴戦争開始・遂行責任、⑵ポツダム宣言受諾の遅滞の責任、⑶対日講和条約（サンフランシスコ条約）一九条a項による賠償請求権放棄の責任、⑷被爆隠蔽と被爆者放置の責任――を追及する。
④日本国憲法の精神にのっとり過去の戦争行為への真剣な反省のもとに、国は「ふたたび被爆者をつくらぬ」決意をこめ、原爆被爆者の絶大な犠牲へのつぐないと同時に、核兵器のない平和な未来への証として、国家補償の精神にもとづく被爆者援護法をただちに制定すべきであることをのべる。
二「要求骨子」の各項目ごとに、その要求の趣旨を明らかにした説明をそえる。
具体的要求として、次の項目が列記されている。

①医療等の給付 ②被爆者年金 ③遺族年金 ④障害年金 ⑤医療手当 ⑥生活手当 ⑦介護手当 ⑧弔慰金 ⑨葬祭料 ⑩国鉄運賃（治療等のための利用を無料化）⑪相談事業の拡充、福祉施設の設置・拡充 ⑫原爆医療の治療研究機関 ⑬被爆者援護審議会および援護審査会の設置 ⑭上記給付の準用（被爆二世、外国人、ビキニ水爆被爆者）⑮所得税の減免

一二月六日の基本懇の意見聴取のさいの日本被団協代表の陳述は、この改定「骨子」にもとづくものであった。

豊橋方式　二〇〇〇万人署名運動のなかで注目をあびたのが、愛知県被団協豊橋支部の活動だった。

豊橋支部は当時会員約一〇〇人だったが、七八年の核兵器完全禁止を国連に要請する署名運動では一〇万人余の署名を集めた。ところが、援護法署名はなかなかすすまなかった。支部総会などで学習を深めるなかで、援護法は単に被爆者だけのものではなく、人類の生存のために必要な要求なのだという確信をもつようになり、少なくとも国連要請署名に匹敵する一〇万以上の署名を集めようと決意し、市民に訴えることにした。

2000万署名運動スタート（「被団協」1979.9）

署名を全市民的なものに広げていくには、何よりも被爆の実相を知ってもらうことが大切だと考えた。一〇月に行なわれる「豊橋まつり」の協賛行事として、豊橋の空襲を記録する会や市民生協など九団体の協力による「平和都市をめざす豊橋市民展」を市内の公園で開いた。市民展には、被爆体験の絵や原爆写真パネルを展示して、署名をよびかけた。市民展の成果に立ち、国連要請署名の経験を生かして、豊橋市総代会長に協力を要請し、市内各町総代会を通して全市民的な運動に広がっていった。

一一月の日本被団協代表理事会は、豊橋支部の活動に注目し、その活動を「豊橋方式」として全国的に取り組むことを確認した。「豊橋方式」は、被爆者が先頭に立って、①写真展などで被爆の実相を市民に知らせる活動をする②市長、総代会長（町内会代表）に要請して、町内会の協力をうる③労働組合、市民団体などの諸団体、宗教家など有力個人によびかける、というものであった。

「豊橋方式」は一一月二七日の被爆問題市民団体懇談会（市民懇）でも報告され、その経験を全国的に広めていくことが確認された。二〇〇〇万人署名運動は「豊橋方式」を生かしながら、八〇年にかけて広がっていった。

4　被爆三五周年の年に

二月行動で幕開け　八〇年が明けた。被爆三五周年であり、基本懇の答申が予想される年である。援護法をめぐる重大な年を迎えて、運動は年頭から動き出した。

一月二三日、市民懇は、二月から五月にかけて国民運動の急速な盛り上げに全力をつくすことを申し合わせた。そして、二月行動で総決起し、「援護法実現・二〇〇〇万人署名達成八〇年春季大行動」へとつなげていくこと、四月から五月にかけて市民懇の主催で、被爆者とともに全国行脚を行なうこと、それとあわせて原爆写真展、絵画展などを開いて、署名運動をくり広げることなどを決めた。

日本被団協は二月一七日の代表理事会で、市民懇提唱の「被爆三五年・被爆者援護法即時制定全国行脚」に組織をあげて取り組むことを決定した。

日本被団協二月行動は一八日から二日間、寒気きびしい東京で展開された。

一八日午前の請願行動は、被爆者と市民懇の代表で埋まった。衆院第一議員会館会議室には四〇〇万人分の署名簿が積み上げられた。日本被団協事務局長・伊東壮は、基本懇が最終的な段階に入っていることを報告、「援護法運動はまさに歴史的な段階を迎えている。いまこそ国民世論を大きく盛り上げ、二〇〇〇万人署名をやりとげよう」とよびかけた。これにこたえて各団体代表が決意を表明した。

　同日開かれた市民懇主催の署名運動経験交流集会では、各団体・地域の取り組みが次々に報告された。病気の夫に代わって雪の中を夫の職場にでかけ、三〇〇人の署名を集めた女性の奮闘（北海道）、市の自治会連合会の協力で一五万人分の署名用紙一万五〇〇〇枚を配った愛知県豊橋市の「豊橋方式」などが感動をよんだ。

　一八日、一九日には政府・国会・各党への要請行動が精力的に行なわれた。被爆者の要請にこたえて、衆院議長・灘尾弘吉は「（援護法が）法案として出てくれば、誠意をもって取り扱う」とのべ、厚生大臣・野呂恭一は「基本懇の答申が出ればその趣旨にそってすすめたい」と語った。自民党幹事長・桜内義雄は「趣旨に沿うよう努力する」とこたえた。幹事長室に同席した衆院予算委員長・田村元は「私も被爆者で、原爆手帳ももっています。幹事長、よく聞いてください。被爆者の苦しみは一般戦災者のそれとは同一視することはできない。被爆者が国のために犠牲になったことは忘れてはならない」と発言して被爆者に感銘を与えた。

　街頭では署名、宣伝活動も行なわれた。街頭署名に参加した東京の被爆者、葛城初枝はこう歌っている。

　被爆者のタスキをかけて署名とるわが顔テレビのニュースに写る

全国縦断行脚　市民懇が提唱した「被爆三五年・被爆者援護法即時制定全国行脚」は四月一四日、三コースの起点、沖縄、広島、札幌を出発、四七都道府県のすべてを経て、東京をめざした。行脚の先頭をすすむ旗印は人間国宝・芹沢銈介デザインの折り鶴旗。各コースとも、都道府県知事や市長、各議長に賛同署名を記名してもらう芳名帳をたずさえて——。

　行脚は、日本列島縦断の基幹三コースとあわせて、都道府県内の市区町村を結ぶ〝網の目行脚〟も展開された。

　沖縄コースは一四日那覇市を出発、空路長崎へ。「沖縄—長崎—東京」と書かれたタスキをかけた沖縄県被団協会長・金城文栄と日本生協連会長・中林貞男、九州生協連事務局長・江浜哲夫。平和祈念像前での歓迎受け入れ集会では、長崎被災協会長・小佐々八郎が「後世に悔いを残さないために、今こそ国家補償の被爆者

全国行脚、長崎・平和祈念像前で歓迎集会（1980.4.14）

全国行脚、愛媛・松山で受け入れ（1980.4.24）

援護法を」とあいさつ、行脚旗と芳名帳が長崎被災協事務局長・葉山利行に手渡された。一五日、長崎県知事・久保勘一と県議会議長・加藤清則、長崎市長・本島等と議長・宮崎藤美市の賛同署名をもらって佐賀へ――。そして、九州各県から四国、兵庫、北陸、長野、山梨をめぐって、東京へと引き継がれた。

広島コースは一四日午前、雨の平和公園慰霊碑前で出発集会。援護法制定と全国行脚成功への決意を誓いあい、「原爆を許すまじ」斉唱のあと、日本被団協代表委員・檜垣益人、代表理事・伊藤サカエ、広島県被団協理事長・森瀧市郎らを先頭に出発。中国、近畿各県から東海、神奈川を経て東京へとたどった。

札幌コースも一四日出発、道内一九の自治体首長らの賛同署名をえて、二一日、青森へ引き継ぎ、東北から関東各県をめぐって東京に入り、都内では〝網の目行進〟をくり広げた。

全国行脚のなかで、四三の都道府県知事、三四議長を含む九三八の首長と八一〇の議長が援護法即時制定への賛同署名をした。また、被爆の実相を広める活動や署名も広がった。この全国行脚は、被団協がそれまでに行なった行脚を大きく上回る広範な行動となった。

全国行脚を結集して五月二二日、二三日に中央行動が予定されていたが、五月一九日、とつぜん衆院が解散されたため、行動は延期された。

日本被団協第二五回総会　日本被団協第二五回総会は八〇年六月一五日、東京・新宿区の主婦会館で開かれた。総会は二〇〇〇万人署名運動の広がりや全国行脚の成功をふまえ、基本懇の結論が予想される重大な段階を迎えて、熱気にあふれた。

決定された運動方針は、基本懇の結論が「援護法制定の必要」を打ち出すかどうかについては予断を許さず、「援護法制定の必要」を答申したとしても国家補償にもとづく援護法が実現できるとは限らない、と分析、「要求骨子」の要求を再確認し、全力をふりしぼって、次の運動課題の達成を提起した。

①援護法制定二〇〇〇万人署名の完遂　②地方自治体議会の援護法促進決議の拡大　③地方自治体首長、学者、文化人の援護法制定賛同署名の拡大　④各党対策の強化　⑤被爆者援護法即時制定国会特別決議の実現　⑥原爆被爆者基本問題懇談会への働きかけ　⑦中央大行動の設定

新内閣に署名簿提出　衆議院解散によって衆参両院の同日選挙（六月二二日）となったが、

選挙戦冒頭で大平正芳首相が急死する事態もあって、自民党が両院で大勝した。基本懇の答申がいっそうきびしくなることが予想された。

被爆問題市民団体懇談会は六月三〇日、全国行脚の中間総括をして、中央行動を七月二三日に行なうことを決めた。自治体首長・議長の賛同署名はこの日までに二〇〇二人に達していた。

七月二三日に実施された全国行脚集結の中央行動では、午前、衆院議員面会所に結集した全国の被爆者、市民団体の代表たちによって、全国行脚で集約した地方自治体首長、議長の援護法賛同署名簿を、鈴木善幸新内閣の首相官邸に運び入れ、「賛同署名に寄せられた国民的願いを援護法制定に生かしてほしい」と訴えた。厚生省への要請では、八一年度予算要求に死没者補償を含む国家補償にもとづく被爆者援護法を盛り込むことを要請した。また、各党への要請行動もおこなった。

日本被団協は中央行動前日の二二日に代表理事会を開き、基本懇の答申が予測される時期に開かれる秋の臨時国会の会期中に、五日間の中央大行動を行なうことを決めた。

被爆三五年の夏に　被爆三五年目の八月を迎えて日本被団協は、「ふたたび被爆者をつくらぬために――国民のみなさんに訴えます」と題したアピールを発表した。

アピールは、世界で核軍拡がすすむ一方、日本政府が原爆被害者への国家補償を拒みつづけていることに、「私たち被爆者は、人間として、国民の一人として、許すことができません」「被爆者援護法のための運動は、核兵器の使用による人間被害への責任を明らかにし、その人間に対する犯罪性・国際法違反性を告発することによって、核兵器完全禁止を実現する運動そのものであるといえましょう」と訴え、「〝ふたたび被爆者をつくらない〟ため、国家補償の精神にもとづく被爆者援護法の実現と核兵器廃絶をめざす運動に国民のみなさまのなおいっそうのご支援を訴えます」と結んでいる。

統一世界大会でも　統一して開かれた原水爆禁止一九八〇年世界大会では、被爆者援護法が大きな焦点となった。広島での「被爆者援護法実現のための集会」は三会場となり、長崎では市民五団体主催で「被爆者援護法即時制定をめざす長崎集会」が開かれた。どの会場でも被爆者の体験と訴えが大きな感動をよんだ。

国際会議（東京）では、愛知の被爆者・亀沢深雪が「時効のない被爆者の苦しいたたかい」を語り、広島大会では日本被団協代表理事・伊藤サカエと長崎被災協副会長・山口仙二が被爆者への補償と核兵器完全禁止を訴えた。長崎大会では被爆者・江頭千代子が「平和の証《あかし》として国家補償の援護法を」と訴えた。大会は「今年こそ、平和を願うすべての人々の力で被爆者援護法を」とよびかける特別決議を採択した。

マスコミも大きな関心　マスコミも被爆者援護法問題に関心を寄せた。

朝日新聞は八月六日の社説で、被爆者援護法を制定すべきだと主張、NHKは同日夜の「ニュース解説」で援護法をめぐる動きを取り上げた。

また、朝日新聞は二一日の「天声人語」でこう書いた。「……だが国家補償にすれば、国家の戦争責任があぶり出されてくる。だから政府はこれまで、被爆者対策を社会保障のわく内に押し込め、軍人、軍属だった人たちへの援護と区別しようとしてきた。「被爆者援護法」制定を求める運動は、過去のつぐないばかりでなく、将来に対しても国が平和を誓うあかしを求めている」。

基本懇の討議内容に強い批判　八〇年の秋、基本懇の審議は大詰めを迎えていた。被爆者は一日千秋の思いで、基本懇が援護法の必要性を明言してくれることを待っていた。だが、伝えられた討議の方向は「国の不法行為責任を認めることはできない。不法行為責任を取り上げれば、死者や遺族の問題も出てくるし、一般戦災者のすべてに完全な補償をしなければならなくなり、収拾がつかなくなる」というものだった。それは、被爆者の願いとは相いれないものであった。

九月六日、七日、東京・日本女子会館で開かれた「被爆者援護法制定・中央行動をめざす日本被団協全国都道府県代表者会議」では、基本懇の討議内容に怒りが噴き出した。会議はアピールを発表して「強い抗議の意思を表明」した。アピールは「私たちは、「要求骨子」に基づく援護法を制定することこそが、未来の平和を保証するものであり、死んだ人たちの死に意味を持たせるものであると信じています」とのべている。

日本被団協は機関紙「被団協」号外（一〇月六日）を発行して、アピールを中心に「ストップ・ザ・核戦争！「国家補償」を貫き、平和を守るための被爆者援護法を！」と、広く国民に訴えた。号外には、次のような人たちが「国家補償」の原則貫け」と、基本懇批判の談話を寄せた。

大江健三郎（作家）、大友よふ（全国地婦連会

園田直厚生大臣に要請する代表（1980.11）
撮影・森下一徹

被爆者援護法即時制定
11月中央大行動
意気高くスタート
被団協
11月行動速報
No. 1
1980.11.19
35年の願い込め
全国から千人の被爆者が参加

11月中央行動速報
第1号（1980.11.19）

長）、中野好夫（評論家）、服部学（立教大学教授）、石田忠（明治大学教授）、西島有厚（福岡大学教授）、三宅泰雄（日本学術会議会員）、近江幸正（宗教NGO代表）、前川秋昭（日青協会長）、中林貞男（日本生協連会長）

長崎の被爆者で作家の林京子は「被団協」一二月号で訴えている。

「私たち被爆者は、援護法によって楽をしようというのでは、決してない。むしろ、原爆被害者援護法の要求の骨子になっている、人類の存続を願うことを、今日まで優先し、個人の苦痛の訴えは抑えてきた。だが被爆者たちは老いてきた。

いま生きていくために、しかし働く健康がない被爆者のために、いま必要な援護法なのだが」

答申直前の大行動　基本懇の答申を目前に控えた一一月一八日から五日間、全国三七都道府県から三六〇〇人が参加して中央大行動が展開された。

初日の総決起集会でスタートした行動は、銀座デモ、厚生省前の座り込み、街頭宣伝、国会陳情、政党・議員への要請や懇談会、団体要請、厚生省交渉、基本懇への要請、さらに「戦術核兵器は憲法上保有できる」という防衛局長・塩田章と防衛庁官房長・夏目晴雄の発言に抗議する一五〇人の防衛庁交渉など、多彩な行動となった。交渉の中で、厚生大臣・園田直は「援護法のとびらを閉ざすことはさせないようにしたい」と答えた。

二〇日には、被爆問題市民団体懇談会主催の「被爆者と市民の平和を守るつどい」（東京弁護士会館）も開かれ、大きな広がりをみせた。最終日の二二日は雨となったが、総括集会で朗読された峠三吉の詩「としとったお母さん」に、被爆者たちは目に涙を浮かべながら、二〇〇〇万人署名の遂行と波状的大行動の展開を誓い、明日への決意を固めた。

一一月中央大行動では、手書きによる日刊の「速報」が発行され、参加者たちに歓迎された。日本被団協は「被団協・速報」を四号、東友会（東京被団協）も「東友・速報」を五号にわたって発行している。編集部と協力印刷所の深夜、早朝に及ぶ奮闘によるものであった。*7

文化人二一氏*8のよびかけによるシンポジウム「被爆者援護法はどうあるべきか」が一一月二九日、一二月一一日の二度にわたって開催され（中退金ホール）、大江健三郎らの報告にもとづいて討議した。このシンポジウムの討論と決議にもとづいて八一年六月、声明「被爆者援護法

＊7 「37万の叫び」

35年たった今日／ひばくしゃは　静かに　そして怒りをこめて座る／厚生省前の　あの晩秋の冷たいコンクリート床の上に／何故に　政府は今日まで　国家の戦争責任を認め　被爆者を援護しようとしないのか／瞬時にして　広島・長崎の　無辜の／20数万の　国民の命が　奪われた／そしていまなお37万のヒバクシャが／いのちとくらしをおびやかされ／放射能の後遺という重荷を　背負わされ／この35年間という　いいようのない重苦しい／人生を　生きてきた／年老い　身寄りもない　ヒバクシャは／せめて　あの子が生きていたらと　思いつづけ／ひたすら　病躯にむちうち　働き　生きてきた／もう　わしらは　待てない／亡き者への弔意を示せ　くらしといのちを補償せよ／そして　再び　この地上で　原水爆が使われることのないように／現在・未来の平和を保証せよ　と心からの叫びを　あげる／それは人類史上初めて　核兵器の被害を受けた　ヒバクシャが／今日　そして明日の　人類の滅亡の危機を　知らしめ／それをくいとめさせようとするひたすらの叫びである（Y・N）

（この詩は一九八〇年の「被爆者援護法制定11月中央大行動」のとき、厚生省前の座り込みテントに届けられた手書き新聞「おはよう工芸」に載っていたもの＝「11月行動速報」第四号＝11・22）

＊8　シンポジウム「被爆者援護法はどうあるべきか」よびかけ人21人

▽浅賀ふさ（日本福祉大学名誉教授）▽石田忠（明治大学教授）▽伊東壮（山梨大学教授）▽江口朴郎（津田塾大学教授）▽大江健三郎（作家）▽

の即時制定を要求する」が発表された。
八〇年、被爆者援護法を求める運動は市民団体、文化人、科学者、法曹界、宗教界などへ、大きく広がった。

5　基本懇「意見」発表

「受忍」強いる　八〇年一二月一一日、原爆被爆者対策基本問題懇談会は、一年半に及ぶ討議を経て、「意見」を厚生大臣・園田直に提出した。「原爆被爆者対策の基本理念及び基本的在り方について」と題された「意見」は、戦争被害は国民がひとしく「受忍」すべきものとする「受忍」論を打ち出し、国家補償の被爆者援護法を否定するものであった。

抗議の声明と行動　日本被団協は、基本懇「意見」発表のその日、ただちに、「被爆者の要求と願いをふみにじるものであり、激しい憤りをもってこれに抗議する」との声明を発表した。

「声明」は、「基本懇の答申は、原爆による残虐無比の被害と、その後の被爆者の苦しみを全く理解していない。健康・生活・精神という人間存在の全面にわたる原爆被害の総合性を認めず、これを単なる放射能障害、しかも晩発性障害だけに矮小化している」と指摘、「アメリカの原爆投下行為の国際法違反性について全く言及しないばかりか、原爆に対する批判のかけらすら見当たらない」ときびしく追及し、「われわれは、基本懇答申をのりこえて、平和憲法の立場から、全国三七万被爆者の団結を強め、国民とともに『要求骨子』にもとづく援護法制定に向かって、いっそう運動を前進させる決意である」とのべている。

「見解」で根底的批判　被団協はまた同日午後四時、「基本懇答申についての見解」を発表して「意見」の内容を詳細に分析、批判した。「見解」は「基本懇答申は「国家補償の精神に基づく被爆者援護法制定」の運動と世論に対する真向からの挑戦というべきもの」と批判して、次のようにのべている。

答申は人道に反する残虐な兵器、原爆に対する批判のかけらさえもたず、その国際法違反性についてもまったくふれていない。

日本国憲法の平和理念は完全に踏みにじられ、国の戦争責任についての反省もみられない。

基本懇は「被爆者援護対策の確立を期する」という任務を放棄し、逆に現行の施策をさえ後退させかねない提言さえ行なってい

小川政亮（金沢大学教授）▽尾崎陞（弁護士）▽小野周（東京大学名誉教授）▽川崎昭一郎（千葉大学助教授）▽北尻得五郎（弁護士）▽庄野直美（広島女学院大学教授）▽田中千禾夫（劇作家）▽田沼肇（法政大学教授）▽中鉢正美（慶応大学教授）▽服部学（立教大学助教授）▽肥田舜太郎（医師）▽檜山義夫（東京大学名誉教授）▽福島要一（日本学術会議会員）▽松井康浩（弁護士）▽三宅泰雄（地球科学研究協会理事長）▽宮崎繁樹（明治大学教授）

「被団協」　基本懇意見特集
（1981.1.6）

る。
被団協「見解」は、基本懇「意見」にたいして「原爆批判の欠如」「国家補償要求の否定」などの点で、詳細で根底的批判を展開し、被爆者としての決意で結んでいる。

……われわれはあくまでも「国が原爆被害への責任を認め、ふたたび被爆者をつくらぬ決意をもって、日本被団協の『要求骨子』に基づく援護法を即時制定することを迫」りつづけざるを得ない。いまやそのことだけがわれわれの生きる意味であり、死者の死に意味を与えるものとなっている。

われわれは、生きている限り問いつづけるであろう。「広島と長崎の死者は何のために死んだのか。被爆者の三十五年の苦しみは何だったのか」。

日本被団協の声明と全文約一万字にのぼる「見解」は、基本懇「意見」を前日に入手し、それにもとづいて、専門委員の明治大学教授・石田忠、一橋大学助教授・浜谷正晴、弁護士の安原幸彦、内藤雅義や、日本被団協の事務局長・伊東壮、事務局次長・斉藤義雄、代表理事・小西悟らが、被団協事務局近くの旅館に泊まり込み、書き上げた。

翌一二日には「緊急一二月中央行動総決起集会」が開かれた。集会には全国から二五〇人を超える代表たちが怒りに燃えて集まった。日本被団協代表委員・檜垣益人が「基本懇答申は、原爆がどんなに恐ろしいものであるか、これを知らない人の机上の空論だ。私たちはこれに挫折してはいけない」と訴え、会場からは「これでは、死んだ人が犬死にになる」と怒りと決意の発言が相次いだ。決起集会は、答申に屈せず、二〇〇〇万人署名と内外の世論喚起の緊急性を確認し、「ふたたび被爆者をつくらぬために『要求骨子』に基づく援護法制定運動を続けよう」とのアピールを採択した。

中央行動では、各政党への公開質問状を持って、援護法について要請した。

基本懇「意見」への怒りの集会は、八一年にかけて全国各地で開かれた。

学者・文化人も抗議　怒りは、平和・市民団体、労働組合など各界、学者・文化人からもいっせいに噴き出した。*9

家永三郎（歴史学者）「答申は戦争そのものを肯定するような姿勢で書かれています。国をあげての存亡にかかわる戦争だから国民は被害を受忍しなければならないというのは、戦前の戦争国家体制下の考え方と同じで、日本国憲法の平和主義を全く度外視したこの姿勢

＊9　基本懇への批判

西島有厚（福岡大学・歴史学）　歴史的にみれば、たとえ原爆投下がなかったとしても日本が早晩降伏したことはほぼ間違いないことで、その最も直接的な要因はソ連参戦だったといわれています。基本懇は「原爆投下が終戦の直接のきっかけとなった」として被爆者への「補償」を考えようとしているようですが、歴史的事実の歪曲という以上の問題を感じます。そもそも被爆者への国家補償を考える際、一番問題なのは、何のための補償かということであり、基本懇の考え方によれば「国家の立場からの恩恵としての補償」となってしまい、これでは被爆者の言っている論点から完全にはずれてしまうと思うのです。

中野好夫（評論家）　原爆被爆者の苦しみは、国がその責任において起こした戦争の結果生じた被害ですから、国はふたたびくり返さぬ決意をもって、援護法を制定すべきだと思います。（「被団協」80・10・6号外）

に非常な怒りを感じます」

近江幸正（宗教ＮＧＯ事務局長）「『戦争による犠牲は国民がひとしく受忍せよ』というくだりは、『一旦緩急アレバ義勇公ニ奉ジ』といわれたことばを思い出し、国は再び被爆の惨劇を覚悟せよと言っているようです」

大江健三郎（作家）「基本懇の答申は彼ら学識経験者たちが、いかに核時代の明日に向けての、日本人の運命について、想像力を働かせぬかを示しています。もし彼らに今日の核状況における日本人の未来への想像力があれば、二度と被爆者をつくるな、という被爆者たちの願いが、日本人全体の国民的合意を得るものであることがわからぬはずはなかったでしょう」

早乙女勝元（作家）「答申は、被爆者への国家補償を一般戦災者をひきあいにした単純な〝均衡〟論によって無視した。それでは、東京大空襲の被害者の一人としておたずねするが、国はわれわれ一般戦災者に何をしてくれたのだろう。民衆の傷痕の記録ひとつさえつくってくれなかったではないか。何もしなかったということはゼロで、ゼロは均衡の対象にはならない。社会的均衡を欠くなどということばが、よくぞ言えたものと驚きあきれる」

三宅泰雄（地球化学研究協会理事長）「（答申の原爆被害についてのとらえ方は）相変わらず被爆者をモルモット扱いしている。全く憤慨にたえない」

ジャーナリズムの批判　朝日新聞は社説（一三日）で答申への「失望」を表明、「全体主義国家的な国民の『（戦争）受忍義務』を前提にした論理は「平和憲法下の国民の常識になじまない」と批判した。解説では「戦争責任無視憤る」の見出しで、明治大学教授・石田忠の見解を軸に答申を解明し、夕刊コラム「素粒子」（一二日）は「一億総犠牲者なればと、反戦の肉声聞かれず、被爆者援護に非情なコンピューター的論理」とついた。

毎日新聞は、長崎からのレポート「被爆者の心無残に裏切る」（一三日）を載せるとともに、コラムで「原爆被災者に国家賠償を認めることによって、核兵器反対の実を世界に示そうとしなかった、勇気も想像力もない答申」（一二日夕刊「近事片々」）、「（基本懇答申は）六法全書をミキサーでかき混ぜ、官僚的塩コショーを加えれば、こんな思いやりのない文章ができ上がるという見本」「国の責任などと文句を言わず黙って〝受忍〟しろといわんばかり」（一三日

基本懇「意見」を報道する新聞各紙（1980.12.12）

朝刊「余録」）と批判した。

中国新聞は社説（一三日）で、「（政府が）国家補償の見地に立って被爆者対策の見直しをするよう強く要望」した。

山口県の被爆者、竹内一作は怒りをこううたっている。

死者傷者原爆孤児の救済も答申はにべもなく切捨てたりき
被爆すら戦争のもたらす必然と国は責任回避してやまず

機関紙「被団協」、月刊四ページに　日本被団協の機関紙「被団協」は基本懇が発足した七九年六月から月刊定期発行になっていたが、八〇年六月の第一八号からはタブロイド判四ページでの定期化に踏み切った。

基本懇「意見」発表直後の八一年一月号は八ページで発行。一面トップに「死んだ人が犬死にになる／被爆者は答申を認めない！」の見出しで、「意見」の全文と、「戦争被害は『受忍』できない」との日本被団協の声明と「見解」、各界知名士、団体などの声を特集して、基本懇への時を移さぬ反撃を展開した。

日本被団協は機関紙「被団協」を「被爆者を毎月〃訪問〃し、励まし合う新聞」「全国の被爆者をつなぎ、要求実現をめざして運動をおしすめる新聞」「原爆被爆の実相と被爆者の実情を伝え、語り継ぐ新聞」と位置づけて、三万部を目標に組織内外への普及につとめた。八一年には『機関紙活動の手引き』を発行するなど、機関紙活動の強化に努めた。

5章　「基本懇」を乗り越える国民法廷運動

基本懇「意見」を受けて明けた一九八一年、国内では「国民法廷」を柱とする運動が大きな広がりを見せ、そのなかで、日本被団協は結成二五周年を迎える。

米・ソ・仏は核実験をくり返し、さらにアメリカは、中性子爆弾の製造再開、ヨーロッパへの中距離ミサイル配備を確認するなど、核軍拡競争は深刻な深まりをみせた。

こうした動きに対して、反核・平和のうねりが高まった。一月、来日したローマ法王ヨハ

雨の中、国会へ向かう
請願デモ（1981.3.25）

ネ・パウロ二世は広島で「平和アピール」を発表して世界に反響を呼んだ。「過去をふり返ることは将来に対する責任を負うことです。ヒロシマを考えることは、核戦争を拒否することです。ヒロシマを考えることは、平和に対しての責任を取ることです」。

ヨーロッパでの反核の世論と運動も高まり、秋には大規模な行動が各地で展開された。

1　原爆と国の戦争責任裁く

「国民法廷」を提起　八一年は「原爆の非人道性と国の戦争責任を裁く「国民法廷」」運動を柱に、基本懇をのりこえる運動が大きな広がりをみせた。

八一年二月七日、八日、日本被団協は全国都道府県代表者会議を開いた。会議では基本懇への怒りの発言が相次いだ。そして、基本懇の「受忍」論を打ち破って援護法制定への国民的合意を盛り上げていくために、怒りを結集して、「二〇〇〇万人署名推進・原爆投下の国際法違反を告発し、国の戦争責任を裁く国民法廷」大国民運動の展開を提起した。

国民法廷は、裁判という形式で政府の「受忍」政策と被爆者の要求を対置させて、原爆被害に対する国の責任を浮き彫りにする新しい運動であった。

代表者会議のアピールはいう。

「被爆者は原爆被害を〝受忍〟できません。答申が言うように戦争被害を『すべての国民がひとしく受忍』することは、憲法の精神に反するものではないでしょうか。三七万被爆者は、戦争によるすべての犠牲者とともに、平和を願うすべての人たちとともに、前進することを誓います」。

被爆問題市民団体懇談会はこれより先の一月二一日、運動を緊急に国民的に盛り上げることの重大さを確認。二月九日、日本被団協とともに政府・国会に対して「今国会に被爆者援護法案を提出すること」「現行施策を後退させないこと」などの要請行動を行ない、三月一日、二〇〇〇万人署名運動に協力を呼びかける「国民へのアピール」を発表した。

日本被団協は五月、「原爆の非人道性と国の戦争責任を問い、被爆体験を語り継ぎ、核兵器のない世界をつくろう」国民運動を提唱した。運動の目的は、「基本懇『意見』をのりこえ、〝ふたたび被爆者をつくるまい〟の国民的合意をより確かなものとし、国家補償の被爆者援護法制定の国会請願署名運動を全国各地で促進す

「国民法廷」を伝える
「被団協」(1981.8.6)

る」ことであった。

具体的には、①被爆証言運動、原爆展②「国民法廷」③国会請願署名④学習会⑤被爆者「網の目」援護体制の確立・強化、などであった。日本被団協は、「国民法廷」のモデル・シナリオもつくった。

津々浦々で「国民法廷」を　「国民法廷」は、六月六日の神奈川法廷（横浜市戸塚公会堂）をスタートに、東京・市谷でのモデル法廷（七月一一日、日傷会館）と長崎法廷（八月八日、勤労福祉会館）から始まった。

モデル法廷は、明治大学教授・石田忠を審判長に、一橋大学助教授・浜谷正晴、立正大学教授・星野安三郎、弁護士・内藤雅義、安原幸彦らが出演して開かれた。原爆の惨状を再現するスライド、被爆者（永坂昭、佐藤清子）の証言、専門家の証言を交えて論戦が展開され、審判長が次のような審判文を厳粛に読み上げた。

「原爆は、いかなる名分によっても正当化することのできないものといわねばなりません。被爆者たちがその体験の上に立って、自分らがなめた体験を、後から来る者たちに絶対に味わわせたくないというのは真にもっともなことであり、それこそ人間的であるとしなければなりません」「本法廷で明らかになった被爆者の主張を正当と認める。政府はふたたび被爆者をつくるまいとの決意をこめ、国家補償の精神に基づく被爆者援護法を制定しなければならない」。

一〇月一八日、一九日に開かれた日本被団協全国都道府県代表者会議は、「国民法廷を全国津々浦々で」との方針を決めた。

国民法廷は山口、埼玉、愛知、福岡、東京の三鷹・武蔵野、広島などの諸都市で、また、金沢大学、東京大学、一橋大学などでは「学園法廷」が開かれ、八二年五月の日本被団協総会までに三十数カ所にのぼった。原爆展、被爆体験を語る会も各地で行なわれた。

援護法六党案を提出　国会では八一年三月一七日、野党共同提案の被爆者援護法案が衆院に提出された。提案者は日本社会党、公明党、民社党、日本共産党、新自由クラブ、社会民主連合の六党派。法案は「要求骨子」からみれば遺族年金や弔慰金がふくまれていないが、大筋は国家補償の立場に立つものであった。

四月七日、被爆者援護法案としては初めて衆院本会議で審議された。法案の趣旨説明に立った森井忠良（社会党）は、原爆投下の国際法違反、賠償請求権放棄、日本政府の戦争責任、被爆者放置の責任などを追及し、法案の成立を迫った。

原爆を裁く新宿法廷（1982.6.15）　提供・連合通信社

だが、この野党案は五月二一日の衆院社会労働委員会で審議未了・廃案となった。
衆院本会議の付帯決議は、「国家補償の精神に基づく援護法の制定を求める声は一層高まってきた。可及的速やかに現行法を検討すべきだ」とのべている。

ライシャワー発言に抗議　八一年四月九日、米原子力潜水艦が鹿児島県甑島沖で日本の貨物船日章丸に衝突した。日章丸は沈没、二人が死亡したが、原潜は救助活動をしなかった。日本被団協は一五日、四月行動総括集会の名で、米大統領ロナルド・レーガンあてに抗議電報を打った。

五月一七日、元米駐日大使エドウィン・ライシャワーが、「核積載の米艦船・航空機の日本領海・領空通過は核持ち込みにあたらない、との日米口頭了解が六〇年安保改定当時に存在し、核積載米艦船は日本に寄港している」と発言、日本国民に大きな衝撃を与えた。

この発言に対し日本被団協は二二日、「非核三原則の堅持と法制化、原子力平和利用三原則の厳守を求める緊急抗議行動」を行ない、アメリカ大使館や日本政府などに抗議した。抗議行動は広島、長崎などでも展開された。

日米核密約の存在はその後、二〇〇〇年の国会で日本共産党委員長・不破哲三が米政府の公文書を示したのをはじめ、さまざまな関係者の証言、米政府の公文書でその存在が裏づけられてきたが、日本政府は明確な説明を避けつづけている。

日本被団協結成二五周年　日本被団協第二六回総会は八一年六月二一日、東京・日赤会館で開かれ、「ふたたび被爆者をつくらない国民大運動の展開」を柱とする運動方針を決めるとともに、「非核三原則の厳守を要求する決議」を採択した。総会は、前代表委員の退任に当たり、中央役員体制に関して「従来の代表委員制を廃止し、理事長、副理事長を柱とした体制」が提案された。若干の論議をへて、代表理事会は緊急会議を開き、「一年間の検討課題として全体会議にかける」ことにし、当面は従来どおりの代表委員制をとることとした。新しい代表委員に伊東壮、伊藤サカエ、山口仙二の三人、事務局長に井上与志男を選出した。

結成二五周年（八月一〇日）を迎えた日本被団協は八月九日、結成の地・長崎で盛大な記念パーティーを行なった。また、一〇月一九日東京で、各界来賓の出席をえて記念式典と祝賀会を開いた。

「被団協」八月号の記念特集号は、被爆者である画家・平山郁夫の「広島生変図」を、作者の快諾をえて、二ページ大のカラーで掲載した。

2　被爆者の声を世界に

第二回国連軍縮特別総会（ＳＳＤⅡ）　八二年は、六月に開かれた第二回国連軍縮特別総会（ＳＳＤⅡ）を軸に、反核・平和の運動が世界的に広がった。日本では、国連に向けての反核署名が二五〇〇万を突破するという大きな盛り上がりをみせた。

被爆者援護法制定の課題では、「国民法廷」を柱とした運動の広がりの中で、「核戦争犠牲の『受忍』政策を変更させ、援護法の即時制定を要求する大運動」を提唱、また、死没者・遺族調査に取り組んだ。

「核戦争被害」として　日本被団協は八二年の年頭、「広島・長崎の真実を世界に」と題したアピールを発表した。

アピールは「核軍拡競争は拡大しつづけ、核戦争の危機は戦略核配備の進行とともに世界をおおっています。その中で日本政府は、その犠牲を『受忍』することを強いています」と指摘、ＳＳＤⅡへの代表団派遣をはじめとして国際的運動への取り組み強化をのべ、「私たちは、われわれの体験とその上に立った信念を、世界へ、子や孫に語りつづける決意です」とのべ、被爆者援護法制定を要求し国の責任を追及しつづけますと訴えている。

日本被団協は二月一三日～四日、東京・日赤会館で、被爆者の苦しみを国内外に訴え、被爆体験の継承、国連要請・援護法署名の推進をめざす、全国都道府県代表者会議を開いた。

代表者会議の冒頭、事務局長・井上与志男が「今日の情勢と被爆者運動の課題」について報告、ヨーロッパやアジアが核戦場にされようとしているいま、世界初の核戦争の被害を受けた広島・長崎の被爆者が核戦争阻止に果たすべき役割は大きい」とのべ、国民法廷と『ＨＩＢＡＫＵＳＨＡ』パンフ普及を柱に運動を国内外に大きく広げようと提起した。代表委員・伊東壮が「国内外の若干の方針」について説明、広島・長崎の被害を「核戦争の被害」としてとらえることの重要性を指摘した。

代表者会議では「小法廷」の実演も行なわれ、基本懇への怒りと法廷運動推進の決意をかりたてた。

日本被団協第二七回総会　日本被団協第二七回総会は八二年五月一六日、東京の日本青年館で開かれた。総会では、全国各地で上演された

第２回国連軍縮特別総会代表団デモに参加（1982.6 ニューヨーク）
撮影・尾辻弥寿雄

「原爆を裁く国民法廷」と二〇〇〇万人署名運動などを通じて「ふたたび被爆者をつくらない国民大運動」は広く国民の中に浸透していること、とくに国民法廷は大きな反響を呼んでいることが、各地からの報告で明らかにされた。また、被爆体験を語る運動は、国連NGO軍縮会議をはじめヨーロッパ諸国民から歓迎と評価をえていることが報告された。

運動方針は「『ヒロシマ・ナガサキをくり返させぬ』運動の空前の人類的高揚と被爆者の使命」を強調し、「被爆者援護法の即時制定」「被爆者施策の水準低下を阻止し、現行法の改善と完全活用」「核兵器完全禁止、非核三原則の法制化・原水禁運動の統一と発展」「ヒロシマ・ナガサキの実相を知らせ、核兵器使用の犯罪性を明らかにし、核戦争を拒否する運動」を打ち出している。

中央執行体制については、前総会から付託を受け、組織問題委員会での検討の結果が報告され、理事長、副理事長制ではなく代表委員制を継続することを承認し、伊東壮、伊藤サカエ、山口仙二の三代表委員と事務局長・井上与志男らの役員を再任した。

「国民法廷」全国で　日本被団協が提唱した「原爆の非人道性と国の戦争責任を裁く『国民法廷』」は全国に広がった。八一年五月のシナリオ（執筆は弁護士・池田真規）と手引きの発表から、八二年一二月一一日の「〝ふたたび被爆者をつくるまい〟基本懇二周年12・11『国民法廷』をすすめる集い」（日赤会館）まで、二四都道府県で八三回にわたって開催されている。八二年二月に出演者四人、三〇分で上演できる「ミニ法廷」のシナリオもつくられ、普及に大きな役割を果たした。

各地の被爆者組織をはじめとした市民・平和団体などによる実行委員会によるものや、生活協同組合、青年団体などの独自の取り組み、大学、高校生らによるものなど多彩な取り組みであった。

「国民法廷」の核となったのは被爆者の証言である。「法廷」に参加した人たちの感想文の圧倒的多数は、被爆者の生の声に感動し、原爆の非人道性に怒り、核兵器廃絶と被爆者援護法の必要を痛感したものだった。また、「法廷」運動のなかで、みずからの体験を初めて語り、核戦争の証人として体験を語る決意をした被爆者が数多く生み出された。

「国民法廷」運動はこうして、原爆被害「受忍」政策を打ち破り、核兵器廃絶と被爆者援護法制定の世論を広めていく大きな力となった。被爆体験の証言、原爆展など語り継ぐ運動も全国で広がった。被爆体験記などの出版も、各地被爆者の会で相次いだ。

反核運動も高揚　八二年は年初から、核戦争の危機に抗議し、核兵器廃絶を求める各界の運動が画期的な広がりをみせた。

一月二〇日、「核戦争の危機を訴える文学者の声明」が発表された。「核兵器の廃絶をめざし、新たな軍拡競争をただちに中止せよ」「日本政府は非核三原則を厳守せよ」と要求した声明の署名者は、井上靖、赤川次郎、井伏鱒二、遠藤周作、大江健三郎、五木寛之、水上勉、田辺聖子、三浦綾子、安岡章太郎ら五二三人（三月一八日現在）にのぼった。

二月二一日には、芥川也寸志、いずみたく、さだまさしらクラシック、ポピュラー、邦楽の各分野にわたる音楽家六二氏の呼びかけでつくられた「反核・日本の音楽家たち」が発足した。彫刻家・高田博厚、漫画家・手塚治虫ら美術家は「核兵器廃絶と核戦争防止を訴える芸術家の声明」を出そうと行動を開始、新劇人約一〇〇〇人からなる「安保体制打破・新劇人会議」は核兵器廃絶を訴えるアピールを発表した。市村羽左衛門、長谷川一夫、山田五十鈴、竹本越路太夫、杉村春子、宇野信夫ら演劇人八八人は三月一五日、「平和への演劇人の訴え」を発表した。

医師、農民、さらに、海軍兵学校、陸軍士官学校出身者による「核兵器廃絶・軍備縮小・文民統制の堅持を求める旧軍関係者の会」（反核・旧軍の会）も発足、旧軍関係者たちに署名をよびかけた。

映画「にんげんをかえせ」　アメリカにある原爆記録フィルムを買い取って新しい原爆記録映画をつくろうと呼びかけていた「10フィート運動」（子どもたちに世界に！　被爆の記録を贈る会）の第一作「にんげんをかえせ」（橘祐典監督、二〇分）が完成（一月）、各地で上映活動が取り組まれ、大きな感動をよんだ。

広島・長崎両市が企画した記録映画「ヒロシマ・ナガサキ――核戦争のもたらすもの」（岩波映画、四五分）も完成（三月）、運動の中で大きな役割を果たした。

大規模な国際活動　日本被団協は八二年、第二回国連軍縮特別総会（ＳＳＤⅡ）への代表団派遣をはじめとして、大規模な国際活動を展開した。

二月一五日、一六日の中央行動では各国首脳への日本被団協の手紙を届けた。手紙は、ＳＳＤⅡを前にして各国政府首脳に、核兵器禁止と

「反核・日本の音楽家たち」発足（1982.2.21）
提供・連合通信社

軍縮への努力と被爆の実相を伝える被爆者代表を受け入れるよう配慮を要請するもので、被爆者が訪れた大使館は米英中ソ仏の核兵器保有国をはじめ二九カ国にのぼった。

三月三一日〜四月二日にジュネーブでNGO（非政府組織）軍縮特別委員会が主催して開いた「世界世論とSSDⅡに関する会議」には、事務局長代理・斉藤義雄と国際委員長・小西悟を派遣した。二人は第一次ヨーロッパ派遣代表としてドイツ、スイスなどを訪れ、被爆者の声を伝えた。

六月七日に開幕したSSDⅡには、日本被団協は四三人の大代表団を送って、被爆の実相と被爆者の願いを訴えた。日本被団協代表は全員渡米できたが、アメリカが代表団の一部にビザを発行しないなどの妨害のなかで、ほかの代表団に入った被爆者のなかには渡米できない者も出た。これらの代表はヨーロッパに渡って核兵器廃絶を訴えた。

山口仙二の国連演説　六月二四日には、代表委員・山口仙二が日本の国民運動推進連絡会議を代表して国連総会議場の演壇に立った。山口は、みずからのケロイド写真を示しながら、「ふたたび核戦争の地獄を許すな」と、各国代表たちに核兵器の廃絶を迫った。山口は最後を次の言葉で結んだ。

私たち被爆者は訴えます。命のあるかぎり私は訴えつづけます。
ノーモア　ヒロシマ
ノーモア　ナガサキ
ノーモア　ウォー
ノーモア　ヒバクシャ

国連総会議場は、感動と激励の割れるような拍手につつまれた。日本被団協代表団に加わった広島の松田雪美はこう詠んだ。

夫と子を失う被爆の現状をつぶさに語る大使の胸に

被団協は写真パンフ『HIBAKUSHA』の日・英・独語版をあわせて発行して、被爆者の声の普及に大きな役割を果たした。

市民懇などの活動も　SSDⅡをめざす国連要請国民運動推進連絡会議は広島実行委員会とともに三月二一日、「82年・平和のためのヒロシマ行動」を開いた。ヒロシマ行動では、全国各地から集まった約二〇万人が六つの会場にあふれた。日本被団協の伊東壮、伊藤サカエ、山口仙二はそれぞれ被爆体験を語り、援護法制定と核兵器廃絶を訴えた。

五月二三日の「平和のための東京行動」（上野公園）には市民四〇万人が参集し、多くの被爆

パンフレット『ヒバクシャ』
日・英・独語版

プロレスのアントニオ猪木さんが被爆パンフ普及資金を寄付（1982.4.1 両国国技館）

者も参加した。水上公園では初の〝屋外国民法廷〟が行なわれ、被爆者・出島艶子の証言が大きな感銘を与えた。

被爆問題市民団体懇談会（市民懇）は三月二四日、「今こそ、核戦争犠牲の『受忍』政策を転換させ、核兵器完全禁止・軍縮と被爆者援護法の制定を要求する三月行動」を展開、二〇〇〇万人署名の約八〇万人分を当日、国会に提出した。

八月の原水爆禁止八二年世界大会では被爆者援護法が大きな焦点となり、代表委員をはじめとして被爆者代表が各分科会で活発に発言して感銘を与えた。大会アピールは核兵器完全禁止とともに「被爆者援護法の制定」を訴えた。

「核戦争の危機と援護法」懇談会　ＳＳＤⅡを機に盛り上がった反核の声を核兵器完全禁止・援護法制定の草の根国民運動にしていくために、日本被団協は七月三一日、「核戦争の危機と被爆者援護法を考える懇談会」を開いた（東京・日本女子会館）。科学者、文学者、法律家、宗教家など各界の人たちと被爆者、四十数人が参加、核戦争被害への国家補償と核兵器廃絶の課題との結びつきなどをめぐって熱心な話し合いが行なわれた。「反核運動は被爆者の苦悩がどれほど浸透するかにかかっている」（弁護士・松井康浩）、「援護法の問題を中心的な課題に置き、積極的に外側に向け大きくよびかける運動をしてほしい」（作家・大江健三郎）などの発言が相次いだ。

死没者・遺族調査　八二年九月一一日、一二日に開かれた日本被団協代表理事会は「被爆者援護法の即時制定を迫る国民運動（要綱）」を決めた。また、核戦争被害「受忍」政策の変更を国に迫る運動の重要な柱として、原爆死没者・遺族の調査と対策を要求に打ち出し、中央に特別対策委員会の設置を決めた。

原爆死没者・遺族対策特別委員会（委員長＝代表理事・千田数雄）は一〇月二日、三日の第一回委員会で「死没者・遺族対策の前進のために」の方針を決定した。

この方針は、「政府はこれまで二度の被爆者調査において核戦争最大の犠牲者である死没者とその遺族について何の調査もしようとはせず、その数の把握にすら手を染めようとはしませんでした。このことは、原爆被害の実態についての認識をゆがめるばかりでなく、その真相をおおいかくす役割を果たすことになる」と指摘し、政府に死没者調査を実施するよう要求するとともに、被団協みずからの手で全国の死没者・遺族の掘り起こしを行なうことを表明している。

一一月六日、七日に東京で開かれた全国都道府県代表者会議は「政府の核戦争犠牲の『受忍』政策を変更させ、被爆者援護法の即時制定をめざす大運動」の展開を確認、「国会議員全員、地方議会議員に核戦争犠牲の『受忍』政策の変更を求める要請・賛同署名をおこなう」「原爆死没者・遺族の調査と対策を国に求めるとともに独自の調査活動をおこなう」など六つの運動課題を設定した。

「西日本懇」問題　八二年六月一三日東京放送（TBS）テレビが、報道特集「反核大合唱の中の不協和音―首かしげる文学者と被爆者団体」を放送した。内容は「西日本被爆者懇話会」について、日本被団協が分裂したかのように受け取られる報道だった。

心配した全国の被爆者からの電話が日本被団協に相次いだ。日本被団協は七月一九日、TBSに「公平を欠いた報道で遺憾である」との申し入れをした。

「西日本被爆者懇話会」問題は、八二年五月二日、日本被団協に加盟する西日本の一四府県の有志が、「被爆者は西日本を中心に住んでいるのに、一律に各県一人ずつの理事という現在の制度は不公平」などの点で、日本被団協の運営について批判的な声明を発表したことに端を発したものであった。「西日本懇」に会長名が署名されていた山口県被団協は定期総会（七月四日）で、「会長またはその代表権を持つ者が賛同署名に名を連ねたことはない」との決議を採択した。

日本被団協は八三年二月一二、一三日の一五二回代表理事会で討議、「今後も民主的運営によりいっそう努め団結を強めて前進する」との申し合わせを確認した。西日本関係有志で「原爆被爆者問題を考える会」の結成がすすめられた事態に対しては、四月一六、一七日の代表理事会で、「〝考える会〟を日本被団協の中のひとつの組織として認めることはできない」として団結を訴えることを確認した。そうした経過のなかで、日本被団協の団結を願う声は強まり、事態は克服されていった。

3　世界に広がる反核の波

反核の輪さらに　一九八三年には、八二年の国連軍縮特別総会（SSDⅡ）をバネに、反核の輪は世界にさらに広がった。

四月、北大西洋条約機構（NATO）の中距離核ミサイル配備に反対して、イギリスで基地と基地のあいだ二二キロを七万人が結んだ「人間の鎖」、六月にはパリで五〇万人の反核大集会、一〇月にはアメリカの中距離ミサイル欧州配備に反対する西独で、フランクフルト、ニュルンベルク、チューリッヒ、ボンの四都市で一五〇万人、ローマで三〇万人、ロンドンで二〇万人のデモが展開された。

西ドイツには小西悟、加陽正雄、下平作江、フランスには肥田舜太郎、イタリアには黒川万千代が訪れた。ボンの五〇万人集会では、小西悟が峠三吉の詩「にんげんをかえせ」をドイツ語訳で朗読して、大きな感銘を与えた。

こうしたなかで日本被団協は、国際活動も強めながら、国民法廷、二〇〇〇万人署名を柱に運動を広げていった。

三月中央行動　日本被団協は三月八日から三日間、東京で三月中央行動を行なった。全国からのべ一〇〇〇人を超える被爆者が参加した。行動参加者は、八三年度の被爆者対策予算が減額されたことなど被爆者施策の後退に怒り、「生きているうちに援護法を」と諸要求の実現を各政党、厚生省に迫った。

交渉のなかで、自民党幹事長・二階堂進と厚生大臣・林義郎は「死没者を含む被爆者調査について検討する」、厚相は「所得制限の撤廃は部分的に拡大を考える」と答えるなど大きな前進を見せた。

中央行動中の九日、被爆問題市民団体懇談会が、「ふたたび被爆者をつくらないための市民集会」（私学会館）を開いて署名を集約、会場の演壇下には約八〇万人分の請願署名が積み上げられた。署名は総数一一二〇万を数えた。同じ日、原水爆禁止一九八三世界大会準備委員会も「援護法制定要求国民集会」（東京・清水谷公園）を開き、四〇〇人の参加者が国会、厚生省へ向けてデモ行進をした。

三月行動に参加した被爆者は口々に感激を語った。「全国から集まった被爆者の熱意に満ちた行動に加わって、決意を新たにした」「今後、要求の重点を援護法につながる形で運動していけば援護法は必ずできると確信した」と。

野党共同援護法案　日本被団協の要請にもとづいて野党五会派（社会、公明、民社、共産、新自連）は三月一七日、被爆者援護法案を衆院に提出した。①全被爆者を対象とする被爆者年金②死没者対策の特別給付金一〇〇万円、などを主な内容とするものだった。法案は五月一九日の衆院社会労働委員会で質疑が行なわれたあと、全会一致で継続審議となった。

日本被団協第二八回総会　第二八回定期総会

は八三年五月二一日、二二日に開かれた（東京・主婦会館、都市センター）。被爆者の高齢化がすすみ、生活と健康の不安が深刻になっている実情が明らかにされ、運動方針は「ふたたび被爆者をつくらず、被爆者のいのち・くらし・こころを守る大運動」として、被爆者援護法の一日も早い制定と現行二法の完全活用、改善をすすめること、ヒロシマ・ナガサキをくり返させないために被爆体験を語り継ぎ、核兵器廃絶の運動をすすめることを打ち出した。

4　「要求骨子」検討へ

検討委員会の設置　総会を受けて六月二五日、二六日に開かれた代表理事会は、援護法要求の前進をめざして「要求骨子検討委員会」（委員長＝代表委員・伊東壮）を設置することを決めた。七三年に策定された「原爆被害者援護法案のための要求骨子」は、それ以来、援護法制定と被爆者の要求を実現する運動の軸となってきた。いま、国民に戦争被害の「受忍」を押しつけ、援護法を拒否した基本懇「意見」に対して、この「要求骨子」を、核兵器廃絶は援護法制定なくしてはありえないと確信できるようなものに発展させることが課題であった。

検討委員会はこのために、被爆者をはじめ多くの人たちから意見がよせられるよう呼びかけた。全国的討論をすすめるためのパンフレット『被爆者援護法のはなし　6問6答』を発行した。

八三年世界大会で援護法制定決議　八月に開かれた原水爆禁止八三年世界大会では、「被爆者の援護と援護法の実現」をかかげた分科会が設けられ、八五〇人を超す代表が活発な討論をした。「ヒロシマのひろば」では援護法制定の特別決議が採択され、最終日の「長崎アピール」では、核兵器完全禁止とともに被爆者援護法の制定がうたわれた。

また、長崎では八月八日、日本被団協主催の「被爆者と結ぶつどい」が開かれた。会場の長崎勤労福祉会館には一五〇人が参加した。中央相談所理事長・肥田舜太郎と明治大学教授・石田忠による問題提起を受けて、被爆者の発言とともに、被爆者の話の感動を仲間たちに伝えたいという若い人たちの発言が相次いだ。

「病は気から」発言に怒り　広島原爆の日の八月六日、広島を訪れた首相・中曽根康弘は、原爆養護ホーム・舟入むつみ園を訪問したとき、「病は気から起きる。気持ちさえしっかりしていれば病気は寄って来ない」と発言した。*10

*10　**「病は気から」発言に怒りの声**
中曽根康弘首相の「病は気から」発言には被爆者の怒りが噴き出しました。
石原秋光（長崎）「総理の発言には、悔しくて情けなくて、腹が立ちます。私は見た目には健康そうですが、原爆のため、左のひざ下から足の先ま

ふたたび被爆者をつくらないために
被爆者援護法のはなし
6問6答
日本原水爆被害者団体協議会
パンフ「6問6答」

被爆者の苦しみを無視した発言に「ヒロシマのひろば」や原水爆禁止世界大会でも、抗議の声がうず巻いた。日本被団協は九月一四日、「被爆国首相の原爆被害認識の低さに大きな驚きと怒りを覚える」との抗議声明を発表。一〇月行動では、首相に抗議の申し入れを行なった。

生きているうちに……　機関紙「被団協」は八三年八月号に、読者の声を聞くアンケートはがきを添付した。回答は九月末までに二五八通が届いた。

「いま、あなたが一番求めているものは」の答えで最も多かったのは「被爆者援護法の制定」で、「援護法で何を実現したいか」では、①健康不安に満ちた生活をなんとかしてほしい、②原爆死者に対する国の償い、などだった。現行施策の改善については、「手帳一本で、どこの病院でも診察してもらいたい」という要求が目立った。老齢化に伴い、養護ホームやヘルパー派遣などの施策や老後の生活保障を求める声も切実だった。

被爆者施策の後退許さぬ　そのころ、各地の相談所に「もらっていた健康管理手当が打ち切られた」「手当申請の診断書が書いてもらえない」とか「県側のチェックがきびしくなった」といった声が寄せられるようになった。診断書には治療期間「三年」と書いてあったのに、認められたのは一年だけ、というような事例も相次いだ。

日本被団協は一一月六日、「現行施策の後退を阻み、被爆者援護法の実現をめざす全国都道府県代表者会議」を開いた（東京・中退金ホール）。会議では、中央相談所理事長・肥田舜太郎が、健康保険法の改革案と被爆者施策の現状について報告。施策後退の実情報告が各地の代表から相次ぎ、健康保険法改悪反対の特別決議と、「現行施策の後退を阻み、被爆者援護法の実現をめざして運動をさらに広げよう」とのアピールを採択した。

代表委員・伊東壯（「骨子」検討委員長）は「要求骨子」検討の中間報告を行ない、「基本懇意見に基づいて被爆者援護法を拒否している政府の姿勢を変えさせるためには、被爆者の団結を固め、統一した要求で運動をいっそう力強いものにしなくてはなりません」「核兵器廃絶は援護法制定なくしてはありえないと確信できるように『骨子』を検討することです」と強調、被爆者だけでなく、広く国民から意見が寄せられるよう訴えた。

平和のための東京行動　一〇月二四日夜、八

で痛むし、右のひじも病んで仕事ができません。今度は医者から、これ以上悪くならないように職業転換しろと言われ、途方にくれています。だれが好き好んで病気を起こすもんですか。悔しいですよ」。

桑原千代子（広島）「ニュースを聞きながら、怒りがこみあげてきました。首相は多くの屍の埋まっている平和公園を歩いて、何を感じ取って下さったのでしょうか。私は十三歳で被爆し、原爆白内障、糖尿病で通院治療をつづけていますが、若年被爆はガンにかかりやすいともいわれ、いつまた重い病が発病するかと不安におののき、人一倍健康に気をつけています。「非核三原則を守ります」と言った口の下からのこの発言は、福祉を切り捨て、被爆者援護法を制定しない国の姿勢を示すものです。ふたたび被爆者をつくらぬため奮起しなければ……」。

（「被団協」83・9・6）

三年世界大会準備委員会と東京行動実行委員会が主催する「83国連軍縮週間10・24反核・軍縮・平和のための東京行動」（明治公園）が行なわれた。会場には二〇人余の被爆者が参加、東京の永坂昭が決意を表明した。

各党に公開質問状　日本被団協は一一月七日の中央行動で、自民党と野党六党（日本社会党、民社党、公明党、日本共産党、新自由クラブ、社会民主連合）に、被爆者対策についての公開質問状を提出した。総選挙を間近にひかえ、各党の政策をたずねて被爆者の政党選択の参考に供するためであった。質問の内容は、被爆者援護法要求と現行施策、原爆死没者・遺族調査、非核三原則など。回答は七党すべてから寄せられ、その全文は「被団協」八三年一二月号に掲載された。

「援護法を考えるつどい」　一二月一〇日、基本懇「意見」から三年目にあたって日本被団協は東京・主婦会館で「被爆者援護法を考えるつどい」を開いた。

つどいでは、明治大学教授・石田忠が記念講演で「原爆被害は人間性を否定するものであり、国は国民に原爆被害を受忍させてはならない。国は戦争という国の行為によって国民に原爆を被爆させた責任を認めて救済をはかるべきであり、それが国家補償である」と強調した。

6章　「原爆被害者の基本要求」の策定

1　「要求骨子」から「基本要求」へ

三月中央行動　日本被団協の八四年の三月中央行動は二六日から三日間、全国からのべ一二〇〇人が参加、ようやく春の日がさし始めた東京で力強く展開された。

行動の課題は「核巡航ミサイル・トマホークの配備・持ち込み反対、現行施策の後退を阻み、諸要求実現、被爆者援護法制定をめざす」ことであった。

一日目は、決起集会につづいて街頭でのビラまき、政府や各政党、国会議員、米ソ大使館など計一〇〇カ所をこえる要請行動。二日目は、三〇〇人がつどう「ヒロシマ・ナガサキを語り継ぐ交流集会」や横須賀基地視察など多彩な行動が展開された。三日目の総括集会では、「被爆者援護法と切実な諸要求実現のために、心と力を合わせ、励ましあって行動を深めましょう」との「よびかけ」を発表した。

「トマホーク反対3人署名」　八四年は米大統領ロナルド・レーガンが「強いアメリカ」をかかげ、首相・中曽根康弘が「戦後政治の総決算」を叫ぶ声で明けた。二月一日、米国防総省が核巡航ミサイル・トマホークを太平洋艦隊に配備すると発表した。

日本被団協は八四年二月一八日、一九日に開いた代表理事会で「日本を核戦場にする核巡航ミサイル・トマホークの配備に反対しましょう」とのアピールを発表し（二月二〇日）、「はがき3人署名」を呼びかけた。トマホーク配備反対の要求は、三月行動の柱としてもかかげられた。

ビキニ水爆実験による第五福竜丸被災三〇周年にあたる三月一日、日本被団協は特別アピールを発表し、核の惨禍を語り継ごう、非核三原則の厳守、ふたたび被爆者をつくらないための被爆者援護法即時制定、を訴えた。

「トマホーク反対3人署名」は六月中旬までに二七九五通、八三二一人分が集まり、六月一八日、中曽根首相に提出した。

署名はがきの「ひとこと」欄にはたくさんの被爆者と国民の切実な声が書き込まれていた。「原爆映画を見、被爆者の体験を聞き、悲惨で気が狂わんばかりでした」「毎年、しゅじゅつのれんぞく。二度と原爆を落とさないでください」「私は核戦争の被害者になるのも、加害者の側に立たされることも断固拒否します」。

日本被団協第二九回総会　日本被団協第二九回定期総会は八四年六月一六日、一七日、東京・日赤会館で開かれた。「基本要求」策定（「要求骨子」改定）を急ぐことが強調され、「被爆者援護法の一日も早い制定を」「被爆者の高齢化、病弱化に伴う切実な要求にこたえる現行二法の改善を」「非核三原則を厳守し、日本をふたたび核戦場にするな」「そのために三七万被爆者の力を総結集しよう」との、被爆四〇周年をめざす決議を採択した。

また、原水爆禁止世界大会をめざす平和行進の東京―広島コースを歩いている七二歳の日本被団協顧問・行宗一を激励する特別決議を採択した。

日本を核戦場にする
核巡航ミサイルトマホークはくるな！
「はがき3人署名」にご協力を
核巡航ミサイル・トマホークが今年六月から米太平洋艦隊に配備され、日本に持ち込まれようとしています。
トマホークは、アメリカの核戦力を飛躍的に強化し、これに対抗するソ連の核ミサイルSS20の極東配備と相まって、日本が核戦場にされる危険をさらに深めます。
世界最初の核戦争の被害者である私たちは訴えます。
・核巡航ミサイル・トマホークの配備持ち込み反対！
・政府は非核三原則を守れ！
・ふたたび被爆者をつくるな！
・被爆者援護法をいますぐ制定せよ！
この訴えを実現させるために、「3人署名はがき」に、あなたの署名とこえを――。
（ウラもお読みください）
日本原水爆被害者団体協議会
〒105 東京都港区新橋5－31－7 久保ビル 電話 03－438－1897
私たちはトマホークの持込みに反対します！
内閣総理大臣 中曽根 康 弘 殿
ひとこと	氏名	ひとこと	氏名	ひとこと	氏名
	住所		住所		住所

トマホーク持ち込み反対のはがき３人署名

核巡航ミサイルトマホークの配備、持ち込み反対行動（1984.3 横須賀米軍基地）

2　活発な調査活動

死没者・遺族調査すすむ　日本被団協が八二年一一月から独自に取り組んだ死没者・遺族調査は、八四年五月末までに死没者九三二一人分（二七都道府県八五七枚）が回収された。

八四年六月の日本被団協総会で、日本被団協被爆者調査の特別委員長代理・岩佐幹三が調査について中間報告した。岩佐は報告のなかで死没時期は被爆した年四五年末までが約半数を占めた。死因は、被爆直後は爆死・不明が多く、四六年以後の死者ではがんによる死亡が目立っていた。遺族の要求では、死没者への供養と遺族援護、援護法制定、核兵器完全禁止を求めているのが多かったことを指摘した。

被爆者要求調査も　日本被団協は、死没者・遺族調査と並行して、八三年一一月から被爆者要求調査に取り組んだ。

調査は全国的にすすめられ、八四年七月三〇日、記者会見で「まとめ」を発表した。答えた被爆者は二二都道府県で三六九〇人、被爆者手帳所持者のほぼ一％であった。調査票に克明に書き込まれた被爆者の声には、次の特徴があった。

①病気と健康不安の深刻さ。「いま悩んでいること」として六二％があげている　②「ふたたび被爆者をつくらない」との願いの強さ。七四％を超えた　③被爆者援護法への願いの切実さ。「援護法を早く」が五六％　④高齢化に伴う医療などの改善要求　⑤被爆者運動、原水禁運動の統一と団結への願い

被爆者要求調査の結果は、『いま、被爆者が願っていること』と題した報告書としてまとめられた。要求調査は、各地の被爆者の会の活動を活発にするうえで大きな役割を果たした。「まとめ」はマスコミでも大きく報道された。

また、八月二日の参院社会労働委員会での特別措置法改正案の審議では、野党議員の多くが要求調査を質問の材料として、援護法の制定を政府に迫った。厚生大臣・渡部恒三は答弁の中で要求調査にふれ、「原爆の被害がいかにむごたらしい問題を人間の生活の各分野にもたらしているか、生活・健康の不安、人間として生きていく限りつづく不安の深刻さを痛感している」とのべた。しかし、援護法制定の要求には「現行法で可能な限りの努力をしたい」とのべるにとどまった。

日本被団協は、要求調査を基礎として「基本要求」（「要求骨子」の改定）の策定をすすめた。

被爆者要求調査
報告書（1984.8）

3　国民法廷から国際法廷運動へ

援護法制定求める声　八四年八月に開かれた原水爆禁止一九八四年世界大会は、核戦争阻止・核兵器完全禁止を求めるヒロシマ・アピールとともに、被爆四〇周年を前に「被爆者援護法の即時制定を求める特別決議」を採択した。

また、「二二人委員会」（座長・宇都宮徳馬）が八月一八日に開いた平和シンポジウムでは、日本被団協が、要求調査にもとづいて国家補償の援護法制定の緊急性を訴えた。

「国際法廷」運動　八四年一〇月一五日からギリシャのアテネで開かれた国際民主法律家会議第一二回大会で、日本の法律家が「国民法廷」運動の成果を紹介して、大きな反響を呼んだ。

報告したのは弁護士の池田真規である。「日本における核兵器廃絶と被爆者援護法のための国民法廷運動に関する報告」と題した報告で池田は、日本の法律家が参加した「国民法廷」が、被爆者の原爆体験の証言を柱として日本全国で一〇〇回以上開かれていることを紹介し、「核兵器廃絶運動の出発点は、被爆者の体験を聞くことにある」と強調。核兵器廃絶の世論を世界的に盛り上げるために、①各国で核兵器の非合法性を明らかにするシンポジウム、市民法廷を開催し、日本の被爆者を招いて直接に体験を聞いてほしい、②核兵器の非合法性に関し、ベトナム戦争に関するラッセル法廷のような「国際法廷」の開催を検討すること――を提案した。

大会では、日本の法律家たちが持参した五〇〇部の報告書、日本被団協の写真パンフレット『HIBAKUSHA』二五〇冊は、あっという間になくなった。

4　「基本要求」の全国的討議

「基本要求」策定へ　八三年六月に設置された要求骨子検討委員会（委員長＝代表委員・伊東壮）は、基本懇「意見」の原爆被害「受忍」論をのりこえ、「被爆者の置かれている実態、要求、援護法の必要性を広く訴え」（八四年度活動方針）るために、新しい「原爆被害者の基本要求と援護法要求の骨子」（仮称）の策定をめざして、専門委員会とも協力して討議をつづけた。

八三年一一月六日の全国都道府県代表者会議では、伊東が検討委員会の中間報告をした。「政府の援護法拒否の姿勢を変えていくためには、理論と国民運動の両面の強化が一段と必要」であり、「何よりも被爆者同士の団結を強

猫八さんも被爆者手帳

物まねでおなじみの江戸家猫八（本名・岡田六郎）さんが一九八四年二月、被爆者健康手帳の交付を受けました。

猫八さんは、広島暁二九五三部隊（宇品）の兵舎内で被爆、その後も市内で救援活動に従事。戦後は原爆後遺症ともたたかってきました。被爆者手帳の申請は知人のすすめと、六十歳を過ぎて、被爆した事実を子供たちに何かで残しておかなければと思ったから、と言います。

猫八さんは、舞台でも被爆体験を話しています。（「被団協」84・3・6）

江戸家猫八さんに被爆者健康手帳交付

め、統一した要求で日本被団協の運動をいっそう力強いものにしていくこと」「要求の正当性を明らかにし、基本懇の意見書をのりこえる理論的な整備が必要です」とのべ、さらに「骨子」検討の意義を次のように強調した。

「とくに大切なことは、援護法をいま制定することが国民や人類にとってとても大切なことだ、核兵器廃絶は援護法制定なくしてはありえないと確信できるように『骨子』を検討することです」。

全国的討論を重ね　「要求骨子」の検討＝「基本要求」づくりは、被爆者の全国的な討論ですすんだ。各地の会の集まりや相談事業講習会などでは「被爆者の要求は何か」が真剣に討論された。

機関紙「被団協」は、八〇年七月号から「援護法を考える」のタイトルで、広く専門家の意見を求めた。大江健三郎、関屋綾子、藤田久、浦田賢治、西島有厚、外山雄三、松谷みよ子、石田忠、池田真規、松井康浩、中野好夫、宇都宮徳馬の各氏らも発言に加わっている。

被爆者要求調査や全国的な討論をもとに、検討委員会は八四年一〇月一〇日、「原爆被害者の基本要求」の原案を発表した。

原案に寄せられた意見は、都道府県被団協、地区の会、被爆者個人、専門委員などの専門家も含めて六七件。内容は二〇〇項目を超えるものであった。

検討委員会と事務局は次々に寄せられる意見を検討し、原案に修正を重ねた。修正回数は二十数回にのぼった。当時はまだワープロも登場しておらず、手書きでの作業は手数がかかった。

「ふたたび被爆者をつくるな」という被爆者の根源的な願いを現実のものにするためには、「核戦争起こすな、核兵器なくせ」と「原爆被害への国家補償＝原爆被害者援護法制定」の二大要求の達成が必要である、という基本的な組立てが明らかになってきた。

討論のなかでは「原爆を投下したアメリカに謝罪を求めよ」という当然の意見がある一方、「原爆を投下したアメリカは人間ではない。人間ではないものに、謝罪を要求するのはおかしい」という意見さえ届いた。原爆投下への被爆者の怒りの強さに、検討委員たちは胸を突かれる思いだった。

意見―修正―意見―修正の繰り返しは一一月一八日、全国都道府県代表者会議で採択される直前まで続けられた。

吉永小百合さん新春随想

女優の吉永小百合が機関紙「被団協」の八四年一月号に「新春随想」を寄せた。テレビドラマ「夢千代日記」（早坂暁原作）が放送されているころだった。夢千代は広島の胎内被爆者。吉永は書いている。

初めて、この役を演ずる時、考えました。「夢千代は、どうしてこんなにやさしいのかしら」「どうして我が身の不幸を嘆くより、みんなの幸せを思うことができるのかしら」と。／考えました。考え続けました。そうして、こう思いました。／「夢千代は、ほんとうの苦しみを、悲しみを体験している。言葉では言い表せないような苦しみと怒りを……。だから、それだから、人間のいたみがわかり、まわりの人々に対して、限りなくやさしい心が持てるのではないかしら」……

昭和二十年に生まれた私の、原爆に対する思いを込めて、しっかり演じたいとおもっています。

5 「原爆被害者の基本要求」の発表

八四年全国代表者会議　被爆四〇周年を目前にした八四年一一月一七日と一八日、日本被団協は全国都道府県代表者会議（東京・日赤会館）を開いた。

「原爆被害者の基本要求」と「現行施策の改善要求」をつくりあげるとともに被爆四〇周年の国民運動をスタートさせるのが代表者会議の課題だった。

「原爆被害者の基本要求――ふたたび被爆者をつくらないために」と「改善要求」の提案説明は、検討委員会副委員長の吉田一人（日本被団協事務局次長）が行なった。

提案では、

①制定の目的と全国的討論の経過

②「基本要求」は日本政府、アメリカ政府とすべての核兵器保有国政府に対する要求であるとともに、広く国民に普及し、被爆者の要求に理解と支持を求めるためのものであるという文書の性格

③「基本要求」の構成は、

▽「ふたたび被爆者をつくるな」の願いは被爆者の原爆〝地獄〟に根ざしたものであることを明らかにした前文と、

▽それを実現させるための「核戦争起こすな、核兵器なくせ」と「原爆被害者援護法の即時制定」の二大要求

――からなっていること、二大要求がたがいに不可分の関係にあって、国家補償の援護法制定が国民の「核戦争を拒否する権利」の土台を築くものであること

が説明された。

また、「被爆者の高齢化に伴う現行施策の改善要求」は、切実な緊急要求であるとともに、「国家補償の原爆被害者援護法の内容を充実させるものである」ことが強調された。＊11

「基本要求」と「改善要求」は、会議の討論でさらに修正を加え、一八日、満場の拍手で決定された。

援護法制定国民運動へ　この代表者会議では、「核戦争阻止・核兵器廃絶、被爆四〇周年に原爆被害者援護法の制定をめざす国民運動」の方針も決まった。地方自治体を結ぶ全国網の目行脚（一一月～八五年三月）と全国縦断行脚（八五年三月四日～四月一五日）を柱に、次のような行動を展開することになった。

①援護法制定国会請願署名　②援護法要求支持署名（国会議員、自治体首長・議会議長・議

＊11　「被爆者の高齢化に伴う現行施策の改善要求」
八四年一一月一八日、全国代表者会議で決定した「被爆者の高齢化に伴う現行施策の改善要求」は次の八項目。
①厚生大臣が「原爆症」と認定した被爆者が死亡した場合、その遺族に特別給付金を支給すること。
②現行の葬祭料を医療法制定時にさかのぼって支給すること。
③原爆症の認定にあたっては、機械的審査を改め、被爆者の実態に即応するものとすること。
④現行健康診断制度にガン検診を加えるとともに、高齢化した被爆者の実情に見合ったものに改めること。
⑤すべての手当ての所得制限を撤廃すること。
⑥六十歳以上の健康管理手当は、「支給期間」を廃止し、終身支給すること。
⑦六十年度被爆者実態調査の実施に当たり、原爆死没者及び遺族の実態を調査し、原爆被害を総合的に明らかにすること。
⑧原爆被爆者の相談事業を一層充実させること。

員）③地方議会の援護法促進決議　④被爆体験を語り広げ、被爆の実相を普及する

「基本要求」を国民の中へ　代表者会議では、「基本要求」を土台とした行動への決意が次々にのべられた。

「被爆四〇周年という、あとに引けない節目に、すばらしい武器を手にすることができた。基本要求は必ずや人々の心をとらえるだろう」（東京・亀井賢伍）、「多くの意見で補強され、さらに活発な討論でよりいっそう私たちの要求を反映したものになった」（兵庫・野々村正弥）、「歴史的な討議に参加できたことを誇りに思います。この上は、基本要求を国民各層に浸透させ、国民みんなの願いにしたいと思います」（和歌山・楠本熊一）。

「被爆四〇周年国民運動」は、この日を起点に始動した。

大江健三郎の評言　「基本要求」には各界から多くの支持と連帯の言葉が寄せられた。作家・大江健三郎がその著『生き方の定義――再び状況へ』（岩波書店・八五年）の中でのべている評言を紹介しておこう。

大江はこの評論集の最終章「この項つづく」で「原爆被害者の基本要求」にふれ、「それは永年つづけられてきた「原爆被害者援護法」の制定をもとめる運動の、あらためて前へ向かう一歩をあらわしている文章です」「それは永い運動の経験と、周到な討論にもとづいて、平易かつ明瞭に、根底的な考え方を表現しています。僕は文章に関わる仕事の人間として、このような文体に敬意をいだくものです」とのべ、「基本要求」の前文と「原爆被害者援護法の即時制定」の項から引用、紹介してこう書いている。

「死んで行った人々を、生き延びる自分たちにつなぎ、次代に生きる人びとへ残す、核時代における切実な生き方の定義が見事に表現されているのではないでしょうか？　まさにこのような志をあらわして持続的に生きることで、困難かつ真摯な生を定義しつづけてきた、すでに多く老年をむかえている被爆者たちの、生き方の定義。この冬からあらためて展開される、この「原爆被害者の基本要求」に根ざした被団協の運動に、日本各地の多様な人たちの支持をひろげられねばなりませんが、とくに若い人たちにとってそこに参加することは、広島・長崎の被爆者たちの生き方の定義に習うという、もっとも根底的な自己教育の行為でもありうるだろうと思います」。

第五福竜丸保存と都立第五福竜丸展示館の建設

ビキニ水爆実験の被災船、第五福竜丸は、一九五四年の事件後、文部省が買い上げ、船名も「はやぶさ丸」と変えて、五六年から東京水産大学の練習船として使われていた。

一九六七年三月、第五福竜丸は廃船処分となり、「屑化する」ことを条件に船は解体業者に払い下げられた。払い下げを受けた業者は、エンジンなどを売却したあと、船体を東京湾のゴミ埋立地「夢の島」に放置した。六七年に入り、東京湾の港湾労働者が、第五福竜丸の存在を機関紙で伝えたのを知った江東区の市民が、第五福竜丸保存の声を上げ始める。「沈めてよいか第五福竜丸」という新聞投書（三月一〇日・朝日）が反響を呼んだ。保存募金も始まった。東京都知事・美濃部亮吉も保存への協力を表明した。三月一九日、船体は江東地元有志の人びとの手に買い取られた。江東の人たちは、心ない人の備品の持ち去りや打ち壊しから船を守り、ときに応急修理を施し、嵐のときには徹夜で海水のかい出しなどを行なった。

一九六九年四月、美濃部亮吉、中野好夫、三宅泰雄、檜山義夫、鈴木正久、壬生照順、畑中政春、森瀧市郎の八氏が個人として「被爆の証人『第五福竜丸』保存の訴え」を発表、七月一〇日、八氏を代表委員とする第五福竜丸保存委員会が発足する。

保存委員会は全国的な募金運動をすすめるとともに、東京都と保存の具体化について話し合いをかさねた。七一年一月、夢の島公園予定地に船は地上固定された。

七三年、財団法人・第五福竜丸保存平和協会が設立され、船は財団の所有として登記された。七四年一〇月、平和協会が第五福竜丸を東京都に寄付することを条件に、保存の建物を都の費用で建設することが決まった。

七五年八月起工。一九七六年六月一〇日、都立・第五福竜丸展示館が開館した。

第五福竜丸船体とエンジンの再会

一九九六年一二月、第五福竜丸のエンジンが海中から引き揚げられた。

六七年三月、廃船処分となった第五福竜丸のエンジンは買い取られ貨物船に移し替えられたが、その貨物船が紀伊半島美浜沖で濃霧のため座礁。その後の台風で船体はバラバラになり、エンジンは海中に没した。エンジンの沈没位置をつきとめた海南市の市民がこれを船体といっしょに保存しようと、エンジンを引き揚げた。海没から二八年後であった。

九七年三月、「第五福竜丸のエンジンを東京・夢の島へ　和歌山県民運動」が呼びかけられ、募金が取り組まれた。一〇月には東京の受け入れの運動組織「都民運動」が東京都生協連、東京地婦連、東友会など三一市民団体で発足した。

九八年二月、東京都知事・青島幸男がエンジンの受け入れを表明した。大型トレーラーに積まれたエンジンは、「第五福竜丸船体との再会」の横断幕をかかげ、和歌山から東京まで、焼津市、三浦市など沿道各地での展示をへて、三月一九日、東京都庁前で贈呈式が行なわれた。青島知事は「エンジンを福竜丸と再会させ、夢の島を平和の発信基地にしよう」とあいさつした。

二〇〇〇年一月、エンジンは船体との再会を果たし、展示公開された。東京地婦連は八重紅大島桜を記念植樹した。毎年四月の第一土曜日、「都民運動」世話団体（東友会など）によってつくられた「第五福竜丸から平和を発信する連絡会」による、「お花見平和の集い」がエンジンの前で開かれている。

第五福竜丸乗組員の肝障害——補償とその後

　第五福竜丸が中部太平洋・ビキニ環礁の米国水爆実験で被災したのは、一九五四年三月一日でした。二三人の乗組員は、急性放射能症で三月下旬に東大病院と国立東京第一病院に入院しました。平均年齢は二五歳でした。被災から半年後の九月、無線長の久保山愛吉さんが四〇歳で亡くなりました。医師団は「放射能症」と発表しましたが、アメリカ側は「治療の輸血による肝炎」と主張しました。

　二二人の乗組員は五五年五月に退院しましたが、あくまで自宅静養ということで、いつ発症するかわからない不安から、ふたたび遠洋漁船には乗れませんでした。近海漁師や水産学校の仕事についた二、三人を除いては、慣れない「陸《おか》の仕事」に就き、福竜丸の乗組員であることで「敬遠」されることもあって、自営業を始める人もいました。

　アメリカは「人道的立場からの見舞金」の形で政治決着をはかりましたが、被害者であるはずの乗組員がお金をもらったことで世間の「ねたみ」も生まれ、辛いことが多々あったようです。

　被災から五三年、今日（二〇〇七年三月）まで一二人が亡くなっています。うち九人は肝臓障害もしくは肝臓ガン死です。残る三人も肝硬変や肝障害がありました。亡くなった乗組員のうち七人が六五歳以下で、うち四人は四〇代、五〇代でした。

　第五福竜丸の乗組員にたいして国はなんの補償もしていません。高齢化して治療費の負担がのしかかるなかで、数人の乗組員は船員当時の保険の再適用を国に求め、C型肝炎による肝障害にのみ適応が認められているだけです。

安田和也（第五福竜丸展示館学芸員）

「被団協」07年3月

〔補〕第五福竜丸乗組員への補償とその後について

一　被災後の見舞金について

　第五福竜丸乗組員およびビキニ水爆実験によるマグロ廃棄漁船の乗組員の補償にかんしては、被災から一〇カ月後の一九五五年一月四日の日米交換公文により、米側が二〇〇万ドル（当時のレートで七億二〇〇〇万円）を日本政府に支払うことで政治決着がつけられた。

　この交換公文には次のような内容が合意されていた。①米側の法的責任は問わず「人道的考慮と好意によるお見舞金」（損害賠償ではない）、②この支払いにより全て解決したこととする、③今後汚染魚が出ても死者が出ても追加の支払いはしない。

　この二〇〇万ドルから慰謝料として第五福竜丸乗組員に一人約二〇〇万円、亡くなった久保山さんの遺族に五五〇万円（慰謝料、家族補償・弔慰金）が支払われた。そのほか、放射線障害が出て治療した他の船の乗組員の治療費などに約二〇〇万円（一五〇人分）が支出されている。

　日本側、水産業界の損失額見積もりは二五億円以上であり、全国の廃棄魚への損失補てんとして五億八〇〇〇万円が支払われた。日米間の交渉の経緯は、一九九一年公開の外務省外交文書で見ることができる。

二　原爆医療法制定と第五福竜丸の被災者

　第五福竜丸の被災が契機になり、原水爆禁止の世論が高まるなかで広島・長崎の被爆者への補償要求も高まり運動化していった。第五福竜丸被災二カ月後の五月一五日に広島で婦人会や子どもを守る会などが中心になり開かれた原水爆禁止広島市民大会は、原爆障害者とビキニ被災者への特別保護法の制定を求めている。

被爆者への補償措置としては、一九五六年八月初旬に山下義信・社会党参議院議員（故人）から参議院法制局に口頭依頼で「原爆障害者援護法案」の法案作成がなされている。法制局が作った法案要綱には、その援護対象者に広島・長崎の被爆者と水爆実験被災者、将来における水爆実験等による被災者および今後生じると思われる原子力工業に基づく被災者も含まれていた。

しかし社会党内の検討で〝予算の関係、法案を通りやすくする〟との意向から援護対象範囲を広島・長崎の被爆者にしぼる方向が出されたという（社会党左派藤田進）。一九五七年三月「原子爆弾被爆者の医療に関する法律」が成立した。

三　船員保険の再適用について

第五福竜丸の被災者は被爆による造血機能障害などで治療のために大量の輸血を行なった。そのためC型肝炎ウイルスに感染、後年に慢性肝炎、肝硬変、肝臓がんを発症した。これまでに亡くなった一二人（乗組員は二三人）のうち、肝臓がん死が八人、久保山さんは「急性放射線障害と続発した劇症型肝炎による多臓器不全死（聞間元医師）」、他の乗組員も胃がんや肝硬変で亡くなっている。生存する元乗組員の三人ががんの治療を受けている。

当時の主治医・三好和夫医師（徳島大学名誉教授・故人）は、「感染と被曝は一体の問題として考えるべきだ。国の対策を望みたい」（『毎日新聞』一九九五年一一月一一日関西版）とコメントしている。

一九九八年九月、元乗組員の小塚博さんはC型肝炎ウイルスにより深刻な病状をかかえ、「発症は操業中の死の灰をあびたことに原因がある」とし、治療費について被災当時の船員保険を再適用するよう求め静岡県に申請した。これは一九九九年一月に不承認の決定が出され、不服申し立ても却下された。一九九九年九月、静岡の平和運動関係者を中心に小塚さんを励ます会が結成され、国の社会保険審査会に申請、二〇〇〇年五月に公開審査が行なわれ、寝たきりになった小塚さんの代理で元乗組員大石又七さんが公開審査で証言した。同年八月四日、厚生省の裁決書が出され、申請が認められて「慢性C型肝炎」について船員保険の再適用が認められた。初めてビキニでの被爆との関係が認められたと、大石さんは語っている。その後、大石さんも肝臓がんの治療費、投薬、定期健診への船員保険の再適用が認められた。ただし国が認めたのはC型肝炎からくる内臓疾患のみである。

大石さんはさらに、亡くなった乗組員について船員保険の遺族年金の支給を受けることを進めた。その結果、一九八八年のC型肝炎ウイルス発見以降にC型肝炎ウイルスに感染し、肝臓がんや肝硬変を発症して亡くなった元乗組員四人について遺族年金の支給が〇五年一〇月から始まった。

しかし、第五福竜丸元乗組員には、被爆者であることを国が認め補償を行なうという道は閉ざされたままである。

（「原爆被害と国家補償No.24」中島竜美報告、大石又七『ビキニ事件の真実』みすず書房、『ビキニ事件の表と裏』かもがわ出版を参考にした。）

安田和也（第五福竜丸展示館学芸員）

Ⅵ 「基本要求」をかかげて

一九八五年〜一九八九年

被爆四〇年の一九八五年は、先進五カ国による「プラザ合意」の年でもある。これがきっかけで始まった円高から、日本列島には「バブル経済」のあだ花が咲き乱れ、狂乱地価、インフレが庶民を苦しめた。そのさなか、一つの時代の節目がくる。

八九年、昭和天皇の死であった。テレビ・新聞は哀悼番組一色となり、歌舞音曲は自粛を迫られた。日本被団協は毅然として、「広島、長崎の惨禍は昭和の戦争のなかで生じたものであり、その戦争は天皇の名によって始められた」とする事務局長談話を発表し、原爆投下をめぐる天皇の責任を追及した。

被爆四〇年から被爆四五年にかけて、世界では、核兵器廃絶への道のりがようやく見え始めた。ニュージーランド政府が核兵器積載可能な艦船の寄港を拒否したのは八五年二月、南太平洋非核地帯条約が採択されたのは八五年八月だった。八六年四月、チェルノブイリ原子力発電所で起きた事故は、放射線被害の恐怖と甚大さを全世界に知らせた。核戦争が起きたら地球はどうなるか、人類も、環境も、壊滅的打撃を受けることが、だれの目にもはっきりとわかった。「核凍結」や「核軍縮」で未来は救えない。核兵器廃絶こそ緊急課題だという思想が広がった。八八年の国連軍縮特別総会（ＳＳＤⅢ）ＮＧＯデーでは日本被団協代表委員・伊東壮が演説し、ニューヨークでは一〇万人参加の反核デモとなった。

国内ではこの時期、原爆被害への国家補償問題がクローズアップされてきた。

一九八五（昭和60）年

1・31　ニュージーランド・ロンギ首相、核積載可能米艦の寄港拒否

4・15〜17　全国行脚集結四月中央行動

8・6　南太平洋非核地帯条約採択

11・1〜　一万人対象に原爆被害者調査実施

一九八六（昭和61）年

4・28　ソ連チェルノブイリ原発事故

10・24　日本被団協結成三〇周年式典・祝賀会

一九八七（昭和62）年

3・1　被爆者調査をふまえ核兵器廃絶と被爆者援護法の即時制定せまる大運動開始

10・19　ニューヨーク株価大暴落

11・11　厚生省へ折り鶴人間の輪行動

一九八八（昭和63）年

6・8　国連軍縮特別総会ＮＧＯデーで代表委員・伊東壮が演説

6・11　ニューヨークで一〇万人デモ

9・26　長崎原爆松谷訴訟提訴

一九八九（平成元）年

1・7　昭和天皇死去　日本被団協声明

6・3　被爆者援護法制定求める一〇〇〇万請願署名開始

7・23　参院選で自民大敗、与野党逆転

12・15　参院で被爆者援護法案可決、衆院会期切

日本被団協は、八四年に策定した「原爆被害者の基本要求」をかかげ、「戦争犠牲は受忍すべきだ」とした基本懇答申（八〇年）の「受忍」論を世論と運動でくつがえすことに全力をあげた。全国行脚など、被爆者援護法制定運動を強めた。被爆者の実態と要求を把握するため、八五年から八六年にかけて原爆被害者調査を行なった。目標をはるかに上回る一万三〇〇〇人が協力した調査の結果は、「人間として死ぬことも生きることもできなかった」被爆の実相を、統計と生の言葉で明らかにし、原爆犠牲への国家補償の必要性を事実で裏づけた。同じ年に厚生省も三六万被爆者を対象に全国調査をした。被爆者調査としては初めての死没者調査であった。のちに発表された調査の結果では、当日死者の六割が子ども・老齢者・女性の非戦闘員であったことを裏づけた。新たに一万一九二九人の死没者名が明らかになり、名前の確認ができる死没者は二九万五九五六人となった。

「基本要求」と調査を武器として、日本被団協は八七年三月、「被爆者調査をふまえて核兵器廃絶と原爆被爆者援護法の即時制定を求める大運動」を始めた。一一月の中央行動では、被爆者と支援者三五〇〇人の「折り鶴人間の輪」が厚生省を取り囲んだ。

八九年一二月、参議院本会議で初めて、国家補償の被爆者援護法案が可決された。

日本被団協結成以来、被爆者が雨の日も風の日も追い求めてきた法律が国会で可決された。被爆者運動の画期となる成果だった。法案は衆議院で「吊るし」にあって会期切れのため廃案になったが、被爆者はこれまでの運動に大きな確信を深め、被爆四五年（一九九〇年）を前に、「生きているうちに援護法を」の要求実現までたたかい抜く決意を胸に刻んだ。

れで廃案

1章 被爆四〇周年、「基本要求」の普及へ

1 全国行脚

暮れも正月もなく 被爆四〇周年の一九八五年は、「核戦争阻止・核兵器廃絶、被爆四〇周年に原爆被爆者援護法の制定をめざす国民運動」で明けた。

八四年一一月に発表された「原爆被害者の基本要求」への国民の支持を広げ、その実現をめざすための全国行脚が行動の柱になる。各県では一一月から、自治体の首長、議長の援護法制定賛同署名を要請する県内行脚が、暮れも正月もなくつづけられていた。

全国縦断行脚は、[*1]県内行脚を土台として、八五年三月四日に札幌、広島、長崎の三カ所から出発、四月一五日の東京集結をめざした。日本被団協は三月四日、「全国縦断行脚の出発にあたって国民のみなさんに訴えます」とアピール[*2]を発し、国民の支持を訴えた。

運動期間中に、長野、埼玉の両県議会が、全国に先がけて国に国家補償の援護法制定を求める決議をしたのをはじめ、二一県知事、一七県議会議長が賛同署名、一八三議会が制定要請決議を行なった。

四月一五日から三日間行なわれた中央行動は、のべ一〇〇〇人の被爆者の参加を得て、熱気あふれる集会、請願行進と政府・政党・国会議員要請となった。原爆被害への「受忍」を強いる基本懇答申で一時期沈んでいた被爆者運動は、この全国行脚をきっかけに勢いを取り戻し、基本懇答申をのりこえる「基本要求」は、国民の間に急速に広がっていった。

五回目となる八五年の「行脚」は、「基本要求」が広い国民に支持され、被爆者も確信を深めるものになる。自民党政調会は「賛同署名に協力するな」と全国に通達したが、支持の輪は妨害を打ち破って広がった。

日本被団協独自の被害者実態調査が多くの被爆者の協力をえて成功、厚生省が全国被爆者実態調査と合わせて、初めての「死没者調査」に

＊1 被爆者全国行脚の伝統
日本被団協の「全国行脚」の取り組みは、第一回は六三年、宗教者とともに被爆者が初めて取り組んだ行脚は波紋を呼び、高まった世論の力が、六三年の「原爆投下は国際法違反」という「原爆裁判」東京地裁判決や、衆参両院本会議での「被爆者援護強化」特別決議、六五年の厚生省初の被爆者実態調査の実施へとつながった。
第二回は六七年で、行脚中に厚生省が六五年に行なった被爆者調査の結果を発表、六八年の「特別措置法」制定につながった。
第三回は七八年三～四月、ＳＳＤⅠに向け被爆の実相普及、被爆者援護法制定を訴えた全国行脚を行なった。
第四回は八〇年四月～五月、被爆問題市民団体懇談会（市民懇）が提唱した。二〇〇〇を超す首長・議長の賛同署名を獲得し、医療特別手当と小頭症手当の創設、両手当の所得制限撤廃をかちとる力となった。

＊2 八五年全国縦断行脚出発のアピール
「全国縦断行脚の出発にあたって国民のみなさん

ふみだした背景には、全国行脚をはじめ被爆者の強い要求があった。

2　核保有五カ国首脳への直接要請

一刻の猶予もできない　八〇年代初頭に全世界をおおった反核デモに対抗するように、アメリカは八四年、核巡航ミサイル・トマホーク配備を発表、米ソを中心に五つの核大国は競い合うように核実験を矢継ぎ早に行なっていた。

日本被団協第三〇回定期総会（八五年五月二五日、二六日、東京・主婦会館）は、「基本要求」にもとづいて「核戦争阻止・核兵器廃絶は、人類にとって一刻の猶予もできない緊急最大の課題」と位置づけ、「核戦争の生き証人としての私たち被爆者の働きが、いまほど求められているときはない」として、「核保有国へ核兵器廃絶を要請する代表団の派遣をはじめ、被爆者の海外派遣運動を」と決定し、核保有五カ国へ代表団が派遣された。

核保有国へ三〇人超す代表団　アメリカへの代表団は、代表委員・山口仙二ら一〇人が、米大統領、国連事務総長、国連加盟各国代表部への要請書を持って六月六日出発した。米大統領などへの要請書簡を渡したあと、一〇都市でアメリカ市民と交流をし、被爆の実相を訴えた。

ソ連には同じ六月、代表委員・伊藤サカエら五人が派遣された。クレムリン宮殿に招かれ、最高会議民族会議のボス議長に会見して、共産党書記長ミハイル・ゴルバチョフあて要請書を手渡し、三都市で幹部と懇談、核兵器廃絶を訴えた（六月二六日〜七月三日）。ゴルバチョフからの、「ねばり強く核兵器廃絶をめざす」という返書は、ソ連領事を通じて八月五日広島で開かれた被爆者遺族大会に届けられた。

中国への代表団は九月、伊東壮を団長に九人が派遣され万里副首相に書簡を手渡した。これより先、伊東は六月北京で開かれた「世界平和擁護フォーラム」（二四カ国、五一組織参加）に招かれて出席、そのさい持参した要請書にたいする趙紫陽首相からの返事が八月九日、原水爆禁止世界大会参加の中国代表から日本被団協に届けられていた。

イギリスへは一〇月、岩佐幹三を団長に七人が派遣され、首相マーガレット・サッチャーあての要請書を届け、ロンドンで一〇万人のデモにも参加した（一〇月一九日〜二八日）。

フランスへは同じ一〇月、肥田舜太郎を団長とする五人が、大統領フランソワ・ミッテランあての要請書を届け、平和団体との交流を深め

に訴えます」（要旨）

日本被団協に結集する被爆者は本日広島、長崎、札幌から「全国縦断行脚」に出発します。

被爆者三十七万人は、核戦争の危機が迫っていることに、だれよりも強い不安を覚えています。原爆地獄を体験し、今もなおその被害を背負い続けている被爆者は、核兵器が許すことのできない絶滅兵器であることを自分のからだで知っているからです。

「原爆被害者援護法」は、原爆被害への国家補償を実現することによって「核戦争被害を拒否する権利」を打ち立てるものです。

「全国縦断行脚」では、国会議員、地方自治体の首長・議長・議員の方々の援護法賛同署名をはじめ、国民的な支持を広げる大行動を行います。

被爆者は、高齢化に負けずに立ち上がりました。ご支援を訴えます。

ニューヨークでの核艦船母港化反対行動で訴える吉元トキ子さん（1985.6）

た（一〇月一九日～二八日）。

このほか、ギリシャ、オーストリア、ドイツにも代表を派遣した。

一粒の麦のように　「ふたたび被爆者をつくるな」という被爆者の訴えは世界を動かし、国連は八六年から一〇年間を「国際平和年」に設定した。代表委員・伊東壮は、八六年の年頭にあたり、「被団協」新聞の所感で、「私たちの三〇年の活動は、荒れ地に落ちた一粒の麦のように、いまや反核・平和の国内外の世論を巻き起こし、核戦争をくい止める大きな役割を果たしつつある」とのべた。

2章　被爆者の現状と要求を明確に

1　二つの被爆者実態調査

国として初めて死没者調査　八五年一〇月には、日本政府が一〇年ごとに行なっている被爆者実態調査を、被爆者健康手帳保持者全員の三六万を対象に行なうことになった。また、この調査に付帯して日本被団協が長年にわたって要求してきた死没者調査を国として初めて行なった。

しかし、原爆死没者調査にあたって、日本被団協は、全国民を調査対象とする国勢調査で行なうことを強く要求したにもかかわらず、厚生省は付帯調査として、被爆者手帳所持者のみを調査対象とした。

したがって、おおくの欠落を余儀なくされた。たとえば、広島、長崎県外出身の被爆者で、遺族が被爆者でなく、手帳が発行される以前に死没したものを拾い出すことはできなかった。

被爆者からとどけられた結果は、広島、長崎両市が行なってきた死没者に関する動態調査を補強するものであった。一九九〇年に発表された八五年の国の調査で明らかにされた死没者総数は、確認されたものが、広島二〇万一九九〇人、長崎九万三九六六人で、他に両市合わせて確認困難な死者二万五一九〇人があった。

被爆者の実態調査にあたっても、日本被団協は従来どおりの、調査時点での健康状態と経済状態の調査だけにとどめるのでなく、被爆後六〇年間の健康状態の変化、生活状況の変化など被害の実態が明らかになるような調査をするよう要求した。しかし、この要求も受け入れられなかった。

日本被団協独自調査　このため日本被団協は「原爆で四〇年間、からだ、くらし、こころに負っている反人間的な苦しみの実態を明らかにし、これが人間として受忍できるような被害かどうかを、事実で明らかにしよう」と独自の調査を行なうことを決定した。

調査対象者は運動の観点から一万人を目標とし、支援者の協力も得ながら、八五年一一月から八六年三月にかけて実施され、各県被団協の熱意ある取り組みの結果、目標を大きく上回る一万三一七九人からの回答をうることができた。

調査員として協力した支援者も東京の一二九人、熊本の八〇人を初め一〇〇〇人に及ぶ、日本被団協としてもはじめて成し遂げた大事業であった。

調査結果の解析には、浜谷正晴助教授を中心とし一橋大学社会調査室や石田忠名誉教授など「原爆と人間会＝原人会」があたった。

被爆実態浮きぼりに　八六年一二月に発表された第一次報告（生存者調査）には被爆から四〇年たっても癒えることなく残されている残酷な被爆の実態が、はっきりと刻まれていた。

原爆で受けた「けが」が「すっかり回復した」という人は三二・六%、「やけど」は二二・一%、被爆ののち「長期入院した」人は三七・六%、「しばしば通院した」五一・一%を加えると、八八・七%の人が入通院していた。「入通院しなかった」人は九・一%、「元気」と答えた人は四・三%にすぎなかった。

「被爆したために悩んだ」人の内容を聞くと、「仕事や就職のことで悩んだ」が二四・四%、「結婚の悩み」が二三・八%、「家庭生活の悩み」が二九・七%、「子育ての悩み」が三七・六%に及んでいた。

被爆して生活が苦しくなったと答えた人は、全体の四二%にものぼった。その半数は、苦しくなったのは、「家やたくわえを失ったため」であると答え、また「家族を失ったため」「職場を失ったため」「病気して収入が減ったため」と答えた人が、それぞれ三割もあったことも、その一つの指標といえよう。

厚生省の調査でも、戦後いずれの時代も被爆者の平均収入は一般国民に追いついてはいない。一人当たりの国民所得が世界でも有数と

「原爆被害調査票」に記入（1985.10 東京・目黒で）

なった日本の経済復興と高度経済成長からも、多くの被爆者は取り残されたのである。

死者の六割が子ども、老人、女性 八七年一一月、日本被団協の死没者調査結果が「原爆死没者に関する中間報告・概要」として発表された。調査で判明した死者のうち、被爆当日の死亡が二二％を占めた。その圧倒的多数は「戸外での爆死」「建物の内部、または下敷きになっての圧焼死」だった。「死に目にあえた」のはわずか四％、行方不明のまま死亡の確認さえできない人が四〇％にものぼっていることも明らかにされた。原爆は、《その死を確認するすべのない死》を強いたのだった。

襲いくる遅れた原爆死 一週間以内の死者は、「大やけど」や「大けが」「急性原爆症」で亡くなった。その死は、残されたものの心に、死の恐怖と、原爆症の不安を深く刻み込み、今度は自分の番ではないかという恐怖・不安から逃れることはできなかった。

年内死亡者のうち一八％は一〇歳未満の子どもであり、八％は六〇歳以上の年寄り、三八％は女性であった。男性（一〇歳～五九歳）は三六％だった。当日死者の六四％は子ども、老人、女性であったことは、原爆がいかに無差別・大量虐殺の兵器であるかをはっきりと示した。この数値は、厚生省が行なった調査でも同じだった。一九四六年以降の死者の推移をみると、四〇年代後半に死者が多く出た後、五九年ごろにかけてその数は減少していっている。その後六〇年代に入って再び増加に転じ、とくに七五年ごろからは著しく増加している。被爆後三〇年経って被爆者の老齢化が進んだことも一因になっているといえよう。

被爆当時の年齢が九歳以下の子どもの四三％が一九五四年までに亡くなっていたこと、一〇歳代で二六％、二〇歳代では二二％が同年までに亡くなっていることも分かった。被爆者は、あまりにも《早すぎる死》を強いられていたのだった。

原爆被爆との関連でとくに注目すべきことは、白血病とがんによる死亡である。白血病は、被爆後から六〇年代前半にかけての死者に発生率が高くなっていた。これに対してがんによる死者は、被爆後一〇年間は数も少なかったが、五五年ごろから増加傾向に入り、その後は年々急増している。被爆者を襲った原爆症は多岐にわたっていた。

その主なものは、すべての悪性腫瘍（がん）、急性骨髄性白血病、再生不良性貧血、甲状腺機能低下症、肝臓機能障害、白内障などである。

自殺をした被爆者が四七人もいたことも明らかにされた。

あの日の証言　日本被団協の「原爆被害者調査」の結果は、八六年の『第一次報告』をもとにパンフレット『被爆者は原爆を「受忍」しない』（八七年七月）が刊行された。また『原爆被害者調査第二次報告―原爆死没者に関する中間報告』（八八年三月）と厚生省調査をもとに絵ときリーフレット『生きているうちに核兵器廃絶と援護法を』ができた。

被団協調査の調査票に設けられた「自由記載欄」には、「あの日」やその後のこと、「遺族の見届けた死の姿」がぎっしりと書き込まれていた。

これら被爆者・遺族の体験や思いを中心に『あの日の証言』（その1、その2）、『被爆者の死』（その1、その2）としてまとめられた。これらの四冊の報告集は、英文に翻訳され、世界に被爆の実態を知らせる資料となった。*3

調査結果は、「原爆は、人間として死ぬことも、人間らしく生きることも許さない」悪魔の兵器であり、原爆被害は人間として到底「受忍」できないことを明確にした。「ふたたび被爆者をつくるな」の願いが原爆被害の実態に根ざしていることを世界の人びとに知らせた。*4

2　調査をもとにした要求

死没者補償を要求　日本被団協は、調査結果をもとに、死没者に対する補償を前面にかかげ、原爆症認定被爆者・がん死没者への特別給付金支給、諸手当の所得制限廃止・年金化を国に要請した。これを受けて国会では、八八年四月に衆議院、五月に参議院の各社会労働委員会の援護法制定審議のなかで、野党各党の議員がいっせいに質問戦を展開した。その結果、「所得制限のあり方を見直すこと」など、一〇項目の付帯決議が採択された。

地方議会でも、調査をもとにした質問が多くの議員によってなされ、被爆者にたいする国家補償の援護法制定をさぼりつづける政府・自民党への怒りが大きく広がっていった。このときまでに被爆者援護法制定を決議した自治体は、長崎県議会など三七二議会に達した。

3　「折り鶴人間の輪」行動

八七年の大運動　日本被団協は、八七年六月の定期総会で、「原爆被爆者調査をふまえ核兵器廃絶と原爆被害者援護法の即時制定を迫る大

『原爆被害者調査』報告などのパンフレット

＊3　日本被団協のパンフレット
『被爆者は原爆を「受忍」しない』を八七年七月に発行。八八年三月には『原爆被害者調査第二次報告―原爆死没者に関する中間報告』を発行。八八年五月に第三回国連軍縮特別総会（SSDⅢ）へ提出する『88文書』、八月にはパンフ『あなたは核戦争を受忍できますか』、一一月には八五年被団協調査記述証言から『あの日の証言（1）』、八九年三月には『あの日の証言（2）』を発行した。

＊4　『原爆体験』
この「原爆被害調査」の詳細な分析は二〇〇五年に、浜谷正晴『原爆体験―六七四四人・死と生の証言―』（岩波書店）として刊行された。

運動」を提起した。一〇月下旬から一一月上旬にかけて、全国から一〇〇〇人の被爆者が上京し五日間にわたる大行動を設定、最大の山場は、厚生省を折り鶴で包囲する「折り鶴人間の輪」行動で、三〇〇〇人規模を予定した。

　この成功をめざして、「ふたたび被爆者をつくらないための国民署名」「高齢化に伴う被爆者・遺族緊急要求署名」と、国会議員に対する「援護法制定賛同署名」の要請が全国で取り組まれた。

八四歳被爆者も歩き通す　一一月一一日、東京は快晴だった。千代田区の清水谷公園に結集した被爆者、支援者は二〇〇〇人。歩行困難な被爆者のため車いすも用意されたが、八四歳の被爆者はこれを使わなかった。「自分の足で、国会議員に自分の願いを伝えるのだ」と、よろける足をいたわりながら歩き通した。

　衆参両院の議員面会所には、社会、公明、民社、共産の野党議員三八人が、請願署名の受け取りと激励のために待ち受けていた。「核兵器なくせ」「国家補償の援護法をつくれ」のシュプレヒコールに拍手でこたえる国会議員。列の中から飛び出して国会議員と握手する被爆者。五六万人余の国民署名が山となって提出された。被爆者援護法制定の請願署名は、累計で一〇九万八六三人となった。

「厚生省は包囲されました」　請願行進は、日比谷公園に待機する一五〇〇人の労働者に拍手で迎えられた。公園内で「自然解散」となったとたん、被爆者と労働者は三々五々、厚生省から農林省へ、官庁街を大きく取りまくように歩き出した。先頭の被爆者が厚生省前に着いたとき、最後のデモ隊が日比谷公園を出た。厚生省は完全に包囲された。

　この瞬間、宣伝カーから声が流れた。

「厚生省はいま、〝折り鶴人間の輪〟で完全に包囲されました。折り鶴をかかげ、手を取り合って、シュプレヒコールをぶつけましょう。核兵器なくせ！　国家補償の被爆者援護法をつくれ！」。

　参加者は両手をつなぎあい、折り鶴の輪を大きくかざした。このときの様子はカメラマンがばっちり写真におさめ、日本被団協史に残る名場面の一つとなる。

　警備の警察官はあわてた。マイク宣伝を制止しようとした。しかしその時すでに、「折り鶴人間の輪」は厚生省をとりまき、シュプレヒコールがくり返されていた。

　一一月行動の参加者は、五日間でのべ五〇〇〇人に達し、被団協運動の画期となった。

日比谷公園の中にテントを張って座り込む（1987.11）

4　運動がつくり出したがん検診

胸突き八丁へ　八七年秋の大行動は、さまざまな創意的運動をつくりだし、成果を生み出した。代表理事・斉藤義雄は総括集会で、「被爆者運動は援護法実現の胸突き八丁にさしかかった」と総括し、被爆四五周年での被爆者援護法実現へ確信をもたせた。

調査にもとづく運動は、新しい制度も生み出した。交渉で提出された緊急改善要求に対し、厚生省は「胃がん、肺がん、乳がん、子宮がん、多発性骨髄腫の五つに関しては、希望者にはすべての検診が受けられるようにする」と回答。八八年予算に、がん検診予算が計上された。

被爆者調査で明らかになった被爆者の現状と不安が、また新しい制度を実施させたのであった。なお日本被団協はこの時期、がん検診実施や諸手当受給に当たっての所得制限撤廃など、高齢被爆者に対する緊急要求署名に取り組んだ。短期間に五〇万人を超える署名が集まっていた。

3章　第三回国連軍縮特別総会、松谷訴訟

1　第三回国連軍縮特別総会

国際司法裁判所に勧告的意見を　四月一日、日本被団協は第三回国連軍縮特別総会（SSDⅢ）を前にして四月二日からジュネーブで開かれるNGOフォーラムに代表を派遣した。フォーラムにつづいて開かれた国際反核法律家協会（IALANA）結成総会は「国際司法裁判所（ICJ）に核兵器は国際法違反という勧告的意見を出させよう」と決め、宣言を出した。この結成総会には、日本の反核法律家たちとともに、日本被団協代表委員・山口仙二、長崎の横山照子が出席していた。当初、核兵器廃絶を「究極的任務」としていた宣言案が、「核兵器使用の不法性について勧告的意見を国際司法裁判所に出すように国連総会決議をすべての国連加盟国が直ちに具体化する」という宣言に

第3回国連軍縮特別総会代表団、国連事務総長に署名を提出（1988.6）

なったのは日本代表の奮闘によるものだった。

ＳＳＤⅢに二四人の代表団　八八年五月三一日から六月二五日まで、第三回国連軍縮特別総会が開かれた。日本被団協は、第三三回定期総会（五月一四、一五日）で代表団の派遣を決め、五月三〇日から六月一三日までの日程で二四人の代表を送った。

代表（団長＝代表委員・伊東壮）は、ニューヨーク、ボストン、ワシントン、サンフランシスコで証言活動をしながら、国連軍縮特別総会の傍聴、各国の国連代表部への要請行動、大衆集会、市民との交流・懇談など多面的な行動を展開した。

国連軍縮特別総会のＮＧＯ（国連非政府組織）デーでは、日本被団協の伊東壮が、被団協調査に示された被爆者の苦しみと要求を訴えた。＊5 原水禁国民会議の代表として参加していた日本被団協代表委員・伊藤サカエも発言した。

各国代表部への要請は、八日間で三九カ所を訪問し、被爆体験を訴え、日本被団協の『原爆被害者の訴え』を手渡し、「一日も早く核兵器が廃絶されるように努力してほしい」と要請した。

精力的な独自行動　アメリカの代表部では「みなさんの運動が中距離核兵器全廃（ＩＮＦ）条約をつくった」、エジプト代表部では「ＮＧＯの活動が核保有国を動かす」と激励され、タンザニア代表部では「被爆者に直接会えて話を聞くことができてうれしい」といわれた。

アメリカ市民との交流も精力的だった。ボストンでは一一人が三班に分かれ、一〇余りの学校と教会、市民の集まりで証言活動をし、ワシントンでは二人が交流を深めた。サンフランシスコへは六人が飛び、ニューヨーク行動に呼応して行なわれたサンフランシスコ行動に参加して訴えと交流を行なった。

第一回国連軍縮特別総会（ＳＳＤⅠ）から一〇年、その間に、アメリカでの被爆者の行動も広がり前進していた。これだけの独自行動ができたことについて、八八年七月六日の「被団協」新聞は、「被団協運動の発展」と「何人もの被爆者の協力者が日本にもアメリカにもいたからできたこと」と伝えている。

2　昭和天皇死去

服喪一色に　八九年一月七日に天皇裕仁が亡くなった。

マスコミは服喪番組を大特集し、民放からＣ

第３回国連軍縮特別総会デモ行進（1988.6.11 ニューヨーク）

＊5　代表委員・伊東壮の第三回国連軍縮特別総会ＮＧＯデーでの発言（要旨）

日本被団協の調査では、原爆による死没者の六四％は子ども、婦人、老人だった。原爆は今も健康、生活、精神を破壊しつづけている。核兵器を全廃し、核戦争を起こす火種を消さずして人類の未来はない。私たちはいま、みずからの手で新しい歴史を切り開く入り口に立っている。

私は被爆者を代表して訴える。

国連およびその加盟国は、

第一に、核兵器が人類を絶滅させる反人間的兵器であることを宣言し、ただちに禁止・廃絶の国際協定を締結すること。

第二に、各国政府は被爆者を招待し国民に被爆者の話を聞かせること。

第三に、日本被団協の「原爆被害者の訴え」の普及をはかること。

今こそ私達は核兵器を世界から一掃し、人類の確実な生存と未来をこの手に握りましょう。

（一九八八年六月八日）

Mが消えた。商店街は歌舞音曲を自粛。派手な看板は隠され、ネオンも消えた。競馬、競輪、競艇などは中止。大学や社会人のラグビー大会決勝なども自粛延期となった。主権在民の世の中がとつぜん、天皇中心だった戦争中に逆戻りしたような、ものものしい雰囲気だった。

元号は「平成」と改元された。

被団協事務局長が談話　日本被団協は、一月七日事務局長・藤平典の名で「天皇死去にあたって」と題する次の談話を発表した。

天皇死去によって「昭和」という時代が終わったことに、被爆者は一つの感慨をいだかざるをえません。広島・長崎の惨禍は、昭和の戦争の中で生じたものであり、その戦争は天皇の名によって始められたものであったからです。

原爆について天皇は「戦争中であることですから、やむをえないこと」と発言されたことがありました。たとえ戦争であっても、核兵器の使用は絶対に許せない、と訴え続けてきた被爆者にとっては残念な言葉です。

終戦の詔書でも、「敵ハ新《あらた》ニ残虐ナル爆弾ヲ使用シテ頻《しきり》ニ無辜《むこ》ヲ殺傷シ惨害ノ及フ所真《まこと》ニ測《はか》ルヘカラサルニ至ル」（ルビは本書への収録に際して付した）といわれています。いたずらに大量殺傷し、傷跡を子孫にまで残すような兵器が許されないのは、当然のことでしょう。

昭和に生じた原爆の被害は昭和のうちに、国家補償の原爆被爆者援護法によって償われ、核兵器のない世界が一日も早く実現するように、と願ってきました。

だが、昭和は終わっても、被爆者の願いが実らない以上、私たちは訴え続けなければなりません。昭和の禍根を次の世代に残さないために。

3　「被爆者の森」建設

団結のシンボルとして　日本被団協は、八六年八月で、結成三〇周年を迎えた。八六年六月七〜八日の第三一回定期総会は、日本被団協結成三〇周年記念事業として、広島市中央公園に各県被団協、被爆者組織から寄贈される県木を植樹し、「被爆者の森」を建設する計画を決定した。代表委員・伊藤サカエの発案「被爆後各県に散って亡くなった被爆者の気持ちを木によって残したい」にこたえて、全国の被爆者団結のシンボルとして企画されたものであった。

日本被団協からの申し入れを受けた広島市

は、趣旨に賛成して用地を探していたが、八七年一二月に、「被爆者の森」建設用地として、平和大通り鶴見橋西詰めの緑地帯四ブロックを提供してもよいと提案してきた。

各県の県木を集めて 広島市の提案を受けて日本被団協は、県木の申し出をよびかけた。

各県が申し出た県木のうち、北海道の県木であるエゾマツ、長野県のシラカバ、沖縄のリュウキュウマツは広島で育成は困難であり、秋田のアキタスギ、富山のタテヤマスギ、三重のジングウスギ、京都のキタヤマスギ、奈良のスギ、高知のヤナセスギは、花粉症の原因になるということで代木の要請があった。

八九年三月の第一九八回代表理事会は植樹経費を最高額一〇万円とする傾斜配分で県別募金目標を決定。広島市との交渉を重ねて、「被爆者の森」は、広島市に日本被団協から寄贈し、市が管理することになった。

記念碑は、広島で被爆した高野真(静岡県原水爆被害者の会副会長)が製作した。高野はふさわしい石を求めて各地を探しまわって長野県の小諸石を選び、これに碑文を彫ったスウェーデン産の黒御影石を埋め込み、台座には中国産の白御影石を使った。

九〇年七月に建設由来の碑文[*6]が決まり、「被爆者の森」は九〇年八月六日、完成記念式を迎えることになる。

4 平和基金の創設

宗教者の寄金から 八六年度の総会は、日本被団協平和基金の創設を決めた。この基金構想のきっかけになったのは、八六年三月復元天理教錦野教会(会長・井原ナミ)から、八〇〇〇万円が日本被団協に贈られたことだった。井原は「ふたたび被爆者をつくらぬための基本要求が達成され、いまわしい核が廃絶されるために役立てば、信仰者としてこのうえない幸せです」と贈る言葉をのべた。

日本被団協はこの趣旨を生かし、長期活動の展望を検討、八七年の総会では「日本被団協平和基金設立趣意書案」を発表し、募金を呼びかけた。基金募金は、全被爆者が協力する態勢で取り組んだ福岡県はじめ各県被団協で積極的に受けとめられ、基金総額は一億円を突破した。

5 事務所の移転と移転募金

移転寄金も積極的に 日本被団協のそれまでの事務所は、東京・港区新橋の久保ビル内に

被爆者の森、記念碑の除幕。広島市平和大通り(1990.8.6)

＊6 被爆者の森 碑文

この森は、被爆四十五周年にあたり全国四十七都道府県に在住する被爆者が、「ふたたび被爆者をつくらない」との願いを、各県の県木に託して、つくられたものである。

一九九〇年八月六日

日本原水爆被害者団体協議会

あった。国民運動を推進する拠点として、また中央相談所活動を発展させる場としては手狭であることから、芝大門のゲイブルビル内へ移ることになった。

八七年二月、「事務所移転募金の訴え」を出し、二〇〇〇万円を八八年三月までに集約する目標の移転募金も積極的に受けとめられた。この時期は、八五年被爆者調査募金、平和基金募金、それに事務所移転募金と募金が重なったが、「被団協」新聞には三月号から募金応募者の氏名が紹介され、全国的な勢いとなっていった。事務所は八七年一月二六日に移転した。

6　長崎原爆松谷訴訟

遠距離では原爆被害なし？　八八年九月二六日、長崎の被爆者・松谷英子が、長崎地裁に裁判を起こした。

松谷は、長崎に原爆が落とされたとき、三歳九カ月の幼児だった。爆心地から二・四五キロの稲佐町の自宅の庭で遊んでいたところへ、爆風で瓦が飛んできて突き刺さった。原爆放射線で治癒能力が低下したため、傷口がふさがるのに二年半もかかる。この傷がもとで右半身まひとなった。歩くと転び、右手はハンカチもつかめなかった。それでもがんばって珠算二級に合格、なんとか自立しようと懸命に生きてきた。

七七年、「私の障害は原爆によるもの」と原爆症認定を申請したが、却下された。松谷の被爆距離は二・四五キロの「遠距離」である。厚生省は、二キロ以遠では放射線の影響はない、という「神話」に立っている。そのため二度目の申請も却下し、異議申立ても棄却した。松谷は、「こうした国の冷たい仕打ちはがまんできない」と、認定却下処分の取り消しを求めて裁判に立ちあがったのだった。

支援する会の結成　松谷英子の裁判を支援し、勝利を実現しようと、学者、法律家、医師ら一一五人の呼びかけで八八年一二月一〇日、「長崎原爆松谷訴訟を支援する会」が長崎で結成された。支援する会は、裁判勝利に向かって一万の会員、五〇万人の公正判決を求める署名運動をやろうと提起した。

裁判移送問題　国は、裁判の「入り口」で、こそくな手を使う。第一回裁判（八八年一二月一六日）で厚生省は、審理を長崎地裁でなく東京地裁で行なうようにと、裁判の移送を申し立てた。先行する京都の原爆症認定裁判では、移送に反対する特別抗告を最高裁は八九年六月だれも出廷しないまま弁論を開き、却下、東京地裁への移送が確定していた。

松谷訴訟弁護団は移送に断固反対した。原告の健康上も、財政上も、訴訟遂行上からも、移送は許せない、「厚生省の悪質な被爆者いじめだ」とたたかった。八九年七月、長崎地裁は厚生省に、「長崎地裁で応訴するように」と勧告、国もこれにしたがって、一〇月ようやく長崎地裁で審理が始まる。提訴から一〇カ月後であった。松谷訴訟で国が移送を取り下げたため、京都訴訟も京都地裁で審理することになった。

7　原爆死没者の肖像画運動

一五〇〇点の肖像　原爆死没者の肖像画を美術家が描き、遺族に贈る運動が始まったのは、一九五九年、第七回平和美術展からである。以来、肖像画は多くの美術家によって描かれ、遺族に贈られてきた。日本被団協は七六年から、美術家平和会議・平和美術展実行委員会とともに、この運動に取り組んでいる。二〇〇五年夏までに描かれた肖像画はのべ一五〇〇点を数え、この取り組みは続いている。

毎年各都道府県被団協を通じて遺族からの申し込みを受け、描かれた肖像画は七月末から八月上旬開催の平和美術展（東京都美術館）に展示される。肖像画は展示終了後、各都道府県被団協を通じて遺族に贈られる。招待状で会場を訪れた遺族と美術家との交流も生まれている。

被爆者肖像画をめぐる懇談会（1987.11.12）

4章　被爆者援護法案、初の国会可決

1　三点セットによる世論の結集

賛成議員が国会の多数に　「被爆四五周年には援護法の制定を」という願いを具体化するために始まった国会議員の「援護法制定賛同署名」は、八七年秋までに二六一人に達した。八八年一二月には衆院議員の過半数となり、八九年三月には参院でも過半数を超えた。

自民党は政調会長名で八九年四月一九日、またも、「被爆者対策は現行二法の充実で対応するから、援護法制定賛同署名には応じるな」という通達を出し、自民党所属国会議員に〝しばり〟をかけた。

　しかし、被爆者の熱心な要請はつづいた。賛同署名者は、鈴木善幸元首相や閣僚経験者をも巻き込んで増えていった。

　八八年四月の代表理事会は、第三回国連軍縮特別総会（SSDⅢ）が開かれる一〇月をめどに、全国で連鎖集会を開くことと、一〇〇〇万人の国民署名運動を呼びかけた。また、すべての地方議会から援護法制定促進の決議・意見書を厚生省にあげるよう要請することを決めた。


被爆四五周年国民運動　八九年六月の第三四回定期総会は、「被爆四五周年に原爆被害者援護法の制定をめざす国民運動」を決定した。

　総会は特別決議を採択し、運動を推進するために、国民運動推進委員会をつくった（七月一七日）。委員長には斉藤義雄があたった。委員会には、企画委員会、行動委員会も置いた。首都圏が国会行動の中心になることから、首都圏推進委員会がつくられた。東友会はこれにならって推進委員会、要請行動班を設置した。

　七月二六日、「被爆四五周年に原爆被爆者援護法の制定をめざす国民運動推進ニュース」第一号が出て、四五周年運動の火ぶたが切って落とされた。九月三〇日には全国都道府県代表者会議が開かれ、一一月中央行動へ足並みをそろえた。

　原爆被爆者援護法を制定したらどのくらい予算がかかるか。自民党は「天文学的数字」というが、実際はどうか。日本被団協は新しい試算を発表した。*7 総額二四七一億円だった。現行予算の二倍程度ですむことが明らかになり、予算面からの攻撃もはねかえせる態勢ができた。

短時日で燃え広がる　国民運動を成功させるために「国会議員の援護法賛同署名」「一〇〇〇万国民署名」「地方自治体の援護法制定促進決議」、の三つをセットにして三方から国会包囲網をつくりあげる、いわゆる「三点セットの運動」が、総会を契機に短時日のうちに大きく燃え広がっていった。
　しかし国会では、衆院議員・児玉健次（日本共産党）の質問に、厚生省保健衛生局長は、「死没者にお金を払うことは現段階では考えていない」と答弁した。

2　参院での被爆者援護法案の採択

自民党大敗後の国会で　八九年七月の参議院選挙は、リクルート事件で明らかになった金まみれ政治と、この年四月一日から実施された消

＊7　「原爆被害者援護法案のための要求骨子」試算額（概要）89・9・30

援護の種類	対象者・積算基礎	試算額
被爆者年金	対象者は手帳所持者　356,488人、障害認定者には障害加算 基礎年金額は、健康管理手当相当額　月28,400円×12カ月＝340,800円 340,800円×356,488人＝121,491,110,400円≒1,215億円 障害加算額、平均1,322,709円×5,000人＝6,613,545,000円≒66億円 対象者は、当面医療特別手当＋特別手当＋小頭症＝3,688人の若干増	（億円） 1,281
遺族年金	原爆死没者の遺族で三親等の有資格者 年金額は、被爆者年金基礎額の70％＝238,560円≒24万円 原爆死没者（推定37万人）の遺族で、初年度は30％の受給者≒266億円	266
弔慰金	対象人員37万人の50％を初年度で見込む　一時金10万円×185,000人＝185億円	185
医療費・健康診断費	現行対策費を基礎に	310
療養手当・生活手当・介護手当		402
相談事業費等・調査研究費・葬祭費・事務費		27
合計		2,471

費税に、国民の怒りが二つ重なった選挙だった。

結果は野党側の大勝利、自民党の大敗北となった。参議院では野党の社会、公明、共産、連合参議院、民社、参院クラブが多数を占めた。

日本被団協は、野党六会派に、原爆被爆者援護法の実現を訴えた。六会派は、連絡会議を設けて協議を密にして対応、八九年一一月一四日、国家補償の精神にもとづく「原爆被爆者援護法案」が六会派共同提案として参議院に提出された。提案者席には野党六会派の議員が着席、委員席から自民党議員が質問、野党委員がこれに答えた。野党側は模範答弁集も用意して対応した。

政府は、援護法制定に賛同署名をした議員のなかに、閣僚が七人もいることにおどろき、署名を撤回するよう要請した。＊8

議場にわく「ばんさい」の声　自民党の野党案押しつぶしの画策をよそに、野党共同提案の原爆被爆者援護法案は、八九年一二月一四日、参議院社会労働委員会で賛成多数で可決、翌一五日、参議院本会議で賛成多数で可決された。「賛成の議員の起立を求めます」という議長の呼び声にこたえて、「うおー」と叫びながら起立する議員、賛成多数を見きわめて「ばんざい」と叫ぶ議員。傍聴の被爆者からは拍手がわいた。

五六年の日本被団協結成以来三三年間、数限りない努力を積み重ねてきた原爆被爆者援護法案が、国会で初めて可決された瞬間だった。

しかし、衆議院に回された法案は、国会の会期切れで廃案とされた。自民党が、次期国会へ継続審議とすることを拒んだためである。

日本被団協は声明を発表し、野党六会派の尽力に感謝するとともに、廃案にされたことを遺憾とし、次期国会での成立をめざしていっそうの協力を国民に呼びかけた。

＊8　国会議員賛同署名のエピソード

八九年一一月の決算委員会で、首相・海部俊樹に対し、「原爆被爆者援護法の制定に賛同する署名をしていながら、総理になったら制定に賛同しないのは信義にもとるものだ」という質問が出された。すると首相は「私は署名をしておりません」とシラを切った。

これを聞いて愛友会の古賀武副理事長が激怒した。「昭和六一年二月の日本被団協の中央行動のとき、いまは亡き愛友会の石井理事長と二人で海部さんと会ったとき、石井さんが色紙を書いてくださいと頼んだら快く書いてくれた。そのとき賛同署名を頼んだら〝援護法ができんと戦後は終わらんな〟といって書いてくれた。私の目の前で署名したのだから間違いない。約束をほごにするなんて許せない」。

参院社会労働委員会を傍聴する被爆者（1989.12）

Ⅶ　被爆四五周年運動と「援護に関する法律」

一九九〇年〜二〇〇〇年

世紀末の世界は激動した。

一九八九年の「ベルリンの壁」崩壊から九一年のソ連崩壊へ、ドミノ倒しのように連続した激変は、戦後つづいてきた世界の構造を塗り替えた。その後のヨーロッパは、欧州共同体（EC）一二カ国の単一市場成立を手はじめに、欧州統合へと歩みはじめる。

一方、「西側」にも世界同時不況が現れ、「自由主義経済」も矛盾を深めた。とくに日本は、長い不況のトンネルに入る。金融再編や「橋本行革」など大企業本位の「改革」と「国際化」がすすむ陰で、失業、倒産、リストラが深刻になり、日本の九〇年代は、庶民にとってはまさしく「失われた一〇年」、きびしい時代であった。

しかし、被爆四五年にあたる九〇年からの被爆者運動は、国家補償の原爆被爆者援護法案の参院可決（八九年）という成果を握って、世論の支持の広がりと、法案に賛同する政治勢力の結集にむかって、攻勢的な運動となった。

九〇年一月、広島では被爆者援護法実現全国総決起大会を一二〇〇人の参加で成功させ、東京では「被爆者援護法実現・みんなのネットワーク」が大江健三郎ら著名人五二人の呼びかけで発足し、ダイナミックな運動を展開する。国家補償の援護法案は九二年四月、参議院でふたたび可決された。

世界政治の激動のなかで、日本でも九二年総選挙で自民党が大敗、連立時代に入り、政権の

一九九〇（平成2）年
1・18　本島等長崎市長狙撃される
1・20　広島で被爆者援護法実現全国総決起大会
1・22　「みんなのネットワーク」発足
5・15　厚生省死没者調査結果発表
8・6　広島に「被爆者の森」完成

一九九一（平成3）年
1・24　湾岸戦争に日本が九〇億ドル拠出
2・20　日本被団協「湾岸戦争反対、核兵器・化学兵器使うな」全国一斉行動
5・29　厚生省「原爆死没者慰霊等施設基本構想懇談会」（慰霊懇）第一回会合
12・2　日本被団協、ブッシュ米大統領の原爆投下正当化発言に抗議
12・26　ソ連最高会議、ソビエト連邦消滅宣言

一九九二（平成4）年
4・24　参院本会議で原爆被爆者援護法案可決
12・18　厚生省「慰霊懇」が中間報告

一九九三（平成5）年
5・26　長崎原爆松谷訴訟、長崎地裁で全面勝利
12・16　細川連立与党の被爆者援護法プロジェクトが初会合

一九九四（平成6）年
10・13　米スミソニアン博物館の原爆展開催拒否問題で米上院に抗議

組み合わせがめまぐるしく代わった。そのなかでも、援護法を求める被爆者の運動はゆるむことなくつづき、世論の支持は高まった。そして、被爆五〇年を前にした九四年一二月、「原子爆弾被爆者に対する援護に関する法律」（現行法）が成立した。

現行法の成立は、世論と運動の成果であった。しかし、この法律は「国家補償」の立場ではなく、弔慰金支給を拒み、特別葬祭給付金で死没者の遺族を差別した。原爆被害への国家補償を求める運動は、さらにつづくことになる。

核兵器廃絶の課題ではこの時期、大きな前進が生まれた。

九一年一月、湾岸戦争が起きた。二月、アメリカの国防長官リチャード・チェイニーは、広島、長崎への原爆投下を正当化し、イラクへの核兵器使用にふれる発言をした。全国の被爆者は「湾岸戦争やめよ、中東に被爆者をつくるな」の街頭宣伝などの抗議行動をおこした。

ロシアの初代大統領になったボリス・エリツィンは九二年六月、アメリカとの間でＩＣＢＭ（大陸間弾道ミサイル）全廃に合意。両国は九三年一月、第二次戦略兵器削減条約（ＳＴＡＲＴⅡ）に調印した。

九二年五月、核兵器の違法を国際司法裁判所に問う世界法廷運動が発足し、九四年三月には日本センターもつくられた。世界法廷運動が提唱した「公的良心の宣言」署名が取り組まれた。日本からの、日本生協連の三〇〇万人を含め三三三万人の署名は、国際司法裁判所（ＩＣＪ）での審理に反映された。九六年七月、同裁判所は「核兵器の使用と威嚇は一般的に国際法違反」とし、「核軍縮をめざす交渉の開始と完結の義務」を盛り込んだ勧告的意見を出したのである。

九五年には、国連ＮＧＯ軍縮特別委員会と日本準備委員会による被爆五〇年国際シンポジウムが開かれた。

南半球全域で非核地帯化がすすんだ。核戦争計画にかかわった元将軍らの「核兵器廃絶声明」も出た。「核兵器のない二一世紀」をめざす声と運動が全世界に広がる。

10・15　国会議員の被爆者援護法賛同署名が全国会議員の三分の二超える
12・2　衆院本会議で「原子爆弾被爆者に対する援護に関する法律」可決
12・23　緊急全国都道府県代表者会議

一九九五（平成7）年

1・17　阪神・淡路大震災
6・13　仏大統領が核実験再開発表
7・31〜8・2　被爆五〇年国際シンポジウム開催＝広島
12・15　東南アジア非核兵器地帯条約締結

一九九六（平成8）年

4・11　アフリカ非核化条約調印
7・8　国際司法裁判所が「核兵器の使用と威嚇は一般的には国際法違反」と勧告的意見

一九九七（平成9）年

7・2　米、ネバダ核実験場で臨界前核実験
7・16　「つたえようヒロシマ・ナガサキ」よびかけ発表

一九九八（平成10）年

5・11　インドが地下核実験
5・28　パキスタンが地下核実験
6・8　「21世紀をめざす国民運動」決める

一九九九（平成11）年

5・12〜15　ハーグで「世界市民平和会議」
9・30　東海村ＪＣＯで「臨界事故」

二〇〇〇（平成12）年

5・22〜26　国連本部で「ＮＧＯミレニアム・フォーラム」
7・18　長崎原爆松谷訴訟、最高裁で勝訴
11・7　京都小西建男原爆裁判、大阪高裁で勝訴

1章　「いまこそ援護法を」の大波

1　「みんなのネットワーク」発足

広島で全国総決起大会　一九九〇年は、「今年こそ被爆者援護法の制定を」という熱気のうちに明ける。前年一二月一五日の参議院本会議で、野党六会派共同提案の被爆者援護法案が初めて可決された。衆議院では自民党の強硬な反対で審議未了、廃案となったが、日本被団協結成以来叫びつづけてきた被爆者援護法案が、一院とはいえ可決された重みは大きい。この成果に被爆者は燃えていた。

新年早々の一月二〇日、被爆地広島で全国の被爆者が決起した。

日本被団協と広島県実行委員会（県被団協、県生協連、宗教NGOなど）の共催で開かれた「被爆四五周年被爆者援護法実現全国総決起大会」は、国際会議場を超満員にした。予想をはるかに超える一二〇〇人の被爆者、市民は、「何がなんでも今年こそは援護法をこの手に」の気迫をみなぎらせ、参議院での決議を「即日廃案」にした自民党への怒りをたぎらせた。

「みんなで考え意思表示」　広島の盛り上がりをうけて、一月二二日、東京で「被爆者援護法実現・みんなのネットワーク」が発足した。「大きな国民的うねりをつくろう」と日本被団協や市民団体の代表、広島、長崎両市長、学者、文化人など五二氏がよびかけ人となった。

よびかけ人会議では、作家・大江健三郎も発言した。「東欧の自由化への手放しの評価には疑問があり、核兵器が使われる可能性がなくなったとはいえない。なぜ援護法を求めるかをのべた被団協の文書には、全世界的な核兵器廃絶への見通しが書かれている。項目化された援護法要求とともに普及してほしい」。

日本生協連の代表は「自分の子や孫を核兵器の被害者にも加害者にもしない。一人ひとりが自分で考え意思表示することを大事にしたい」と発言。主婦連の代表は「平和運動は被爆者の存在とともにあると考え、参加させていただ

「被爆者援護法実現・みんなのネットワーク」発足の会（1990.1 東京）

被爆45周年被爆者援護法実現総決起大会（1990.1 広島）

く」。婦人有権者同盟代表も「援護法ができないのは国が戦争の責任を果たしていないから。命とくらしを守る政治を選択してけじめをつけることが大事」と発言した。

ネットワークは「被爆四五周年の今年こそ援護法実現」と一〇〇〇万人署名運動を統一してすすめることを申し合わせた。

2　日弁連第三次報告書、被爆者問題研究会

援護法案を再提出　九〇年二月に行なわれた衆議院選挙は、前年の参議院選挙とは様変わりした。自民党は前回議席を減らしたものの過半数を獲得。社会党は大幅に議席を伸ばしたが公明、共産、民社が議席を減らした。このため参議院で可決された被爆者援護法案を衆議院で提出することはむずかしくなった。

しかし、日本被団協は行動を重ねていった。四月中央行動では、援護法制定に賛同する衆議院議員が、三分の二まであと一一人というところまで達した。こうした状況下で日本被団協は、参議院の野党六会派に原爆被爆者援護法案の再提出を要請。九〇年五月九日に、同じ法案が議員提案として提出された。

諸外国の戦後補償を研究　この間にも、三月、日本弁護士連合会が「被爆者援護法に関する第三次報告書」を採択して政府に提出した。報告書は、ドイツ、イタリア、フランスなどの戦争犠牲にたいする補償問題を具体的に研究し、日本の戦後補償のあり方、原爆被害にたいする補償問題を法律的に解明したもので、被爆者援護法要求の正しさを国際的視野から理論づけたものとして、被爆者を限りなく勇気づけた。

被爆者問題研究会発足　日本被団協と日本科学者会議が企画する被爆者問題研究会も発足した。日本被団協調査をさらに科学的に理論づけしようという人びとの集まりで、被爆者運動を科学的に支援した。四月七日開かれた第一回研究会では、電離放射線にポイントをおいた研究が発表され、原爆被爆問題に新しい観点を提供した。これが発展して低線量被爆問題の研究が進むようになる、重要な発表であった。

研究会での発言は、貴重な資料として『被爆者問題研究』誌にまとめられ、発刊されてきた。同誌第一号は、研究会出発にあたっての記事のなかで、「さまざまな学問分野で、被爆問題および被爆者問題についての研究が展開されてきた。一九七七年には国連NGOの国際シン

第１回被爆者問題研究会（1990.4.7 明治大学）

ポジウムが開かれた。にもかかわらず、この問題が十分解明されたとは言い難い」とのべ、発刊の趣旨を三点にわたって指摘している。

第一に、被爆者問題について継続的、系統的に研究を進め、被爆者問題の研究に何らかの求心力をもたらすこと。

第二に、とりあげられる問題としては、被爆に関係のあるものはすべて含むべきであり、とくに個別科学的に掘り下げられた理論は重要視されるべきである。被爆者問題の視野が拡大されることは極めて望ましい。

第三に、自由な論議のなかから、学術領域での発展が実現すれば、被団協の運動に反映し寄与する結果になるだろう。理論と運動の正しい協力関係が成立することがわれわれの希望である。

被爆者問題研究会の歩みをふりかえると、第一回研究会での立命館大学教授・安斎育郎による「強力な電波は白内障の原因」という指摘（「原爆被害要因の総合的見直し――非電離性放射線の被害」）や、医師・中沢正夫による「被爆者にみられる精神障害」の指摘をはじめとして、原爆症認定集団訴訟など今日の運動に生かすべき豊かな成果が確認できる。

この研究会はほぼ毎年、日本科学者会議との共催で開かれ、報告書が作成されている。

3　厚生省の死没者調査結果発表

原爆死没者の名前確認　九〇年五月一五日、厚生省が実施した八五年度調査のうち未発表だった「死没者調査」が発表された。この調査で、原爆による死没者で名前の確認できたものが新たに一万一九二九人分かった。これに広島、長崎両市の動態調査の八八年末までの分と合わせると、名前のわかる原爆死没者は二九万五九五六人に達することが、初めて公式に確認された。このほかに確認の困難な死者が二万五一九〇人いることも分かった。*1

死者の年齢別では、当日死者の六四・五%が子ども・女性・年寄りだった。ほぼ同じ数字を示した日本被団協調査の正確さが示された。その九八・九%は直爆死で、なかでも一〇代の死者が両市とも多かった。多数の中学生、女学生が建物疎開の後かたづけや軍需工場に動員され圧焼死、爆死をとげたことを物語る。

急性症状による死者は、被爆翌日から八月末までの死亡が年内死者の八八・六%（五万五七九一人）を占めることもわかった。

「その後死」の特徴　厚生省調査は、原爆投下

＊1　原爆死没者調査

厚生省が一九九〇年五月に発表した死没者調査報告は、一九八五（昭和六〇）年一〇月に実施された被爆者実態調査に合わせて行なわれた死没者調査に基づくもの。

回答者は二八万六〇〇〇人。確認された死者は一七万三九二五人、このうち新たに一万一九二九人の氏名が判明した。一九八八（昭和六三）年末までの広島・長崎両市の調査とあわせると、死者は広島二〇万一九九〇人、長崎九万三九六六人となる。その他確認が困難な死者は二万五一九〇人。

死亡時期別では、被爆当日の死者は広島二万五三七五人、長崎一万三二九八人で合計三万八六七三人。年内死者六万二九五〇人（広島四万二七〇二人、長崎二万二四八人）。

当日死者のうち、九歳以下の子どもは五〇〇〇人、一〇歳代八二四五人、二〇歳代四〇一〇人、三〇歳代三三四二人、四〇歳代三三九二人、五〇歳代二五六三人、六〇歳以上三三三一人。このうち女性は二万一三三二人。

翌年の四六年以降も、原爆が形を変えながら被爆者に無残な死をもたらしつづけたことを示している。

　直後死のあとを追って発生し今日もつづく「その後死」には、次の特徴があった。初期には直爆による大火傷、大けが、亜急性症状によると思われる死亡がつづき、昭和二〇年代後半から悪性新生物（がん）による死者が増え、三〇年代、四〇年代、五〇年代と急上昇している。

　日本被団協は、厚生省調査について、「原爆死の全体像の解明に迫ることはできなかった」が「原爆死のむごさの一端は明らかにした」との見解を示した。そのうえで、日本被団協調査で実証された、人間としてとうてい「受忍」できない原爆被害にたいし、「原爆によるこのような死は二度とくり返さない」との決意のもとに、国家補償の精神に立って原爆被爆者援護法を制定し、「これら確認しえた一人ひとりの死を償うべきである」との声明を発表した。そして、「被爆四五周年の今年こそ、原爆被爆者援護法実現の年にしよう」と政府、国会、国民に訴えた。

4　広がる国民の支え

死没者調査を受けて　死没者調査の発表を受け、日本被団協は五月一六日、緊急中央行動を行なった。緊急だったが首都圏の被爆者一二〇人が結集、広島、長崎選出議員、衆参両院の社労委員、参院六会派の発議者をはじめとする全国会議員に、厚生省死没者調査への日本被団協の見解と声明を届けた。

　五月二〇日の日曜には、「被爆者援護法実現・みんなのネットワーク」*2が初めて街頭宣伝署名行動を一〇〇人参加で行なった。東京・渋谷駅前の仮設のステージでは、日本青年団協議会社会部長・佛木完の司会で、ネットワークの呼びかけ人でもある作家・大江健三郎、歌手の小室等、上条恒彦、シンガーソングライター山本さとしが次々に登壇、援護法実現への支持を都民に訴えた。

　この日参加したのは、中林貞男（日本生協連名誉会長）、高田ユリ（主婦連会長）、高橋左近（演出家）、青木幹雄（日青協会長）、金子毅（日本原水協担当常任理事）、関口和（原水禁国民会議事務局長）、松井康浩（弁護士）、松浦三知子（婦人有権者同盟会長）、近江幸正（宗教NGO事務局長）、松下直子（全国地婦連事務局長）などだった。

　この行動には、代表委員・山口仙二はじめ首

＊2　被爆者援護法実現のためのネットワークのよびかけ（要旨）

　昨年暮れ、援護法案が参議院で可決された。被爆者はすでに四項目の国会請願署名をすすめながら、国会議員の賛同をもとめ、すでに三分の二にせまる賛同署名が寄せられている。援護法制定は国民的世論となっている。被爆四十五周年のことしこそ、国家補償の援護法を実現しなければならない。原爆被害を国が償うことは、核兵器のない日本への道につながる。国民のみなさんに訴える。

1　援護法制定の国会請願署名に参加しよう。
2　援護法ネットワークと連帯し、あらゆる場所で、世論喚起の多面的な運動を自主的に展開しよう。

「みんなのネットワーク」が渋谷で街頭宣伝行動
(1990.5.20)　撮影・森下一徹

都圏の被爆者が参加した。

地方でも　中央のネットワーク結成に励まされて、八月上旬までに法律家ネットワークが発足したのを始め、広島、長崎、岩手、青森、新潟、愛知、三重などで県ネットワークができた。九〇年末までには二四のネットワークになった。

地方自治体の援護法促進決議もすすんだ。秋田（九月）と鳥取（一〇月）では、県内全自治体が決議を採択。一〇〇％達成県は先に達成した神奈川、長野、宮崎とあわせて五県となり、決議自治体は九〇年末までに一五二八議会となった。原爆被爆者援護法実現要求が国民的支えによって広がっていることを示した。

日本被団協はパンフレット『被爆者援護法Q&A　二〇問二〇答』を発行し、国民の間に広げていった。

5　政党、国会の動き

自民党が動く　ついに自民党も動き出した。参議院社会労働委員会理事懇談会で、被爆者代表の意見を聞くことに同意したのである。

六月二〇日の懇談会には、日本被団協からは代表委員の伊藤サカエ、山口仙二ら一〇人、社労委側からは委員長・浜本万三（社会）、理事・前島英三郎（自民）ら一四人の理事と議員が出席した。

日本被団協の斉藤義雄（事務局次長・被爆四五周年国民運動推進委員会委員長）が「死没者補償・被爆者年金制度の創設」を要請、死者への弔意を書状や銀杯、記念ホールの建設などですませることに反対した。

山口仙二は「国は原爆被害への責任をとってほしい」と発言。長崎被災協事務局長・山田拓民は、次々に亡くなっていった家族の死にざまを証言。腎臓透析での病床生活のなかを参加した東京の永坂昭は、長崎で被爆した日、母の遺骨を求めて探し歩いた当時のもようを証言した。埼玉の加良谷恵美子は、広島で二歳で被爆して大けがを負ったまま今日にきている苦しみを訴え、日本被団協調査委員長・岩佐幹三は、家の下敷きになった母を見捨てて逃げた悲しみと被爆者調査で明らかになった被害についてのべ、「死没者への弔意は国の補償で」と訴えた。

訴えを聞いて、前島議員は「現行二法を見直して、亡くなられた方が安らかな思いになれるよう、党派を超えて協議したい」とのべた。

七月二五日には自民党被爆者対策小委員会が開かれた。このとき、死没者に弔慰金を支給し

参議院社労委で意見陳述する被爆者代表（1990.6.20）

たらどのくらい予算が必要かを試算したところ、三〇〇億円という数字が出され、多数の委員が支給に賛成したといわれる。しかし、同席していた厚生省と大蔵省の幹部が弔慰金支給と所得制限の撤廃に強硬に反対したため実らなかったという。

しかし、この日の小委員会で出た「記念ホール」構想は、一一月三〇日の小委員会で本決まりし、慰霊施設の検討へとすすんでいく。

6　死没者への弔意措置を予算化

弔意の表し方をめぐって　この時期、自民党や厚生省などでは、原爆死没者に対する弔意をどのような形で表すかということが、一つの焦点になっていた。

八月に九一年度の厚生省予算概算要求が出されたが、弔意表明は年末へと持ち越された。自民党幹事長の小沢一郎は広島での記者会見で「弔慰金支給は他の戦災者との問題もあり困難」と牽制した。

八月五日、広島で開かれた「被爆四五周年被爆者・遺族と国民のつどい」には、参院六会派の援護法発議者一〇議員のうち六議員が出席し、「困難を乗り越え、二一世紀の人類のために何としても成立を」などとあいさつした。

九日の長崎での「つどい」にも、国会議員三人が出席し、援護法制定にがんばる決意を表明した。

八月六日広島を訪れた首相・海部俊樹は「原爆死没者の方々に対する弔意の表し方をさらに検討する」とのべた。

九一年度予算で大きな改善　このようななかで決まった九一年度政府予算案は、現行法の改善では画期的内容となった。死没者に対する国の弔意措置を初めて打ち出し、生存被爆者対策では諸手当の所得制限を緩和し、健康管理手当の支給期間を延長し、介護手当を増額した。原爆被爆者援護法は実現しなかったが、国をここまで追いつめたのは、被爆四〇周年の国民運動と世論の力だった。

日本被団協は一九九一年二月一一日、全国都道府県代表者会議においての四五周年国民運動の中間総括のなかで、政府予算案について、「原爆被害への国家補償を拒みながら、四五周年運動の盛り上がりを一定反映したものにならざるをえなかった」と総括した。国が従来「死没者調査結果を記録するが、政策のうえでは考えない」としていた立場から一歩踏み出した意義は小さくなかった。

「みんなのネットワーク」による国会請願デモ（1990.10.24）
撮影・桐生広人

個別支給はせず　しかし、その内容は、「平和慰霊記念施設の建設」の検討調査費や各地慰霊事業への補助金など一括的な措置に限られていた。厚生省自身が死没者一人一人を確認する調査をしながら、個別の弔慰金すら支給せず、その死を補償しないのは、許されないことであった。

また、死没者調査では未確認の死者が二万五一九〇人残されている。この確認をふくむ「動態調査費」は、概算要求の一四〇〇万円から九〇〇万円に減額され、さらに被爆者実態調査の自由記載を生かす「資料活用費」は全額カットされた。また原爆犠牲者を最後の一人まで国の責任で確認させることも、ひきつづき重要な課題だった。

生存被爆者対策では、一二年間見送られていた諸手当の所得制限を緩和し、支給率を九九％まで引き上げ、手続きも簡素化された。健康管理手当の支給期間は一年→三年、三年→五年と延長、介護手当は大幅に増額（一・五〜二倍）された。

しかしその一方で、概算要求にみられた一部手当の所得制限撤廃さえ、「国家補償に踏み込みかねない」として、頑強に拒まれていた。ここにも原爆被害を償おうとしない政府の姿勢が浮きぼりになっており、「すべての被爆者の被害を償う被爆者年金制度の創設」をさらに強く求めていくことが必要だった。

原爆被爆者の遺影を掲げて集会（1993.4）
撮影・桐生広人

2章　激動する世界、国際司法裁判所の勧告的意見

1　ソ連崩壊とブッシュ新戦略

湾岸戦争　一九九〇年八月、イラクがクウェートに侵攻し、湾岸危機が始まった。国連は経済制裁を発動、一一月二九日には「イラクが九一年一月一五日までにクウェートから撤退しない場合は武力行使を含む手段を講じる」と安保理で決議。アメリカ、イギリス、フランスはサウジアラビアに派兵した。国連総会は一二月四日、「核兵器の使用は国際法違反」として「核兵器使用禁止」を決議しアメリカを牽制した。

日本被団協は、九一年一月五日、アメリカはじめ核保有国と国連、またイランなど湾岸諸国に「被爆者からの訴え」を送り、「湾岸戦争で核兵器を使うな」と要望した。地上戦の危機が迫った一五日には、平和的解決を求める電報を、米、イラク、ソ連、フランス、英国、中国、国連と日本政府に送った。

米国防長官が原爆投下正当化　一月一七日、アメリカ軍を主軸にした多国籍軍によるイラク空爆が始まった。日本政府は一月二四日、自衛隊輸送機の派遣と、多国籍軍への追加資金九〇億ドルを決めた。日本中で、これにたいする抗議行動が行なわれた。

イラクが大量破壊兵器を使用する恐れがあるとの宣伝が流され、これに対抗するとして核兵器使用の可能性もいわれ始めた。米国防長官リチャード・チェイニーは二月三日、ABC放送のインタビューで、「トルーマン大統領の広島、長崎への原爆投下は、戦争の犠牲者を少数にくい止めて勝利するための唯一の手段であり、正しい判断だった」と発言、原爆投下をあらためて正当化した。

全国被爆者統一行動　日本被団協は二月一一日、一二日の全国都道府県代表者会議で、「中東に、世界に、ヒロシマ、ナガサキをくり返すな」と湾岸戦争反対を決議。二〇日を「湾岸戦争反対、核兵器・化学兵器を使うな、被爆者援護法をつくれ」の全国被爆者統一行動日と決定した。また、「日本政府の戦争協力をやめさせ、核戦争拒否の証として被爆者援護法の制定にとりくませ」るための国民的運動を呼びかけるアピールを出した。

一二日には、一〇〇人の被爆者がイラク、アメリカ、イギリス各国大使館に出かけ、「核兵器も化学兵器も使うな」と強く要請。午後は六〇人がJR渋谷駅前広場にくりだして「湾岸戦争反対、核戦争阻止」の署名を訴えた。

全国被爆者統一行動日の二〇日には、広島で三〇団体一五〇人が座り込み、長崎では小雪舞うなかで六〇人が座り込んだのをはじめ、北海道・札幌では氷点下六度の厳寒のなかで一時間の座り込みとビラ配り、東京では四六人が渋谷駅ハチ公前で宣伝署名行動、埼玉、山梨、静岡、愛知、愛媛、熊本、鹿児島などでも抗議行動が行なわれた。

日本被団協は、四月中央行動でも「湾岸戦争で核兵器を使うな」と二六六三人の署名を海部俊樹首相あてに提出した。

地上戦で劣化ウラン弾　二月二四日、多国籍軍が地上戦を開始、敗走するイラク軍に劣化ウラン弾を浴びせた。二月二七日には多国籍軍がクウェートを解放したが、イラク軍は油田に放火。黒煙は一一月までクウェート、イラクの空をおおった。

湾岸戦争は四月五日、イラクが国連の提示した停戦決議を受諾して終結したが、劣化ウラン弾[*3]の放射線による後遺症は深刻な事態となっている。

ペルシャ湾にイラクが敷設した機雷を除去するため、自衛隊の掃海母艦と掃海艇が四月二六日派遣され、自衛隊の海外派遣第一弾となった。これに抗議して東京、広島で派遣差し止め裁判も起きた。

ソ連の崩壊　一九八九年の「ベルリンの壁」崩壊をきっかけに、東欧の各国で民主化の動きが活発になった。ソ連では、連邦内の共和国が中央の指導から離れ、独立する動きがつづいていた。九一年八月一九日にはソ連保守派のクーデターが起き、鎮圧されて失敗に終わったものの、中央政権の政治的指導力低下を決定的に世界に見せつけた。

八月二九日にはカザフ共和国大統領が、セミパラチンスク核実験場を廃止するとの大統領令を公布し、予定されていた三実験も中止。一一月五日には、核実験場そのものを閉鎖した。これに呼応するように、ロシア共和国大統領ボリス・エリツィンも九月三日、核兵器の中央一元管理を主張し、「核兵器の五〇%削減をめざす」などと発言した。

一二月八日にロシア、ウクライナ、ベラルーシのスラブ系三カ国が、ソ連の消滅と核の一元管理を盛り込んだ「独立国家共同体」創設を宣言、ソ連崩壊は決定的となった。二一日には一一共和国が独立国家共同体創設に調印した。

一二月二五日、ミハイル・ゴルバチョフがソ連大統領を辞任。二六日には最高会議がソビエト連邦消滅を宣言し、六九年の歴史に終止符を打った。核兵器発射用の「核のボタン」はロシア大統領のエリツィンに委譲された。ソ連の解体は、核兵器管理の不安と核兵器拡散という新たな懸念を生み出した。

ブッシュ発言への怒り　湾岸戦争での核兵器使用は、世界の世論で阻止できた。しかし、原爆投下を正当化したアメリカ高官の発言は訂正されないままであった。このため日本被団協は、九一年七月三一日、アメリカ大統領・ジョージ・ブッシュあてに公開質問状を出し、九月三〇日までに回答を求めた。

これには答えないまま、ブッシュ大統領は日米開戦五〇周年を前にした一二月一日、アメリ

＊3　劣化ウラン弾

劣化ウラン弾は劣化ウランの比重が大きく、重金属のタングステンより安価なことに着目し、これを戦車などの装甲板を貫通する弾頭に用いたもの。

一九九一年の湾岸戦争で、米軍がイラク軍戦車攻撃に用いた。その後、コソボ、ボスニアの紛争で多国籍軍が用いたり、二〇〇三年からのイラク戦争でも米軍が大量に使用したといわれている。

劣化ウランは、核爆弾や発電に使われる濃縮ウランの製造過程で不要の廃棄物として大量に出てくる。多種類の低放射能ウラン（劣化ウラン）の固まりで、劣化ウランが燃焼すると酸化ウランの微粒子となって周囲に飛散する。これを体内に吸引・摂取しての内部被曝、放棄された破壊戦車などに付着した劣化ウランからの外部被曝によって深刻な放射線障害が発症するといわれている。

湾岸戦争後、米軍の帰還兵などに「湾岸戦争症候群」と呼ばれる健康被害が確認されているが、劣化ウラン弾の放射線被害については、これを疑問視する見解もあり、化学物質など他の原因をあげるものもある。国連を中心とした、国際機関の調査が求められている。

カのテレビ・インタビューで広島、長崎への原爆投下にふれ、「戦争は地獄だ。謝罪を求められるいわれはない。トルーマン大統領はきびしい判断に直面し、その判断は正しかった。一〇〇万もの命を救った」「私が大統領である限り、謝罪は必要でないと思う」と発言した。

日本では、首相・宮沢喜一が真珠湾攻撃について「深く反省する」と謝罪し、これを受けて官房長官・加藤紘一と外相・渡辺美智雄が「原爆投下についてはいかなる謝罪も求めない」と明言した。

これらの発言は被爆者を怒らせた。一二月二日、日本被団協は「原爆投下が人道に反していることは明白であり、正当化発言は核兵器の新たな使用に道を開くもの」と抗議声明を大統領に送った。各県被団協も、法律家も、「核軍縮を求める二二人委員会」[*4]も抗議文を送った。

ブッシュは九二年一月七日に来日した。日本被団協は関東各県の被団協、支援者に呼びかけて一月八日、東京・山手教会で「ブッシュ発言に抗議する　ノーモアヒバクシャ新春抗議集会」を開き、被爆者、支援者一〇二人が参加した。集会が終わって、JR渋谷駅で抗議の街頭行動を行なった。冷たい北風の吹くなか、かじかむ手に息を吹きかけながら、核兵器廃絶と被爆者援護法制定を求める署名を訴え、一時間で核廃絶署名二八〇、援護法署名一八〇を集めた。さらにそのあと、抗議文をアメリカ大使館と外務省に届け、被爆者の強い抗議の意思をぶつけた。

2　「原爆使用は国際法違反」

世界法廷運動の発足　一九九二年五月一四日と一五日、スイスのジュネーブで、世界法廷運動発足準備会議が開かれた。二つのノーベル平和賞受賞団体―国際平和ビューロー（IPB）、核戦争防止国際医師会議（IPPNW）に加え国際反核法律家協会（IALANA）が主催し、世界の法律家、医師、平和活動家ら一〇〇人が参加した。

九二年の発足準備会議には、日本被団協から、国際委員長・小西悟と中央相談所理事長・肥田舜太郎を派遣した。二人は、広島、長崎の原爆が、投下から今日までどんなに人間を苦しめているかを、自分の被爆体験と、被団協調査や医師としての実践をもとに報告した。報告は具体的でなまなましく、参加者に大きな感銘を与えた。この報告の前には、「原爆の使用は違法だが、持っていることまで違法といえるだろ

＊4　**核軍縮を求める二二人委員会**　三木武夫を含む国会議員、広島、長崎市長、知識人、評論家など二二人によって一九八四年五月結成された委員会。座長は宇都宮徳馬参院議員。

うか」という意見が欧米の法律家から出ていたが、日本被団協の発言後は、「保有を含めてすべて違法」という意見が強くなり、「世界法廷プロジェクト」が確信をもって発足することになった。

世界保健機関と国連総会で　この運動は強力な力を発揮した。まず、その働きかけで、九三年五月一四日、世界保健機関（WHO）総会が、「健康や環境に与える影響にかんがみ、武力紛争における核兵器の使用がWHO憲章など国際法上の義務に違反しないかどうか」について、国際司法裁判所（ICJ）に勧告的意見を求める決議案を可決した。

ICJへの提訴には、WHOなどの国連機関の同意が一つ以上か、国連総会の決議が必要とされていた。その条件の一つを実現したことで、世界法廷運動は弾みがついた。

九三年一〇月には、山口仙二がニューヨークで行なわれた世界法廷運動の国連行動とボストンでの討論集会に参加した。山口は、日本被団協が「核被害者から世界へのアピール」を出して国家元首の賛同署名を求めており、この成功のための国連行動で二七カ国の大使館を訪ねたと報告、参会者の支持と共感を得た。ケンブリッジで開かれた集会では、被爆五〇年を核兵器廃絶への大きなステップにするために力を合わせようと訴え、聴衆の拍手をうけた。

九三年一一月には、非同盟諸国が、加盟一一〇カ国の全会一致で、「国連総会からも勧告的意見を求めよう」と決めた。しかし、核保有国からの「信じられないような圧力」がかかり、決議案を国連総会に持ち込むことさえできなかった。援助か援助打ち切りかというアメとムチを巧みに使い分けた「押しつぶし工作」があったと、インドネシア国連大使が語っていたほどだった。

このあとも米、英、仏を中心とした激しい妨害工作がつづいたが、IALANAとIPBを中心とした国際NGOと非同盟諸国の協力で九四年一二月、国連総会からも勧告的意見を国際司法裁判所に求めることが決定された。

ICJの画期的な勧告的意見が生まれる背景には、IALANA、IPBその他国際NGOのねばりづよい働きかけと、国際的な世界法廷運動のなかで被爆の実相と核兵器廃絶を訴えた日本被団協の活躍があったのである。

民間陳述書の作成　国連総会の決定に先立ち、九四年三月には、日本被団協と日本国際法律家協会（国法協）、関東反核法律家協会の三者で「世界法廷運動（WCP）日本センター」が設立された。日本センターは、国際司法裁判所での審理に役立たせようと、核兵器の使用と威嚇が国際法違反であることを明確にした「民間陳述書」（全文三六ページ）を四月に発表、ただちに英訳され、五月にはＩＣＪとＷＨＯ、国連加盟一八二カ国と平和組織に送られる。異例ともいえるテンポの速さだった。

民間陳述書は、日本政府と各国政府が、自国の陳述書をつくるさい、モデルとして使うことを期待してつくられた。内容は、日本被団協調査の資料による広島、長崎の被爆の実態解明と、原爆被害の医療的側面からの分析である。ＩＣＪでは、政府機関の陳述の資料となり、裁判官の判断の資料にもされ、勧告的意見に影響を与えたといわれている。

ところが、日本政府が出した政府陳述書は「核兵器の使用は必ずしも違法とはいえない」[＊5]と書いていた。これが九四年五月新聞報道で明らかになり、全国から怒りの声がわき上がった。日本被団協は外務省に出向き、ＷＣＰ日本センターも首相、外相に削除を申し入れた。国会でも問題になった。外務省はしぶしぶ、六月九日にこの部分だけを削除した。しかし、「国際法違反とはいえない」という見解はその後も持ちつづけている。

「公的良心の宣言」署名運動　市民による運動も広がった。世界法廷運動が提唱した、国際司法裁判所に対する「公的良心の宣言」署名運動は、だれでも参加できる世界法廷運動として広がった。一人ひとりが良心にかけて「核兵器は国際法違反です」と宣言するものである。署名は、つぎのような文面である。

私（達）は、核による破壊の脅威から解放された世界に生きる希望と権利を宣言します。

核兵器の使用は、直接の被害者に不必要で残酷な苦しみを与えるだけでなく、何世代にもわたる無数の人びとにおよび、地球環境にも長期間にわたる深刻な被害を引き起こします。

私（達）は、核兵器の使用は、筆舌につくせない惨劇であると同時に、国際法を蹂躙し、人道に対する罪であると確信します。また、核兵器による威嚇も違法であり、国際紛争は、武力の使用または武力による威嚇ではなく、正義と国際法に基づき、平和的に解決されるべきであると信じます。

私（達）は、核兵器の法的位置づけについて国際司法裁判所の勧告を求める運動を支持し、核兵器が国際法に照らして違法であり、

＊5　国際司法裁判所への政府陳述書概要

（1）核兵器使用の国際法上評価

核兵器の使用は（純粋に法的観点からいえば、今日までの諸国の国家慣行や国際法学者の学説等を客観的に判断した場合、今日の実定国際法に違反するとまでは言えないが、）その絶大な破壊力、殺傷力の故に国際法の思想的基盤にある人道主義の精神に合致しないものがあるといえる。

（2）核廃絶に対するわが国の考え方

唯一の被爆国であるわが国としては核兵器が二度と使用されるようなことがあってはならないと考える。わが国は、非核三原則を堅持するとともに、今後とも核軍縮、核不拡散の推進に努力し、核兵器の究極的廃絶に向けて努力していく。

また、世界の人びとの良心に逆らうものであると宣言します。

日本センターのこの呼びかけにこたえて、日本生協連は、パンフレット『世界法廷運動Q&A』を一〇万部つくり、組合員に「公的良心の署名」を広げた。五カ月余で三〇〇万人の署名が集まった。

勧告的意見が出されるまでにICJに寄せられた署名は一九カ国から三六九万に達し、このうち三三三万人分は日本からの署名だった。

国際司法裁判所（ICJ）は、九五年一〇月三〇日から一一月一五日まで、「核兵器の使用と威嚇は国際法に違反するかどうか」についての口頭審理を行なった。日本被団協は、一一月二日から伊東壮、山口仙二ら七人をオランダのハーグに送り、裁判官への要請と裁判傍聴を行なった。

口頭審理では、広島市長・平岡敬、長崎市長・伊藤一長が陳述した。両市長は、被爆の実相を本や写真で証言、「このような悲惨な事態を二度と地球上につくり出してはならない」とのべ、「核兵器は国際法違反」と断言した。

口頭陳述をした二二カ国中一五カ国が「核兵器の使用と威嚇は絶対に違法」と発言した。ところが日本政府代表となった外務省審議官・河村武和は、原爆の破壊力をのべるだけで国際法違反といわず、両市長の発言についてまで「政府見解を表明するものではない」と水を差し、世界のひんしゅくを買った。

日本被団協代表団は、国際司法裁判所の傍聴のあと、フランスの首都パリへ回ってフランス外務省に要請、野外「原爆と人間展」を開催し、フランス市民に核兵器廃絶を訴えた。

画期的な勧告的意見　九六年七月八日、国際司法裁判所は勧告的意見を出した。その日日本被団協は代表理事・飯田マリ子が傍聴した。

国連総会の問いかけに対し、ICJが適用した法律は国連憲章、武力紛争に関する法律、および核兵器に関する協定など。そのうち国連憲章では「武力による威嚇、武力行使」を禁じる一方、禁止する武器を特定していない。しかし、「核兵器の使用は一般的にみて武力紛争法、とりわけ国際人道法の原則とルールに反する」というのが結論であった。[*6]「核兵器の使用と威嚇は違法か」を諮問した国連にたいし、ICJは「核兵器使用は一般的に違法」とし、「核軍縮をめざす交渉の開始と完結の義務」を盛り込んだ「勧告的意見」を提出した。

核兵器の使用が「犯罪」だということは、被爆者にとっては自明である。日本の裁判も原爆

＊6　国連総会の諮問に対する国際司法裁判所の勧告的意見

（A～D項省略）

E項

核兵器の使用または威嚇は、戦争法とりわけ国際人道法の原則とルールに一般的に反するであろう。しかしながら国際法の現状に照らすと、国家の存続が危ぶまれるような極端な状況での自衛のための核兵器の使用、または威嚇が合法的であるかあるいは違法かどうかについては結論を下すことはできない。

賛成七、反対七。ただし反対した裁判官のうち三人は、「核兵器の使用と威嚇は、いかなる場合でも違法」という絶対的違法説からの反対だった。

F項

あらゆる点に置いて、厳密かつ効果的な国際的コントロールのもとで核軍縮をめざす交渉を誠意をもって追及し完結させる義務がある。

全員一致

投下を違法としている。しかし、国際的にみれば、この残虐兵器はこれまで一度も裁かれることがなかった。だから、核大国は大手をふって核兵器をふりかざし、平和に生きたいと願う諸国民に生存の脅威を与えつづけてこられたともいえる。ヒロシマ・ナガサキから半世紀、核兵器は違法であることが初めて国際的に宣告された意義ははかりしれない。それはまさに、戦後世界史にエポックを画す瞬間だった。

しかし、ＩＣＪの勧告的意見には、「国家の存続が危ぶまれるような極端な状況下での自衛のための核兵器使用については、合法とも違法ともいえない」との但書がついている。一四人の判事のうち半数がこの見解をとった。

これにたいし、「核兵器の使用と威嚇は、いかなる場合でも違法」という「絶対的違法説」の立場から、ＩＣＪ副所長クリストファ・ウィラマントリー（スリランカ）、アブドル・Ｇ・コロマ（シエラレオネ）、モハメド・シャハブディーン（ガイアナ）の三人の判事は、右の判断に反対した。イギリスの判事も絶対違法説に近かった。「国際法違反ではない」との立場をとったのは、アメリカ、フランス、日本の三人だけだった。見解のとりまとめでは、判事一四人の意見が七対七に分かれたが、規則によって裁判長が前記の但書を支持して、決定となった。

日本被団協は、「意見」発表時には、東京・四谷の日本センターで伊東壮、伊藤サカエの両代表委員が記者会見をした。「勧告的意見」の分量はぼう大で、すぐには全容がつかめなかったが、「一般的でも核兵器使用は国際法違反となったことは、被爆の実相普及の励みになる」、「自衛のためでも、核兵器が使われたら人類滅亡の危機につながる」と見解を述べた。

世界法廷運動（ＷＣＰ）日本センターは七月二五日、「世界法廷の勧告的意見をどう受け止めるか」の緊急シンポジウムを開いた。参加者は、ＩＣＪに「国際法違法」といわせたのは「運動の力」であることを確認し、要旨次の声明を出した。

「極端な状況での自衛のための核兵器使用に判断をしなかったのは残念だった。しかし、核兵器は合法の意見は通らず、核兵器廃絶条約の緊急締結の必要が確認された」「勧告的意見を生かして核兵器全廃を達成することを誓う」。

3　在外被爆者の権利拡大

韓国被爆者代表初めての公式訪問　一九九四

年四月一四日、韓国原爆被害者協会会長の辛泳洙が、初めて日本被団協を公式訪問した。この背景にも、世界の変化が関係していた。

辛会長はこれまでも非公式には接触していたし、九〇年四月には韓国の被爆者二〇人が来日し、長崎、広島、大阪、東京で日本人被爆者と交流したが、来日の目的は表向きは観光だった。当時の韓国は軍事政権下で、核兵器廃絶を主張する日本被団協と公式に接触することは、韓国の国内法に抵触するおそれがあった。

韓国に文民政権ができ、韓国政府の保健社会部原爆被害者健康福祉調査団が日本被団協を訪問(九〇年八月一七日)、被爆五〇年を前に核兵器廃絶が国際世論になったこともあり、公式の交流ができるようになった。

九四年七月一一日、辛会長は再度日本被団協を訪ね、八月六日に韓国ソウルで行なう「第二七回韓国人原爆犠牲者追悼式」に日本被団協代表を招待した。これに応えて、日本被団協は事務局次長・山本英典、東友会事務局次長・三宅信雄、神奈川県原爆被災者の会幹事・西岡洋の三人を派遣、日本被団協からの追悼の言葉を捧げた。これ以後、日本被団協は毎年、韓国の追悼式に代表を送っている。

韓国との公式交流がすすむなか、韓国原爆被害者協会は九五年六月、「日本在住被爆者と同じ援護を韓国に住む被爆者にも適用してほしい」と日本政府に要請した。

ブラジル、アメリカも　これより前の九四年六月二四日には、在ブラジル原爆被爆者協会理事長の森田隆と事務局長・森田綾子が日本被団協を訪ね、韓国と同様の要望を伝えていた。

九五年八月五日、広島で開かれた「ノーモアヒバクシャ　国民のつどい」に、韓国、アメリカ、ブラジルの代表が初めて参加し、日本被団協との初の懇談会が行なわれた。韓国は副会長・徐錫佑、アメリカは米国原爆被爆者協会名誉会長の倉本寛司ら二人、ブラジルは森田夫妻。日本被団協からは、代表委員・伊藤サカエ、事務局長・斉藤義雄、事務局次長・藤平典、代表理事・田中熙巳と弁護士の池田真規が参加した。なごやかな懇談ののち、今後は日本被団協と連絡を取り合って要求実現に共同の努力をしていくことを確認しあった。

九五年一一月九日には、米国原爆被爆者協会会長の友沢光男と倉本寛司が日本被団協を訪問。①在米被爆者の実態調査をしてほしい　②被爆者健康手帳の交付を日本総領事館でできるようにしてほしい　③健康管理手当を在外被爆者にも支給してほしい　④在米被爆者の健康診

在外被爆者の援護を求めて野中官房長官に要請した後の代表（1999.10）

断の継続と充実強化　⑤特別葬祭給付金を在米被爆者にも支給してほしい――の五項目での日本被団協の協力を要請した。

四カ国被爆者共同行動　九六年五月二二日、四カ国被爆者の共同行動が初めて行なわれた。参加したのは、日本被団協からは代表委員・伊東壮、事務局長・斉藤義雄、韓国からは会長・鄭相石、アメリカからは倉本寛司で、ブラジルは文書参加だった。弁護士の椎名麻紗枝も特別に参加した。

共同要求は三項目だった。①特別葬祭給付金を住んでいる国で受給できるように　②健康管理手当を外国にいても受給できるように　③被爆者健康手帳や諸手当の申請が現地大使館、領事館でできるように――である。

外務省は、アジア局審議官・大島賢三らが「外務省としてできることは厚生省にアドバイスしたい」との返答をした。厚生省は、保健医療局企画課長の金子洋らが「特別葬祭給付金の請求は日本にきて行なう。手当は日本にいることが条件」と回答。椎名が法律論で追及したが、時間切れで終わった。

四カ国被爆者共同行動は、九七年七月にも行なわれた。九八年一一月一三日の行動では、厚生大臣・宮下創平、内閣官房長官・野中広務に面接して要請。また市民一五〇人が参加してシンポジウムを開催した。九九年一〇月二二日の行動では在外三カ国の被爆者から七八二五人の署名が提出された。

議員懇談会　二〇〇〇年一一月一三日には、国会議員にたいする「在外被爆者問題説明懇談会」が行なわれた。韓国原爆被害者協会の会長・李鳳儀、大阪地裁と長崎地裁で健康管理手当の継続支給を求めて裁判をしていた韓国の郭貴勲と李康寧、アメリカの友沢光男、ブラジルの森田夫妻、日本被団協から藤平典、田中熙巳、山本英典らが出席し、説明した。国会議員側からは、議員一三人、議員秘書九人が出席、秘書出席を含めると自民、民主、自由、公明、共産、民社、二一世紀クラブの七会派の出席だった。被爆者運動で、被爆者が企画した会合にこれほど超党派で多数の議員が参加した前例は少ない。

議員たちは、「議員懇談会をつくって、超党派でことの処理にあたりたい」と発言、問題解決へ前進をみた。この会合がきっかけになって、〇一年四月、「在外被爆者に援護法実現をめざす議員懇談会」が、超党派の五一議員の参加で発足、政府折衝の窓口となった。

手当の居住地支給を求めた郭裁判　政治的解

4カ国の被爆者が初めて共同行動。厚生省に要請書を提出
(1996.5.22)

決だけでは待ちきれないと、韓国人被爆者・郭貴勲は一九九八年一〇月に大阪地裁へ、同・李康寧は九九年五月に長崎地裁へ、それぞれ健康管理手当の継続支給を求める裁判を起こした。

日本にきて、正当な手続きをして健康管理手当が受給できるようになったのに、日本から離れると手当が打ち切られるのは違法な行政処分だ、被爆者の権利は離日によって失権するとは法律のどこにも明記されていない、と主張した。郭裁判は、二〇〇一年六月大阪地裁で全面勝利、〇二年一二月には大阪高裁でも完全勝利して確定した。

郭判決に打撃を受けた厚生労働省は、上告を断念し、在外被爆者への施策を大きく改め、日本にきて被爆者健康手帳を取得し、各種手当の支給認定を受けた被爆者であっても、離日すれば手当を打ち切るとしていた四〇二号通達を廃止し、居住地にかかわらず手当分を支給することになった。

日本被団協を含む支援団体は、二〇〇三年二月二三日、支援団体会議を開き、勝利を確認するとともに、国内での手続きについてはいまは来日しての請求方法しかないが、高齢化、病弱化がすすんでいる現状からいって、居住国で手帳、手当の申請、取得ができるようにすること、医療費についても、現地で給付ができるようにすることを要求する「五団体[*7]の共通の認識」を確認した。

四月一七日には、厚生労働省交渉が行なわれた。衆議院第一議員会館会議室に一〇〇人を超す被爆者と支援者が参加、韓国会長の李広善、アメリカ会長の友沢光男、ブラジル会長の森田隆、日本被団協の藤平典らが訴えた。このあと厚生労働大臣・坂口力に面接、「四カ国被爆者団体の要請書」を手渡し、民主、公明、共産、社民各党へ「共通認識」と「四カ国被爆者団体の要請書」にもとづく要請をした。また、厚生労働省健康局総務課長から、在外被爆者への施策の内容を聞いた。

健康管理手当の現地支給へ　在外被爆者対策は、大阪高裁での郭判決確定後、急速に改善された。

まず、「在外被爆者渡日支援等事業」が二〇〇三年度から、法の枠外の予算措置としてスタートした。日本にきて健康診断を受ける在外被爆者に、交通費、宿泊費および健康診断の費用を日本政府が負担する。この診断により健康管理手当の認定を受けたら、手当はその人の居住地の銀行に送金するという制度が〇三年二月から始まった。

「在外被爆者に平等な法適用を」と座り込み。厚生省前（2001.12.27）

＊7　五団体
日本原水爆被害者団体協議会
在韓被爆者問題市民会議
韓国の被爆者を支援する市民会議
韓国の被爆者を支援する市民の会広島支部
韓国の被爆者を支援する市民の会長崎支部

二〇〇三年八月からは、健康管理手当の更新手続きが基本的に廃止となった。一部の病気をのぞいて、一度健康管理手当を受けたら、「終身」支給となり、これまでのように三年または五年ごとに来日して更新手続きをとる必要がなくなり、高齢で病身の被爆者が、長い旅をしなくてもすむようになったのである。しかし、更新期間は一部であっても残されており、全廃を求めるたたかいがつづいている。

二〇〇四年一〇月からは、在外被爆者が現地で医療を受けた場合の医療費が、一人上限一三万円支給されるようになり、日本政府から現地医療機関に送られることになった。〇四年八月現在、残る大きな課題は、被爆者手帳と健康管理手当などの申請手続きが現地で行なえないことである。健康管理手当の現地申請は、〇五年一一月から実施された。

4　国の慰霊施設をめぐって

慰霊施設の検討　一九九〇年八月、原爆被爆者への国家補償の運動が大きく高揚するなか、「個別補償はできない、一括して弔意を表すならよい」という自民党内の機運を体して、「原爆被爆者にたいし、国の弔意を示したい」と発言したのが時の首相・海部俊樹だった。厚生省はこれに飛びつき、一九九一年度の厚生省予算に「原爆死没者への国としての弔意の表明事業」を盛り込んだ。ここから、国の慰霊施設問題が動き始めた。

厚生省は一九九一年五月、保健医療局長の私的諮問機関として、一一人を委員とする原爆死没者慰霊等施設基本構想懇談会（慰霊懇）を設置した。日本被団協代表委員・伊東壮も委員に選任された。

日本被団協は、事務局長・斉藤義雄を委員長とする慰霊問題検討小委員会をつくってこの問題を検討、「被団協」六月号で日本被団協の見解を明らかにした。

▽見解が基本原則としたのは——

国が原爆死没者を「慰霊」しようとするなら、まず、国の調査で氏名まで確認した死没者一人ひとりの死を償う制度（弔慰金・遺族年金）を創設すべきだ。慰霊施設は、死没者補償制度や被爆者援護法と相まってこそ本来の意味を持ちうる。

▽見解はさらに、次の諸点を日本被団協の基本視点として提示した。

①訪れる人々に、広島、長崎の原爆の反人間性を事実で語りかけ、ふたたび被爆者をつ

くらないことを誓う場とする。

②原爆死没者一人ひとりについての可能な限りの情報・資料を調査・収集し、その名と死の様相を永久に残すものとする。

③原爆死を含む原爆被害の全容についての関係資料や被爆者・遺族の証言を集大成し、同時に広島・長崎原爆の歴史的背景などについて研究する事業を組み込む。

④アウシュヴィッツ博物館や沖縄県立平和祈念資料館などの先例に学び、世界に向かって核兵器廃絶を訴える被爆国として恥ずかしくない内実を備えた施設とする。

あるべき慰霊施設を求めて　日本被団協は、慰霊施設のあるべき姿を学ぶため、一九九一年一〇月四日から一一日まで、ポーランド・アウシュヴィッツ強制収容所跡を視察した。二班に分かれ、一班はフランス・パリのレジスタンス博物館、二班はオランダ・アムステルダムのアンネの家がツアーコースに入った。一行には、被爆者、非被爆者五一人が参加した。

強制収容所では、焼却炉跡、死の壁の跡などで、原爆被爆者の思いを込めて花束を捧げた。ワルシャワでは、ゲットー生き残りの人びとと懇談。二大ホロコーストの犠牲者同士として意見を交わした。

一一月四日から六日まで沖縄を訪ね、沖縄戦犠牲者への弔意の仕方について研究した。

この視察と検討をふまえて、一一月一八日、日本被団協の全国都道府県代表者会議は「原爆死没者への弔意の表明についての見解――国の『慰霊施設の建設』と資料センターについて」を発表した。このなかで、▽慰霊施設は国立の施設とすること▽死没者の氏名、写真を掲示すること▽施設運営スタッフに日本被団協代表を参加させること▽放射線影響研究所（放影研）付属の慰霊施設などにはしないこと▽東京に国立資料センターを設け、「原爆白書」作成につとめること▽資料は世界に広く・公開する方途を講ずること▽原爆遺跡の保存につとめること――などを要求した。

慰霊懇中間報告に意見　厚生省の慰霊懇は、一九九一年五月二九日から検討を始め、九二年一二月に中間報告を出した。日本被団協は、この報告が「広く国民的な意見を求める」としたことに賛意を表し、九三年二月二三日にシンポジウムを開き、各界の意見を求めた。また、各県被団協にも意見を求めた。

これらをもとに日本被団協は四月一四日、「中間報告への意見の提出について」と題する文書を慰霊懇へ提出し、「最終報告の作成時

長崎追悼平和祈念館屋上の「水盤」。水盤は死没者が求めた「水」をたたえ、夜になると、死没者数約７万人と同数の明かりが灯る

広島追悼平和祈念館の死没者追悼空間。死没者数約14万人と同数のタイルを用いて円周状のパノラマレリーフ。中心は追悼の座

に、全国の被爆者の声として反映」することを求めた。

内容は次のような提言となっている。

①「慰霊施設の設置について」　被爆者に対するもっともふさわしい「慰霊」・追悼は、核兵器廃絶と原爆被爆者援護法を制定することだと基本理念を明らかにした。

②「慰霊施設の名称について」　慰霊という表現は適切でないと指摘し、追悼に改めるよう提言した。

③「慰霊施設の基本理念」　原爆は非人道、国際法違反の残虐兵器であることが分かるような記述にするよう提言。慰霊施設によって個別補償が決して代替できないとのべている。慰霊の対象は外国人被爆者を含むこと、核兵器廃絶への日本の責務を明確にすること、追悼とともに、核兵器廃絶を誓う場であることを明確にすること――などを提言した。

国立原爆死没者追悼平和祈念館へ　慰霊懇は、九三年六月二四日に最終「報告書」を発表した。日本被団協は同日ただちに「見解」を発表し、「報告書」には日本被団協の提言で改定されている部分があるが、「慰霊」という表現を「追悼」と改めよなどという基本的な意見は反映されていないことを指摘した。

慰霊懇は九三年七月から、原爆死没者慰霊等施設基本計画検討会として再編成された。八回の審議を経て、九五年一月末に基本計画報告書がまとめられた。この中で、施設の名称は「原爆死没者追悼平和祈念館」とするのがふさわしいという考え方が示された。

九四年一二月に成立した「原子爆弾被爆者に対する援護に関する法律」の施行をまって、九五年一一月、「原爆死没者追悼平和祈念館」開設準備検討会が設置され、設置の理念、理念の碑文化、施設の機能、追悼のあり方などが検討された。伊東壮は、検討会に被爆者の立場からの意見を反映させる努力をした。

検討会は九八年九月、最終報告を出した。施設の名称に「国立」の「追悼」施設であることを明記し、碑文（銘文）に被爆者の意見を反映させるなど、前進があった。[*8]

しかし、個別補償がなされないままの追悼施設は「実のこもらない行事にとどまる」おそれがあった。犠牲者の氏名の刻銘を拒んで人型や手形ですまそうとしていることや、死没者数も四五年末の推計値にとどめることなど、問題点が多いため、日本被団協は九五年一二月一三日、厚生大臣・宮下創平に「原爆死没者追悼平和祈念館についての要請」を出した。

＊8　祈念館の銘文

◇広島の祈念館の銘文

原子爆弾死没者を心から追悼するとともに、その惨禍を語り継ぎ、広く内外に伝え、歴史に学んで、核兵器のない平和な世界を築くことを誓います。

国立広島原爆死没者追悼平和祈念館

◇長崎の祈念館の銘文

昭和二〇年（一九四五年）八月九日午前一一時二分、長崎市に投下された原子爆弾は、一瞬にして都市を壊滅させ、幾多の尊い命を奪った。たとえ一命をとりとめた被爆者にも、生涯いやすことのできない心と体の傷跡や放射線に起因する健康障害を残した。

これらの犠牲と苦痛を重く受け止め、心から追悼の誠を捧げる。

原子爆弾による被害の実相を広く国の内外に伝え、永く後代まで語り継ぐとともに、歴史に学んで、核兵器のない恒久平和の世界を築くことを誓う。

国立長崎原爆死没者追悼平和祈念館

その後、開設準備検討会は広島、長崎ともにそれぞれの平和資料館の近隣に建設することを決定した。死没者数を明示する方式としては、広島は追悼空間に一四万のタイルで、長崎は館外の水槽に浮かぶ七万の小粒ライトで表示することになった。

施設の構造や館内設備の検討が進むなかで、二〇〇一年七月一一日開催の第二五回検討会で、広島の祈念館の入口から追悼空間にいたる回廊に設置する六つの説明パネルのうち、最初のパネルの内容が論議をよんだ。原爆投下の歴史的背景について、厚生労働省は、村山元首相の「日本は、遠くない一時期、国策を誤り、戦争への道を歩み……」という発言を引用した文案を示した。これに一部の委員から異論が出された。伊東壮委員の後を継いだ岩佐幹三事務局次長は原案に賛成を表明したが、議論の末、「国策を誤り……」という文言は修正削除された。

この修正をめぐって地元の広島から、元の文案復活要望の声が噴出した。二〇〇二年一月二九日の検討会では、岩佐委員は、日本被団協の意を汲んだ修正意見を提起し、議論の結果、「誤った国策により犠牲となった多くの人びとに思いをいたしながら、その惨禍を二度と繰り返すことがないよう、後代に語り継ぐ」という文言で復活された。

国立原爆死没者追悼平和祈念館は、広島では二〇〇二年八月一日、長崎では二〇〇三年七月五日、それぞれ開館した。

3章「原子爆弾被爆者に対する援護に関する法律」成立へ

一九八九年一二月に参議院で採択された野党六会派提出の原爆被爆者援護法案は、衆議院に送付されたものの衆議院解散で審議未了・廃案となった。九〇年二月の衆議院選挙は、自民党がやや後退し、社会党が躍進したものの、公明、共産両党が後退したため、与野党の勢力分野は変わらなかった。

一九九〇年五月、参議院で多数を占める野党六会派（社会、公明、共産、連合参議院、民社、参院クラブ）は、前年と同じ原爆被爆者援護法案を再提出した。[*9] しかし、衆議院で多数を占める自民党が被爆者援護法の制定に反対しているため、法案は九一年五月の参院社会労働委員会でも継続審議となった。

被爆者援護法案はいわゆる「吊るし法案」[*10]として審議のないまま棚ざらしになったが、九一年六月に開かれた日本被団協第三六回定期総会は、九一年度予算で被爆者施策の大幅な改善・充実をかち取ったことと、湾岸戦争で核兵器を使わせなかったことをふまえて、確信に満ちた総会となった。

九〇年度活動報告は、「四五周年運動に被爆者は力を存分にふりしぼった」という視点からまとめられた。

総会までにかち取った「三点セット」の成果は、提出された国会請願署名が六〇六万人分、地方議会の賛同署名が一八四〇議会、国会議員の賛同署名はあと五人で議員現員総数の三分の二に達する四四九議員に達していた。

九一年度運動方針は、こうした成果をふまえて、「日本被団協結成三五周年と、原爆投下につながった太平洋戦争勃発五〇周年という二つの節目を迎える年」にふさわしい活動に取り組もうと、九一年六月から九二年五月末までを期限とする「核戦争おこすな、核兵器なくせ、被爆者援護法制定をめざす国民運動」を提起し、「国民運動要項」も発表した。

重点的には、死没者対策を重視し、厚生省が確認した二九万五九五六人の死没者名簿の公開と個別補償要求を軸に、「三点セット」の運動を大きくのばすことをかかげた。

1　被爆者援護法、参議院で再可決

「髪の毛一本」の支え　日本被団協第三六回定期総会は、被爆者援護法については、「参議院で継続審議になっている被爆者援護法案の実現をめざして運動を強めます」と決定し、「核戦争起こすな、核兵器なくせ、被爆者援護法制定をめざす国民運動」は、推進本部に企画委員会を設置し、推進態勢の強化のために、代表理事・山本英典を臨時専従役員にした。

九一年度の「ノーモア　ヒバクシャ　国民のつどい」の本会場は長崎だったが、広島でも開催することが急きょきまり、八月六日午後、広島で市民団体を結集した「一〇〇万人署名実行委員会」と日本被団協の共催で「ノーモアヒバクシャ　国民のつどい　広島」が開かれた。八日に

＊9　野党六会派共同提案の被爆者援護法案要旨
第一条　目的　被爆者・遺族がおかれている特別な状況にかんがみ、国家補償の精神で医療費、被爆者年金、遺族への特別給付金を支給し援護する
第二条　定義　被爆者とは⑴原爆投下時に、広島、長崎の市域、隣接区域にいたもの　⑵一定期間内区域にいたもの　⑶放射能の影響を受けるような事情にあったもの　⑷⑴⑵⑶の胎児
第三条　被爆者援護手帳の交付
第四条　援護の種類　⑴健康診断⑵医療の給付⑶一般疾病医療費の給付⑷医療手当を支給⑸介護手当の支給⑹被爆者年金の支給⑺特別給付金の支給⑻葬祭料の支給⑼被爆者保護施設への入所⑽JR乗車料金の免除
第八条　医療の給付　原子爆弾の傷害作用に起因して負傷または疾病にかかり、現に医療を要するものに医療給付
第九条　認定　原爆の傷害作用に起因する旨、厚生大臣の認定を受けなければならない。大臣は被爆者等援護審議会の意見を聞かなければならない
第十九条　医療手当は月額八万円
第二十一条　被爆者年金は三十四万八百円
第三十三条　特別給付金は死者一人に百二十万円
第四十一条　二世、三世への健康診断

＊10　「吊るし法案」
国会用語。議員提出議案を国会対策委員会にいつまでも留め置いて審議にかけず、賛成、反対の態度をきめないまま、政治取引の材料などに利用

は長崎で日本被団協と長崎被災協共催で、同名の「つどい」が一〇〇〇人参加で開かれた。

これらの集会で事務局長・斉藤義雄は、「九一年度予算で健康管理手当の所得制限を九九％まで緩和したが、あと一％は残した。所得制限を撤廃したら、社会保障制度が国家補償になるという。この所得制限に引っかかるのは、厚生省でも次官ら三人だけだという。髪の毛一本に支えられた制度を打ち破り、一日も早く、国家補償の援護法を実現するよう世論を盛り上げよう」と訴えた。

一〇月には、「国民運動」推進の企画が推推本部から提案された。九一年一〇月二〇日から一一月末までを「草の根活動強化月間」とし、全国いっせいに行動する。九二年二月全国行脚を行ない、五月中旬に全国行脚集結集会と国会請願の大行動を行なう。

また三点セット（①援護法制定要求国民署名②自治体の援護法制定促進決議③国会議員の援護法制定賛同署名の獲得）へのとりくみ強化が再確認された。国会請願署名は、目標一〇〇〇万にたいしてあと四〇〇万。国会議員の賛同署名は、参議院では三分の二を突破、衆議院ではあと五人で三分の二に到達するところまできていた。議員の賛同署名は衆参合計で五一一人に増えていた。

こうした動きにたいし自民党政調会は「署名に協力するな」という通達を出し、議員の締めつけにかかる。しかし、熊本、島根、鹿児島につづいて富山で県選出全議員の賛同を得て、九月には衆議院でも賛同議員が三分の二に達した。国会請願署名は九二年六月で七〇〇万に、自治体の賛同署名は九二年七月で二二〇四議会となって三分の二を突破した。

一九九二年四月二四日、参議院本会議で、野党六会派提案の「原爆被爆者援護法案」が賛成多数で可決された。八九年一二月一五日につづく再度の可決である。同一法案が参議院本会議で二度も可決されたのは前例がないといわれる。

熱い運動　参議院での二度目の可決は、援護法制定への見通しを「希望から確信へ」発展させるものだった。日本被団協は声明を発表し、①参議院での今国会中の可決成立を要請する②政府・自民党は「受忍」政策を撤回して援護法を制定するよう要求する③衆議院での可決をめざし、五月大行動への国民の参加、全国各地での奮闘を期待した。

日本被団協が九二年二月からつづけていた「核戦争起こすな、核兵器なくせ、被爆者援護法

する法案をいう。野党提出の「原爆被爆者援護法」案は、否決すれば被爆者を含む国民的な反発を受ける可能性があるところから、与党の自民党は賛否を明らかにしないまま、国会閉会時まで棚につるして、審議未了・廃案に、しばしば持ち込んだ。

の実現をめざす草の根全国行脚」は、参議院可決と前後して大きな盛り上がりを見せた。被爆地広島では三月一七日、近畿、中国、四国、九州の被爆者を含めて一〇〇〇人が参加する総決起集会を成功させ、四月に開かれた長崎総決起集会も八〇〇人の参加で熱く燃えた。東京では、「東京行脚」に取り組み、四月一七日の集結集会までに都議会議員一二六人中一二三人から賛同署名を獲得した。

自治体要請の運動もすすむ。援護法制定促進決議は四月末現在で二一四九自治体に達し、三分の二まであと五六自治体を残すだけとなった。援護法制定を求める署名は、一〇〇〇万目標にたいし六三八万まで積み上がる。大分県は二月、人口一割の署名目標をやりとげた。被爆県以外では初の目標達成だった。

「全国行脚」集結大行動　こうした盛り上がりを背景に、日本被団協は「援護法実現・みんなのネットワーク」と力をあわせ、五月一二日から一五日までの四日間、「全国行脚」集結中央大行動を行なった。行動には全国の被爆者、支援者のべ二〇〇〇人が参加した。一四日、日比谷公園霞門には一〇〇〇人が集まった。広島から五〇人、長崎から三〇人が参加したことは、大いに意気を高めた。

衆議院議員面会所前には社会党、公明党、共産党、民社党、社民連の議員が待ち受けていた。行動期間中に集計した援護法制定請願署名五五万五〇〇〇人余が提出された。署名の累計は七〇〇万を超えた。自治体の促進決議は二一六三自治体、国会議員の賛同署名は前述したように衆参合計で五一一人に達していた。

この日は、宮沢喜一首相とも面会できた。首相は終始にこやかではあったが、「援護法は財政的なことも大変だけど、一般戦災者との関係がむずかしい」と答えるだけだった。参加者は、援護法案が衆議院厚生委員会に付託されず、議院運営委員会に「吊るし法案」として留め置かれたままになっていることに強く抗議し、審議入りを要請した。

被爆五〇年に向けて　六月に開かれた日本被団協第三七回定期総会は、参議院での援護法案再可決、三点セットの運動の高揚という情勢に確信をふかめ、被爆五〇年に向けて、▽「基本要求」の全面実現をめざして新しい運動を起こすこと▽国際シンポジウムを開く検討を始めること▽核実験被害者と連帯する調査団を派遣すること、などを決めた。決議は、「世界の平和と青い地球を永遠に残す人類史的課題の実現にともにたたかおう」という壮大な視点に立つものだった。

総会は「援護法の審議・制定を求める」特別決議を採択した。決議は、「参議院が二度も採択した被爆者援護法案を、政府・衆議院が審議すらしないまま期限切れ・廃案に持ち込むなら、民主主義の根幹を崩すことになる」として、自民党総裁・首相の宮沢喜一、自民党にきびしく審議開始を要求した。

援護法案「吊るし」に批判　参議院本会議で二度目の可決のあと衆議院に回った被爆者援護法案は、今回も頑迷な抵抗にあった。自民党は、援護法案の審議入りを拒否するばかりか、六月一一日には党社会部会の名で、一二日には党政調会の名で、党所属国会議員に「援護法制定の賛同署名をするな」という通達を連発し、「会期末には審議未了で廃案にする」ことをねらったのである。

しかし、賛同署名に名を連ねる議員はあとを絶たず、自民党所属議員を含めて衆参両議員の三分の二を突破した。援護法制定促進の決議をした自治体にすむ住民の数は、九一〇〇万人に達した。

マスコミも被爆者援護法案の「吊るし」に疑問を投げかけた。NHKは、「すすまぬ審議、被爆者援護法」という特集を組み、元衆院議長・田村元の「援護法には反対しない」という談話を報道した。

廃案にはできず　六月一九日の国会最終日、自民党は二カ月間「吊るし」てきた援護法案を「廃案」にはできず、衆議院では初めて継続審議の措置をとった。

日本被団協は同日声明を出した。

①援護法案には圧倒的な国民の支持があるにもかかわらず、衆議院で一度も審議されなかったことは遺憾といわざるをえない

②国家補償は原爆被害者への被爆国政府の最優先課題であり、核兵器廃絶を求める世界世論に応える国際貢献の道である

③援護法案は参議院で二度可決され、自治体の促進決議、国会議員の賛同数、国会請願署名数を見ても被爆国民の願いと合意は明確に築かれている

④次期国会で全会一致で可決・成立することを要求する。

2　揺れる政党状況

きびしい参議院選挙の結果　九二年七月二六日投票の参議院選挙は、援護法制定のまとめ役だった社会党が不振、公明党は議席増となった

援護法実現を求め国会請願デモ（1992.5）　撮影・森下一徹

ものの、前回一一議席とった連合が当選者ゼロ、共産党、民社党も後退した。自民党が復調し、新興政党の日本新党が初議席をとった。

被爆者援護法促進勢力は、かろうじて過半数を維持できたが、こうした選挙結果になり、衆院で過半数を占めている自民党に向かって「援護法の審議促進」を迫る気勢が多分にそがれた。

各地に「みんなのネット」　しかし、援護法実現をめざす被爆者の運動は、草の根的に、とどまることなく広がった。

「被爆者援護法実現・みんなのネットワーク」は一〇月七日、呼びかけ人会議を開き、九〇年一月二二日にスタートしてから二年半の中間総括をした。

広島では一一月六日に「広島県一〇〇万人署名大運動実行委員会」が発足して街頭署名を大大的に始め、一二月九日には「被爆者援護法の制定を求めるヒロシマのつどい」を開いた。大阪では、一一月七日「援護法の制定を求める府民集会」が開かれ、長崎では「援護法実現長崎県総決起集会」が開かれた。こうした盛り上がりのなかで、九一年九月と九二年五月、二回の請願行進と中央集会を成功させ、発足時一八〇万だった請願署名を七五五万に広げ、地方自治体の援護法制定促進決議を七五五自治体から一二五八自治体に増やすなど、援護法制定への世論を広げるうえで「みんなのネットワーク」の貢献は大きかった。

渋谷駅頭では上条恒彦も　呼びかけ人会議があった九二年一〇月七日午後、ＪＲ渋谷駅前では、「みんなのネットワーク」主催による歌とトークによる街頭宣伝がはなばなしくくり広げられた。仮設ステージでは、歌手の上条恒彦が「広島の有る国で」で、山本さとしが「出発《たびだち》の歌」で道ゆく人の足を止め、日本生協連名誉会長・中林貞男、日本青年団協議会会長・坏健男、立命館大学教授・安斎育郎らが、援護法制定の促進への協力を呼びかけた。一時間余で署名二〇八、募金一万四〇〇〇円余が寄せられる、大きな宣伝行動となった。

連立政権時代に　衆議院で「吊るし法案」となった被爆者援護法案は、日本被団協とネットワークの度重なる要請にもかかわらず、厚生委員会では一年二カ月もまったく審議されないまま、一九九三年六月一八日、衆議院解散で審議未了・廃案となった。

衆議院解散にあたり、日本被団協は、次の総選挙で「核兵器廃絶と援護法制定に賛同する議員が国会の多数を占めることを期待」し、各党派の立候補者に「参議院で可決された原爆被爆者援護法案に賛同する署名」を要請した。

しかし、九三年七月の総選挙の結果は、自民党の過半数割れ、社会党の惨敗、新生党と日本新党の躍進、公明党、民社党の前進、共産党の後退となって、政界地図は大がわりした。自民党単独では政権がつくれなくなり、政界は「連立政権時代」へと突入することになった。

3　援護法プロジェクトチーム

細川政権の成立　日本新党の代表・細川護熙を首相とし、自民、共産をのぞく七党一会派（社会、新生、公明、さきがけ、民社、日本新党、社会民主連合、民主改革連合）による細川政権が九三年八月九日発足した。細川は施政方針演説で「過去のわが国の侵略行為や植民地支配などが多くの人々に耐えがたい苦しみと悲しみをもたらしたことに、あらためて深い反省とおわびの気持ちを申しのべる」と演説、反響を呼んだ。

日本被団協が九月二一日、厚生大臣・大内啓伍（民社党委員長）に面会して、援護法制定を要請すると、大内は「援護法実現に民社党としては努力する。内閣としては与党各党の意見調整にかかっている。大臣としてはいまは申し上げるわけにはいかないが、実りある方法を考えなくてはならないと思っている」と答えた。さきがけ代表幹事・園田博之も、「何かやらねばならないと思っている。与党内で議論を急ぎたい」と答えた。

世論に押されて　日本被団協は、「このままでは援護法ができるかどうかもわからない。新しい情勢に見合った新しい運動を」と一〇月中央行動を提起した。事務局長・斉藤義雄は一〇月一九日の全国都道府県代表者会議の基調報告で、「援護法実現をめざす三点セットの運動の高まりが政府を追いつめてきたことに確信を持ち、新しい情勢のなかで『一般戦災者との均衡論』『財源がない論』を克服する世論と運動を強めよう」と強調した。

二〇～二一日の中央行動は、まず衆議院第一議員会館で「援護法実現中央集会」を開いた。集会には、自民党から原爆被爆者対策小委員長・佐々木満、社会党から委員長指名中執・山下八州夫、公明党の被爆者対策特別委員長・斉藤鉄夫、日本共産党の厚生部会長・岩佐恵美が出席。自民党代表の参加は久しぶりだった。

この日、被爆者援護法制定を求める署名が三〇万八〇〇〇提出され、累計で八一四万になった。この日までに可決された地方議会決議は、二三九三議会に達した。全自治体の七二・三％である。

このような運動と世論におされて細川内閣は一二月一六日、与党政策幹事会のもとで「被爆者援護法に関するプロジェクトチーム」を発足させた。座長は、社会党の厚生部会長・森井忠良だった。

日本被団協は、新たに検討しなくても、参議院で二度可決された援護法があるから、これを採択するようにと要請したが、与党側は、「連立各党の合意づくりが必要だから」といいわけした。

総選挙で選出された議員のうち、前国会任期中に援護法制定に賛同署名をした議員、および、立候補期間中に署名して当選した議員は二四五人であった。[*11]

解散時は全議員の三分の二（三四七人）が賛同署名をしていたが、一〇〇人余り減って、半数に足りなくなっている。回復にはかなりの努力が必要になった。

手はゆるめない　しかも与党のなかには、参議院で援護法案を可決したとき反対した議員もいる。被団協は「国会情勢は参議院可決当時にくらべてきびしい」と、運動の手をゆるめないことにした。

九三年八月六日、広島原爆の日に、日本被団協は全衆院議員への要請行動を行なった。「死者への思いを込めて」の行動には東京と埼玉の被爆者五〇人が参加、当日だけで二二人、その後に郵送で送られてきたのを含め三四議員から新たに賛同署名をもらった。

この運動は、九三年一〇月一九日の日本被団協全国都道府県代表者会議で加速した。会議では、「被爆五〇周年＝核兵器ゼロ、援護法実現国民運動」が提起された。広島、長崎で九四年三月に総決起集会、四月に中央大行動を行なうことを決めた。

とつぜんの細川辞任　細川内閣の「被爆者援護法に関するプロジェクト」は、九四年一月一回、三月四回と、会合を開き、議論を詰めていた。三月三日の第四回会合では、日本被団協代表など被爆者代表を招いて意見を聴取した。

日本被団協からは代表委員・伊東壮、広島から県被団協事務局長・伊藤サカエら四人、長崎から被災協事務局長・山田拓民ら三人、大阪から府被団協理事長・阪口善次郎ら九人が出席して供述した。

四月一四日には、六回目の会合が予定されていた。ところが、細川首相は四月八日、とつぜ

＊11　総選挙で当選した賛同署名議員

自民	二二三人中九四人
社会	七〇人中六六人
新生	五五人中一三人
公明	五一人中二七人
日本新	三五人中八人
共産	一五人中九人
民社	一五人中一〇人
さきがけ	一三人中四人
社民連	四人中四人
無所属	三〇人中一〇人
計	五一一人中二四五人

ん首相を辞任、二五日には内閣総辞職となった。オレンジ共済の汚職と佐川急便からの政治献金問題が引き金。わずか八カ月の内閣だった。

この細川内閣時代、被爆者援護法プロジェクトが作業している最中の出来事として、毎日新聞が注目すべき記事を三年後に報道した。それは、毎日新聞特別編集委員で元政治部長・岩見隆夫のコラム「近聞遠見」[*12]で、内容は、厚生省の事務次官・岡光序治が「援護法をつぶしてくれ」といって国会議員に働きかけた、というのである。

被爆者援護法が成立しない背景に、このような官僚の暗躍があったことが明るみに出たのは初めてだった。日本被団協は、機関紙「被団協」でこの記事を紹介し、「岡光の悪業」ときびしく批判した。

4　村山政権下のプロジェクト

社会党が政権につく　細川内閣に代わった羽田孜内閣は、一九九四年四月二六日から六月二五日まで、二カ月の短命政権、代わって登場したのが社会党委員長・村山富市を首相とする自民、社会、さきがけ連立内閣だった（六月三〇日）。

自民党は、社会党と連立するにあたり、これまで違いすぎていた政策での合意を求めた。六月二九日、自民党が受け入れた「三党合意」では、「自衛隊と日米安保条約の維持」が明記され、国連の平和維持活動（ＰＫＯ）への派遣、間接税の税率引き上げなど国政の基本問題で、社会党の政治姿勢の大変更が盛り込まれた。戦後五〇年問題については「協議する機関を国会および政府に設置する」とした。政策課題として、水俣問題の解消、原爆被爆者援護法の制定、慰安婦問題などが話し合われたと伝えられている。

細川内閣時代に発足した「被爆者援護法に関するプロジェクト」は、羽田内閣時代も受け継がれ、村山内閣時代になっても作業がつづいていた。

プロジェクト座長の森井忠良は、最終案だとして七月六日、「国家補償の精神に基づき」援護法を制定するという「原子爆弾被爆者等援護法案大綱」を発表した。

プロジェクトは、七月二〇日の第一三回会合で協議を終え解散する。ところが、最終日に座長代行として座長を務めた新生党議員・栗屋敏信は、「二〇日に合意を見たのが最終案だ」と

＊12　**岩見隆夫「近聞遠見」**（毎日新聞、九七年一月二一日）

新進党の某幹部から次のような打ち明け話を聞いた。「細川連立政権のときです。私は国会運営の担当をしていた。ある日、厚生省の岡光（序治・前事務次官、収賄罪で起訴）が一人つれてやってきたのです。一人というのは大蔵省で厚生担当をしていた中島（義雄・元主計局次長、過剰便宜供与などで退職）ですよ。二人で『被爆者援護法案をつぶしてください。あれが通るとほか（の戦後補償）にもひろがって大変なことになりますから』というんです。びっくりしましたね。結局は村山社会党政権に移ってあっさり成立してしまうんだけど」。

法案の成否を決める立法府の議員に高級官僚が法案処理で指図めいたことをする。主客転倒も甚だしいが、それが不思議でない空気になっており、政・官ぐるみの腐敗構造を許す体質にもつながっていった。

いう。それは「国家補償的配慮に基づき」となっている。粟屋は、援護法をつくるのは「国の戦争責任とは別だ。被爆者の特別な状況に配慮し、一般の社会保障以上の措置が必要との考え方だ」と説明した。

いずれにしても、七月二〇日段階でのまとめである。首相の村山はどちらをとるのか。社会党委員長として「国家補償の援護法」を叫びつづけてきた村山の公式発言が注目された。

平和式典での村山首相あいさつ　村山首相の被爆者援護法についての考えが国民の前に表明されたのが、八月六日の広島、九日の長崎での平和式典だった。

広島市長・平岡敬は「核兵器は国際法違反」「核保有国に全廃を要求」した。平和宣言で、長崎市長・本島等は「核兵器使用は国際法違反。不戦の証として被爆者援護法を」と平和宣言をした。

しかし村山首相は、核兵器は国際法違反とはいわず、被爆者対策については「援護対策の充実強化のため努力する」という、歴代首相と同じ内容の発言しかしなかった。社会党時代に公約していた国家補償の被爆者援護法制定にはまったくふれなかった。あいさつが終わって帰る途中、会場のいすの上に立ち上がった女性が「村山さん、援護法頼みますよ」と大声で叫んだ。東京の生協組合員だったという。

村山発言には、報道機関がいっせいに非難の声を上げた。中国新聞は「なお届かぬヒロシマの声／広がる失望や落胆」「国家補償ふれぬ首相／被爆者から怒りの声」。長崎新聞は「挨拶に援護法なく／被爆者に失望と戸惑い」。毎日新聞は「援護法の悲願むなしく／歴代内閣と一緒」。西日本新聞は「歯切れ悪い首相に失望」。中国新聞と長崎新聞は社説も出した。「旧軍人や軍属にはかなり手厚い補償がなされている。国の戦争政策で犠牲になったのは民間人も変わりはない。形式的な法律論や公平論を盾に首をすくめているだけでは、戦後処理問題はなにも解決しない」（長崎新聞九四年八月九日付）。

5　連立与党のプロジェクト

現行二法を一本化　与党三党は、九四年八月二〇日の党首会談で被爆者援護法制定問題を協議し、現行二法を一本化して手当を拡充する方向で基本的に合意した。

この報道を受け、日本被団協は八月二五日、事務局長・斉藤義雄の談話で批判した。「現行施策の改善は、従来から要求してきたことであり、実施は当然である。いま重要なことは、現行法の改善だけでなく、国家補償に基づく援護法を制定することである。被爆者援護法の根幹は、原爆の最大の犠牲となった死没者への弔慰金（特別給付金）支給の制度と、生存被爆者への年金制度の創設である」。

連立与党は、三党合意をもとに、「戦後五〇年問題プロジェクト」（座長・上原康助）をつくり、それまでの援護法プロジェクトの意見を棚上げする形で被爆者援護法問題を検討することにした。その最初の全体会となった九月二一日、早くも難航した。自民党は、現行二法を一本化することには合意したが、「被爆者援護法」という名称に難色を示し、「国家補償」の取り扱いも合意できなかった。提案方法も、自民党は政府提案を主張し、社会党は議員立法を主張し、平行線だった。

このため広島県議会は二一日、長崎市議会は二二日、それぞれ全員一致で「国家補償による援護法の制定」を求める意見書を採択した。

日本被団協は、政府与党への要請を各地で強めることと、九月一三日には首都圏で新党さきがけと新生党など七党への要請をおこなった。一〇月六日と二五日の中央行動には、二回で被爆者一四〇人が請願行動をおこなった。事務局長・斉藤義雄は「諸手当の所得制限を撤廃すれば国家補償になる、といっていた党までが、所得制限撤廃をいい出してきた。外堀を埋めた力で本丸を攻め落とそう」と参加者を励ました。

「国家補償」の四文字　「戦後五〇年問題プロジェクト」の会議は、「国家補償」の四文字をめぐって、激しい駆け引きがあったと伝えられる。「社会新報」によると、次のようであったらしい。

一〇月二〇日の全体会で、新党さきがけ議員は、社会党が国家補償にこだわるのは一般戦災者にまで補償対象を広げる思惑があるのではないかと色をなして発言した。自民党議員は、「基本懇（原爆被爆者対策基本問題懇談会）の精神を丸のみできるならいいじゃないか」と水を向けてきた。社会党は基本懇の受忍論を丸のみすることはできないと反発した。

二四日になって、自民党が「国家補償」の代替案として、「国（家）の責任において」という表現を持ち出してきた。国家補償の概念には、①国の違法行為による損害賠償②適法行為による損害補償③合法行為による結果責任に対する補償――がある。①②は認められないが、③についてては同意語として「国（家）の責任において必要措置を講じる」としてもいいじゃないか、というのである。

弔慰金については、自民党は「相当期間の療養をされた人に弔意」を表す必要は認めるものの、直爆死した人は「艦砲射撃や空襲で死ぬのも同じではないか」といって譲らなかった。

新党さきがけは、「特別給付金（弔慰金）は五七年の被爆者手帳交付時にまでさかのぼっていいのではないか」といい、「それ以前は個別給付でなく、慰霊施設をつくるなどしてまとめて弔意を表せないか」という案を出した。

社会党は二六日の会議で自民党が提案した「国の責任」問題を論議した。「同意語なら、なぜ国家補償ではいけないのか」「『国の責任』では、責任の所在は明確化されるが、補償の範囲は狭くなる」などの意見が出された。弔慰金については、金額や範囲の問題にとどまらず、原爆被爆者への国の基本姿勢を具体的な形に表す問題であるため、『国家補償』と特別給付金は不離一体」との意見が出て、原爆投下時にさかのぼってすべての原爆死没者を対象にすべきだという認識が大勢を占めたという。

6　「日本被団協の意見を聞きたい」

「今日中にまとめたい」　こんな議論と「合意」報道が飛び交っていた一〇月二七日、日本被団協の代表委員・伊藤サカエと事務局長・斉藤義雄は広島で記者会見し、「国家補償を拒んだことは、国の戦争責任と核兵器否定の立場を明確にすることを拒んだもの。原爆被害の最大の犠牲者である死没者を区別するな。生存被爆者対策としては被爆者年金制度を創設することは不可欠。自民党は基本懇意見書の閣議決定を要求しているが、戦争犠牲の受忍をいう基本懇意見は、撤回こそされなければならない。国家補償の援護法実現に全力を挙げる」との見解をのべた。

四日後の一〇月三一日朝、戦後五〇年問題プロジェクトの座長・上原康助から、「日本被団協の代表と話し合いたい」といってきた。日本被団協からは、事務局長・斉藤義雄、国対委員長・嶋岡静男、事務局次長・山本英典の三人が午前九時に上原室に出向いた。ずいぶん早い時間だといいながら戸を開けると、上原が待っていた。「今日も早くから論議がつづいてるんだ。じつは、プロジェクト座長の任期は今日が最後なんだ。明日からは自民党の座長になる。そしたらこれまでの論議がどうなるかわからない。今日中にぜひまとめたい。被爆者の率直な意見を聞かせてほしい」といって、プロジェク

「戦後50年問題プロジェクト」座長・上原康助（中央）に要請する、右へ嶋岡、斉藤、山本（1994.10.25）

ト内での論議の焦点を話した。

「国家補償については、自民党がどうしてもだめだというんだ。国家責任でいくといっている。弔慰金の対象は、八月一五日までならさかのぼってもいいといっている。どう思うか」と聞いた。

国家責任に何の意味が　斉藤は、「国家補償はわれわれの基本要求だ。国家責任なんて、国が法律を作る以上、国家が責任をもって施行するというのだから、当たり前のこと。そんな当たり前のことを書いて何の意味があるのかと思う。弔慰金の対象を八月一五日以降というのは、まったくのナンセンス。原爆で殺されたのは八月六日、九日なんで、一五日に死んだのではない。そんな案に被爆者は絶対に賛成できない」と答えた。

上原は、「僕は沖縄問題に突っ込んでいて、被爆者問題にはかかわってこなかった。経過がよくわからないことがあってね」といって、日本被団協の意見はプロジェクトに反映することを約束した。

このあと、村山が自民党の河野洋平（外相）、さきがけの武村正義（蔵相）と与党三党首会談を開き、「被爆者援護法は今日中に決着させる」と確認した。村山首相はさらに与党首脳連絡会議で、「援護法はこの内閣で決着させるべき重要課題であり、臨時国会で制定できるよう本日中に与党で決着できるよう全力をあげる」と発言した。

プロジェクトの作業はこのあと急ピッチですすめられたが、一〇月三一日午後一一時ごろ、広島被団協の伊藤サカエのところに、社会党有力議員から「援護法に国家補償が入ったよ」という電話が入った。すぐに事務局長の斉藤に報告された。一一月一日朝、日本被団協事務局は期待に胸がふくらんでいた。

こんどは「国の責任」に　三日朝、新聞各紙は、与党合意案を発表した。そこに「国家補償」の四文字はなかった。「国家責任」も「国の責任で」と代わった。深夜の電話は何だったのか。

遺族補償を目的としていた「弔慰金」「特別給付金」の名称は「特別葬祭給付金」となった。支給対象の死没者は四五年八月六日、九日までさかのぼった。しかし、受給できる人は、遺族のうち被爆者手帳を持つ者と制限され、支給金額は一遺族に一〇万円。死没者対策ではなく、生存被爆者対策だった。被爆者でない遺族は、国から切り捨てられた。「撤廃すれば国家補償になる」といって拒みつづけてきた所得制限は、廃止となった。

一一月三日の新聞は伝えている。「政権維持に妥協の決着」「被爆者団体早くも批判」（朝日新聞）、「このような結果になり、被爆地の社会党として責任を感じる。あくまでも国家補償に基づく援護法の基本理念は放棄できない」と社会党広島県本部委員長の石田明。「戦後の課題の一つにめどがつけられてよかった。一時はパンク寸前までいっただけにほっとしている」と座長の上原。「被爆者には不満が残ると思うが、いまより前進したということは一定の評価をしなければならない。核兵器の廃絶に取り組む新たな原点になることをねがう」と広島市長の平岡敬はコメントしていた。

7　衆参両院公聴会と法の成立

一一月中央行動　日本被団協は一一月八日、九日、一〇日の三日間、中央行動を行なった。臨時国会で、援護法案を、国家補償を明記する法案に変えることをめざしての毎日行動となった。

一日目は、厚生省前の座り込みに始まった。前日までの冷たい雨がうそのように、快晴無風。午後一時半、参議院議員会館第四、第五会議室は、三八都道府県から結集した被爆者二五〇人で超満員。厚生省と日本共産党へ要請に出向いた。

二日目午前は「改革」の厚生部会長ら全メンバー、自民党は政調会長・加藤紘一、社会部会長・衛藤晟一と面談した。正午から「援護法実現・みんなのネットワーク」主催の請願行進と署名提出式。日比谷公園から国会へ、被爆者五〇〇人、ネット三〇〇人、あわせて八〇〇人の隊列となった。衆議院議員面会所で待ち受ける各党議員に、一五二万人の請願署名が手渡された。請願署名はついに一〇〇〇万を超え一〇〇一万人となった。

三日目は、厚生省前座り込み、社会党への要請。午後一時から三宅坂ホールで開かれた「被爆者援護法実現をめざす中央集会」は、被爆者とネットの人びと、一〇〇〇人が参加、熱気あふれる集会となった。

三日間の被爆者の参加は、三九都道府県、のべ一二〇〇人、ネットはのべ六〇〇人、計一八〇〇人の参加となった。この三日間に、国会議員の賛同署名も衆議院議員が一一人増えて三五一人に、参議院議員が一人増えて一七一人となり、いずれも三分の二を大きく突破した。

ウリのつるにナスビ　村山内閣は九四年一一月二二日、「原子爆弾被爆者に対する援護に関する法律」案を閣議決定、衆議院に法案を提出。衆議院厚生委員会は二五日から審議を始めた。二九日には参考人を招いての意見聴取を行ない、三〇日には広島、長崎で地方公聴会を開いた。

衆議院の公聴会には、日本被団協代表委員・伊東壮、東友会副会長・田川時彦が参考人として意見陳述をした。伊東は、この法案は、「ウリのつるにナスビをならそうとしている」ほど整合性を欠いていると批判。核兵器廃絶に「究極的」という言葉は使うべきでないし、国が起こした戦争で非人道的な兵器が使われ原爆被害が起きたことに深甚な反省を込めて、国家補償の法律にすべきだと陳述した。田川は、死者への償いに焦点をあて、「原爆による犠牲の受忍は耐えることができないし、受忍してはならない」とのべた。

広島、長崎の地方公聴会では、広島県被団協理事長・伊藤サカエ、長崎被災協事務局長・山田拓民らが陳述した。

しかし法案は、一言半句改定されることがないまま、一二月二日、賛成多数で可決され、即日、参議院へ送られた。

参議院厚生委員会では一二月七日、参考人から意見を聞いた。日本被団協からは、東友会事務局長・横川嘉範、日本被団協専門委員・岩佐幹三、弁護士の池田真規がそれぞれ意見をのべた。

新法の成立　参議院でも、法案は無修正のまま、一九九四年一二月九日の本会議で賛成多数で可決された。「原子爆弾被爆者に対する援護に関する法律」が成立し、一二月一六日、「法律第一一七号」として公布された（二六七ページ「原爆被爆者援護法案」をめぐる経過参照）。

日本被団協は一二月九日、次のような声明を発表した。

国家補償の法にならなかったこと、原爆死没者遺族への弔慰金、被爆者年金が盛り込まれなかったことは遺憾である。しかし、この法律には被爆者の願いと国民の世論を反映した前進面がある。それは、原爆投下時にまでさかのぼって死没者にかかわる対策をおこない、遺族を初めて法律のなかに位置づけたこと、諸手当の所得制限を撤廃したこと、原爆犠牲者への追悼事業と、福祉事業が法定化したことだ。

そして声明は、これらの成果を生み出す原動力になったすべての被爆者と国民に感謝の意をのべ、核兵器のない世界をつくる大切な一石にしていくために、国家補償の法をめざして、努力と運動をつづけると宣言した。

8　新法の評価とアピール

全国代表者会議　九四年一二月二三日、日本被団協緊急全国都道府県代表者会議が、日本青年館で開かれた。会議には、四〇都道府県から、一〇〇人が参加した。

事務局長・斉藤義雄の基調報告は、新法を制定させたのは世論と運動の力とのべるとともに、政府与党が「国家補償」を拒否したことに抗議を表明した。今後の運動としては、法の前進面を活用しつつ、国の戦争責任を問いつづけることを強調した。国家補償の援護法に改正させること、すべての原爆死没者への弔慰金支給と生存被爆者への年金支給の実現をめざすことなどの課題をあげ、核兵器ゼロの実現のため、「聞き書き・語り残し運動」に取り組み、「核兵器は国際法違反」の世論を盛り上げようと呼びかけた。

さまざまな議論　会議では、新法をどうみるか、どう対応するかで論議が交わされた。「いまの政治情勢のなかでは精いっぱいの成果だ」「これで満足しよう」「こんな法律を作るために何十年もたたかってきたのか。むなしい」「この法律が不満だといって、法を拒否してたたかうことができるだろうか」「国家補償の法律に変えるため、直ちに新法を要求する運動を起こそう」「政党間の妥協の産物なのだから、両面があることは避けられない」――。

これらの議論をふまえて、代表者会議は「国民のみなさん」へ呼びかけるアピールを拍手で採択した。アピールは、新法についてつぎのように、三点を指摘している。

三点の重要な意義　その一は、「現行二法で対応する」と言い張りつづけてきた政府・自民党が、運動と世論に押されて従来の二法の枠を超える新法を制定せざるをえなかったこと。これは「法を制定したこと自体が持つ重要な意義」だった。

第二は、特別葬祭給付金を支給することで、被爆者対策の中に「死没者と遺族を初めて位置づけた」こと。

第三は、「健康管理手当など諸手当の所得制限を撤廃」したこと。

アピールはそのほか、福祉事業、平和祈念事業が法制化されたことなどを評価した。そして、「運動が政治を動かした」ことに確信を持って、「国民運動の輪をいっそう広げ、世論の大波を起こそう」と結んでいる。

法改正と法の活用　新法の評価をめぐる議論

は、長くつづいた。そうしたなかでも日本被団協は、「国家補償の援護法の制定はあくまで求める。しかし当面、法律ができたのだから、徹底的に活用しよう。そのなかで矛盾点を明らかにし、法の改正を求めていく」こととした。

「法の改正」では、「原爆死没者に弔慰金を、遺族に遺族年金を」「新設された特別葬祭給付金をすべての遺族に支給するように」と訴えた。

改正運動は、二つの方法で考えていた。一つは、被爆者援護法制定促進決議をした自治体二四〇〇を対象に「賛同署名」を集める。しかし、実際に自治体を訪ねると、「新しくできたばかりの法律を、すぐ変えろというのは、行政を担当する者としてはなじまない」という返事が多かった。もう一つは、国民署名で、一〇〇万人を目標にする。これも実際には、「趣旨は分かるが、少し早すぎるのでは」という受け止めが多かった。

「法の活用」では、「特別葬祭給付金を受給できる対象者は、もれなく受給しよう」と訴えた。特別葬祭給付金は、金額が生存被爆者一人当たり一〇万円と少額で、申請期間が二年と短く、被爆者でない遺族（原爆犠牲者）には支給されない。「こんなごまかしの弔慰金は受け取れない」と受け取りを拒否した被爆者もかなりいたが、期限内に一四万人が受給手続きをとった。

特別葬祭給付金を受給した人たちは、「亡くなった親族にお線香が上げられる」「これでやっと仏壇が買えた」「広島にお墓参りにいけた」と額に不服は持ちながらも、活用した。

「原爆被爆者援護法案」をめぐる経過（1956～1994）

「原爆被爆者援護法案」制定をめぐる野党案（政党案）の国会への共同提出、審議の経過。法案の名称は略称記載もある。

なお、この経過は「年表・日本被団協のあゆみ」にも収録されている。「年表」では、関連する事項、日本被団協の動きを並列的にみることができる。

一九五六（昭和31）年

8・10 日本被団協結成

一九五七（昭和32）年

4・1 原子爆弾被爆者の医療等に関する法律施行

一九六八（昭和43）年

5・20 原子爆弾被爆者に対する特別措置に関する法律公布

一九七三（昭和48）年

4・2 日本被団協「原爆被害者援護法案のための要求骨子」発表

4・3 日本被団協、各政党に「骨子」への支持と各党案の作成を要請

8・5 共産党「原子爆弾被害者等援護法案要綱」発表

8・11 自由民主党「被爆者援護について」を発表

11・6 日本被団協一一月中央行動。厚生省玄関前にテントを張って、五日間座り込み

11・8 日本社会党「原爆被害者援護法案要綱について」発表

11・17 民社党「原子爆弾被爆者援護法案の提案について」発表

11・28 野党四党（社・公・共・民）書記長、書記局長会談で被爆者援護法制定の早期実現のため、共同で努力することを決定

一九七四（昭和49）年

1・23 野党四党と日本被団協の「原爆被害者援護法案」のための協議開始

1・27 公明党「原子爆弾被爆者の援護立法政策要綱」発表

3・13 日本被団協三月中央行動 自民党本部講堂で「援護法制定要請大会」

3・29 社会、共産、公明、民社の野党四党共同の「被爆者援護法案」を衆院に提出（4・4衆院本会議で提案理由説明、審議未了廃案）

12・10 参院に野党四党、二院クラブ案提出（七四国会は継続審議、七五国会で廃案）

一九七五（昭和50）年

10・16 七六国会で、社会、公明、民社、共産、新自由クラブ参院に共同案提出（継続審議、七六年一二月衆院解散に伴い廃案）

一九七七（昭和52）年

4・19 八〇国会で衆院に野党五党（社会、公明、民社、共産、新自由クラブ）共同案提出（五月廃案）

10・15 八二国会で衆院に野党五党案再提出（11・24継続審議）

一九七八（昭和53）年

4・27 野党五党案撤回（社会労働委員会）

一九七九（昭和54）年

6・8 「原爆被爆者対策基本問題懇談会」（基本懇）発足

一九八〇（昭和55）年

12・11 「基本懇」、意見書「原爆被爆者対策の基本理念及び基本的在り方について」発表

一九八一（昭和56）年

3・17 九四国会、衆院に六党（社会、公明、民社、共産、新自由クラブ、社民連）「原子爆弾被爆者等援護法案要綱」提出。本会議で趣旨説明、審議未了五月廃案

一九八二（昭和57）年

4・8 九六国会、衆院に社会、公明、民社、共産、新自由連合（新自ク、社民連）案提出（廃案）

一九八三（昭和58）年

3・17 九六国会、衆院に五党（社会、公明、

民社、共産、新自連）野党案共同提出（継続審議）、九九国会で廃案

一九八四（昭和59）年

3・30 一〇一国会、衆院に野党五会派（社会、公明、民社、共産、社民連）案共同提出（7・19廃案）

一九八五（昭和60）年

4・3 一〇二国会、衆院に野党五党（社会、共産、公明、民社、社民連）案共同提出（廃案）

一九八六（昭和61）年

3・17 一〇四国会、衆院に社会、公明、民社、社民連四党が援護法案を現行法改正案への対案として提出

4・17 衆院社労委、社会、公明、民社、共産、社民連、共同提案の「全野党修正案」を否決。被爆者特別措置法改正案可決

一九八七（昭和62）年

5・13 一〇六国会、衆院に社会、公明、民社、社民連案、共同提出→取り下げ。共産修正案→否決

一九八八（昭和63）年

4・22 一〇八国会、衆院へ社会、公明、民社、社民連案提出→取り下げ。共産修正案→否決

一九八九（平成元）年

5・22 一一〇国会、衆院へ社会、公明、民社案提出→会期切れ廃案。共産修正案否決

7・23 第一五回参院選で与野党議席逆転

日本被団協は、参院で全野党による被爆者援護法の共同提案を要請して精力的に活動。

参院野党は、「全野党六会派共同提案」を行なうと発表

11・14 一一六国会、参院に社会、公明、共産、連合参院、民社、参院クラブ共同案提出

12・14 参院社労委員会で、賛成11／反対9で可決

12・15 野党六会派案参院本会議で可決→衆院へ送付、同日審議未了廃案

一九九〇（平成2）年

5・9 一一八国会、参院に野党六会派「原爆被爆者等援護法案」共同提出

11・8 六会派案参院で継続審議

一九九一（平成3）年

5・8 参院社会労働委員会、野党六会派提出の「被爆者援護法案」継続審議に

10・4 参院社会労働委員会、野党六会派提出の「被爆者援護法案」継続審議に

一九九二（平成4）年

4・21 参院厚生委員会、野党六会派提出の「被爆者援護法案」（一九九〇提出）可決

4・24 参院本会議六会派提出の「原爆被爆者等援護法案」賛成多数で可決。同日衆院へ送付

6・19 参院可決の「原爆被爆者等援護法案」、衆院本会議で継続審議決定

一九九三（平成5）年

6・11 参院可決、衆院継続審議の「原爆被爆者等援護法案」、衆院厚生委員会に付託

6・18 衆院解散に伴い「原爆被爆者等援護法案」審議未了・廃案

8・9 細川内閣発足

12・16 細川連立与党による「被爆者援護法に関するプロジェクト」発足

一九九四（平成6）年

3・3 連立与党「被爆者援護法に関するプロジェクト」が被爆者代表を招き意見求める（日本被団協代表四人）

4・5 社会党独自の「被爆者援護法案大綱」まとめる（国家補償、弔慰金明記）

6・30 自民・社会・さきがけ連立、村山富市内閣発足

7・6 旧連立与党第一二回プロジェクト会合で「被爆者等援護法案大綱」発表

7・20 連立与党第一三回プロジェクト（社会、さきがけをのぞく）会合 先の大綱にあった「国家補償の精神」を「国家補償的配慮」に修正して「大綱」を発表

9・3 社会党臨時大会、国家補償に基づく被爆者援護法制定決議案採択

9・13 日本被団協、与野党の政策担当者に、国家補償に基づく被爆者援護法の早

期制定を要請

10・12 連立与党の「戦後50年問題プロジェクト」が被爆者援護法問題論議開始

10・25 自民が「国家補償」ではなく「国の責任」を提案

11・2 政府打開案、与党合意

11・8 野党の衆院統一会派「改革」の被爆者援護法プロジェクトチーム会合(9・28旧連立一八七人で統一会派「改革」結成)

11・8 日本被団協一一月中央行動。被爆者援護法政府案についての見解発表、国家補償に基づく援護法制定を再確認

11・15 政府が「原爆被爆者援護法案要綱」を社会保障制度審議会に諮問

11・22 政府、原爆被爆者援護法案を閣議決定、国会に提出

11・22 政府の「原爆被爆者援護法案」と「改革」議員提案について衆院本会議で趣旨説明

11・24 共産党修正案を提出

11・25 「原子爆弾被爆者に対する援護に関する法律」案を閣議決定

11・29 衆院厚生委員会で参考人意見聴取

11・30 衆院厚生委地方公聴会、広島・長崎で開催

12・2 衆院本会議で政府提出の「原子爆弾被爆者に対する援護に関する法律案」賛成多数で可決

12・7 参院厚生委員会参考人意見聴取

12・9 参院本会議で「原子爆弾被爆者に対する援護に関する法律案」賛成多数で可決、成立。一六日公布。95年7月1日施行

4章　被爆五〇周年から六〇周年へ

1　阪神淡路大震災

代表理事会初日の朝に　原子爆弾被爆者に対する援護に関する法律（現行法）が制定され、新しい情勢のなかで迎えた一九九五年。被爆五〇周年にあたるこの年をどうたたかうかを協議するため、日本被団協は新年早々の一月一七日と一八日、代表理事会を開いた。

初日の一七日朝、午前五時四六分、阪神・淡路地方が震度8強の大型地震に襲われた。前日から上京していた代表理事のうち、関西の代表理事は「帰れるところまで行く」といって帰っていった。当日上京を予定していた広島、中国地方の代表理事は、交通手段が断絶されて参加できなくなった。

兵庫県には六〇〇〇人余の被爆者が住んでいて、安否が気遣われた。代表理事会は、日本被団協震災救援対策本部（本部長・斉藤義雄）を設置することをきめ、物心両面からの救援を全国に呼びかけることにした。

被災地に救援物資届ける　全国的な救援が取り組まれるなか、日本被団協は二月九日、副本部長の山本英典を現地に派遣した。山本は、全国の被団協から送られてきた救援金一五九万円とマスク、手編みの膝掛けと羽織などをもって被災地に入った。

現地では、兵庫県原水協が被爆者の被害調査と救援に全力投入した。神戸市だけで死者四人、家屋全壊一一六戸、半壊または損傷一〇四戸と中間集計された。

痛手のりこえ県民法廷　兵庫県被団協は、被爆五〇周年を記念する二〇〇〇人規模の大集会を五月に予定していたが、中止に追い込まれた。しかし、一〇月一日には神戸で「原爆を裁く県民法廷」を三〇〇人参加で開催、核兵器廃絶とアメリカ、日本政府に謝罪を要求した。震災の痛手を乗り越える意気高い行動に、感動の声が全国から寄せられた。

兵庫全県で被害を受けた被爆者は四七〇〇

原爆を裁く兵庫県民法廷（1995.10.1 神戸）

救援物資を届ける日本被団協山本事務局次長、右は兵庫県被団協園理事長（1995.2.9）

人、死者六八人、重傷一三三人、家屋半壊五四九戸、全壊四三三戸だった。

各県からの救援金は七〇七万六〇〇〇円に達した。兵庫県被団協は、この年一〇月の日本被団協全国代表者会議で、各県に感謝の挨拶を行ない、「被団協」九六年二月号に、理事長・園辰之助がお礼のことばを載せた。

2　被爆五〇周年国民運動

盛りだくさんな日程　一九九五年三月一八日、一九日に開かれた日本被団協代表理事会は、活気あふれる会となった。病気療養中だった伊東壮、伊藤サカエ、山口仙二の三代表委員がそろって元気な顔を見せたからだ。

活発な討論をとおして代表理事会は、新しい運動を起こすことをきめた。「被爆の実相を普及し、核兵器ゼロ、原爆被害への補償の実現をめざす被爆五〇周年国民運動」と名づけた。

日程としては、▽四月～五月末までを期限に、約四〇〇〇人を対象に被爆者調査を行なう▽五月末ないし六月初めにアメリカ・スミソニアン航空宇宙博物館で開く原爆展に一〇人を派遣する（原爆展は、アメリカ在郷軍人会などの圧力で変質させられた）▽六月下旬にオランダ・ハーグにある国際司法裁判所に五、六人の代表を送る▽七月末に、NGO軍縮委員会や有志の呼びかけによる国際シンポジウムを開く▽八月に韓国へ代表を派遣する▽一〇月の国連軍縮週間と国連結成五〇周年式典に、一〇人ないし一五人の代表を送り、核被害者から世界の首脳へのアピールを提出する――盛りだくさんなスケジュールだった。

国民運動としては二つを提起した。

一つは、核兵器の使用は国際法違反であることを明確にし、核兵器完全禁止・廃絶の国際協定の締結を求める意見書を、地方議会や各界から政府に集中する運動。

「核兵器の使用が国際法に違反するかどうか」の判断を国際司法裁判所に求める動きについては前述した。このなかで、日本政府が「核兵器の使用が国際法上禁止されているとはいえない」という陳述書を提出しようとしていることが、大きな政治、社会問題となっていた。

このため日本被団協は、地方議会から、政府の姿勢を正すことを求める決議を、政府に集中しようと提起したのだった。

提起の二つ目は、「核兵器による犠牲者をふたたびつくらないために、すべての原爆死没者に国家補償を」求める賛同署名運動だ。これは、特別葬祭給付金が、被爆者手帳を持っている生存遺族だけに支給されることになったため、「被爆者を差別するものだ」と激しい抗議が起きたことから、被爆者手帳を持っていない遺族も含めるべきだという趣旨の賛同署名だった。

3　被爆五〇年の夏に

核廃絶へ国際シンポ　被爆五〇年国際シンポジウム「広島、長崎への原爆投下と核軍拡競争による被害の実態と補償、ならびに核兵器廃絶についての被爆五〇年国際シンポジウム」が、九五年七月三一日から広島市の国際会議場と厚生年金会館で開催された。シンポジウムは、日本被団協が提唱し、NGO（非政府組織）軍縮特別委員会と、大江健三郎ら二五人が呼びかけ人となって発足した日本準備委員会が共催した。

シンポジウムには、NGO軍縮特別委員会会長のセルジュ・ウルガフト、世界平和ビューロー会長のマイブリット・テオリーンなど八国際組織の代表と二三カ国、四〇団体の海外代表七七人、日本側参加者を含め三五〇人が参加した。

シンポでは、原爆投下が対ソ戦略と人体実験のためだったなど、原爆投下の歴史的解明がなされた。また、核抑止論がまかり通る限り、「ヒロシマがくりかえされる危険」はますます強くなるなどといった指摘がなされた。

アメリカ、ロシア、ロシア連邦コミ共和国、カザフスタン、ベラウ、オーストラリアでの核実験の実態が、被害者や救援運動家、医師などによって報告され、被害実態の全容公開、被害補償のための国際共同行動が訴えられた。

シンポでは、核兵器廃絶に向かう道も討論され、核保有国による相次ぐ核実験への怒りが語られた。最後に、声明「広島・長崎被爆五〇年国際シンポジウムから世界に呼びかける」を採択した。

出版　被爆五〇年関連の出版企画は、前年から相次いだ。日本被団協が八〇年に行なった原爆被害者調査の自由記述欄から八五〇人の証言を選んで日本被団協編『ヒロシマ・ナガサキ　死と生の証言』が九四年六月に新日本出版社から刊行された。この本を中学、高校生向けに編集したジュニア版『あの日…』も九五年三月刊行した。

九五年六月には、日本被団協編で『被爆者からの伝言』（あけび書房）を刊行した。大江健三郎、吉永小百合、榊莫山らが推薦人になった。

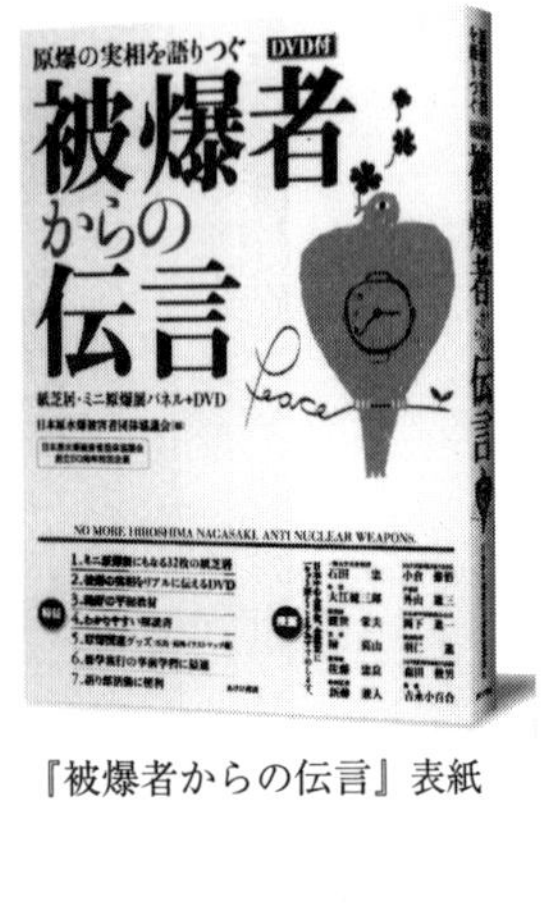

『被爆者からの伝言』表紙

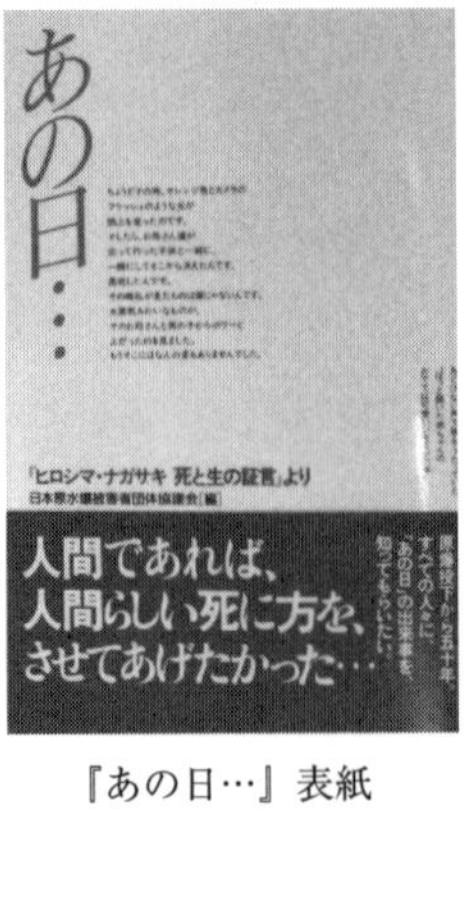

『あの日…』表紙

被爆の実相を写真と絵で紙芝居にし、解説のナレーション、原爆関連の歌を吹き込んだカセットがつけられた。

4　日本被団協が九五年調査

原爆被害者調査　被爆五〇年にあたって、日本被団協は全国四〇〇〇人の被爆者を対象に、原爆被害者調査を行なった。

調査目的は二つあった。一つは、直爆、入市被爆を問わず、残留放射線、あるいは体内に取り込まれた放射性物質による内部被害、いわゆる低線量被爆の影響を調べること。二つは、被爆者の健康、生活上の不安、要求、高齢化した被爆者の相談事業、援護施策に必要な被爆者の実情を把握すること。

調査結果は九七年二月にほぼまとまった。調査回答者は三五九二人。被爆地は広島六四％、長崎三六％。入市被爆者が広島二七％、長崎一六％。遠距離被爆者で救援のために爆心地に入った人で、脱毛などの急性症状を経験した人が二〇％あり、直爆の被爆距離だけで影響を判断することの誤りを示した。調査結果は九七年六月に開かれた、日本被団協第四二回定期総会で中間報告として発表された。（調査結果は、『広島・長崎　原爆被害の実相』新日本出版社刊、一九九九年に一部が掲載された。）

5　核をめぐる動き

ＣＴＢＴ前に実験ラッシュ　九四年一月から、ジュネーブ軍縮会議で包括的核実験禁止条約（ＣＴＢＴ）の作成作業が始まった。この条約は、地下核実験を含むすべての核兵器開発実験を禁止することを目的としていた。

核兵器保有国は、この条約が審議されることを見越して、地下核実験をいっせいに始めた。九四年六月、中国が通算四〇回目の地下核実験をロプノル核実験場で行なった。九四年一〇月、九五年五月、八月、九六年六月、七月と連続した。

九五年六月には、フランス首相ジャック・ルネ・シラクが地下核実験を九月から再開すると発表した。日本被団協は、中国、フランスに激しく抗議した。しかしフランスは、九月に南太平洋仏領ポリネシアのムルロア環礁で、一〇月に同じポリネシアのファンガタウファ環礁とムルロア環礁で、一二月にムルロア環礁で、九六年一月にファンガタウファ環礁で地下核実験を強行した。

フランスの核実験に抗議、仏大使館前（1995.12.28）

日本被団協はそのつど、中国大使館、フランス大使館に出向き、大使館前で抗議行動を行なった。東京・渋谷駅前でフランスへの抗議のはがきを宣伝した時には、通行人の方から「はがきをください」と列をなすほどの反響だった。

国連総会は九六年九月一〇日、CTBTを採択した。核保有五カ国も署名で同意を表明したが、批准はしなかった。アメリカは批准しないまま、九七年七月、ネバダで臨界前核実験を強行、ロシアもノバヤゼムリヤで臨界前核実験を開始した。

インドは、CTBTへの署名を拒否したまま、九八年五月、七四年五月以来二四年ぶりに地下核実験を強行した。パキスタンもこれに対抗して五月末に連続六回の地下核実験を強行した。これらの核実験の相次ぐ強行で、「地球の終末」を刻む「終末時計」[*13]は五分すすみ、終末となる午前零時の九分前までとなった。

非核地帯の広がり　核兵器保有国による地下核実験が相次ぐ一方、核兵器を持っていない諸国による非核兵器地帯条約の締結がすすんだ。

最初の非核地帯条約は、一九六七年二月一四日に調印され六八年に発効した「ラテン・アメリカにおける核兵器の禁止に関する条約＝トラテロルコ条約」である。この条約の追加議定書への署名・批准により、核保有五カ国は、核兵器の使用と使用するとの威嚇を行なわない義務を負った。

一九八五年八月六日には、オーストラリア以東南米までの広大な南太平洋地域の「南太平洋非核地帯条約＝ラロトンガ条約」が締結された。九五年一二月一五日には「東南アジア非核兵器地帯条約＝バンコク条約」が調印された。九六年四月一一日には、アフリカ統一機構加盟五三カ国が参加する「アフリカ非核兵器地帯条約＝ペリンダバ条約」が調印された。二〇〇六年九月八日には、「中央アジア非核兵器地帯条約＝セミパラチンスク条約」が署名された。中央アジアのモンゴルは、九二年九月「非核兵器地帯宣言」を行ない、国連総会は九八年一二月「非核兵器国の地位」を承認した。このように、非核兵器地帯は南半球の地域を網羅し、アジア地域にまで広がってきた。

日本被団協は、日本を含む北東アジア非核兵器地帯の成立を求め運動をつづけている。

なお、南極条約は五九年一二月調印、六一年発効の「南極条約」によって南極地域の平和利用、核爆発、放射性廃棄物の処分の禁止が決まっている。

＊13　**世界終末時計 Doomsday Clock**
核戦争による人類の滅亡を世の終わりになぞらえ、危機の深刻さを終末（午前零時）までの残り時間として象徴的に表す時計。ヒロシマ・ナガサキから二年後の四七年、アメリカの科学誌『原子力科学者会報』(*Bulletin of the Atomic Scientists*)の表紙に初めて掲載された。実物はシカゴ大学にあり同誌が管理している。

6　被爆の実相を世界に

「原爆と人間展」パネルの普及　九七年六月、日本被団協が企画・作成した「原爆と人間展」パネルが完成した。

この原爆展パネルは、被爆者が自分の手でつくった、被爆者証言を中心にしたパネルだ。「あの日、あの時」にとどまらず、五〇年にわたる被爆者の苦悩、被爆者のたたかいが浮かび上がるように構成。写真や、市民が描いた広島、長崎の絵と証言がセットになっている。子どもも読めるように工夫されている。パネルの大きさはB2判、一セット四〇枚。

日本被団協がつくった初めてのパネル作品とあって、都道府県被団協、市民団体、地方自治体からの注文が多く全国で活用された。海外へも五五カ国に二〇四セットが普及された。

外国では、英、仏、独、イタリア、ロシア語版がつくられたほか、韓国、チェコ、オランダ、ルーマニア、ハンガリー、ギリシャ、ポルトガル、シンガポール、タイ、ベトナム、パレスチナなどの国々で翻訳・展示された。日本生協連は国内各地の生活協同組合に呼びかけて「世界の三〇〇都市に原爆と人間展パネルを送る運動」をおこし、一六八セットを贈った。

「つたえよう　ヒロシマ・ナガサキ」　「二一世紀を核兵器のない世紀にしよう。そのために被爆の実相を世界に伝えよう」と、九七年七月一六日、日本青年館で「つたえよう　ヒロシマ・ナガサキ」の誕生が発表された。[*14]

呼びかけ人には、愛川欽也（俳優）、アグネス・チャン（歌手）、有森裕子（アスリート）、河島英五（歌手）、衣笠祥雄（野球選手）、白柳誠一（カトリック教会枢機卿）、山下泰裕（全日本柔道男子監督）ら六九人が名を連ねた。「よびかけ」は、「私たちは地球と人類の未来が平和であることを、強く願わずにはいられません。「原爆展」や「被爆者の証言を聞く会」など、被爆の実相を全国の町や村から、国の内外につたえましょう。多彩な草の根のとりくみを呼びかけます」とのべている。

この日は、日本被団協が製作した「原爆と人間展」パネルの完成の日で、製作発表を兼ねていた。記者会見で日本被団協事務局長・藤平典は、「被爆の実相を国の内外に広げ、核保有国と核兵器を容認する日本政府を追いつめる世論を高めたい」と語った。

「つたえよう　ヒロシマ・ナガサキ」は、八月八日、長崎で「つたえよう　ヒロシマ・ナガサ

「つたえようヒロシマ・ナガサキ」発足記者会見（1997.6.16）

＊14　**「つたえよう　ヒロシマ・ナガサキ」発足**　一九七七年のNGO国際シンポジウム、統一世界大会開催の後、七八年一一月に被爆問題市民懇談会が発足して、被爆者援護法制定をめざす二〇〇〇万人署名にとりくんだ。被爆四五年には、市民団体によって「被爆者援護法実現・みんなのネットワーク」が発足した。九五年には、NGO軍縮特別委員会と、「ネットワーク」に結集した市民団体・個人を中心とした日本準備委員会による「被爆五〇周年国際シンポジウム」を開催した。

こうした市民団体のつながりを継続させることと、二一世紀に被爆者の思いを伝えることを願っての発足だった。

キ97 長崎」集会を主催し成功させたのをはじめ、毎年の広島、長崎集会、九九年五月にオランダのハーグで開かれた「世界市民平和会議」への代表派遣、二〇〇〇年五月に国連本部で開かれた「NGO・ミレニアムフォーラム」への代表派遣、二〇〇五年七月の「ノーモア ヒロシマ・ナガサキ 国際市民会議」開催など、日本被団協と活動をともにしながら、国内外で活躍した。

ハーグ・世界市民平和会議 九九年五月一二日から一五日まで、オランダ・ハーグで世界市民平和会議が開かれた。参加者は一〇〇カ国、七九〇の団体と個人一万人におよんだ。日本からは、「つたえよう ヒロシマ・ナガサキ」代表団として七八人が参加した。日本被団協、全国地婦連、日本青年団協議会、日本生協連、原水爆禁止世界大会実行委員会、宗教NGO、それに韓国原爆被害者協会とロンゲラップの核実験被害者の代表各一人を招待しての構成だった。

代表団はブースで「原爆と人間展」を開催し、「つたえよう」の独自集会、アメリカ・フレンズ奉仕委員会主催の「世界のヒバクシャ」集会や、反核法律家協会主催の「ジャパンデー」などで活躍。国際司法裁判所までの平和デモと集会に参加した。また、NATO（北大西洋条約機構）本部（ベルギー・ブリュッセル）までの「二〇〇〇年核兵器廃絶行進」の一部に三宅信雄が参加した。

会議で採択された「二一世紀の平和と正義のための提言」（ハーグ・アジェンダ）は、第一項には「各国議会は自国政府に対し、日本国憲法第九条にならって、戦争禁止の決議をおこなうこと」、第六項で「核兵器廃絶のための交渉を直ちに始めること」が盛りこまれている。

代表団は会議終了後、ロンドン、ウィーン、アウシュビッツへの訪問遊説をつづけた。

東海村で臨界事故 九九年九月三〇日、茨城県東海村の核燃料加工会社ジェー・シー・オーで、わが国初の「臨界事故」が起きた。作業員三人が大量の放射線を浴び、二人が八三日目と二一一日目に多臓器不全で死亡した。一人の被ばく線量は一七シーベルトで、広島の爆心地から六〇〇メートル～九〇〇メートル地点での直爆被爆放射線量に該当すると想定された。

日本被団協は一〇月二二日、政府・科学技術省に「原子力施設にきびしい規制」を求める要請書を提出した。*15

ミレニアム・フォーラム 二〇〇〇年五月二二日から二六日まで、国連本部で「NGO・ミ

ハーグ世界市民平和会議代表団、国際司法裁判所前（1999.5）

＊15 東海村臨界事故で、日本被団協から首相・科学技術庁（当時）への要請書

この事故は、核物質のずさんな取り扱いと、不十分な監督から引き起こされたものです。

五十四年前の原子爆弾により多くの犠牲を強いられた原子爆弾被爆者として、このたびの事故にたいして深い憂慮の意を表明するとともに、以下の対策を速やかに取られるよう要請します。

1、事故の原因を徹底的に糾明しその結果をすべて国民に明らかにすること
2、多量の放射線被曝を受けた作業員にたいする医療を十分におこなうこと
3、住民の健康に十分な配慮と調査をおこない、必要な対策を系統的、持続的にとること
4、原子力関連施設の設置に関する規制措置を明確にすること

レニアム・フォーラム」が開かれた。九七年にアナン国連事務総長が呼びかけたもので、一四五カ国から一四〇〇人が参加した。日本被団協の代表一二人は「つたえよう　ヒロシマ・ナガサキ」代表団四五人に加わった。

被爆者は、「平和・軍縮・安全保障」の全体会議で、日本代表団を代表し日本被団協田中熙巳事務局長が発言、被爆者が参加者に紹介激励され、分科会討論でも被爆者が指名されて発言するなど活躍した。こうしたことから、最終日の宣言には「広島、長崎の被爆者は二〇世紀の誤りを二一世紀に繰り返すなと警告してきたが、殺戮はつづいている」という言葉が入った。

代表団は、「原爆と人間展」をニューヨークの二カ所で開き、核兵器廃絶の署名を呼びかけ、アメリカの市民と交流した。

「核兵器廃絶へ誠実な努力」を約束　このミレニアム・フォーラムは、四月二四日からニューヨーク国連本部で行なわれた核兵器不拡散条約（NPT）再検討会議を引きつぐものとなった。この年の再検討会議は、歴史的な成果をあげて五月二〇日閉幕した。

会議が採択した最終文書は、アメリカなど核保有国に「核兵器廃絶への誠実な努力」を含む一三ステップからなる行動計画に合意させたのだ。核兵器廃絶というゴールに向かう明確な道すじについて、一八七の加盟国すべてが一致したのは初めてだった。

二〇世紀の最後の年になって、世界は核兵器廃絶へかつてない一歩をしるした。そこには、この世紀の後半、全世界的にもりあがった反核運動の波と、その結晶ともいえる国際司法裁判所（ICJ）の「核兵器使用は一般的に国際法違反」という勧告的意見（九六年）が大きく影響している。ICJ勧告を生み出すうえで被爆者の力が大きかったことはすでにのべた。被爆から五五年、核保有国が「自国の核兵器の完全廃絶を達成するため誠実に努力します」という「明確な約束」に合意したのは前にのべたような運動をはじめ国際世論の力が大きかった。

伊藤サカエ・伊東壮を偲ぶつどい　日本被団協代表委員として長年、被爆者運動の先頭に立ってきた伊藤サカエが二〇〇〇年一月、伊東壮が同年三月、亡くなった。二人の功績をたたえて、日本被団協は第四五回定期総会にあわせて、六月五日、「伊藤サカエさん、伊東壮さんを偲ぶつどい」を行なった。つどいには、それぞれの遺族、被爆者、市民・平和団体の代表、学者・研究者ら一二〇人を超す人びとが参加、故人の遺志を継いでたたかう決意を固めあった。

伊藤サカエさん・伊東壮さんを偲ぶつどい
（2000.6.5 東京）　提供・東友会

Ⅷ　ふたたび被爆者をつくるな、核兵器なくせ　戦争のない世界を

二〇〇一年～二〇〇六年

ヒロシマ・ナガサキから半世紀、「原爆地獄」から生き残った被爆者は、心と体の苦しみにさいなまれながら、それをのりこえ、世界に原爆被害の実相を語り、「ふたたび被爆者をつくるな」と訴えつづけて、二〇世紀を生き抜いてきた。歩みはたやすくはなかったが、たしかな足跡を残した。被爆者の訴えは世界に広がり、ヒロシマ・ナガサキにつづく核兵器の使用を許さなかった。核兵器廃絶の世論と運動は、世界の大きな流れになった。そこに、人類の希望がある。

二一世紀は、ニューヨークなどを襲った二〇〇一年九月一一日の同時多発テロによって、不吉な幕開けを迎えた。アメリカはテロとのたたかいを口実に、最強の軍事力をもつ「帝国」として君臨し、「使える核兵器」の開発、核兵器先制使用の戦略を公言した。泥沼のような紛争と、国連を無視したアメリカの戦争がつづき、自衛隊の海外出動、アメリカの世界支配を強める米軍再編がすすんだ。世界に三万発の核兵器があるもとで、果てしない「報復の連鎖」がつづけば、未来に待つのは滅亡しかない。それをわが身を通して知る被爆者は、いまこそ「地球の教師」として、人類が生き残る道を語る使命を、いよいよ重く背負った。

被爆者は年老いたが、被爆者運動は立ち止まってはいられない。

日本被団協は二〇〇一年六月、「21世紀被爆者宣言―核兵器も戦争もない世界を」を発表し

二〇〇一（平成13）年

4・19　在外被爆者への被爆者援護法適用めざす超党派の国会議員懇談会発足

6・5　「二一世紀被爆者宣言」発表

9・11　ニューヨークなどで同時多発テロ

12・21　日本被団協が国連NGOに登録

二〇〇二（平成14）年

7・9　原爆症認定集団申請（第一次）

8・1　国立広島原爆死没者追悼平和祈念館開館

12・5　在外被爆者郭貴勲裁判大阪高裁で勝訴

二〇〇三（平成15）年

1・31　世界のヒバクシャの共同声明発表

3・19　米英軍、イラク攻撃開始。日本被団協抗議声明、抗議行動

4・17　原爆症認定集団訴訟（第一陣）提訴　日本被団協声明

7・4　イラク復興支援特別措置法案、衆院可決

7・5　国立長崎原爆死没者追悼平和祈念館開館

二〇〇四（平成16）年

2・3　イラク派遣自衛隊本隊出発

3・2　日本被団協、「イラク派兵反対」で声明

4・11　原爆症認定集団訴訟支援全国連絡会（全国ネット）発足

二〇〇五（平成17）年

5・2～27　国連本部で日本被団協主催「原爆

て、新しい世紀の歩みを始めた。「宣言」は、一九七三年の「要求骨子」、一九八四年の「基本要求」を受け継ぎ、発展させた。核兵器廃絶と原爆被害者への国家補償の二大要求をふまえて、核兵器廃絶こそ二一世紀への責任であること、「原子爆弾被爆者に対する援護に関する法律」（九四年）で実現できなかった「国家補償」を明文化すること、日本国憲法を守ることなど、新しい情勢に即した課題と運動の基本方向を宣言したものであった。

現行法が国家補償を打ち立てなかったために、多くの矛盾が噴出した。原爆症認定は、アメリカの核に依存する国の政策のもとで、原爆被害を過小評価する新たな基準がつくられ、以前よりはるかに「せまき門」という逆転が起きた。二〇〇三年四月に始まった原爆症認定集団訴訟は、二〇〇六年五月までに全国一三地裁、原告一七一人の裁判に発展した。また、在外被爆者の手帳申請、手当支給などをめぐって次つぎに起きた裁判は、原告の勝訴がつづき、「被爆者はどこにいても被爆者」という声が在外被爆者対策の改善を大きく前進させた。

被爆六〇年を迎えた二〇〇五年には、核兵器不拡散条約（NPT）再検討会議に向けた国連での原爆展、「ノーモア　ヒロシマ・ナガサキ国際市民会議」、10・18大集会という大運動を連続して成功させ、被爆者運動は新しい高まりを迎えた。

二〇〇四年六月、日本国憲法を守り発展させようとの文化人九氏による「九条の会」が発足した。よびかけにこたえて地域や職域に「九条の会」が組織された。子や孫はもちろん、世界のだれをも被爆者にさせまい、との強い願いから「ノーモア・ヒバクシャ9条の会」も生まれた。

二〇〇六年、日本被団協は結成五〇周年を迎えた。半世紀の歴史は、人間回復をめざした多くの被爆者たちのドラマにあふれ、数知れぬ輝かしい成果と教訓を残したが、「生きていてよかった」と心から喜びあえる日をめざすたたかいは、まだ旅の途中である。

ふたたび被爆者をつくるな、核兵器なくせ　戦争のない世界をめざして――。

展」開催
5・2～27　NPT再検討会議、ニューヨーク国連本部で
7・29～31　「ノーモア　ヒロシマ・ナガサキ　国際市民会議」日本青年館。のべ一五〇〇人参加
10・18　「10・18大集会―核兵器も戦争もない世界をめざして」東京・九段会館。八〇〇人参加

二〇〇六（平成18）年
5・12　大阪地裁、原爆症認定訴訟原告九人に全員勝訴の判決
8・4　広島地裁、原爆症認定訴訟原告四一人に全員勝訴の判決
10・9　北朝鮮、朝鮮中央通信、初の核実験実施を発表
10・17　日本被団協結成五〇周年記念式典・祝賀会＝東京

1章　二一世紀被爆者宣言、原爆症認定運動

1　核兵器も戦争もない二一世紀を

平和のとびらを開くまで　二一世紀最初の日本被団協総会となった二〇〇一年六月五日、第四六回定期総会は、「21世紀被爆者宣言―核兵器も戦争もない世界を」を全会一致で採択した。

「宣言」は、全文二三〇〇字余の短いものであるが、被爆者へのはがきアンケート、ブロックでの討議、非被爆者専門家などの意見を結集して、核兵器をめぐる情勢と廃絶への道、原爆被害への国家補償の意義とたたかいを端的にまとめた格調の高い内容になっている。

宣言は呼びかける。

憲法が生きる日本、核兵器も戦争もない二一世紀を――。私たちは、生あるうちにその「平和のとびら」を開きたい、と願っています。

日本政府が戦争責任を認めて原爆被害への国家補償を行い、非核の国・不戦の国として輝くこと。アメリカが原爆投下を謝罪し、核兵器廃絶への道に進むこと――。

そのとびらを開くまで、私たち被爆者は、生き、語り、訴え、たたかいつづけます。

「宣言」策定作業　「宣言」の策定作業は、一九九九年六月の日本被団協第四四回定期総会での運動方針に始まった。そこには、こう書いてある。

一九八四年に「原爆被爆者の基本要求」を制定してから一五年になります。「ふたたび被爆者をつくらない」ための二大要求＝「核戦争起こすな、核兵器なくせ」「原爆被害への国家補償」を理念として掲げた「基本要求」は、被爆者運動の指標となり、広く国民的な支持・共感を広げてきました。この間に「原子爆弾被爆者に対する援護に関する法律」の制定をはじめとして、被爆者運動を取り巻く情勢にも大きな変化がみられます。二一世紀を前に、あらためて被爆者の要求と知恵を結

集して「基本要求」の前進的改定をはかります。

二一世紀に被爆者が残す宣言　日本被団協は、九九年八月、「基本要求」改定委員会（委員長・田中煕巳）を発足させ、一カ月に一回のテンポで討議を重ねた。当初は、基本要求の改定をめざした。二〇〇〇年三月に「二一世紀被爆者宣言」第一次案を発表、一五団体・個人から意見が寄せられた。これらを生かして六月六日の第四五回総会で「被爆者宣言」第二次案骨子を発表した。八四年の「基本要求」は、日本被団協の基本文書として残すこととし、宣言は二一世紀に被爆者が伝えるにふさわしい「呼びかけ」的な文書として作成することになった。

この第二次案は一〇月三〇日の全国都道府県代表者会議に提案、討議され、第三次案ができたのは二〇〇一年四月末だった。これにもたくさんの手が入り、六月の第四六回定期総会で「宣言」の採択・発表にいたった。

2　原爆症認定集団訴訟の提起

認定までに十数年　長崎の被爆者・松谷英子が一九八八年に起こした原爆症認定却下処分の取り消しを求める裁判、いわゆる「長崎原爆松谷裁判」は、最高裁で勝利（二〇〇〇年七月）した。勝訴し認定をかちとるのに一二年の歳月が必要だった。京都に住んでいた被爆者・小西建男も、大阪高裁での勝利確定（二〇〇〇年一一月）まで一三年かかった。

東京でC型肝炎での認定を求めた東数男は、九九年六月に提訴し、東京地裁での勝利判決（二〇〇四年三月）までに五年かかった。東数男は「おれの体はもうボロボロ。控訴しないでくれ」と訴えたが、国は非情にも控訴した。東は、東京高裁判決（〇五年三月二九日）二カ月前、肝臓がんで死亡した。東京高裁は、東の死後に原告勝訴の判決を言い渡した。判決を聞いて、訴訟承継人の妻と娘が悔し涙に泣き崩れた。

なぜ、こんなに長くかかるのか。国が、「近距離の直接被爆でなければ原爆症にならない」と勝手に線引きして、そこから外れる申請を大量に切って捨てる政策をとっているからだ。松谷は、被爆距離が二・四五キロという「遠距離」だから、切り捨てられた。東は一・三キロの至近距離だが、ウイルス性のC型肝炎だからといって却下された。認定の条件をせまくし、大量に切り捨てるのが国の方針だから、申請をしてもまず却下、異議申し立てをしても通らない。そうなると裁判しか道がない。だから長くかかるのだ。
こんなに長い歳月と努力をしなければ認定をかちとれないとなると、自分のがんを原爆症と認定させたいと思う被爆者も、悔しいがあきらめるしかない――。そのような思いをしながら、被爆者は申請すること自体をためらってきた。

大量提訴、大量勝訴しかない　そんな割り切れない思いが被爆者のなかにくすぶっていたとき、提起されたのが、大量提訴の呼びかけだった。

二〇〇一年八月、松谷・小西裁判の成果を今後の被爆者救済にどう生かすかを論議するための全国弁護団・日本被団協の合同会議が開かれた。京都の弁護士・尾藤広喜が発言した。
「一三年かけてたった二人の被爆者しか救えなかった。原爆症認定を求める被爆者は、毎年何百人も申請を出している。国は大量切り捨て政策を変えず、一％にも足りない人しか認定していない。人権を守る弁護士として耐えがたい。これを根本的に変えるには、大量提訴で大量勝訴していくしかないのではないか。被爆者にはもう時間がない」。
出席者全員にズシリときた。日本被団協はさっそく、九月の代表理事会で討議した。そして一〇月二三日の全国都道府県代表者会議に提起した。心配は、裁判にかかる時間と体力と費用だった。支援組織をつくる自信も強いものではなかった。裁判を起こすには、①申請して②却下されて③異議申し立てをして④これも棄却、という手順を踏まなければならない（③の異議申し立てをせずに提訴、というケースもまれにある）。こんな面倒なことならやめるという人、申請するとマスコミに出るからプライバシーがおかされるという人、「お国を相手に裁判を起こすなんて」と白い目で見られはしないかという不安から踏み切れない人――申請すること自体むずかしい状況に被爆者は置かれていた。どのくらい希望者がいるか調査してみようという県が多かった。

大きな反応　日本被団協では「あきらめないで、まず申請から」と一斉申請を呼びかけ、二〇〇二年七月九日、八都道府県の七六人が認定申請を行なった。〇三年三月六日まで計四回の一斉申請日をもうけて申請を行なった。各都道府県独自の取り組みもあり、申請者は〇三年六月、三二都道府県四九六人に達した。
機関紙「被団協」の二〇〇三年三月号に「遠距離、入市」被爆者の実態調査票を入れた。まるで「これを待っていた」とでもいうように、一五〇〇通もの回答がきた。なかには、これまでの認定例から「これならすぐ認定がとれる」という例もかなりあった。その人たちはすぐ申請手続きを取った。

一三地裁、原告は一七一人に　二〇〇三年四月一七日、札幌、名古屋、長崎の各地裁に七人の被爆者が原爆症認定却下処分の取り消しを求める裁判を起こした。マスコミはこれを大きく報道した。第二陣は五月二七日、東京地裁一七人、大阪地裁三人、千葉地裁一人の二一人がつづいた。提訴者は、〇六年五月までに、一八都道府県一七一人に達し、一三地裁で裁判がつづけられた。

立ち上がった被爆者を支援しようと、各地に支援のネットワークが結成された。全国ネットワークも、日本青年団、日本生協連、原爆裁判全国弁護団、日本被団協などでつくられ、支援ニュースを発行し、裁判を支える募金をよびかけている。

集団訴訟と「被爆者宣言」の精神　集団訴訟は、個々の原告を救うことだけが目的ではない。認定制度そのものを根本的に変える運動であり、国の被爆者対策に一つの大きな転換をつくりだすたたかいである。

同時に、集団訴訟の勝利は、原爆被害に対する国の過小評価を打ち破る。集団訴訟の原告が勝つことは、核兵器の被害は国がいうように「小さく、せまく、軽い」ものではないこと、原爆は六〇年たっても人類の生存をおびやかす兵器であることを、だれの目にも明らかにする。

それは、国に対し「原爆被害は二度とあってはならないもの」という立場に立つように迫る、大きな力になる。その意味で、「アメリカに謝罪させ、核兵器廃絶への先導役を果たすことで罪をつぐなわせる。国に戦争責任を認めさせ、原爆被害への補償によって核戦争被害を『受忍』させない制度を築き、核時代に『平和に生きる権利』を保障する根幹とする」という「二一世紀被爆者宣言」の精神に通じ、核兵器廃絶をねがう広範な市民とともに歩む平和運動でもある。

3　長崎の被爆地域拡大運動

シンポジウムが成功　二〇〇〇年七月二六日、長崎県・市は東京で「原爆被爆の影響を考える」シンポジウムを開いた。調査にあたった長崎大学の教授たちは、そろって、原爆被害が健康障害を引き起こしている実態を報告した。

日本被団協は、近県の被団協とともにこのシ

大阪地裁へ提訴（2003.5.27）

名古屋地裁へ提訴（2003.4.17）

ンポジウムの成功を支えた。

このときのシンポジウムは後半、「地域拡大を求める決起集会」に切り替えられ、被爆地域拡大を求めて力強く行動することを決議した。

被爆の実態にあわない　一九五七年に「原爆医療法」が制定され、被爆地域が指定されたとき、長崎では旧市内ということで、爆心地から一二キロまでを含む土井首町が含まれることになった。そのこともあって、長崎では被爆地域の拡大を求める運動が起きた。爆心地から東方六キロ、北方六キロを超えた地域の住民から、地域指定が被爆の実態に即していないという声が起きたのである。

一九七四年に東側が約二キロ拡大された。七六年には北側が約三キロ拡大され、爆心地から南北に約一二キロ、東西に約七キロの範囲が直爆被爆地あるいは健康診断受診者証発行地域になったが、その隣接地の住民からの被爆地拡大要求は絶えなかった。

九七年の長崎県・市調査　このため長崎県・市は長崎大学に委嘱して九七年八月、爆心地から半径一二キロ以内の未指定地域に居住していた人のうち、原爆投下時に居住していた七〇〇〇人に調査票を送った。五八七五人から回答をえて、三一二人に面談し、集計した。

現在の健康状態についての質問に、良くない、非常に悪いと答えた人が六三％もいた。精神の病気が四・五％、心的外傷後ストレス障害（ＰＴＳＤ）にかかっている人が二四・七％もいた。

「被爆」と「被爆体験」　地域拡大は、二〇〇三年実現した。しかしその内容は、一二キロ以内を「健康診断特例区域」とし、第二種健康診断受診者証を交付し健康診断を実施し、その結果、一定の病気にかかっていて、県内指定地域に居住しているものにたいしては治療費を助成するというものであった。しかし、がんは対象疾病から除外された。住民の要求は放射線の影響を認める「被爆地域」指定であったが、結果は、この住民の健康障害は原爆体験によるストレスが顕著な、いわゆる心的外傷後ストレス障害（ＰＴＳＤ）によるものであり、「被爆体験」地域と指定して、放射線起因性が疑われるがんの医療費補助を除外した。その後の運動で、医療費助成は長崎県内に住んでいる人にまで広げられたが、助成の対象は精神的疾患のみに限定されている。

2章　被爆六〇年・日本被団協結成五〇周年

二〇〇五年は原爆被爆から六〇年、そして二〇〇六年は日本被団協が結成されて五〇周年と、被爆者には大きな節目の年であった。日本被団協は、これらの年を意義深く迎えるために、二〇〇二年の運動方針でこう呼びかけた。

①核保有国をはじめ、多くの国々の首脳宛に要請書を送り、アメリカの核体制見直しの撤回を求め、核保有国も合意した「核兵器の完全廃棄を達成するという明確な約束」を具体化するため、核保有国が二国間、あるいは多国間交渉をただちに開始することを要請します。

②国連広報局への登録NGOにふさわしい、国連を重視した実相普及活動に力を入れます。草の根の運動と連帯し、海外遊説団を派遣し「原爆と人間展」パネルの国際的普及につとめ、被爆の実相と被爆者の願いを国際世論に訴えていきます。

③アメリカ、旧ソ連、南太平洋などの核実験被害者との交流をすすめ、連帯を強めます。また、二〇〇五年までの開催をめざす「核兵器の犯罪性を裁く国際市民会議」成功に向けて共同を呼びかけます。

二〇〇五年、〇六年の運動は、めざましいものになった。原爆症認定集団訴訟運動が大きく発展する一方、国の内外で多彩な行事や課題で多くの被爆者が行動し、国際的連帯も広がって、マスコミも注目した。

1　二〇〇五年NPT再検討会議

「9・11」後の世界　核兵器をめぐる情勢は、二〇〇一年九月一一日のニューヨークなどでの同時多発テロ以来、きわめてきびしくなった。テロへの報復を叫ぶアメリカは、テロ集団アルカイダをかくまっていたアフガニスタンに侵攻した。タリバン政権が崩壊するや大量破壊兵器をもっているとの口実をつくって、矛先をイラクに変えた。

九・一一同時多発テロの発生にさいし、日本

ショーン・マックブライド賞の受賞を喜ぶ山口仙二代表委員（2003.8 長崎）

被団協は「アメリカでの同時多発テロ糾弾、軍事力による『報復』反対、平和的解決を求める」という声明を出し、「人類史上初の核兵器攻撃という反人道、残虐行為の生き残りとして」「核兵器を使わないこと、威嚇の手段としても使わないこと」を強く要求した。

アメリカの平和団体の招へいを受けて一二月三日から一三日まで、日本被団協事務局次長・小西悟、長崎被災協事務局長・山田拓民、東京・北区の北島滋子の三人を、要請団として送り出した。要請団は、ワシントン、ボストン、ニューヨークを訪問、ワシントンではブッシュ大統領への要請書を米国務省の参事官に手渡しするなど多彩に活動した。

国連ＮＧＯに登録される　二〇〇一年一二月、日本被団協は国連広報局所轄のＮＧＯ（非政府組織）に登録された。

小西は、二〇〇二年四月六日から一四日まで渡米、国連の核兵器不拡散条約[*1]（ＮＰＴ）再検討会議準備委員会に参加した一八七カ国代表に「核兵器廃絶の明確な約束を実行するように」要請する日本被団協の文書を手渡した。小西は「国連ＮＧＯに登録後初の国際活動は手応え十分だった」と帰国後報告した。

二〇〇三年二月、地球を一周した侵攻反対の国際世論に逆って三月、アメリカがイラクへの武力攻撃を開始すると、日本被団協は「戦争やめよ」「核兵器使うな」の行動を全国で繰り広げた。東京では渋谷駅頭で訴えた。

ショーン・マックブライド賞受賞　国際平和ビューロー（ＩＰＢ）が毎年、世界の平和運動に貢献した個人、団体に贈るショーン・マックブライド賞を、二〇〇三年は日本被団協が受賞することになった。授賞式は、八月九日、長崎のセンチュリーホテルで行なわれ、銀メダルがＩＰＢ副会長のレイ・ストリートさんから日本被団協代表委員の山口仙二に手渡された。

山口代表委員は、被爆者を支えてきた人びとへの感謝を述べ、「受賞に恥じないよう精いっぱい、核兵器の廃絶のために努力したい」と決意を語った。

授賞式には、ＩＰＢのケイト・デュース副会長が出席し、コーラ・ワイス会長からの祝辞を紹介。ＩＰＢメンバーであるインド、オーストラリアの平和組織、世界の核実験被害者として韓国、マーシャル、ロシア、フィジー、タヒチなどの代表も参加し日本被団協の受賞にお祝いの言葉を寄せた。

ショーン・マックブライド賞は一九九二年にＩＰＢの議長・会長を長年務めたショーン・

核兵器不拡散条約再検討会議代表団、セントラルパークへ平和行進（2005.5.1 ニューヨーク）

＊1　**核兵器不拡散条約（ＮＰＴ）**
ＮＰＴは本来、核保有国の核を特権的に認めており、不平等が前提にある。それでも成立するのは第六条の規定で、保有国も自国の核を削減する義務を負うからだ。五年に一度、再検討会議を開いて、加盟国が義務を果たしているかどうかを点検し、条約を再検討することになっている。
二〇〇〇年の会議では、新アジェンダ連合を中心とする国々の圧力によって、アメリカを含む核保有国から「自国の核をなくす誠実な努力をする」約束をかちとり、大きな成果があった。〇五年の再検討会議は、この「約束」の実行が前進するかどうかが注目された。会議は、アメリカの妨害で成果を生むことはできなかったが、被爆者たちの思いは強い影響を残した。

マックブライド氏の名を冠してＩＰＢによって創設された。

日本被団協代表団、ニューヨークへ　二〇〇五年五月ＮＰＴ再検討会議が開催されるにあたり、日本被団協は四月二九日から五月五日まで、三六人の代表団をニューヨークへ送った。滞在中代表は国連の各国代表部を訪ねて被爆体験を証言、核兵器廃絶への努力を要請した。また、国連本部での原爆展および各地での証言活動とともに、多くのアメリカ市民と交流した。

五月一日の核兵器廃絶のためのＮＧＯ国際共同行動では、国連本部からセントラルパークまでパレードの先頭を行進した。集会では被爆者全員が壇上で紹介され、坪井直代表委員と長崎の下平作江が被爆者のたたかいを訴えた。

五月一一日のＮＧＯセッションでは世界のヒバクシャ代表として、日本被団協事務局次長・小西悟が訴えを行なった。

2　国連本部での原爆展

ＮＰＴ再検討会議開催中に　国連本部での原爆展開催は四年間難航を重ねたが、デザイナー吉田佳広が加わった日本被団協の企画「ＮＯ ＭＯＲＥ」が国連軍縮局の同意をえて、ＮＰＴ会議開催中の二〇〇五年五月二日から二七日まで、国連総会場見学者ロビーと地下一階会議場連絡通路の二カ所で三〇枚のパネルが展示された。

日本被団協が主催して国連本部で原爆展を開催するのは初めてで、後援には、広島市、長崎市、国連軍縮局、国連日本代表部が名を連ねた。展示には多くの参観者があり、日本からは外相・町村信孝、国連特命全権大使・大島賢三、広島市長・秋葉忠利、長崎市長・伊藤一長らも参観した。両市長は日本被団協代表（坪井、田中）とともにテープカットに加わった。サイン帳二冊は一〇〇〇人を超える署名とメッセージでいっぱいになった。

展示場には、被爆証言を語るコーナーが設けられ、被爆者は八班に分かれて連日交替で証言をした。これにはニューヨーク在住の日本人がボランティアで通訳に協力した。

3　ノーモア　ヒロシマ・ナガサキ　国際市民会議

実行委員会の構成　二〇〇二年の日本被団協運動方針では「核兵器の犯罪性を裁く国際市民会議」の開催をめざすとしたが、被爆者運動に

国連原爆展テープカット（2005.5.4 国連本部）

たずさわってきた団体・個人に協力を依頼して「国際市民会議への意見を聞く会」を開き、実行委員会立ち上げを準備するなかで、名称は「ノーモア　ヒロシマ・ナガサキ国際市民会議」となった。

市民会議は実行委員会方式で開催することとし、日本被団協の三代表委員と被爆者相談所理事長の四人が発起人となり、著名人一四人が「よびかけ人」[*2]になって、各界の広い人びとに賛同を求めることになった。国際的な諸団体、ヒバクシャ団体・個人、在外被爆者にも協賛をよびかけることにした。

実行委員会はよびかけ人が中心になって構成され、事務局は日本青年団協議会におかれた。

核兵器の犯罪性訴え　第一回実行委員会が〇三年九月二〇日に開かれ、記者会見が行なわれた。会見に臨んだのは、日本被団協、日本原水協、原水禁国民会議、日本青年団協議会、日本生協連だった。

「核兵器が存在する限り、人類は未来への希望に胸を膨らませることができません。会議では、核兵器の犯罪性を訴え、二度と被爆者を生まないために、アメリカの原爆投下責任を追及するとともに、被爆者や核兵器被害者への真の補償を実現させるための知恵を総結集する機会にしたいと考えます」とする「よびかけ」も発表された。

被爆者は「わたしの訴え」を　開催日（〇五年七月二九、三〇、三一日の三日間）、会場（日本青年館）も決まり、各分科会の性格、内容も決まっていくなかで、市民会議でもっとも重視されたのが、全国の被爆者の参加だった。直接会場に参加できない人にも会議に参加してもらえる方法をという論議から、被爆者に「わたしの訴え」を書いてもらう案が生まれた。

二〇〇四年一〇月の日本被団協全国都道府県代表者会議で「被爆六〇年・被爆者大運動」が提起され、七つの柱が確認された。その一つに「わたしの訴え」があった。訴えの設問は、市民会議のテーマに対応して六つ。「あの日とその後の苦しみ」「原爆被害の責任の所在」「被爆者としていいたいこと」などだ。

「訴え」の用紙は機関紙「被団協」〇五年三月号に同封された。五月末の締め切りまでに、四三都道府県、一六二二人から回答がきた。びっくりするほどの反応だった。「こういう機会をつくってくれてありがとう」などの声も聞かれた。日本被団協は、「わたしの訴え」を二四ページの小冊子にまとめ、英訳もつくった。この冊子は市民会議参加者に配られた。英訳冊子は、

＊2　国際市民会議よびかけ人
秋葉忠利（広島市長）、伊藤一長（長崎市長）、井上ひさし（作家）、喜納昌吉（シンガーソングライター）、土山秀夫（元長崎大学学長）、高橋哲哉（東京大学教授）、坪井直（日本被団協代表委員）、藤平典（日本被団協代表委員）、早坂暁（作家）、肥田舜太郎（日本被団協原爆被爆者中央相談所理事長）、水島朝穂（早稲田大学教授）、山口仙二（日本被団協代表委員）、湯川れい子（音楽評論家）、李広善（韓国原爆被害者協会会長）

国際市民会議最終日、ピースウォーク（2005.7.31）

のちの国際遊説活動でも役立っている。

問い直そうヒロシマ・ナガサキ　国際市民会議は、「問い直そうヒロシマ・ナガサキ　被爆者の目と人間の心で」を合い言葉に、四テーマで構成された。

　第一テーマは「広島、長崎の原爆被害の実相解明」。二九日夜の全体会「映像と証言でつづる原爆被害の全体像」（参加三五〇人）。二日目朝の全体会「被爆の実相解明について」（参加三〇〇人）で深められた。

　第二テーマは「核兵器の犯罪性」。これは二日目の三〇日午後の「核兵器の犯罪性についての全体会」（参加三〇〇人）と、分科会Ⅰ「原爆投下を裁く」（参加二〇〇人）、分科会Ⅱ「核兵器の非合法化に向けて」（参加一〇〇人）で構成された。

　第三テーマは「被爆者の要求と権利」。これは「被爆者の要求と権利分科会」（参加一〇〇人）で論議された。

　三〇日夜には、クラシックコンサートを開催、交響詩「水ヲ下サイ」が作曲者であるヘルビック・ライター指揮で演奏され、感動を残した（参加七〇〇人）。

　第四テーマは「ヒロシマ・ナガサキの継承」。これは三日目の三一日の午前、分科会Ⅰ「平和教育を通じて」（参加九〇人）、分科会Ⅱ「対話と交流を通じて」（参加八〇人）、分科会Ⅲ「メディアを通じて」（参加一五〇人）と三つの分科会で構成された。

　三一日午後は、「被爆六〇年市民集会」（参加六〇〇人）。集会には、長崎市長・伊藤一長も参加し、開会にあたってのあいさつを述べた。パネルディスカッション「ヒロシマ・ナガサキが未来へ語りかけること」が行なわれ、記念コンサートもあり、宣言を採択して幕を閉じた。

　集会後、参加者は渋谷・宮下公園までピース・ウォーク、沿道の人びとに「ノーモア　ヒロシマ・ナガサキ」を訴えた。国際市民会議参加者はのべ二五〇〇人だった。

4　10・18大集会

雨の中を八〇〇人　被爆六〇年運動を締めくくったのは、一〇月一八日に東京・九段会館で開かれた「10・18大集会――核兵器も戦争もない世界をめざして」だった。

　この日、東京は雨。足もとの悪いなかを全国から被爆者と集団訴訟の原告、支援の人びと八〇〇人が会場に詰めかけた。

　日本被団協代表委員・坪井直のあいさつ、ス

10・18大集会、九段会館（2005.10.18 東京）

ライド「映像でつづる被爆者運動の60年」の上映、広島、長崎両市長のメッセージ、民主党副代表の高木義明（衆院議員）、公明党の谷合正明（参院議員）、共産党の志位和夫委員長（衆院議員）、社民党の阿部知子（衆院議員）が、それぞれ党を代表してあいさつした。各代表は被爆者のたたかいに敬意を表しながら、被爆者の要求実現、集団訴訟勝利へともにたたかう決意を表明した。

第二部では、シンガーソングライターの小室等の弾き語り、寺井一通と長崎の「被爆者うたう会ひまわり」の合唱があった。

第三部は「原爆症認定裁判の勝利をめざして」。集団訴訟の原告、支援者が舞台に登壇、神奈川、長崎、千葉、近畿の原告が力強く決意表明をした。歌手の横井久美子が「にんげんをかえせ」を熱唱し、CDの売り上げから裁判支援金を寄せた。弁護士・宮原哲朗が集団訴訟の意義を訴えた。

第四部は、「被爆者とともに」のコーナー。大集会をめざして取り組んできた「自治体行脚」について、山梨、三重、熊本各被団協が報告。これにこたえるかたちで若い世代の高校生、大学生、主婦、社会人が核兵器廃絶への決意を語り拍手を受けた。最後にアピールを採択し大集会を終えた。

二五〇人の中央行動　翌一九日は、国会要請行動。「核兵器廃絶」「原爆被害への国家補償」「原爆症認定制度の抜本改正」「在外被爆者への法の全面適用」が要求だった。

衆議院第一議員会館の会議室には二二〇人もの被爆者代表・支援者が集まり、入りきれない。参加者たちは、四つの班に分れて行動した。第一は政党代表への要請。第二は衆参両院全議員への要請。第三は政府要請。第四は核保有国大使館への要請。それでも会館に入りきれない人たちが出た。国会前での座りこみを行なった。

政党要請では、この日さっそく共産党が「被爆者問題対策委員会」の発足をきめた。

政府要請では厚生労働省は多忙を理由に面会を拒否した。外務省では一時間におよぶ話しあいとなった。アメリカ大使館では、十数年ぶりに日本被団協代表を館内に招き入れ、書記官（政治部次長）が核兵器廃絶、臨界前核実験の中止についての要請に対応した。イギリス、フランス、ロシア、インド、パキスタンでも、書記官が対応した。韓国大使館へは後日訪問し、会談が行なわれた。

5　大阪地裁での全面勝利

原告九人全員が全面勝訴　原爆症認定集団訴訟のトップを切って、大阪地方裁判所が二〇〇六年五月一二日、判決を言い渡した。近畿の原告被爆者九人について、厚生労働省が行なった原爆症認定却下処分を取り消し、全員に原爆症認定をするよう命じる、画期的な判決であった。マスコミ各社は、ほとんどがトップで報道し、社説、コラム、解説で判決を評価し、厚生労働省の認定審査方針を批判した。

原告九人の疾病は、がんが三人、非がんが六人。直接被爆七人の被爆地点は一・五キロから三・三キロ、入市被爆が二人。厚生労働省が金科玉条としているDS86や「原因確率」では原爆放射線の影響はまったくないことにされている人たちばかりだ。判決は、国側の論拠をすべてしりぞけた。

日本被団協は、弁護団、原告団、支援ネットとともに声明を出し、厚生労働大臣に控訴しないよう要求する文書を渡し、厚生労働省前で座り込んで、「控訴するな」と要求しつづけた。大阪地裁の判決は、原爆症認定訴訟をたたかう全国の原告への限りない励ましになった。

裁かれた「審査の方針」　この判決で、厚生労働省が〇一年に導入した「審査の方針」が初めて裁かれた。弁護団の尾藤広喜は機関紙「被団協」〇六年六月号に次の文を寄せた。

大阪地裁判決は、国・厚生労働大臣による被爆者切り捨て政策ともいうべき誤った「審査の方針」の機械的適用を批判し、被爆の実相に沿った認定のあり方を示しました。

第一に、国が被ばく放射線量推定の根拠とするDS86とかDS02はシミュレーションにすぎないこと、その計算値は実測値と不一致があることを指摘し、「少なくとも爆心地から一・三～一・五キロ以遠では適用は慎重になすべき」としています。

第二に、残留放射線、放射性降下物による被ばくが特定地区に限定される実態はないとし、入市被爆者にも脱毛等急性症状が生じている事実、内部被ばくの事実や文献の根拠をあげ、「特定地域における滞在や長期居住が認められない場合に直ちに被ばくの事実がないとすることには、少なくとも慎重であるべき」だと判断しています。

第三に原因確率について、放射線に起因する蓋然性を判断するための単なる一つの考慮要素として位置づけるべきものとし、原因確

大阪地裁判決、勝訴（2006.5.12）

率が小さいからといって高度の蓋然性が否定されるものではないとしています。このように、判決は、審査の方針を機械的に適用する手法の問題点を明確に指摘し、根本的転換を求めているのです。

第四に、最終的に放射線起因性判断にあたっては、被爆前の生活状況、被爆直後に生じた症状、発症経過などを全体的、総合的に考慮すべきとしています。これは松谷訴訟最高裁判決、小西訴訟大阪高裁判決、東訴訟東京高裁判決を深めたものです。

第五に判決は、こうした判断をもとに、九原告全員について放射線起因性を認め、なかでも二人の入市被爆者、爆心地から三・三キロの遠距離被爆者について、残留放射線による被ばく、内部被ばくによる影響を認めました。これは、当然のこととはいえ画期的な判断です。

集団訴訟最初の判決での全面勝利は、日本被団協結成五〇周年にふさわしい快挙だった。

大阪地裁判決にたいして、厚生労働大臣は五月二二日、控訴理由も明らかにしないまま控訴し、たたかいは継続した。

6　新たな地平をめざして

二〇〇六年運動方針から　一九五六年八月一〇日に誕生した日本被団協は、二〇〇六年八月で結成五〇周年を迎えた。この年の第五一回定期総会（六月六〜七日、東京）が採択した運動方針は、「思えば私たち被爆者は、被団協に結集して、よくもこの長い年月をがんばりぬいたものです」と、五〇年の歩みをふりかえった。

広島・長崎の被爆者は、人類史上未曾有の地獄を体験し、その後も被爆したがゆえにさまざまな病や死の不安、社会的な差別など、次つぎとふりかかる苦しみをのりこえて、ふたたび同じ苦しみをだれにも味わわせてはならないと、核兵器をなくし、原爆被害への国家補償を実現させるたたかいをつづけてきた。そうした「私たちの運動の歩みは、本当にすばらしいものです」と記している。

被爆者運動は、核兵器の恐るべき破壊力と犯罪性を、うまずたゆまず訴えつづけ、何度か訪れた核戦争の危機を阻止したこと。核兵器廃絶を求める世論を高めてきた被爆者を、「人類の教師」と呼ぶ人もある。ふたたび被爆者をつくらないために、「核戦争を拒否する国民の権利」

をうちたてるために、原爆被害への国家補償を訴えつづけ、被爆者の命と健康、暮らしをささえる日常活動や相談活動に力をそそいできた。その歩みに、われわれはたしかに確信をもつことができよう。

四つの観点の運動　しかし、核兵器使用の危険が増す世界、暮らしの危機、日本国憲法の危機が迫る日本の現状は、「決して安閑としておれるものではありません」。核兵器をなくし、原爆被害への国家補償を実現し、被爆者対策を充実して、「生きていてよかった」と心からいえる日をめざして、結成五〇年の今年を「新しい地平を開く」ための年とするように、日本被団協は四つの観点から運動に取り組んでいる（二〇〇六年度総会決定）。

第一は、「核兵器も戦争もない世界をめざす」平和の運動を国の内外に向けてさらに進めること。

第二は、「ふたたび被爆者をつくらない証」として、戦争被害に国の補償を求めること。

第三は、被爆者が直面している課題はほとんどが国民全体にかかわる問題になっているなかでの、国民の各界、各層と連帯した運動の推進。

第四は、被爆者の高齢化にともなう各県被団協、日本被団協の維持、強化と将来の課題である。

7　勝訴つづく原爆症認定集団訴訟

広島地裁　原告四一人全員勝利　被爆六一年めの原爆の日を二日後に控えた二〇〇六年八月四日、広島地方裁判所は、被爆者原告四一人全員について、「原告勝訴」の判決を言い渡した。五月一二日の大阪地裁につづく快挙であった。

広島地裁の原告は、被爆距離は二キロを超える遠距離被爆が一三人。原爆投下後一三日目の入市を含めて入市被爆が二人いた。疾病は各種がんのほか、C型肝炎、白内障、熱傷瘢痕、など多くの非がん疾病が含まれていた。

勝利判決は、折から開かれていた原水爆禁止世界大会の会場に伝えられ、万歳の叫びがわき起こった。原告団は、弁護団、支援者の代表とともに平和公園の慰霊碑に向かい、勝利の報告をした。

報道各社は判決内容を報じ、論評した。厚生労働省の原爆症認定「審査の方針」の見直しを迫るものばかりだった。

八月六日の原爆死没者追悼慰霊式・平和祈念式に参加した小泉純一郎首相、川崎二郎厚生労

広島の原爆碑前で勝訴を報告する原告と支援者（2006.8.4）

働大臣にたいして、「控訴するな」の行動がつづいた。「控訴せんで」と大書した団扇がつくられた。中沢啓治の漫画を入れたはがきがつくられ、厚生労働大臣あてに送られた。厚生労働大臣に対する被爆者団体の要請に当たっても二つの県被団協から控訴しないようにとの要請がなされた。

東京では、広島から上京した原告団、弁護団の代表を含めて、東京おりづるネットを中心に厚生労働省に対して「控訴するな」の行動が連日とりくまれた。ビラが日替わりで発行された。政党、国会議員への要請行動もつづいた。長崎原爆の日の九日には、厚生労働省前の路上で「ダイ・イン」を敢行した。一〇日にはJR山手線四駅で街頭宣伝を行ない、勝利判決報告集会も開かれた。

厚生労働省またもや控訴　広島判決に対しても、厚生労働省は控訴期限を七日も残して一一日に控訴した。

原爆症認定訴訟広島原告団、同弁護団、集団訴訟を支援する広島県民会議、日本被団協、全国弁護団、原爆症認定集団訴訟を支援する全国ネットワークは連名で「抗議声明」を出した。

判決について安原幸彦弁護士（全国弁連副団長）は、「被団協」九月号に、要旨次のような感想を寄せた。

（広島判決は）「被爆者救済」という被爆者援護法の趣旨にそむいて被爆者を切り捨て続けてきた厚生労働省に対し、まさに「鉄つい」を下したものといえましょう。

判決は、放射線被害がいまだに未解明であることから、「放射線起因性の直接的な立証がなければ認定しないというのでは、被爆者に不可能を強いることになる」としたうえで、厚生労働省が金科玉条にしているDS86、DS02や原因確率については、大阪地裁判決をさらに進め、「一応の最低限度の参考値」にすぎないとか、「様々な限界や弱点」があり、「一応の単なる判断の目安」にすぎない、と断じています。

このように、被爆地広島の全員勝訴判決は、これまでの原爆症認定行政を抜本的に見直さざるをえないほどの重みを持っています。

面会を拒む厚生労働省・医療分科会　広島地裁判決直後の八月四日から控訴を強行した一一日まで、日本被団協、原告、弁護団は、厚生労働省に「控訴しないよう」強く要請し、面談を求めつづけたが、厚生労働省側は正門の鉄柵を閉ざし、警備員を配置し、建物内に入ることを拒否しつづけた。理由は、「訴訟中であり、法廷外協議につながるから」というだけだった。

八月二一日、広島地裁判決後最初の「疾病・障害認定審査会原爆被爆者医療分科会」が厚生労働省内で開かれた。大阪地裁判決の場合と同様、広島判決をめぐる論議があると見られたので、日本被団協は弁護団とともに傍聴を申し入れた。回答がないまま、四時間も廊下に立たされたままだった。そのあげくに、課長補佐がもってきたのは、「会長のコメント」だった。この日は会長が海外出張中というので、会長代理がこの「コメント」をつくったという。「コメント」は、「医療分科会の審査は、従来どおりの方針でおこなうことを確認した。広島地裁判決への控訴については意見具申をおこなっていない。本日の分科会は、運営規定に基づき非公開とした」というものだった。

しかし、後日、インターネットに公開された医療分科会の議事録によると、広島判決についての報告がなされたことが記録してある。うそを重ねてまで審議内容を秘匿しようとする厚生労働省と「医療分科会」の姿勢は、司法の判断にまったく耳をかすことなく、背を向けるものであることを改めて明らかにするものであった。

名古屋地裁は全員勝訴ならず　年が明けて、二〇〇七年一月三一日、名古屋地裁の判決が言い渡された。判決内容は、総論において、大阪、広島判決の流れに沿うもので、厚生労働省の「審査の方針」の誤りを明確に示しており、残留放射線の影響を認め、入市被爆を含む二人の原告の却下処分を取り消した。しかし、原爆症の未解明性についての裁判所の理解が十分に得られず、原告四人のうち二人を敗訴とするものだった。

勝利判決を信じて名古屋地裁前に集まっていた支援の人びとは、複雑な表情だったが、敗訴した二人が、「勝つまでたたかう」と固い決意を表明したことから、新しいたたかいへの決意のこもった判決報告集会となった。

寒中の夜の集会に七〇〇人　名古屋判決の日の一月三一日夜、東京・日比谷公会堂で「いまこそ解決を　トーク&ライブ　被爆者の願い実現をめざす市民集会」（一・三一大集会）が開かれた。仙台地裁、東京地裁の判決を迎えるにあたって、被爆者や支援者の決起を促すために企画されたものであった。日本被団協と全国弁護団連絡会、原爆症認定集団訴訟支援全国ネットの共催で、全国から七〇〇人が参加した。寒中の夜の集会にもかかわらず高齢の被爆者が全国

名古屋地裁判決後、決意を語る原告（2007.1.31）

から二〇〇人余り参加した。各政党から、代表が激励に駆けつけた。自民党・寺田稔衆院議員（原爆症認定を早期に実現する議員懇・世話人代表）（メッセージを秘書代読）、赤沢亮正衆院議員（自民議員懇事務局長）、民主党・高木義明衆院議員（被爆者問題懇談会会長）、公明党・谷合正明参院議員（原爆被爆者対策委員会委員長）、共産党・小池晃参院議員（被爆者問題対策委員会責任者）、社民党・保坂展人衆院議員。

仙台地裁は全員勝訴　三月二〇日の仙台地裁判決は、二人の原告全員の勝訴となった。支援の人びとは、提訴直前に亡くなった原告予定者の遺影を胸に思いをはせながら、勝利の喜びをかみしめた。

この判決は、二〇年前に切除した胃がんについての要医療性が認められるという画期的なものであった。判決では、原爆症としての胃がんの胃切除手術後も後障害への治療がつづいていたことを認定して要医療性を認めた。他の原告についても術後の要治療性を認めた。

原告を救済すべきだとの心情のあふれた判決であった。

独自の判断を示した東京地裁判決　三月二二日の東京地裁判決は、三〇人の原告のうち二一人が勝訴、九人が敗訴となった。しかし、厚生労働省が却下した二一人の原告の訴えを認めたことは大きな勝利判決である。

厚生労働省の「審査の方針」では原爆被害の実態を説明できないとしたことは、大阪地裁につづくすべての判決の流れに沿うものであり、これで五つの裁判所がそろって、厚生労働省の認定審査の誤りを断罪したことになった。

一方で、原告の急性症状についての記憶の有無を重視したり、原告の陳述の変遷に疑義を差し挟み、被害の実態に即して判断できなかったり、残留放射線や放射性降下物の影響の未解明性についての判断が中途半端であったことなどが、敗訴者をつくることとなった。

全員勝訴を確信していた支援者は、控訴をつづける厚生労働省のかたくなな姿勢、係争中の裁判での政府代理人の反撃的弁論なども合わせ考えて、裁判の厳しさを改めて思い知ることになった。

四谷駅近くのプラザエフで開かれた判決報告集会には、二七〇人が参加した。国会から自民、民主、公明、共産、社民各党の代表が参加した。勝訴した原告も単純に喜べない複雑な心境を隠し切れなかったが、敗訴者からは引きつづきたたかっていくことの決意が次つぎと述べられて、新たな決起の集会になった。

東京地裁の判決を受けて原告と支援者（2007.3.22）

仙台地裁前で原告と支援者（2007.3.20）

8　集団訴訟勝利を政治解決の力へ

控訴するな・取りさげ要請中央大行動　三月二〇日の仙台地裁判決、三月二二日の東京地裁判決をうけて、「控訴するな」「原爆症認定制度の抜本改革」を求める運動と世論は大きく盛り上がった。

　日本被団協は、三月二四、二五日、代表理事会を開き、原爆症認定裁判と運動の現況についての報告を受け、継続中の裁判の支援、テント泊まり込み行動の決行を確認。「いまこそ　すべての被爆者が声をあげるときです」のよびかけを承認し、全国原告・原告団からの訴え「国の被爆者行政を五たび断罪した東京判決を受けて」を確認した。

チラシやニュースで大量宣伝　この行動では、大量の宣伝チラシ、ニュースが発行され、連日、弁護団が中心になり地下鉄霞が関、永田町駅の出口で国会議員、厚労省職員を含む公務員労働者などに大量に配布された。原爆症認定訴訟支援全国ネットは、東京行動ニュース「今こそ扉をあけよう」を、三月二三日から四月三日まで、朝夕一〇号を発行した。

　国会議事堂前での朝ビラ配布には、弁護団、全国ネット、東京の被爆者のべ九八人が参加した。三月二六日から三〇日までの五日間、厚生労働省前での行動をふくめると一万枚を超えるビラを配布した。

　このような多彩な大量のチラシやニュース発行・配布は原爆症認定集団訴訟に取り組んで初めてだった。

厚労省包囲デモと座り込み要請　四月二日正午、日比谷公園霞門から厚生労働省を包囲するデモが出発した。先頭には「五たび　原爆症認定行政を断罪」ののぼり旗。遺影と原告団の隊列。「被爆者はもう待てない」の横幕。デモがすすむにつれて、団体旗が増え、三五分後に終結点の日比谷公園幸門に着いたときは二〇〇人にふくれあがっていた。

　デモ行進後、日比谷公園「かもめの広場」に、テントを張っての泊まり込み、七二時間にわたる「にんげんをかえせ　被爆者の勝利をつかむ座り込み」行動に入った。

　被爆者が日比谷公園にテントを張って要求実現をめざしたのは一九八七年一一月いらい二〇年ぶりであった。設営や夜の座り込み、テント前のイベントは、高齢化した被爆者に代わって青年たちが企画、運営した。座り込みに参加した若者は原告からの被爆体験に耳を傾けた。

「にんげんをかえせ 被爆者の勝利をつかむ座り込み」
（2007.4.2 厚生労働省向かいの日比谷公園横）

全国の原告の参加は三日間でのべ五七人。被爆者の参加は、提訴していない県を含めて二二都府県からあった。

全国弁護団の活躍　一五地裁、六高裁で献身的に奮闘している弁護団は、仙台地裁判決、東京地裁判決後の中央行動に連日、当番制で参加、厚生労働省に詰めかけ、厚生労働省への批判、要請、シュプレヒコールをくり返し、国会議員への要請に被爆者とともに奔走した。テントに泊まり込んで支援する若者との語り合いを重ねた若い弁護士もあった。政党との懇談の窓口にもなって活躍した。

マスコミの関心も高まる　大阪判決以来、マスコミ各社の報道は、厚生労働省のかたくなな姿勢を批判し、認定制度の改革を求める社説、解説が新聞、テレビで相次いだ。東京判決後は裁判をめぐる報道、解説、社説だけでなく、厚生労働省前でのテントを張っての座り込み、首相官邸への要請などの取材も多く、世論の関心を高める役割を果たした。

9　大きく動き始めた政治の波

賛同署名と政党の動き　負けても負けても控訴をくり返し、被爆者が死に絶えるのを待つかのような厚生労働省の姿勢には、国会議員も政党も怒りをもって批判した。とくに〇七年一月三一日の名古屋地裁判決後、各政党の動きは活発だった。

大阪地裁の勝利判決後の〇六年六月六日に開かれた、日本被団協第五一回定期総会は「原爆症認定制度を抜本的に改革することに賛同」する国会議員署名をよびかけた。東友会がさっそく応え、七月二五日から東京選出国会議員五〇人に対する訪問要請活動を始めた。そして、一二月末までの短期間に三一議員から賛同署名を得た。

この署名をよびかけるなかで、六月一五日に民主党・被爆者問題議員懇談会（会長・高木義明国会対策委員長）ができた。共産党は七月「原爆被爆者対策委員会」（〇五年一一月発足）の責任者、小池晃政策委員長が日本被団協と弁護団を招き、懇談した。

一二月には自民党内に「原爆症認定を早期に実現するための議員懇談会」設立の動きがおき、寺田稔衆院議員を世話人代表として、九議員が名を連ねる発起人会ができた。〇七年一月一七日、議員懇談会が衆参両院の三〇議員で発足（会長・河村建夫政調会長代理）。二月八日、日本被団協と弁護団を招いて朝食会を開いて、意見を交換した。ここには一七人の議員と四人の秘書が参加していた。三月九日には、広島の斎藤紀医師（福島生協病院院長）を招いて「原爆被害について」の勉強会を開いた。自民党議員懇はまた、名古屋地裁判決、仙台地裁判決、東京地裁判決でも厚生労働大臣に控訴取りやめ、控訴取り下げの要請をくり返した。東京判決後の座り込みには寺田議員らがたびたび激励にかけつけた。

民主党は、〇六年二月八日、松本大輔議員懇事務局長が日本被団協、弁護団と懇談。三月九日には斎藤紀医師と日本被団協、弁護団を招いて勉強会を開いた。名古屋地裁判決については、二月九日に、三井辨雄（民主党のネクストキャビネット厚生労働大臣）が川崎二郎厚生労働大臣宛に控訴断念を要請、二月一四日にすべての判決について控訴取り下げを要請した。仙台判決、東京判決についても三月に控訴断念、控訴取り下げと政治決断をコメントした。

公明党は、三月五日に斉藤鉄夫政務調査会長、谷合正明衆院議員と日本被団協、弁護団が懇談、三月一九日に原爆被爆者対策委員会（谷合委員長）を発足させ、日本被団協、弁護団へのヒアリングを行ない、厚生労働大臣、官房長官への申し入れをした。

社民党は、福島みずほ党首、保坂展人衆院議員が日本被団協と懇談した。

国民新党は衆参両院の議員すべてが原爆症認定制度の抜本改革に賛同の署名をよせた。

「原爆症認定制度の抜本的改革に賛同」する国会議員署名は二一六人（〇七年一〇月現在二四一人）、「判決に控訴するな」の国会議員署名は短期間だったが、一五三人に達した。

国会での追及と院内集会　衆参両院の厚生労働委員会や予算委員会など各種委員会で各党議員が原爆症認定問題での政府の対応を求めて質問をした。

自民党議員懇談会は、三月三〇日、「原爆症認定を早期に実現するための総決起院内集会」を四月三日に開くことをきめ、全政党議員に参加を呼びかけた。集会の趣旨では「認定判決が続いているのに厚生労働省は認定を拒み続け、被爆者は亡くなっている、人道的見地からもいっときの猶予も許されない」とのべている。集会には、五つの政党の責任者ら衆参の国会議員一七人が参加、被爆者も全国から七〇人が参加し、認定制度改革への固い決意を示した。

官房副長官への直接要請　原爆症認定制度を抜本的に改めるには、厚生労働省の自主的判断ではできない、官邸による主導的役割が必要だとして、日本被団協は首相との面会・要請を求め、自民議員懇も、官邸への斡旋を図った。このことが実って、厚生労働省前の要請行動の座り込みを解く含みを持たせて、四月四日午後三時半、下村博文官房副長官が対応することになった。日本被団協から事務局長・田中熙巳と東京原告団長・山本英典、弁護団から全国弁護団事務局長・宮原哲朗の三人が面談し次の三項目を要請した。

①総理は、被爆者と面談し、その訴えに耳を傾けてください。②厚生労働省に対し、現行原爆症認定制度を抜本的に改め、改革に着手することを指示してください。③厚生労働大臣に対し、日本被団協の代表との協議の場を直ちに設けるよう指示してください。

下村副長官は、自分がいま日本被団協代表と会っていることが、①への答え。②③は、政府は自民党と一体なので、党の方から案が出てきたら対応する——と答えた。

厚生労働省の更正めざす四団体共闘　裁判所の判決を無視して行政を変えようとしない——この異常事態を打開しようと、原爆症認定集団訴訟団、トンネルじん肺根絶訴訟団と、薬害肝炎訴訟団の三団体が一〇月五日、衆議院議員会館で集会を開き、共闘していくことをきめた。

このあと、中国残留孤児の訴訟団も共闘することになり、四団体共催で三月五日、弁護士会館内で、一五〇人が参加して「厚生労働省は更正せよ！」の集会を開いた。

10　日本被団協結成五〇周年レセプションと記念式典

長崎での祝賀会　二〇〇六年八月九日には、日本被団協結成五〇周年の記念レセプションが長崎・ビューホテルで開かれた。

祝賀会には、伊藤一長・長崎市長はじめ、政党代表として高木義明（民主党副代表）、市田忠義（日本共産党書記局長）、今川正美（社民党・前衆院議員）などがあいさつ、原水爆禁止運動や平和団体、原爆症認定集団訴訟弁護団の代表と、全国の被爆者など一二〇人が参加した。

坪井直・日本被団協代表委員の主催者あいさつ、オペラ歌手・横山剛の「乾杯のアリア」につづき乾杯し、懇談した。

アメリカの平和活動家・ジョゼフ・ガーソン、集団訴訟全国弁護団・池田真規団長なども祝辞をのべた。

東京での記念式典・祝賀会　日本被団協結成五〇周年を記念して、二〇〇六年一〇月一七

日本被団協結成50周年式典で挨拶する藤平典代表委員
（2006.10.17 東京）

日、港区のホテルＪＡＬシティ田町で記念式典と祝賀会が開かれた。式典では、日本被団協の中央役員として一〇年以上参加した中央推薦者と、各県被団協が推薦した功労者を表彰した。また、日本被団協の活動にさまざまな支援をつづけた個人、団体に感謝状を贈った。

祝賀会には、各界から二〇〇人余が参加し、日本被団協が五〇年にわたって核兵器廃絶運動の先頭に立ち、国内的には戦争被害への国の補償責任を問うたたかいの先頭に立ってきたことを高く評価する祝辞がつづいた。

11　被爆者の声を受けつぐ若者とともに

日本被団協を支える若い人びとによる運動の盛り上がりが、二〇〇六年から〇七年の特徴となった。

原爆症認定集団訴訟支援ネット　原爆症認定集団訴訟を支えようと、裁判が提起された県では支援ネットワークが結成され、全国的には、原爆症認定集団訴訟を支援する全国ネットワークがつくられた。ネットワークには、多くの若者が被爆者を支える運動に参加してきた。全国の支援ニュースが発行された。歌手・横井久美子は、「にんげんをかえせ」のＣＤをつくって、その売上げを全国ネットにたびたび寄付した。俳優、研究者、学生の協力も目立った。

被爆者の声をうけつぐプロジェクト50　日本被団協結成五〇周年を前にして、被爆者の長年のたたかいに感謝しつつ、戦争も核兵器もない平和の実現を求める被爆者の声を受けつぐイベントをやろうと、さまざまな団体、グループ、個人が企画を持ち寄って、若者たちが自主的につくった組織「被爆者の声をうけつぐプロジェクト50」が発足した。〇六年一〇月一五日には、早稲田大学大隈ガーデンハウスで「被爆者が声をあげて50年　受けつごうその声を」を開いた。被爆ピアノの演奏、原水爆禁止世界大会での長崎の被爆者・渡辺千恵子（第二回）、広島の被爆者・高橋昭博（第一回）の発言テープが流された。高橋は集まりに参加し、当時の感動を語った。若いジャーナリストや学生が参加し、被爆者の心を受けつぐ熱意がいっぱいの集会となった。

被爆者の声をうけつぐ映画活動　映画の好きなグループや個人は、戦争をくり返させてはならないの思いこめて映画祭を企画した。「さらば戦争！　映画祭二〇〇六」は一一月、東京・虎ノ門の発明会館で「アンゼラスの鐘」などを上映し、二五〇人以上が参観した。

二〇〇七年二月、池田真規弁護士（日本反核法律家協会会長）らがよびかけ人になってつくられた「被爆者の声をうけつぐ映画祭実行委員会」は、六月に明治大学軍縮問題研究所と共催で、劇映画・アニメーション・ドキュメントなど一九作品を選び、八日間連続で上映した。

グローバル・ヒバクシャ・シンポジウム　明治学院大学国際学部付属研究所と、青年研究者たちがつくっている「グローバルヒバクシャ研究会」の共催で、二〇〇七年三月三日、「知らされなかった核兵器の脅威」――「なぜいま原爆症認定集団訴訟なのか」「残留放射線と内部被曝」「封印されたヒロシマ・ナガサキ」をテーマとする、公開シンポジウムが開かれた。

水上音楽堂でサポートライブ　〇七年三月一八日、原爆症認定集団訴訟を支援するサポートライブ「命輝け！　春風と共に！」が、東京・上野の水上音楽堂で開かれた。訴訟原告と学生のトーク、弁護士でつくる「歌う9条の会バンド」ほか七組の歌手・グループが競演した。一〇〇〇余人が参加し、充実した音楽会だった。

日本被団協結成五〇周年の運動は、原爆症認定訴訟の相次ぐ勝利のなかで、若者たちのなかに新しい支援の輪を広げていった。

3章　世界の人びとの心の中に生きる

ヒバクシャの声に耳傾ける世界　二〇一〇年に開かれる核兵器不拡散条約（NPT）再検討会議に向けての第一回準備委員会が、〇七年五月、ウィーンで開かれた。条約参加国政府代表と国際的非政府組織（NGO）の代表が参加した。二〇〇五年の再検討会議は、議題も決まらず、何らの合意も得られないまま閉会した。この苦い経験をもとに、参加者の誰もが今回は何としても、実りある成果を上げようと努力した。四月三〇日、五月一日の各国首脳の発言につづいて、五月二日、非政府組織（NGO）が各国代表に意見を述べることになった。

最初の発言者に、日本被団協事務局長・田中熙巳（IPB＝国際平和ビューロー副会長）が

核兵器不拡散条約再検討会議に向けた準備委員会
NGOセッションで発言する田中事務局長
（2007.5.2　ウィーン）

指名された。田中はまず、伊藤一長長崎市長が暴力団員の凶弾で倒れたことを悲しみと悔しさの思いで報告した。つづいて、一九四五年八月九日に投下された原爆で、五人の身内を殺された怒りを語り、核兵器は悪魔の兵器であり、人類と共存できない兵器であり、廃絶しかないと訴え、二〇一〇年のNPT再検討会議に向けて三つの提案をした。

一は、核保有国は核兵器廃絶に向けての作業に直ちに着手すること。

二は、核兵器使用禁止条約のすみやかな締結をめざしてすべての国が努力すること。

三は、核兵器被害の真実をすべての国が国民のすべて、とりわけ若者に知らせ、人類の生存について考える機会を絶え間なくつくること。

提案には、参加者から大きな拍手が起きた。

平和のとびら開くまで　被爆後六〇年、日本被団協に結集する被爆者は、ふたたびヒバクシャをつくらせないために、核兵器も戦争もない平和を求めて世界に訴えつづけてきた。

被爆者は、アメリカの原爆投下を容認することは決してできない。国際法違反の核兵器の使用によって奪われた人間の尊厳、人権の回復を求めてアメリカ政府に謝罪を求め、その証としての核兵器の廃絶を求めてきた。日本政府に対しては、原爆被害の賠償請求権を放棄し、被害を隠蔽し、被爆者を放置した国の責任を問い、国の償いを求めてきた。

これらの被爆者の要求は、すでに述べてきたように、「原爆被害者の基本要求」をはじめとする文書にまとめられ国の内外に呼びかけられ、広められてきた。

かえりみれば、日本被団協は、その結成宣言で「私たちは自らを救うとともに、私たちの体験をとおして人類の危機を救おうという決意を誓い合った」。それから五十余年、被爆者が活動できる時間は、もう長くはない。しかし、被爆者は、その生あるかぎり、世界に向かって「ノーモア　ヒバクシャ」と叫びつづけるであろう。

被爆者のたたかいはつづく
「平和のとびら」開くまで
（21世紀被爆者宣言より）

ノーベル平和賞にノミネートされた日本被団協

　二〇〇五年一〇月七日の午後六時、日本被団協事務所はビデオカメラと、カメラマンや記者であふれかえり田中熙巳事務局長と岩佐幹三事務局次長をはじめ事務局員は緊張した面持ちで電話連絡を待っていた。英語の電話が入ると取材陣は色めきたった。特別に設営した記者会見室には一〇〇人余の報道陣がつめかけ、役員・事務局は事務所からの朗報を待ちわびていた。報道陣は広島県被団協事務所、山口仙二代表委員が療養中の雲仙市の養護ホームにも押しかけていた。

　日本被団協を有力な受賞候補として取材攻勢が始まったのは一週間ほど前からである。外電が有力候補としてあげた三団体の一つに日本被団協の名があがったことによる。「今年こそ受賞か」と報道陣は色めきたった。

　二〇〇五年の受賞者は、国際原子力機構（ＩＡＥＡ）とエルバラダイ事務局長と発表された。日本被団協は五度受賞を逸した。しかし、一二月オスローで開かれた授賞式ではミエス委員長が特別に被爆者と日本被団協の名をあげ、核兵器廃絶のために果たしている被爆者の活動を称賛する異例の演説を行なった。「ＮＩＨＯＮ　ＨＩＤＡＮＫＹＯ」は日本語のまま世界に通用する名称となっていた。

　日本被団協は、一九八五年、ノーベル平和賞受賞団体として、推薦権を持っている国際平和ビューロー（ＩＰＢ）の推薦を受けて初めてノミネートされた。被爆四〇周年に国際的な平和団体によってノミネートされたことの意義は大きかった。しかし、この年の受賞者は核戦争防止国際医師会議（ＩＰＰＮＷ）で、受賞を逸した。

　一九九四年二月、ＩＰＢはふたたび日本被団協を候補に推薦した。推薦理由は、「核兵器全面廃絶を主張して疲れを知らぬ活動をつづけている」こと、「反核運動のみならず、日本政府による効果的な被爆者への補償を求めて運動をつづけている」ことであった。

　日本被団協は「推薦されたことを心から歓迎する」という事務局長談話を発表した。この年は、作家・大江健三郎がノーベル文学賞を受賞。平和賞はイスラエルの首相イツハク・ラビンと外相シモン・ペレス、それにパレスチナ解放機構（ＰＬＯ）議長ヤセル・アラファトに授与された。

九五年にも、ＩＰＢは日本被団協をノーベル平和賞に推薦した。この年はパグウォッシュ会議と同会議議長のジョゼフ・ロートブラッドが受賞した。

　二一世紀最初の年にあたって、ＩＰＢ（会長コーラ・ワイス）は「二〇〇一年のノーベル平和賞候補に日本被団協を」と四回目の推薦を決定した。

　この年には、アメリカの草の根団体「被爆者・被団協をノーベル平和賞に推薦する西部マサチューセッツ委員会」が、ＩＰＢ、ロートブラッド、ＩＰＰＮＷに推薦要請を出し、「推薦するにあたっての声明」を発表した。声明は、「人類と平和に対し被団協が行なってきた貢献を認識することは、私たちの道徳的責任です。被団協への平和賞授与は、核兵器廃絶を支持することも意味します」とのべている。

　二〇〇五年の候補に推薦した有力組織は、ノーベル平和賞受賞団体のアメリカフレンズ奉仕委員会であった。そのほかに数年前の改革で拡大された多くの推薦権者や団体からの推薦もあった。日本被団協のねばり強く精力的な活動、とくに実相普及・体験証言の取り組みが国際的にも高い評価を受け五度目の候補になっていた。

補遺

原爆症認定裁判の到達点

日本被団協史本編の記述は二〇〇七年の前半で終わっている。しかし、原爆症認定集団訴訟の運動はその後も画期的成果をあげつつ現在も大きな展開を見せている。そこで、原爆症認定裁判の到達点を補遺として追加することとした。

1　安倍首相、認定基準の見直し指示

〇七年七月末の参議院選挙を目前に政局が大きく動くなかで、六月三〇日、就任したばかりの久間章生防衛大臣が、ある大学での講演のときに「アメリカの原爆投下はやむをえなかった」と発言したことが全国の被爆者をはじめ、核兵器の廃絶を求める多くの国民の大きな怒りをかって、三日後には辞任に追い込まれた。追い討ちをかけるように、七月二九日の参議院選挙は自由民主党が大敗した。

翌三〇日には集団訴訟の熊本地裁判決が、五つの地裁判決につづき、厚生労働省の行政の誤りを厳しく指弾する原告勝訴の判決を言い渡し、二一人の原告のうち一九人の認定を求めた。連敗をかさねながら、政府は性懲りもなく、この判断を不服とし控訴した。

こうしたなか、八月六日・九日の広島と長崎の原爆死没者追悼式・平和式典を迎えた。式典に出席した安倍晋三首相は前日の五日、広島の被爆者代表と面会、発言の冒頭、突然、「原爆症認定基準の見直し」を同席した柳沢伯夫厚生労働大臣に指示した。厚生労働大臣も寝耳に水の発言だったといわれている。この指示は九日の長崎の被爆者代表の前でも行なわれた。

与党の自由民主党の政務調査会・厚生労働部会内に設置（〇七年六月一一日）され、日本被団協などからのヒアリングをかさねてきた原爆被爆者対策に関する小委員会は、八月三〇日、すみやかな改善を求める提言を発表した。[*1]

総理の指示を受けた厚生労働省は直ちに見直しの検討を行なうべく、九月一八日、専門家による「検討会」を発足させ、二八日の第一回に

＊1　自民党原爆被爆者対策に関する小委員会提言案（抜粋）　平成一九年八月三〇日

1　基本認識

我々は次世代に明るい未来を切り開いていくために残された戦後の重要諸課題に真正面から向き合いその解決に向け真摯に取り組んでいかなければならない。そうした戦後の諸課題の中に広島、長崎への原爆投下の問題がある。我々はいかなる理由があろうともまたいかなる状況下であろうとも原爆投下という非人間的、非人道的行為を容認することはできない。原爆投下後六二年たった今でも現在国内には約二五万人強の被爆者の方々がおり、原爆症の発病はじめ多くの苦難と向き合っている。しかしながら、厚生労働省はこうした方々の悲痛な叫びともいえる原爆症認定の申請を却下し、数多くの裁判でも認定すべきとの判決が下されたにもかかわらず、かかる原爆被爆患者の認定を拒み続けている。すでに高齢化している被爆者の救済は人道的見地、社会的見地からも一刻の猶予も許されないことは論を俟たない。約二五万人強の被爆者のうち約〇・八%の約二、二〇〇人しか原爆症認定をうけられていない現状を早期に改め、高齢化した被爆者の早期救済を政治のイニシアチブでもって図る必要性がある。

2　提　言

・原因確率論を基とする現在の厚生労働省の「審

始まり一二月一七日まで七回の検討会を開き、報告をまとめた。この報告内容は「原因確率」に手直しをするだけで、抜本的改善につながるものでなかった。日本被団協はすぐさま抗議の声明を発表した。

検討会の討議経過に疑義を抱いた自民党の小委員会は公明党を含む与党プロジェクトチームを立ち上げ、検討会と並行して、日本被団協や斉藤紀医師（広島・福島生協病院院長）からのヒアリングをかさね、独自の見直し案を検討し、一二月一八日、「まとめ報告」として発表した。検討会報告の対案としての性格を持つものであった。

〇八年一月二二日第八三回の疾病・障害認定審査会原爆被爆者医療分科会で厚生労働省健康局は、検討会報告、与党プロジェクトチームまとめを報告。「新しい審査のイメージ」を提案した。また分科会では新たに医療特別手当四一億円を増額した平成二〇年度政府予算の説明があった。

2「新しい審査方針」決定

三月一七日の第八五回医療分科会は「イメージ」*2をもとに作成された「新しい審査の方針」を決定した。

「新しい審査の方針」による原爆症の認定作業は平成二〇年度からの施策として四月から開始された。六月末までに、自動認定の一八人、積極認定の四一〇人が認定された。さらに仙台と大阪高裁で一一人全員が勝訴し、確定したことによって認定された七人を含め、四三五人が認定された。昨年までの年間認定総数は約二〇〇人前後だったので、「新しい審査の方針」は、さらに改善すべき不十分さを残しているものの大幅な改善がなされたことになる。認定者四三五人の中には、一五七人の原告が含まれている。

〇八年六月末現在、原爆症認定集団訴訟は、二三都道府県の被爆者二九五人が原告となり、一五地裁、四高裁で裁判が継続しており、原告全員の早期一括解決をめざして、日本被団協、全国弁護団、全国原告団、全国支援ネットが結束して政治的解決を求めるたたかいを展開している。

（二〇〇八年七月二三日記）

査方針」を廃止し、基本的に初期放射能のみしか勘案していない現在の原爆症認定基準に代えて近時の科学的知見に基づき残留放射能、誘導放射能等の影響を十分に考慮に入れた認定基準に見直すものとする。

・認定を行うに際しては、一定区域内の被爆者で原爆に特有な典型症例を発病していれば、格段の反証なき限りは原爆症認定を行うといういわゆる「蓋然性理論」に則るものとする。

・原爆症認定を行う際の現在の審査方式である原子爆弾被爆者医療分科会による審査の抜本的な改革を行うものとする。（後略）

・認定基準見直しにつき一定の結論が出た後、現在国が控訴中の原爆症認定集団訴訟の全てについて国は控訴の取り下げを行うものとする。（後略）

＊2「新しい審査の方針」

「新しい審査の方針」では三種の認定枠が設けられた。第一は自動認定と呼ばれる、見直し前にも認定されていた原因確率一〇％以上の被爆者。第二は積極認定と呼ばれる、三つの被爆条件（①三・五キロ以内で直爆、②一〇〇時間以内に二キロ以内に入市、③一〇〇時間後二週間以内の期間に一週間以上滞留）のいずれかに該当し、五つの疾病（①悪性腫瘍、②白血病、③副甲状腺機能亢進症、④白内障（加齢性白内障を除く）、⑤放射線起因性が認められる心筋梗塞）のいずれか一つに罹患し、治療中の被爆者。第三は以上の枠に入らないが個別に被曝線量、既往歴、環境因子、生活歴、等を総合的に審査して認定されるものである。

［特別稿］

［特別稿 1］

被爆者中央相談所の活動

1 創立から公益法人化要請まで

(1) 公益法人化をめざして、原爆被爆者相談所を開設

一九七六年七月に開催された日本被団協第二〇回定期総会は、付属機関として中央相談所の設置を決定した。そしてその年九月一九日、「原爆被爆者中央相談所」が開設された。

運営要綱は次のようなものであった。

一、目的

被爆者が当面する健康、生活、精神的困難に対処し、その打開をはかる活動を行ない、核兵器の生き証人としての「被爆者の福祉」を増進する。

二、事業

⑴現行被爆者対策関係運用上の諸問題について、厚生省等政府関係機関ならびに関係する医療・社会福祉等中央機関との連絡及び交渉。

⑵現行法施行上に矛盾や欠陥などの発見に努め援護法制定への一助とする。

⑶社会保障関係の情報の蒐集及び各被爆者団体への普及徹底。

⑷被爆者援護に必要な手引やパンフレット等の作成。

⑸被爆者の直接相談

三、事務所　東京都内

四、運営　公益法人化をめざす

当面の役員は、日本被団協代表理事会で任命する。

所長、副所長各一名、運営委員若干名

五、相談員　専従二名（ソーシャルワーカーの

資格を有する）

六、専門委員　医師、社会科学者若干名

相談所役員は、次のとおりであった。

所　長　伊東壮
副所長　肥田舜太郎
運営委員　伊藤サカエ（広島）、葉山利行（長崎）、田川時彦（東京）、井上与志男（神奈川）、貞永正弘（大阪）、斉藤義雄（岩手）
相談員　専従二名

そして、相談所運営のため、一〇〇〇万円募金を団体、個人の有志に広く呼びかけた。

(2)　相談所発足後の活動

当時は、被爆後三〇年が過ぎ、被爆者健康手帳所持者が増加をつづけ、三六万人を超えていた。被爆者の平均年齢は五〇歳を超えるとされていた。

「相談所」の開設の二年前、七四年三月には、野党四党案が国会に提案されるなど被爆者援護法制定運動も大きな盛り上がりをみせていた。

こうした運動の結果、被爆三〇周年の七五年に保健手当、家族介護手当が新設され、健康管理手当を受給する際の年齢制限が撤廃されるなど、現行施策がつぎつぎと改正されていた。

しかし、被爆者の援護にかかわる法律は整いつつあったが、被爆者の多くは、病気や生活の不安を抱えて、どこに相談すればよいのかわからないなど、行政や被爆者組織の相談態勢は決して十分ではなかった。

そのような状況のもとでの中央相談所の設立は、全国の被爆者から歓迎され、電話や手紙での直接相談が多く寄せられた。

中央相談所は、七六年九月に開設されると、さっそく次の活動を始めた。

直接相談一一〇番

相談所が発足してから一年間に二七〇件の相談があったことが記録されている。その内容は、北海道、東北から九州におよび、電話、手紙、面接、訪問によって、被爆者本人、被爆者の家族、医療機関、行政からも寄せられた。

《当時の相談から》

Aさんは、長崎で三歳のとき被爆。Aさんの奥さんも爆心から〇・五キロの防空壕の中で被爆している。被爆後はずっと元気だったAさん夫妻には六歳の長男がいるが、Aさんは二年前に糖尿病と診断される。Aさんは「あと一〇年、子どもが独立するまで元気でいるために

発足当時の相談所風景

は、安定した職場で働きたい」と相談に来所。現在の職場は、零細企業で日給月給。残業は会社や同僚の手前断れず、通院のため休めば日曜出勤をする。「これでは病気が悪くなる。妻も技術を持って働いているから、給料は高くなくてもいい」。

Aさんの相談にたいして、「糖尿病は一〇年しか生きられないという病気ではないから、あまり思いつめずに安定した仕事をいっしょに探しましょう」と話し、地区の会長さんを紹介した。後日その会長さんに電話したところ、「仕事のことは心当たりに相談してみる。まだ若いので、会に入ってもらって、会の仕事を手伝ってもらうことにした」と話していた。

相談会の開催

七七年一一月二六日、二七日の二日間、弁護士と医師の協力をえて、日本被団協の事務所があった、東京・平和と労働会館で初の「法律、生活、健康相談会」を開催した。

相談会には、弁護士が三〇人も参加した。しかし相談は、そんなに多くはなく、時間のある弁護士は、医師の肥田舜太郎・相談所副所長、田川時彦運営委員が講師を勤めて、被爆者問題について学習をした。

この相談会以来、被爆者の法律相談は、今日までこのときに参加した弁護士の多くが担当している。この当時、サラ金からお金を借りて、生活を支えざるをえない被爆者の相談や借家の立ち退きなど、深刻な問題を抱える被爆者の相談があり、弁護士はまったくのボランティアで、サラ金業者、家主との交渉にあたって解決を図った。

研究集会の開催

一九七七年夏にNGO被爆問題国際シンポジウムが開かれた。その成果を、被爆者の相談・援護活動に生かすために、一〇月、研究集会を開催した。この集会には、シンポジウムで活躍した自然科学、社会科学の専門家と、全国の被爆者組織の役員、相談員が参加した。

その後、この研究集会をきっかけに中央相談所の専門委員が決まった。

専門委員は、一橋大学教授・石田忠（社会調査）、東大教授・小野周（物理学）、気象研究所研究室長・猿橋勝子、地球化学研究協会理事長・三宅泰雄であった。

手当受給率の向上をめざして

各種手当の地域格差をなくし、現行法を一〇

一本の長い電話から――四人組の誕生

弁護士とのつながりは、ある日の一本の電話から始まった。当時東友会に同居していた日本被団協事務局にかかってきた、弁護士・池田真規からの長い電話であった。

「青法協は日本原水協に加盟している。運動が分裂してからは、参加を見合わせていたが、今年統一して開かれた原水爆禁止世界大会（一九七七年）に、青年法律家協会（青法協）の代表を送った。その報告会を開くので、日本被団協から参加してほしい」というものであった。

八月下旬、弁護士会館でひらかれた報告会には、日本被団協代表理事・斉藤義雄と事務局員・伊藤直子が参加し、大会に参加した安原幸彦弁護士の報告などが行なわれた。そこで議論になったのは、法律家として被爆者問題にどのように関わっていくか、ということであった。議論はつきず、一五人ほどの弁護士と有楽町の喫茶店に場所を移して深夜までつづけられた。

裁判ができないか？　損害賠償訴訟は？　原爆症認定被爆者が死亡したら、特別手当は打ち切られてしまう。遺族による提訴などで、ともに苦労した遺族に生活援助のような手当支給が考えられないか？　などを真剣に議論した。そして、いずれにしても、被爆者の実態にふれることが重要だということで、法律相談会を開くことが決まった。

この初会合から、のちに〝四人組〟と呼ばれる弁護団が誕生したのであった。池田真規、椎名麻沙枝、安原幸彦、内藤雅義の四人である。

〇％活用するために、健康管理手当の「疾病基準参照表」を作成した。また、全国の受給状況の調査の実施、各地の経験交流、助言、援助を行なった。

一九七八年度末の諸手当受給率は、四三・七％であった。

相談事業実施状況を調査

七七年一〇月「各都道府県被爆者相談事業実施状況について」、調査を実施した。その結果、当時は地方自治体からの相談所・被団協の相談事業に対する補助金はほとんどないことがわかった。これは相談事業に限ったことではなく、被団協組織に対する助成金についても同様であった。

補助金・助成金を受けていたところを回答の中から見てみよう。

東京＝委託事業費として二二〇万円。このときすでに「東友会」として、法人化されていた。

長野＝県の社会福祉協議会を通じて二二万円

愛知＝八〇万円

兵庫＝委託事業費として四〇万円

山口＝五〇万円

福岡＝相談所への補助金として一五〇万円（福祉事業費、運営費）

長崎＝二四七万円（県、市、原対協から）

熊本＝五六万円

現在では、ほとんどの都道府県の相談所・被団協が、助成金・補助金を受けているところからみると、七七年当時は、会費や寄付金だけで会を運営し、相談世話活動を行なっていた実情がうかがえる。役員の苦労は相当なものだったと思われる。

2　公益法人許可

(1)　法人設立までの経過

七七年七月一七日に開催された、日本被団協第二二回総会は、中央相談所を社団法人として設立許可申請をすることを全員一致で承認し、法人設立代表者に伊東壮を選出した。

社団法人の役員理事として、伊東のほか、肥田舜太郎、斉藤義雄、伊藤サカエ、貞永正弘、葉山利行、井上与志男、田川時彦、杉山秀夫、田中熙巳を選出した。

理事選出後開かれた理事会において、理事長に伊東を、常務理事に肥田と斉藤を選出した。また、監事に山田操（千葉）と前田敏夫（大阪）を選出した。

法人化の準備を整えた日本被団協は、厚生省公衆衛生局企画課に、被爆者相談所の社団法人設立許可に向けて要請を始めた。

七七年一〇月一一日付「中央相談所法人設立に関する経過報告」は、次のようにその経緯を報告している。

昨年九月、日本被団協は、「原爆被爆者相談所」を開設して以来多くの実績をあげ、その活動は全国の被爆者から期待されています。

一日も早く十分な動きがはじめられるよう準備を進めておりますが、皆さんに経過をご報告し、ご協力をおねがいする次第です。

（1）日本被団協第二二回定期総会（昭和五二年七月）の運動方針において、「あみの目援護体制の確立に向かって、中央相談所を法人化し、その機能を一層推進する」という中央相談所法人設立に関する件が提案され、満場一致で決定されました。

その後九月に開催された日本被団協代表理事会において、中央相談所役員を選出し、別記設立発起人を選び、その代表に伊東壮日本被団協事務局長が当たり、社団法人設立の推進を決定しました。

そして、九月三〇日付で、社団法人日本被団協原爆被爆者中央相談所の設立申請を厚生大臣に提出しました。[*1]

（2）一〇月一三日、法人設立推進に関する全国代表者会議を開催し、定款、事業計画、予算、役員等の諸案について了承を得、各都道府県相談所の代表者、若しくは被爆者団体の代表を当法人の正会員として、入会申込書を設立代表者まで提出していただくことになりました（正会員は、各都道府県被爆者組織・相談所より一名、代表委員、事務局長、次長、代表理事によって構成されます）。

各位におかれましては、至急別紙の正会員「入会申込書」に必要事項を記入の上、返送ください。

（3）厚生省の紹介により社団法人日本被団協原爆被爆者中央相談所（申請中）に対する事業費補助金申請（一〇六二万円）を日本自転車振興会に行ないました。なお、同補助

＊1　当時は厚生大臣に設立申請する場合も、東京都総務課を経由することになっていた。

金申請の締切日が九月三〇日で、法人（申請中含む）が条件ということでしたので、同法人申請も九月三〇日に間に合わせざるを得ませんでした。皆様へのご連絡が大変遅れましたが事情をご理解の上ご了承下さい。

（4）現在中央相談所として、相談所充実強化一千万円募金を中央諸団体に要請しております。又各都道府県においても、中央相談所、地方相談所活動の充実をはかる、地方募金促進のため募金袋、被爆者の実情を広める小パンフを作成中です。一一月中には完成させたいと準備しておりますので、御利用下さい。

原爆被爆者相談所所長
社団法人設立発起人代表者
伊東　壮

法人設立許可申請を行なう直前まで、法人の名称は、「社団法人原爆被爆者中央相談所」であった。準備をすすめるなかで、大阪の貞永正弘代表理事から「相談所が日本被団協から離れて一人歩きしないようにするべきだ」との意見が出されたこともあり、「社団法人日本被団協原爆被爆者中央相談所」として申請することになった。

(2) 公益法人設立許可される

一九七八年三月三〇日、「社団法人日本被団協原爆被爆者中央相談所」の設立が厚生大臣から許可された。

発足当時の役員は、次のとおりであった。

理事長　伊東壮
副理事長　肥田舜太郎、斉藤義雄
理事　伊藤サカエ、葉山利行、田川時彦、井上与志男、杉山秀夫、貞永正弘、田中熙巳
監事　清水正勝、前田敏夫

役員・理事はその後、長尾当代、山田玲子、木戸大、嶋岡静男、西本多美子、小林栄一、加陽正雄、坪井直、池田真規、中沢正夫が、監事は、坂本キミ子、岩佐幹三、安原幸彦が交代してつとめてきた。

(3) 日本自転車振興会の補助金交付

公益法人認可と同時に、日本自転車振興会の公益補助金も交付されることになった。*2

日本被団協は、最初は厚生省に対して相談所への補助金を要求していた。しかし、国の補助金よりは日本自転車振興会のほうがふさわしい

*2 自転車振興会補助事業・年度別補助金額
単位　一〇〇〇円

1978年度	4,090	1993年度	9,233
1979	4,500	1994	9,000
1980	6,210	1995	9,825
1981	6,830	1996	9,251
1982	6,830	1997	8,993
1983	6,830	1998	8,391
1984	6,830	1999	7,363
1985	6,830	2000	4,417
1986	7,080	2001	5,688
1987	7,520	2002	4,918
1988	9,195	2003	4,575
1989	9,978	2004	4,080
1990	10,260	2005	3,627
1991	10,260	2006	3,572
1992	10,260		

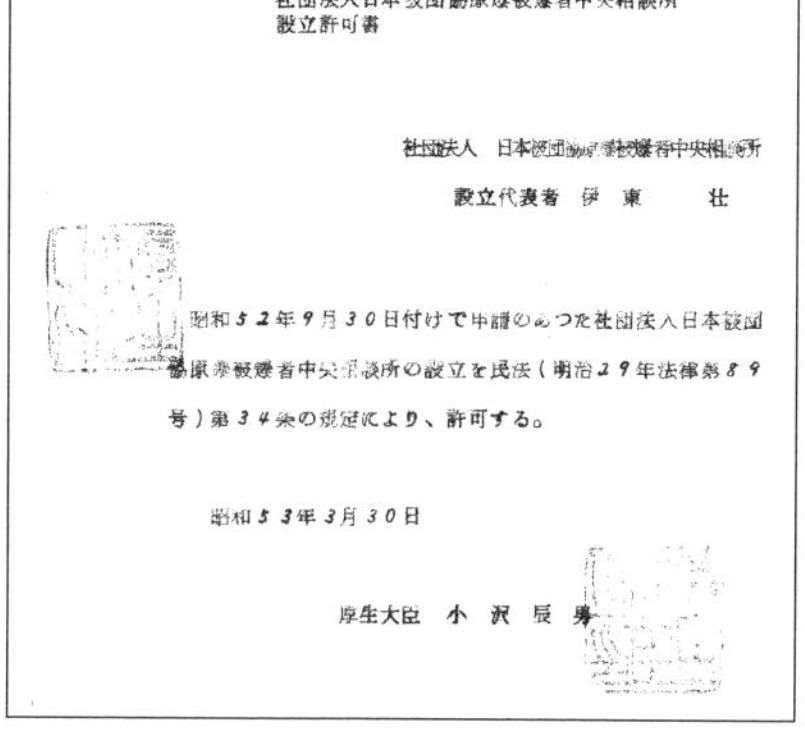
厚生省収衛第９４号

社団法人日本被団協原爆被爆者中央相談所
設立許可書

社団法人　日本被団協原爆被爆者中央相談所
設立代表者　伊　東　壮

昭和５２年９月３０日付けで申請のあつた社団法人日本被団協原爆被爆者中央相談所の設立を民法（明治２９年法律第８９号）第３４条の規定により、許可する。

昭和５３年３月３０日

厚生大臣　小　沢　辰　男

公益法人認可書

のではないかと、法人設立申請を行なった七七年の時点で、厚生省が日本自転車振興会への補助金申請の紹介をしてくれた。当時、日本自転車振興会への補助金交付の要望書の提出は、前年度の九月末が締め切りであった。七八年度の補助金は、四〇九万円で、実施事業の四分の三の補助率であった。

補助金は、その後年々増額され、九〇年度には一〇二六万円となったが、その後徐々に減額となり、二〇〇七年度は補助金の交付は受けられなかった。

当時補助事業として、次の事業が認められた。

一、被爆者相談一一〇番事業

ソーシャルワーカーによる、週五日の相談

二、地方相談指導事業

ア　リーフレットの作成・配布

イ　被爆者ガイドブックの作成・配布

ウ　全国八地区で地元専門家と中央相談所職員が相談の指導に当たる

三、相談事業講習会

全国八地区で、医師、大学教授、ソーシャルワーカー、中央相談所役員を講師に行なう

その後、補助事業は、相談一一〇番に医師、弁護士の相談日が加わり、全国相談員研修会が実施されるなど、少しずつ充実したが、基本は変わらず実施されてきた。

3　各事業の実施状況

各事業の実施状況は次のようなものである。これらの事業は、日本自転車振興会の補助金交付によって実施されているものが多いが、補助金の交付がなくても、やめることができない事業もあり、全国の被団協や被爆者相談所の求めに応じて実施されてきた事業である。

(1)　相談一一〇番事業

一九七六（昭和五三）年に中央相談所が開設されて以来実施されている相談一一〇番事業だが、法人発足から二〇〇五（平成一七）年度末までの二七年間に、一二万五七一八件の相談に

中國新聞 夕刊

果てしない被爆者の苦しみ

被団協・相談110番 1年間に2千件超す

高齢化・病気・生活不安

国の責任強く追及

「法手続き」相談がトップ

「相談110番」を伝える新聞記事

表１　被爆者相談110番事業実施状況

昭和53年(1978)度～平成17年(2005)度

項目＼年度	昭和53	54	55	56	57	58	59	60	61	62	63	平成1	2	3
法律活用	1,131	1,571	1,576	1,864	1,873	834	1,004	1,004	1,477	1,627	1,499	1,220	1,278	1,226
健康問題	505	755	873	998	1,014	479	687	751	994	1,087	1,230	1,574	1,621	1,498
生活問題	233	238	300	374	362	335	635	612	730	858	902	1,100	1,153	1,152
医師相談		205	278	358	367	244	513	504	348	186	220	247	292	303
弁護士相談		34	107	118	98	49	123	114	87	77	82	51	68	72
その他	323	674	573	593	703	915	1,158	1,071	476	441	462	631	575	765
計	2,192	3,477	3,707	4,305	4,417	2,856	4,120	4,056	4,112	4,276	4,395	4,823	4,987	5,016
電話	1,624	2,486	2,387	2,645	2,851	1,824	2,219	2,301	2,704	2,909	2,648	2,923	3,065	3,067
来所	324	333	527	695	709	529	853	751	573	468	375	425	388	636
訪問	186	79	93	116	81	63	176	204	46	57	84	185	193	115
文書	58	579	700	849	776	440	872	800	789	842	1,288	1,290	1,341	1,198
計	2,192	3,477	3,707	4,305	4,417	2,856	4,120	4,056	4,112	4,276	4,395	4,823	4,987	5,016

項目＼年度	平成4	5	6	7	8	9	10	11	12	13	14	15	16	17
法律活用	1,281	1,339	1,261	1,391	1,461	1,418	1,393	1,252	1,259	1,246	1,309	1,673	1,501	1,609
健康問題	1,498	1,520	1,394	1,302	1,293	1,251	1,275	1,140	1,134	1,083	1,075	850	824	819
生活問題	1,164	1,183	1,177	1,170	1,124	1,187	1,268	1,320	1,325	1,281	1,307	527	547	514
医師相談	294	346	273	230	153	143	128	101	99	115	91	91	69	77
弁護士相談	67	72	42	40	37	77	114	59	58	79	103	32	26	44
その他	835	894	954	1,067	1,136	1,145	1,117	1,136	1,110	1,202	1,196	1,108	1,129	945
計	5,139	5,354	5,101	5,200	5,204	5,221	5,295	5,008	4,985	5,006	5,081	4,281	4,096	4,008
電話	3,190	3,298	3,227	3,673	3,611	2,974	3,155	3,166	3,165	3,258	3,426	3,633	3,424	3,083
来所	623	688	424	305	198	163	125	91	81	78	73	60	72	68
訪問	107	94	54	49	46	67	33	25	26	31	31	54	54	53
文書	1,219	1,274	1,396	1,173	1,349	2,017	1,982	1,726	1,713	1,639	1,551	534	546	804
計	5,139	5,354	5,101	5,200	5,204	5,221	5,295	5,008	4,985	5,006	5,081	4,281	4,096	4,008

九州ブロック講習会・福岡（1973.9）

中国ブロック講習会・広島（1973.9）

対応した（表1）。

相談員は、七九年度から医師、弁護士が加わった。その後、弁護士は補助事業の対象ではなくなったが、法律相談は依然として寄せられている。

理事長肥田舜太郎（七九年就任）は毎週木曜日に、電話、手紙で寄せられる全国からの医療相談に応じた。理事長が海外に実相普及活動に出かけた折は、浦和民主診療所の松本光正らが代わって担当した。

相談所発足当時は、被爆者の諸手当受給率は低く、相談所に来た相談者は近くの病院で検査を受け、その結果で健康管理手当などの診断書を作成していた。

医師の相談は、八七年四月から千葉正子代々木病院内科医師が、毎週火曜日に担当することになった。さらに精神科医中沢正夫が月に一回夜間に相談を受けるようになった。

ソーシャルワーカーの相談は、発足から伊藤直子が担当した。このほか日本被団協事務局員も電話相談に応じた。

弁護士による法律相談は、最初は週一回の相談日を決めていたが、この日に限らず寄せられる全国からの相談に、そのつど弁護士に対応を依頼することになった。相談は一度で解決するものもあったが、長く続くものが多く、被爆したことによって狂わされた人生そのものが法律相談に寄せられた。

相談には、池田真規、椎名麻沙枝、内藤雅義、安原幸彦、海部幸造、牧野二郎などが東京で応じた。このほか、全国各地からの相談には、〝四人組〟（三二〇ページ下段参照）の紹介で、各地の弁護士に依頼し相談に応じた。

相談は、電話、文書（手紙）、来所、訪問によって行なわれている（表1）。

(2) 地方相談指導事業

地方相談指導

講習会は、各都道府県被団協・相談所の役員や相談員を対象として行なわれる。しかし、全国的には講習会に参加した被爆者が、地元の被爆者からの相談に十分応じられないこともあり、全国で開催される総会や研修会の折に、中央相談所から医師やソーシャルワーカーを講師として派遣して、きめ細かい相談に応じている。

出版物の発行

▨リーフレット〔被爆者のしおり〕

関東甲信越ブロック講習会・東京（1973.9）

相談に応じる中沢正夫医師

年一回発行、現行施策の普及と啓蒙を行なっている。

▨相談ガイドブック〔**被爆者相談のための問答集**〕

毎年、現行被爆者対策や関係施策の解説書的な問答集を発行し、被爆者や行政、医療機関などで活用されている。補助事業の対象でなくなってからも発行しつづけた。

▨**被爆者健康ハンドブック**

八八年に補助事業として認められ、発行された。二〇〇〇年以降は補助事業としては認められなくなったが、全国の被爆者に好評のため自己資金で毎年発行している。現在までに一九号が発行されている。テーマは次のようなものである。

No.1（一九八八年）
被爆者とがん（肥田舜太郎）がんとたたかう六人の手記、長寿の話（中谷敏太郎）、灸療法（伊藤直子）
No.2（八九年）
被爆者とがん（肥田舜太郎）、がんとたたかう手記、ツボ療法（伊藤直子）
No.3（九〇年）
被爆者が一日も長く元気で活動するために（肥田舜太郎）、被爆者として老いを生きぬくために（中沢正夫）
No.4（九一年）
被爆者が元気で長生きするために（肥田舜太郎）、がんの予防について（犬童信行）
No.5（九二年）
三題噺「相談活動」と「寝たきり」と「被爆者の生き甲斐」（肥田舜太郎）、ツボ療法（伊藤直子）
No.6（九三年）
老いの人生を生きる被爆者のからだとこころの身づくろい―被爆五〇周年を迎える被爆者のために―（肥田舜太郎）
No.7（九四年）
人間らしい上手な死に方（肥田舜太郎）
No.8（九五年）
「明日」を楽しみに生き、上手に安らかに死ぬために（肥田舜太郎）
No.9（九六年）
高齢被爆者と社会保障と福祉（肥田舜太郎）
No.10（九七年）
米寿を越えて白寿まで―古希を迎えた被爆者のために―（肥田舜太郎）
No.11（九八年）
白寿への長旅にへこたれないこころづくりとからだづくり（肥田舜太郎）

近畿ブロック講習会・神戸（1974.3）

東海北陸ブロック講習会・名古屋（1973.9）

No.12（九九年）
熟年を越えて「黄金の余生」を生きるために（肥田舜太郎）
No.13（二〇〇〇年）
被爆者老いず二一世紀を生きる（肥田舜太郎）
No.14（〇一年）
からだは老いても被爆者魂老いさせず（肥田舜太郎）
No.15（〇二年）
一人きりになる日に備えて（肥田舜太郎）
No.16（〇三年）
これからの相談事業と語り伝え運動（肥田舜太郎）
No.17（〇四年）
被爆者は二一世紀の人間国宝（肥田舜太郎）
No.18（〇五年）
ゆったりと充実した人生の花道を（肥田舜太郎）
No.19（〇六年）
被爆者が歩いた人生とこれから歩む花道（肥田舜太郎）

九三年からは理事長肥田の〝独壇場〟である。これらハンドブックは、毎年開かれる相談事業講習会の、肥田の講習内容として準備された。講習会に出席できない被爆者にも読んでもらおうと、会員被爆者全員に配布する県相談所・被団協、地域の会も出ている。

また、肥田が講習会当日急な発熱で出席できなくなったことがあったが、ハンドブックを相談所理事が読み上げて、事無きをえたこともあった。

内容をみると、被爆者が抱えている生きるための課題を、その時代時代で示していることがわかる。

(3) 相談事業講習会

講習会は相談所が法人化されて以来、全国の八ブロックで開催されてきた（表2）。

ブロックは、北海道ブロック、東北ブロック、関東・甲信越ブロック、東海・北陸ブロック、近畿ブロック、中国ブロック、四国ブロック、九州ブロックの八つである。

講習会は、日本被団協役員、大学教授、弁護士、医師、ソーシャルワーカーらを講師に行なわれてきた。

最初のころの参加者は、各都道府県被団協の役員や相談員が中心だった。しかし、講習会の内容が充実するにつれて、「もっと参加者を増

被爆者健康ハンドブック

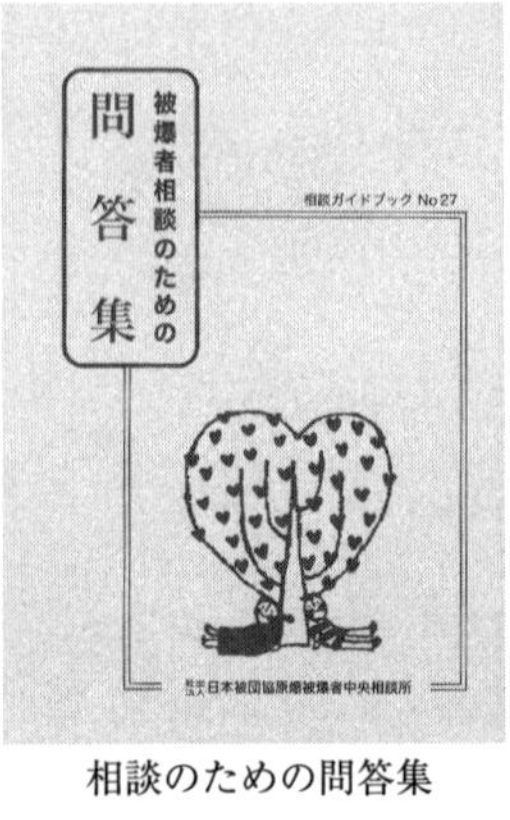

相談のための問答集

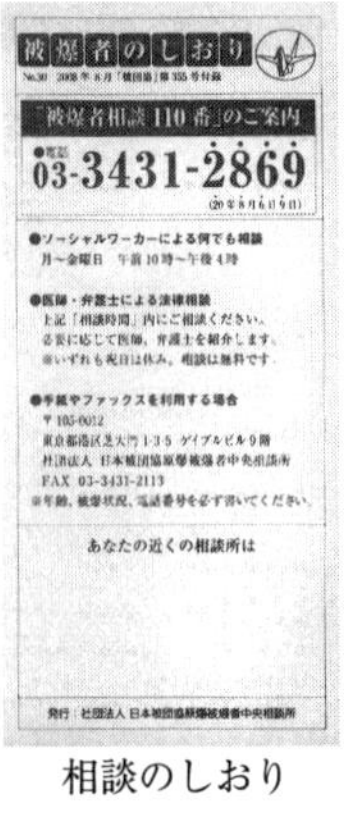

相談のしおり

表 2　相談事業講習会実施状況

昭和53年(1978)度～平成19年(2007)度

開催地＼年度	昭和53	54	55	56	57	58	59	60	61	62	63	平成元年	2	3	4
九州	福岡	佐賀	熊本	鹿児島	宮崎	大分	沖縄	長崎	福岡	熊本	佐賀	鹿児島	福岡	大分	沖縄
中国	広島	岡山	島根	鳥取	山口	広島	岡山	島根	鳥取	岡山	山口	広島	広島	鳥取	岡山
四国	香川	愛媛	徳島	高知	香川	愛媛	愛媛	高知	香川	愛媛	徳島	高知	香川	愛媛	高知
近畿	兵庫	大阪	京都	和歌山	兵庫	和歌山	奈良 大阪	滋賀	京都	大阪	兵庫	奈良	和歌山	滋賀	京都
東海・北陸	愛知	静岡	石川	福井	三重	岐阜	富山	愛知	静岡	石川	福井	三重	愛知	石川	岐阜
関東・甲信越	東京	東京	東京	群馬	茨城	長野	栃木	新潟	神奈川	千葉	埼玉	山梨	東京	新潟	群馬
東北	宮城	岩手	青森	秋田	山形	福島	宮城	岩手	青森	秋田	宮城	福島	岩手	山形	青森
北海道	札幌	札幌	／	旭川	札幌	函館	／	札幌	／	釧路	札幌	苫小牧	小樽	函館	札幌

開催地＼年度	平成5	6	7	8	9	10	11	12	13	14	15	16	17	18	19
九州	長崎	福岡	佐賀	熊本	鹿児島	宮崎	大分	沖縄	長崎	福岡	佐賀	熊本	鹿児島	宮崎	大分
中国	山口	広島	島根	鳥取	岡山	山口	広島	鳥取	島根	岡山	山口	鳥取	広島	島根	岡山
四国	香川	愛媛	高知	香川	愛媛	高知	香川	愛媛	高知	香川	愛媛	高知	香川	愛媛	高知
近畿	大阪	大阪	兵庫	和歌山	滋賀	奈良	京都	大阪	兵庫	和歌山	滋賀	奈良	京都	大阪	兵庫
東海・北陸	石川	静岡	富山	三重	福井	愛知	石川	岐阜	静岡	富山	三重	石川	愛知	岐阜	静岡
関東・甲信越	茨城	栃木	長野	神奈川	千葉	埼玉	山梨	群馬	新潟	茨城	栃木	長野	神奈川	千葉	東京
東北	秋田	宮城	福島	岩手	山形	山形	宮城	秋田	福島	青森	岩手	宮城	福島	秋田	青森
北海道	札幌	十勝	北見	札幌	函館	札幌	旭川	札幌	札幌	札幌	札幌	札幌	札幌	札幌	札幌

近畿ブロック講習会・大阪（1980.3）

東北ブロック講習会・盛岡（1979.11）

やして、多くの被爆者に勉強してもらおう」という九州ブロック・福岡の伊藤晋の意見で、一九八六（昭六一）年の福岡開催の講習会には、初めて一〇〇人を超える被爆者が参加した。それ以来、九州の講習会には毎回多数の被爆者が参加するようになった。五〇〇人を超えることもあり、開催県では会場探しに苦労している。また、九州では、各県が講習会の前後に、参加者で観光を行ない、県内被爆者の交流を重ねているところもある。

主な講師陣

石田忠（一橋大学名誉教授）は、六五年厚生省の被爆者実態調査にも関わって以来、厚生省の原爆医療審議会委員を務めていた。七七年NGO被爆問題国際シンポジウムの社会科学専門委員として、生活史調査をまとめるなど活躍した。講習会では、ほぼ全ブロックをまわって、原爆被害の全体像、とくに「心の被害」を理論的に解明して、〈原爆とたたかう思想〉を説いて、多くの女性被爆者のファンができた。

浜谷正晴（現・一橋大学教授）は、日本被団協の原爆被害者調査の集計の結果などを講演、被爆者が原爆被害を客観的にとらえることに大きく貢献した。

高橋真司（現・長崎大学教授）は、被爆死者に対する生存者の思いなど、被爆者にとっての原爆死没者問題の意味を講演した。

このほか、広島大学名誉教授・今堀誠二、福岡大学・近沢敬一、九州大学名誉教授・具島兼三郎、西島有厚、修道大学名誉教授・岡本三夫、日本福祉大学名誉教授・児島美都子、山口大学名誉教授・安部一成などがいる。

医師では、理事長・肥田のほか、当時広島原対協・熊沢俊彦、聖フランシスコ病院名誉院長・秋月辰一郎、長崎原爆病院・千布光次郎、東京大学名誉教授・吉沢敬一、名古屋大学名誉教授・飯島宗一、精神科医・中沢正夫、広島福島生協病院・斉藤紀、秋田中通り病院・中谷敏太郎、札幌勤医協・渡辺武夫、岩手川久保病院・平塚巌、犬童信之（北海道）、宮内博一（大分）、徳島健生病院・杉田治郎、徳島大学・松本淳治、大阪此花診療所・小林栄一などがいる。

弁護士では、池田真規、内藤雅義、安原幸彦が基本懇意見書の問題点やそれに対する日本被団協の見解を講演。また、日弁連の被爆者問題に関する意見書の説明など多岐にわたって講義した。原爆症認定集団訴訟がスタートしてからは、宮原哲朗、尾藤広喜、徳岡宏一郎、中村尚達、板井優、藤原精吾、樽井直樹、寺内大介、

九州ブロック講習会・長崎（1985.9）

北海道ブロック講習会・旭川（1981.1）

杉山茂雄、高崎暢が加わって、集団訴訟の意義を講演した。

ソーシャルワーカーでは、伊藤直子のほか、広島原爆病院の若林節美（当時）、長崎原爆病院の中村佳代（当時）、村上須賀子、原玲子、大野勇一、安田準一、辻山妙子らが、現行法の説明・活用や被爆者相談のあり方などを講義した。

開催地の行政担当者も、講師として被爆者対策を講義して、被爆者をはげました。

日本被団協の役員では、伊東壮、岩佐幹三、小西悟、高橋健、田中熙巳が専門家として、さらに、斉藤義雄、嶋岡静男、山本英典らも講師を勤めた。

各ブロックの講習会は、二九年間に、ブロックごとに特徴を持つようになってきた。

◆北海道　被爆者の少ないブロックであるが、広大な全道に被爆者が散在している。古くから広島、長崎から専門医を招いて道内で健康診断を実施してきた。北海道被団協事務局長・酒城無核（繁雄）は、招いた医師に同行して各地を回り、被爆者の相談に応じた。講習会は、札幌の他、旭川、北見、函館、釧路、苫小牧、小樽、十勝などで開催された。

参加者は、「初めて中央の先生の話を聞いた」と、ながい間の苦労を語る被爆者が少なくなかった。

◆東北　このブロックも被爆者は少ないが、岩手県のように会の発足が古く、被爆者運動と相談活動を積極的に行なってきた被団協もある。秋田県は被爆者数が全国最少の県であるが、総会のときに被爆者健康診断を行なうなど、被爆者の健康問題を重視してきた。青森県、宮城県でも古くから医療機関との協力関係を重視してきた。ブロック講習会には、医療機関のソーシャルワーカーや平和運動関係者などが毎回参加している。

◆関東・甲信越　新潟、長野、山梨の一〇〇人台の被爆者、二〇〇人から五〇〇人台の群馬、栃木、茨城、二〇〇〇人から八〇〇〇人の首都圏（東京、神奈川、千葉、埼玉）と、被爆者の人数が異なるブロックである。講習会は当初「交通が便利だから」と三年間は東京で開かれていた。しかし、群馬の須藤叔彦の要望で各地持ち回りで開催されることになった。開催県では多くの被爆者に参加を呼びかけているが、開催県の他は、被団協・相談所の役員中心の参加になっている。

◆東海・北陸　静岡、愛知、岐阜、三重の東海地方と福井、石川、富山の北陸地方の七県だ

関東甲信越ブロック講習会・甲府（1989.11）

東北ブロック講習会・仙台（1989.3）

が、被爆者健康手帳所持者数もことなり、特に近年は北陸地方での講習会開催地が、石川県だけになっているが、各県から多くの参加者があり、熱心に講義を受けるブロックである。

一九八五年に愛知県で開催された講習会では、相談所理事・木戸大のたっての要請で、名古屋大学教授・飯島宗一が講演した。この講演記録は八六年中央相談所報として出版された。この中で飯島は放射線影響研究所の疫学調査の問題点を指摘していて、このことが原爆症認定集団訴訟の中で、大きな役割を果たした。

◆近畿　京都、大阪、兵庫、和歌山、奈良、滋賀の六府県のブロックである。

始まった当初は、多くの被爆者が参加して盛大に開催されていたが、近年は各府県の役員の参加になっている。また、他のブロックでは一泊して交流を深めているが、近畿ブロックは一日の開催となっている。

◆中国　被爆地広島を含む、岡山、山口、島根、鳥取五県のブロックである。広島以外の県も被爆者が多い。それは原爆投下後に救援活動などで入市被爆したためである。各地の講習会は参加者も多く、熱心である。ふだん中央との接点が少なく、年に一回の講習会が待たれている。

◆四国　徳島県が日本被団協を二〇〇一年に脱退してからは、香川、高知、愛媛三県での開催が続いている。一時期「三県では大変だから、中国と一緒にやったらどうか」の声も出されたが、それぞれの実情を出し合い交流をする意味でも講習会の開催は大きい。

◆九州　全国に知られた「九州の講習会」。毎年三〇〇人から五〇〇人が参加している。講習会は、被爆者相談活動、被爆者の健康問題、被爆者運動に加えて被爆者二世問題の分科会を設けるなど、講義も二日間で六時間と内容の濃いものとなっている。

開催県では、最大収容が可能な会場を設定して行なわれている。夜の懇親会では各県の出しものもあって、参加者は毎年楽しみにしている。

長崎の参加者は、恒例のように葉山利行の音頭で仮装し、さまざまな芸を披露してくれた。熊本は、被爆者の合唱団が「十九の春」の替え歌で、「ヒバクシャ・長寿の春」を歌い、感動を呼んだ。カラオケで自慢ののどを披露する常連も多くいる。

中央相談所理事長の肥田は、この雰囲気にあおられて、何度か特技のバナナの叩き売りを披露して、会場をわかせた。

四国ブロック講習会・松山（1993.11）

中国ブロック講習会・鳥取（1986.8）

（4）全国相談員研修会

全国相談員研修会は一九九五年から補助事業として実施されるようになった。きっかけは、地方の相談員から「講習会だけではなく、全国的な相談員の経験交流がしたい」という要望からだった。年に一回、日本被団協の都道府県代表者会議に合わせて開催されてきた。

（5）中央相談所報

以上は、主として日本自転車振興会の補助事業として実施されてきたが、このほかに「中央相談所報」を発行してきた。当初は、都道府県の被爆者相談所への連絡ニュースとして発行していたが、日本被団協機関紙「被団協」の定期化によって、その役割を終えたので、主として、講習会などでの講師の講演を冊子にして発行した。

発行された中央相談所報には次のようなものがある。

一九七九年

「被爆者の実情と今後予想される諸問題」石田忠（一橋大学名誉教授）

「被爆者の相談の方法について」大野勇夫（淑徳大学）

「原爆被害と被爆者対策＝中央相談所の役割」伊東壮（日本被団協事務局長）

一九八〇年

「医療相談を担当して」肥田舜太郎（中央相談所理事長）のほか、中央相談所への相談事例、福岡、山口、神奈川での相談活動を掲載。

一九八三年

「被爆者のからだと相談事業の在り方」肥田舜太郎（中央相談所理事長）

一九八四年

「原爆死没者と生存被爆者」高橋真司（長崎総合科学大学）

一九八五年

「全国地方自治体の被爆者援護状況」

一九八六年

「原爆後障害」飯島宗一（名古屋大学名誉教授）

一九八八年

「被爆者の死と生」石田忠（一橋大学名誉教授）

「被爆者の長生きの意味と方法について」中谷敏太郎（秋田中通り病院長）

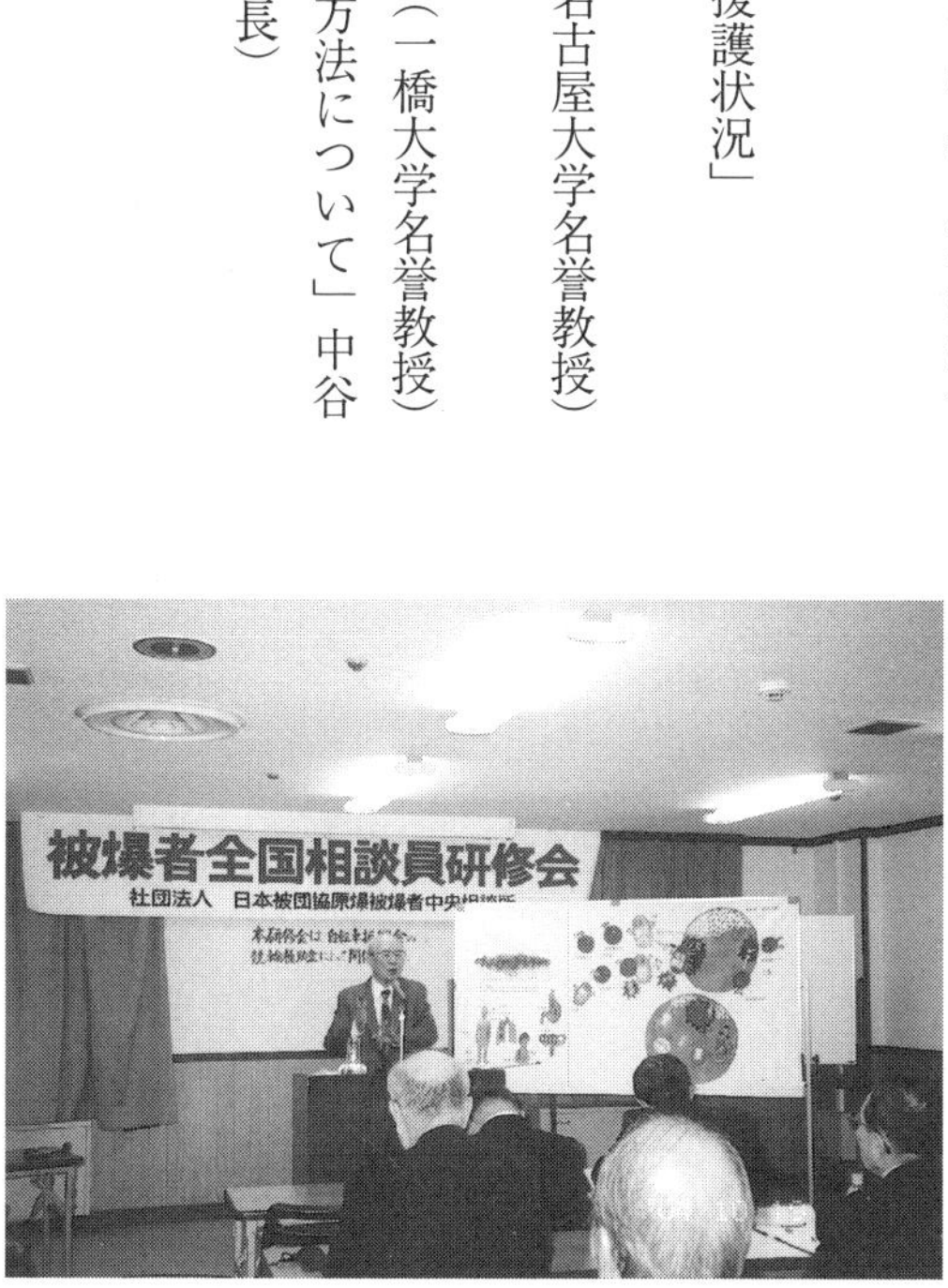

全国相談員研修会・東京（2004.11）

九州ブロック講習会・鹿児島（1989.11）

4　被団協の組織強化のために

(1)　地方被団協の再建

一九七八年、社団法人として発足した中央相談所では、〝休眠〟状態にあった地方被団協の掘り起こし、再建にも取り組んだ。これは講習会を開催するにあたって必要なことでもあったが、また被爆者組織がない地域の被爆者が困ることがないようにすることであった。

〔山形県の場合〕

当時庄内を中心に地域の会はあったが、全県的な被爆者運動はなかった。講習会はすでにブロック内を一巡していたので、「今度の講習会はぜひ山形県で行ないたい」と、山形県庁の被爆者担当課を相談所常務理事・斉藤義雄と相談員・伊藤直子が訪ね、県内の全被爆者に講習会の案内を送ってもらうことになった。

一九八二年一〇月に開かれた再建のための役員会には、東北ブロックの代表理事・田中熙巳が出席して、ようやく山形で被団協が再建されることになった。

一一月一三、一四日に天童市で開催された講習会には五〇人が参加した。夜は東北ブロックの参加者による和やかな懇親会が開かれた。

しかし、山形県被団協会長になった須藤久四郎が八四年一月、肝臓がんで死去。再建直後の須藤の闘病と死去は、その後の会の運営を困難にし、今も全県の会は組織されていない状態である。

〔福島県の場合〕

福島県被団協は六〇年代の原水禁運動分裂の余波をかかえて、事実上休眠状態にあった。山形と同様に中央相談所常務理事・斉藤義雄と、相談員・伊藤直子が県庁を訪れて、講習会の開催に対する協力を要請した。県庁から送ってもらう講習会の案内状には、返信はがきを同封し、質問や意見が会に送られるようにした。

八四年一月に郡山市内で開催された講習会は、大雪の中、三六人が参加した。これを機会に福島県被団協は再建され、その後、ニュースの定期発行、体験記の発行など地道な活動を続

山形県被団協再建に向けた講習会（1982.11）

けている。

〔奈良県の場合〕

会長の病気などのため、一〇年近く活動を停止していた奈良県被団協に対して、八四年秋、相談所理事・小林栄一、相談員・伊藤直子、近畿ブロック代表理事・楠本熊一が、県庁の担当課を訪れ、協力を依頼した。

八五年一月二〇日に中央相談所主催の「健康・相談会」が開催された。参加者は、奈良県の被爆者健康手帳所持者八四三人の一割を超えた。講習会のあと、十数人が会の再建のために懇談した。そして九五年五月に「奈良県原爆被害者の会（わかくさの会）」として再建された。再建に向けての規約づくりなど中央相談所として援助した。

しかし、二〇〇六年三月、会長の病気を機に、「解散」を決定したことは残念なことである。奈良県被団協の活動に対しては、奈良県生活協同組合連合会が毎年募金を寄せ、財政的な支援をつづけた。

〔岐阜県の場合〕

会長が病気がちで、八三年に東海北陸ブロックの講習会を開催して以降、運動が休眠状態になっていた。九〇年に東海・北陸ブロック選出の代表理事・嶋岡静男と中央相談所理事の木戸大、相談員・伊藤直子が岐阜県庁の保健予防課を訪ね、協力を要請した。

九〇年七月八日、「被爆者健康・生活相談会」が開かれた。岐阜県の協力で、市内保健所を会場に七〇〇人を超える県内の全被爆者に案内状が送付され、当日は一〇〇人の被爆者が出席した。中央相談所理事長・肥田、代表理事・嶋岡、県の予防課長や担当者らが講義を行なった。四六人が「被団協」新聞の申し込みをした。その後、再建されるまで、再建準備会の会合に参加して中央相談所として援助を行なった。

現在は、体験記の発行などの活動をしている。

このように中央相談所の活動が、全国的に展開されることで、被爆者運動の裾野が広がり、被爆者の役割が明確になり、日本被団協の運動の前進に大きく寄与したといえる。

(2)　付属診療所を開設

（社）日本被団協原爆被爆者中央相談所は一九八一年一一月、（社）日本被団協原爆被爆者中央相談所付属診療所の開設許可申請書を、東京・港区芝保健所に提出した。これは、相談一一〇番の医師の相談が始まったことによって、

近畿ブロック講習会・奈良（2005.3）
多くの被爆者が参加したが翌年解散となる

奈良県被団協再建に向けた講習会（1985.1）

相談と診療をしてほしいとの要望が強まったことにあった。診療所は、週に三日（火、木、土曜日）開設するというものであった。

開設は許可されたが、保険医療機関指定申請が許可されなかった。それは、「被爆者」という特定を対象にする診療所であること、せめて週四日は開設、という理由であった。

(3) 社会福祉法の「指定寄付」認められる

九〇年一二月、社会福祉法第二条による第二種社会事業の開始届が東京都に受理され、(社)日本被団協原爆被爆者中央相談所は、中央共同募金会の指定寄付を受けられることになった。以来、中央相談所財政を助けている。

(4) 非被爆者を正会員に

九七年六月の第二〇回定期総会で、定款を改正して、「被爆者問題の有識者」である非被爆者を正会員に加えることになった。

新たに正会員となったのは、弁護士の池田真規、椎名麻沙枝、内藤雅義、安原幸彦、医師の中沢正夫、斎藤紀、ソーシャルワーカーの伊藤直子である。

役員・理事に池田と中沢が選出された。〇一年には監事に安原が選出されている。

5 相談所が果たした役割とこれからの被爆者相談の課題

(1) 中央相談所が果たしたこと

被爆者健康手帳所持者が最も多かった年は、一九七九年、一九八〇年の三七万二二六四人で、その多くが働き盛りであった。健康不安を抱えながら、必死で働いていた。一九七〇年には健康管理手当受給の年齢制限は撤廃されていたが、所得制限があった。こうしたなかで、相談所は、諸手当受給五〇％（後に九〇％に）を掲げて、全国での相談・世話活動に取り組んだ。

日本被団協は、国家補償の被爆者援護法制定の要求で大きな運動を展開するなかで、現行法を活用し、その矛盾・問題点を明らかにしよう

高齢化した中でも熱心に講師の話に聞き入る被爆者たち（2001.12　長崎）

と呼びかけていた。

中央相談所の講習会では、一人でも多くの被爆者が健康管理手当など諸手当を受給するため、具体的な講義が行なわれた。また、そのときどきの被爆者運動の課題について、専門家や日本被団協役員が講義をした。そのことが、ブロック内の団結を強め、中央と地方の交流、親睦に大いに役立った。

講習会参加者には「被団協」新聞の購読を呼びかけ、日本被団協との連係を図ってきた。

講習会の活動は、国会請願などの中央の活動とくらべて目立つ役割はないが、全国各地に住む被爆者の声を汲みあげ、被爆者運動の裾野を広げることに大きく貢献してきたといえる。

(2)　今後の課題

中央相談所には、全国の被爆者、被爆者組織から多くの相談が寄せられているが、年とともに相談の内容は変化してきている。

二九年にわたる中央相談所の事業の成果として、全国都道府県の相談所、各被団協の被爆者相談活動は大きく発展してきた。その結果、中央相談所への相談件数は、年々少なくなってきている。この変化は、身近なところで相談ができる、人、機関、体制ができていることを物語っている。このことは、被爆者が高齢化するなかで、被爆者相談にとっていちばん望ましいことである。これをいっそう拡充・援助することが必要である。

中央相談所は、健康管理手当診断書作成にあたっての医師の紹介状などを作成して、諸手当受給九〇％をめざしてきた。二〇〇〇年にようやく九〇％を達成した。しかし、まだ都道府県の格差は残っている。被爆者健康手帳所持者全員の現行法活用が課題である。

高齢者の医療・福祉は年々後退し、被爆者援護対策の活用は複雑になっている。これからは、「被爆者による被爆者の相談」だけでなく、被爆者対策に限らず、介護保険法や身体障害者福祉法など他法の活用、行政・医療機関、ボランティアなど広範な社会資源の活用を図り、被爆者援護のいっそうの充実が必要になっている。

被爆者援護活動は、健康・生活上の相談に止まらない。さまざまな事情にによって未だに体験を語らない被爆者は多い。このような被爆者を含めて被爆体験を語り・書き残す機会をつくることは、原爆被害に苦しむ被爆者を励ます。今後体験を語ることが生きがいとなるよう、若者を中心にした取り組みが求められている。

被爆者の話を聞く若者たち（愛知「ききプロ」）

［特別稿 2］

日本被団協 国際活動の五〇年

構成について

1 「日本被団協国際活動の五〇年」は上二段の本文と、三段めには、関連の諸行動、行事、会議、遊説に参加した代表名を本文中にある氏名をふくめて記載した。

2 記述には、「日本被団協史」本編と重なる記述もあるが、国際活動を通読できるものとしてそのままとした。

凡　例

1 国際組織などの組織名は略称で記し、初出の際に日本語訳の名称をカッコの中に示した。

2 本文中の漢字は、引用文を除いて、常用漢字とした。氏名のような固有名詞もそれにならった。

（デザインは芹沢銈介）

はじめに

核戦争の危機を越えて　「ヒロシマ・ナガサキ」から六〇年余、幾たびか全面核戦争＝人類絶滅の危機があったといわれている。アメリカの著名な平和活動家で政治学者のジョゼフ・ガーソンは、その著『ヒロシマの目で』（一九九五年刊）の中でこの点に触れ、この五〇年間にアメリカが核兵器の使用をほのめかして威嚇したケースを二五例あげている。朝鮮戦争、ベトナム戦争、キューバ危機、ベルリン封鎖危機、中東戦争、イラク戦争、これらの危機のたびに被爆者は、「ふたたび核兵器を使うな、使わせるな」「核戦争おこすな、核兵器なくせ！」と、力の限り訴えた。

被爆者は、傷む身体にむち打ち、なけなしの私財を投じ、無数の人びとの寄付に支えられて世界をかけめぐり、ヒロシマ・ナガサキの体験を語り、力の限り核兵器の恐ろしさ、残酷さを語り広げた。「ノーモア　ヒロシマ・ナガサキ」「ノーモア・ヒバクシャ」「ノー・ユーロシマ」が人類の共通語となった。二〇〇五年のＮＰＴ（核兵器不拡散条約）再検討会議のなかでは「ＮＩＨＯＮ　ＨＩＤＡＮＫＹＯ」の名が翻訳でなく、日本語のまま国連総会議場で繰りかえし語られた。

日本被団協と国際活動　日本被団協の国際活動は、結成と同時に始まる。被団協結成宣言（「世界への挨拶」一九五六年八月一〇日）が、その第一歩である。「宣言」は、タイトルが示すように「世界」の人びとへの呼びかけであり、全人類的な視野にたった核兵器廃絶の訴えである。そこには、みずからの痛苦の「体験をとおして人類の危機を救おう」という被爆者の決意、「核兵器のない世界」への悲願が込められている。

日本被団協は、都道府県の被爆者組織をもって構成する国内団体であるが、その目標は、「世界のどこにも二度と被爆者をつくるな」「核兵器のない世界をつくろう」という世界的＝人類史的課題である。したがってその運動は結成の当初から、国際的性格を本質的にもっていた。国際活動は、単に諸活動の一つというにとどまらず、日本被団協運動の核心部分をなして

ＮＰＴ再検討会議ＮＧＯセッションで被爆者を代表して訴えた小西悟事務局次長（中央、2005.5.11）
提供：共同通信

いる。

国際活動五〇年の流れ　結成から五〇年、日本被団協は世界各地へ被爆者代表を送り、核兵器の使用がもたらす残酷きわまる人間被害の実相を語り広げること、被爆者の証言を外国語に翻訳し被害の映像とともに広く世界に頒布すること、に力をつくした。

草創期から六〇年代初めの日本被団協は、組織も弱体で人力も財力も乏しく、海外への代表派遣はさまざまな平和運動・市民運動に支えられてはじめて可能だった。六〇年代半ばから始まった原水爆禁止運動の混乱は、日本被団協の国際活動にも大きな影を落とし、日本被団協は組織の統一を守ることに多くのエネルギーを費やすこととなり、被爆者は口を閉ざしがちになった。

困難を克服するきっかけとなったのは、日本被団協が積極的にかかわった七七年の国連ＮＧＯ主催「被爆問題国際シンポジウム」（通称「七七シンポ」）だった。日本被団協は組織をあげてこれにとりくみ、困難を乗り越えて成功させ、同時に被爆者組織の団結強化と活性化をなしとげた。「七七シンポ」とそれにつづくＳＳＤＩ（第一回国連軍縮特別総会、七八年）、ＳＳＤⅡ（八二年）は、日本被団協の国際活動五〇年のちょうど中間点にあって、活動の質と量において特筆すべきものとなった。

その後、被爆者の高齢化にともなって活動は量的にしだいに縮小する傾向にあるが、それでもＳＳＤⅢ（八八年）、被爆四五年（九〇年）、同五〇年（九五年）、国際司法裁判所での各国意見陳述の傍聴（九五年）、ハーグ世界市民平和会議（九九年）、ＮＰＴ再検討会議とミレニアム・フォーラム（二〇〇〇年）、被爆六〇年・ＮＰＴ再検討会議（〇五年）という節目の年には、日本被団協は大規模な国際遊説団の派遣をはじめ、国際会議や国連原爆展など、自他ともにおどろくほど精力的な活動を展開して、核兵器廃絶の世界世論を広めるため活躍した。

高齢化、病弱化に抗してのたゆまぬ活動は、世界の平和運動の注目するところとなり、四度にわたり（八五、九五、〇一、〇五年）ノーベル平和賞の候補にノミネートされる光栄に浴した。とりわけ、〇五年の同賞授与式にあたっては、ノーベル委員会委員長ウーレ・ダンボルト・ミエスが授賞式の演説のなかで特別に日本被団協の名をあげ、その活動に敬意を表するとの異例のコメントを行なった。日本被団協の不屈の平和活動が受賞に比肩しうるものとして、権威ある国際的評価を与えたものだった。

ハーグ世界市民平和会議「つたえようヒロシマナガサキ」代表団、会場で「原爆と人間展」開催（1999.5）

1　草創期の国際活動

「世界への挨拶」からはじまる海外遊説、代表派遣と国際交流

「はじめに」でのべたとおり日本被団協の国際活動の歴史は、一九五六年八月一〇日、結成の日までさかのぼることができる。結成総会宣言の表題は「世界への挨拶」となっており、この文章の発表そのものが、最初の国際活動だった。それから半世紀、私たちはこの宣言のとおり、国の内外に被爆の体験と原爆被害の実相を語り広げることに力をつくしてきた。

日本被団協結成以前［胎動期］　一九五四年のアメリカによるビキニ水爆実験とマグロ漁船第五福竜丸の被災を契機に、一挙に噴き上げた原水爆禁止の国民的な運動のなかで、それまでごく少数の先駆者を例外として、固く口を閉ざしていた被爆者がいっせいに体験を語り始めた。

日本被団協結成（五六年八月）に先立つ五五年三月、広島の日詰忍と長崎の居原貴久江の二人がイギリスを訪問し、一瞬にして数十万の市民を「地獄」の劫火《ごうか》に投げ込んでなぶり殺した原爆の恐ろしさとみずからの被爆体験を語り、原水爆禁止を訴えた。その年七月、スイスのローザンヌで開かれた世界母親大会には、長崎の山口美代子が参加し、苦しさのあまり鉄道自殺を試みた体験と、原爆がもたらした地獄のすさまじさについて、証言した。

五五年八月、広島で開かれた初の原水爆禁止世界大会に参集した一四カ国五二人の海外代表、日本全国から参加した代表の前で、広島の被爆者・高橋昭博、長崎の山口みさ子、辻幸江が、被爆の体験と原爆地獄の恐怖を語った。聞くほうも初めて、語るほうも初めて、会場は涙と怒り、共感と感動の渦に湧き上がった。分散会でも被爆体験が話された。

世界は、ヒロシマ・ナガサキの大虐殺のすさまじさを生き証人の口から聞き、核兵器の恐ろしさを初めて身にしみて知った。こうして始まった被爆者の証言活動は、つねに聴衆を感動の渦に巻き込み、「核戦争おこすな、核兵器なくせ」の世論をつくり上げるうえに大きく貢献した。

日本被団協結成から六〇年代初頭　五六年八月、被爆者の全国組織、日本原水爆被害者団体協議会（日本被団協）が結成された。日本被団協は当初から、国民的な平和・原水爆禁止運動に支えられて、国際会議などへの代表派遣と海外遊説活動に大きな力を注いだ。

結成翌年の五七年七月には、代表委員・杉本亀吉が日本原水協の国民使節団に参加、ソ連、中国、モンゴルを訪問した。また同年八月、代表委員・森瀧市郎が国民使節団に加わり、イギリス、フランス、ドイツ、オーストリア遊説を行なうなどの国際活動を展開した。

五八年三月、日本被団協は、村戸由子（広島）をストックホルムでの第七回世界青年学生平和友好祭へ送り出し、一一月、ジュネーブで開かれた米・英・ソ核実験反対国際会議へ河本佐知子（広島）を派遣した。河本は会議のあとスイス、ドイツで遊説活動を行なった。

六一年には、二月から三月にかけて、山口仙二（長崎）がデンマーク、スウェーデン、ノルウェー、オランダ、ベルギー、フランス、イタリア、オーストリア、ドイツの九カ国を歴訪し、各地で精力的に証言した。山口は体調不良の中で強行したこの遊説の途上で下痢、高熱を発し急きょ帰国、入院した。

三月には吉川清（広島）が日本原水協の国際遊説団東南アジア班としてインドネシア・バンドンでの第二回アジア・アフリカ平和会議に参加したあと、インド、スリランカを訪ねて証言、遊説活動を行なった。

これらの活動で被爆者の訴えは、一〇年余にわたって隠されてきた核兵器の恐ろしさ、その被害の残虐さを世界に知らせるうえで、大きな力となった。

六〇年代から七〇年代初めまで、日本の平和運動の内部に生じた複雑な事情のために、日本被団協としての代表派遣は困難となったが、被爆者はそうした困難を克服して各種の平和組織に加わって海外遊説、実相普及活動に力をつくした。

一九五七（昭和32）年
3月　河本一郎、上松時恵、クリスマス島水爆実験抗議行動に参加。
7～8月　代表委員・杉本亀吉が日本原水協の国民使節団としてソ連、中国、モンゴルを訪問。
8～9月　代表委員・森瀧市郎が、日本原水協の原水爆禁止国民使節に加わり、核実験禁止を訴えて、イギリス、ドイツ、フランス、オーストリアを遊説。

一九五八（昭和33）年
11～12月　河本佐知子が米・英・ソ核実験反対国際会議（ジュネーブ）に参加、スイス、ドイツ各地を遊説。

一九六一（昭和36）年
2～3月　山口仙二、ヨーロッパ九カ国遊説。
3月　日本原水協の国際遊説として吉川清がインド、インドネシア、スリランカ三カ国を遊説。

一九六二（昭和37）年
6月　理事長・森瀧市郎が、ガーナ・アクラNGO軍縮国際会議に参加。
7月　代表理事・斉藤義雄が「全面軍縮と平和のための世界会議」（モスクワ）に参加。

一九六五（昭和40）年
4～5月　理事長・森瀧市郎、伊藤サカエ、副島まち、長尾当代、下江武介、大友五郎、森正の七人、ソ連平和委員会の招待を受けてソ連の平和行事に参加。

2　七七年「NGO被爆問題国際シンポジウム」（一九七四～七七年）

一九七七年「被爆問題国際シンポジウム」は、日本被団協の国際活動に飛躍的発展をもたらす決定的な契機となった。

(1)　小佐々代表委員にメッセージ託す

国連にイニシアチブ要請　一九七四年一一月、原水爆禁止日本協議会は国連へ代表団を派遣、原爆の被害と被爆者の実情についての報告書を提出。核兵器廃絶の国際条約締結の努力を求め、被爆の実相について国連のイニシアチブで調査研究を行なうよう訴えた。この代表団に、日本被団協代表委員・小佐々八郎も加わっていた。日本被団協は小佐々に国連へのメッセージを託し、国連に原爆被害の実相解明のための調査・研究の作業を求めた。

翌七五年一一月には、「核兵器全面禁止国際条約締結・核兵器使用禁止の諸措置の実現を国連に要請する国民代表団」第一次代表団が派遣されることになり、日本被団協代表委員・行宗一が参加、つづいて七六年一〇月には第二次代表団が派遣され、日本被団協事務局長・伊東壮が、それぞれ団の代表委員の一人として参加、国連を訪問した。これらの代表団には全国から被爆者が参加した。代表団は、「広島・長崎の原爆被害とその後遺―国連事務総長への報告」などを提出、原爆被爆の実相と被爆者の実情について専門家の手による国際シンポジウムを日本で開くことなどを要請した。

当時アメリカは、広島・長崎の原爆投下の被害規模を、ドレスデンや東京大空襲と比較して、意図的に小さいもののように宣伝し、放射線による後障害に苦しんでいる被爆者の存在を無視したり否定したりしていた。国連も、国連加盟の諸国も、原爆による死傷者数など原爆被害の実態について、六七年のウ・タント事務総長報告以上のことを把握していなかった。

また、米、ソ、英、仏、中の核保有国は、自国の核実験による被害もふくめて、核兵器による被害を故意に隠蔽して核軍拡競争に狂奔して

一九七四(昭和49)年
11月　日本原水協国連代表団に代表委員・小佐々八郎参加。

一九七五(昭和50)年
11月　代表委員・行宗一、肥田舜太郎（埼玉）、佐久間澄（広島）、杉田ハツヨ（埼玉）、高木静子（大阪）、第一次国連要請国民代表団に加わって国連を訪問。

一九七六(昭和51)年
10月　事務局長・伊東壮、肥田舜太郎（埼玉）、田中熙巳（宮城）、葉山利行（長崎）、堀田シヅヱ（埼玉）、花山典子（福岡）、石井英（神奈川）、中本剛（広島）、伊谷周一（鳥取）、小林栄一（大阪）、第二次国連要請国民代表団に加わって国連を訪問。

いた。多くの被爆者が参加した国民代表団はこの状況を打開し、核兵器廃絶の国際世論をつくりあげるために、広島・長崎の真実の姿を世界に明らかにする必要を痛感し、国連に原爆被害の調査研究を訴えたのである。

(2)「七七シンポ」開く

国連がNGOに委嘱して　国連は、日本代表団の要請に応えて、ECOSOC（国連経済社会理事会）の諮問を受ける国連NGO（非政府組織）に原爆被害の調査研究を委嘱した。NGOの一つ、ジュネーブのNGO軍縮特別委員会がこの問題を引き受け、七七年夏に日本で「原爆被害とその後遺および被爆者の実情に関する国際シンポジウム」を開くことを決定した。

準備委員会が発足　七六年一〇月二日、日本被団協、日本科学者会議、全日本民医連、国連派遣実行委員会の四団体が世話団体となり「日本準備委員会」の組織化をすすめ、一二月、被爆問題国際シンポジウム日本準備委員会がつくられた。七七年一月、ジュネーブの国際平和ビューロー（IPB）の全面協力のもとに国際準備委員会が発足、急ピッチで作業が始まった。

被爆問題国際シンポジウム開催が決まると、七七年二月、上代たの、中野好夫、藤井日達、三宅泰雄、吉野源三郎の五氏による、国際シンポジウムの成功と国内の平和勢力の連帯と団結を求める「広島・長崎アピール」が発表され、四月には、「被爆問題国際シンポジウム推進団体連絡会議」が結成された。連絡会議には、日本被団協をはじめ、日本生協連、日青協、全地婦連、婦団連、主婦連などの市民団体、総評、同盟、中立労連などの労組、宗教者、研究者の団体が広範に参加、国際シンポジウムを共同で開催・推進しようとの動きが進んだ。

グループごとに準備作業　医師、自然科学者、社会科学者、調査員らの協同によるグループごとの作業が開始され、日本被団協は組織をあげて被爆者の実態調査に取り組み、国際シンポジウム成功のために尽力した。

七七年調査は、資料の収集・検討、アンケートおよび聞きとりによって行なわれた。専門家と被爆者を、多数の平和運動家と市民が支え、三者の協力で作業文書の作成がすすめられた。

国際シンポジウム第二ステージ　国際シンポジウムは、三つのステージ（段階）にわたって開催された。

日本被団協の調査研究の成果は、第一ステー

一九七七(昭和52)年

1月　伊東壮、スイス、ジュネーブ訪問。被爆問題国際シンポジウム国際準備委員会の結成に参加。

7〜8月　「NGO被爆問題国際シンポジウム」東京、広島、長崎で開かれる。シンポジウム報告書は、日英二カ国語で発表、普及された。

ジで海外研究者を交えてまとめられ、第二ステージに持ち込まれた。

第二ステージは七七年七月三一日～八月二日、広島市医師会館で開催された。ノーベル平和賞受賞者フィリップ・ノエル＝ベーカー（国連協会世界連盟）、同ショーン・マックブライド（国際平和ビューロー）をはじめとして、アーサー・ブース（国際平和ビューロー）、フランク・バーナビー（英・ストックホルム国際平和研究所）、ジョセフ・ロートブラット（英・セントバーソロミュー医大病院）、ジョージ・ウォールド（米・ハーバード大学）、ペギー・ダフ（軍縮と平和のための国際連合）、飯島宗一、草野信男ら、内外の著名な科学者、医師、平和研究家が一堂に会した。

第二ステージは、第一ステージの成果をふまえて、原爆の残虐性、反人間性を暴き、被爆の瞬間から生涯の終わりまで絶えることのない被爆者の苦しみを明らかにすると同時に、核兵器完全禁止・廃絶をめざしてたたかう被爆者の姿を世界に示した。

伊東壮（社会学、日本被団協事務局長）は、原爆の残虐さ、被害の重大さ、深刻さについて報告を行ない、聴衆に大きな感銘を与えた。下江武介（広島）、伊藤サカエ（広島）、小林ヒロ（長崎）ら多くの被爆者が会場からみずからの生々しい体験を報告し、シンポジウムをいっそう充実させた。

八月二日、第二ステージの閉会総会で、NGO国際シンポジウム宣言「生か忘却か　ヒロシマ・ナガサキのヒバクシャから全世界のヒバクシャにうったえる」が、ノエル＝ベーカー卿によって読み上げられた。

シンポジウムを通して「ヒバクシャ」という言葉が多く語られたが、「宣言」にはヒバクシャがＨＩＢＡＫＵＳＨＡと記され、これ以後、「ヒバクシャ」は世界共通語として使われるようになる。

第三ステージ　大衆集会　八月五日、シンポジウムの締めくくりとして、広島ラリー（大衆集会）が開催された。集会には、一三年ぶりに統一して開かれた原水爆禁止世界大会参加の日本各地からの代表および広島市民をふくめ、約七〇〇〇人が参加した。国際側を代表してＡ・ブース、Ｍ・ドブロシェルスキー、Ｓ・マックブライドが、日本側からは庄野直美らが、第二ステージの成果を報告した。八日、長崎ラリーが約三〇〇〇人の参加で開催され、宣言がＡ・ブースによって紹介された。

シンポジウム後の経過と影響　シンポジウム

原水爆禁止統一世界大会国際会議参加の
ショーン・マックブライド、ノエル＝ベーカー、
ペギー・ダフの各氏（左から、1977.8）
撮影：森下一徹

で配布された報告資料は、ただちに各国政府、研究機関、平和組織などに送られ、英『ニュー・サイエンティスト』誌、米『ブレティン・オブ・ジ・アトミック・サイエンティスツ』誌など多くが取り上げた。

　翌七八年二月、ジュネーブの欧州国連本部で開かれた「NGO軍縮国際会議」には、シンポジウムの英文サマリー（A4判、二八ページ）一〇〇〇部を全出席者に配った。こうしてシンポジウムの成果は世界の平和勢力の共通財産になった。

　シンポジウムの英文報告書『"A Call from Hibakusha of Hiroshima and Nagasaki", Proceedings : International Symposium on the Damage and Aftereffects of the Atomic Bombing of Hiroshima and Nagasaki』（日本準備委員会・編）は七八年五月に完成し、国連軍縮特別総会（SSDI）日本代表団を通じて国連の主な役員、各国代表部に届けられ、討議に反映されることとなった。日本語版の『被爆の実相とその後遺、被爆者の実情　1977NGO被爆問題シンポジウム報告書』（日本準備委員会編集、朝日イブニングニュース社）は、七八年九月に発行された。

3　NGO軍縮会議とSSDI（一九七八～七九年）

(1)　国際活動の新たな広がり

日本被団協に国際部門　NGO被爆問題国際シンポジウム（七七シンポ）は、広島・長崎の被爆の実態と被爆者の実情をはじめて科学的な根拠にもとづいて世界に知らせる画期となった。日本被団協と被爆者の存在、その役割を世界の人びとに示す契機ともなった。第一回国連軍縮特別総会（SSDI）をひかえて、とくにヨーロッパ各国から被爆者派遣の要請が増え、国際活動の舞台は大きく広がった。この年、日本被団協にはじめて国際担当部門がおかれ、専門委員・小西悟が担当者となった。

(2)　ジュネーブNGO軍縮会議

渡辺千恵子・車いすの訴え　一九七八年二月

SSDI代表団　国連ハマーショルド広場で訴える檜垣益人代表委員（1978.5）　撮影：森下一徹

二七日～三月二日にジュネーブで開かれたNGO軍縮国際会議には、被爆者九人（日本被団協から代表理事・前田敏夫ら七人、他団体から二人）が参加し、被爆の実相と被爆者のたたかいについて、報告した。

とくに、車いすで参加した渡辺千恵子（長崎）は開会総会に登壇、その切々とした訴えは世界各地から集まった平和活動家たちの胸を強くうち、会議の討論を核兵器廃絶へ方向づけるうえに大きな力となった。会議のあと、被爆者らは他の代表といっしょに六つのコースに分かれ、一週間にわたってスイス、ドイツ、スウェーデン、ノルウェー、ユーゴスラビア、ルーマニア、イギリスの諸都市を遊説した。

(3)　SSDI

四一人の代表団　七八年五月二三日～六月三〇日、初の国連軍縮特別総会（SSDI）が開かれることとなり、ようやく「軍縮」へ希望の光がさし始めた。NGO被爆問題国際シンポジウムの成功のうえに、原水爆禁止世界大会を主催した原水爆禁止統一実行委員会は、七七年一一月七日、SSDIへの国民代表団の派遣、国連の核兵器完全禁止を要請する署名運動推進を決め、一一月一五日には署名運動推進連絡会議を結成した。

日本被団協は、代表委員・檜垣益人を団長に、四一人の代表団を国連へ送った。一行は、SSDI開催中の日本代表団のすべての行動に参加し、原爆被害の実相を証言し核兵器廃絶を要請した。

大通りを埋めた行進　日本被団協代表団は予定の行動日程以外にも、自発的に学校訪問や街頭での被爆者の絵の展示などを企画して、アメリカ市民に直接訴えた。国連事務総長への要請、各国の国連代表部への要請、街頭署名、各種集会参加など、多彩な行動を展開し、いたるところで被爆の実相を語り、核兵器廃絶を訴えた。

五月二六日に行なわれたニューヨークでのデモの先頭を行く老いた被爆者たちの姿、英語のできない被爆者が通行中の市民相手に身ぶり手ぶりで必死に伝える姿は、日本から参加した他団体の代表をふくめ市民に感銘をあたえた。

ニューヨーク行動を終えた代表団は六班に分かれ、ロサンゼルス、サンフランシスコなど、米国内諸都市を遊説し、市民への訴えを行なった。

一九七八(昭和53)年

2～3月　NGO軍縮会議＝ジュネーブ。代表理事・前田敏夫、国際担当専門委員・小西悟（東京）、渡辺千恵子（長崎）、谷口稜曄（長崎）、森川定実（神奈川）、高野真（静岡）、古賀誠（愛知）、藤川富子（大阪）、三木森治（兵庫）ら九人が参加。

5～6月　国連軍縮特別総会（SSDI）に代表委員・檜垣益人以下四一人の代表団参加。

団員＝伊藤サカエ、貞永正弘（大阪）、木場博（香川）、杉山秀夫（静岡）、田中熙巳（宮城）、前座良明（長野）、高橋昭博（広島）、木戸大（愛知）、吉田一人（東京）、鈴木澄平（埼玉）、時岡孝史（福井）、中村悦郎（北海道）、門政一男（山口）、清水正明（石川）、斎藤由雄（静岡）、瀬戸内末政（鹿児島）、千田数雄（新潟）、須藤叔彦（群馬）、土田康（神奈川）、松村千恵子（兵庫）、米内幸子（山梨）、斉藤幸一（山形）、片山正年（神奈川）、亀沢深雪（愛知）、高木留男（東京）、藤原肇（東京）、太田安子（富山）、疋田晴雄（愛知）、中谷昇（山口）、曽田操（兵庫）、中山多輝子（東京）、服部マリ子（東京）、小野田百合江（広島）、久保仲子（愛媛）、酒井久子（長崎）、坂本キミ子（福岡）、白石照子（長崎）、伊藤直子（事務局）、蛯名孝子（事務局）

4　SSDⅡから被爆四〇年行動へ（一九八〇～八五年）

(1)　ヨーロッパに反核の大波

SSDIの影響　七七年被爆問題国際シンポジウムとSSDIは、世界の反核平和運動に大きなはずみをあたえ、一九八〇年代に入ると、ヨーロッパ、アメリカのいたるところで大規模な反核、反基地行動がくり広げられた。

ヨーロッパに戦域核配備　八一年四月、NATO国防相会議（核計画グループ）は、アメリカの中距離ミサイル＝パーシングⅡと巡航ミサイルを八三年にヨーロッパに配備するコミュニケを発表。ソ連もこれに対抗して東ヨーロッパに中距離ミサイル＝SS20配備を進めた。突如ヨーロッパ諸国民の間に、核兵器による戦争、ヨーロッパ全土壊滅の危険が間近に迫っているという危機感が生まれた。八二年六月に開かれることになっていた第二回国連軍縮特別総会（SSDⅡ）が近づいたことも、ヨーロッパ、アメリカの反核運動に火をつけるきっかけとなった。「ノー・ユーロシマ」（ヨーロッパ全土をヒロシマにするな！）が合言葉になった。

被爆者派遣要請が殺到　これらの地域では、「広島・長崎の生き証人の口から直接原爆の恐ろしさを聞こう」という要求がたかまり、代表派遣の要請が殺到するようになった。日本被団協は、要請に応えて精力的に代表団、語り部を送り出した。

八〇年代の初めから半ばにかけて、被団協の国際活動は、主なものだけでも枚挙にいとまがない。なかでも、中央相談所理事長・肥田舜太郎の東奔西走、八面六臂の活躍は国際的に注目をあびた。

肥田、山口仙二（長崎）、小西悟、土田康（神奈川）ら多くの被爆者とともに、池田真規（弁護士）ら多数の支援者、後援者が海外遊説に参加した。

(2)　『HIBAKUSHA』写真パンフの大量発行・普及

SSDⅡに向けて発行　大規模な海外遊説活

一九八〇（昭和55）年

3月　肥田舜太郎、スウェーデン五都市で遊説活動。

3～4月　山口仙二、加陽正雄、片野光雄（千葉）、池田昂二（神奈川）が被爆の実相と核兵器廃絶を訴える代表団といっしょに渡米。米国東部、西部、南部をめぐる「平和リレー」に参加。

一九八一（昭和56）年

4～5月　肥田舜太郎、加陽正雄が西ドイツ各地を遊説。

一九八二（昭和57）年

3～4月　SSDⅡのための準備会議としての第二回NGO軍縮会議（ジュネーブ）へ、斉藤義雄事務局次長と小西悟を派遣。

4月　肥田舜太郎、久保仲子（愛媛）、留学生桑野由紀子（通訳）の協力を得てオーストリア全土二四都市遊説。オーストリア首相に面会し要請。

4月　谷口稜曄（長崎）、高比良治郎（福岡）西ドイツ遊説。

4月　日・英・独三カ国語によるパンフレット『HIBAKUSHA』一〇万部を発行。ドイツへ一万部、スイスへ五〇〇〇部をはじめ諸外国（と国内）へ大量に普及。

6月　第二回国連軍縮特別総会へ代表派遣。

団員＝伊東壯、山口仙二、肥田舜太郎、岩佐幹三（石川）、秋月辰一郎（長崎）、秋月スガ子（長崎）、田中熙巳（宮城）、杉山秀夫（静岡）、高野真（静岡）、外岡菅次（静岡）、合田正巳（東京）、一村民雄（宮城）、田中儀作（埼玉）、加陽正雄（岡山）、木内繁雄（千葉）、太田重良（神奈川）、西山進（千葉）、甲斐豊（鹿児島）、吉田助男（大分）、那

動とならんで、ＳＳＤⅡ（第二回国連軍縮特別総会）にあたって日本被団協が発行した写真パンフ『ＨＩＢＡＫＵＳＨＡ』（四月、日本語のほか英・独語版）の大量普及が、被爆の実相を広めるために重要な役割を果たし、この時期のヨーロッパ、アメリカの草の根の反核平和運動のめざましい高揚に大きく貢献した。

「核軍縮」を乗り越えて　この時期、ヨーロッパ・アメリカの平和運動のなかでは、東西両陣営の核兵器の均衡、せいぜい「核軍縮」が当面の課題であるとし、「核兵器完全禁止」や「廃絶」を空論とみなす風潮が支配的だった。これにたいし日本被団協は、核兵器は、人類と共存できないこと、緊急に「廃絶」しなければならないものであることを、ヒロシマ・ナガサキの実相と生の体験を通して訴え、理論的にも実践的にも世界の平和運動に大きな影響をあたえた。

ジュネーブから欧州各地へ　ＳＳＤⅡに国際ＮＧＯの意見を反映させるため、一九八二年ジュネーブでＮＧＯ軍縮特別委員会のシンポジウムが開かれた（三月三一日～四月二日）。

このシンポジウムに事務局次長・斉藤義雄と国際部長・小西悟が参加し、二つの分科会で日本被団協からの報告を行ない、注目をあびた。会議の進行に大きな影響力をもっていた世界平和評議会の関係者らは、ややもすればソ連の核武装を擁護する立場をとっていた。これにたいして二人は、核兵器の恐ろしさ、非人道性を事実と体験にもとづいて語り、すべての核兵器の廃絶が緊急の課題であることを訴えて、ソ連擁護派の主張を真っ向から批判した。

会議のあと二人は、スイス、北イタリア、ドイツ各地を遊説し、ドイツでは「イースター平和行進」に参加した。この遊説活動は、新型核兵器パーシングⅡ、クルーズ（巡航）ミサイルの配備問題で敏感に立ち上がったヨーロッパ各国の市民たちから、熱狂的な歓迎をうけた。

(3)　ＳＳＤⅡ

四一人の代表を送る　八二年六月七日～七月一〇日、第二回国連軍縮特別総会がニューヨークで開かれた。日本被団協は、多くの市民団体、平和団体など広範な各界各層を網羅した一二〇〇人を超える日本代表団の一翼を担って、被団協代表委員・伊東壮、山口仙二、相談所理事長・肥田舜太郎、専門委員・岩佐幹三をふくむ四一人の代表団を送った。

日本出発を前に、日本代表団の入国申請にア

須竹夫（岡山）、中津泰人（広島）、津田一也（広島）、松田雪美（広島）、竹内一作（山口）、太田久吉（秋田）、石田武男（愛知）、佐野信（長崎）、杉本昭之（新潟）、江崎利勝（福岡）、近藤分作（佐賀）、岩永保（長崎）、反納清史（長崎）、下平作江（長崎）、高原サエ子（鹿児島）、池田靖（山口）、土田博興（神奈川・二世）、高橋真司（長崎）、一村信広（宮城）、栗原淑江（事務局）、吉田みちお（事務局）、西崎文子（通訳）、四一人

8月　ヨーロッパ遊説団。

団員＝伊藤サカエ、肥田舜太郎、加陽正雄（岡山）、前座良明（長野）、副島まち（兵庫）、小西悟、黒岩貞義（福岡）、白石照子（長崎）、上野さえ子（山口）、村尾ルミ（宮城）、安田富貴子（埼玉）、高橋昌子（埼玉）、坂本キミ子（福岡）、是佐武子（埼玉）、田辺俊三郎（東京）、米内幸子（山梨）、葉山利行（長崎）、中山多輝子（東京）、池田真規、箕輪弘隆、安原幸彦、畑江博司（以上弁護士）、原玲子（ケースワーカー）、渡辺タケ（看護師）、渡辺達（病院職員）、西崎文子（通訳）、伊藤直子（事務局）、李実根（部分参加）

8月　『ＨＩＢＡＫＵＳＨＡ』のフランス語版を発行。

メリカ政府の強力な妨害が入り、入国ビザが発行されない代表が続出した。日本被団協の代表は全員ビザを取得できたが、入国審査もきびしく、一人ひとり別室でさまざまな質問を含む審査を受けた。全員が持参した『HIBAKUSHA』写真パンフも関税の対象になるとして、きびしく説明を求められた。

入国できなかったほかの団体などの代表はカナダやドイツなどに行く先を変更し、これらの国の反核行動に参加した。

感動呼んだ被団協代表団　ニューヨーク入りした日本被団協代表は、前回のSSDⅠの時にもまして、寝食を忘れて縦横に活躍し、世界中から集まった人びとの感動と共感を呼んだ。

六月一二日、国連前を通り、セントラルパークに向かった一〇〇万人の平和行進は、マンハッタンの主な通りを埋めつくし、沿道から支援のエールが送られた。先頭を歩く子ども代表団につづく日本被団協代表団と日本代表団が市民の目を引いた。

山口が歴史的演説　山口仙二は、六月二四日の特別総会NGOデーで日本代表団を代表して演説した。みずからのケロイドの顔写真をかかげながら、「ふたたび被爆者をつくるな」「ノーモア・ウォー！」を叫んだ痛切な訴えは、各国政府代表をふくむ総会議場に出席した人たちに感銘を与えた。

肥田舜太郎は、ニューヨークからドイツへ渡り平和集会で演説したあと、ふたたびニューヨーク行動に合流することになった。このドイツ行動には、米国入国を拒否された日本原水協の一団が参加しており、そのなかに複数の被爆者もふくまれていた。

ローマ法王に謁見　八二年八月には、日本被団協のヨーロッパ遊説団が派遣された。伊藤サカエ、肥田舜太郎ほか支援者をふくむ二七人（うち一人は東ドイツから合流）が、東独、西独、イタリア、オランダ、フランスを歴訪し、各地の平和団体と交流した。このとき伊藤、肥田、副島まち（兵庫）、白石照子（長崎）、西崎文子（通訳）はバチカンを訪れ、ローマ法王ヨハネ・パウロ二世に謁見し、核兵器廃絶へ努力を要請した。

八月、パンフ『HIBAKUSHA』フランス語版が発行された。

(4)　欧米の草の根運動と連帯

「核軍縮から核廃絶へ」　SSDⅡそのものは、米・ソ・英・仏・中の核保有五カ国のかた

ドイツ遊説　青年たちに語る加陽正雄・岡山県原爆被爆者会会長（1983.10）

ヨーロッパ遊説団　ドイツ・ブーヘンワルト強制収容所解放記念塔の前で（1982.8）

くなな抵抗のため期待された成果をもたらさなかった。加えて、パーシングⅡなどの中距離ミサイルのヨーロッパ配備を再確認するなどの動きのなかで、欧米の反核運動はいよいよ燃え上がり、「核軍縮から核兵器廃絶へ」の国際世論の流れをつくりあげた。オランダ、イギリス、イタリア、ドイツなどで数十万人から一〇〇万人のデモや多くの「人間の鎖」が生まれた。これらの行動の多くに日本被団協は積極的に代表を送り、現地の運動に強い刺激を与えた。

ボンの五〇万人集会で　八三年一〇月二二日、国際反戦デーにあわせて国際反核統一行動が行なわれ、ドイツ全土で空前の壮大な反核行動が組織された。首都ボンの中央集会には第二、第三会場を合わせて五〇万人が結集した。壇上に小西悟、加陽正雄（岡山）、下平作江（長崎）が立ち、小西が峠三吉の「八月六日」「にんげんをかえせ」をドイツ語で朗読し、正午開会を宣言した。五〇万人の熱気が沸き返るなか、シュツットガルトからノイウルムまで一〇八キロの国道が、二三万人が手をつないだ「人間の鎖」で結ばれたことが主催者から報告された。小西の合図で始まった三分間の黙とうの間、ボンと近隣都市のすべての教会の鐘が鳴り響いた。

(5)　被爆四〇年　核保有五カ国首脳へ訴え

ゴルバチョフから返書　被爆四〇年にあたる八五年、日本被団協は、これまでになく精力的に海外への代表派遣に取り組んだ。

一月三日～六日、核戦争を裁くロンドン国際法廷が開かれ、専門委員の岩佐幹三を派遣した。

この年の特徴は、日本被団協が自主的に核保有五カ国（米、ソ、英、仏、中）の首脳への訴えを企画し、成功させたことである。

国家元首に直接面談することはできなかったが、政府を代表する地位にある人びとと会い、要請書を手渡すことができた。

核保有五カ国の国家元首に核兵器廃絶の努力を要請する訪問行動には、のべ四五人が参加し、それぞれ各地で活発な遊説活動を行なった。ソ連共産党書記長ミハイル・ゴルバチョフからの返書が、日本被団協の広島集会の席上、駐日のソ連大使館書記官を通して、伊藤サカエ代表委員に手渡された。

米・ソ首脳会談で要請　八五年一一月、ジュネーブで開かれた米ソ首脳会談（ロナルド・レーガン、ミハイル・ゴルバチョフ）にあたっ

一九八三（昭和58）年

6月　肥田舜太郎、オランダでのＩＰＰＮＷ第三回総会に参加。つづいてプラハでの核戦争反対、平和と生存のための国際会議に参加。

10月　肥田舜太郎、フランス遊説。

10月　事務局次長・黒川万千代（神奈川）、イタリア、オランダ遊説。

10月　専門委員・岩佐幹三、英国遊説。

10月　『ＨＩＢＡＫＵＳＨＡ』英・伊・エスペラント版発行。

10月　小西悟、加陽正雄（岡山）、下平作江（長崎）、ドイツ国際反核統一行動参加。

一九八四（昭和59）年

10月　肥田舜太郎、フランス各地遊説。

一九八五（昭和60）年

1月　代表理事・岩佐幹三、ロンドン国際法廷に参加、報告。

4月　土田康、ドイツ、ギリシャ遊説。

4月～　肥田舜太郎、加陽正雄の二人、ドイツ一二都市を遊説。

5月　谷口稜曄、中沢正夫（医師）、池田真規（弁護士）、「ギリシャ平和の10日間」の行動に参加。

6月　伊東壮、平和擁護世界フォーラム（北京）に参加。

6～7月　代表委員・山口仙二ら一〇人、米国政府と国連へ核兵器廃絶を要請。つづいて米国各地遊説。**団員**＝小西悟、堀田シヅヱ（埼玉）、山口滝子（埼玉）、沢田昭二（愛知）、谷一夫（福岡）、合田正巳（東京）、吉元トキ子（東京）、阿部泰恒（医師・埼玉）、伊藤直子（事務局）、北浦葉子（通訳）

て、日本被団協は、山口仙二、小西悟をジュネーブに派遣した。各国メディアが両国代表団へ面会とりつけに苦労しているなか、二人は日本被団協の名で直接面会を申し入れ、両国代表団メンバーとそれぞれ三〇分の面会を許され、文書と口頭で要請することに成功した。日本から同様な代表団を送った組織はほかになく、被団協の行動は特筆に価する快挙だった。米ソ両国ともトップに次ぐ人たちが丁重に二人に応対し、真剣に耳を傾けてくれた。

ノーベル賞に推薦　こうした多面的な活動が国際的に高い評価を受け、IPB（国際平和ビューロー）から八五年度ノーベル平和賞候補に推薦されるまでにいたった。海外での遊説活動をはじめとする諸行動に、多くの被爆者が積極的に参加したことで、世界の人びとの注目を引くにいたったのである。

「草の根は燃ゆ」　八〇年代はじめから半ばまでのヨーロッパと世界での反核平和運動の高揚を、肥田舜太郎は「草の根は燃ゆ」と表現している。この時期、東西両陣営の新型核兵器配備競争を目の当たりにしたヨーロッパには一触即発の危機感のなかで反核行動の気運がみなぎっていた。原爆の生き証人としての被爆者の生々しい体験が、聴衆に切実な緊迫感をもって受け止められた。

5　SSDⅢ、湾岸戦争の危機のなかで（一九八六～九一年）

(1)　SSDⅢ

なおつづく東西緊張　レーガン、ゴルバチョフのジュネーブ会談（一九八五年一一月）、レイキャビク会談（八六年一〇月）で、米ソ核軍拡競争に歯止めがかかるかに見えた。にもかかわらず、東西両陣営の緊張は八〇年代後半になってもつづき、八七年には、米ソ両国とも、世論を尻目に核実験の再開にふみきった。

ヨーロッパ、アメリカをはじめ、世界の反核平和運動は、第三回国連軍縮特別総会（SSDⅢ）開催を要求し、八八年開催にむけて二度目の高揚期をむかえていた。日本被団協は、要請に応えて積極的に代表を派遣し、パンフレット『HIBAKUSHA』の普及につとめた。

6～7月　ソ連政府に核兵器廃絶を要請、つづいてソ連各地遊説。**団員**＝代表委員・伊藤サカエ、肥田舜太郎（埼玉）、黒岩貞義（福岡）、辰岩香子（広島）、池田正明（広島）

8月　永坂昭（東京）、安原幸彦（弁護士）ギリシャ、アクロポリス行動に参加。

9～10月　代表委員・伊東壮ら九人、中国政府に核兵器廃絶を要請。**団員**＝葉山利行（長崎）、田中熙巳（宮城）、加陽正雄（岡山）、安藤賢治（東京）、小久保福隆（埼玉）、池田精子（広島）、是佐武子（埼玉）、松本光正（医師・埼玉）

10月　専門委員・岩佐幹三ら七人、英国政府に核兵器廃絶を要請。英国各地遊説。**団員**＝竹内一作（山口）、山田拓民（長崎）、飯田マリ子（東京）、杉山秀夫（静岡）、江崎利勝（福岡）、園田久子（医師・東京）

10月　肥田舜太郎ら五人、フランス政府に核兵器廃絶を要請。各地で遊説活動。**団員**＝山口美代子（長崎）、加陽正雄（岡山）、山田玲子（東京）、阿部静子（広島）

11月　山口仙二、小西悟、米ソ首脳会談（ジュネーブ）に派遣。

一九八六（昭和61）年

4月　山口仙二、下平作江（長崎）、太田安子（富山）、梅原澄子（神奈川）、米国二九都市で遊説。

5月　伊東壮、斉藤義雄、「核戦争阻止と平和のための第二回ソ連科学者大会」（モスクワ）に参加。

5月　ネバダでの核実験反対行動へ吉元トキ子（東京）を派遣。

7～8月　ソ連第九回国際学生学校に早田一男

八六年から八七年にかけて、日本被団協は米ソ核実験再開にたいする抗議行動をたびたび組織するとともに、ギリシャ、イタリア、ドイツなど六カ国へのべ一二回、一二九人の代表を送り、被爆の実相普及につとめた。

日本被団協はSSDⅢを迎えるにあたって、エネルギーの多くをその成功にそそいだ。

「88文書」を力に　「八五年被団協調査」の石田忠によるまとめ報告をもとに編集したパンフレット『原爆被爆者の訴え』（「88文書」）が力を発揮した。

八八年三月、核保有五カ国の大使館へ核兵器廃絶国際協定締結を迫る要請行動を行ない、四月には山口仙二、小西悟が、NGO軍縮特別委員会主催の「軍縮フォーラム」ジュネーブに参加した。両人は「88文書」を提出し、核兵器被害の恐ろしさと廃絶の緊急性を強調した。この主張は、最終文書（SSDⅢへの提言）の中に、「核兵器廃絶の緊急性をもりこんでほしい」という文言として書き加えられた。

四月、「88文書」の日本語版と英語版が発行され、核兵器の恐ろしさ、反人間性をあらためて世界に知らせるうえに大きな力となった。五月には、パンフレット『HIBAKUSHA』スペイン語／ポルトガル語版を発行して、発行部数の合計はこの時点で一二万部に達し、約一二〇カ国へ頒布・普及した。

SSDⅢ　SSDⅢは八八年五月三一日～六月二五日に開催された。伊東壮ら二四人の代表団が、「核戦争おこすな、核兵器なくせ」の悲願を胸に、活発な国連行動を展開した。

SSDⅢのNGOデー（六月八日）には、伊東が日本代表団と日本被団協を代表して演説した。原水禁国民会議代表として参加した代表委員・伊藤サカエも、同じ会場で核兵器の廃絶を訴えた。代表団は、数班に分かれて三九カ国の国連代表部を訪問して、核兵器廃絶を訴えた。一〇万人のラリー（大衆集会・六月一一日）に参加し、国連への要請行動を終えた代表は、その後もニューヨーク、サンフランシスコ、ボストン、ワシントンで市民への遊説活動を行なった。

八八年四月、国際反核法律家協会が結成された。オランダ・ハーグで開かれた結成総会には、核兵器廃絶運動に取り組んできた弁護士、法律家とともに、山口仙二と横山照子（長崎）が参加した。このとき、核兵器の犯罪性を国際司法裁判所に問う「世界法廷運動」が提起された。

英訳『あの日の証言』の普及　八九年一〇月、

（福岡）参加。

8月　ギリシャ「平和の10日間」行動へ杉山秀夫参加。

9月　小西悟ら四人、ギリシャ・クレタ島での国際平和セミナー参加。**団員**＝吉元トキ子（東京）、横山照子（長崎）、伊藤直子（事務局）

9～10月　谷口稜曄、下平作江、飯田マリ子、寺沢茂（東京）の四人、米国遊説。

10月　伊藤サカエ、伊藤直子、ソ連タシケントでのアジア太平洋地域婦人平和セミナー参加。

10～11月　ギリシャ女性平和行動へ代表派遣。土田康、谷光友子（通訳）

一九八七（昭和62）年

5月　伊東壮、中国平和軍縮協会との懇談のため北京訪問。

6月　伊藤サカエら、モスクワでの世界婦人会議参加。**団員**＝横山照子、坂本キミ子（福岡）、山田玲子（東京）、伊藤直子

10月　肥田舜太郎、加陽正雄、イタリア、ドイツ遊説。

一九八八（昭和63）年

4月　NGOフォーラム・ジュネーブへ代表派遣。山口仙二、小西悟。

4月　国際反核法律家協会結成総会＝オランダ・ハーグ。山口仙二、横山照子参加。

5月　パンフレット『HIBAKUSHA』スペイン語／ポルトガル語版を発行（発行部数合計一二万部、約一二〇カ国へ頒布）。

6月　伊東壮ら二四人の代表団をSSDⅢへ派遣。**団員**＝安井晃一（北海道）、下平作江（長崎）、

「八五年被団協調査」にもとづく報告『あの日の証言』（その1、その2）を英訳出版し、各方面へ普及した。

同じ一〇月、田中熙巳ら日本被団協代表五人は日青協、日本生協連の若者とともに、国連やアメリカ国務省を訪問して『あの日の証言』を届け、核兵器廃絶を訴えた。彼らはさらにニューヨーク、ワシントン、ボストンでさまざまな平和団体に『あの日の証言』を届け、交流した。ボストンでは平和行進に参加して、出発集会で全員が体験を証言した。ワシントンでは、日本原水協代表団とともに国務省軍備管理軍縮局を訪問、アメリカの核政策転換と核兵器全廃を要請した。要請にたいし国務省は、アメリカの政策を説明するにとどまった。

(2) 湾岸戦争に反対する運動

被爆四五周年と湾岸戦争の危機　被爆四五周年にあたる九〇年、日本被団協は、原爆被害への国家補償を求める対政府要求運動にエネルギーをそそいだ。

九〇年八月、イラクがクウェートに侵攻し、湾岸危機が高まった。日本被団協はただちに核戦争の危険を警告し、イラク政府にクウェートからの即時撤退を要求した。同時に、日米をふくむ関係諸国と国連、世界世論に向けて、「核戦争おこすな、核兵器なくせ、中東に被爆者をつくるな」「紛争を平和的な手段によって解決するためにあらゆる努力をつくせ」と訴えて、たびたび街頭行動や署名集めを行なった。

一〇月、一一月にはイラク、米国と核保有国政府に湾岸戦争の平和的解決へ努力を要請するため、首脳あて書簡を携えた代表団が在日大使館を訪ねて懇談した。

湾岸戦争　九一年一月、アメリカが主導する多国籍軍のイラク攻撃、いわゆる湾岸戦争が始まった。ミサイルによるいっせい攻撃のすさまじい映像がテレビ画面に流れた。被爆者は、今にも核兵器が使われるのではないかと心臓の凍る思いを味わった。

日本被団協は湾岸戦争開始にさいし、「湾岸戦争を即時停止せよ、生物・化学兵器、核兵器を使うな、使わせるな」と街頭行動を精力的に展開し、国連、核保有国、湾岸諸国、日本政府と世界の平和組織へ、同趣旨の文書を送った。

チェイニー発言　二月、米国防長官リチャード・チェイニーが「トルーマン大統領の原爆投下決定は正しかった」と発言した。原爆の残虐性、非人道性を否定するとともに、イラクでの

遠藤泰生（愛知）、横川嘉範（東京）、小林貴子（福岡）、山下久代（東京）、米内幸子（山梨）、是佐武子（埼玉）、小笹壽（埼玉）、板垣幸三（新潟）、堀田シズエ（埼玉）、小長谷睦夫（静岡）、森原正生（広島）、鈴木真喜雄（愛知）、太田安子（富山）、久保浦寛人（広島）、石橋京子（広島）、吉山秀子（長崎）、広瀬方人（長崎）、伊藤直子（事務局）、西崎文子（通訳）、石田昌隆（通訳）、高橋純平（通訳）

8月　ギリシャ・アクロポリスアピール行動に早田一男（福岡）参加。

9～10月　肥田舜太郎、西ドイツ各地を遊説。

一九八九（平成元）年

2月　山口仙二、米国ユージーンでの第四回非核自治体会議に参加。

3～4月　米国ボストン地区遊説。**団員**＝肥田舜太郎、下平作江（長崎）、加陽正雄（岡山）、竹下肥潤（東京）、杉戸縫子（愛知）、吉永正子（福岡）

8月　西山進（千葉）、米国オークリッジでの平和行動に参加。

10月　日青協、日本生協連の若者と共に国連、NGOなどに『あの日の証言』を届ける代表団、ニューヨーク、ワシントン、ボストン遊説。**団員**＝田中熙巳（宮城）、遠藤泰生（愛知）、山田玲子（東京）、下平作江（長崎）、花山典子（福岡）、篠田真理子（通訳）

一九九〇（平成2）年

8～9月　ウクライナ・キエフを訪問、チェルノブイリ原発事故犠牲者と交流。**団員**＝代表理事・山田拓民（長崎）、山田玲子、中山高光（熊本）、

核兵器使用の可能性も選択肢に入れ使用の正当化をねらったものとして、チェイニー発言は被爆者の激しい憤激をかった。被団協は、全国でいっせいに湾岸戦争の即時停止を訴えて、さまざまな形の宣伝・抗議行動を展開した。

「あるべき慰霊施設」の調査　九一年、死没者への補償を求める日本被団協の要求をはぐらかす意図で、国は原爆死没者追悼平和祈念館を建設する計画を打ち出した。そこで、「あるべき慰霊施設」の調査を行なう目的で、一〇月、事務局長・斉藤義雄ら五一人がヨーロッパの関連施設を訪問した。まずポーランドのアウシュヴィッツを訪問し、ポーランド、オランダ、フランスのナチス犠牲者、戦争被害者と交流した。現地での見学、生存犠牲者との交流のあと、フランス・パリのレジスタンス博物館、オランダ・アムステルダムのアンネ・フランクの家（博物館）を訪問し、各地で平和愛好者たちと親しく交わった。

6　世界法廷運動と被爆五〇年シンポジウム（一九九二〜九五年）

(1)　世界法廷運動（WCP）発足

世界法廷運動発足会議　被爆五〇周年（一九九五年）が近づくにつれて、核兵器廃絶条約を求める動きが国際的にも強まった。

九二年五月、IPB（国際平和ビューロー）、IPPNW（核戦争防止国際医師会議）、IALANA（国際反核法律家協会）の主催するWCP（世界法廷運動）発足の会議がスイスのジュネーブで開かれ、肥田舜太郎、小西悟の二人が参加して、それぞれ三〇分を超える特別報告を行なった。

WCPは、国連の一つの機関であるICJ（国際司法裁判所）にたいし、「核兵器の使用と威嚇が国際法にてらして違法かどうか」の判断を求め、核兵器廃絶の世論形成の足がかりにしようとするNGOの運動である。原爆投下から五〇年近い間、これが国連規模で問題にされることがなかったこと自体、被爆者にとって不満

森原正生（広島）、本間章（東京・医師）ほか

10月　小西悟と谷口稜曄ら、IPPNWドイツ支部総会に参加。

一九九一（平成3）年

9月　谷口稜曄（長崎）、下平作江（長崎）、山本守（福岡）、黒田美和（通訳）、ドイツ一〇都市を訪問遊説。

10月　事務局長・斉藤義雄ら五一人、アウシュヴィッツ（オシフィエンチム）を訪問。帰路フランス・パリのレジスタンス博物館、オランダ・アムステルダムのアンネ・フランクの家（博物館）を訪問。各地で平和愛好者たちと交流。

団員＝杉山秀夫（静岡）、山本英典（東京）、中島美智子（東京）、筒井雪路（東京）、須藤叔彦（群馬）、中島清子（熊本）、笠真弓（熊本）谷岡房江（石川）、西本多美子（石川）、土田康（神奈川）、下平作江（長崎）、中山高光（熊本）、中山真弓（熊本）、岩佐幹三（石川）、岩佐寛子（石川）、杉戸縫子（愛知）、田辺聡子（東京）、森原正生（広島）、谷口稜曄（長崎）、高見正明（長崎）、長浜光芳（長崎）、古川信（茨城）、永尾寿孝（東京）、里村リキ（事務局）、辻山妙子（事務局）、村田未知子（東友会事務局）、黒田美和（通訳）

一九九二（平成4）年

5月　小西悟、肥田舜太郎、WCP発足会議に参加。

8月　「ノーモア・ヒバクシャ国民のつどい」（広島）で、米国被爆退役軍人、ネバダ実験被害者、旧ソ連セミパラチンスク、マーシャル・ロンゲラップ、フランス領ポリネシアの核実験被害者と

のもとだった。

原爆犯罪告発を求める　ＷＣＰ発足総会の会場には、各国の平和運動家とともに、法律家、科学者、医師など一五〇人ほどが参加していた。主として法律家たちから「核兵器の使用は違法だが、保有することまで違法とはいえない」という論調がかなり強く流れていて、報告を翌日にまわされた二人はいらだっていた。

翌日、肥田と小西は、被爆の体験と実相にもとづいて、核兵器がいかに反人間的な兵器であるか、それを保有し他国を威嚇することがいかに重大な反人間的な行為であるかを語り、原爆投下を人類史上例を見ない重大な戦争犯罪として告発するよう求めた。

ヒバクシャの国際連帯も　この時期の国際活動はＷＣＰをめぐり多岐にわたった。

九三年五月、カザフスタン・セミパラチンスク訪問・調査。

七月、ネバダ風下地区訪問調査、実験被害者との交流。

八月には、長崎で旧ソ連（セミパラチンスク、アルタイ）、米国（ネバダ、退役軍人）、マーシャル、ポリネシアの核実験被害者と国際交流懇談会を開催し、共同アピール「核兵器被害者から世界へ」を採択した。

これらはＩＣＪを視野においた行動だったが、同時に、ＷＣＰ発足を契機として、国際的な被爆者・ヒバクシャの連帯強化をめざす、重要な動きでもあった。国際交流懇談会の共同アピールはその後英訳され、一〇月から一一月にかけて国連加盟一八二カ国政府と平和団体へ送られた。

一〇月には、山口仙二が米国ニューヨークで行なわれたＷＣＰ主催の国連行動、ボストンでの討論集会に参加した。

一二月には、国連加盟一八二カ国元首に核兵器廃絶国際条約の締結をもとめる要請文を送った。

ＷＣＰ日本センターを設立　九四年、日本被団協は世界法廷運動の成功のために大きな力を注いだ。四月、日本国際法律家協会、核兵器廃絶をめざす関東法律家協会と共同で「世界法廷運動日本センター」を設立した。日本センターは、核兵器の使用と威嚇の違法性についての民間陳述書を発表し、各国大使館へ核兵器廃絶を要請するとともに、日本政府には民間陳述書を国際司法裁判所に提出するよう要請した。

五月、日本センターは「民間陳述書」を、ＩＣＪ、国連加盟一八二カ国、ＷＨＯ（世界保健機関）と世界の平和組織へ送った。

交流。

一九九三(平成5)年

5月　セミパラチンスク訪問。**団員**＝小西悟、森原正生（広島）、聞間元（医師・静岡）、高橋純平（通訳）

7月　ネバダ風下地区（セント・ジョージ市）訪問。実験被害者と交流し、被害状況を聞き取り調査。**団員**＝小西悟、谷口稜曄（長崎）、森原正生（広島）、高橋純平（通訳）

幅広い国民運動へ　日本生協連は運動を全面的に支持し、IALANAの提唱した「世界法廷プロジェクトを支持する公的良心の宣言」署名（ICJに提出）を強力に推進、組合員に運動への参加を呼びかける大量のパンフレットを発行するなど、日本センターと行動をともにした。この動きに多くの団体、個人が加わり、世界法廷運動は幅広い国民運動に発展した。

日本政府文書に抗議　六月、ICJへ提出する日本政府陳述書に「原爆投下は必ずしも国際法違反とはいえない」という主張のあることが報道機関によって明らかにされ、世論の大きな反撃を受け、国会でも問題となった。日本被団協は独自に、また日本センターも、外務省、首相官邸へ強力に抗議し、世論を動かして、政府に問題部分を削除させることに成功した。首相・羽田孜が国会答弁で削除を言明した。

(2)　被爆五〇年国際シンポジウム

国際シンポジウムを提唱　九四年五月、日本被団協はジュネーブNGO軍縮特別委員会ビューロー会議に小西悟を派遣し、被爆五〇年国際共同行動の一環として、「広島・長崎の原爆被害と核軍拡競争による被害の実態および被爆者・被害者の補償・救済と核兵器廃絶」をテーマに、九五年七、八月に日本で国際シンポジウムを開くことを提唱した。日本側で準備委員会をつくることを前提に、NGO軍縮特別委員会（会長＝フランス退役軍人会代表ウルガフト）が共同主催者として全面的協力を約束した。

九五年初め、日本被団協はIPB（国際平和ビューロー）から二度目のノーベル平和賞候補推薦の栄誉を受けた。

日本準備委員会発足と国際共同行動　九五年二月、日本被団協が重要な一翼を担った被爆五〇年国際シンポジウム日本準備委員会が結成された。世界各地の平和団体は原爆投下五〇周年にあたり、いっせいに「ヒロシマ記念」行事を企画し、日本被団協に被爆者派遣を要請してきた。

四月、国連でNPT再検討会議が開かれた。あわせて国際共同行動「世界法廷運動セミナー」、「国際市民集会」（ニューヨーク）が展開された。

エノラ・ゲイ展示問題　同じころ、六月開館予定のスミソニアン航空宇宙博物館（ワシントン）が計画した原爆展の企画内容に、退役軍人会と上院が介入していた。館長マーティン・

一九九四(平成6)年

8月　中山高光（熊本）、カザフ・セミパラチンスク核兵器被害者国際会議参加。

8月　事務局次長・山本英典、三宅信雄（東京）、西岡洋（神奈川）ら、韓国を訪問、韓国原爆犠牲者追悼式に参加し交流。

一九九五(平成7)年

5月　ドイツ平和協会のよびかけによる「ヒロシマ50年、反核平和キャンペーン」へ肥田舜太郎を派遣。一二都市で遊説活動。

6～7月　英国CNDの招待により、「ヒロシマ50年、反核平和キャンペーン」へ山田玲子（東京）、下平作江（長崎）、森原正生（広島）を派遣。ロンドンなど一三都市を遊説。

6月　米国平和運動の要請に応え渡米。スミソニアン航空宇宙博物館によるエノラ・ゲイ展示計画に抗議し、首都ワシントンをはじめ、ニューヨーク、コネティカット、ロードアイランド、マサチューセッツ、フィラデルフィアで遊説活動。**団員**＝事務局次長・小西悟、三宅信雄（東京）、吉永正子（福岡）、吉兼実（東京）、三輪博志（長崎）

8月　山本英典（東京）、山下久代（東京）、御堂義之（兵庫）、米国各地での「ヒロシマ・ナガサキデー」行動へ派遣。

8月　韓国原爆犠牲者追悼式へ、代表理事・飯田マリ子、川畑芳也（福岡）、坂本フミエ（長崎）を派遣、交流。

10月　国連軍縮週間にあたり中山高光（熊本）、中山真弓（熊本）、西本多美子（石川）、東シゲノ（石川）が参加。国連要請と米国遊説。

11月　ハーグの世界法廷に傍聴参加――代表委

ハーウィットは更迭され、原爆展は内容を大幅に変更されて、「被害」の部分を抹殺した「エノラ・ゲイ展示」に変えられた。

米国内でもガー・アルペロビッツら八人の歴史家が、「原爆展を開くなら原爆投下の歴史的意義について客観的評価をふくむものにすべきであり、米国の『栄光』賛美に終始するような展示に反対である」という趣旨の共同声明を発するなど、世論は騒然としていた。

エノラ・ゲイ展示にたいしては、米国最大の反核平和団体、ピース・アクションを中心に、AFSC（アメリカフレンズ奉仕委員会）、FOR（宥和会）など大小さまざまな組織が名を連ねた「九五年連合」がいっせいに異議を唱え、反対運動を組織した。SANE／FREEZE（九三年「ピース・アクション」に改名）も、これまで基本姿勢としてきた「核兵器の凍結」を捨て、「核兵器廃絶」を方針に掲げるにいたっていた。

感動の安井演説　航空宇宙博物館は、エノラ・ゲイ展示の開会を当初予定の六月一四日から一週間延期すると発表した。

ニューヨーク行動に派遣されていた日本被団協代表団は、予定どおり一九日帰国せざるをえなかった。開会までなんとしても日本被団協代表が一人残ってほしいという「九五年連合」のたっての要請があり、小西に代わって代表理事・安井晃一が急きょワシントンを訪問し、エノラ・ゲイ展示開会にあたっての抗議行動に参加した。

開会当日、アルペロビッツと並んで演説した安井は、原爆がもたらした惨劇のすさまじさと原爆投下の犯罪性を鋭く告発し、全米のマスコミ、ミニコミの注目を集めた。ちょうど米国滞在中で通訳をつとめた西崎文子（現成蹊大教授）は、安井演説に「しびれるような感動を覚えた」と語った。

九五年国際シンポ広島で開催　七月三一日から八月一日、日本被団協が共同提唱者となった被爆五〇年国際シンポジウムが広島で開かれた。シンポジウムは、世界法廷運動を視野に入れて、原爆投下の犯罪性＝「核兵器は人間に何をしたか」を具体的な被害の実態に即してえぐり出し、七七年の被爆問題国際シンポジウムの成果をさらに大きく推しすすめるものとなった。日本準備委員会はその成果を、日・英二カ国語の冊子にまとめた。

員・伊東壮、同・山口仙二、伊東久代（山梨）、西山辰雄（三重）、吉元トキ子（東京）、寺沢茂（東京）、伊藤直子（事務局）。帰路、パリへ。

ＩＣＪ「勧告的意見」発表を傍聴（次ページ参照）。
国際司法裁判所前に積み上げられた署名。中央に飯田マリ子代表理事（1996.7）

7　国際司法裁判所（ＩＣＪ）の勧告的意見から　ハーグ・アピール平和集会へ（一九九六〜九九年）

(1)　ＩＣＪの勧告的意見

ハーグ国際法廷開かれる　核兵器の違法性を裁く世界法廷は一九九五年一〇月〜一一月、オランダ・ハーグの国際司法裁判所（ＩＣＪ）で開かれた。

世界法廷では、日本をはじめ、各国政府の代表が陳述した。日本政府が証人として同道した広島市長・平岡敬、長崎市長・伊藤一長は、政府の思惑とは逆に、原爆被害の残酷さ、非人道性を実例と写真で示し、法廷に強烈な印象を与えた。インドネシア代表は「被爆五〇年国際シンポジウム報告書」を裁判所に提出、全裁判官に手渡した。

日本被団協は伊東壮、山口仙二ら七人を派遣した。代表団はハーグでの法廷傍聴や平和行動のほか、フランスのパリで核実験に抗議する街頭行動にも参加し、街頭で「原爆と人間展」などを展示し反響を呼んだ。

高まる世論　長年にわたって議論されてきたＣＴＢＴ（包括的核実験禁止条約）がようやく日の目を見ようとしていた九六年、核保有国は「条約ができないうちに」競って地下核実験を強行し始めた。日本被団協は「かけこみ実験」に抗議し、核兵器廃絶国際条約の締結こそ人類生存のための緊急課題であることを訴えた。

三月、日本被団協は、「被爆五〇年国際シンポジウム報告書」を各国大使館へ届け、核兵器のすみやかな廃絶を求めた。

ＩＣＪの結論　核兵器廃絶国際条約を求める世論が急速に高まるなかで、ＩＣＪは九六年七月八日、「原爆の使用と威嚇は一般的には人道法、国際法にてらして違法」と断定した。ヒロシマ・ナガサキから半世紀、ここに初めて、核兵器の法的違法性が公的国際機関によって宣告された。

半面、この勧告的意見には「国家の存続が危ぶまれるような危急な事態のもとで、核兵器の使用と威嚇が国際法に違反するかどうかについ

一九九六（平成8）年

4月　アメリカ、ネバダでの「核兵器廃絶サミット」へ山田拓民（長崎）、森原正生（広島）らを派遣。核実験被害者らと交流。

5月　小西悟（東京）、田川時彦（東京）の二人、ニュージーランド六都市を遊説。

7月　代表理事・飯田マリ子、ハーグの国際司法裁判所の「勧告的意見」発表を傍聴。（7月8日、「原爆の使用と威嚇は一般的には違法」の判決）

8月　田中熙巳（埼玉）、須藤叔彦（群馬）、中山高光（熊本）、中山真弓（熊本）、太田安子（富山）、田辺俊三郎（東京）、西岡洋（神奈川）、西岡泰二の八人、ワシントン、ボルチモアなど米国一四州二四市で遊説活動。

8月　代表理事・楠本熊一（和歌山）、石飛力（東京）、下平作江（長崎）、が韓国被爆者協会主催の韓国原爆犠牲者追悼式参加。

10月　チェルノブイリ原発事故一〇年にあたって、被曝医療調査のためリトアニアへ肥田舜太郎、斉藤紀（医師）、高草木博（日本原水協）、伊藤直子（事務局）参加。

一九九七（平成9）年

3月　中山高光、中山真弓ら、ネバダ「地球の傷を癒す春のつどい」に参加。

8月　土田圭示（岡山）、上野敏子（宮崎）、片桐隆三（広島）、米国首都圏遊説、平和団体と交流。

8月　代表理事・中谷亘（山口）、韓国被爆者協会主催の韓国原爆犠牲者追悼式に参加。

11月　米国首都圏ヒロシマ・ナガサキ平和委員会ルイーズ・フランクリン・ラミレス、ジョン・スタインバック夫妻来日。

ては判断しない」という但し書きがついており、被爆者にとっては釈然とせず、不満の残るものであった。

クリストファ・ウィラマントリー（スリランカ出身、ＩＣＪ副所長）など三人の判事は「いかなる状況・理由があろうとも違法である」という絶対的違法説に立って右の判断に反対した。日本政府を代表する判事・小田滋は「原爆投下は国際法違反とはいえない」として反対した。結局、判事の意見は七対七の賛否同数となり、議長決済によって採択された。

広島・長崎への原爆投下が国際法違反の違法行為であったことが事実上確認され、これらの判断が、諮問をした国連総会に勧告的意見として提出された。

アメリカ被爆証言ツアー始まる　九六年八月、アメリカのワシントンＤＣで反核運動に取り組んでいる首都圏ヒロシマ・ナガサキ平和委員会は、アメリカン大学の日本人留学生の協力をえて、ヒバクシャを招請して米国内で証言させる運動を始めた。

このとき、田中熙巳（埼玉）ら八人が訪米し、四班に分かれて証言を行なった。田中はニューイングランド四州を遊説し、バーモント州では一時間のラジオ・トーク番組に出演、聴取者に感動を与えた。この証言は、多くのタウンミーティングで核兵器廃絶が決議されることにつながり、さらに、アメリカではじめての州議会上院、下院での核兵器廃絶決議に大きく発展した。

ヒロシマ・ナガサキ平和委員会の招きによるこのアメリカ被爆証言ツアーは、在米日本人の協力をえながら、今日まで継続して行なわれている。

(2)「原爆と人間展」パネルと実相普及

「原爆と人間展」　九七年、日本被団協は新しい宣伝資料として「原爆と人間展」パネル（四〇枚セット）を日・英両国語で作成し、内外に普及することに力をつくした。日本生活協同組合連合会はこれをさまざまな外国語に翻訳、各県の単位生協が送り主となり、国際的生協運動拠点を通して世界各地に送り届ける運動を、精力的に推しすすめ、大きな反響をえた。

インドへの実相普及　ＣＴＢＴ（包括的核実験禁止条約）は九六年九月、国連総会で締結されたが、批准を拒否したアメリカとロシアが九七年七月、地下核実験を強行した。九八年五月には、インド、パキスタンが地下核実験を行な

一九九八(平成10)年

7〜8月　上本重雄（埼玉）、木原千成（山口）、向井宏子（神奈川）、山田ヤスエ（長崎）の四人、アメリカ遊説。首都圏とニュージャージー、ペンシルベニアで活動。

一九九九(平成11)年

5月　ハーグ「世界市民平和会議」に代表参加。**代表団員**＝坪井直（広島）、肥田舜太郎（埼玉）、小西悟（東京）、山本英典（東京）、須藤叔彦（群馬）、田中熙巳（埼玉）、恩田結可（愛知）、木村緋紗子（宮城）、谷岡房江（石川）、西本多美子（石川）、中田喜重（石川）、三宅信雄（東京）、山田玲子（東京）、山下久代（東京）、松谷英子（長崎）、中田裕子（石川）、伊藤直子（事務局）

8月　安井晃一（北海道）、田辺俊三郎（東京）、米田チヨノ（東京）、田丸正夫（東京）、仁木巌雄（宮崎）、近藤正六（千葉）の六人米国（首都圏、ニュージャージー、ニューイングランドの三コース）遊説。

8月　代表理事・中山高光、韓国被爆者協会主催の韓国原爆犠牲者追悼式に参加。

12月〜二〇〇〇年1月　中山高光、中山真弓、「ミレニアム2000・平和への道を歩む」集会（ネバダ）に参加。

二〇〇〇(平成12)年

4月　核兵器不拡散条約（ＮＰＴ）再検討会議にあたって、被爆者の訴えを伝えるため小西悟を国連へ派遣。

5月　ＮＧＯ「ミレニアム・フォーラム」代表団派遣。**団員**＝田中熙巳、森原正生（広島）、西山進

い核兵器保有国となった。

このことは、核兵器の恐ろしさが世界の人びと、大国の指導者にさえ知られていないことを改めて思い知らせ、日本被団協はアジアへの実相普及にいっそう力をそそぐ必要性を痛感することになった。

九九年一月、小西悟が原水爆禁止世界大会実行委員会の代表団の一員としてインドを訪問した。大統領ナラヤナンをはじめ、前首相グジュラール、国民会議派党首ソニア・ガンジーなど主要な野党要人たちに核兵器廃絶を要請したあと、一五市町村を遊説し、熱狂的な歓迎を受けた。

ハーグ・アピール平和集会　第一回ハーグ平和会議（ハーグ条約締結）一〇〇年を記念して、九九年五月一二日～一五日に、ハーグ世界市民平和会議（ＨＡＰ）がオランダのデン・ハーグで開かれた。日本からもさまざまなＮＧＯが独自企画を持って参加した。

日本被団協からは代表委員・坪井直ら一八人（被爆二世、事務局を含む）が、「つたえようヒロシマ・ナガサキ」の共同代表団に加わって参加、「原爆と人間展」の展示を企画した。「グローバル被爆者集会」（ＡＦＳＣ企画）、平和行進など多彩なハーグ行動のあと、ウィーン、ロンドン、アウシュヴィッツの三コースに分かれて遊説活動を行なった。

8　ＮＰＴ再検討会議、ＮＧＯミレニアム・フォーラム、二〇〇五年の運動へ（二〇〇〇～〇五年）

(1)　核廃絶へ「明確な約束」

アボリション２０００　二〇〇〇年の国際的な核廃絶運動は、ＮＧＯの「核兵器廃絶２０００年運動」（アボリション２０００）の結節点として展開され、ＮＡＣ（新アジェンダ連合。加盟国＝スウェーデン、メキシコ、ニュージーランド、エジプト、ブラジル、南アフリカ、アイルランドで構成）や非同盟諸国と連携し、二〇〇〇年ＮＰＴ再検討会議で保有国から核兵器廃絶の約束を取りつけることをめざして展開され

（福岡）、山本英典（東京）、仁木巖雄（宮崎）、横山照子（長崎）、寺沢茂（東京）、西本多美子（石川）、平田道正（東京）、伊藤直子（事務局）

8月　アメリカ東部（ワシントン、ニュージャージー、ミシガン）へ、三宅信雄（東京）、益子賢三（茨城）、朝長民子（熊本）、田島幸江（熊本）、福島啓子（熊本）を派遣。

8月　代表理事・葉山利行（長崎）が韓国原爆犠牲者追悼式に参加。

11月　小西悟、横川嘉範（東京）、谷口稜曄（長崎）をドイツへ派遣。三人は、ハノーファー、ノトゥルン、オルデンブルク、ダルムシュタット、ジンデルフィンゲン、ボンの六都市訪問。証言と交流。

二〇〇一（平成13）年

1月　中山高光（熊本）、中山真弓（熊本）、遠藤泰生（愛知）、米国被爆退役軍人会主催「ネバダ核実験開始50周年記念行事」に参加。

3月　横山照子（長崎）、南アフリカ（ケープタウン）での「戦争に反対し、平和をもとめる世界女性法廷」に参加、二一カ国三六人の証言者の一人として証言。

5月　ギリシャ（アテネ）で開かれた国際会議「こども―戦争の犠牲者、平和の使者」へ、肥田舜太郎、松谷英子（長崎）、西本多美子（石川）、伊藤直子が参加。会議の後アイルランド（ダブリン）へ移動して証言、交流。

8月　山重幸（埼玉）、戸瀬英男（東京）、天野文子（東京）、原桂子（千葉）、米国ワシントン、ニュージャージーで遊説。

8月　事務局長・田中熙巳、韓国原爆犠牲者追悼

た。

二〇〇〇年NPT再検討会議　日本被団協は二〇〇〇年四月～五月に開かれた国連本部でのNPT再検討会議に小西悟を派遣して、米国代表ほか各国政府代表たちに核兵器の緊急廃絶を強く訴えた。

NPT再検討会議は、NACの奮闘で、「自国の核兵器の完全な廃絶を達成するという明確な約束」をふくむ、NPT第六条（核軍縮義務）履行のための実際的措置一三項目からなる最終文書をつくりあげた。核兵器廃絶を求める世界世論の歴史的な勝利だった。世界中の核兵器廃絶運動に大きな希望を与えた。

ミレニアム・フォーラム　またこの年五月二二日～二六日、国連事務総長コフィ・アナンの提案による「NGOミレニアム・フォーラム」が国連本部で開かれた。日本被団協は田中熙巳ら一〇人が「つたえようヒロシマ・ナガサキ共同代表団」に加わって渡米し、核兵器の緊急廃絶を訴えた。フォーラム終了後、代表団はボストン、ワシントンDCで実相普及活動をおこなった。

二〇〇一年二月、IPB（国際平和ビューロー）により、日本被団協がノーベル平和賞候補に推薦された。二一世紀の幕開けをかざる三度目の光栄であった。

「21世紀被爆者宣言」　六月、日本被団協第四六回定期総会は「21世紀被爆者宣言」を発表して「核兵器も戦争もない」二一世紀をめざしてたたかいつづけることを誓った。

(2) 9・11同時多発テロ後の世界

9・11同時多発テロ　二〇〇一年、ジョージ・W・ブッシュが四三代大統領となって共和党政権が誕生し、前政権からの課題だった「核態勢見直し」が発表されて、「使いやすい小型核兵器」の研究開発が明らかにされた。また、〇二年に発表した「国家安全保障戦略」（ブッシュ・ドクトリン）は、核兵器の先制使用も選択肢に入れた戦略構想だった。

核をめぐる情勢が急激に変化するなかで、南アジアではカシミール地方の占有権をめぐるインド、パキスタンの紛争がくすぶりつづけ、またも核兵器の使用があやぶまれた。そんな時期にアメリカで、世界を震撼させる事件がもちあがった。

二〇〇一年九月一一日、ニューヨークとワシントンDCで同時に突発した「同時多発テロ」である。米大統領ブッシュは「テロにたいする

式に参加。

12月　事務局次長・小西悟、山田拓民（長崎）、北島滋子（東京）、9・11同時多発テロ直後のワシントン、ボストン、ニューヨーク（国連）訪問、各地で証言。国連では、軍縮局、公報局と国連本部での原爆展開催について協議。

二〇〇二(平成14)年

4月　小西悟、国連NPT再検討会議準備委員会傍聴と要請面談。

5月　小西悟、グラフィックデザイナー高間豊と国連訪問。国連本部での原爆展について軍縮局担当官と懇談。

6月　小西悟、再度原爆展について軍縮局担当官と懇談のため国連訪問。

8月　米国遊説。森原正生（広島）、林田康二（東京）、千田博章（和歌山）、柿田富美枝（長崎）ら、ワシントンDCとニュージャージーで遊説。

8月　代表理事・葉山利行、韓国原爆犠牲者追悼集会に参加。

10月　肥田舜太郎、米国ワシントン州ハンフォードの核兵器製造工場とその風下地域に入り、住民の被害と環境汚染の実情を調査。

二〇〇三(平成15)年

6月　小西悟、国連訪問。国連本部での原爆展について軍縮局担当官と懇談。

8月　中西英治（東京）、宮永龍馬（岩手）、上田紘治（東京）、斉藤政一（岩手）ら、オマハSTRATCOM緊急集会、ワシントン、ニュージャージー遊説。

8月　代表理事・西山進（福岡）、韓国原爆犠牲者

報復戦争」を宣言、首謀者オサマ・ビン・ラディン率いる国際武装テロリストのネットワーク「アルカイダ」をかくまっているとして、アフガニスタンのタリバン政権壊滅をめざして、大規模な軍事攻撃にとりかかった。

アフガン侵攻とイラク戦争 日本被団協は「アフガン戦争反対」と「核兵器廃絶」の緊急性を訴えた。

〇一年一〇月七日の空爆から始まったアフガン侵攻は、圧倒的な軍事力により約二カ月で終わったが、市民に多大の犠牲を負わせた。アメリカはタリバン政権を崩壊させた後も居すわっただけでなく、イラン、イラク、北朝鮮を「悪の枢軸」と呼んで自己を正当化した。ブッシュはまた、イラクの大統領サダム・フセインが大量破壊兵器を隠しもっていると主張、しばしば核兵器の使用をほのめかして被爆者と世界の人々を不安に陥れた。

〇三年三月、世界世論の厳しい批判を受けながら、国連憲章と国際法を無視し、ついにイラクにたいする本格的な戦争へとつき進んだ。イラク戦争は、いつ終わるとも知れぬ泥沼戦争の様相を見せている。

(3) 二〇〇五年の大運動

〇五年NPT再検討会議 このような核兵器と戦争をめぐる情勢の急変は、高齢化した被爆者を落胆させるどころか、ますます熱く核兵器廃絶へとかり立てた。

〇五年のNPT再検討会議（五月二日～二七日）は、二〇〇〇年の会議での「明確な約束」をどう発展させられるかに注目が集まった。日本被団協も世界の反核・平和勢力も、関係諸国への働きかけに全力をつくした。〇二年、〇三年、〇四年の三回の準備委員会では、核保有国と非核保有国、とくに新アジェンダ連合、非同盟諸国との間で激論がかわされた。しかし、思わしい進展が見られないまま、〇五年NPT再検討会議を迎えた。

国連原爆展とニューヨーク行動 〇五年は被爆六〇周年でもあった。日本被団協は〇一年いらい、国連本部での原爆展開催を計画し、さまざまな困難を克服して〇五年、NPT再検討会議期間中の開催にこぎつけることができた。国連原爆展は五月二日から二七日まで、国連本部一般訪問者ロビーと地下会議室連絡通路わきの二カ所で開いた。

追悼式に参加。

9月 事務局長・田中熙巳、国連訪問。原爆展について軍縮局と打ち合わせ。ワシントンでのルイーズ・フランクリン・ラミレスさん追悼式に参列。

9月 西本多美子（石川）、クラスノヤルスク訪問、核実験被害者と交流。

12月 田中熙巳、西野稔（東京）、山田拓民（長崎）、朝長民子（熊本）ワシントン訪問、エノラ・ゲイ展示反対行動。

二〇〇四(平成16)年

1月 事務局次長・小西悟、中山高光、中山真弓（熊本）、銀林恵美子（東京）がインド・ムンバイでの世界社会フォーラム（16日～21日）に参加、各種会合で証言。これに先立ち小西、ピースボートに乗船して、船内集会で証言。

3月 西本多美子（石川）、コスタリカ訪問遊説。

4～5月 事務局次長・小西悟、谷口稜曄（長崎）、山田玲子（東京）、平田道正（東京）、NPT再検討会議準備委員会にあたって各国代表に核兵器廃絶の努力を要請。あわせて国連本部での原爆展について軍縮局に協力を要請。

6月 スペイン、バルセロナ「社会フォーラム」に加良谷恵美子（埼玉）、伊藤直子（事務局）が参加。

7月 事務局長・田中熙巳、ボストンでの「社会フォーラム」に参加。

8月 米国首都圏とニュージャージー遊説に木戸季市（岐阜）、河野次男（東京）、原田秀一（埼玉）、小峰秀孝（長崎）が参加。

8月 代表理事・須藤叔彦（群馬）、韓国原爆犠牲

日本被団協はこのNPT再検討会議に三六人の代表を派遣、日本生活協同組合連合会、日本反核法律家協会と共同代表団を構成して諸行動を行なった。国連代表部には原爆被害の実相を訴え、ニューヨークのNGOや市民と交流を深めた。

代表団は国連原爆展での証言、NPT会議参加国の国連代表部への働きかけのほか、八班に分かれて市内、近郊で市民へ向けて証言活動、ワークショップで発言など、のべ五〇回を超すめまぐるしい活動は、さながら「ヒバクシャ・ハリケーン」ともいうべく、各国NGO代表をはじめ、アメリカの市民の注目を集めた。

五月一一日のNGOセッションでは、事務局次長・小西悟が峠三吉「にんげんをかえせ」を引用しながら各国代表を前に五分間の報告を行ない、多くの喝采、称賛をえた。NPT再検討会議の公式日程と別に緊急に総会場で開催された四日のNGOセッションでは、原水爆禁止日本協議会、連合（日本労働組合総連合会）などが署名を提出、広島・長崎両市長が平和市長会議を代表して訴え、オノヨーコが発言した。田中熙巳事務局長が被爆者の訴えを行なった。

国際市民会議　ニューヨークの熱気は七月末、東京での国際市民会議へと大きく燃え上がった。日本被団協は多くの団体・個人の支持のもとに、原爆投下から今日に至る核犯罪を裁く国際市民法廷を開催することを数年来模索していた。広範な団体と個人による実行委員会によって提案が受け入れられ、名称は「ノーモア　ヒロシマ・ナガサキ国際市民会議」とすることになったが、「原爆投下の犯罪性を裁く」という趣旨は貫かれた。

七月二九日〜三一日、ノーモア　ヒロシマ・ナガサキ国際市民会議が東京で開催され、のべ二五〇〇人の参加で大きな成功をおさめた。

会議は、広島・長崎への原爆投下が人類史上最も凶悪な戦争犯罪であったことを、最近の研究成果をふまえて明らかにした。同時に、アジア諸国から見た原爆と日本の戦争責任、加害の問題が日本、中国、韓国の専門家を交えて討議され、原爆犯罪を追及するうえで、日本の加害責任を明確に確認することが、アジアをふくむ国際世論の形成にとって避けて通れない重要課題であることが確認された。

元ICJ副所長クリストファ・ウイラマントリーは、最終文書（宣言）の起草委員長役をつとめるなど、重要な役割を果たした。「宣言」は「広島、長崎の被害と苦痛は人類史上空前かつ比類なきものであった」とし、原爆投下の違法

者追悼式に参加。

二〇〇五（平成17）年

2月　事務局次長・小西悟、米ミズーリ州セントルイスで開かれた「全米平和・正義連合」年次総会に参加。被爆者の要求とたたかいを報告。

4月　事務局次長・小西悟、メキシコの首都メキシコシティで開かれた非核地帯加盟国会議に参加し、報告。

4〜5月　NPT再検討会議（4月29日〜5月5日）に坪井直ら被団協代表団三六人が参加、ニューヨーク市内と近郊で一斉に証言活動。

団員＝田中熙巳、小西悟、平田道正（東京）、木村緋沙子（宮城）、波多野明美（宮城）、田辺俊三郎（東京）、山田玲子（東京）、南薗優子（東京）、塚本美知子（東京）、大岩孝平（東京）、上田紘治（東京）、須藤叔彦（群馬）、中村雄子（神奈川）、久保ヨシミ（神奈川）、佐藤良生（神奈川）、網崎万喜男（神奈川）、下春不二男（愛知）、遠藤泰生（愛知）、清政文雄（広島）、武田靖彦（広島）、池田精子（広島）、畠山裕子（広島）、中村澄子（広島）、加百智津子（岡山）、上川仁（福岡）、谷口稜曄（長崎）、下平作江（長崎）、田中重光（長崎）、児玉三智子（千葉）、中山高光（熊本）、中山真弓（熊本）、伊藤直子（事務局）、欠塚道子（事務局）、柳谷洋子（通訳）、榊原恵美子（事務局補佐）

5月2日から27日まで、国連本部一般訪問者ロビーと地下通路脇で原爆展を実施。

5月11日　NPT会議NGOセッションに、小西悟、世界のNGO一六人の一人として報告。峠三吉の「にんげんをかえせ」をおりこみ、感動を呼ぶ。

6月　中西英治、スペイン、マドリッド、バルセ

性と犯罪性を鋭く追及した。

被爆者運動の新しい高まり　国連原爆展、国際市民会議、米国各地、ヨーロッパ遊説、そして国内の大集会（一〇月一八日・九段会館）と、被爆六〇年の大運動では被爆者の力が遺憾なく発揮された。二〇〇〇年NPT再検討会議からここまで、原爆症認定集団訴訟など国内の運動とあわせ、日本被団協にとってかつてなく多様で壮大な課題に立ち向かった五年間であった。〇五年、日本被団協総会の活動報告は、この間の活動をまとめて「被爆者運動はいま新しい高まりを迎えている」とした。

ノーベル賞委員長が名指しで評価　こうした日本被団協のねばり強く精力的な活動は、国際的にも高い評価を受けた。ノーベル平和賞受賞団体であるアメリカフレンズ奉仕委員会ほか多くの団体、個人によって、とくに実相普及・体験証言の取り組みが評価され四度目になる推薦を受け、〇五年秋には、有力候補としてノーベル平和賞にノミネートされた。「今年こそ受賞か」と最終段階までマスコミを賑わした。受賞は逸したが、さきにものべたように一二月、オスロで開かれた授賞式でノーベル委員会委員長ウーレ・ダンボルト・ミエスは被爆者と被団協を称賛する演説をした。「NIHON HIDANKYO」は日本語のまま世界に通用する名称となった。

さらに新しい地平を　〇六年は、日本被団協結成五〇周年の節目だった。記念すべき年にあたり、二〇〇六年の日本被団協運動方針は、「被団協運動のさらに新しい地平を開く行動」の一つとして、在日大使館総当りの要請行動をうちだし、計画をすすめた。

〇六年六月には、イラクのクルド人居住地区（かつてフセイン政権のもとで毒ガス攻撃を受け、多数の被害者がいまも苦しんでいる地域）でフリージャーナリスト玉本英子の手で「原爆と人間展」が開かれ、大きな感動と共感を呼んだ。八月、ヒロシマ・ナガサキ祈念行事に際してアメリカ東部（首都圏、ニュージャージー）への遊説に二班四人、カリフォルニアの核兵器開発施設リバモア研究所への抗議行動に一人を派遣するなど、実相普及活動はつづいている。

ロナで証言活動。

7月　ベルギー平和団体「母なる大地のために」呼びかけの平和行進（26日～8月10日）に佐藤良生（神奈川）が参加。

8月　イタリア平和運動の呼びかけで、池田精子（広島）がゲジ、パドヴァ、アビアノでの行動に参加。

8月　アメリカ「ヒロシマ・ナガサキ60周年祈念行事」に小西悟がテキサス、カリフォルニア（リバモア）で、中西英治がオークリッジで、上田紘治（東京）と橋田昌子（熊本）がロス・アラモスでの行動に参加。

8月　韓国原爆犠牲者追悼式に福岡の被爆者上川仁が参加。

9～10月　イタリア・ルッカ国際会議に池田精子（広島）が参加。

被爆60年アメリカ遊説　平和行進で先頭を歩く中西英治事務局次長（2005.8）

［特別稿 3］

被爆者援護と補償をめぐる裁判の歩み

A 東京原爆裁判から原爆症認定訴訟へ

(1) 東京原爆裁判
―原爆投下は国際法違反

一九五五年四月、広島の被爆者下田隆一ら五人が岡本尚一弁護士を代理人として、国を相手に東京地裁に損害賠償とアメリカの原爆投下を国際法違反とすることを求めて訴訟を提起した。被爆者に対して国がなんらの援護も行なわずに放置していた時期のことである。

東京地裁は、一九六三年一二月に判決を言い渡した。

判決は、原告の請求を棄却したが、「アメリカ軍による広島・長崎への原爆投下は国際法に違反する」とし、「被爆者個人は損害賠償請求権を持たない」が、「国家は自らの権限と責任において開始した戦争により、多くの人々を死に導き、障害を負わせ、不安な生活に追い込んだのである。しかもその被害の甚大なことは、とうてい一般災害の比ではない。被告がこれに鑑み十分な救済策を執るべきことは、多言を要しないであろう。それは立法府および内閣の責務である。本訴訟をみるにつけ、政治の貧困を嘆かずにはおられない」と述べている。

この裁判は、その後、被爆者援護施策や原水爆禁止運動が前進する大きな役割を担った。訴訟提起後の一九五七年に「原子爆弾被爆者の医療等に関する法律」が制定され、判決後の世論の高まりもあり、一九六八年九月には「原子爆弾被爆者に対する特別措置に関する法律」が施行されたのである。

(2) 桑原原爆訴訟

一九六九年三月、広島の被爆者桑原忠男が、原爆症認定却下処分の取消しを求めて提訴（広島地裁）した裁判。

一・三キロで被爆した桑原は脊椎円錐上部症候群で認定申請をしたが、一九七三年、広島地裁、一九七九年には広島高裁が、疾病と被爆との因果関係を認めず敗訴。

(3)　石田原爆訴訟

一九七三年五月、広島の被爆者石田明が、原爆白内障の認定却下処分の取消しを求めて、広島地裁に提訴した裁判。

国は、爆心地から〇・七キロで被爆した石田の白内障が原爆放射線によるものであることは認めたが、原爆白内障の治療法は水晶体摘出手術しかないと主張。一九七六年七月の判決では、「白内障の治療は手術だけでなく、点眼薬治療でも有効」とし、石田の勝訴となる。この訴訟は「要医療性」が争われた裁判であった。

(4)　原爆松谷裁判

一九八八年九月、長崎の爆心地から二・四五キロで被爆した松谷英子が「右半身不随麻痺」の認定却下処分の取消しを求めて、長崎地裁に提訴した裁判。

一九九三年五月、長崎地裁は、「原告の治癒能力が原子爆弾の放射能の影響を受けている」また、「DS86と閾値理論だけで、放射能の影響を否定することは科学的でない」として、原告勝利の判決を言い渡した。国はこの判決を不服として福岡高裁に控訴。

福岡高裁は、一九九七年一一月、「原子爆弾の被害の甚大性、原爆後障害症の特殊性、法の目的、性格等を考慮すると決定用件のうち放射線起因性の証明の程度については物理的、医学的観点から「高度の蓋然性」の程度にまで証明されなくても、被爆者の被爆時の状況、その後の病歴、現症状等を参酌し、被爆者の傷害、疾病が原子爆弾の傷害作用に起因することについての「相当程度の蓋然性」の証明があれば足りるとして国の控訴を棄却した。

国の上告を受けた最高裁は、二〇〇〇年七月、「相当程度の蓋然性」さえ立証すれば足りとする福岡高裁の判断は法解釈の誤りであるとし、「訴訟上の因果関係の立証は、一点の疑義も許されない自然科学的証明ではないが、経験則に照らして全証拠を総合検討し、特定の事実が特定の結果発生を招来した関係を是認し得る高度の蓋然性を証明することであり、その判定は、通常人が疑いを差し挟まない程度に真実性の確信を持ち得るものであることを必要とすると解すべき」としたが、原審の放射線の起因性

京都地裁判決を報道する各紙
(1998.12.12)

と要医療性を認める論拠を具体的に検討して、原告の認定を相当とし、国の上告を棄却した。提訴から一二年、松谷英子の原爆症認定が確定した。

(5) 京都原爆訴訟

一九八六年一〇月、広島の爆心地から一・八キロで被爆した小西建夫が、京都地裁に提訴した裁判。

小西は、被爆直後から原爆ぶらぶら病に苦しみ、白血球減少症と肝機能障害で認定申請をしたが、却下となる。

一九九八年一二月の京都地裁判決は、「原爆放射能起因性の証明は他の可能性より相対的に高ければよく、却下する場合には明確に他の可能性を示さなければならない」として、二つの疾病とも認定すべきだとした。しかし国は控訴。二〇〇〇年一一月大阪高裁は、白血球減少症のみを認定すべき、との判決を言い渡す。国は控訴を断念して判決が確定した。

(6) 東訴訟

一九九九年六月、長崎の爆心地一・三キロで被爆した東京在住の東数男が、東京地裁に提訴した裁判。

東は一九九四年二月、肝臓機能障害で原爆症の認定を申請。当時の厚生省は「C型肝炎である」ことを理由に一九九五年一一月、申請を却下。

二〇〇四年三月、東京地裁で勝訴。国は控訴したが二〇〇五年三月、東京高裁は、「肝機能障害が放射線起因性を有するか否かを判断するに当って、原爆放射線を被曝したことによって上記疾病が発症するに至った医学的、病理学的機序の証明の有無を直接検討するのではなく、放射線被曝による人体への影響に関する統計的、疫学的な知見を踏まえつつ、原告の被爆状況、被爆後の行動やその後の生活状況、原告の具体的症状や発症に至る経緯、健康診断や検診の結果等を全体的、総合的に考慮したうえで、原爆放射線被曝の事実が上記疾病の発生を招来した関係を是認し得る高度の蓋然性が認められるか否かを検討することが相当である」と、機械的判断を批判して、勝訴判決を言い渡した。

国は「最高裁で争うことは困難」として、上告を断念した。しかし、東は高裁判決を聞くことなく同年一月死亡した。

(7) 個別裁判から集団訴訟へ

日本被団協は、個人が提訴した原爆症認定却下処分取消しの裁判を通じて、原爆症認定制度の改善を求めた。石田明の「白内障訴訟」が勝訴したことによって、原爆白内障は手術以外の治療でも認定されることになった。しかしその後の松谷裁判、小西訴訟、東訴訟では、原告勝利で判決が確定したが、本人だけが認定されるにとどまり、制度の改善にはつながらなかった。松谷裁判の最高裁判決を受けて厚生労働省は、二〇〇一年五月、松谷本人でさえ認定されない基準をもりこんだ新たな「原爆症認定に関する審査の方針」を決定した。個別に一人一人が裁判を起こしていては、原爆症認定制度の改善にはつながらないことが明らかになった。

日本被団協は、松谷裁判、小西訴訟、東訴訟の三弁護団と検討を重ね、二〇〇一年一〇月、集団訴訟提訴運動を提起した。二〇〇二年七月九日には八都道府県七六人が原爆症認定申請を行なった。その後もたびたび一斉に認定申請を行ない、却下された場合に却下処分取消しを求めて、各地の裁判所に提訴することとなった。

最初の提訴は、二〇〇三年四月一七日、札幌、名古屋、長崎の地方裁判所への提訴。

裁判は、二〇〇六年五月の大阪地裁で九人全員が勝訴、つづいて八月四日には広島地裁で四一人全員勝訴の判決が言い渡された。

二〇〇七年一月には仙台地裁、三月二〇日には仙台地裁、二二日には東京地裁、七月三〇日には熊本地裁で判決が言い渡された。判決はいずれも現行の原爆症認定基準である「審査の方針」を批判し、入市被爆者や遠距離で被爆した原告も認定すべきとしている。しかし、国はすべての判決に対して控訴した。二〇〇七年一二月現在、一五地裁、六高裁で、二九八人の原告が提訴して裁判をたたかっている。

二〇〇七年八月五日、安倍晋三首相は、相次ぐ国敗訴の判決を受け、広島で被爆者代表を前にして「原爆症認定の在り方の見直し」を厚生労働大臣に指示した。

厚生労働省は、省内に「原爆症認定の在り方に関する検討会」を設置した。しかし、一二月一七日に提出された「報告」は現行の原爆症認定に関する審査の基準の多少の手直しにとどまり、関係者から大きな批判があがった。

日本被団協は、二〇〇六年から原爆症認定制度の抜本改善の政治解決をめざして、国会議員の賛同署名獲得に力をいれ、各党に原爆症認定問題での議員懇談会などの設置を要請した。

これに応え、自民党、民主党、公明党、共産党のそれぞれに議員懇談会、対策委員会などが設けられた。自民党は政調会のもとに「小委員会」を設置、委員会は二〇〇七年八月三〇日、「原爆被爆者対策に関する小委員会提言」を発表、「原因確率」の廃止などを打ち出した。その後、原爆被爆者対策に関する与党プロジェクトチームが発足して、被爆者、集団訴訟弁護団、医師ら専門家の意見聴取を行ない、一二月一九日に原爆症認定問題での提言を行なった。

B　在外被爆者訴訟

*

在外被爆者は、日本に来て被爆者健康手帳の交付を受けた場合に、日本に滞在している限りにおいて、健康診断、病気治療の医療費の給付、健康管理手当等の諸手当の支給が受けられることになっていた。これに対して、在外被爆者は「被爆者はどこにいても被爆者」と訴えて、厚生労働省に帰国後も手当を支給すべきだと要求していた。しかし、厚生省（当時）は、一九七四年七月に公衆衛生局長四〇二号通知で、「日本国の領域を越えて居住地を移した被爆者には、同法の適用がない」として、在外被爆者は法律を活用できなかった。

帰国後の手当支給打ち切りに対して、在韓被爆者が大阪地裁に提訴したことにはじまって、アメリカ、ブラジルの被爆者が、次々と提訴した。

(1)　孫振斗訴訟

一九七二年三月、韓国人被爆者孫振斗が、被爆者健康手帳の交付を求めて福岡県知事を提訴した裁判。

一、二審とも勝訴し、一九七八年三月、最高裁は福岡県の上告を棄却。判決は、「原爆医療法は、特殊の戦争被害について戦争遂行主体であった国が自らの責任によりその救済をはかるという一面をも有するものであり、その一点では実質的に国家補償的配慮が制度の根幹にあることは、これを否定することができないのである」と、孫の主張を認め、被爆者健康手帳を交付すべきであるとした。

以降、外国に居住している外国人被爆者でも、来日すれば被爆者健康手帳が、交付されることになった。

(2)　郭貴勲（クァククィフン）裁判

一九九八年一〇月、大阪府と国に「四〇二号通達は違法であり、韓国への帰国後も手帳は有効であり、手当を支給すべきだ」と大阪地裁に提訴。二〇〇一年六月大阪地裁は、「帰国後の健康管理手当打ち切り処分を取り消し、賠償金を支払え」と命じる判決。国は控訴。二〇〇二年一二月大阪高裁は賠償請求は認めなかったが、「被爆者援護法は国家補償的性格と人道的目的から、被爆者はどこにいても被爆者という事実を直視せざるをえない」と判決。国は上訴を断念して確定した。

(3)　李在錫（イジェソク）裁判

韓国に住む李が、原爆症認定被爆者としての、認定疾病が「治癒」したので、特別手当を申請した。しかし、日本に居住していないことを理由に申請を却下した処分をめぐって大阪地裁に提訴。二〇〇三年大阪地裁で、李の訴えを全面的に認める判決。大阪府が控訴を断念して確定した。

(4)　崔季澈（チェゲチョル）裁判

①　崔が韓国から健康管理手当の支給を申請したことに対し、長崎市長が却下した処分の取消しを求め、二〇〇四年二月提訴。二〇〇四年九月長崎地裁、二〇〇五年九月福岡高裁とも崔の訴えを認める。

②　二〇〇四年五月帰国によって打ち切られた過去の健康管理手当支給を求める提訴。二〇〇五年一二月、「時効は成立しない」として勝訴。長崎市が控訴。二〇〇七年一月福岡高裁は、「消滅時効が成立する」とされ上告。最高裁で審理中。

③　二〇〇四年七月崔は死去。これに伴って韓国から妻が葬祭料を申請。これも却下されたため提訴。二〇〇五年三月、長崎地裁は崔の訴えを認めるが長崎市が控訴。〇五年九月、先の健康管理手当支給裁判とあわせて、支給を認めるべきと判決。国は上告を断念。

(5)　在アメリカ被爆者裁判

二〇〇三年一二月に、アメリカ在住の被爆者と遺族四人が、居住地から健康管理手当、保健手当と葬祭料を広島市に申請したが、居住地が広島市でないことを理由に、却下された処分の取消しを求めて提訴した裁判。二〇〇五年五月広島地方裁判所は、四人の訴えをみとめた。広島市は控訴したが、二〇〇五年一一月から在外

ともにたたかう――（左から）米国原爆被爆者協会会長・倉本寛司、ブラジル原爆被爆者協会会長・森田隆、同事務局長・森田綾子

公館で各種手当の申請ができることになったため、取り下げて原告勝訴の判決が確定した。

(6) 在ブラジル被爆者裁判

①二〇〇二年三月ブラジル在住の被爆者が、帰国したことで健康管理手当の支給を打ち切った、広島県の処分を不服として提訴した裁判。

二〇〇四年一〇月広島地裁は、五年以前の健康管理手当支給は消滅時効が成立していると判決。提訴前五年までの健康管理手当は提訴後二〇〇三年三月に、「四〇二号通達」が廃止されたため支給されていた。二〇〇六年二月広島高裁は、「時効の適用は権利濫用となる」と広島地裁判決を取り消す判決。二〇〇七年二月最高裁は、広島高裁判決を是認する判決。

②在ブラジル手帳取得裁判。

諸手当の申請は、居住国から申請できるようになったが、被爆者健康手帳と原爆症認定申請は、いまだに日本にいないとできないまま。

ブラジルからの被爆者健康手帳申請を却下した処分の取消しをもとめた裁判。二〇〇七年七月、広島地方裁判所に提訴。

(7) 三菱広島・元徴用工損害賠償裁判

一九九五年、三菱広島の元徴用工（在韓被爆者）が、原爆三法の不適用などによる損害賠償を請求して広島地裁に提訴。二〇〇五年一月広島高裁は、原爆三法不適用による損害の発生を認め、国と三菱重工業に賠償を命じる判決。国が上告し、最高裁は二〇〇七年一一月、原告の主張を認め、上告を棄却した。

(8) 三菱元徴用工手帳・手当裁判

韓国に居住したまま被爆者健康手帳、健康管理手当を申請したが却下され、二〇〇五年六月に広島地裁に提訴した裁判。二〇〇六年九月、被爆者健康手帳は来日して取得したため、訴えの利益なしと却下判決。手当の処分取消し請求は、居住地から手当申請ができることになったため、取り下げた。

(9) 李康寧（イカンニヨン）裁判

李裁判は二〇〇一年一二月に長崎地裁で全面勝利した。二〇〇三年二月の福岡高裁判決でも、手当の継続支給については勝利した。しかし、手当の支給義務者が自治体にあるとする国側の主張を認めた判決に抗議し、国の責任を求めて最高裁に上告した。〇六年六月、最高裁は支給義務は自治体にあると判決した。

在外被爆者李康寧訴訟（2001.12）

〔規約と定款〕

日本原水爆被害者団体協議会規約

＊一九八一年六月二一日、第二六回定期総会で改定

第一条　この会は、日本原水爆被害者団体協議会（日本被団協）と呼び事務所を東京に置きます。

第二条　この会は、全国都道府県の原水爆被害者団体をもって組織します。

第三条　この会は、原水爆被害者が団結し、助け合って、多くの人々の協力のもとに、医療・生活、その他の問題を解決し、あわせて原水爆の被害を世界に訴えることにより、再びこのような惨事をくり返さないように平和のため原水爆禁止運動を行うことを目的とします。

第四条　役員は代表委員三名、事務局長一名、事務局次長若干名、代表理事若干名、理事若干名、会計一名、会計監査二名とします。

役員の任期は一年とし、再任をさまたげません。任期中欠員を生じた場合は、後任を選出し、その任期は前任者の残存期間とします。

顧問は功労のあった者を総会において推薦し、決定します。

理事は各都道府県より各一名（広島・長崎は三名）選出します。

代表理事は各ブロック、広島、長崎、東京、大阪より一名選出し総会で承認します。

代表委員、事務局長、事務局次長、会計監査は総会で選出し、会計は代表理事会が委嘱します。

第五条　代表委員はこの会を代表します。

事務局長は日常業務の執行を担当します。

事務局次長は事務局長を補佐し、事務局長に事故あるときにはその職務を代行します。

代表理事はブロックを代表し、会務の執行にあたります。

理事は総会に出席して、議案を審議決定し、都道府県でその方針にもとづく運動の展開にあたります。

会計は経理を担当します。

会計監査は会計を監査し、総会に報告します。

第六条　総会は本会の最高決議機関で、毎年一回開かれ、その構成は加盟団体の代表者（理事）及び代表委員、事務局長、事務局次長、代表理事、会計、会計監査をもってあてます。また必要に応じ臨時総会を開くことができます。

代表理事会は必要に応じて開かれ、その構成は代表委員、事務局長、事務局次長、代表理事とします。

総会の議事は各都道府県の代表者（理事）の出席者の過半数の賛成で決めます。

顧問は総会・代表理事会に出席できます。また必要に応じて、機関の諮問に応じることができます。

総会及び代表理事会へのオブザーバーの出席はさまたげません。

各会議の招集は、代表委員、事務局長の連名で行います。

また代表理事会はそのもとに、中央相談所、専門部、委員会などをおき、理事の中から担当者（担当理事）を委嘱するこ

とができます。担当理事は必要に応じて代表理事会に参画します。

第七条　財政は、会費、事業収入および寄付金をもってあてます。

会費は一口年額千円の基準で各団体が負担します。口数については別に定めます。

会計報告は監査をうけ、総会の承認を必要とします。

第八条　会計年度は四月一日より始まり翌年の三月三一日に終わります。

第九条　規約の改正は総会の承認を受けなければなりません。

第一〇条　規約は一九八一年六月二一日より実施します。

付記　第四条の内規　ブロックは次の八ブロックとする。

北海道、東北、関東甲信越、東海北陸、近畿、中国、四国、九州

（規約は、一九五六年八月一〇日結成総会で採択され、以後総会などにより数回の改正を経ているが、収録したのは一九八一年改定の現行規約である。）

社団法人日本被団協原爆被爆者中央相談所定款

第一章　総　則

（名　称）

第一条　この法人は、社団法人　日本被団協原爆被爆者中央相談所という。

（事務所）

第二条　この法人は、事務所を東京都港区芝大門一丁目三番五号におく。

（目　的）

第三条　この法人は、原爆被爆者（以下被爆者という）の相談に応じ、必要な指導、助言その他被爆者の援護に必要な活動を行い、もって被爆者の福祉の増進を図ることを目的とする。

第四条　この法人は、前条の目的を達成するために、次の事業を行う。

(1)　被爆者の健康管理、医療、生活、法律に関する相談事業

(2)　被爆者の援護に関する講習会の開催及び啓蒙指導に関する事業

(3)　被爆者援護に関する印刷物の出版に関する事業

(4)　その他この法人の目的を達成するため必要と認めた事業

第二章　会　員

（種　別）

第五条　この法人の会員は、次の三種とする。

(1)　正会員　被爆者団体の代表者その他の役員及び都道府県被爆者相談所の代表者並びに被爆者問題の有識者

(2)　賛助会員　この法人の目的に賛同し、入会した個人又は団体

(3)　名誉会員　この法人に功労があった者又は学識経験者で総会において推薦されたもの

（会　員）

第六条　正会員及び賛助会員は、総会において別に定める会費を納入しなければならない。

（入　会）

第七条　正会員ならびに賛助会員になろうとする者は、入会申込書を理事長に提出し、理事会の承認を得なければならない。

（退　会）

第八条　正会員が第五条第一号に定める資格を喪失した場合は当然退会したものとする。

2　賛助会員は、退会しようとするときは理事長に届け出なければならない。

3　会員が死亡し、又は解散したときは、退会したものとみなす。

（除　名）

第九条　会員が次の各号のいずれかに該当するときは、総会において総会員の四分の三以上の議決により、これを除名することができる。

(1)　所定の会費を三年以上納入しないとき

(2)　この法人の名誉を損し、又はその設立の趣旨に反する行為をしたとき

（拠出金品の不返還）

第一〇条　退会し、又は除名された会員が既に納入した会費その他の拠出金品は、返還しない。

第三章　役　員

（種別及び員数）

第一一条　この法人に、次の役員をおく。
(1)　理　事　長　　　一人
(2)　常務理事　　　一人以上二人以内
(3)　理事（理事長及び常務理事を含む）　　九人以上一一人以内
(4)　監　　事　　　二人
（役員の選任）
第一二条　理事及び監事は、正会員のなかから総会の議決により選任する。
2　理事長及び常務理事は、理事の互選とする。
3　理事及び監事は、相互に兼ねることができない。
（職　　務）
第一三条　理事長は、この法人を代表し、業務を統括する。
2　常務理事は、理事長を補佐して常務を処理する。理事長に事故あるとき、あらかじめ理事長が指名した順序により、常務理事がその職務を代理する。
3　理事は理事会を構成し、会務の執行を決定する。
4　監事は、民法第五九条の職務を行う。
（任　　期）
第一四条　役員の任期は、二年とする。ただし、補欠役員の任期は、前任者の残任期間とする。
2　役員は、再任されることができる。
3　役員は、辞任した場合又は任期満了の場合においても、後任者が就任するまでは、その職務を行わなければならない。
（解　　任）
第一五条　役員に、役員としてふさわしくない行為があったときは、総会の議決により、解任することができる。

第四章　会　　議

（種　　別）
第一六条　この法人の会議は、総会及び理事会の二種とし、総会は通常総会及び臨時総会とする。
（構　　成）
第一七条　総会は、正会員をもって構成する。
2　理事会は、理事をもって構成する。
（権　　能）
第一八条　総会は、この定款に別に規定するもののほか、次の事項を議決する。
(1)　事業計画の決定
(2)　事業報告の承認
(3)　その他この法人の運営に関する重要な事項
2　理事会は、この定款に別に規定するもののほか、次の事項を議決する。
(1)　総会の議決した事項の執行に関すること
(2)　総会に付議すべき事項
(3)　その他総会の議決を要しない業務の執行に関する事項
（開　　催）
第一九条　通常総会は、毎年年度終了後三ヶ月以内に開催する。
2　臨時総会は、理事会が必要と認めたとき、又は正会員の三分の一以上、若しくは監事から会議の目的たる事項を示して請求があったとき開催する。
3　理事会は、理事長が必要と認めたとき又は理事の三分の一以上から会議の目的たる事項を示して請求があったとき開催する。

（招　集）
第二〇条　会議は理事長が招集する。
2　総会を招集するには、正会員に対し、会議の目的たる事項及びその内容並びに日時及び場所を示して、開会の日の少なくとも五日前までに文書をもって通知しなければならない。
（議　長）
第二一条　総会の議長は、その総会において、出席した正会員のなかから選任する。
2　理事会の議長は、理事長がこれに当たる。
（定足数）

第二二条　会議は、総会においては正会員、理事会においては理事の二分の一以上の出席がなければ開会することができない。

（議　決）

第二三条　総会の議事は、この定款に規定するもののほか、出席正会員の過半数の同意をもって決し、可否同数のときは、議長の決するところによる。

この場合において、議長は正会員として議決に加わる権利を有しない。
2　理事会の議事は、出席理事の過半数の同意をもって決する。
（書面表決）
第二四条　やむを得ない理由のため会議に出席できない正会員又は理事は、あらかじめ通知された事項について、書面をもって表決し、又は他の正会員若しくは理事を代理人として表決を委任することができる。この場合において、前二条の規定の適用については、出席したものとみなす。
（議事録）
第二五条　会議の議事については、次の事項を記載した議事録を作成しなければならない。
(1)　会議の日時及び場所
(2)　会員又は理事の現在数
(3)　会議に出席した会員の数又は理事の氏名（書面表決者及び表決委員者を含む）
(4)　議決事項
(5)　議事の経過及び要領並びに発言者の発言要旨
(6)　議事録署名人の選任に関する事項
2　議事録には、議長及び出席した正会員又は理事のなかからその会議において選出された議事録署名人二人以上が署名しなければならない。

第五章　事務局

（事務局）
第二六条　この法人に事務局を置くことができる。
2　事務局に関し必要な事項は、理事会の議決を経て、理事長がこれを定める。

第六章　資産及び会計

（資産の構成）
第二七条　この法人の資産は、次に掲げるものをもって構成する。
(1)　会　費
(2)　寄附金品
(3)　事業に伴う収入
(4)　資産から生ずる収入

(5) その他の収入

（資産の管理）
第二八条　資産は、理事長が管理し、その方法は、理事会の議決により定める。

（経費の支弁）
第二九条　この法人の経費は、資産をもって支弁する。

（予算及び決算）
第三〇条　この法人の収支予算は、年度開始前に総会の議決により定め、収支決算は、年度終了後三ヶ月以内にその年度末の財産目録とともに監事の監査を経て総会の承認を得なければならない。

（暫定予算）
第三一条　前条の規定にかかわらず、やむを得ない理由により収支予算が成立しないときは、通常総会の日まで前年度の予算を執行する。
2　前項の収入支出は、あらたに成立した予算の収入支出とみなす。

（会計年度）
第三二条　この法人の会計年度は、毎年四月一日に始まり、翌年三月三一日に終る。

第七章　定款の変更及び解散

（定款の変更）
第三三条　この定款は、総会において正会員の四分の三以上の同意を経て、主務官庁の認可を得なければ変更することができない。

（解散及び残余財産の処分）
第三四条　この法人は、民法第六八条第一項第二号から第四号まで及び第二項の規定により解散する。
2　総会の議決に基づいて解散する場合は、総会員の四分の三以上の同意を得なければならない。
3　解散後の残余財産は、総会の議決を経、主務官庁の許可を得てこの法人と類似の目的をもつ他の団体に寄附するものとする。

第八章　雑　則

（委　任）
第三五条　この定款の施行について必要な事項は、理事会の議決を経て理事長が別に定める。

附　則

1　この法人の設立当初の役員は、第一一条第二項の規定にかかわらず、別紙役員名簿のとおりとし、その任期は、第一四条第一項の規定にかかわらず、昭和五四年三月三一日までとする。
2　この法人の設立初年度の事業計画及び収支予算は、第一八条第一項及び第二項第二号並びに第三〇条の規定にかかわらず、別紙事業計画書及び収支予算書とする。
3　この法人の設立当初の会計年度は、第三二条の規定にかかわらず、設立許可のあった日から昭和五三年三月三一日までとする。

日本被団協発行資料

タイトル	発行年	判型	頁数	頒価

パンフ

原爆被害の実相と被害者の苦しみ	1959年	B 6	55	
改正「原爆医療法」の手引	1960年			10円
討議資料「被爆者の救援」				20円
ヒロシマ 原爆と被爆者（広島県原爆被害者団体協議会共同発行）	1963年	B 6	24	
原爆被害の特質と「被爆者援護法」の要求（つるパンフ）	1966年	A 5	48	70円
22年の苦しみの中で原爆被爆者は何を訴えるか	1967年			
原爆被害者の要求（編集・東京都原爆被害者団体協議会）	1967年	A 6	11	
原爆被害者援護法案のための要求骨子	1973年			
原爆被害の本質と原爆被害者援護法の要求（抜粋）	1975年	B 5	28	
三つのほしょう－被爆者の要求と願い－	1978年	B 6	20	
基本懇答申についての見解	1980年	B 5	12	
いまこそ被爆体験継承の国民運動を	1981年	A 5	16	
国民法廷運動の手引き	1981年	B 5	12	
〝国民法廷大運動〟を全国各地に	1981年	B 5	98	
機関紙活動の手引き	1981年	B 5	5	
原爆と戦争を裁く小法廷シナリオ	1982年	B 5	17	
被爆者援護法のはなし—6問6答—	1983年	A 5	16	150円
ヒロシマ・ナガサキを語り継ぐために　語り継ぎ運動シリーズ1（被爆体験を語り継ぐ委員会共同発行）	1984年	A 5	22	200円
原爆被害者の基本要求	1984年初版 1992年改定版 2006年新版	A 5	23 新版 56	新版200円
「原爆被害者の基本要求」普及の手引き	1985年	B 5	11	
日本被団協30年のあゆみ	1986年	B 5	30	
生きているうちに核兵器廃絶と援護法を（絵ときリーフ）	1987年	A 5	8	50円
被爆者は原爆を「受忍」しない —二つの調査をふまえた「大運動」成功のために—	1987年	B 5	50	150円
あなたは核戦争を受忍できますか	1988年	A 5	16	150円
被爆者援護法20問20答	1990年	A 5	20	150円
国家補償の原爆被爆者援護法への改正運動について	1996年	B 5	15	50円
日本被団協40年のあゆみ	1996年	B 5	121	500円
アメリカの核の傘の広がりと日本	1998年	A 5	34	200円
被爆者運動15問15答	2001年初版 2006年改訂版	B 5	33	200円
証言活動のしおり	2003年	A 5	84	300円

報告書

11月中央大行動　報告集	1980年	B 5	44	
いま、被爆者が願っていること—「被爆者要求調査」報告書	1984年	B 5	44	500円
日本被団協「原爆被害者調査」第1次報告	1986年	B 5	43	500円
日本被団協「原爆被害者調査」第1次報告（解説版）	1986年	B 5	70	500円
11月大行動報告集	1987年	B 5	115	250円
日本被団協「原爆被害者調査」第2次報告 —原爆死没者に関する中間報告—	1988年	B 5	96	300円

原爆被害者の訴え（日本被団協海外向け報告・88文書）	1988年	B 5	14	50円
報告書　被爆者問題シンポジウム	1988年11月開催	B 5	80	
被爆50年日本被団協原爆被害者調査第１次報告書	1997年	B 5	25	
あの日の証言（その１）'85年被団協調査記述証言から	1988年	B 5	301	1000円
あの日の証言（その２）'85年被団協調査記述証言から	1989年	B 5	284	1000円
被爆者の死（その１）'85年被団協調査記述証言から	1989年	B 5	239	1000円
被爆者の死（その２）'85年被団協調査記述証言から	1989年	B 5	301	1000円
The Witness of Those Two Days　Vol.1	1989年	B 5	324	2500円
The Witness of Those Two Days　Vol.2	1989年	B 5	324	2500円
The Deaths of Hibakusha　Vol.1	1991年	B 5	188	2500円
The Deaths of Hibakusha　Vol.2	1991年	B 5	252	2500円
被爆者問題研究（１）	1990年	B 5	89	300円
被爆者問題研究（２）	1991年	B 5	104	600円
被爆者問題研究（３）	1993年	B 5	104	200円
被爆者問題研究（４）	1994年	B 5	111	500円
被爆者問題研究（５）	1995年	B 5	103	500円
被爆者問題研究（６）	1997年	B 5	96	500円
被爆者問題研究（７）（以下12号まで日本科学者会議と共同発行）	2000年	B 5	58	500円
被爆者問題研究（８）	2002年	B 5	116	500円
被爆者問題研究（９）	2003年	B 5	57	500円
被爆者問題研究（10）	2004年	B 5	96	500円
被爆者問題研究（11）	2006年	B 5	69	500円
被爆者問題研究（12）	2007年	B 5	61	500円
わたしの訴え	2005年	A 4	23	200円

写真・パネル

パンフ「HIBAKUSHA」（日英独語版、日英仏語版、英葡西語版、英伊エスペラント語版、英タイ／インドネシア語版）	1982年（日・英・独語版）～	B 5	18	300円
「原爆と人間展」パネル	1997年	B 2	40枚	60000円
「原爆と人間展」パンフ	1998年	B 6	39	200円
「原爆と人間展」パンフ（英語）	1998年	B 5	38	300円

機関紙など

機関紙「被団協」	1979年６月より月刊	タブロイド	4	年間1500円
日本被団協定期総会決定集	各年	02年度からA 4	38（2007年度）	2007年度150円
被団協連絡	1957年10月25日№１～1973年２月20日№82（№8,9,33,70,72,75を除き日本被団協に保存）	B 4	特別号を除き４～46頁	
被爆者ニュース資料	1973年№１～1980年№18	B 5	12～46	

第Ⅱ部

都道府県被団協史

凡　例

一、日本被団協に加盟する各都道府県被爆者組織は、それぞれ名称のつけ方が異なっている。「…被爆者の会」「…原爆被害者の会」などの名称をもつ組織も少なくないが、日本被団協と同様の「（県）原爆被害者団体協議会」と称している県が最も多く、通称として「各県被団協」という呼び方もされていることから、第Ⅱ部の表題は「都道府県被団協史」とした。

一、目次は、各組織の結成時期一覧表を兼ねるものとして、被団協史編集委員会で作成した。現在の名称が結成時の名称と異なる場合は、結成年月日の後に、結成時の名称を記した。

一、原稿は二〇〇六年一月に寄せられた。役員名などはその後追加されたものもある。それぞれの組織の原稿と写真は、各都道府県組織の責任で執筆・選定されたものをそのまま掲載した。分量は二ページを基準とした。用字・用語、仮名づかい等はそのままとしたが、見出し・中見出しの体裁、数字や送りがなについては、「第Ⅰ部　日本被団協史」の表記にならって最小限の統一をはかった。

一、掲載順は日本工業規格（ＪＩＳ）による都道府県コードに準じ、ブロック単位を考慮して一部順序を入れ替えた。山形県（県の組織としての機能が果たされていない）、徳島県（日本被団協を脱退し単独組織として存在している）の二県については、本文に記事はないが、目次兼都道府県組織一覧の終わりに、結成・再建時の名称を掲載した。奈良県の組織は二〇〇六年三月をもって解散しているが、日本被団協として再建を望んでいる事情もあるので、一〇年前に同会がまとめた文章に加え、解散の経過等についての日本被団協事務局長の注記を付して掲載した。

目次（兼・都道府県組織の名称、愛称、結成時と当時の名称一覧）

（社）北海道被爆者協会（一九六〇年六月二一日 北海道原爆被害者団体協議会結成）……376
青森県原爆被害者の会（青森ひばの会）（一九六〇年一一月二七日結成）……378
岩手県原爆被害者団体協議会（岩手県被団協）（一九五七年一月一三日 岩手県原爆被害者の会結成）……379
宮城県原爆被害者の会（はぎの会）（一九五八年一〇月二一日結成）……381
秋田県原爆被害者団体協議会（秋田県被団協）（一九六一年一一月一六日結成）……383
福島県原爆被害者協議会（福島県被爆協）（一九五八年四月一三日結成、一九八五年六月一六日再建）……384
茨城県原爆被爆者協議会（茨被協）（一九七五年二月結成）……386
栃木県原爆被害者協議会（栃木被団協）（一九五八年二月 原爆被害者同志会設立準備会結成）……388
群馬県原爆被災者の会（群友会）（一九五五年一二月一七日結成）……389
埼玉県原爆被害者協議会（しらさぎ会）（一九五八年結成、一九七三年再発足）……391
千葉県原爆被爆者友愛会（千葉県友愛会）（一九七一年二月二八日結成、市町村の会は一九五〇年代に結成）……392
東京都原爆被害者団体協議会（東友会）（一九五八年一一月一六日 東京都原水爆被害者団体協議会結成）……394
神奈川県原爆被災者の会（一九五五年一〇月 神奈川県被爆者友の会発足）……396
新潟県原爆被害者の会（新友会）（一九六六年七月二一日結成）……398
山梨県原水爆被害者の会（甲友会）（一九六五年結成）……400
長野県原爆被害者の会（長友会）（一九五六年二月五日結成）……401
富山県被爆者協議会（紀親会）（一九六〇年五月一五日 富山県原爆被害者協議会結成）……402
石川県原爆被災者友の会（石川友の会）（一九六〇年八月二一日結成）……404
福井県原爆被害者団体協議会（福井県被団協）（一九五九年八月二九日結成）……405
岐阜県原爆被爆者の会（岐朋会）（一九九一年五月一九日再建）……407
静岡県原水爆被害者の会（静岡県被団協）（一九五九年七月二六日結成）……409
愛知県原水爆被災者の会（愛友会）（一九五七年八月二五日結成、一九六七年一〇月二二日再建）……411
三重県原爆被災者の会（三友会）（一九七七年九月一一日結成）……413

滋賀県被爆者友の会（一九五八年三月一四日結成）……415
（社）京都府原爆被災者の会（京友会）（一九五六年結成）……417
（社）大阪府原爆被害者団体協議会（大阪原爆被団協）（一九五七年八月六日　大阪府原爆被害者の会結成）……420
兵庫県原爆被害者団体協議会（兵庫県被団協）（一九五六年一一月　兵庫県原爆被害者の会結成）……422
和歌山県原爆被災者の会（和友会）（一九六四年七月一九日結成）……424
鳥取県原爆被害者協議会（鳥取県被爆協）（一九五八年八月三日結成）……425
島根県原爆被爆者協議会（島根県被爆協）（一九六三年三月結成）……427
岡山県原爆被爆者会（一九五二年　岡山県原爆被害者会結成）……428
広島県原爆被害者団体協議会（広島県被団協）（一九五六年五月二七日結成）……429
山口県原爆被害者団体協議会（山口県被団協）（一九五七年一一月結成）……431
香川県原爆被害者の会（一九五七年一一月二三日結成）……433
愛媛県原爆被害者の会（愛被協）（一九五六年一月一一日結成）……435
高知県原爆被爆者の会（高知被団協）（一九五八年　高知県原爆被災者の会結成、一九六五年六月再建）……437
福岡県原爆被害者団体協議会（福岡県被団協）（一九五八年二月二日結成）……438
佐賀県原爆被害者団体協議会（佐賀県被団協）（一九六〇年二月一四日結成）……440
（財）長崎原爆被災者協議会（長崎被災協）（一九五六年六月二三日結成）……442
熊本県原爆被害者団体協議会（熊本県被団協）（一九五七年一一月三〇日　熊本県原爆被害者の会結成）……444
大分県原爆被害者団体協議会（大分県被団協）（一九五七年九月一五日結成）……446
宮崎県原爆被害者の会（一九六〇年三月三一日結成）……448
鹿児島県原爆被爆者協議会（一九六四年八月二日結成）……449
沖縄県原爆被爆者協議会（沖縄県被爆協）（一九六四年七月　沖縄原子爆弾被害者連盟結成）……450

奈良県原爆被害者の会（わかくさの会）（一九八五年五月二六日結成（第一回総会）、二〇〇六年三月三一日解散）……452
山形県原爆被害者の会（一九七八年再建、現在県全体の役員会が機能していない）
徳島県原爆被害者の会（一九六〇年結成、二〇〇一年日本被団協脱退、単独の会として存在）

（社）北海道被爆者協会

設立年月日　一九八七年三月一〇日
名　称　社団法人北海道被爆者協会
会　長　越智晴子
副会長　大畑茂徳、中村悦雄
常　務　服部十郎
理　事　糸沢定雄、久野剛、田口弘、中村治弘、真田保、佐藤茂、太田正芳、伊藤豪彦、宮本須美子、松本郁子
監　事　小野内勝義、児玉照世
現在会員数　一九九名
（役員、会員数は二〇〇五年現在）

社団法人北海道被爆者協会の沿革

一九五四年のビキニ環礁における第五福竜丸事件によって、原水爆禁止運動の声が高まり、中央では「日本原水爆被害者団体協議会（略称日本被団協）」が結成され、広島・長崎では原水爆禁止世界大会が逐年開催されるようになった。これに出席した酒城繁雄（後日、無核と通称）が同志と計らい、全道に呼びかけ、三十数名によって次の会が結成された。

名　称　北海道原爆被害者団体協議会
設立年月日　一九六〇年六月二一日
会　長　花田圭介
副会長　鈴木善助、黒田静雄
理事長　酒城繁雄
理　事　大畑茂徳、茅野博史、荻原栄松、松本郁子、井上明良、清野幸

この会は、一九八七年、現・北海道被爆者協会が発足するまで続いたが、歴代会長は次のとおりである。

初代・花田圭介、二代・荻原栄松、三代・高橋利一郎、四代・越智晴子

追々に会の目的も普及し、活動も活発化、会員数も多くなったので、拠点となる会館、土地を確保する必要があり、北海道の示唆もあって一九八六年から組織を社団法人化する運動が開始された。その結果、一九八七年三月一〇日、北海道認可の社団法人北海道被爆者協会が発足した。

設立時の人事は次のとおりだった。

会　長　越智晴子
副会長　松村宏
常任理事　酒城繁雄、安井晃一
理　事　片岡昭夫、駒ヶ嶺武、新田勉、中村悦雄
監　事　山吹智司、新見静男

爾来、会長は一貫して越智晴子が選任されている。

また、副会長は米永碩男、寺井喜三郎、大畑茂徳、中村悦雄が歴任した。

広島・長崎原爆資料展示館（ノーモア・ヒバクシャ会館）

一九九一年一二月、札幌市白石区平和通り一七丁目北に建設された国内唯一の民間の手になる原爆資料館である。

広島の原爆ドームを模した鉄骨ドームを屋上に頂いた三階建て。一階は事務所、二階は展示資料室。三階は視聴覚室および図書室と

ノーモア・ヒバクシャ会館

して使用されている。

　展示資料室には広島・長崎の被爆瓦などの被災資料、原爆パネルを常時展示しており、視聴覚室ではビデオの上映、語りべ活動、相談活動を行なっている。

　建設にあたっては、毎年行なわれている死没者追悼会の席上、被爆者の憩いの場が必要だとする道宗教者平和協議会の橋本左内の発言があり、（故）米永碩男、越智晴子、（故）酒城繁雄らが中心になって建設運動を進めた。建設にあたっては、国の内外から約五万人の寄付があったほか、（故）篠田トシ子氏の多大な協力があった。

　二〇〇五年一一月までの来館者数は二万五二五九人に上っている。

　来館者は一般見学者の他は主として、修学旅行や平和学習の道内小中高校生、女性団体、平和団体、道および市町村の社会課担当員等である。

北海道被爆者協会の主な事業

▽広島・長崎原爆資料展示館の運営

▽原爆死没者北海道追悼会

　平和団体の協力を得て、一九六五年、新善光寺で原水協、宗平協、市民生協、劇団さっぽろ、平和団体の支援で実施して以来、毎年八月六日に被爆者、遺族、関係者を招き、開催している。

▽原爆症認定訴訟への協力

　一九九六年に安井晃一が認定申請却下の処分の取り消しを求めて提訴。現在次の九人が集団訴訟を起こしているので、全面的な支援を行なっている。

〔提訴者〕安井晃一、館村民、柳谷貞一、加藤政子、浜田元治、星野禮子、佐賀晋二、藤井節子、金子廣子

▽語りべ活動

　時間と体力の許す限り、北海道内各地に赴き、活動を行なっている。

▽書籍の発刊・新聞の発行

　被爆者の体験集『被爆者の証言』を三次にわたって刊行した。

　なお、北海道平和委員会と協賛、共著の『北の被爆者』は第三集まで刊行。

　一九八〇年からは新聞「被団協」道内版を年六回発行している。

▽被爆者研修相談事業

　電話相談、来館相談をはじめ地方への出張相談。加えて随時研修を行なっている。

北海道被爆者協会の今後の課題

　一九七五年以降、原爆被害者対策事業と原爆死没者慰霊事業について、北海道から補助金を受けているが、補助金の年次削減と、高齢化による会員の減少により、今後の会館運営が危惧されるが、被爆の実相を語り継ぎ、会館を維持する必要性はますます重要になってきたのに鑑み、定款を改正し、非被爆者も正会員として後継者を育成し、事業を継続することとしている。

青森県原爆被害者の会
（青森ひばの会）

会創設の頃

一九六〇年八月に開催された第六回原水爆禁止世界大会に青森県弘前市より奈良義一氏が参加した際に、日本被団協が結成されていることを知りました。

すでに結成されていた岩手県被団協の斉藤義雄さんから、青森県に会を組織するようお話がありました。さっそく十川幸司氏に話して、会をつくりました。

まず県内の被爆者探しと被爆者手帳の交付申請をすすめることから始めました。一般的には広島・長崎の被爆者が青森県内には居るわけはないだろうと思われていて、それぞれの被爆者が住んでいる役所に行っても窓口で通じないことが多かったようです。しかし軍隊関係を主として調査活動を進めるうちにぼつぼつ判明し、その中には被爆者でありながら病気になっても手帳も交付されていないので苦労されている方もおられました。公務員等仕事の関係や子どもたちの結婚のために被爆者であることを伏せて手帳を取得していない方が多かったです。

初代役員　会　長　十川幸司
　　　　　副会長　藤田一男
　　　　　　　　　隅田嘉男
　　　　　事務局長　奈良義一

被爆者全国行脚の頃

一九六三年、原水爆禁止と被爆者援護法制定を訴える「折り鶴行脚」東北コースが一〇月八日、青森市蓮心寺に被爆者と諸団体代表や日蓮宗信者など五〇名が集まり出発しました。県内被爆者が姿を現して被爆の実相を訴え、県内各地を訪問し、県下に一〇〇名以上居る被爆者の実態も調査し、県内に散在していることを知らせて、画期的な成果を上げることができました。

自治体を行脚した後で、県の助成金が交付されるよう県議会に請願し、県議会の委員会で、被爆の実相と県内被爆者について現状を訴え、被爆者運動をするために五万円の助成金が交付されました。

国家補償による被爆者援護法制定促進決議と国会議員賛同署名は、県内でもあらゆる政党から協力が得られ、三分の二を超える議会で賛同促進決議が寄せられました。

被爆の実相と体験を語り継ぐ活動

被爆五〇周年を前に、このままでは青森県内に被爆者が居たこともいずれ記録に残らないことになってしまうという危機感から、半世紀経った今だからこそ、当時の被爆体験、その後半世紀の各々の人生を話してもらい、記録に残していこうと役員会で話し合いました。これまで三〇年来、会で相談活動を進めてきたので被爆者手帳所持者を把握していました。一〇〇名のうち八五名と連絡がとれ、そのうち六二名が被爆体験を話してくれることになりました。自宅へ訪問し、聞き書きによる方法で二年間かけて『青森県の被爆者～五十年後に語られた広島・長崎』体験集を発行することができました。

被爆者も仕事の引退の年齢を迎えた時期でもあり、戦後、今まで誰にも被爆体験を話したことがないという方が半数を占めました。五〇年も前の記憶は、鮮烈な記録として堰をきったように語られ、その後の人生に大きく影響していることがわかりました。体調も被爆直後の放射線の影響の様子や、歳をとるにつれ共通している疾病があるように思われました。二度とこんな体験を誰にもさせたくないという強い思いがどなたからも伝わってきました。

国と県の被爆者慰霊事業に申請したので、被爆者はもとより県内の全自治体、図書館、学校、かかりつけの病院、マスコミ各社などに体験集を送りました。

被爆体験を語り継ぐ活動も学校、職場、町内会、平和のつどい等から要請があり、各地で続けています。被爆六〇周年には、広島と長崎の平和祈念館より被爆現物資料・パネル・ビデオ等を借用・展示、また被爆者が交代で体験を語り、二二五五名の来場があり盛況でした。

被爆60年「原爆と人間展」にて

また平成一四年度から青森県被爆者追悼平和祈念式を催しています。

戦後六〇年が過ぎ、世間では戦争と原爆の記憶が消されていくなかで、生き残ることができた被爆者が若い人たちに、戦争と原爆の恐ろしさと、平和で普通に生活できる幸福を伝えていきたいと会の活動を続けています。

（奈良義一記に一部加筆）

岩手県原爆被害者団体協議会（岩手県被団協）

全国一先駆の岩手花巻被爆者集会

「世界が全体に幸福にならなければ個人の幸福はない」と世界平和を約一〇〇年前に唱えた宮沢賢治の膝元、岩手県花巻では終戦の年末に未だ原爆の傷口に白い包帯を外せない復員兵が後年被団協副会長を勤めた角尾吉美の呼び掛けで労わりと励ましの忘年会を持った。翌年からは、毎年八月六日に席を設け、周期ごとの法要を継続、六〇周年の法要も往時約二五人から過日花巻周辺存命被爆者四名が、老年故の集会困難と、最終法要を営んだ。

岩手県は勿論、全国でも最先駆の、出足と継続を誇り、「岩手県原爆被害者団体協議会の母体」をも演じた岩手被団協花巻支部を柱に県民一千万円募金で別府に次ぐ全国二番目の被爆者温泉療養センターを開設した。

昭和二五年県内被爆者数公表

悲惨を極めた被爆傷心復員後、約六年間も

放置され、原因不明の病魔に苦痛の悶死相次いだ昭和二五年秋、初の国勢調査で県内残留被爆者、一七二名と公表（広島一四五名、長崎二七名）したが当時の食と病の生活苦に追われてか、岩手県被爆者の反応は皆無だった。

アカ視され　被爆者結集困難

戦後、反核運動の先端となる一九五〇年三月（昭和二五年）ストックホルム・アピールの賛同署名や被爆被害の文芸発表に動けば、同年六月開戦の朝鮮戦争の余波もあり、即アカ視されまた、「遺伝感染の被爆者に避接触の風評」など被爆者なる表明は憚り、風潮は今尚続く。

福竜丸から　原水禁運動の波動

一九五四年三月第五福竜丸水爆放射能被害に、学研上、核恐怖認識の岩手大学の上田仲雄教授らがいち早く「原水爆禁止岩手県協議会」の母体となった「岩手県原子戦争反対協議会」を組織し、後年、全国に岩手県方式と呼ばれた、岩手県知事、県議長、青協、婦協、労連、宗連、学生連各層を網羅した一大県民運動に高め、県民一人一円幕金と核禁署名に取り組んだ。これらの成果を持って一九五五年六月第一回母親大会、日本平和愛好者大会、八月第一回原水爆禁止世界大会（広島）に岩手県代表団を派遣、八月六日八時一五分、岩手県平和集会で全県下一斉にサイレンを合図に、被爆以来一〇年振り、公的初の原爆犠牲者弔霊原水爆禁止祈念の黙禱を捧げた。

被爆者参加　被爆者の会　気運

四国四県に匹敵の岩手県広域に散在する被爆者は、一九五五年八月、第一回広島原水禁世界大会参加は未組織で見送られ、一一月開催報告会に招待された齋藤政一が「岩手県原爆被爆者組織」の支援を切願、岩手大学学長鈴木重雄会長の原水爆禁止と被爆者救援の両輪推進、「原水爆禁止岩手県協議会」が一九五六年一月発足、岩手募金方式で八月の初の「日本原水爆被害者団体協議会」を結成した。長崎第二回原水禁世界大会に初の岩手県被爆者代表として各層派遣二一名に齋藤政一、一人参加の支援を得た。

岩手県被爆者の会　四名からスタート

七〇〇人集会の岩手県公会堂ホールの長崎第二回原水禁世界大会報告会で齋藤政一が「日本原水爆被害者団体協議会」発足と岩手県内被爆者の結集、組織化を呼びかけ自治体にも協力要請、県原水協鈴木会長、上田局長の肝入りで会合を図ったが九月の呼応者は、長男爆死江刺出身元広島学芸大教授及川儀右エ門（盛岡大教授、後上京東友会代表）と全身被傷通信隊長齋藤政一、遅れて元第二総軍少将岩大教授安田純夫、一家被爆の当時ＮＨＫ盛岡放送局長立川節夫（現岩手県被団協事務局長三田健二郎実父）の四名のみの初顔合わせ、後着の安田、立川両氏は仕事の都合で早退上、取り敢えず及川、齋藤二人が代表世話人となり、県内在住一七二名被爆者の確認連絡、被害者懇談会早期開催推進を協議した。

「岩手県原爆被害者の会」結成

一九五六年一月、岩手県被爆者の会産みの親とも言える「原水爆禁止岩手県協議会」結成一年後、「日本原水爆被害者団体協議会結成」約半年後の一九五七年一月一三日（昭和三二年）に誕生した「岩手県原爆被害者の会」は可能の限り全県下一〇〇名以上の被爆者に参集通知を発送したが、当日参会者は前記四名の外、県内原爆症患者第一号として入院中の後年約三〇年間会長を継続した斉藤義雄、遥々往復二〇〇キロかなたの久慈市と東山町から駆けつけた畑田武男、菅原勘四郎各氏計七名の結成総会をむかえ、初代会長及川儀右エ門、副会長斎藤政一を選出、会員の拡充、援護対策、関連団体との原水爆禁止運動連携を分担「日本原爆被害者団体協議会」加盟を決議、東北六県で初組織、全国で一五番目位に加盟を果たした。

翌年一九五八年、第二回岩手県被爆者の会は会長安田純夫、副会長斎藤政一、会計斉藤義雄選出、会員一六名、次年第三回では先駆の花巻会をも包含、県下六支部開設、「岩手県被爆者の会」を「岩手県原爆被害者団体協議会」に改称、安田会長、斎藤副会長及び対外折衝専任理事長斉藤義雄を選任、会員数六五名と年次ごとに会員数漸増、昭和四三年頃には約二〇〇名、手帳取得者一二〇名余の記録見えるも以降漸減、岩手県原爆被害者団体協議会結成五〇年の現在、手帳保持者七〇名余（高齢要介護者五〇名余）、申請中（証明不足）数名存在する。被爆、終戦六〇年間活動の実感として、岩手県内実被爆者は、隠し被爆者含め約三〇〇名実在したと考える。放射能後遺症やその遺伝外聞を恐れ、家庭内実の子や孫にさえ、六〇年経過の今なお固く秘密の人がいる。

（上田仲雄著『核兵器全面禁止の日まで—岩手県原水協三十年の歩み—』参照）

被爆60周年追悼集会にて

宮城県原爆被害者の会（はぎの会）

会の結成当時のこと

中央の被団協の結成により、県内の被爆者の中から結成の気運が起こり、発起人が県庁を訪問し協力を依頼した。知事が顧問、部課長には相談役を引き受けてもらった。

当時把握した手帳所持者は六六名で、会員は二五名幹事一一名（会長保田敏夫）にて、昭和三三年一〇月二一日に結成、スタートした。

会費年額二〇円であった。

会の活動のあらまし

▽会を運営するための資金獲得に、県に請願したのが実現し、補助金五万円が昭和四〇年から交付されている。

▽会の活動内容や被団協の活動状況及び会員の動向などを知らしめるため、毎月「はぎの会」の機関紙を発行している。配布先は会員の他各協力団体にも及び、理解と援助をお願いしている。

▽被爆体験文集は、今日までに第六集まで発行している。一回の発行部数は一〇〇〇部から一五〇〇部である。平成七年発行した第四集『いのり』は、県内の市町村及び団体や個人に広く無償配布し被爆五〇年の記念すべき年の意義を広報した。

▽平成五年の事業として、国、県の補助金の交付をうけ、かつ県内各一〇市からの特別助成金、会員及び一般からの寄付金をも仰ぎ、七五〇万円の事業費で、仙台市錦町公園にブロンズの平和祈念の少女像を建立した。除幕は平成六年五月一七日に寄付者を招待し盛大に行なった。

▽原爆犠牲者追悼祈念式を、毎年八月に実施して、平成一七年を以て、第一九回を数えることになった。

会員及び来賓の出席は勿論、特に追悼のためのコーラスと演奏、また中・高校生・生協のご婦人たちの朗読も式に折り込んで行なっている。

▽原爆展を仙台市にて平成一〇年より実施して平成一七年を以て第八回を数えることになった。県民に被爆の実相普及を取り組む活動として行なっている。

▽語り部活動も各要請団体に進んで参画している。この語り部を多くの被爆者に引き受けて貰うべく、語り部勉強会も開き、研修を深めている。

今後の問題点と取り組み

▽被爆者の高齢化に伴い、会の弱体化は避けられないので、遺族、二世の会員を増やすことに努める。

▽かの人類史上の悲惨事は永久に風化させてはならない。故に実相の普及に努める。原爆展を地方自治体と協力し開催することを計画している。

▽新法による特別葬祭給付金は、全遺族に給付されるよう、また健康管理手当受給のための診断書の全廃を期して、法の改正に取り組む。

主な年表

昭和三三年　会の結成
昭和四〇年より県補助金五万円交付
昭和五七年　原爆と戦争を裁く仙台法廷
昭和五八年　原爆体験文集（第一集）一〇〇〇部発行
昭和六三年　原爆体験文集（第二集）一〇〇〇部発行
平成二年　原爆死没者追悼の塔建立
平成四年　原爆体験文集（第三集）一五〇〇部発行
平成六年　平和祈念少女像建立
平成七年　原爆体験文集（第四集）一〇〇〇部発行
平成一〇年　原爆体験文集（第五集）一〇〇〇部発行
平成一七年　原爆体験文集（第六集）一〇〇〇部発行

平和祈念像
（仙台市錦町公園内）

碑「銘文」

かの第二次世界大戦のさなか、一九四五年八月六日広島に、八月九日長崎にそれぞれ原子爆弾が投下され、一瞬にして二〇数万の市民のいのちが奪われました。

また生き残った三七万余人の被爆者も原爆の放射線による障害にて、一生苦しむことになりました。

人類史上はじめて生じたこの悲しい惨めさを人間が生きている限り痛ましいこととして訴えつづけなければなりません。

ここに県内の犠牲者を悼み、このような核兵器は地球上から絶滅させ、世界永遠の平和を切に祈念して「いのり」を建立するものであります。

一九九四年三月

宮城県原爆被害者の会

秋田県原爆被害者団体協議会
（秋田県被団協）

会結成当時のこと

秋田県被団協は、日本被団協におくれること五年、一九六一年一一月一六日結成されました。この結成には、当時日本原水協の被爆者担当であった岩手県の斉藤義雄氏の、県内各被爆者、各団体、個人への働きかけ、県原水協、秋田市職労、県労働会議などのバックアップが大きな力になっています。

六月一二日、一三日の結成準備会から、五カ月で正式結成されました。結成当時の会員は、水谷稔、太田久吉、工藤ソメの各氏（いずれも故人）と太田文子氏でした。第一回総会で会長水谷稔氏、事務局長太田久吉氏を決めています。事務局は秋田市職労におかれました。当時の主な活動は、県内における被爆者探しと手帳の交付、世界大会、援護法制定請願行動、集会等への参加でした。

会の特徴

会結成後、六年たった時点でも、手帳交付者は一六名でした。秋田県にも被爆者がいるのかということが、県民一般の雰囲気でした。会では、マスコミ、自治体への働きかけを重視し、他県の被爆者団体などの協力、援助で一九八八年には一〇〇名近くまで組織化することができました。被爆者運動の原点である核廃絶と被爆者援護をかかげて、仲良く運動をすすめています。「日本一」小さい組織を大切にし、非手帳保持者の入市被爆者、被爆者の遺族が加わって運動をつづけています。

会結成以来、運動資金は他団体に依存していましたが、会費制の導入は、会の自立、総会の定期化、会員の団結に大きな力を与えています。小さな被団協ですが、中央行動、中央の諸会議、集会などにも積極的に参加しています。その中で措置法制定後、民医連の援助・連帯のもとで、諸手当の受給率を一〇〇％近くまで高めました。また、会員の少なかった当時は総会と健康診断をセットしたことも、会のまとまりに有効でした。

県被団協の運動として紹介したいこと

▽健康管理手当の受給率が高いこと。

▽被爆四〇周年で『語り継ぐ四〇年』、被爆五

〇周年で『秋田の被爆者』、被爆六〇周年で『秋田の被爆者・刻みつけられた心の記録』を発行。
▽秋田県議会はじめ、県内全議会に「援護法制定促進」を決議させる（八八年～九〇年）。
▽一九九四年より八月六日（九日）に慰霊祭を挙行。
▽被爆五一周年より遺族とともに広島と長崎墓参を交互に実施している。
▽SSDⅢに副会長太田久吉氏を送り、フランス大使に原爆の非人間性を直訴したこと（八二年）。
▽NGOの軍縮会議に呼応して、三回の県民法廷を開催（一九八二～一九八三年）。
▽中谷敏太郎会長がタヒチ「被爆者国際遊説団」に加わりポリネシアの核実験の被害調査を行ったこと（八七年）。

1996年11月、広島慰霊墓参団

今後の運動の重点

①被爆の実相普及を県民・他団体とともに取り組むこと。
②会員が少なくなったなかで実相を訴える会員を増やす。
③原爆症認定集団訴訟運動に協力する。
④慰霊祭・墓参行動を継続する。
⑤被爆者運動を継続するための「組織」を将来を展望してつくりたい。

福島県原爆被害者協議会（福島県被爆協）

会結成当時のこと

会創設時の事情や具体的な活動内容は必ずしも明らかでありません。一九八五年の会再建に先立って、休眠中の会の最後の事務局長、宗像久嘉氏から引き継いだ資料は、規約と名簿が一緒の一葉だけでしたが、それも創設時のものではありませんでした（このため四〇周年の『都道府県被団協史』の記録には誤りがあります）。

後になって、福島大学大学院生だった浜恵介氏が、県原水協の古い会議録から捜し出してくれた資料が、創設第一回総会関係の規約、名簿、その他の記録と、それを報ずる原水協のニュースでした。それによれば、会の結成は一九五八年四月一三日、郡山市の鈴芳旅館を会場に、総会に参加した被爆者は二一名。選出された役員は、発起人で会長に推された郡山市の北島滋子（マス）さん（後年東京で活動、二〇〇四年死去）、副会長に相馬市の松田秋治さん（健在）と喜多方市の近長太さん（一九九七年死去）、事務局長に郡山市の吉田勝英さん（二〇〇〇年死去）、事務局次長に同じく小林孝正さん（健在）、幹事に県北・県南・磐城から三人、会計監査三人を選出しています。結成総会では、当時の佐藤知事からメッセージが送られ、広島県被団協の藤居平一氏が講演、原爆医療法の改善とその被爆者援護法への展開、核兵器廃絶への努力を目標とした「被爆者の訴え」を決議、発表しています。結成にあたって手帳所持者の氏名も住所も分からず、県に依頼して「案内」を発送しています。当時の手帳所持者は約六〇名（国勢調査での被爆者は二六四名）でしたが、その後、県への新規手帳取得者や異動の連絡を依頼した形跡が見られず、また県内反核団体間の「対立」の影響もあってか、時期・期間も不明ながら、会としての活動が停止し休眠状態に入ったようです。

会の再建

以上の経緯を経て、一九八五年六月一六日にようやく再建総会が開かれ、今日に至る会の新たな活動が始まりました。再建のきっかけは、活動が見られなくなった福島県の状況を心配して、八四年末から八五年三月頃にかけて、当時の日本被団協事務局次長だった斉藤義雄氏、宮城県原爆被害者の会事務局長だった田中熙巳氏の強い慫慂があり、さらに県内支援諸団体の協力も得て、現会長山田舜、現事務局長星埜惇らが中心となって、可能なかぎり知りえた被爆者に呼びかけたことに始まります。再建後は、県内唯一の被爆者組織であることを県に申し入れ、幾度かの折衝の結果、被爆者のプライバシーを厳守することを条件に、県内の被爆者手帳所持者全員の名簿のコピーを受け取り、さらにその後、定期的に被爆者の異動の連絡を受ける約束を貰いました。この被爆者手帳所持者全員を「会員」として、月一回のニュース発行（二〇〇六年三月現在で二四〇号まで発刊）による情報の伝達を中心に、会の活動を展開し始めたのです。

会の活動について

離脱の申し出がない限り、被爆者手帳所持者全員に、会費の納入如何を問わず月一回のニュースを郵送しました。郵送開始後一〇年経って会費を納入し始めた人もあり、この方針は後述の県の措置が始まるまで続きました。福島県は、四国地方の四分の三の広さを持ち、そこに当時一六〇人余の被爆者が散在し、まだ仕事を持っていた役員が会員と常時顔を合わせるということは困難だったからです。

しかし、手当や新規手帳取得の電話相談、医療・生活の相談も行ない、それらに対応できるような学習や、被団協の被爆者実態調査や会独自の実態調査の実施、それに基づく県への要求、他団体と協力して開催する核兵器廃絶集会への参加の呼びかけ、地域諸団体からの要請に応えた語り部活動、県教委による広島行き修学旅行の制限撤廃の運動、県の譲歩後に始まった修学旅行参加生徒への事前学習への協力等々、小人数で財政的にも弱体な会ながら、可能なかぎり多面的で、しかし地道な活動を続けました。

この他、自治体首長、議会からの被爆者援護法制定賛同署名（全体の九〇％獲得）、日本被団協の原爆と人間展パネルの購入普及も行ないました。また最近は、他県の活動に学んで、県内被爆者の介護保険利用料助成や、健康管理手当支給終身化の実施の要求等を行なって早期の実現を勝ちとり、高齢化し病弱者の増えた県内被爆者の福祉と健康への支援と、核兵器廃絶に向かっての他団体と共同した活動を繰り広げています。

会は、若干の被爆体験の小冊子のほか、被爆五〇周年記念として『閃光の日から五〇年—福島におけるヒロシマとナガサキ』を刊行しました。残念ながら六〇周年には出せませんでしたが、五〇周年以後に体験を書いた人の文章は、随時ニュース等に掲載し、それらを蓄積していく所存です。

今抱えている問題

広い県土に散在する被爆者が、支部や市町村の会といわないまでも、各地域で小人数の集まりを持って活動できるような態勢を取りたいと思ってきましたが、実現できていません。県内被爆者は一三〇人を割り、さらに県の個人情報保護条例施行によって、会費未納の会員にもニュースを送るという活動が阻害され、入会者の減退に加えて高齢による会からの離脱も生じ、現在、会員は手帳所持者の八九％と若干減退しはじめ、会費納入率も低下し始めました。

しかし、会にはまだ結成時の会員もいます。休眠期を経ても会から離散せず、再建、再建後の活動に参加してくれた人びとです。

他方、休眠によって、多くの人が壮年期に会の活動経験を持たなかったことは、会の弱点です。

いうまでもありませんが、私たちの会は被爆者会員の増大を期待しがたい組織です。二世、三世の被爆者に後事を託するということも、自家営業者を除いて他都県への就職者が多く、活動に参加する人はほとんどありません。相対的に若い被爆者にも病気の人が増え、高齢者と大きな差はありません。そういう点からは、今後、会の活動に協力と支援をしてくれる若い支援者を増やすことが、どうしても必須のことになってきています。

茨城県原爆被爆者協議会（茨被協）

会結成時のこと

会発足時、保健所での定期健診を通じて結ばれていた「友人の会」有志の呼びかけで、「茨被協」が結成されたのは、昭和五〇年二月、被爆後三〇年の春でした。

当時は約三〇〇名（現在は五四〇名）でした。保健所単位に支部組織も作られ、手帳の交付、指定医療機関のとりつけ、諸手当の受給案内が支部役員の手で精力的に進められました。またあらゆる思想、信条をこえ、あのことだけは「二度と繰り返させない」と一致した願いのもと、一切を「人間の願い」のなかで運動を進めていくことを確かめあいました。

翌年六月、日本被団協に加入しました。

実相普及について

昭和六〇年、加速化する核軍拡の動きを狂気の沙汰として受けとめ、実相普及のパネル写真三セットを用意、学校をはじめ各地でパネル展を開催しました。『被爆体験記第一集』二〇〇〇部発行頒布、新いばらきタイムス社より、「平和賞」受賞の栄に浴しました。

被爆四五周年には、『第二集』二〇〇〇部と、続いて五〇周年には『第三集』一五〇〇部刊行、学校、図書館等、県内に贈呈しました。平成一四年、「茨城県民功績賞」受賞の栄に浴しました。被爆六〇周年、「つくば市」、「土浦市」、「水戸市」にて、原爆パネル展、語り部、イベントを開催。多数の市民が参加し成果をあげました。

慰霊事業について

平成一三年一〇月、水戸市平和公園内に会員の協力金、国、県の補助金にて、碑の建立、記念樹、広島、長崎、茨城の三県木を植樹しました。碑の丸みをおびた石は、未来永劫の世代へ贈る安らぎといたわりの象徴であります。また散歩の途中で疲れたらどうぞ腰掛けてくださいという意味で柱形にしなかった理由です。

一三年以来毎年慰霊祭を当地にて挙行し、被爆六〇年の昨年は、国、県、市議会議員他多数の来賓の出席があり、子ども代表が平和の誓いを読み上げました。

今後の会運営の課題

▽転入被爆者の把握と、会加入の案内、情報の提供を含めた諸案内

▽支部組織の再編

支部役員の高齢化、病弱化が急速にすすみ、支部活動をどのように維持、発展させるかが最大の課題である

▽被爆二世問題への取り組み

二世健診の受診率向上につとめる

二世会の発足に検討会を設ける

▽実相普及問題について

活動に積極的に参加できる人は多くはない。原爆と人間展を企画し、自治体や支援者を増し実施する

歴代会長、事務局長

会　長　鶴田孫一（初代）、茂呂祐三（二代）、益子賢藏（三代）、黒川博（現在）

事務局長　岩間芳郎（初代）、茂木貞夫（現在）

記念碑と平和の木

栃木県原爆被害者協議会
（栃木被団協）

会結成当時のこと

昭和三三年二月、原爆被害者同志会設立準備会ができ、委員長細谷勝一氏、事務局長に倭文光雄氏を選出し、規約・会則草案を作成。第一回総会を宇都宮高等学校で開催。会長・長安寿夫、副会長・細谷勝一、岡ノ谷常夫、会計・鈴木夫佐子、監事・渡辺美雄、渡辺薫の各氏を選出。ここに栃木県原爆被害者協議会として発足し、県内の原水爆禁止協とともに、平和と繁栄を願う行動を基に被爆者援護法の制定促進要請の努力をしてきました。

今まで県被団協が行なった行事

昭和四一年、県に対して援護法促進要請を行ない、被爆者の医療手続き簡素化の要請を行ないました。

なお、第二一回代表理事会の援護法制定国会請願対策委員会に出席、請願に参加しました。

昭和五三年五月、国連に核兵器完全禁止を要請する国民代表団（ＮＧＯ）が国連ワルトハイム事務総長へ、完全禁止の要請の署名三五〇〇万を提出。県代表として倭文光雄氏をニューヨークに派遣しました。

昭和五三年五月、非核太平洋国際会議に参加し、南太平洋の核実験などの被害者と交流、自らの体験の実相を語り、太平洋の人々との連帯意識を高揚。米国の反核・反戦の団体と交流代表団に豊田章氏を派遣しました。

昭和五七年六月、第二回国連軍縮特別総会に核兵器完全禁止と軍縮を要請する三〇〇〇万署名を提出し、国際共同行動に参加（佐藤幸枝氏）。

栃木県原爆死没者慰霊の碑建設

昭和六二年七月、県内の被爆者の念願であった慰霊碑建設について県内有識者の発起人会を開き、建設委員会を発足させました。県内五万余名の署名を添えて県当局へ要請、県議会全会派の参加により県立公園内に許可を得ました。

平成三年八月、栃木県立運動公園内（憩いの森）に、碑の除幕式典を挙行することができました。この度の被爆者の念願である「原爆死没者慰霊の碑」建設に際して、県民の皆様に多大なご支援ご協力を得たことを心から感謝しております。

被爆から半世紀を過ぎ、被爆体験風化が問われている今、碑の建設は、惨苦のうちに亡くなられた方々に哀悼の意を表すというだけでなく、核兵器廃絶と永遠の平和への県民の決意を後世に継承していくものと確信しています。

原爆体験記『一しずくの水』

長年悲願であった慰霊碑建設を果たしましたが、有形無形の願いに託する事の想いを、生きて体験した事を伝えていくには、本に託することにして、『一しずくの水』を編集することとなり、会員から文章を集め出版することになりました。

編集にあたっては、堀田、山口両委員の献身に負うところ大きいものがありました。

平成四年に栃木県原爆被爆者体験記『一しずくの水』を刊行し、同五年、図書読後感想文集をまとめ、第三集とし、五〇年記念集として、『新編 一しずくの水』を出版できたことは、被爆者の後世へ残す遺産であると思います。

平和の語り部活動

宇都宮市平和親善大使広島派遣委員会の依頼により栃木県原爆被害者協議会は宇都宮市立中学校二一校を対象に平成一五年より「平和の語り部講演会」の事業を行ない、平和教育の一環として、若い世代に原爆被害の実態と戦争の悲惨さを認識してもらい生命の尊さを後世に語り継ぐため、平和都市宣言に相応しい平和事業を行なっています。

歴代会長

初代　長安寿夫
二代　細谷勝一
三代　倭文光雄
四代　豊田　章
五代　山口　弘
六代　諏訪　巌

慰霊の碑

慰霊の碑

昭和二十（一九四五）年八月六日広島九日長崎両市で、原子爆弾に被爆した栃木県関係死没者を慰霊し、併せて、永遠の平和を祈念する県民の誓いを後世に遺すため、有志多数のご協力を得て、この碑を建てる。

平成三（一九九一）年八月

大崎六郎筆

群馬県原爆被災者の会（群友会）

一九四五（昭和二〇）年八月六日広島、同九日長崎で原爆被爆した生存群馬県在住被爆者の会として、健康と生活を守ることを目的とし、全国的に極めて早く一九五五（昭和三〇）年一二月一七日結成された。翌年の一九五六（昭和三一）年、日本原水爆被害者団体協議会（日本被団協）発足の原動力の一つとなり、被爆者医療法（昭和三二年）や同特別措置法（四三年）制定の推進力となった。

全国の被爆者の悲願である「被爆者援護法」と被爆者の立場から、「核兵器廃絶」の一貫した運動を続けている（群馬県百科事典・昭和五五年刊行）。

群馬県当局をはじめ多くの公的機関や平和団体と常に折衝をもち、被爆者としての健康問題の改善に努め、平和活動を行なっている。毎年八月六日の広島、九日の長崎両市主催の原爆犠牲者慰霊式及び平和祈念式と、同一五日の東京武道館の国の戦争犠牲者追悼式への県遺族代表派遣は本会を通じて行なわれている。

前橋市嶺公園に昭和五六年、本会の呼びかけで広く県民の浄財で「群馬県原爆碑」が建立され、以後毎年八月にその前で原爆犠牲者慰霊式が挙行されている。現在、群馬県関係原爆犠牲死没者数は二五五名を超え、生存者数を上回っている（本会調査）。全国の生存被爆者数は現在二六万余（厚生労働省発表二〇〇四年度）であるが、あの世界初の核兵器の惨禍と犠牲が直接終戦と平和をもたらしたにもかかわらず、被爆者は冷遇され続けた。放射能障害は六〇年後の今日も継続し、被爆者の肉体と精神をさいなんでいる。さらに老齢化と病弱化が追い討ちをかけている。

第23回慰霊式（平成14年８月４日）。「群馬県原爆碑」前で追悼の辞を読む小寺弘之知事

被爆者の悲願だった「被爆者援護法」は、なんと被爆五〇年目の平成六年一二月九日にやっと制定され、七年七月一日から施行されたが、被爆者が望んだ国家補償法でないため、真の救済にはなっていない。そのため日本被団協とともに援護法改正運動を推進している。

「核兵器廃絶」の世界的世論にもかかわらず核保有国が現存している（米、英、仏、ロシア、中国、インド、パキスタン、イラン、北朝鮮等）のは極めて残念であるが、私たちは老体に鞭打って、国の内外に被爆の実相普及と核廃絶、戦争反対運動を実践し続けている。

＊

本会は次の特徴を維持している。

①被爆者人間ドックの実施（一泊二日）、県単事業
②現職知事の慰霊式臨席（三度）
③健康管理手当受給者率は九〇％を超え（関東甲信越ブロック一都九県中一位）、特別手当受給者数も極めて多い（全国六位）。
④ニュースのカラー化
⑤被爆体験文集『炎の詩（歌）』を五回発刊した。

初代会長は須藤叔彦《としひこ》で現在に至っている。

（平成一八年三月現在）

埼玉原爆被害者協議会（しらさぎ会）

結成のころ

一九五八（昭和三三）年、埼玉県被団協が結成された。当時、日本はサンフランシスコ条約によって形式的には独立していたが、実質的には米軍の半占領下にあり、被爆者の運動は、反米活動として警察や米軍からの干渉、抑圧をうけ、国民からの十分な支援も受けられず、財政上の困難もあって会の活動は次第に停滞し、長い間、活動は休止の状態が続いた。一九七一（昭四六）年頃から会の再建がはかられ、日本被団協の援助もあって、一九七三（昭四八）年、「埼玉県被団協しらさぎ会」が再発足し現在にいたる。

再建後の活動

しらさぎ会は、日本被団協に結集して核兵器廃絶・援護法の制定運動を続けると同時に、学校や民主団体、平和団体などの要請に応えて、被爆体験の語り部活動を行ない、埼玉における反核平和運動に参加し、毎年行なわれる原水協、被団協の核兵器廃絶海外遊説には、積極的に会員を派遣し、国際活動にも貢献してきた。

会員について

埼玉県の被爆者数は転入者が多く二〇〇五年（平成一七年）に二四六二名、しらさぎ会会員は七三三名になっている。埼玉県保健医療部健康づくり支援課に登録され、氏名は公表されない。

毎年九月に県から全被爆者に送られる通達に、被団協中央相談所発行の「しおり」を同封してもらい、それを見て会に入る被爆者が後を絶たない。最近では高齢での死没者が増え、また、広島・長崎へ帰る被爆者も増えている。

慰霊碑建立

一九八六（昭六一）年、革新知事誕生を期に県立別所沼公園に埼玉県原爆慰霊碑を建立することができた。毎年、七月最後の日曜日に慰霊祭を開催してきた。二〇〇四（平成一六）年から民主団体の参加が増え、来年以降、実行委員会形式で被爆者の慰霊を兼ねた核兵器廃絶と恒久平和の県民集会にする相談が進んでいる。

原爆許すまじ・被爆体験集の出版

一九八七（昭六二）年に第一集、被爆五〇周年の一九九五年に第二集を出版し、県下の全高校、中学校、図書館に寄贈し、若い世代への戦争体験、被爆体験の継承を図った。

平和のための埼玉の戦争展

二〇〇五年で二二回を迎えた戦争展に実行委員会のメンバーとして、毎年五日間、原爆展示コーナーを作り、毎日、会員が交代で解説者として参加、入場者は毎年一万五〇〇〇人以上を数えている。

よう子ちゃん人形展

埼玉県川口市に住んだ、蔵満良雄、モタエさん夫婦は原爆で四人の子どもを失った。以前、蔵満さんから市松人形を貰った友人が慰めのため、人形を返してくれ、夫婦は亡くなった長女よう子の生まれ代わりとして大切にした。亡くなった子らの、面影を偲び「原爆なくせ」の思いをこめて、その後も毎年市松人形を集め続け、埼玉に移住した時には六九体になっていた。原爆で子どもを失った悲しみを訴える夫婦の話は、教科書に載り、英訳されて海外にも伝えられた。また、原爆で失った子を思う人形物語はドキュメンタリー制作会社クリエイティブ21の手で劇化され、全国で公演された。

　夫婦の死後、形見になった人杉は、岩槻人形協同組合理事長の矢作人形店の好意で修理され、クリエイティブ21の代表林雅行氏の尽力によって長崎原爆資料館に引き取られ、平成一六年から「よう子ちゃん人形展」として展示され、核兵器の被害と平和の大切さを訴える蔵満夫婦の遺言を伝えている。

よう子ちゃん人形展

千葉県原爆被爆者友愛会（千葉県友愛会）

揺籃期

ビキニ被災を契機に、全国同様県内各市町村に被爆者の会が結成されました。

とくに郡部においては、旧軍人の方々のまとまりが早く、市町村や郡内で組織化されました。

友愛会結成のきっかけ

▽一九六九年、原水協での「ヒロシマの証人」の映画上映に、千葉市の被爆者が招待され、鑑賞後の座談会で

①被爆者が安心してかかれる病院がほしい。

②千葉市被爆者の会を再建したい。

など大方二つの意見がでました。

なかでも、保健所での健診がおざなりで不親切であり、一九五六年茂原保健所では、抗議行動が起きていました。

▽一九七〇年、民医連の千葉北部病院で、第一回健診があり、この健診を通じて順次、市町村に会が結成、再建されました。

結成からの主な活動

▽一九七一年二月二八日、新しくできた都市部の会と、会があった郡部の会の代表によって友愛会を結成。名称の「友愛会」は、山武郡で使用していた名称を継続することにしました。会長　日暮喜一郎氏。

▽一九七一年、千葉市に対し、二世・三世の健診の条例を請願、一九七四年実施となりました。

▽一九七三年、慰霊碑建立の計画と準備が進められましたが不祥事が起こり、会長の日暮氏は、私財を投じ完成に尽力され、一九七八年、慰霊碑を除幕しました。その後、毎年慰霊祭を実施。

　また、友愛会の財政確立には、近島芳夫氏の創意工夫とご努力もありました。

　千葉県に「友愛会に補助金」と「手当受給者に見舞金の支給」を請願、一九七四年支給決定（名称は栄養手当になった）。

　友愛会ニュース発行。

▽一九七九年、安房勝山で一泊研修会始まる。参加者二九名。その後、毎年実施。

▽一九八〇年、援護法制定促進で県内市町村を行脚。核軍縮署名五八市町村、援護法制定意見採択要請二六市町村で成果があり、引き

続き八二年、八五年、九〇年、県内八〇市町村行脚。
▽一九八六年、被爆者相談事業を友愛会に委託するよう県に請願、翌年請願採択実施。
▽一九八九年、援護法制定署名運動で初めて、被爆者だけで街頭に立つ。参加者延べ七〇名。
▽一九九〇年、友愛会創立二〇周年祝賀会、被爆体験集発行。
▽一九九五年、被爆五〇周年記念式典。一〇〇〇名の大集会、被爆者自身作成の「朗読劇」を発表。体験集二号発行。
八〇市町村に非核平和都市宣言を陳情行脚、一〇〇%達成、全国で一三番目。

同年、県下被爆者数三七二二名になり、過去最高に。
▽一九九六年、千葉県と千葉市に対し、「住宅支援事業」、「養護事業」、「二世健診」、「二世医療補助」の要請書を提出。
▽一九九八年、津田沼イトーヨーカドー前で、「原爆と人間展」を開催、大盛況。
▽一九九九年、アニメ「ゼノさん」上映。
被団協訪米遊説団　近藤正六氏派遣。
▽二〇〇〇年、原水協ミレニアム国連要請団に青木茂氏参加。
▽二〇〇一年、不況で県財政不足の理由で、運営補助金一〇%削減。
介護保険制度の福祉関係を、広島・長崎並みにするよう県に要請。その後、東京で広島・長崎並みにするとの回答。

被団協訪米遊説団　原桂子さん派遣。

介護保険制度巡回説明会を県下一一カ所で開催。
▽二〇〇二年、運営補助金さらに減額。
原爆症認定裁判に向け、医師・弁護士と打合せ会七回開催。

諸団体とピースフェスティバル開催。「日色ともゑ」講演と「ナターシャ」の歌演奏。収益金は原爆症裁判支援費用として頂く。
▽二〇〇三年、栄養手当を廃止し、新たに健康手当を新設。毎月一八〇〇円が一二五〇円に減額。また、委託事業費も一〇九万二〇〇〇円と減額になる。
県知事に「会と被爆者への援助をさらに減額をしないこと」と、「二世に対する医療補助」を要請。

浅井三郎（ペンネーム）氏、高田末子さん原爆症認定訴訟提訴。

裁判を支援する会結成総会開催。

健康管理手当更新が一一のうち七種が撤廃になったので、県内一〇カ所で巡回説明会を開催。
▽二〇〇四年、メーデー会場で原爆症裁判支援の署名と入会要請行動。
裁判支援の参考に、元佐倉連隊の被爆者実態調査を五カ所で開催。

慰霊式典、研修会、元佐倉連隊の調査などをビデオ化。

二世の会結成総会開催。

田爪スミエさん原爆症提訴。
▽二〇〇五年、原爆症支援のためビデオ制作。
三瓶忠晃氏原爆症認定訴訟提訴。

関東甲信越会議を九十九里で開催。

国連ＮＰＴ会議へ要請。児玉三智子さん派遣。

被爆六〇年で県と国から一八〇万円の補助金がつき、ビデオを制作。

県庁舎で「原爆写真展」、紙芝居「はだしのゲン」上演、被爆体験発表、新しく制作したビデオを上映。

福岡市被爆者の会と交流。

東京都原爆被害者団体協議会（東友会）

前　史

東京の被爆者が初めて結集したのは、ビキニ水爆実験をきっかけに原水爆禁止の声が大きく盛り上がった一九五四年一一月でした。日赤中央病院で健康診断を受けた人たちによって「原爆被災者在京人会」ができました。この会は五六年四月、「原爆被災者の会」となり、八月に都内一九一一人を対象に実態調査をして「医療を政府の手で」の要求を掲げました。翌五七年四月に被爆者医療法が制定されたのを見て、一二月に解散しました。

会の結成と危機

一九五八年一月になると、日本被団協（五六年八月に結成）に呼応する地区の会が品川被爆者の会はじめ区・市につぎつぎ誕生、五八年一一月一六日、一八区町・一三組織が結集して「東京都原水爆被害者団体協議会（東友会）」が結成されました。会名にあった水爆の「水」は、翌年二月、現在名に改正されました。当時の会員四九一人、会費は月一〇円。会が創作したつるバッジとネクタイピンが財政を支えました。しかし、六〇年の日米安保条約改定、六三年の原水禁運動の分裂と混乱の影響が東友会にも波及、六三年末には東友会は財政的にも組織的にも解散寸前となりました。

東友会の危機脱出と再生

東友会が財政危機を乗り越えることができたのは、「市川女優座」という劇団を呼んだ興行の成功でした。組織再生に力となったのは、六六年六月一日に東京都体育館で開かれた「東京都原爆被害者をはげますつどい」が一万人の参加で大成功したことでした。これを契機に地区の会の結成・再建がすすみ、六八年までに三五区市に会ができました。同年四月、被爆者特別措置法が施行され、東友会は法を活用しながら再生をすすめました。

日本被団協とともに

東友会は、日本被団協運動の柱となり、先頭に立って活動しました。七四年以降、九四年一二月の「原爆被爆者に対する援護に関する法律」が制定されるまで、東友会がおこなった国会要請行動は年間一八日を超え、参加者数は最高で一日五八〇人、二〇〇人から八〇〇人で中央行動を支えました。援護法制定を求めて、東京都議会が七四年八月、七六年一〇月、八〇年一〇月、九三年三月の四回、全会一致で促進決議をおこなったことは、全国の運動に影響を与えました。核兵器廃絶を求めて、核保有五カ国に代表を派遣し、世界の首都の長に手紙を送り、第一回〜第三回国連軍縮特別総会、国際司法裁判所への代表派遣、ハーグの世界平和市民会議、ミレニアム・フォーラム、核不拡散条約（ＮＰＴ）再検討会議、毎年夏のアメリカ遊説など、海外遊説に多くの代表を派遣しました。

被爆の実相普及

実相普及のため、日本被団協が制作した「原爆と人間展」パネルが一一四セット都内で普及され、九七年以降毎年三十数カ所で原爆展が開催されています。被爆の実相普及委員会が原爆展・証言活動、遺影収集・伝言、国際活動の推進を図っています。

裁　判

松谷英子裁判の最高裁勝利、東数男裁判勝

利、在外被爆者裁判での上告断念、原爆症認定集団訴訟での勝利に取り組みました。

東京都への要請

東友会は六二年四月から東京都からの委託を受け相談事業、刊行物の発行、医療講演会などをおこなっています。七一年に「社団法人・東友会」を設立、七四年に「東京都被爆者援護条例」が制定されました。委託事業費は、都財政危機で一時減額されましたが、東友会の要請に都議会全会派が応え、二〇〇一年以降年額一五七九万円が続いています。

相談事業

都の委託事業費で、東友会は四人の相談員が、毎年一万三〇〇〇件を超える相談に対応しています。地区の会にも相談員が合計二〇〇人余いて、相談員研修会で研修を深めています。

慰霊事業

品川区の東海寺境内に、「東京都原爆殉難者の碑」を六五年に木碑で建立、六七年八月に石碑となり、毎年夏「原爆犠牲者慰霊祭・追悼のつどい」を開いています。広島・長崎へ毎年慰霊の代表を派遣、広島・長崎の平和公園に植樹してある「東京の木」前で献水式をおこなっています。

東友会の組織

東友会は四五ある地区の会の協議体。地区の会推薦の一二〇人の理事と役員で東友会活動を審議し決定します。理事は「組織」「請願」「広報」「事業」「相談事業」の五専門部に所属。東友会の執行部は役員会です。会長、副会長、事務局長、会計で構成する三役会議は、会務の基本問題を討議し、役員会に提案します。

広報活動

東友会の月刊機関紙「東友」は毎月四〇〇〇部、一月と六月には八〇〇〇部を発行。これまでに出版した本は、『原点からの報告』『首都の被爆者運動史―東友会二十五年のあゆみ』『沈黙から行動へ―東京のヒバクシャ三十年の歩み』『被爆者の生と死』『被爆者はいま…三九五人を訪ねて』『東友会四十年のあゆみ』『東友会四十五年のあゆみ』『東友文庫1~7』『体と心の中の原爆とたたかい』など。

財　政

会費年額二〇〇〇円、寄付金、賛助費、委託事業費、事業活動などで収入をはかり、予算約四二〇〇万円で活動。

東友会の三役（二〇〇六年三月現在）

会　長　横川嘉範
副会長　飯田マリ子、藤平典、山本英典、米田チヨノ
事務局長　長岡和幸
会　計　三宅信雄

略年表

58年11月16日　東友会結成
59年1月17日　「折鶴バッジ」など作成
　1月25日　「東友」第一号発行
61年9月12日　米、英、ソ、仏へ核実験で抗議
62年4月1日　東京都と委託契約結ぶ。三〇万円
63年12月8日　理事会で東友会解散の声。再建
64年12月4日　市川女優座公演成功。財政再建
65年8月8日　原爆犠牲者慰霊の木碑建立

66年6月1日　原爆犠牲者をはげます集い
67年8月13日　犠牲者追悼慰霊碑の石碑完成
70年9月1日　東京都が被爆者実態調査実施
71年12月15日　社団法人東友会設立
75年10月10日　東京都被爆者援護条例制定
82年11月14〜15日　東友会結成二五周年記念式典　チャリティコンサート一〇〇〇人参加
86年4月1日　広島市中央公園、長崎市平和公園に「東京の木」植樹
98年3月19日　第五福竜丸エンジン都へ贈呈式
03年5月27日　原爆症認定集団訴訟三〇人が提訴
06年3月14日　原爆症認定第二次集団申請一八人

神奈川県原爆被災者の会

会結成当時のこと

一九五五（昭三〇）年八月第一回原水爆禁止世界大会に参加した代表の呼びかけで、一〇月「神奈川県被爆者友の会」が発足、十数名で定期的に会合し、証言活動・助け合い・世界大会参加等の活動を続けてきた。

一九六六（昭四一）年一月二三日、「友の会」の前進を目指し「被爆者懇話会」を開催した。当日は県下各地から二三名が横浜市の県立勤労会館に集まった。出席者の自己紹介・被爆の状況などを話し合った結果、「友の会」を「神奈川県原爆被災者の会」と改称、発展を期して再出発することになった。

初代会長　伊藤直成（横浜）
事務局長　井上與志男（横浜）
運営委員（横浜）新谷
（川崎）森川、田中
（相模原）楠林
（藤沢）黒川

まず仕事始めに、懇談会で出されたことを二四項目の要望書として、二月、県知事に提出。直ちに担当窓口は衛生部予防課と決まった。四月、「被爆者ニュース」を発刊、県下被爆者一二〇〇名に「要望を聞くアンケート」を同封し郵送した。

六月五日、平和団体の呼びかけで「被爆者を励ます会」が横浜開港記念会館で開催され、県内の被爆者二五〇名が集まり、各界代表から熱い激励の言葉をいただき、感動的な集会となった。

六月二三日、神奈川県と交渉。①県下全保険医を原爆一般疾病医療機関として指定すること、②精密検査交通費の支給を会に委託する、③公営住宅入居の優先措置などが確認された。

その後、「被爆者援護法強化決議案」の請願書を県議会に提出し、各会派に陳情活動を繰り返した。一二月一四日請願書は全会一致で採択され、翌年（昭四二）より会への助成金二〇万円、全被爆者に年末見舞金支給などが予算化された。

結成から一年の活動は、初めてのことで経験不足はあったが、その後の会の発展への基礎を築くことができた。

中央行動の思い出

一九六八（昭四三）年五月、原爆特別措置法が制定され「健康管理手当」の支給が新設された。この法律制定に至る前年は、日本被団協始まって以来の中央行動が幾度も展開され、神奈川からも多数参加した。

三月に五日間、六月は三日間、一〇月には全国行脚、一一月中央集結、一二月に二日間、翌年三月に二日。とりわけ六八年三月には神奈川の被爆者もバス二台に横断幕をかかげ、東京のバスに続き、国会・都内でバス請願デモを行ない、その行列は壮観であった。そして、数寄屋橋前で連日座り込みを続けた。

四〇年前の日本被団協の援護法制定中央大行動幕開けの貴重な思い出である。

会の活動

①平和大行進
　三〇年前より初日から最終日まで一三日間県内全地区を行進、延べ約二〇〇人の被爆者が参加
②原水爆禁止広島・長崎大会への参加
③三・一ビキニデーへの参加
④原爆死没者慰霊祭並びに追悼のつどいを毎年九月に行なう
⑤慰霊碑の清掃（支部当番制で毎月実施）
⑥被爆者相談センターとしての活動（県委託事業）
⑦原爆被爆者医療講演会（県委託）の開催
⑧被爆証言集等の発行（被爆六〇年記念発行の英語版『忘れられないあの日』で一四回刊行）
⑨原爆展の開催（県内各地で開催）
⑩被爆証言、朗読劇、ビデオなどによる語り伝え継ぐ運動
⑪被爆者ニュースの定期発行（年四回）
⑫県運営委員会の毎月一回開催
⑬神奈川原爆訴訟の支援活動

最近の動き

▽神奈川の原爆訴訟

二〇〇一（平一三）年日本被団協が提起した原爆症認定集団申請に神奈川も参加。全被爆者へのアンケートを基に申請希望者を掘り起こし集団申請に多数が参加した。その内申請が却下された中で、七人が処分の取り消しを求め二〇〇四年九月に提訴、一二月に第一回裁判が開かれ一三〇人の支援者が応援にかけつけた。その年の七月、県下友好団体の協力により結成された「原爆訴訟かながわ支援の会」の強力な支援を受けながら、二〇〇六（平一八）年二月までに七回の裁判が弁護団・医師の先生方のご尽力で総論において国・厚生労働省を圧倒しつつ進展している。

▽ニューヨーク行動

被爆六〇年・二〇〇五年五月、国連ではNPT再検討会議が開かれ、同時に日本被団協による原爆展が開催された。これに伴う被団協のニューヨーク行動に神奈川から四人が参加。全国からの参加者とともに、セントラルパークへの四万人のニューヨーク市内大行進をはじめ国連その他各地で被爆証言を行なった。その際、被爆六〇年記念として出版の詞画集『忘れられないあの日』の英語版一〇〇〇冊を配布、多くの反響があり、成果を上げた。

▽原爆展と被爆証言

各支部でそれぞれ地方自治体・学校・友好団体等の支援を得て原爆展・被爆証言・ビデオ上映などを行なっているが、被爆六〇年には特に多くの活動が行なわれた。横浜駅東口新都市プラザでは友好団体とともに原爆展を行ない四日間で約二万人の一般市民の来場があり、熱い共感を得た。この大原爆展は今

後、生協を始めとする友好団体に引き継がれ、毎年開催の予定。

慰霊碑（鎌倉大船観音境内）等の建立

○原爆犠牲者慰霊碑（写真中央）被爆二五年記念・一九七〇年完成
○平和祈念塔（写真左）被爆四〇年記念・一九八五年完成
○原爆の火の塔（写真右）被爆四五年記念・一九九〇年完成
○折鶴飾り台（写真中央）被爆五八年記念・二〇〇三年完成

慰霊碑等（鎌倉大船観音境内）

新潟県原爆被害者の会（新友会）

会結成当時のこと

一九六六（昭和四一）年七月二一日に、新潟市白山一丁目の下越婦人会館で、被爆者、家族二一名が集まり、結成総会が持たれました。特別講演として広島大学医学部・杉原助教授から原爆後遺症特に原爆ぶらぶら病について詳しくお話を戴きました。新潟市の保健所長も臨席されました。役員には、とりあえず次の六名が選出されました。

会　長　千田数雄
副会長　堤良夫
事務局長　遠藤健一
理　事　中村義雄、渡辺三雄、小林幸子

会運営の基本姿勢（基本方針）

一九六四年（昭三九）年の原水禁運動の分裂は被爆者運動に大きな打撃を与えました。分裂後に結成された当会は、その渦中に巻き込まれないことを最重要指針として、会の運営にあたって参りました。この姿勢が評価されて、連合青年団、連合婦人会、老人会等の市民諸団体、原水禁、原水協、核禁会議等の原水禁諸団体、平和諸団体、教組等の労働諸団体、各種生協団体など各界各層の支援をとりつけています。当会の方針は次の三点です。

①会員被爆者の相談・世話活動
②核兵器の廃絶と被爆者援護法の充実
③政党、政派に偏らないこと

主な活動（取り組み）

▽新潟県原爆死没者追悼式（慰霊祭）
一九六八（昭四三）年から新潟市の真浄寺（浄土真宗本願寺派）のご好意で慰霊法要を営んできましたが、一九九一（平三）年の第二三回追悼式から、慰霊事業補助の関係で宗教色をなくすことになり、名称を慰霊式から追悼式に、会場も公益社に改めました。

▽「原爆の日」の行事
新潟市の後援を得て、一九七五（昭五〇）年より市庁舎前に祭壇を設けて追悼行事を実施、併せてミニパネル展、街頭宣伝（アピール、チラシ撒き、請願署名等）を行なっています。期間は八月六日～九日、目的は原爆の日を忘れずに（国民的祈念日として）特に新

潟市は投下予定都市だったのですから。

▽七七被爆問題国際シンポジウム（NGO主催）の新潟県推進委員会結成

一九七七（昭五二）年五月に結成、シンポのあとでパンフ『被爆……新潟県における被爆者の実情とその訴え』が発行されました。

▽ヒロシマ・ナガサキ原爆写真展の開催

一九八〇（昭五五）年七月一日～八月一〇日にわたり当会、新潟県連合青年団、新潟県婦人連盟の三団体共催で県内一五会場で開催、入場人員はトータルで三万九〇〇〇人と大盛況でした。

▽国連軍縮特別総会に代表派遣

①第一回（一九七八）千田数雄会長

②第二回（一九八二）杉本昭之理事

③第三回（一九八八）板垣幸三事務局長

▽援護法実現・みんなのネットワーク・にいがた

①結成集会―一九九〇年八月四日

②第一回報告会―一九九三年八月五日

③第二回報告会―一九九四年五月二七日

④援護法成立集会―一九九四年一二月九日

▽被爆者遺言運動

①発足集会―一九八七年一二月六日

以降各地で語り継ぎ及び収録運動を展開。

②手記『黒い雨に打たれて』副会長・白倉英雄著　一九八九年八月発刊

③手記集『鳩・第一集』一九九一年発行

県下の小・中・高校等の全学校に寄贈

④手記集『鳩・第二集』一九九五年発行

前回同様県下の全学校に寄贈

▽朗読劇「この子たちの夏」（東京地人会）公演

第一回　一九九五年六月三〇日～七月一四日）県内一二会場一三ステージ

第二回　二〇〇〇年七月二八日　新潟市公演

第三回　二〇〇四年七月一〇日、一一日　新潟市公演　一〇日は中学生無料招待

▽ヒロシマ原爆展（広島市・広島平和文化センター主催）―一九九六（平成八）年八月二七日～九月一日　県民会館展示ホール　入場人員一万二〇〇〇人。当会主導で二七団体で「支援する会」を組織し応援

▽吉永小百合原爆詩朗読

二〇〇一（平成一三）年一〇月一八日　新潟市公演　黒坂黒太郎のコカリナの集いを併演

現役員

一九八五年一二月に千田会長が急逝。その後を遠藤健一が引き継ぐ。

会　長　遠藤健一

副会長　南七郎

事務局長　山内悦子

理　事　満田誠二、田中祝男、西巻義、高橋博、小野塚昭二、早川市蔵

監　事　金田宏子

山梨県原水爆被害者の会
（甲友会）

山梨県原水爆被害者の会の結成

本会は一九六五（昭和四〇）年に結成され、初代会長は高橋健、事務局長は米内達成でした。その年日本被団協に参加しました。

本県は小さい県で、被爆者数も一一五人で、甲府市以外には支部がありません。その代り人数が少ないので全体の状況はかなり把握できています。

私たちの運動

▽体験記『きのこ雲』の発行

第四集まで発行しています。会員を訪問しての聞き取りによっています。今までにほとんどの会員を少なくとも一回は訪問したことになっていると思います。これは会員との繋がりを強めるのに役立っています。

▽自治体の非核宣言

一九八四年、「山梨県非核宣言推進委員会」が結成され、その運動の結果、山梨県は全国で六番目に、全自治体の非核宣言が行なわれました。本会がその中で終始積極的な役割を果たしたことを誇りに思っています。

▽被爆者援護法制定促進決議

一九九二年県議会をはじめ六五議会の全部で採択され、国に意見書が提出されました。全国で一三番目の一〇〇％達成でした。

▽被爆絵画展・原爆と人間展

一九八一年、「甲府ＹＷＣＡ」の開催する被爆絵画展に、山梨県の被爆者の絵を展示しました。この催しは、現在に至るまで毎年継続されてきています。

このほかにも本会以外の主催でいくつかの「原爆と人間展」が継続して開催されています。最近では、富士吉田市や都留市で実施されることが多くなりました。

▽被爆六〇周年・核兵器も戦争もない世界をめざす大運動

六〇周年大運動の中で印象深かったのは、首長・議長の賛同署名を求める県内行脚でした。原水協・原水禁の協力を得て、九月下旬、全自治体を行脚し、一定の成果を上げることができました。

七月、「原爆犠牲者追悼のつどい」を開きました。亡くなった方たちの霊をいささかでも慰めることができ、少しは肩の荷が軽くなったような気持ちです。会場の準備等についてＪＲ労組にお世話になりました。

これから

六〇周年の事業のひとつとして募集された被爆者の手記と、現在進行中の被爆者の実態調査の結果を、『きのこ雲』（第５集、被爆六〇周年記念号）として出版する仕事が残っています。

核兵器のない世界と原爆被害への国家補償が実現するまで努力をつづけます。

一方、年をとって身体も弱ってきている会員が、どうやって会を守っていくかが、これからの大きな課題になっていくと思います。

昭和48年11月の中央行動に参加

長野県原爆被害者の会
（長友会）

会結成のきっかけなど

一九五五（昭三〇）年八月二二日、広島・長崎の被爆者四名を招き、県内の被爆者二名も参加して、第一回原水爆禁止長野県大会が開かれた。

この頃から県原水協準備会と県内の被爆者のつながりができた。

一〇月一八日、善光寺大勧進で、長野県原水協が結成され、被爆者救援運動が強化された。

日本原水協が、長野・神奈川・群馬三県を「被爆者無料健康診断実施モデル地区」にすると決定し、これを実行するために県原水協や、信州大学学生の有志による街頭での一円カンパの呼びかけなど「原爆被災者治療資金」の募金活動が行なわれた。

そして、モデルケースとして群馬に続き長野県でも、一二月、五カ所の病院で被爆者無料健康診断が実施された。

翌年、県原水協の協力もあり、前年の健康診断に来た二八名と、その後判明した六名、計三四名に呼びかけて、二月五日、善光寺大勧進で、被爆者八名が出席し、長野県原水爆被災者の会を全国で四番目に結成した。善光寺副住職で県原水協会長の半田孝海師などが出席。会長には松尾敦之、副会長に前座良明、花岡邦子が選出された。

四月、広島、長崎、愛媛、長野四県被爆者団体連合会を結成し、これが母体となって、その年の八月、第二回原水爆禁止世界大会が開かれた長崎で日本被団協が生まれた。

会の運動として紹介したいこと

▽日本被団協の方針にもとづいて、長友会が取り組んだ県市町村議会による「援護法即時制定を求める決議、意見書」の一〇〇％達成の取り組み。

市町村の数が一二一と多く、しかも県内在住の被爆者が二〇〇名ほどという実情も考慮し、また一九八四（昭五九）年三月に取り組んだ自治体首長、議長の「賛同署名」の運動で全市町村の三分の二を超える成果をあげた経験を生かして、次のことを重視して集中的に取り組んだ。

○役員が先頭にたち、それぞれの市町村に在住する被爆者が、事情の許す限り、その人のできる方法でこの運動に参加する。

○運動の主旨に賛同してくれる団体、個人の皆さんと共に活動する。

○請願書や意見書案の内容は、きちんとスジを通しながら節度あるものにする。

その結果、被爆四〇周年の一九八五年二月議会から翌年の六月議会までに、全国にさきがけて県議会及び全市町村議会で意見書議決を実現することができた。

なお、一二一市町村中、四五市町村でそこに住んでいる被爆者がこの運動に参加、また三八市町村で地元の協力者（合計四七名）に取り組んでいただき、そのうち一九市町村では被爆者と協力者が一緒に取り組み成果をあげた。

▽一九六六（昭四一）年より、広島大学の専門医による〝特別健診〟を被爆二世も含め県内四カ所の保健所で、毎年県費で実施している。いくつかの「がん」が発見されたことや、被爆者同士の交流の場になっていることもあり、会員の半数近くが毎年受診し喜ばれている。

▽体験記集『生き続けて…』を一九七一（昭四六）年出版。一九七六年第二集、一九八一

年第三集、一九九六年二月五日被爆五〇周年、会結成四〇周年記念で第四集を出版し、普及につとめている。

現在の取り組みと課題

▽聞き書き、語り残し運動をひき続きすすめる。

▽核兵器なくせ、原爆被害への国家補償を求める国会請願署名及び国会議員と全自治体の首長、議長の賛同署名の取り組み。

▽高齢化、病弱化が急速にすすむ中で、会の活動をどのように維持、発展させるかが最大の課題。

一九九六年度の総会で、役員の中での事務局体制をつくることが決まった。また、会と遺族のつながりをつくっていくことも総会で決まり、アンケート、交流会などの具体化を、役員会で検討している。

富山県被爆者協議会（紀親会）

会の発足

昭和三五年五月一五日、初代会長・畠山一雄氏、事務局長・引地登志男氏により、名称を富山県原爆被害者協議会として、会員三五名で結成。

会長の推移

畠山一雄氏、伊勢定吉氏、原田広氏、正橋良之氏、舟坂安則氏。

名称の推移

昭和三五年五月　富山県原爆被害者協議会
昭和五六年六月　富山県被爆者福祉協会
平成二年五月二〇日　富山県被爆者協議会

会の活動

昭和三八年六月　被爆者のアンケート調査。
昭和三九年二月　県補助金一二万円、現在二〇万円組織運営費助成。
昭和三九年　ＮＨＫ歳末助け合い募金配分金。

平成7年10月の慰霊祭と祈念式典

受賞の畠山、伊勢さん

慰霊のことば　原田会長

昭和四五年　　被爆者見舞金支給。戸別訪問による実態調査（対象八二名）。

昭和四五年一〇月　専門医師による検診　被爆者一六名が広島原爆病院で専門医による検診を受ける。同年、被専門医による精密検査を年一回富山赤十字病院で受けることとなった。

昭和四六年三月　被爆二世の健康実態調査を実施、同年一〇月「紀の子会」が発足した。

昭和四八年四月　県見舞金条例制定。

昭和五〇年六月　第二回被爆者実態調査実施

昭和五一年　相談員制度発足、所長水野耕子氏ほか相談員一四名、協力者鹿熊安正氏ほか。

昭和五二年八月　国際シンポジウムに協力。

昭和五三年八月　被爆者絵画展を開催。会員約一〇名の自作七〇点を出品、好評で中部各県を巡回する。

昭和五六年　相談事業に補助金が出る。

昭和六〇年　第三回被爆者実態調査を実施。

昭和六〇年一二月「紀親会だより」を作成。会員相互のコミュニケーションをはかり、各会員の資料により、毎年二月に作成し、全会員に配付。

▽被爆体験記録発刊

平成三年一二月『叫び』創刊号を発行（呉西地区）

平成五年一二月『叫び』第二号を発行（呉東地区）

（この記録集が次代に役立つことを願って）

▽被爆五〇周年記念事業

平成七年一〇月二三日「原爆死没者を追悼し、永年の平和を祈念する」慰霊祭。祈念式典、畠山一雄氏、伊勢定吉氏に感謝状を贈呈。相談事業講習会を開催（東海北陸ブロック）。

平成一四年一一月七〜八日　相談事業講習会を開催（東海北陸ブロック）。

石川県原爆被災者友の会
（石川友の会）

昭和三五年初春から、有志が会合を重ね、石川県、金沢市をはじめ、県内各層の協力を得て、八月二一日、結成総会を開いた。初代会長に岩佐幹三氏が就任、発足した。まず、被爆者の健康管理、医療活動に取り組んだ。

石川独自の被爆者、宗教者、科学者懇談会（三者懇）の支援も得て、昭和四〇年、十数名の被爆者を広島原爆病院に派遣し、集団精密検診を実施した。

二回の派遣後、できるだけ多くの被爆者が受診できるよう、県の施策として、広島原爆病院からの医師の派遣による検診の要請をし、実現した。県立中央病院にはじまり、今日では、民医連城北病院に受け継がれて、医療相談活動が続いている。健康管理手当の受給率も九割を超え、がんの早期発見や日常の健康管理にも役立っている。介護保険法の改悪以降の相談には、医療ソーシャルワーカーの協力を得ているが、施設費の負担増は支払い能力の限界を超えており、深刻である。

原爆症認定申請は、九人中一人が認定、八人が却下された。現在、認定者を含む三人が死亡し、異議申立中の三人は、いまだに回答がない。

がんに冒されて明日をも知れない人たちへのなんと冷たい行政であろうか。

石川友の会独自の特色ある実相普及活動としては、地人会・木村光一さん演出の「この子たちの夏」をここ二〇年あまり継続して上演してきたことである。当初、金沢「市民劇場」と協力して立ち上げた実行委員会方式の活動が実を結び、この間延べ数万人の市民・県民に、原爆被害の恐ろしさ、再び繰り返してはならないという平和への思いをひろく伝えることができた。またこの上演をきっかけにして結成された平和サークル「むぎわら帽子の会」は、月例の集いを積み重ねて、被爆者の心の支えともなっている。

ほぼ同じ頃発足した青年団・生協と友の会の三者共催の「反核平和・おりづる市民の集い」も毎夏欠かさず続けられ、市民に平和の尊さを訴えている。

こうした活動に支えられて長年の念願だった「原爆碑」建立の取り組みを進めることになった。

被爆五〇周年の慰霊事業として、以前から声のあった「原爆碑」建立を県に相談したが、建立用地が確保できず、諦めざるを得なかった。

この年、

○被爆体験集『青い空を』を刊行（県内すべての小・中・高校、図書館に寄贈）
○「平和記念式典」と「平和コンサート」開催
○広島・長崎への墓参団派遣

の三慰霊事業を実施。被爆の実相普及に成果を挙げることができた。

二年後の一九九七年の総会で再度、「原爆碑」建立の要望が出された。この時は金沢市から恰好の場所の提供を受け、その年の慰霊事業として認められた。

しかし、国からの予算が、バッサリと半分に削減されたため、県内全自治体への助成金の要請や、会員、県民への募金の訴えなど、資金集めに奔走の一年であった。

一九九八年八月九日、金沢市を一望する丘の上に、原爆碑「平和の子ら」像を除幕することができた。頭上高く折鶴を掲げる男の子に寄り添う女の子の二体のブロンズ像は、うずたかい千羽鶴につつまれて、朝日に光り輝いていた。

県民五〇〇人が見守る中、五八羽の鳩を放鳩し、桜の木を記念植樹した。

毎夏、平和団体、市民団体とともに、この碑の前広場で、「原爆犠牲者追悼式典」と「反核・平和おりづる市民の集い」を行なっている。一方、建立運動と並行して、「非核・石川県宣言」を求めて議会請願を行ない、全会一致で採択された。

被爆六〇周年、友の会結成四五周年には、三つの慰霊事業を行なった。

○県庁舎展望台で「原爆と人間展」開催。

○被爆手記の朗読劇「この子たちの夏」を友の会主催で行なった。

○「会結成四五周年記念式典」と「平和コンサート」開催。

いずれも予想を大きく上まわる参加を得て、広く県民に被爆の実相を広めた。

原爆犠牲者追悼碑「平和の子ら」像

被爆後六〇年を経過した今日、被爆者の死亡や高齢化のために、「被団協」新聞の購読者が減少し、日本被団協があらためて三万部をめざした購読者増大運動を訴えている。これに応えて石川友の会では、被爆者数の急速な減少にもかかわらず、会員数の約一六〇%を超える部数の維持普及に努め、自治体や支援グループに対する広報活動に活かしている。また「原爆と人間展」パネルの普及にも精力的に取り組み、県内では三〇組をさばいてきた。さらにコープいしかわなどの支援のもとに、海外の学校・平和団体などに二二組を贈呈して、被爆の実相普及に尽くすとともに、日本被団協の事業財政を支える活動にも貢献してきた。

私たちは、一〇〇人余りという極めて小人数の県組織だが、全国的な視野も忘れないで、今後とも活動を推進していきたいと思っている。

福井県原爆被害者団体協議会（福井県被団協）

会結成当時のこと

一九五九（昭和三四）年八月二九日、福井市保健所において「福井県原水爆被害者団体協議会」が発足した。

当時は代表委員など八名の構成で、他県との連携もとれず、そのうえ本県内では、原爆被害者に対する偏見が強く、被爆者であることを隠して暮らしているものが多いなかで、「我々は広島（長崎）で被爆した被爆者である」と、臆することなく、名乗りを上げて被爆者運動を開始した先達者たちである。

県被団協会誌の記録から

本会設立直後、「初めての原爆死没者、多田ハマヨ氏に対して、昭和三六年九月一四日付で、日本原水爆被害者団体協議会より弔慰金千円が送られてきたので、御遺族に渡した」と記載されている。当時は日本被団協から弔慰金が出ていたのである。

昭和三七年七月八日、第一回北陸三県原爆

犠牲者合同慰霊祭が石川県金沢市の東別院で開催され、福井県、石川県、富山県などから代表者をはじめ会員約一〇〇名が出席「核兵器廃絶を誓った」とある。

昭和三八年八月二五日、第八回定期総会、援護法制定国会請願行動（東京）に参加後から、第九回原水禁世界大会分裂の影響を受けて混乱し、日本被団協に指示を仰いでも、適切な指示、回答が得られず、一時的に活動が低調になる。

昭和四三年、小浜市にある名刹、真言宗名通寺住職、中嶌哲演師が同市に原爆被爆者が一二人も在住することを知り、被爆者のための援護法成立を願い、毎月六・九日に托鉢を二六年六カ月続けられ、その浄財によって、援護法制定と、広島大付属病院の医師招聘、被爆者の診療に努力された。

昭和五二年六月五日、国連NGO主催「被爆の実相とその後遺・被爆者の実情に関する国際シンポジウム」福井県支持委員会（福大教授・婦人団体・生協・青年団等）を結成。県内八七名の被爆者を戸別訪問して、一六項目の調査を行なった。

昭和五三年五月二三日～六月二八日、「第一回国連軍縮特別総会」開催。政府を始め、各階層の代表五〇〇名が出席。福井県では、被団協の時岡孝史が、日本被団協代表と共に出席した。

平成二年八月、福井県議会を始め、県内三六市町村議会に対して、「原爆被爆者援護法」即時制定の促進・意見書採択に関する陳情書採択の請願行脚を開始した。この年の一〇月八日、福井県議会が率先して可決（地方自治法第九十九条第二項の規定で意見書提出）。翌三年六月二六日、三国町議会を最後に完了（一〇カ月間）した。

被爆五〇周年記念事業の一環として冊子『福井県被爆者五十年目の証言「修羅」』を平成七年八月一五日発行。福井県教育庁を通して、中学・高校（公・市立）、県内図書館、また協力団体の青年団、生協などに一〇〇〇冊を配布した。

福井県原爆被害者団体協議会会則の決定

福井県被団協が中心となって、平和を念願し、二度と核兵器を使わせないような意識を特に高めて行きたい。

福井県原爆被害者団体協議会会則

第一条　本会は福井県原爆被害者団体協議会と称し、事務所は会長宅に置く。

第二条　この会は、県内被爆者及びその遺族が団結・協力して左記の目的達成のため必要な諸活動を行なう。

第三条一「事業」核兵器廃絶・国際条約の締結・推進。

二　原子爆弾の障害作用により、今尚体調が特別な状態にある県内被爆者に対して、相談員を巡回させ健康の保持・福祉の向上を図るため、医療保護・年金保険・相談事業の積極的な運営に取り組む。

第四条　この会は、県内に居住する原爆被害者及びその遺族をもって構成し各保健所ごとに支部長を設ける。この支部長が「理事」を兼任する。また本会の趣旨に賛同し財政を援助する個人並びに団体を賛助会員とする。

第五条　この会に総会（定期総会・臨時総会）・役員を置き会長が招集する。総会は年一回とし、必要に応じて役員会を招集することが出来る。総会の決議は出席会員の過半数により可決する。

第六条　この会は、次の役員を置く。

一、会長　本会を代表し、会務を遂行する。

二、副会長一名　会長を補佐し会長事故あるときは、その職務を代行する。会計は副会長が兼任する。

三、事務局長一名　本会の事務全般を処理する。

四、監事一名　本会の会計を監査し、総会で報告する。

第七条　この役員の任期は二年とする。ただし再選は妨げない。会費の額は年会費、三〇〇〇円とする。本会の会計年度は毎年四月一日より翌年三月三一日までとする。

第八条　慶弔規定を次の通り定める。

会員が死亡したときは、役員が弔問し香料五〇〇〇円と花輪一〇〇〇〇円相当を捧げる。

付記　この会則は平成一五年四月一日より施行する。

この会則施行による役員名

会　長　三上正治、副会長　和田洋一

事務局長　滝下滝夫、監事　小稲吉春

追悼法要

原爆死没者追悼法要は、毎年秋に実施している。寺の都合もあり実施日の決定はできないが、被爆者全員、県会議員、県職員等の参加を頂き、福井の千福寺のご協力を得て行なっている。今後、青年団・生協連など平和を願う人なら誰でも気軽に参加できるようにするつもりである。

岐阜県原爆被爆者の会（岐朋会）

岐朋会前史

かつて岐阜県にも、岐阜県原水爆被災者福祉会という被爆者組織があり、日本原水爆被害者団体協議会（日本被団協）に加盟していました。しかし、一九八〇年代に壊滅状態に陥り、岐阜県の被爆者組織は消滅しました。

日本被団協では、岐阜県環境衛生部保健予防課と共同して、一九九〇年七月に、岐阜県在住被爆者の「生活・健康相談会」を開催しました。相談会終了後、組織再建のための懇談会がもたれました。そこで被爆者みんなの願いを一つにする組織の再建を図ろうということでは意見が一致しました。

一九九〇年から九一年にかけて、日本被団協の伊藤さん、嶋岡さん、杉山さんらが来岐、ご協力を得ながら、世話人の話し合いを重ね、再建の準備を進めました。

岐朋会の成立と目的

一九九一年五月一九日、県下から六〇名余

の被爆者、被団協、岐阜県関係者などの来賓の参加を得て、再建総会が開催されました。

そこで、再建の被爆者の会をかつて存在した岐阜県原水爆被災者福祉会とはまったく関係のない新たな組織として設立すること、会の名称を岐阜県原爆被爆者の会（岐朋会）とすることなどが確認されました。

さらに次の目的を確認しました。

「本会は、あらゆる政治的、宗教的、思想的立場を越えて、原水爆の被爆者が団結し、助けあって、お互いが被爆者であるという唯一の共通点に立って、多くの人々の協力のもとに、医療・生活・その他の問題と取り組み、その改善を図り、あわせて原水爆の被害を、あらゆる人々に訴えることにより、再びこのような惨事を繰り返さないようにすることを目的とする」

被爆者同士ほとんど面識がなく、県下に七〇〇名余住んでいることも知らない状態にあった私たち岐阜県に住む広島・長崎の原爆被爆者が、被爆者の会（岐朋会）を結成したことは画期的なことでした。この日から、岐朋会の活動が始まりました。

岐朋会の一五年

▽私たちの願い
「あの日」から六〇年、私たち被爆者のなかには、「あの日」が今も生きつづけています。二度と、『「あの地獄図」』を思い出したくない」と、心震える被爆者が少なくありません。被爆者は、いまも不安と怒りのなかを生きています。一九四五年八月六日は人類史を変えた一日です。それまで人類は、「人類滅亡の危険」を知りませんでした。あの日は「人類が一握りの人間の手によって自らを滅ぼす危険」が生まれた日です。「ふたたび被爆者をつくるな」という私たち被爆者の基本要求は人類を滅亡させず、存続させるための切実な願いでもあります。
▽岐朋会の一五年
岐朋会の結成から一五年、この間の活動によって、当初は予想もできなかった大きな成果をあげることができました。
①岐朋会の仲間が増えたことが第一の成果です。岐阜県には六五〇名余の被爆者が住んでいます。その内結成準備に参加したのは二〇名前後、結成総会時の会員は六〇名でした。現在は約半数の三〇〇名余になっています。とくに県下のすべての地域に九支部が結成されたのは特筆すべきことです。
②会員の親睦・相談の場、私たちの願いをこめた死没者への鎮魂の場として、慰霊祭、健康・生活相談会を定着させてきたのが第二の成果です。
③被爆五〇周年を期して発行した『鎮魂の叫び—二十一世紀への伝言—』全三集は画期的成果でした。『鎮魂の叫び—二十一世紀への伝言—』には私たち被爆者の思いがこめられています。岐阜県内外の多くの人びとが被爆の実相と被爆者の願いを受けとめました。
④被爆の実相と被爆者の願いを訴える原爆絵画展、「原爆と人間展」を開催するとともに、生活協同組合、各学校などで被爆体験を語る機会が多くなったのも大きな成果です。
⑤広島・長崎墓参と現地被爆者の会との交流も実現させました。あらためてあの日が甦ってきます。
⑥日本原水爆被害者団体協議会（日本被団協）に参加し、全国の被爆者、特に東海北陸ブロックの仲間と協同して、「ふたたび被爆者をつくるな」「原爆被害者援護法の即時制定」という私たちの基本要求の実現と被爆者の生活・健康を守る運動に取り組んでいることも大きな成果です。

▽被爆六〇年・二〇〇五年の活動

①日本被団協の被爆六〇年記念の諸活動に参加しました。

②地人会の「この子たちの夏」公演を成功させました。

③『被爆六〇年岐阜県在住被爆者の訴え』を刊行することができました。

また、被爆体験を語る会や新聞報道を通して、被爆者の体験と願いが県民に伝えられ多くの方の関心が広がり深まったこと、生活協同組合などの皆さんの協力・支援を得られたことなど、新たな展開を生み出すことができました。

岐朋会の役員

結成時の役員は、会長・大地登、副会長・大塚金夫、奥村昭二、事務局長・木戸季市、会計・落水正己、本部役員・藤井俊子、寺脇藤美、和田実夫でした。

その後、会長に加藤昇、副会長に小川貞二、纐纈守武、藤井俊子が就いています。

現在の役員は、

会　長　白木幸雄
副会長　海岡昭生、山田誠
事務局長　木戸季市
会　計　山田誠
本部役員　福田清義、西田詩津子、佐藤朱美、伊藤由紀江、理事・平野諒、坂本隆彦、小林武夫、神田勇、大橋正直、黒田良雄、岡部子母子、今川正夫、清水定、石田一雄、河原賢三、今井幸男、板橋国弘、山下文夫
会計監査　久代譲、中山士郎

静岡県原水爆被害者の会（静岡県被団協）

会の結成

一九五八年三月一七日（日）県労働会館で、第一回準備会が開かれた。

会の名称と会の性格、主な活動内容、財政、組織づくりなどの方針を固めた。

一九五九年には被爆者二八五名の実態を掌握していた。

同年七月二六日、静岡市内教育会館で結成総会を開いた。

当時の役員は、

会　長　杉山秀夫（浜松）
副会長（故人）幸野峯吉（函南）
幹　事（故人）高橋孝一（熱海）
（故人）髙野眞（富士宮）
外岡管次（清水）
（故人）久保田顕二（静岡）
（故人）五十右栄作（焼津）
（故人）田辺寛司（浜松）
（故人）鈴木正司（大東）

主な活動と実相普及

一九五九年九月二六日　会結成

六二年七月　県内原水爆被害者白書第一集発表

六四年七月　同第二集（厚生大臣へ陳情書）発表

六九年二月　同第三集発表

七二年三月　同第四集（一九八名の放射量に関する統計）発表

七五年末　原爆体験画パネル作成。県内被爆者が描いた二二枚をパネルにして、県内外に普及してきた。SSDⅡには、一部をニューヨークへ持参し、テレビで放映されて、反響を呼んだ。

七九年四月　『きのこ雲』を発刊した。

八二年九月二六日　清水市鉄舟寺に慰霊碑建立

八四年一二月～九五年三月　県内行脚をして、被爆者援護法制定と核兵器廃絶の両意見書を全自治体で採択

八五年七月　『平和の願い―三十年のあゆみ』を発刊し、三〇年間の活動を紹介した。

九二年　『原子爆弾』を、約三〇〇名の県内被爆者の体験手記として発表した。

九五年　続『原子爆弾』発刊

九九年一一月　『核兵器廃絶の日まで―四〇年のあゆみ』を発刊した。「三〇年」を補足し、海外での活動、国内での諸活動、すべて記録した。また毎回何人かの体験記など掲載した。

〇五年九月　『原爆忘れマジ、許すマジ』―県内被爆者八五人の手記を集め、最後の記録として残した。

パネルを展示したり、発行された本は平和行進の中で、展示会の中で、体験発表の中で、あらゆる場を利用して、普及してきた。

とくに県庁二一階展望ホールで毎年八月に行なう「原爆と人間展」は特記すべきことです。

主な事業

①広島・長崎原爆死没者慰霊碑建立

清水市村松の鉄舟寺に、一九八二年九月二六日に建立し、除幕式を行なった。

遺族より申し出のあった一〇四柱を石に刻銘し、当日、カロートに納めた（〇五年現在、三五二柱の刻銘版が納められている）。

建立の特徴は、すべて会が計画し、役員が作ったことである。

場所の選定に苦慮したが、偶然のきっかけで、清水支部長外岡氏の計らいで、核兵器廃絶に理解ある鉄舟寺住職香村上人の同意を得た。

県議会、市長会、町村会の同意と資金の協力を得、支部役員の努力で、募金の目標を達成した。

高野副会長が石材業として、石の選定彫刻を、木村幹事（故人）が庭師としての造園設計、山梨幹事が左官作業など、身内だけで完成した。

広島・長崎原爆死没者慰霊碑
（清水市鉄舟寺）

②アンケート調査と記録

被爆の実相を把握し、会員の実情、要求を

調査し、まとめてきた。時には日本被団協の調査を、時には独自の調査を行ない、行政に訴えてきた。

六五年頃の実態調査は、全国的にあまり例がないので、原水爆禁止世界大会の分散会の発表では注目を浴びた。続いて第二集は、被爆者の生の苦しみを、厚生大臣に訴える文集とした。そこには医療法の矛盾と援護法の必要性を訴えた。

第四集は元広島大理学部教授（故）佐久間澄先生の指導により、一九八名の放射線受線量を算出し、被爆距離と受線量、その時までの病歴の関係を調査した。

このようにして、結成以来調査を続け必要なものを本に収録した。

二〇〇五年九月に被爆六〇年を記念して、県内被爆者九〇〇人にアンケート用紙を配布（各保健所より発送）、回収は切手不要で静岡県被団協宛にした。

二〇九人から回答が来た。

質問項目は①～⑩にわけ、氏名、性別、被爆地、年代、状況、距離、障害、被害、現在の病名、二世は。A四判、二四頁。

県内外の被団協、自治体に配布した。

体験集は八五人から寄稿され、A五判二〇〇頁にまとめ、発刊した。

被爆者援護法と核兵器廃絶を求めて

日本被団協の方針に従い、八四年一二月、浜松市、富士宮市、芝川町議会を皮切りに、九二年六月龍山村を最後に、県議会を含め、七五の議会で援護法の意見書を採択、続いて核兵器廃絶国際協定締結を求める意見書も、九五年三月春野町議会を最後にすべて採択された。

各支部長のねばり強い陳情、平和行進の中での大衆陳情のおかげであった。

愛知県原水爆被災者の会（愛友会）

会結成当時のこと

ビキニ被災を契機に全国的な原水爆禁止運動の高まりのなかで日本被団協が結成され、愛知県においても黒川、増田、豊島氏などの先駆者の皆さんが中心となって被爆者の把握に努め、会の結成に努力されました。その結果、一九五七（昭三二）年八月二五日に第一回総会が開催され、初代会長として松島政市氏（故人）を選出しました。

その後、一九五九（昭三四）年の伊勢湾台風の影響や財政事情などから総会が開かれず、役員だけの運営になっていました。

再建にあたって

再建のきっかけになったのは愛知県原水協の被爆者救援活動のなかで、県内の各地域に自主的な被爆者組織（被爆者懇談会）がつくられていったことでした。

再建のさいに留意したことは、分裂組織をつくらないことでした。そのためにこれまでの先駆者の方たちと充分な話し合いをし、お互いの共通理解のもとに一九六七（昭四二）年に一〇年ぶりの再建総会（一〇月二二日第二回総会）を開催しました。

この際、会の規約を改正し従来の会長制から理事長制に変更し現在に至っています。理事長に西村次男氏（故人）が選出されました。その後、理事長は石井重夫氏（故人）、田村卓也氏、殿原好枝氏（故人）を経て、現在は田村卓也氏となっています。

愛友会の活動の紹介

▽県内被爆者行脚……会再建当時から県内の全自治体・議会への訪問活動をすすめています。

▽原爆犠牲者の慰霊事業……最初のころはお寺での慰霊法要の形式で行なってきましたが、国の慰霊事業への補助金が支給されるようになってからは、公共の施設を利用して宗教色のない献花方式で実施しています。さらに文化行事（朗読劇・コンサートなど）をとりいれ、遺族や会員が年に一回集まる機会としています。

二〇〇五年には生協をはじめとする他団体のみなさんの手による朗読劇「この子たちの夏」の自主公演を行ない、好評を博しました。

被爆60周年原爆犠牲者を偲ぶつどい
（2005年７月26日）

▽相談活動……会の活動の大きなものに相談活動があります。事務所による週三日の相談活動、支部役員による地域での相談を行なっています。

また、県内の四地域での相談会を行なっています。

▽自分史の会……一九九六年に第一回の自分史の会を発足させました。以後、多少の空白はあるものの二カ月に一回の開催を目標として開催してきました。これまでに三九回開催。このなかでメンバーの一人である道上昭雄さんが『一被爆者の辿った 波瀾万丈の人生』を発行したことが大きなニュースでした。

▽集団訴訟運動……日本被団協の提起による原爆症認定却下取消を求める集団訴訟運動に取り組んでいます。現在、甲斐昭さんをはじめとする四人の裁判闘争に全力をあげています。運動の支えとなる「あいち被爆者支援ネット」の活動も忘れてはなりません。

▽県内ニュースの定期発行……会と会員を結ぶものとして県内ニュース（愛友会ニュース）を月一回、「被団協」新聞の付録として発行。二〇〇六年一月現在で二八八号まで発行しています。

第13回口頭弁論（2005年８月29日）

ニューヨーク行進（2005年５月１日）

会の活動の特徴

▽他団体に支えられての活動……愛友会の活動を支えているものに他団体との結びつきがあります。平和団体・生協・学生・高校生（主として高校生平和ゼミナール）などのみなさんと手をつないで活動をすすめています。

　このほかに愛友会の活動をかげで支える「おりづるサポーター」のグループの活動も見逃すことができません。

▽活発な国際活動……被爆婦人の体験集『原爆　忘れまじ』の編集の中心となった人たちによって海外に被爆体験を広げようと「原爆と人間展」パネルの展示、証言活動をすすめてきました。これまでに訪問した国はアメリカ、インド、インドネシア、スリランカ、パキスタン、オーストラリア、ニュージーランドなどです

▽低い手当の受給率……愛知の活動の問題点は各種手当の受給率が他県に比べて低いことです。いろいろと対策を講じていますが、思うように受給率が高くならないのが悩みです。

▽その他……高齢化・病弱化がすすみ、会の活動に参加する人が少なくなってきていることです。地域の活動ができなくなった支部が出はじめてきています。

三重県原爆被災者の会（三友会）

草創の頃

一九七七年（昭和五二年）の結成当時から、会の役員は手弁当で尽力された。役員の職業は、明治生まれの石工職人の初代会長（田中清直）をはじめ、郵便局員、魚屋、農家、大工、小さな店の店主や駐在所のお巡りさんなどで、労働運動の経験者などは一人もいなかったが、被爆者としての共通点で結成当時から「原爆展」の開催をはじめ「反核・平和」の活動にとりくみ、健康管理手当の申請など被爆者制度の普及、活用をすすめた。

　このような、被爆者としての自覚にもとづいた活動が、今日の三友会活動の源泉となっている。

活動の特徴

三重では、平和団体をはじめ、市民団体、婦人団体、労働組合など他団体からの支援が結成当時以来つづけられている。一九九〇年の被爆者援護法実現『ネットワーク三重』の

呼びかけ人には、県生協連会長はじめ、婦人会、老人会、連合青年団、農協中央会、平和委員会、護憲平和連合、原水協、職員労組、保険医協会、民主医療機関連合会、労協センターの会長、理事長がそろって参加し、被爆者を励ましてくれた。

会が毎年取り組んでいること

一九八五年頃から「国家補償の援護法制定促進意見書および議会決議」の請願、ならびに中曽根康弘総理大臣への市町村長・議長の「賛同署名」を要請する行動にとりくみ、以後毎年六月に、嶋岡静男会長を先頭に各支部が参加して、全市町村を行脚している。行脚の際には、三友会の総会で決議した議案書を届け、その年の活動と活動方針を説明し、被爆者運動への理解を得るようにしている。結成当時は「三友会」への理解がえられず、具体的な支援も困難な状況だったが、今ではほとんどの市町村に被爆者運動の要求と運動を理解していただいている。

このような他団体や市町村との交流の積み重ねが、「援護法実現一〇〇〇万署名」などの三点セットの活動で大きな成果を上げた。また一九九六年に、日本被団協が新しく打ち出した「市区町村首長、議長の賛同署名」も、九月末までに県内六九の全市町村で達成した。

会員にもしものことがあったら

三友会では、五〇周年記念事業として、五〇〇人の会員全員に「『三友会』書類入れ」を贈った。これは、高齢化してくると物忘れがひどくなってくるので、被爆関係の書類は一つにまとめておき、家人にもその置場所を知っておいてもらって、何かある時には間違いなく取り出せるようにしておこうということで企画したもの。書類入れはビニールのファイルケースで、これには自分の被爆者健康手帳、健康管理手当証書、健康管理手当の申請書、診断書のコピー、保健所からの通達書類、三友会の書類、中央相談所の問答集、その他被爆関係書類を入れるようにしてある。

自治体主催の「原爆展」県下の全市町村で実施

被爆者に課せられたもっとも重要な役割である、原爆被害の実相を語り伝え、核兵器廃絶の国民世論をひろめるために、三重県原爆被災者の会は次の活動に取り組んでいる。

▽自治体主催の「原爆展」開催の推進

県庁はじめ県内の全市町村に自治体主催の「原爆展」開催を要請し、平成一三年に県庁並びに県内の全市町村が日本被団協から原爆写真パネルの「原爆と人間展」を購入し、自治体主催の「原爆展」開催を実施した。

▽「原爆体験記」の発刊（体験記の冊子はいずれもA5判）

被爆体験の語り継ぎ活動の具体化として、次のとおり「被爆体験記」を出版し、県内の各団体等に普及する。

①被爆五〇周年記念事業として、被爆者に呼びかけて被爆体験記『原爆』を出版する。県内の支援団体の協力で四〇〇〇冊を普及する。

②被爆五五周年記念事業として、二〇世紀最後の年を迎えた被爆五五周年を記念して、『二十一世紀に向けた、三重の被爆者の伝言集』の発刊を企画し、会員の被爆者に「伝言」の寄稿を呼びかけ、二〇一名の会員から寄稿していただき、平成一二年に二〇〇〇冊を出版。

③被爆六〇周年を記念して、生活協同組合コープみえと共同して被爆者の高齢化に対応

被爆50周年記念事業で出版した被爆体験記『原爆』

被爆55周年記念事業出版『二十一世紀に向けた、三重の被爆者の伝言集』

被爆60周年記念事業で出版した『聞き・語り・伝えたい　原爆被爆体験文集』

して被爆体験の「聞き・書き・語り伝え」運動にとりくみ、平成一七年に『聞き・語り・伝えたい　原爆被爆体験文集』を一五〇〇冊出版し、市町村の図書館等に贈与する。

平成一七年度役員名簿

会　長　嶋岡静男
副会長　西山辰雄
事務局長・会計　本坊哲郎
監　事　米川義男、倉田忠
支部長名
桑名・石田耕司　四日市・本坊哲郎
鈴鹿・神邊幸雄　津・嶋岡静男
久居・米川義男　松阪・加藤次郎
伊勢・西山辰雄　志摩・城山茂治
伊賀・大荷康夫　名張・門矢幸一

滋賀県被爆者友の会

会結成当時のこと

戦後の生活環境が極悪状態にあり、原爆被爆者に放射能後障害症に加えて結婚差別に、悶々の暗中模索の時、昭和三二年原爆被爆者医療法が制定されるに及んで、被爆者の交流の場として、昭和三三年三月一四日県下から二四名が参集し、創立総会を大津赤十字病院会議室で開催、初代会長小寺博と副会長六名を選出し、日本被団協へ加わり被爆者運動を進めようと決しました。

なお副会長は県下主要地域の代表として、さらに被爆者の輪を広げるよう努力しました。しかし、郡部は被爆者と知られることを恐れていますので、説得と連絡には十分注意しました。

支援、友好団体と連繫の強化

平和委員会、生協、青年団連、地婦連、反核医師会、自治連、社協、民協、三井寺、キリスト教団等と交流し、各団体の行事には積極的に参加し、被爆の実相、核廃絶を訴え、常に横の連繋を密にしました。また、小中高校へ赴き、何故、核廃絶しなければならないのかを被爆体験とともに説きました。

原爆犠牲者の慰霊事業

天台寺門宗総本山園城寺（三井寺）で毎年八月六日原爆犠牲者慰霊追悼、世界平和祈願法要や八月九日には、日本キリスト教団の慰霊ミサ等に参画して、参加者に被爆の実相と核兵器の残虐性と小型化、威力増大の脅威をも強く訴えています。

県被爆者の会の運動

自治体との折衝、他団体との交流参加には会役員が参加。被爆者宅訪問、相談懇談会、友好支援団体の行事参加、被爆の実相、体験の語りを行ない、中国及びフランスの核実験に抗議し、核兵器の廃絶をめざす「県民マラソン・スピーチ」にはJR県内主要駅前で早朝出勤者に「如何なる核実験も許さない」とアピールを、平成七年九月一一日から翌年二月二日まで、炎暑から厳寒吹雪、豪雨に屈せず、参加一三三人、毎日行動しました。

当会独自の原爆写真パネル展の開催は平成八年一月二三日から八日間、大津市立図書館展示大ホールで、広島・長崎被爆写真パネルを中心に戦時下の国民生活、大阪大空襲、満州、中国、東南アジアへの侵略、七三一部隊の細菌及び解剖、沖縄戦、大久野島毒ガス製造、マレーシア熱帯雨林伐採と被害、戦争被害者の証言、地図等を展示（一六〇枚）、被爆国日本は被害国であると共に加害国であったことの反省を込めた内容とした。観覧一〇五二名、戦争批判の感想文が多数ありました。

原爆被爆者援護法制定について地方自治体議会に意見書議決要請行動には、機動力の乏しい哀しさ交通機関と徒歩で駆け回り、泥田に滑り落ちる俄雨にずぶ濡れ等苦労の連続でした。

原爆犠牲者慰霊追悼、世界平和祈願法要
（平成８年８月６日、三井寺）

毎年六月下旬の市民団体等の平和行進には、被爆者も先頭に並んで、通し行進の若者と行進。炎天、豪雨にもめげず「核廃絶を！青い地球を子や孫に！」と毎回二〇〇人近く、子ども連れのお母さん達も参加しました。しかし、一般に平和ボケの無関心の人達が殆どですが、行進者は頑張っています。また県青年団の琵琶湖一周平和行進にも一部区間でも被爆者が参加するようにしています。

被爆者の老齢化の対策

被爆後半世紀を過ぎ、今や被爆者は老齢化による病気で再起不能者が続出しており、正念場に差し掛かっていますが、被爆者は被爆の実相、体験を正しく語り伝える責任があり、小、中、高校等へも機会あるごとに核の脅威を含めて語っています。また被爆者援護法の「国家補償」との明文化を、被爆二世に対しても一世に準じた援護法の準用を法決定して頂きたく、国に強く要望します。

被爆六〇年を過ぎて

重い十字架を背負っての、地道な苦難の道。いつも被爆の原点に立ち、戦争を知らない若い世代に、如何に国民が犠牲になるかを具体的に語り、伝えています。

被爆生き証人の私達が沈黙してしまえば、核保有国が大手を振る世界となって、地球環境を破壊し、遂には人間等生物の住めない殺伐とした月の光景になること必至。アメリカ軍が一方的に、イラク国へ侵攻し使用した劣化ウラン弾により、イラク国全土はすでに放射能汚染されているという。かつてチェルノブイリ原子力発電所四号炉爆発後の放射能汚染による住民のガン頻発は、すでに周知の事実です。原子爆弾被害者の私達には、他人事とは思えない。悲痛な思いがします。

被爆者の願い、「戦争絶対反対」「核廃絶」のゴールは全く見えません。

しかし、私達は、倦まず、休まず、立ち止まらず、依然厳しい道程だが、熱い心で進んで行こう、と頑張っています。

結成日　一九五八年三月一四日
初代役員　会長　小寺博
副会長　川村喜一、雪治喜、辻正一、
田井中文一、是洞禎
（事務局長兼務）佐々木孝子
会計監査　梅景清、石川淑子

（社）京都府原爆被災者の会（京友会）

会結成から現在までのあらまし

昭和三〇年前後の原水禁運動の高まりと共に、被爆者の福井・宇野・下程の三氏を発起人として、後に日丸氏も加わり昭和三一年「京都府原爆被災者の会」を結成し、日丸氏を初代会長に選出した。

以来、一致協力して、分裂の危機も乗り越え、今日に至るまで「被爆者援護」「核兵器廃絶・平和を祈念」の二つを柱とし、営々と運動を続けている。

定期総会で挨拶する平塚会長

京都は他府県より一歩早く発足したので、全国組織の結成統一に奔走した。

結成当時は、財政的にも苦しく会長を始め役員が私財を投じ、また、女性役員が一円募金行脚等を行ない、資金を捻出したことも伝えられている。

その辛い時期を乗り切り、昭和三一年の結成総会から平成一七年まで毎年総会を開催（通算五〇回）している。また、京都府内を一〇支部に分け、きめ細かく運動を行ない、会員との連携を強めている。

今日まで、各自治体や議会、原水禁や労働組合、各種団体から大きな支援をいただき、感謝に堪えない次第です。

現在までの主な事業と成果

昭和31年　本会結成
昭和32年　初の被爆者実態調査（組織のある府県のみで実施）
昭和35年　京大病院の特別研究に、五〇名一カ月間通院又は入院し、原爆後遺症データづくりに協力
※この二つは「ＡＢＣＣ」以外の資料として「原爆医療法」の基礎資料になったとい

われている。

昭和34年～　各種の相談会実施

昭和42年～　京都府、人間ドック実施

昭和45年～　被爆二五周年にあたり、慰霊式典を執行

昭和50年～　京都市、市電・市バス無料化（後に開通の地下鉄も）

昭和51年～　婦人のつどい（懇親会）

昭和54年　『原爆被爆体験記』発刊（一部英訳）

昭和55年　京都府知事、府議会議長、京都市長、市議会議長を始め府内の各市町村長・議会議長から、衆議院議長宛の被爆者援護法制定請願書に賛同の署名を得る

大盛会の原爆の絵展

地域での語り部風景

昭和57年　社団法人となる。広報紙「京友」発行、以後毎年度二回発行

昭和60年　被爆四〇周年にあたり、府内の各本山寺院に「平和の鐘」を依頼して平和を祈念。「広島原爆の絵」展開催

昭和61年　被爆写真・絵のパネル作成展示、被爆スライド作成（後ビデオ化）

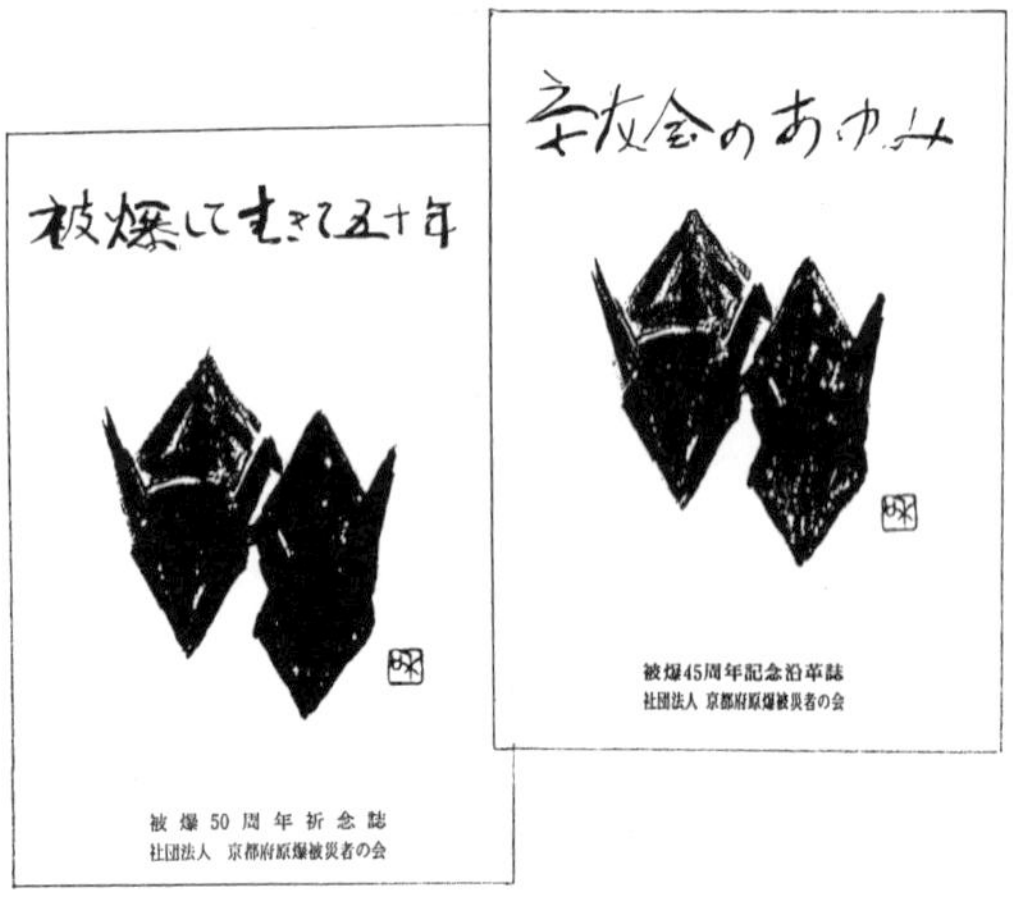

京友会の歩み

平成元年～2年　被爆四五周年にあたり、被爆者在住の各自治体議会に対して被爆者援護法制定促進決議を請願

平成3年　被爆四五周年祈念事業として取り組んだ会沿革誌『京友会の歩み』完成

平成4年　東山にある霊山観音教会境内に「原爆慰霊碑」建立

慰霊被爆写真展開催

平成7年　被爆五〇周年祈念誌『被爆して生きて五十年』発刊

平成8年～　交流・親睦相談会（「婦人のつどい」を発展的解消）

平成12年～　JR京都駅ビルで「原爆の絵」

慰霊式典で献花

　　展開催、大盛会
平成13年　介護保険制度で全国被爆者に恩典
　　実施、当会運動の成果
平成16年　「語り部の会」立ち上げる

現在の取り組みと課題

我々には、後世に被爆体験の悲惨さと核兵器の廃絶・平和の尊さを伝えていく使命がある。当会では、数年前から従来からの語り部だけでなく、会員多数の協力を得てひとまわり大きな集団を作ろうと取り組んだところ、平成一六年度末に三〇名からなる「語り部の会」を立ち上げることができた。大学や学校関係、自治体や地域の団体等からの要請に応え活躍しているが、今後は、「語り部の会」について更なるPRが課題となっている。

また、被爆者の高齢化が一層進む中で被爆者自身の健康等の問題もさることながら、被爆二世に対して、不安や心配を抱く会員が多く、平成一七年度のアンケートでは、この問題を取り上げた。回答結果を基にして今後の方策と対応を検討していきたい。

被爆60周年祈念パーティー、最高の笑顔

(社)大阪府原爆被害者団体協議会
(大阪原爆被団協)

会結成と組織化

昭和二六年ころから当時大阪府在住の被爆者数名が結成を発意し、大阪府庁に行き、被爆者の実態を調べており、兵庫、京都よりは一年遅れて昭和三二年八月六日、二十数名が出席、大阪府原爆被害者の会が全国で一八番目に結成の運びとなりました。当時の会員は七四名でした。

結成総会では会の規約、宣言、被爆者救援に関する立法化、原水爆実験の即時中止等の要求、決議が採択されました。

その後、被爆者運動の過程で名称も変わっていきました。

昭和四一年五月二二日、第一〇回定期総会で大阪府原爆被害者連絡協議会と改称し、二年後の昭和四三年五月一二日、第一二回定期総会で大阪府原爆被害者団体協議会と改称、会長制を理事長制に変更しました。

昭和四四年六月二日、被爆者相談室を大阪府の分室に開設。昭和四九年五月二五日、社団法人許可書を受理。現在の社団法人「大阪府原爆被害者団体協議会」となり、昭和五一年事務所を大阪府城東庁舎に移転、現在に至っております。任意団体の組織から社団法人化、府庁舎への事務所移転、専従職員をおくまでに尽力した貞永正弘理事長は昭和四七年から昭和五七年まで就任しておりました。阪口善次郎現理事長は昭和六〇年に就任しております。

現在の補助金交付は昭和四八年からで、健康診断受診奨励金は昭和五四年から始まり、平成一〇年まで府から事務委託されておりました。

事業の項目と事務局

事業は、当協議会の目的である「この法人は、原子爆弾によるすべての被害者の援護活動を行い、もってその健康の保持増進と福祉の向上を図ることを目的とする」を受けて、(1)原子爆弾被爆者及びその家族の健康管理、医療の向上に必要な事業。(2)被爆者及びその家族の経済、社会生活の向上のために必要な事業。(3)被爆者及びその家族の医療、生活、法律に関する相談事業。(4)被爆の実相普及を図り、「語り部」活動などの伝承事業。(5)原水爆事情などの調査、広報に関する事業。(6)その他、この会の目的を達成するために必要な事業となっております。

事務局は担当役員、職員と府からの委託事務担当職員一名のほかに、専門相談員の非常勤保健師がおります。

主な事業

▽年二回(春・秋)の定期健康診断の協力。

▽昭和四三年から広島平和祈念式に参列を始め、昭和五四年度からは大阪府補助事業となって、広島、長崎平和祈念式に約八〇名が参列しており、その際に現地で健康診断を受けています。

▽節目の周年には祈念事業を開催、記念誌の発刊を行なっています。

▽平成五年度から、大阪府原爆被害者健康相談事業委託金を受けるようになり、当協議会の地区相談員の研修会を開催しております。他に六〇地区会を五地域に分けて地域相談会を開催、地区相談員の養成強化に努力してきています。

▽事務所内には常設の相談室を設置し、事務局での被爆者相談の他に、保健師が健康管理、医療(介護問題)に関する適切な指導、

助言を行なっています。
▽平成一一年度から被爆者生活支援等相談委託事業を受け、府下全域にわたって展開しております。
▽その他、平和運動としては、市民平和大行進などにも参加しています。

式典、行事など

▽大阪府主催の戦没者追悼式に代表者の参列は昭和六一年から続いています。
　また、政府主催の全国戦没者追悼式に遺族代表の参加は昭和六一年から続いています。

平和祈念式

▽主な周年事業
被爆三〇周年（昭和五〇年）祈念式
　記念碑除幕、記念植樹
被爆三七周年（昭和五七年）体験記『原子雲』刊行
被爆四〇周年（昭和六〇年）祈念式
　記念碑、植樹、記念誌刊行
創立三〇周年（昭和六二年）祈念式
被爆四五周年（平成二年）証言収録『被爆の証言』刊行
被爆五〇周年（平成七年）慰霊祈念式
　「原爆被災写真展」展示
　『被爆者の五十年』刊行
結成四五周年（平成一四年）祈念式
　『被爆者のあゆみ』刊行
被爆六〇周年（平成一七年）慰霊式
　『被爆六十年を顧みて』刊行

上・30周年、下・40周年の記念碑（大阪城公園）

現在の取り組みと課題

被爆者の老齢化に伴う諸問題があります。まず医療、介護、福祉の相談が多く、年二回の定期健康診断の受診率の低下傾向があり、各地区の差が広がるので苦慮しています。その他、被爆二世の問題が今後の課題となっております。

兵庫県原爆被害者団体協議会
（兵庫県被団協）

結成とその後

兵庫県原爆被害者の会は、一九五六（昭和三一）年一一月に結成された。結成には初代副島まち会長の献身的且つ幅広い活動に拠るところが大きい。副島会長がおられなかったら兵庫の会の結成は数年遅れただろうといっても過言ではない。

会の結成後も副島会長は文字通り東奔西走、日本海から瀬戸内海にまたがる広い兵庫県内をくまなく歩き、医療法の説明会を開催された。また、個々の被爆者への励まし、健康と生活を守るためにやさしく親身になって世話をしてくださった。

「手当のことや全国、県内の他の市町の会の動きなど何もわからない私たちのために但馬の奥まで何回も来て下さいました」「主人は重病で困り果てていた時、副島さんのお蔭で親類に迷惑をかけずにすみ、ありがたかったです」など、今でも多くの被爆者が感謝の気持ちを語りついでいる。

会が結成されて二年後に、尼崎、西宮両市で支部が結成されたのを皮切りに、瀬戸内海岸線の都市や地域でつぎつぎに支部が結成された。さらにこの動きは、大波のようになって県下の山村の市町や地域で支部が結成されていった。各会は独自活動を強めて市町当局と協議して助成金や福祉支援措置などを獲得していった。

一九六六（昭和四一）年に県の会は発展的に解消し、「兵庫県原爆被害者団体協議会」として再発足した。

これは県下一体になっての運動と共に各支部が独立した会として地元の市町当局との協議をさらに強化しながら地域に根づいた独自の活動をすすめることが狙いであった。

十数年後、ごく一時期であったが初期の県の会執行部の役員が病気、死去などで交代した。新役員は運営の不慣れと右からの政治的動きに左右されて県下の各会の指導が十分できなかったことがあった。そのような時でも、県下の各会は活動を停滞させず、地域での独自活動をつづけながら全国的な課題についても営々と運動をすすめた。これは兵庫県における被爆者運動の一つの特色といえる。

やがて県の会執行部を刷新し、新体制で発足、現在に至っている。県の全市町に被爆者の会をつくろうという目標を一貫して追求し、昨年（二〇〇五）、最後まで難航した一市三町で会が結成され、遂に県下全市町に会が結成された。

県被爆者相談室について

兵庫県は県庁内に被爆者相談室が設置されており、県の被爆者行政の一つの特色とされている。

県の会の結成当日、当時の阪本兵庫県知事が自筆で看板を作成、最初は県原水協事務局の一角で相談事業を開始した。そして一九六〇（昭和三五）年から神戸新聞社の会館内に移転した。毎週火曜日の相談日には待ち兼ねたようにつぎつぎと被爆者が訪れた。その後、県内被爆者手帳所持者が三〇〇〇人を超え、到底一部の者の善意のみでは問題解決しないとして、県議会全会一致で県庁内に相談室の設置が決定され、相談員も配置された。

相談室は〝被爆者の憩いの場〟にしてほしいとの私たちの要望も了承された。それから相談室へは被爆者が三々五々集まり、楽しくしゃべりあう日が続いた。身の上話をして慰めあい、泣きあったりする日もあった。県の会の緊急役員会も休日を利用して開くこともできた。

しかし、知事も変わり県の機構改革などで事務処理優先の部屋に変わった。確かに親切に相談に応じ、看護婦も配置されているが、以前の面影は全くない。六〇〇〇人近い手帳所持者がいる現在、本当に被爆者が心おきなく訪れ、被爆者のためになる相談室にすることが大きな課題である。

阪神・淡路大震災を乗りこえて

大震災は、兵庫県の会に大きな試練をもたらした。しかし、県原水協の頭下がる献身的な訪問活動や日本被団協からの二度にわたる募金をはじめ県内外からの援助を得て、この試練を乗りこえ、諸事業や活動を停滞させることなく続けることができた。私どもは核兵器にも震災にも負けない。

あの震災、一九九五年は終戦の年一九四五年からちょうど五〇年という被爆者にとって何か因縁めいた思いがあったその年四月、三代目理事長が急逝され、翌平成八年姫路の会長兼副理事長が逝去されるなど、震災に次ぐ不運が続いた。

震災による死者は四名であったが重軽傷者、家屋倒壊等は多数の被爆者を大きな困難に追い込んだ。全国被爆者の会から寄せられた激励の手紙や支援見舞金は多くの被爆者に真に大きな励ましの力を与えて頂いた事実は何物にもかえ難いものがあった。

振り返って昭和三二年、医療法制定、昭和四三年、特別措置法で一息ついた思いがあったが、昭和五五年の基本懇答申では心がゆらぎ、多くの被爆者の心がよろめいた。我慢我慢が平成元年・平成四年の二度、野党（当時）による援護法が参議院で可決され小躍りした思い出を経て、平成六年一二月村山政権で援護法が制定されて現在に至っているが、被爆者運動から実質五〇年が経過している。

現在、県内に被爆者手帳所持者五三〇〇名がいる。県下二三市町の会が存在、県被団協を構成している各会が順番制で慰霊祭と併行して、原爆写真パネル展示、再び被爆者をつくるな、核兵器なくせ、戦争反対、被爆者に援護法制定を訴え、原爆死没者を慰霊する。

二〇〇五年六〇周年を記念して慰霊祭と併行して反核、反戦の軽演劇を上演、県知事の出席を得た。

平成一七年八月に依頼を受けていた広島平和記念館によるビデオ証言、記録とりに一二月、男性二名、女性二名の四名が応じた。

和歌山県原爆被災者の会
（和友会）

会の結成当時のこと

当時の和歌山県原水協事務局長の山本興治氏のきもいりで「紀の国荘」に集まった人の中から、会長／児玉竹次郎、副会長／中尾英雄、事務局長／番健、会計／迫間寅男、会計監査／三原弘で、理事に楠本熊一、入山正一、塩崎武三、森下武雄を決めたが、第一回総会を一九六四年七月一九日に紀の国荘で行なったときから楠本と番とが入れ替わっていた。当時は原爆関係の窓口は福祉課であったが、その後、楠本熊一が会長に就任すると同時に大橋知事に、被爆者の会の運営についての補助金を要請したところ、被爆者関係の窓口として福祉課から健康対策課に変更してもらい、会に対して助成金五万円を貰うようになった。

県被爆者の会として紹介したいこと

被爆者の定期健康診断の際に、毎年一回に限り奨励金一〇〇〇円を出してもらった。広島・長崎の平和祈念式典に毎年被爆者を送り、広島へは三名、長崎へは二名の参加費を出して貰った。但し、宿泊費はなかった。しかし、これは一九七〇年以来ずっと続いていることで運動の成果であったと思う。現在これは会の構成員だけでなく手帳保持者すべてとなった。

今は途切れているが、県知事より年末見舞金として手当受給者に、若干支給された。また人間ドックも一年間に五人に対して一人当たり三万円以内の補助金が支給された。これらは県財政の逼迫と、癌検診の実施などで、会として強く抵抗したのだが、廃止された。

被爆体験記として『語り継がねばならないこと』を昭和四七年（一九七二）に発刊し、その後第二集を出した後、昭和六一年（一九八六）に被爆四〇周年の行事として、一集、二集を含めてその他十数編を加えて、一四〇ページの同じ名称の体験記を出版した。

平成七年（一九九五）にも五〇周年の行事として、同じ名称の体験記を出版した。これは前の体験記に載せていない人の体験記であり、百余名のアンケートを基にした被爆体験記も含まれている。そして和歌山県原爆被災者の会の簡単な歴史もいれている。

原爆死没者慰霊祭を、四五周年には和歌山県農協会館で、五〇周年には和歌山県ふれ愛センターで無宗教でおこなった。

県の被爆者の会として取り組んでいること

一つは原爆死没者慰霊碑の建立である。建立の場所として適当なところがないので、懸案の状態である。

二つ目は五五周年を目標として『語り継がねばならないこと』をもう一度出版したい。これは今までどのような生き方をしてきたかを描いて貰いたいと思う。だから、前に書いた人も対象にしている。

三つ目は健康管理手当の受給率の向上である。

四つ目は老齢被爆者が家庭に籠りがちになっており、集会に参加してくれないので、家庭を訪問しなければ、情報を伝えることができないということである。だから家庭を訪問することである。これらを実施することについて、役員の老齢化が問題になってきた。それに被爆者問題が複雑になってきたので、役員の中の少数の理解者に被爆者の会の仕事が集中してきているのが課題となっている。これを克服する手立ては今のところない。

会としてのエピソードなど

昭和三一年の第二回原水禁世界大会が長崎で開かれた時、番健氏（現在の副会長）が参加し、引き続いて日本被団協の結成集会にも参加したが、和歌山県での会の結成には、被爆者の名簿がないとできないと思い結成できなかったという。和歌山県原水協の事務局では、被爆者に年末見舞金をあげたいといい、県から名簿をお借りしたらしい。それを山本氏が利用したのであろう。

現在の役員構成

会　長　楠本熊一

副会長　番健

事務局長　千田博章

会　計　小林義巳

理　事　松山義一、谷久保昌可、橋本功坂口土敏、橋本義夫、米澤繁子大岡行太郎、

会計監査　山崎貞治、庄司禎夫

結成当時の役員で二〇〇六年現在、生き残っている者は、わずか二人である。

鳥取県原爆被害者協議会（鳥取県被爆協）

鳥取県被爆協の結成

かねてより組織化が進められていた鳥取県内の原爆被害者の会は、一九五八年（昭和三三年）八月三日、当時県議会議員であった上林忠彦氏を中心に恩田憲氏、浜田且巳氏等の努力により「鳥取県原爆被害者協議会」の結成総会を、鳥取市二階町鳥取保健所会議室において、県内被爆者五二名の出席のもとに開催されました。

結成総会は、経過報告、規約、運動方針を確認、会長に上林忠彦氏を推薦、満場一致決定した。

活動方針は、被爆者として「反核、平和」の運動に取り組むこと。前年（昭和三二年）春施行された「原爆医療法」の内容を、被爆者一人一人に周知徹底させ、被爆者手帳を受け取っていない人や健康診断制度のある事を知らない被爆者に対して積極的に指導することを確認しました。

また、鳥取県を三地区にわけ、鳥取市を中心とした東部地区に、支部責任者に松尾武司副会長、倉吉市を中心とした中部地区に支部責任者恩田憲副会長、米子市を中心とした西部地区に支部責任者山根正男副会長を、それぞれ配置することにしました。

原爆死没者慰霊碑の建立

被爆二〇周年と鳥取県被爆協結成一〇周年祈念事業として、一九六七年（昭和四二年）鳥取市円護寺墓地公園に「原爆慰霊碑」を建立しようとの話し合いの中で、同年八月五日完成、原爆慰霊碑の前で盛大に慰霊祭を開催。以後毎年八月六日に原爆死没者慰霊祭を開催しています（それ以前は鳥取市内のお寺さんにて開催）。

被爆体験文集『原爆と地獄』の発行

墓地の都合によって、慰霊碑の移転問題が起きて、一九八〇年（昭和五五年）現在地（鳥取市丸山墓苑内）に移転することになり、被爆三五周年の年でもあることから、『被爆体験文集』第一集を五〇〇部発行し、被爆者は勿論、県民に訴えることにしました。

また、一九八五年（昭和六〇年）西部支部より新たに日野支部が結成され、県下四支部

制となりました。

　一九八五年は、被爆四〇周年の年であり、記念事業として、新たに「平和祈念碑」を建立することと『原爆体験文集』第二集を発行することにし、西尾鳥取県知事の揮毫による「祈平和」を建立しました。

　なお、被爆四〇周年祈念事業には、多くの県民の浄財を得て行なわれたものであることを付記しておきます。

平和の鐘の建立

　一九九五年（平成七年）は被爆五〇周年の年であります。私たち被爆者も今年が最後の機会でもあるとの認識から、被爆者の会の手による（資金を含めて）祈念事業を行なおうと、二年間の計画として検討した結果、「平和の鐘」の建立と「被爆体験」を永く語りつぐものとして、被爆状況の調査を行ない、「被爆者の一口メモ」を『体験文集』第三集として発行し、鳥取県立図書館、鳥取県教育委員会、公民館、学校等多くの公共機関に贈呈し、「核兵器のない地球上に真の平和がおとずれること」を願い発行したものです。

平和の鐘

結成五〇年の歩み

　一九五八年（昭和三三年）より鳥取県原爆死没者追悼・平和祈念式典を平成一七年の今日まで、八月六日の広島に合わせて、盛大に挙行している。

　二〇〇五年（平成一七年四月一日）現在、鳥取県の被爆者健康手帳保持者は五九四名、県被爆協会員四〇〇名（平均年齢七七・七歳）。

　鳥取県連合青年団には、八月六日の鳥取県原爆死没者追悼・平和祈念式典前に、原爆慰霊碑・平和記念碑の二カ所の掃除を平成一二年よりお願いしています。

　二〇〇五年（平成一七年度）鳥取県被爆協役員は次のとおり

　会　長　浅木弘（東部支部）
副会長　石川節（東部支部長）
中部支部長　田中儀春
西部支部長　戸田重治
日野支部長　長尾忠治
事務局長　酒本和幸（東部支部副会長）

島根県原爆被爆者協議会
（島根県被爆協）

県被爆協・黎明期の胎動

昭和三二年、国による被爆者の健康管理の一環として、年二回春秋の定期健康診断を受診することになり、癌をはじめ幾多の病気や疾病症状が発見され有益であった。一般の方々の病気や手術及び治療に比べれば特段の恩恵を受けた被爆者が全国的に多数あった事実に、感謝したいと思う。

それにしても終戦直後からの被爆者による国への要望が、国政に反映されるのに一〇年以上を費やしたことは見逃してはならないことであると思う。

昭和三八年三月、浜田支部の大島勇・初代の県協会長の献身的努力と上迫一雄・事務局長の名コンビにより、邑智郡川本中学校講堂にて「島根県被爆協」結成大会が開催された。その間、創設にあたって大変なご苦労があった。例えば、本県石見部を襲った台風水害に交通通信は遮断されて連絡がうまく取れず、途方に暮れることも再三あった。歴代会長、事務局長や役員各位のご尽力により、今日の県被爆協の活動があること、さらに「被団協」の旗の下に各県が結集し、国への諸要求行動を起こす程、大きな力になっていることを認識しながら感謝の気持ちを実践活動に反映させたい。

今日までの取り組みの主なもの列記

▽相談事業活動

昭和五八年四月一日付、県知事の委嘱による被爆者相談業務推進のため、各保健所単位で、一～二名配置＝地元被爆者から選出、手当等支給

▽被爆四〇周年挙行。記録なく詳細不明。

『被爆四〇周年体験集』発刊、六一年三月。

▽被爆五〇周年行事

九月三〇日太田市太田町サンレディーにて。午前は慰霊式典。午後は県当局主催の平和祈念式典。東西に細長い本県の中央部に、五〇〇余名の会員、団体代表等の参列により盛大裡に挙行。感激一入との好評を得た。

▽慰霊碑建立除幕式

松江市営の北公園、午後は総合文化センター（プラバホール）にて慰霊祭並びに前年同様、記念講演を挙行、遠路、石見西部の参列者も含め有意義な式典となった。

被爆五〇周年行事、慰霊碑建立除幕式とも大事業計画で地元会員各位の積極的なご協力と、実行委員の献身的な計画と実践の賜物と参加会員一同から感謝の言葉が多かった。

▽被爆体験集発刊

体験集の発刊は、本県下でも五年間に五支部、六冊を数えている。某支部では、被爆者一二一名、小中学生の感想文二〇〇名の投稿を三〇〇頁余りの本にまとめた。編集の特色として、小学生は修学旅行に広島市へ行くための事前・事後学習として、支部の語り部の三人一組で直接被爆、入市と医療被爆、それの生々しい体験を訴え、子どもたちからは、原爆資料館での見学と重なり、印象強いことが文面にあふれ、原爆題材の「戦争は終わらない」シナリオと共に掲載された。子ども達にも被爆者の苦悩の証言が正当に理解されたことで心強く、「今後も要望があれば出かけたい…」と支部語り部登録者の言。

▽「被爆体験を語る」ビデオ寄贈事業

平成一四年より「被爆体験語り部」をビデオ収録して県内小・中学校での「平和教育の一助として」末永く活用してもらうため計画し、一七年三月に完成した。

ビデオ作成にいたる時代の背景―近年、広島・長崎での語り部の実態は老齢化現象のなかで、「語り部人口」は年々減少の一途をたどっている。島根県でもかつては三〇人近くいた語り部は一三人となり、被爆者の平均年齢は七六歳を超えた。世界の戦争・紛争は後を絶たず、日本も平和憲法の見直しや自衛隊の海外派遣など平和の環境は変わりつつある。原子爆弾の惨酷さ、被爆者だから分かる地獄の実態を語り続けるために「被爆者の顔で、被爆者の声で、見て聞いてもらう」ため制作した。

ビデオ寄贈―『被爆体験を語る』一集・二集を県内小学校二七四校、中学校一一一校に寄贈。ビデオ制作、寄贈事業に対しては共同募金会からの助成で実現できた。体験文集、証言などの冊子は発行されているが、このように被爆者の顔と声を寄贈するのは島根県が初めてである。

今後への実践課題としての提案

過去―現在―未来を展望した課題の事例

Ⅰ　相談員拡充と相談活動の末端への浸透

高齢化社会に対応、全会員との情報交流や医療機関と各人への個別健康相談、訪問指導などの仲介業務を進める。

Ⅱ　被爆体験記の発展的活用

貴重な体験を記した本の出版だけで、あとは読んで下さい、が普通の活動だったが、前述の支部では「平和学習」の教材としての活用を位置づけており、全県下小中学校への配付と教師による活用方法についても県教育委員会へ要請したい。

岡山県原爆被爆者会

設立とその後の経過

本会は、昭和二七（一九五二）年、岡山県内の被爆者の健康の保持促進と生活の向上を図りあわせて犠牲者の霊を慰め、原水爆のない真の世界平和の実現を目指して「岡山県原爆被害者会」として発足した。

昭和三一（一九五六）年一月、第一回総会を開催し、役員体制を確立し（会長北村直次）、本格的活動を開始した。

「岡山県原爆被害者会」発足当時、会員は、県内各地で個々に会活動に参加していたが、昭和三五（一九六〇）年～昭和三八（一九六三）年に、保健所単位の「地区被害者会」を結成した。

昭和四九（一九七四）年四月、会の名称を「岡山県原爆被爆者会」に改め、会則を整備し、地区組織は支部組織に変更し、現在に至っている。

これまでの活動

本会は、被爆者の相互親睦と福祉の向上を図り、あわせて犠牲者の霊を慰め、人道的立場から原水爆禁止と世界平和の促進に資することを目的として様々な活動を行なってきた。

昭和三一年（一九五六）に設立された全国組織である「日本原水爆被害者団体協議会」に本会は加盟し、全国の被爆者とともに、被爆者援護法の制定や原水爆禁止運動に取り組んできた。

会の結成当時から、県内被爆者の健康診断の受診を促進し、健康の保持促進に努めるとともに、被爆者相談員による相談事業を実施するなど被爆者の健康と福祉の向上に努めてきた。

平和のモニュメント

また、平和祈念式典や慰霊祭の開催、慰霊碑の建立や平和のモニュメントの作製など被爆者の弔慰に関する事業も実施してきた。

平成八年（一九九六）には、原爆の恐ろしさ、平和の尊さを後世に伝えるため被爆体験記『炎からの再生』を刊行した。

被爆者の高齢化が進む中、自らの被爆体験を後世に伝えることにより、核廃絶と戦争のない平和社会の実現を目指して、地域の中で「語り部活動」を積極的に行なうとともに、相談活動を充実するなど高齢化の進む被爆者の健康と福祉の向上に取り組んでいるところである。

広島県原爆被害者団体協議会（広島県被団協）

草創期

一九五六（昭和三一）年三月一八日、県下の被爆者約三〇〇人が広島市立千田小学校講堂に集まり、「広島県原爆被害者大会」が開かれた。この集会で被爆者救援のための立法化を政府・国会に陳情・請願することがきまり、四一人の国会請願団（団長・藤居平一）を結成し、翌日、東京に向かった。国会内では、鳩山一郎首相や衆・参両院議長らに面会し、「原水爆禁止」と「被爆者救援」を訴えた。

国会請願行動の成果が被爆者の団結を一層強めた。一九五六（昭和三一）年五月二七日に「広島県原爆被害者団体協議会」（略称・広島県被団協）が結成された。当初は市内雑魚場町の建物の一室を借りて、広島県原水協と同居する形で広島県被団協の事務局が置かれた。

一九五七（昭和三二）年頃から、青年被爆者が被爆者運動の中心にならなければならないとの自覚が、若い被爆者の心の中に芽生え、また、「世界青年学生平和友好祭」に青年被爆者代表を送ることになって、一九五七（昭和三二）年四月、伊藤サカエ、吉川清らの後押しで広島県被団協の中に青年部がつくられ、約五〇人が参加した。

　一九六三（昭和三八）年八月に開催された「第九回原水爆禁止世界大会」で、原水禁運動は決定的に対立し、混迷を深め、日本原水協の分裂とともに、一九六四（昭和三九）年六月三日、広島県被団協も二つに分かれた。被爆者の苦渋の日々が続くことになった。

主な活動の取り組み

「核兵器廃絶」、「被爆者援護法制定」を〝車の両輪〟として運動を進めるため、さまざまな活動を展開した。日本被団協が行なう「被爆者援護法制定」のための中央行動に参加した。原水禁が主催する「原水爆禁止世界大会」にも参加し、被爆体験を語り、「核兵器廃絶」を訴えた。

▽核実験抗議の座り込み

　昭和四八年から今日まで、核保有国が核実験を強行するたびに平和記念公園にある原爆死没者慰霊碑前で無言の抗議の座り込みを行なっている。

▽「被爆者の森」建設

　一九八六年、被爆体験普及・継承の一環として「被爆者の森」を計画。広島市から平和大通り東端の道路両面の緑地帯を提供され、一九九〇年、全国各地から寄せられた「県の木」の苗木が植樹された。この県の木はすくすくと成長し、今日では「被爆者の森」に相応しい様相になっており、広島と全国の被爆者を結びたいという願いが叶っている。

▽七団体協議会結成

　県下の被爆者団体を結集した七団体連絡協議会は、毎年八月六日、広島市主催の原爆被爆者慰霊祭に出席する歴代総理大臣に、七団体がそれぞれ要望を取り纏め、陳情を行なっている。また、被爆六〇年の二〇〇五年は「核兵器廃絶ヒロシマのつどい」（六〇〇人参加）を開催するなど、核廃絶に向けて様々な行動をともにしている。

▽原爆ドームを世界遺産に

　県被団協は、原爆の惨禍という二〇世紀の人類の〝負の遺産〟を後世への伝言として保存しようと、連合広島、核戦争防止国際医師会議広島県支部など一三団体とともに、一九九三年「原爆ドームの世界遺産化を進める会」を結成。中央の平和団体・労働団体などの協力を得て、原爆ドームが一九九六年世界遺産に登録された。全世界の人々の関心が原爆ドームに一層注がれ、核兵器廃絶への大きな力となることを願わずにはおれない。

▽意義ある国立原爆死没者追悼平和祈念館に

　一九九三年、国から建設構想が出された国立原爆死没者追悼平和祈念館に対し、その施設の理念や施設内容を巡って、県下の被爆者七団体（南北朝鮮、労働組合団体、被爆者団体、本会が事務局となって結成）が厚生労働省と永年話し合った結果、「原爆死没者を心から追悼すると共にその惨禍を語り継ぎ、広く内外に伝え、歴史に学んで、核兵器のない平和な世界を築くことを誓う」という、死没者追悼の気持ちと核兵器廃絶への努力を理念として掲げることになった。

　また、被爆者の願いを色紙に書いた「一言寄せ書き」運動を実施し、約一万人の会員の色紙がこの建物に納められている。

国の内外への証言活動と平和行脚

▽広島県被団協結成から一九八〇（昭和六〇）年代までの派遣

○森瀧市郎―アクラ会議、シドニー会議、欧

米各国・ソ連・中国
○伊藤サカエ―第一回国連軍縮特別総会・西ドイツ・バチカン・ソ連
○吉川清―インド・インドネシア
○高橋昭博―世界青年学生平和友好祭（ソ連）・第一回国連軍縮特別総会
○竹内武―ソ連・ハバロフスク平和友好集会
○下江武介―欧州各国の平和集会
○日詰忍―イギリス
○村戸由子・川本佐智子―西ドイツ
▽一九九〇年代
○池田精子―中国・タヒチ・アメリカ
○瀬戸高行―フランス
○森原正生―アメリカ・ソ連・イギリス
○坪井直―フランス・アメリカ・インド・北朝鮮・中国・パキスタン・ベトナム・ドイツ
○近藤幸四郎・榎嵜昭夫―北朝鮮
○武田靖彦―ベトナム・インド・パキスタン・アメリカ
※国内国外の証言活動（年平均）
国内―学生（小中高大）と一般で、二五〇件、二万八〇〇〇人
外国人―八〇件、三五〇人

出版事業

『平和を求め続けて―広島県被団協三〇年の歩み』（汐文社刊）やガイドブック『ヒロシマは語る―平和学習のために』などを刊行した。二〇〇一年に『広島県被団協史』を刊行した。

組織とその活性化

現在、
理事長　坪井直
副理事長　池尻博、植田雅軌、池田精子（順不同）
事務局長　清政文雄
事務局次長　桑原知己、畠山裕子
正副理事長、事務局長、同次長と日本被団協代表理事、同全国理事で役員会や拡大事務局会議を構成。

山口県原爆被害者団体協議会（山口県被団協）

発足当時の状況

結成年月日　昭和三二年一一月
初代会長　金子弥吉氏（故人）
「ビキニの死の灰」を機会に、全国的に被爆者の会が結成されました。
山口県ではこの時期に、原水禁と原水協が互いに主導権をめぐって激しく対立。こうした中で「お互いに主張しあっては前進できない」と、組織作りに奔走していた永松初馬（事務局長・故人）が提唱した「被爆者救援運動は共同歩調で」という「山口方式」が採用されました。この精神は今でも受け継がれています。
山口県も平成の大合併が進んでいますが、地区の組織には影響はありません。
現在会員数は一四支部で約一七〇〇人です。

生まれ変わる「ゆだ苑」

「原爆被爆者に保養施設を」―ゆだ苑を訪れ

る原爆被爆者に「宿泊と温泉の提供」は、永松の夢だった。

　設立当時の名称は、（財）山口県原爆被爆者福祉会館「ゆだ苑」で、三七年間、保養施設を運営しながら、「被爆者援護」活動と「核兵器廃絶」の運動に取り組んできました。しかし、平成七年に建物の老朽化などの諸事情で土地、建物を自治労山口県本部に売却し、一階に「ゆだ苑」の事務室（県被団協も同居）、ロビーに被爆資料室を設けました。

　現在、山口県被団協と連携しながら、被爆者の援護活動を中心に、「核兵器廃絶」に向けて諸活動を展開しています。また年々原爆被爆者が高齢化する中、被爆二世を中心に若い人たちに運動を継承していくよう努力しています。

被爆者対策事業

昭和四九年九月六日—原爆死没者之碑建立除幕式。
昭和五〇年九月六日—第一回「原爆死没者追悼・平和式典」の開催。
　毎年、九月六日には「原爆死没者追悼平和式典」を開催。
※平成三年度より、慰霊事業補助金が交付される。

原爆死没者慰霊碑

　昭和五二年度より、原爆被爆者の「休日巡回検診」がスタート。現在も隔年、東部、西部地区に分けて実施しています（ゆだ苑の事業）。

　平成八年度より、「休日巡回検診」とは別に「休日健康診断」を実施しています。この「休日健康診断」は、がん検査も受診できることです（但し、二世の方はがん検査は受けられません）。

　平成一一年五月より「被爆者二世健康診断記録表」を山口県が発行することになりました。この記録表は、山口県在住の被爆者二世が対象になります。

　平成八年度より、相談事業の実施。

　平成一一年度より、原爆被爆者の健康状況等に関する調査の実施。

今年（二〇〇五年）の方針、会員対策

　被爆者の高齢化で、相談活動は重要な事業になっています。県内各地域に相談員を置き、原爆被爆者の「休日巡回検診」の各会場には県被団協の三役、地区の役員、ゆだ苑の職員が参加し、「相談コーナー」も併設し、被爆者の相談に応じ、同時に未加入会員の加入を勧めていきます。また、地区ごとに「被爆者援護法」の活用などの学習会を開くことにしています。

主な活動年表

一九五七年　山口県原爆被害者団体協議会発足
六八年　原爆被爆者福祉会館「ゆだ苑」完工
七三年　山口陸軍病院跡周辺で被爆軍人の遺体を十数体発掘

七四年　原爆死没者慰霊碑完成、毎年式典を開催

九五年九月　被爆五〇周年事業。在韓被爆者三人を招き、交流会を開く

九六年一月　「ゆだ苑」が新事務所に入居。業務を開始

三月　原爆被爆五〇周年記念事業。平岡敬広島市長を迎えて「平和フォーラム」を開く

三月　原爆被爆五〇周年記念事業。『山口県被爆者運動四十年の歩み』（著者・発行　山口県原爆被害者団体協議会・（財）山口県原爆被爆者福祉会館「ゆだ苑」）

二〇〇五年七月　原爆被爆六〇周年記念事業。吉永小百合さん「原爆詩」の朗読会を開く（主催　山口県原爆被害者団体協議会・（財）山口県原爆被爆者福祉会館「ゆだ苑」）

八月　原爆被爆六〇周年記念事業。一筆運動の記録・被爆体験集『「水　みず」の叫び声を忘れないで』を出版（編集発行　（財）山口県原爆被爆者福祉会館「ゆだ苑」）

『「水 みず」の叫び声を忘れないで』

香川県原爆被害者の会

会結成当時のこと

結成日時　一九五七年一一月二三日

一九五五年八月に第一回原水爆禁止世界大会が広島において開かれ、一九五六年八月に第二回原水爆禁止世界大会が長崎において行なわれました。その時、日本原水爆被害者団体協議会が生まれました。

香川県においては、一九五七年準備会を持ち、同年一一月二三日に第一回総会を開催することが出来ました。初代小比賀政一会長、副会長鍋島氏、事務局藤原氏、会計大西氏、会計監査中島氏が役員としてご尽力下され、今日の基礎を作られたことに深く感謝とお礼を申し上げます。

他界された方々には、謹んでご冥福をお祈り致します。

香川県被害者の会の紹介したいこと

▽夏季の行事

希望健診、毎年七月～一〇月の間に日曜日

健康診断を集団健診として、二回、平和病院で実施しています。毎年、希望健診者は一〇〇名を超えています。この健診は香川県の被爆者にとって福音をいただいています。健康管理と手当受給に貢献しています。しかも三八年間継続しています。

▽写真展と遺品展の開催

写真展は毎年六月から七月の間に一週間、広島、長崎の被爆写真を、高松市役所ロビー一階から二階に展示し、平和の尊さをかみしめて心に深く印象づけています。この写真展の影響もあって、高松市に平和記念室がつくられました。毎日この市の文化センターを訪れる多くの人々にとって、平和を再認識する場所となっています。また、平和記念室設置については、市民の署名を短期間に一五万名集めたことは写真展の成果でありました。

平和記念祭　峰山公園

毎年八月六日、又は九日、原爆死没者の碑の前で追悼式典を催し、多数の参列者が死没者の冥福をお祈りします。

とうろう流し　新川河川敷

毎年八月中旬、原爆死没者全員の名前を記した〝とうろう〟に平和の火（大窪寺よりリレーした）を点火して水面に浮かべ、名残を惜しんで、いつまでも見送っています。

平和の火　大窪寺（八八カ所結願寺）

一九八八年一〇月二四日建立、毎年一〇月二四日記念式典を平和の火の前にて、広島、長崎の原爆投下後の惨状を偲び、反核の思いをあらたにします。

被爆五〇周年祈念事業

▽慰霊事業　詩文碑建立（峠三吉「原爆の詩」）

原爆の詩文碑

▽出版事業　被爆の体験や記憶を語る（二五〇〇部出版）

▽語り部　被爆者の〝なま〟の声で次世代へ引き継ぎ語り伝える運動

五〇周年事業は三つの取り組みに全力投球をしました。後世に残す偉業を成し遂げたと思っています。平和への一助となれば幸いです。

香川県被害者の会の取り組みと課題

相談事業を実施する隘路

ア　相談事業の事務所

イ　訪問相談員の養成

ウ　行政の協力態勢

エ　要介護者の適切なる指示（草の根運動員作り）

愛媛県原爆被害者の会（愛被協）

会の創設と被団協結成へのよびかけ

一九五四（昭和二九）年三月の第五福竜丸事件は全国に衝撃をもたらしましたが、本県においても全県民の間に憤りを巻き起こし、署名運動の爆発的な高揚と市町村単位での大規模な平和集会（人口五万の西条市で一〇〇〇名参加など）を無数に開催させることとなりました。

　翌五五年には第一回の原水爆禁止世界大会が開催されましたが、その前日の八月五日には松山市で四国四県から参加した三〇〇〇人の代表者による原水爆禁止四国大会が午後一時から開催されました。色あせた当時の記録紙によれば、大会は午後一〇時まで続行し、大会終了後には参加者中二〇〇〇名が港へ移動して特別仕立ての船内で泊まり、翌日の世界大会に参加しています。世界大会の会場収容能力は三〇〇〇名で、入場できる者はごく一部だったとのことです（ちなみに四国大会は現在まで四県持ち回り方式で毎年欠かさず開催し、私どもも参加し続けています）。

　当時松山市役所職員組合の書記をしていた久保仲子（故人）は、同職組委員長藤木宏三氏の強い勧めで第一回の原水禁大会（五五年）に参加する中で、被爆者である自らの特別の役割を自覚し、原水禁大会の報告活動や署名運動とあわせて被爆者の掘り起こしに着手しました。

　同職組の物心両面の支援を得ながら久保は県内の被爆者と連絡をとり、同年九月には「被爆者の会の結成を」とのアピールを出し、交渉により国立松山病院との数度の無料検診を実施するなどしました。しかしながら、国勢調査によれば一五〇〇名（全国五位の多数）いるはずの県内被爆者のうち、さまざまな差別や偏見のためか年末までに住所・氏名が判明した者は僅かに九〇名でした。

　一九五六年一月一一日、教育会館（松山市）にて四〇名の被爆者が参集し、原水禁大会インド代表のS・V・シャー氏（滞日中）や広島の被爆者である温品康子さん、中前良子さんなどの激励を受けつつ、県原爆被害者の会の結成を先行させる（その後に地域ごとの支部づくりを推進する）ことを決定し、規約を定め役員を選出しました。ここに、愛媛県原爆被害者の会が創設されました。役員体制は、初代の会長に高木靖登、副会長に久保仲子（後に会長となり、九二年の逝去まで会長職）、会計に梶野清子、幹事に三好宝利と村上トミエの二名でした。

　こうして誕生した当会が、広島・長崎などとともに日本被団協の結成をよびかける栄誉の一翼を担うことになりました。なお、本県の場合、現在に至るまで当会が唯一の被爆者団体であり、市町村ごとに支部を結成して活動を続けています。

主な行事、主な活動

▽慰霊祭

　一九六〇年（被爆一五周年）に第一回を、六七年に慰霊塔（木碑）を松山市梅津寺町に建立して第二回の原爆死没者合同慰霊祭を行なうなどしていましたが、七四年石手川公園に石碑を建立して以降は同所で毎年、春には原水協との共催により、夏には原水禁により慰霊祭を行なっています。又これとは別に今治支部などは支部単位での慰霊祭を行なっています。

▽被爆の実相普及の活動

学校その他の公共団体や民主団体などから

の要請にもとづき語り部活動を行なっていますが、物故や高齢化により語り部活動家が減少しつつあります。語り部への新たな層の参加を募るとともに、その活動スタイルについても演説方式だけでなく、介添役を設けた一問一答方式を採用するなどの工夫が求められています。また、原爆パネル展は他団体との共催などにより随時開催しています。

一九九五年には被爆五〇年記念事業として被爆体験記『輝く地球の未来へ―愛媛の被爆者は語る』を刊行し、二〇〇五年一二月には六〇年記念事業として『原爆―慟哭の六〇年』を発刊しました。これらはいずれも県レベルのものですが、いくつかの支部や個人で体験記を発刊しています。なかでも故脇水成子さん（松山支部役員）は、「人々の耳にも残し、文字でも残す」として、一部は英訳されアメリカでも出版された著作を十指に余って自費出版し、詩歌を交えて被爆の実相を訴え続けました。

印象に残る運動

①「原爆死没者慰霊碑」の建立運動（一九七〇～七四年）

当会内部に慰霊碑建立委員会を設置し募金活動を行ない、足掛け四年後の七四年四月二一日に除幕式を行ないました。設置場所に苦労をしましたが、関係者のご好意により松山市所有の石手川公園内を借地し、随分と大きな立派な石碑を建立できました。

②久保仲子会長の国連総会代表派遣運動（一九七八年）

第一回国連軍縮特別総会に核兵器廃絶のための日本被団協代表団の一員として久保会長をニューヨークに派遣しましたが、派遣費用のカンパ活動のため従来は考えられない広い範囲の団体・個人にご協力をいただき、その後の海外遊説活動（一九八五年の有光新居浜支部長のイギリス遊説、八九年久保会長のカナダ遊説など）の基礎となりました。

③原爆瓦の収集と寄贈（一九八一、一九八二年）

元安川の改修工事の実施を前にして川底に残された被爆瓦を拾い集めるため広島へ出向き、拾い出したもののうち被爆の痕跡がある瓦（欠片を含む）を選び出して持ち帰り、原爆の発する高熱についての説明書きを加えて県内の中学校へ寄贈した。

④体験記の発刊（二〇〇五年）

六〇年記念誌は、編集委員会の下に非被爆者有志による企画委員会を設けて編集実務の大半を担ってもらい、自らは筆を執れない者のために「聞き書きボランティア」を組織し、それらのご協力を得て発刊に漕ぎつけました。また内容的には、被爆体験をもたない胎内被爆者や被爆二世、家族の手記も敢えて掲載しました。「私たちには被爆七〇年はない（命がもたない）」との切迫感から『最後の体験記』との想いで取り組みましたが、読後に寄せられた好意溢れる感想に励まされ、「六五周年にも体験記発行を」との声が会員から出される状況となっています。

高知県原爆被爆者の会
（高知被団協）

会結成の当時のこと

ビキニ被災をきっかけに、全国的な原水爆禁止運動の高まりの中で日本被団協が結成され、高知県においても高野山の石田氏などの先駆者のみなさんが中心となって、被爆者の把握に努め結成のために努力されました。その結果、一九五八年に七〇名の氏名が判明し、高知県原爆被災者の会（のち名称変更）が結成され、その後会長の病死、副会長の県外転勤等で開店休業の状態となりました。

再建にあたって

再建のきっかけとなったのは、再建しようとする動きが各地におこり、一九六五年六月に田中耕一会長、浜田理事長を中心に再建され、八月に開かれた第一一回原水爆禁止世界大会に三名の代表を派遣し、全国の被爆者の交流、活動の経験を学びながら、核戦争の阻止、核兵器の完全禁止と、被爆者自身の問題として、被爆者完全援護法の制定を議決しました。

県被団協の活動としての紹介

高齢と病弱化している県下被爆者の見舞いとして、年末に原水協の役員と県被爆者の会役員が検討し、被爆者の役員が案内し、合同で特に孤独で病気の方などを重点的に巡回し、県下の被爆者の病気見舞いを実施している。また、被爆体験の語り部活動を小中学校・高知生協・自由民権記念館などで続けて実施しております。

現在の県被爆者の会の取り組みと課題

保健所及び自治体の統合で遠隔地の被爆者は大変不便である。それと被爆二世の原因不明の病気で病院通いをしている方がいるが、対応が急がれる。

県被爆者の会再建と現在

会結成のその後、入退院をくり返していた被爆者の会の松岡稔会長が死亡し、一九八四年七月二九日の総会で、島村辰彦会長、鈴木良哉、黒石雅子副会長、岡村利男事務局長の体制で運動が継承され、行政の協力を軌道にのせる成果をあげるなど活動を発展させました。続いて一九九四年三月六日の総会で、鈴木良哉会長、岡村副会長他四名、岩井啓之事務局長の体制で、相談事業委託料二〇万円から三〇万円増額助成。被爆五〇周年には被爆体験記『被爆の実相』二〇〇〇部発行、県下五三自治体、学校関係、県下被爆者、友好団体等に配布し、核戦争阻止、核兵器廃絶、国家補償による被爆者援護法をめざし、地域の方々と一体となって活動を続けています。

現在役員も高齢、病弱化したので、役員の総意により役員改選をし、平成一八年二月九日に会長岩井啓之、副会長黒石雅子、川内敬子、事務局長に宅間明亜の体制で頑張りますので皆様のご支援をお願い致します。

県からの相談事業委託料も橋本知事と話し合いの結果、現在三〇万円交付され、県下被爆者三〇〇名の相談活動に取り組んでおります。また、窪川支部には七万八〇〇〇円、香美市土佐山田支部に四万二七〇〇円がそれぞれの町から助成されています。

結成のきっかけやエピソードなど

(1)組織結成のため、女子挺身隊として広島に行っていた被爆者がいるということを聞き、訪ねて行ったところ、近所の人に被爆者とわかり、婚約が破談になり、そのショックで家出するという事件も起こりました。

(2)一九六九年一〇月一八、一九日に第一回被爆者健診を実施しました。この健診で特に印象に残ったのは、いつまでも口が重く、被爆の模様など話したがらなかった受診者みなさんが、問診にあたった看護学生からの問いかけに答えて、被爆当時の状況についていったん口を開くと堰を切ったように話しはじめ、聴く者も答える者も共に涙をぼろぼろ流しながら、延々と受け答えをしたことでした。こうして広島から来高の田坂院長一行のスタッフと、高知のスタッフの息の合った健診作業は夕方遅くまで続けられ、一二五名が受診しました。

(3)体験記『被爆の実相』を発刊し、全県下で五三市町村を訪問して、体験記の配本と、応分のご寄付をいただき、五〇周年目とはいえご理解ご協力の厚さに全役員感激し、今後の平和運動を強力に進めなければならないと誓いを新たにしたことでした。

福岡県原爆被害者団体協議会（福岡県被団協）

福岡県被団協の結成

第一回原水爆禁止世界大会に、正代表三四人と傍聴者三〇〇人が参加、この人たちが地域原水協をつくり、自治体に働きかけて被爆者の実態調査を始めました。福岡市が「市政だより」で呼び掛けた結果、一二三人の在住が判明しました。

長崎で開催されることになった第二回世界大会準備会がこの一二三人に招待状を発送。この中の一五人が懇談会を開き、「福岡市原爆被爆者の会発起人会」を結成し、発起人の一人だった安部誠治氏が第二回原水爆禁止世界大会に送られました。安部氏が帰福後、三十数人の被爆者が集まり、八月に準備会を発足させ、日本原水協の田中潔氏らの絶大な協力で九月一五日、福岡市原爆被害者の会が結成されました。初代会長には入江寛氏が選出されました。

福岡市の会の役員を中心に、すでに結成されていた若松の会の代表や各地域の被爆者代表によって、一九五八（昭和三三）年二月二日、福岡県被団協が結成されました。結成にあたっては、日本原水協をはじめ、子どもを守る会やＹＷＣＡ、草の実会などの支援がありました。

結成大会では、県衛生部長、小倉市長、福岡原水協、母親の会などの代表が祝辞を述べました。県内外からは多くの祝電が寄せられました。その主なものは、県内からは福岡市長、若松市議会議長、小倉市議、県原水協事務局長など。県外は広島県被団協、愛媛県原爆被害者の会、京都府被災者の会、東京被団協準備会、大分原被協などからでした。

県相談所の開設

福岡県被団協の結成から一年八カ月後の一九六〇（昭和三五）年一〇月一〇日、福岡県原爆被害者相談所が開設されました。

『原爆黒書』（原水爆禁止福岡市協議会・田中潔氏編集、一九六九年発行）によると、県相談所は福岡市原爆被害者の会の主導で「県・市相談所」として発足し、原水協との「共同事業」として位置づけられていました。

このため、五代までの会長は原水協会長で県議会議員が務め、その後、県被団協に委嘱され、県被団協会長が相談所長を兼務することになりました。初代所長は入江寛氏。

一九九五（平成七）年までの動き

一九六三（昭和三八）年から一九七九（昭和五四）年までの主な運動――県議会への援護法促進の陳情、県・医療機関・被爆者の三者会談、県へ被爆者援護強化について陳情、NGO軍縮会議へ代表派遣、長崎原爆病院で集団検診――など、日を追って運動が盛り上がっていきました。

　県被団協結成二五周年に『生きる』、同三〇周年に『平和への証』の記念誌をそれぞれ発行しました。『平和への証』には、県内の学校などでの証言一五点と、それを聴いた子供たちの感想文九点、海外在住の被爆者四人の証言などが掲載されています。また、県内各会でも多くの証言集が発行されました。

　八一（昭和五六）年には、県被団協の主導で「原爆を裁く国民法廷」を催しました。会場は超満員となり、参加者から「原爆の非人道性、残虐なことがよく分かった」などの感想が寄せられました。

　九五（平成七）年三月二四日、八女郡星野村に慰霊碑を建立しました。慰霊碑は、燃え続ける「広島の火」と同じ場所に建立され、県被団協は三年に一回、現地で慰霊祭を催しています。

この一〇年間の主な運動

▽松谷裁判支援活動

　松谷さんが認定申請した一九七七（昭和五二）年から二〇〇〇（平成一二）年の勝利判決までの間、福岡高裁での公判のたびに福岡市の会を中心に公判傍聴支援を行ないました。県被団協としては、役員が先頭に立って全県に裁判の意義を訴え、支援する会の会員拡大、署名活動、募金に積極的に取り組み、裁判の勝利に大きく貢献しました。

▽現行法福祉事業の実現

　県被団協は、介護保険の施行に伴い、被爆者援護法三八、三九条「福祉事業」を適用してほしいと県議会に請願、二〇〇一（平成一三）年四月に施行されました。

▽在韓被爆者への支援活動

「海外からの健管手当などの申請を却下したのは違法」とした在韓被爆者が訴えた控訴審が福岡高裁で開かれ、二〇〇五（平成一七）年九月二六日、勝利判決が言い渡されました。公判が開かれるたびに、県被団協の役員、福岡市の会の会員らが多数傍聴に詰めかけました。判決のあった日の夕方には韓国被爆者との交流の場を持ち、連帯感を深めました。

　また、在韓被爆者の要望を携えて来日した韓国原爆被害者協会会長に三人が同行、県庁に要請に行きました。さらに「被爆者はどこにいても被爆者」との考えから、国外に出た場合の手当カット問題の裁判支援にも取り組み、韓国での原爆死没者慰霊祭などにも参加、相互訪問で交流を行なっています。

▽二世の会結成の動向

　二〇〇四（平成一六）年八月、「福岡被爆二世の会」が結成されました。運動方針、会則を定め、会員三十数人で運動を進めています。県被団協の役員に二世担当者二人を置き、県内各会にも二世の会の結成を促し、北九州でも結成の動きが進んでいます。二世の要望を先取りする形で、県に対し「医療費助成」の請願を行ない、二〇〇五（平成一七）年一二月の県議会本会議で請願が採択されました。今後の具体的な取り組みが当面の課題となっています。

▽被爆六〇周年・相談所開設四五周年記念行事

　県独自の行事として、二〇〇五（平成一七）年七月九日、星野村慰霊碑参拝、翌一〇日に記念式典を行ないました。記念式典では、功労者一〇人の表彰、肥田舜太郎中央相談所理事長の講演、一人芝居や沖縄の歌を交えた太鼓演奏などがありました。

　一〇月二二日、福岡女性団体交流会と共催で、「吉永小百合・原爆詩朗読会」を開催しました。会場を埋め尽くした人々は祈るような語りに感動していました。

佐賀県原爆被害者団体協議会（佐賀県被団協）

会結成と経過

　昭和三一年八月に長崎市に於いて日本被団協が結成され、佐賀県においても昭和三三年九月、唐津被爆者の会（初代会長・中林泰氏）の発足を機会に県内各地に自主的な被爆者友の会が結成された。

　昭和三五年二月一四日、各地の会に呼びかけて佐賀県被団協（会長・松高弥作氏）が誕生する。

　その時点での推移状況は、記録がないので不明であるが、四八年の長崎原爆犠牲者慰霊式典に各グループでの参加をきっかけとして各地区とも次第に会員が増加していった。

　五四年七月、近藤分作氏が県会長に就任し、各種の講習会など活発な組織の発展に努力されたが、イデオロギーの不調和、独断専行等による会計の不明朗さなどが原因で、県組織の分裂を招き、多数の会員を抱える佐賀市部（近藤会長の地元）は県被団協と別組織としての運営を続けた。

再建について

　六〇年五月、佐賀市部を除いた組織から立ち上がり、県職ＯＢの相浦武舟氏が会長に就任（副会長・吉冨安美氏、中里百合子氏）し、県被団協の再建を図った。

　県内未組織地区の実態がなかなかつかめず、年次計画で結成加入をすすめてきた。

　平成元年五月、現吉冨会長が近藤分作氏の死去に伴い、分裂していた佐賀市部地区の県組織への再加入促進に取り組み、同調を得て県下統一の被団協が実現し、現在に至っている。

原爆犠牲者の慰霊事業等

　各地区組織の活動の柱は、毎年の長崎原爆犠牲者慰霊祈念式典への参加で、殆どの地区が参加している。また、地区毎に慰霊式の実施や慰霊碑建立を実現した地区もある。

「県被団協だより」の発行等

　会と会員を結ぶ横の連携を深めるため、全国及び県内ニュースを六三年度より発行している。

　限られた予算のうちから手作りの取り組み

で、一回二〇〇〇部内外の発行で、地区で増刷して一二〇〇名会員に行き渡るよう努力し、感謝されている。平成一四年六月からは、共同募金配分金助成で広報「被団協佐賀」の紙面をワイド化し、一三〇〇枚を年四回発行している。

被爆体験誌の発行は六地区。平成一〇年一二月には佐賀市郡被団協で被爆体験記『被爆の記録』二〇〇〇部を発刊した。

また、被爆の実相普及のため「語り部の会」を設け、八月を中心に各地区の小中学校を対象として、平和学習を兼ね、被爆体験談の語り継ぎの活動をしている。

平成一四年九月までに、「非核自治体宣言」を佐賀県下の全自治体が採択した。

第14号　平成17年9月30日

被団協佐賀

佐賀県原爆被害者団体協議会　〒849-4104 佐賀県西松浦郡西有田町大木乙808 TEL0955-46-3062 FAX0955-46-3062

被爆者の心と心をつなぐ新聞
日本被団協発行『被団協』を読もう
〔購読申込は県被団協へ〕

被爆六十周年の節目の八月。広島、長崎の惨禍を繰り返さないよう 平和の尊さを全世界に訴え、次の世代へ語り継ごう！

※この会報は年四回（六・九・十二・三月）発行し、県内全会員に配布しています。

◎ 被爆60年大運動 特別募金振込先…（郵便局）　宛先：日本被団協　口座番号 00100=9=22913 へおねがいします。

現在の県被団協の取り組みと課題

年間計画としての九州ブロック講習会・会員研修会への参加者が増加した。広報活動の効果と定年を終え、心身の余裕もできたためと考えられるが、各種手当の受給率も他県と比較して高率である。

他面、高齢化、病弱化がすすみ、今後の活動を進める上から問題点が山積している。

個々の会員の結びつきを深めるため、平成七年から始まった相談事業に、県下六〇名の相談員を県被団協より委嘱しているが、相談件数も予想外に多く相談員の役割は大きい。

被爆者の健康管理、医療問題と原水爆廃絶運動は、まさに車の両輪として取り組みを進めなければならないと考える。

（財）長崎原爆被災者協議会
（長崎被災協）

長崎被災協の結成まで

▽長崎戦災者連盟

原爆投下からわずか二カ月後の一九四五（昭二〇）年一〇月八日、粗末な救護所での医療をわずかに支えてきた戦時災害保護法は打ち切られ、被爆者にきびしい冬が迫っていました。そうしたとき爆心地に近い駒場町の百武恵治、滝川勝らが中心となって被爆者の組織づくりがすすめられ、その年の一二月、焦土と化していた長崎駅前の一角で結成集会をひらいたのが「長崎戦災者連盟」でした。

当初会長はおかず、本田次三郎、杉本亀吉、滝川勝、百武恵治、林田達馬、江頭清、染川伝八、梅原三郎の八名が代表理事に選ばれて会の運営にあたっていましたが、翌年会長制をとり、のちに長崎被災協の初代会長となる杉本亀吉が会長に就任、井樋の口にあったバラックを県から譲り受けて事務所とし、物資の配布などを行ないました。

その後一九四七（昭二二）年には、滝川勝が会長となり、事務所も浦上駅前に移転しましたが、一九四九（昭二四）年に一定の役割を果たしたとして解散しました。

▽長崎青年乙女の会

一九五四（昭二九）年三月のアメリカの水爆実験による第五福竜丸の被災は、やがて日本全土に原水爆反対のうねりをまき起こしました。

この頃、のちに長崎被災協結成の呼びかけ人の一人となる木野普見雄の周りに集った女性を中心に被爆女性の集いが生まれ、彼女らが渡辺千恵子宅を訪問する中で「長崎原爆乙女の会」が誕生、ヒロシマでひらかれる原水爆禁止世界大会（第一回）へ二名の代表を送ることに成功しました。

一方、山口仙二を中心とする「長崎原爆青年会」も組織化が進み、一九五六（昭三一）年、長崎でひらかれる第二回原水爆禁止世界大会を前にした五月三日、二つの会は〈結婚〉して、「長崎原爆青年乙女の会」が結成されたのです。

「長崎原爆青年乙女の会」は、いまも長崎被災協を支える中心的な組織として、活躍しています。

長崎被災協の結成

一九五五（昭三〇）年の第一回原水爆禁止世界大会の成功を受けて、さらに第二回大会は長崎で、ということもあって、長崎の被爆者の組織化の機運は高まっていました。杉本亀吉の呼びかけで、小佐々八郎、辻本与吉、木野普見雄、香田松一、小林ヒロ、滝川勝ら

原爆被災者協議会
結成の呼びかけ

原水爆の悲劇を二度と繰り返すまいとする人類共通の願いをもととして、あらたな戦争を防ぎとめる為にあらゆる党派や立場、社会体制の相違を越えて結びあう世界平和大会が長崎市で持たれ、原水爆実験阻止の運動、被爆者救援の方法を審議する集会が長崎市で持たれる事になりました。

原爆の悲惨な事を身を以て体験した私達長崎市民は戦後十一年にもなるのに障害者は完全治療も出来ず、国家補償も得られずに苦しんでおります。

このような私達はここに団結して国家の補償が実現出来るようにする為に被災者の会を結成したいと思いますので御賛同の上左記により万障御繰合せの上是非御出席下さる様御願い申上げます。

(1) 原爆被災者
(2) 被災しないが直後被爆地で放射能の影響をうけた者
(3) 家族に被災者を持っている者

期日　六月二十三日　午後七時
場所　國際文化会館講堂

◎終了後映画をいたします。

準備委員

小佐々八郎　杉本亀吉　香田松一
小林ヒロ　辻本与吉　溝口助作
田吉チエ　滝川勝　山口仙二
永田尚子　山口ミヨコ　木野普見雄

被災者各位

が長崎市引地町の労働会館（現勤労福祉会館）に集ったのは、一九五五（昭三〇）年の一一月でした。

準備は着々とすすみ、呼びかけのチラシ（前頁下段）が配布され、翌一九五六（昭三一）年六月二三日、爆心地にほど近い国際文化会館講堂でひらかれた結成集会には、一〇〇〇人が集まったと当時の新聞は伝えています。初代会長には、杉本亀吉が選ばれました。

その後、一九六三（昭三八）年五月、長崎被災協は財団法人に認可されて現在に至っています。

核兵器廃絶と原爆被害への国家補償の実現を求めて

原水爆反対の世界の声に励まされ、原爆被害への国家補償を求めて団結した長崎被災協にとって、核兵器廃絶と国家補償実現は、組織結成以来の基本的で重要な課題でした。繰り返された中央での行動にも積極的に参加し、現行の「援護に関する法律」が制定される直前には、県下すべての自治体で国家補償の被爆者援護法制定促進決議、あるいは意見書を採択し、県内で集めた「核兵器廃絶、援護法制定」を求める国会請願署名は二二万三〇〇〇を超えたのでした。

▽国際活動も積極的に

一九六一年のヨーロッパ遊説に山口仙二を派遣したのを皮切りに、長崎被災協は国際活動にも力を注いできました。二〇〇五年のNPT再検討会議に対応する訪米団にも谷口稜曄、下平作江、田中重光の三名を派遣、現地での証言活動にも貢献しました。

語り残し書き残すとりくみも

長崎被災協は、被爆体験の継承運動も重視してきました。

▽年間五万人の修学旅行生に

長崎を訪れる修学旅行は減少傾向にあるといわれながらも、長崎被災協で扱っている被爆体験講話は年間五〇〇件、約五万人の児童・生徒に話していることになります。講話担当者は「語り継ぐ会」をつくって研修会をひらくなど、講話の充実にも励んでいます。

▽聞き書き語り残す運動も

生協ととりくんできた「聞き書き語り残し」運動も、二〇〇六年度にはさらに発展させようと、目下構想中です。

現行制度の活用と改善を求めて

原爆被害への国家補償を求める運動と並行して、現行制度の活用と改善を求めるとりくみも推進してきました。

▽相談活動

被爆者から寄せられる相談件数は、年間五〇〇件に及んでいます。また県の委託により県下巡回相談会にもとりくんでいます。

▽原爆症認定制度の改善をめざして

二〇〇六年一月現在、原爆症認定集団訴訟の原告は二九名、裁判もいよいよ大詰めを迎えています。原爆症認定はきびしい状況ですが、異議申立て、提訴などのなかで問題点を明らかにしながら、その改善を目指しています。

改憲を阻止し戦争のできる国づくりに反対して

戦争被害受忍論をふりかざしながらすすめられる憲法「改正」と有事体制づくりの動きに対しては、長崎被災協は他の被爆者団体や平和団体・市民団体とも提携し、当面の最重要課題としてとりくんでいるところです。

熊本県原爆被害者団体協議会
（熊本県被団協）

原水爆禁止運動の中で結成

熊本では、ビキニ水爆被災の時に、日本山妙法寺が仏舎利塔建立（花岡山）を行なっていました。そこにビキニ被災となり、藤井日達上人が原水爆禁止をよびかけ、婦人会や青年団、労組、平和委員会、宗教者なども、それぞれに原水爆禁止署名運動に立ち上がりました。日本山妙法寺の運動と原水爆禁止運動の広がりが大きく重なる中から、これを一つにまとめようとの機運が生まれ、日本山妙法寺信徒の井上雅博氏がまとめ役となり、熊本平和の会（会長福田令寿・クリスチャン・医師・熊本市教育委員長）が結成されました。

そして第一回原水爆禁止世界大会（一九五五年）に代表を送る運動にも取り組み、代表二十数名が参加し、被爆者の中山高光が事務局員として参加しました。長崎で開かれた第二回原水爆禁止世界大会（一九五六年）での日本被団協結成にも中山氏が傍聴参加しました。

一九五七年七月七日に原水爆禁止熊本県協議会が結成され（会長・福田令寿）事務局員に中山氏（被爆者）が入り、四月から被爆者医療法が施行されて被爆者手帳申請が始まったので、七月に熊本中央保健所で被爆者名簿を閲覧して「被爆者のみなさまへのよびかけ」を送りました。そして八月九日に開かれた原水爆禁止熊本県大会で「被爆者援護法制定」を訴え、里川やす子さん（失明の被爆者）が被爆体験を和田事務局長との対談で語りました。

そのあと八月三一日に、県教育会館で初めての被爆者懇談会を開き、九月六日に被爆者の会結成準備会を七名で開催（参加者は乙丸幸三郎、里川やす子、中村澄男、中山高光、津川妙子、安田芳夫、吉田寛）し、会則や活動計画案を準備しました。そして登録された百数十名に案内状を送り、一一月三〇日に県労働会館で、熊本原爆被害者の会を結成しました。全国で二八番目の結成でした。結成総会に参加したのは、浅井正夫、荒巻善治、荒巻トモエ、牛島武雄、小山ナツエ、木下安行、斉藤一慶、里川やす子、渋谷義雄、中村澄男、中山高光、長崎鋼吉、古澤金助、益田進、豊田美知子、吉田寛の一六名でした。来賓として井上雅博（元熊本平和の会役員）、井上栄次（熊本市議会議員）が見え、佐藤寿子熊本市地域婦人会連絡協議会長から祝電が寄せられました。中山氏が経過と活動計画案を報告・提案し、役員には会長・牛島武雄、副会長・中村澄男、事務局長・中山高光、理事・石本節夫、安田芳夫、会計監査・津川妙子、吉田寛の各氏が選出されました。

一九六一年に、荒尾、玉名、八代、本渡の四カ所に会が結成され、さらに三〇組織までに拡大しました。一九七三年に熊本被爆者相談所を開設（所長・林正七）し、一九九四年の第三七回総会で名称を熊本県原爆被害者団体協議会と改称しました。現在は二五組織、一一〇〇人の会員であり、この間に会長職を七人（牛島武雄、中村澄男、境元雄、嶋村源蔵、野中勝美、谷口清美、宮本喜一）が務められています。

取り組んできた主な事業

▽被爆者相談所の開設

一九七三年度に被爆者相談所を、熊本市別館の消防署横二階に開設（初代所長・林正七）し、現在は花畑町に移して被爆者の相談活動をつづけています。

▽ガン検診無料化を熊本市で実現

一九八六年四月一日から、熊本市で被爆者ガン検診無料制度を実現しました。

これは民医連の協力で実施した被爆者ガン検診の実績を踏まえて、熊本市議会の各会派の賛同を得て市議会で決議を行ない、国のガン検診に先駆けて行なわれたものでした。

▽慰霊式典の開催と慰霊碑建立

一九六一年八月六日に第一回原爆犠牲者追悼合同慰霊祭を開催し、現在も熊本市と天草の二カ所で毎年原爆死没者追悼慰霊式典を開催しています。

被爆五〇周年の一九九五年八月六日に「平和祈念・原爆犠牲者の碑」を熊本市黒髪の小峰墓地公園に建立しました。

この「原爆犠牲者の碑をつくる会」には、学者文化人、宗教家、政治家、平和民主諸団体などから幅広い人々が協力しました。傷付いた男性を女性が抱き上げて立つブロンズ像は、熱海市の彫刻家・重岡健治氏が制作し、碑文字は福島譲二県知事が揮毫しました。国と県からの補助金七〇〇万円と県民募金一五〇〇万円が寄せられ建設費にあてられ、残金は「原爆犠牲者の碑を守る会」が組織されて管理し、年二回の清掃作業をつづけています。

▽バス電車無料パスを熊本市で実施

一九九六年一〇月一日から熊本市で、高齢者・障害者・被爆者のバス・電車無料パス制度を実施させました。これは「無料パスを実現させる会」（会長・橋本宏子熊本学園大学教授）をつくり、一万筆を超える署名を集めて市議会を動かし実現しました。しかし、二〇〇三年から財政難を理由に高齢者と被爆者は二割、障害者は一割負担になっています。

▽原爆症認定集団訴訟をたたかう

被団協の原爆症認定集団申請提訴運動に応え、四回の全国統一行動を取り組み、個別申請も行ない、第一次申請運動で六〇名の被爆者が原爆症認定申請をしました。このうち認定されたのは一一名で、却下された被爆者が全国統一行動で熊本地裁に提訴し、その後も却下のたびに一二回の提訴行動を行ない、二二名が原告となってたたかっています。このなかで原爆症認定訴訟支援熊本県民会議も組織され、平和民主団体の協力共同も進んでいます。

▽被爆体験証言と人権研修会活動

二〇〇四年一〇月に熊本市の小学校教諭が、被爆写真を肝試しの「化け物代わり」に使い、子供を脅かす問題が起きました。県被団協では直ちに抗議を行ない、県市教育委員会も深く反省の意を表明し、教育委員会主催の「被爆者と人権」についての研修会が取り組まれました。二〇〇四年末から〇六年二月までに、四〇回を超える研修会が開催され、「原爆と人間展」パネルを展示して、「原爆被爆者と人権」をテーマに被爆体験証言がすすめられています。

大分県原爆被害者団体協議会（大分県被団協）

県協議会の結成

一九五七年八月、東京で開催された第三回原水爆禁止世界大会で、原水爆の即時中止、被爆者の援護対策が検討された。

この大会に大分県から、被爆者を含め各関係組織団体代表の五一名が参加し、原水爆の禁止運動の推進、被爆者援護対策の確立のため、被爆者団体の結成と統一行動の必要性を痛感させられた。一方、一九五〇年の国勢調査により、県下に一七八三名の被爆者の存在が確認されており、県をはじめ関係組織団体の支援により、一九五七年九月一五日、大分県原爆被害者団体協議会が結成された。この協議会結成にあたっては、当時の大分県知事木下郁氏をはじめ、県議会他関係組織団体の理解と支援が大きかった。木下氏は衆議院議員在任中の一九五三年、国会において初めて原水爆禁止を提唱された方で、県協議会の結成と運営に大きな支えとなっており、県協議会の事務所も発足当時は県秘書課内におかれた。

創立当時の役員は、次の通り。

会　長　山田都美子
副会長　金沢昇
副会長　西迫悟
事務局長　辛島和子

一九五七年、県内被爆者の実態調査を行ない、二三三世帯三〇五名の被爆者が把握できた。健康上異常を訴えた者が五〇％に達し、失業対策労務者など生活困窮者が二三％の実態が判明し、県でも被爆者援護の要請運動が始められた。

第一回の健康診断が保健所で行なわれ、被爆者健康手帳を交付された者二三三名のうち、検査を受けた者一四一名で受診率が六四％、この受診率の低い原因は交通費や検査のための休業などが主な障害であった。このため一日分の休業補償や交通費の支給等、検査のための援助措置がとられた。

被団協の運動

▽別府原爆センターの建設

九州大学温泉治療研究所八田教授と、山田県協議会会長（医学博士）の共同研究で、放射線障害に対する温泉治療の効果が認められたことから、県協議会が中心となって、原爆被害者別府温泉療養所の建設を進めることになり、厚生省を始め日赤等関係機関への要請運動を行なった。

一九八五年、共同募金会からの資金援助が実現し、関係機関からの援助も受けて、別府原爆センターが建設された。

現在も被爆者の健康回復の拠点として、広く県外の被爆者にも活用されている。

▽原爆被害の実相語り継ぎ

一九八五年、被爆四〇周年を記念して、県被団協として第一回の被爆体験集『いのち』を発刊し、県民に深い感銘を与えた。被爆五〇周年には「被爆体験の聞き書き語り残し」運動に取り組み、県連合青年団、県生活協同組合連合会、県被団協の三者で、五〇名の被爆者から被爆体験の証言を聞きとり、被爆体験集『いのち』第二集を発刊した。

『いのち』は県下の小中高の各学校、市町村、図書館等に贈呈し、被爆者の実相を語り残した。またこれと並行して、「被爆五〇周年ノーモアヒバクシャ大分の集い」を開催し、原爆犠牲者の追悼慰霊式を行ない、また高校生による原爆悲劇の実相朗読劇や、原爆写真展等を内容とする被爆の証言集会も開催し

ノーモアヒバクシャ大分の集い

た。

　被爆六〇周年には「被爆六〇周年ノーモアヒバクシャ大分の集い」を開催し、原爆犠牲者の追悼慰霊式を行ない、また日本被団協中央相談所肥田理事長の証言講話、高校生による創作原爆朗読劇や、原爆写真展等を内容とする被爆の証言集会も開催した。

▽原爆症認定

　二〇〇二年、日本被団協が呼びかけた原爆症認定集団申請に、大分県は取り組みを見送り、個別に認定申請を行なった。

　当初一九名の申請があり四名は認定されたが他は却下となった。これを受けて二名が異議申し立てを行ない、申し立て段階から弁護士の援助を求めたところ、理解のある弁護士が多数呼びかけに応じ、一七名による「大分県原爆症弁護団」が結成された。一名は死亡により遺族の申し出で異議申し立てを取り下げたが、一名は訴訟まで至らず認定された。代理人の弁護士は「被爆者救済の観点から、訴訟ではなく行政機関の判断で認定したことの意義は大きい」と評価した。

▽被爆者二世の会の結成

　二〇〇四年、被爆者二世の健康と福祉を守る援助を行政に求めるため、並びに原爆被害の実相を語り継ぎ、核兵器の廃絶を訴え、平和思想の普及に努めるため、「大分被爆二世の会」を立ち上げた。

現在の取り組みと課題

　ふたたび被爆者をつくらない運動は、私たち生存被爆者の大きな使命と受けとめ、あらゆる機会を利用して被爆の実相を語り継がねばならない。

　そのために被爆者は健康で一日でも生き延びなければならない。被爆者の健康と生活を守ることが、県被団協の大きな使命と考え、一九八六年から県の支援を受けて、被爆者相談事業を実施してきた。

　今後更に充実強化に努めなければならないが、被爆者の高齢化と病弱化が進み、運動の対応者や後継者が乏しくなることから、「大分被爆二世の会」の組織強化と会の普及に努める。

宮崎県原爆被害者の会

宮崎県原爆被害者の会結成

①一九五四年（昭和二九）三月一日、アメリカがビキニ環礁で行なった水爆実験は、マーシャル諸島住民の生活そのものを破壊してしまった。日本の漁船第五福竜丸の被爆も、日本国民に大きな影響を与え、全国の一般市民、宗教家、学者、学生、文化人、民主団体、労働組合等、幅広い国民運動として広がり、そこから原水爆禁止運動がはじまった。

一九五五年（昭和三〇）八月六日、広島で第一回原水爆禁止世界大会が開催された。特に広島、長崎をはじめとする全国の原爆被爆者には大変な影響を与え、全国各地域で原爆被害者の会が次々と結成されていった。

②宮崎でも新安保条約が調印された一九六〇年（昭和三五）三月三一日に本会が結成された。活動目標を、原爆被害者の実態調査と把握、原水爆禁止運動への参加推進、相談事業の取り組み、会員相互の援助等活動の柱をたて、今日まで活動を続けている。結成された当時の健康手帳取得者数は七〇〇余名、一番多かったときは一三五〇名ぐらいだったが、二〇〇五年三月三一日現在八四七名となっている。

今日まで取り組んできた主な活動

①毎年定期総会を開催。

②毎年六月～八月に行なわれている友好平和運動団体との共催による「九州ブロック非核・平和行進キャラバン行動」県内全自治体首長、議会議長に対する「核廃絶・平和行政に関する要請行動」

③毎週第一、第三水曜日に県庁内での被爆相談事業。一九八二年より今年で二四年になる。

④八月六日～九日に行なわれる広島市、長崎市主催の平和祈念式典、原水禁世界大会に家族、一般市民、労働組合員と共同参加。

⑤毎年六月～八月に県内自治体主催による原爆写真展の開催。

⑥被爆六〇周年七月～八月には、県被団協、原水禁、友好団体共催による原爆展を県内三カ所で開催した。教育委員会、自治体首長、民主団体、PTA、新聞社、テレビ局推薦（資料は長崎市原爆資料館より三〇点借用）

⑦毎年九月～一〇月の間に宮崎県原爆犠牲者慰霊平和祈念式典を宮崎霊園内にある宮崎県原爆慰霊碑前において行なっている。二世、三世、友好団体、各政党、民主団体参加。

⑧原爆被害者九州ブロック相談事業講習会への参加。

⑨九州ブロック原水禁・原爆被害者の会活動交流集会への参加。

⑩六の日、九の日（毎年八月六日～九日の間）に県内各支部ごとに友好団体、労働組合とともに、世界の恒久平和の訴えやチラシ配布、野外でのイベント等を行なっている。

鹿児島県原爆被爆者協議会

会結成と現在までのあらまし

昭和二〇年代の県内被爆者は、戦災復旧や生活難に追われるほか、被爆の事を口外せずにお互いの連絡もない状態であったが、昭和三二年、「原爆医療法」の施行に伴い、鹿児島市内の被爆者約三〇名が集まり、毎月のように勉強会をもち、さらに広島・長崎の両市を訪問して両被爆者会の指導を受けるなどして、組織づくりの必要性や認識を深めた。

そして県内各地に呼びかけた結果、昭和三九年八月二日、鹿児島市の自治会館に県内の被爆者約二五〇人が参集し、鹿児島県原爆被爆者協議会を結成発足した。

会長に森重孝氏を、事務局長に瀬戸内末政氏が選ばれた。当時の会員数は約四五〇人、そのうち男性がほとんどで、女性は少なかった。

昭和四三年五月、森会長は原爆後遺症等のため会長を辞任、瀬戸内事務局長が会長代行となる。

昭和五五年五月、全国行脚を機に再出発の機運が高まり、県下一六保健所ごとに各支部が結成された。同年九月、会の名称を鹿児島県原爆被爆者福祉協議会に改称、会の事務所を鹿児島市西千石町に移転し、相談所を兼ねることとした。

昭和五九年七月、当会総会で森重孝氏を会長に選任した。当時、会員数は一〇〇〇人を超え、女性会員も増加した。

昭和六〇年、瀬戸内事務局長が退任、後任に瀬戸川清一氏が選ばれた。

平成一〇年一〇月、瀬戸川事務局長が退任、後任に猪八重慶一氏が選ばれた。

平成一一年五月、二〇年在任の森会長が病気辞任、後任に甲斐豊氏を選任した。

平成一三年五月、会の名称を鹿児島県原爆被爆者協議会に改称した。

平成一四年五月、甲斐会長が退任、後任に地頭所正人氏を選任した。

平成一八年五月、地頭所会長が病気辞任、後任に今村鉄夫氏を選任した。同月、猪八重事務局長も病気辞任、後任は今村会長の兼務となった。

主な活動年表

昭和四二年八月、第一回慰霊祭開催。

昭和五五年、被団協請願運動に六名参加。

同年八月、被爆者ニュース創刊号発行。

昭和五六年秋、第五回九州地区相談事業講習会を当県指宿市で開催。

同年五月、長崎慰霊巡拝に五六名参加。

昭和五七年、国連軍縮陳情団に二名参加。

同年、広島慰霊巡拝に五五名参加。

昭和六〇年、被爆四〇周年追悼慰霊祭。

昭和六一年、被爆体験記『原爆許すまじ』第一集発刊。以後第二集（平成一）、第三集（平成四）、第四集（平成七）遺言集（平成一四）を発行配布した。

昭和六一年、追悼慰霊祭を西本願寺で。六三年以後は総会時に慰霊祭実施。

昭和六三年から県助成金の交付を受ける。

平成一年、九州地区相談事業講習会を当県霧島町で開催。

平成七年九月、被爆五〇周年の慰霊祭に国県補助を頂き、二〇〇余名で本格実施。

平成九年、九州地区相談事業講習会を指宿市で開催。参加者六〇〇名。

平成一〇年一〇月、念願の慰霊碑を鹿児島市に建立、除幕慰霊式典を盛大に執行。

平成一四年度に原爆症認定申請者一一名うち認定一名、却下一〇名。

平成一六年五月、原爆症認定を却下された七名が、却下処分取消しを求めて鹿児島地裁に集団提訴した。
平成一七年、日本被団協の被爆者大運動に呼応し、募金や署名活動を強化。
同年五月、原爆症訴訟支援会が発足。
六月、森重孝名誉会長逝去、九三歳。
県内平和行進で自治体賛同署名集め。
七月、県内の追悼の集いを鹿児島市で実施、慰霊式典と記念講演。
一〇月、六〇周年大集会に六名参加。
一一月、九州地区相談事業講習会を鹿児島市で開催。参加者四二五名。

慰霊平和祈念碑（平成10年10月30日除幕）

念願の慰霊碑建立

被爆者援護法の施行以来、県内に慰霊碑建立の気運高まり、用地探しに奔走の結果、鹿児島市長の格別な配慮で同市公園内を利用させて頂き、国、県、市の補助と遺族や会員等からの寄付金により、立派な慰霊平和祈念碑が完成し、平成一〇年一〇月三〇日に除幕・慰霊式典を挙行できたことは、誠に有り難く喜ばしい次第であった。

原爆症認定申請と集団提訴

日本被団協の全国一斉認定申請運動に呼応して、当会で申請者の掘り起しを行ない、平成一三年以来一四名の会員が認定申請したが、その結果は認定一名、却下一三名と冷酷なものだった。

そこで却下者のうち七名が異議申立てのち、平成一六年五月一三日鹿児島地裁に集団提訴した。

この訴訟は、原爆症認定申請の却下処分の取消判決を求めるもので、口頭弁論が八月以来二カ月おきに開かれていて、勝訴判決へ向けて弁護団を始め支援者も多数傍聴に努めている。

沖縄県原爆被爆者協議会（沖縄県被爆協）

沖縄在住被爆者問題と連盟の結成

沖縄県にも昭和二〇年当時、広島・長崎に軍人、軍属、技術養成工、徴用工等が居住して原爆の被害を受けた人々がいた。

その人々は、戦後二七年間も異民族の施政下で日本国民としての憲法の適用外におかれ、社会福祉制度の不備な中で、精神的、社会的にも犠牲を強いられてきた。

一九六〇（昭和三五）年頃から、県内各地で原爆の被害者ではなかろうかと思われる人からの訴えが続出した。

一九六三年一〇月、原水協はこの問題を重視し沖縄在住被爆者の実態調査を行なった。その結果、一九六四年四月、七八人の被爆者が判明した。

このような沖縄の被爆者問題も原水協による本土政府、琉球政府への救護要請活動で表面化した。

一九六四年七月、沖縄在住被爆者が結集して、同じ日本人でありながら、戦後一九年間も放置してきた本土政府に対し、国家補償を要求していくという趣旨のもとに「沖縄原子爆弾被害者連盟」が結成され、初代理事長に金城秀一氏が選出された。

そして、その名のもとに本土政府、琉球政府関係当局に対して、原爆医療法の沖縄への適用、原爆専門医の沖縄への派遣健診の実施等を訴えてきた。

その結果、一九六五年四月、沖縄を統治していた米国の高等弁務官の承認に基づいて、日本政府と琉球政府間で、「琉球諸島住民に対する専門的診察及び治療に関する了解覚書」が交わされ、同年沖縄在住被爆者の第一回目の健診が日本政府派遣の専門医によって実施され、戦後二〇年にしてようやく、沖縄在住被爆者にも日の目が向けられるようになった。

特に印象に残る会の活動

（1）沖縄違憲訴訟

沖縄違憲訴訟とは、沖縄在住被爆者である丸茂つる、謝花良順、翁長生、真喜志津留子、真喜志オトさんを原告に、一九六五年九月、国を相手に東京地方裁判所に提訴した医療費請求事件である。

つまり、沖縄在住被爆者が対日講和条約によって、日本から施政権が分離され、日本国民でありながら、憲法の適用外におかれ、昭和三二年、「原爆医療法」が制定されてから、同法が沖縄に準用されるまでの期間、沖縄在住被爆者が自費で医療機関に支払った医療費を国は支払えと厚生大臣を相手に東京地裁に提訴、二十数回にわたって審理された事件である。そして本土復帰が実現したので、その目的が達成されたとして同訴訟を取り下げたものである。同訴訟の意図するところは沖縄在住被爆者も日本国民として認めるようにということであり、他面、これが日本復帰闘争にも大いに貢献したものと総括した。

（2）医療費補償請求活動

沖縄県原爆被爆者協議会は、その後も沖縄県及び厚生大臣を始め関係機関に対し、自己負担した医療費（推定三億円分）の補償を強く要請してきた。その活動が実を結び、政府は昭和五四年、「原爆医療法」の適用が遅れた昭和三二年四月から同法が準用された昭和四一年六月までの間に沖縄県に在住し、特別被爆者健康手帳保持者に一人当たり二〇万円の「特別支出金」という形で見舞金を支給、一応の決着をみたものである。

それもひとえに組織変更前の日本社会党沖縄県本部と原水爆禁止沖縄県協議会の強力な支援の賜物と被爆者は深く感謝している。

主要年表

一九六四年七月　沖縄原子爆弾被害者連盟が結成される

一九六五年九月　医療費請求の違憲訴訟を提訴

一九六六年一二月　被爆者の医療等に関する実施要綱による原爆医療法を準用の形で施行

一九六七年三月　第一回被爆者援護法制定促進沖縄被爆者総決起大会開催

同年八月　原爆犠牲者の第一回慰霊祭挙行

同年一一月　広島・長崎原爆病院と沖縄県の間で医療に関する委託契約締結

◇奈良県原爆被害者の会◇
（わかくさの会）

会の沿革

全都道府県中おそらく最後発の県組織として、結成された〝奈良県原爆被害者の会〟は田中義治会長を中心に一〇回に及ぶ世話人会を重ね、一三名の協力者を得て、県当局・日本被団協等折衝を重ね、昭和六〇年五月二六日第一回総会を開催するに至った。事後遂次組織の拡充強化に努め、平成八年五月第一二回総会を開催するに及んでいる。

平成八年三月末現在県内被爆者九八五名中、会員は約三〇〇名であるが、結成に当たって払われた先輩各位の労苦を想うとき、畏敬と感謝の念を禁じ得ない。記して以て心からの感謝を表す次第である。

◎結成当時の役員

会長　田中義治

副会長　岸本一雄

副会長・婦人部長　椋木レイコ

事務局長　小林清二郎

監事　辻清一

常任幹事　福井巌、福井礼紀、平野隆枝
　永原楢太郎、大月節子、稲葉勇二

県被団協の運動として紹介したいこと

▽被爆者集団検診の実施

奈良県民主医療機関連合会の協力を得て、三病院二診療所において、毎年六月・一二月（日曜）の二回、会員の集団検診を実施。

▽会報の発行

会員及び関係先を対象に年二～三回会報を発行（B５判　一二～一六ページ、各冊三五〇部）

フランス核実験抗議行動（95年８月９日）

▽被爆体験記『原爆へ平和の鐘』（奈良県原爆被爆者の手記）と題し、会員の投稿・口述筆記等により第一巻を昭和六一年一二月、第二巻を平成二年一月、各一〇〇〇部。第三巻を平成七年五月に二〇〇〇部刊行し、会員・関係先に配付した。

▽被爆者援護法早期制定を求める「地方議会意見書」の早期一〇〇％決議。

被爆者援護法制定運動推進の過程において、平成二年七月の奈良県議会決議を皮切りに、平成三年一二月山添村村会決議により、県下四八議会での完全決議を達成。これは全国都道府県中七番目の早期達成であった。

▽市民平和運動への参加

市民生活協同組合（奈良コープ）等との緊密な連携による平和運動の推進・各種反核・平和運動への取り組みは、若いコープの皆さんの協力により行なっている。

なお、コープからは、被爆者救援基金として、多年多額のカンパを受け、一九九六年までの累計七一八万円に達している。

現在の県被団協としての取り組みと課題

１、被爆者全般的な事象ながら、高齢化・多病化の進行により各種運動への取り組みが一層困難となりつつある。

　2、被爆者援護法改正の取り組みについては、一般市民の反応は醒めたものがあり、被爆者の考えと市民との温度差を埋め、その理解と支援を得ることは、必ずしも容易ではない。

　3、核実験反対・核兵器の早期完全廃絶は、緊急最重要の課題である。故に当会においても各種行動に重点的な参加を行ない、大方の賛同・支援を得ていると考えるが、これとても1にあげた事情により、大きく制約せざるを得ない現状である。

〈付記〉

奈良県原爆被害者の会の解散について

　奈良県原爆被害者の会（わかくさの会）が二〇〇六年三月末解散しました。長年会長を務められた市原大資さんが体調不良で辞任されたところ、後任の引き受け手がなく、二月に同会の臨時総会を開き三月末の解散を決定したものです。

　日本被団協事務局には三副会長名で解散の通知が届いたため、一人の副会長と事務局長とに電話で翻意を促しましたが、臨時総会で決定したことなので態度は変わらないということでした。

　四月六日毎日新聞奈良県版が解散を大きく報道し、共同通信も全国に配信しました。新聞を読んだ県内外の人々から、驚き、支援を申し出る電話やメールが日本被団協に寄せられました。

　奈良県には八五〇人以上の被爆者手帳所持者がいます。昨年奈良で開催された近畿ブロックの中央相談所の相談事業講習会にも県内の被爆者も多数参加しており、相互支援のための組織の必要性は強いと思われます。

　日本被団協は、一人でも二人でも中心となる被爆者があれば、組織の形にとらわれず、県内被爆者に情報を送り、訴えを聞くことのできる会を、近畿ブロックの各県被団協と支援者の協力を得て再建したいと考えています。

日本被団協事務局長　田中熙巳

（二〇〇六年四月）

あとがき

日本被団協の運動の歴史をまとめようという話が出たのは、日本被団協結成三〇周年の記念式典を準備しているときでした。端緒は、日本被団協結成当時の先輩たちが病床に着いたり亡くなる方が出てくるなど、このままでは記録が残らなくなる、という危惧から出てきた声でした。しかし、当時は役員のほとんどは、歴史をまとめる作業に専任する余裕はありませんでした。

基礎作業として、とりあえず「年表」を作ることとしました。この「年表」は、年表「日本被団協三〇年」にまとめられ、日本被団協結成三〇周年記念祝賀会（一九八六年八月）に日本被団協史検討資料として発行されました。

「日本被団協史」編集委員会が発足したのは一九九六年一月でした。

編集委員会は日本被団協史にあわせて各県被団協史を収録することとし、各県被団協に執筆を依頼しました。寄せられた原稿は、日本被団協史の作業が進まないなかで、さしあたって「都道府県被団協史（抄）」にまとめられ一九九六年に発行しました。

編集委員会はまた、年表「日本被団協三〇年」を改定した年表「日本被団協四〇年のあゆみ」と、日本被団協史の構成案に沿った「日本被団協史――時代のあらまし」をまとめ、一九九六年に発行しました。その後、「原子爆弾被爆者に対する援護に関する法律」の成立に前後する運動、法の施行にともなう具体化の活動、改正要求運動、原爆症認定運動などの取り組み、広がりなどのなかで、執筆・編集作業が遅滞しました。

被爆六〇周年、日本被団協結成五〇周年をむかえ、編集委員会は書名を『ふたたび被爆者をつくるな――日本被団協五〇年史』と確定し、鋭意編集作業をすすめ、ここに刊行の運びとなりました。この間の、各都道府県被団協をはじめとする、被爆者の皆様のご協力に感謝を申し上げ、刊行を共に喜びたいと思います。

思えば、作業に取り掛かってからの二〇年、被爆者の高齢化は進みました。編集委員七氏も故人となりました。無念でした。

「日本被団協史」には、一九四五年八月六日、九日の、非業の死をもたらされた被爆死者の思いを証しつづける被爆者の歩みとともに、「いまに生きる」被爆者の姿が書き記されています。

本書に記された事々の、被爆者が願い求め、積み重ね、歩みつづけてきた記録を、読者の皆さんがそれぞれの歩みに重ねて、とくに若い世代のみなさんが読み取っていただけるようにと願います。

本書の執筆には、編集委員が分担してあたりました。文責は日本被団協史編集委員会にあります。

『日本被団協五〇年史』は、本巻（本書）と別巻で編纂されています。本巻には、「五〇年史」とともに三編の「特別稿」と「都道府県被団協史」が収録されています。別巻は「資料編」と「年表・日本被団協のあゆみ」です。

本書の編集・制作には、多くの方々のご尽力をいただきました。編集作業の段階での専門者の協力は幸いなことでした。ありがとうございました。また、出版を引き受けていただいたあけび書房（代表久保則之氏）に感謝いたします。

二〇〇九年三月

日本被団協史編集委員会

日本被団協史編集委員会

〔 〕内は被爆地

委員長　伊東　壮　〔広島〕（二〇〇〇年没）
委員長　藤平　典　〔広島〕
副委員長　田中　熙巳　〔長崎〕
委員　斉藤　義雄　〔広島〕（一九九七年没）
委員　伊藤サカエ　〔広島〕（二〇〇〇年没）
委員　田川　時彦　〔広島〕（二〇〇三年没）
委員　葉山　利行　〔長崎〕（二〇〇五年没）
委員　井上与志男　〔広島〕（二〇〇六年没）
委員　中西　英治　〔広島〕（二〇〇七年没）
委員　山口　仙二　〔長崎〕
委員　岩佐　幹三　〔広島〕
委員　小西　悟　〔広島〕
委員　山本　英典　〔長崎〕
委員　杉山　秀夫　〔広島〕
委員　須藤　叔彦　〔長崎〕
委員　吉田　一人　〔長崎〕
委員　田中　聡司　〔広島〕
委員　増岡　敏和
委員　山村　茂雄
委員　伊藤　直子

作業委員
藤平　典
田中　熙巳
吉田　一人
中西　英治
山村　茂雄
伊藤　直子
松風いさ子

協力
井出　吉彦
大幡　洋子
榊原恵美子

担当事務局
欠塚　道子
工藤　雅子

ふたたび被爆者をつくるな（本巻）――日本被団協50年史

2009年5月1日　初版発行

編　著　日本原水爆被害者団体協議会
日本被団協史編集委員会
東京都港区芝大門1-3-5 ゲイブルビル9F
電話 03-3438-1897　Fax 03-3431-2113

発行者　久保 則之
発行所　あけび書房㈱
東京都千代田区九段北1-9-5-1208
電話 03-3234-2571　Fax 03-3234-2609
akebi@s.email.ne.jp　http://www.akebi.co.jp

版下／アテネ社　印刷・製本／シナノ

ISBN978-4-87154-079-7 C0036